„Meine liebe ... !" – „Sehr verehrter ... !"
365 Briefe eines Jahrhunderts
Ausgewählt und eingeleitet
von Barbara und Peter Gugisch

# *„Meine liebe ... !"*
# *„Sehr verehrter ... !"*

# 365 Briefe eines Jahrhunderts

Ausgewählt und eingeleitet von
Barbara und Peter Gugisch

Eine Sendereihe des
Mitteldeutschen Rundfunks
MDR KULTUR

RHINOVERLAG
Arnstadt & Weimar
1999

Der Schriftsteller Hermann Kesten schreibt an seinen Kollegen Erich Kästner: *Haben Sie Ihre Eltern zu Weihnachten in Dresden besuchen können? Ich lebte mal zwei oder drei Monate in Dresden, 1917; ich wohnte bei einem Onkel, der zwei sehr hübsche Töchter in meinem Alter hatte, ich radelte auch durch die Sächsische Schweiz, und fühlte mich sehr glücklich, mit Cousinen, und Dresden; inzwischen haben die Engländer Dresden zerstört und die Deutschen meine Cousinen vergast.* – Julie Schrader, der „welfische Schwan", dazumalen in „gehobener Stellung" bei einem Fabrikanten, berichtet ihrer Schwester Emma: *Mein Herr und Gebieter, Baruch Goldschmidt, welcher sich jetzt Bernhard nennt, weil Baruch das Geschäft schädigt, er meint es gut mit mir, klopft er doch mit einem goldenen Zwanzigmarkstück, auf welchem das Portreht unseres schönen Kaisers steht, dienstags und donnerstags an die Tür von meinem Chambre (Bellétasche), um nicht mehr und nicht weniger als meine Beine zu sehen, welche in ganz anderen Umständen als die von Madammchen sind. Deswegen.* – Der Historiker und Diplomat Carl Jacob Burckhardt, achtzig Jahre alt, antwortet dem drei Jahre älteren Bildhauer und Graphiker Gerhard Marcks: *Was sind Sie für ein wunderbar jugendlicher Mensch! Mein Zustand, nach dem Sie fragen, ist immer derselbe, seit Jahren jetzt. Der Tod? Ja, jeder hat seinen eigenen Tod; auch Rilke erlebte ihn, Beethoven siechte taub dahin, mit jahrelangem Leberleiden, Wassersucht, Herr Adorno durfte in Zermatt umfallen und alles war aus in einem Augenblick.* – Der Liedermacher Wolf Biermann lädt den Generalsekretär des Politbüros des ZK der SED und so weiter und so weiter, Erich Honecker, anläßlich seines bevorstehenden „Arbeitsbesuchs" in der Bundesrepublik Deutschland zu einer „Vision, so absurd wie die Realität" ein: *Das stelle ich mir vor: Sie. Mein ehemaliger Fürst wie er grad hockt in der kugelsicheren Staatskarosse. Die Fahrt geht von Saarbrücken nach Wiebelskirchen, und aus dem Autoradio kommen die Nachrichten: „Politbüro der SED, sowie Staatsrat und Volkskammer der DDR haben in einer gemeinsamen Sondersitzung folgendes beschlossen: Erich Honecker wird die Staatsbürgerschaft der DDR entzogen."* – Robert Musil, im Schweizer Exil, gesteht dem amerikanischen Literaturwissenschaftler Ervin Hexner: *Ich frage mich oft, welchen Sturz wir erleben werden, da wir ja eigentlich auf Wolken segeln, und nicht das geringste Recht auf die Festigkeit dieser angenehmen Lage haben. Die Wahrheit zu sagen, ich habe nicht die Hoffnung, daß das Kriegsende, selbst wenn ich nicht das Schlimmste annehme, den Vorkriegszustand wesentlich verbessern wird, und es hindert mich sehr an der Arbeit, daß ich mir den Adressaten, der zur Zeit ihres Erscheinens leben wird, wenig verlockend vorstelle.*

Das sind Ausschnitte aus fünf von 365 Briefen, die MDR Kultur im Jahr 1999 Tag für Tag seinen Hörern vorstellt(e): fünf Minuten vor Neun am Morgen, fünf Minuten vor Sieben am Abend. Der erste der fünf Briefe stammt vom 27. Februar 1947, der zweite vom 5. Mai 1905, der dritte vom 19. August 1972, der vierte vom 4. September 1987 und der fünfte vom 31. Dezember 1939. In dünner, punktierter Linie schlagen sie einen Bogen über unsere zuende gehende Epoche. Splitter, Überbleibsel, Momentaufnahmen, Leuchtspuren, geschichtliche Augenblicke und privater Alltag laden Sie ein, sich nun auch blätternd und lesend in den Versuch zu vertiefen, aus einer schier unüberschaubaren Menge höchst verschiedenartiger Steinchen ein Mosaik zusammenzulegen. Auf der Suche nach etwas, das sich einem umso mehr entzieht, je näher man ihm zu kommen meint: auf der Suche nach der Innenseite dieses Jahrhunderts.

Udo Reiter
Intendant

# Statt eines Vorworts

Unser Buch ist eine Briefsammlung; deshalb soll an seinem Beginn nicht eine „Einleitung" oder ein „Vorwort" stehen, sondern ein Brief, mit dem wir Sie zur Lektüre einladen ...

Liebe Leserin, lieber Leser,

tagtäglich werden Millionen Briefe geschrieben. Wer sie nebeneinander legen und nacheinander lesen könnte, der hätte Einblick in eine unvergleichliche Chronik der Zeit. Die ganze comédie humaine würde sich vor ihm auftun: tragisch und komisch, erhaben und lächerlich, zuweilen heiter und sehr oft bitterernst ... Aber das ist unmöglich. Niemand kann die Briefe auch nur eines Tages zusammentragen; und niemand könnte sich durch den großen Briefberg hindurchfressen wie durch den süßen Brei des Märchens...

Vielleicht weckt gerade diese zweifache Unmöglichkeit den Eifer der Briefesammler. Wenigstens einen Teil des großen Schatzes wollen sie bewahren und ans Licht der Öffentlichkeit holen! So dürfen wir Einblick nehmen in die briefliche Hinterlassenschaft bedeutender Vorfahren; berühmte Briefwechsel werden wissenschaftlich aufgearbeitet und herausgegeben; thematische Anthologien entstehen; dickleibige Bände und schmale Liebhaberausgaben fügen immer neue Teile zu einem Puzzle, das nie vollendet sein wird.

Wir haben fast alle dieser Bücher gelesen und sind den Herausgebern in vielem zu Dank verpflichtet. Unsere eigene Sammlung aber geht einen anderen Weg. Sie enthält 365 Briefe aus dem nun zu Ende gehenden 20. Jahrhundert: eine kleine, eine winzige Auswahl dessen, was zwischen 1900 und 1999 geschrieben, frankiert, abgeschickt und anderenorts gelesen wurde. Das ist – wir sind uns dessen sehr wohl bewußt – nicht nur ein schier uferloses Unternehmen (das wir anfangs wohl unterschätzt haben), es ist auch ein unbescheidenes Vorhaben, das dem kritischen Einwand Tür und Tor öffnet. In drei Punkten möchten wir es erläutern. Erstens: Jeder Briefeschreiber kommt in dieser Auswahl nur einmal zu Wort. Es gibt also 365 verschiedene Absender. Wir wissen, daß wir den eifrigen und besonders produktiven Schreibern damit Unrecht tun, aber die Zahl potentieller „Autoren" ist so groß, daß jeder nur eine Stimme haben kann. – Der zweite Punkt: Wir beschränken uns auf Briefe, die in deutscher Sprache geschrieben wurden – von wo und von wem auch immer. Das ist kein Indiz für untergründigen Nationalismus; es ist der Versuch, das (allzu) weite Feld ein wenig zu begrenzen. – Und der dritte Punkt: Wir haben unsere Auswahl in den Ablauf eines Jahres gestellt: Der Jahresbogen schafft den Rahmen für das Jahrhundert. Dabei wollten wir jeden Brief dem Tag zuordnen, an dem er geschrieben wurde, denn die Brief-Tage eines Jahres sind durchaus verschieden. Das ist uns nicht immer gelungen. Zum einen gibt es Briefeschreiber, die mit der Datierung sehr salopp umgehen. Zum anderen gibt es Tage, für die uns zwei oder drei großartige Briefe vorlagen. In allen solchen Fällen sind wir unserem formalen Prinzip untreu geworden.

365 Briefe eines Jahrhunderts. Wer nun in den Index schaut und dort ein Who 's Who aller namhaften Briefeschreiber zu finden hofft, der wird enttäuscht sein. Natürlich wird er auf bekannte Namen treffen, aber viele andere wird er vermissen und wieder andere werden ihm hier zum ersten Mal begegnen. Wir haben sehr bald gemerkt, daß eine „repräsentative" Auswahl nicht möglich ist. Die „Geschichte eines Jahrhunderts in seinen Briefen" ergäbe zwar einen ehrfurchtgebietenden Titel (ob er verkaufsfördernd wäre, sei dahingestellt), aber keine ernstzunehmende Arbeitshypothese. Wir haben uns entschieden, nur Briefe aufzunehmen, die *uns* erfreut, erschreckt, beglückt, beschämt, bereichert und zum Nachdenken gebracht haben. Anders gesagt: Es ging uns stets um Briefe, die etwas *von* einem Menschen und *über* seine Zeit aussagen. Das kann eine sehr persönliche Äußerung, es kann aber auch ein Brief sein, der die Öffentlichkeit sucht und für die Öffentlichkeit geschrieben wurde. All das, was unter das Rubrum „schriftliche Mitteilung" fällt, bleibt außer Betracht: Der Brief an das Finanzamt (oder gar der Brief vom Finanzamt) kommt nicht vor.

Unsere Auswahl ist subjektiv (wie denn anders?). Daß wir um manchen Brief heftig gestritten haben, sieht man dem gedruckten Buch nicht mehr an. Wenn zwei andere Menschen den Band zusammengestellt hätten, dann sähe er anders aus. Wir empfinden das nicht als Mangel, im Gegenteil: wenn die Papierpreise nicht so hoch wären, dann müßte dem Buch eine Reihe leerer Seiten beigeheftet sein (vielleicht ein „Dreizehnter Monat"), auf denen jeder Leser die Briefe notieren könnte, die ihm besonders wichtig sind.

Das Ende des Jahrhunderts ist mit Bilanzen, Rückblicken, Nachbetrachtungen und klugen Reminiszenzen aller Art reichlich versehen. Der besserwisserische Ton ist unüberhörbar. Ein Brief entzieht sich alledem: Er wurde so und nicht anders geschrieben, ganz gleich, ob er wahr oder verlogen war, ob sein Schreiber klarsichtig in die Zukunft schaute oder sich im (mitunter schrecklichen) Irrtum befand. Die Nachgeborenen können einen Brief interpretieren, verändern können sie ihn nicht. Gerade das macht ihn zu einem kostbaren Zeugnis der Zeit. Hinzu kommt: Die briefliche Äußerung steht allen offen. Sie ist kein Privileg bestimmter Menschengruppen. Unser Buch enthält bewegende Briefe von Menschen, deren Namen wir erst durch diesen Brief kennenlernen. Daß die meisten der ausgewählten Texte dennoch von prominenten Schreibern stammen (unter denen wiederum die Schriftsteller und Dichter den größten Anteil haben), hat viel mit der Schwierigkeit zu tun, Briefe unbekannter Menschen zu entdecken. Man muß einen Schreiber oder Empfänger sehr gut kennen, ehe er bereit ist, einen Brieftext aus der Hand zu geben.

Zu den Unkenrufen derer, die glauben, sie könnten in die Zukunft schauen, gehört die Voraussage, daß der Brief eines Tages verschwinden wird: Diese Prognose teilt er mit dem Roman, dessen Ende seit langem verkündet wird. „Man“ – aber wer ist „man“? – braucht den Brief nicht mehr ... Fest steht: das 20. Jahrhundert hat ihn gebraucht. Sicher war die Briefkultur des 18. und 19. Jahrhunderts, die ja auch ein Ersatz für bürgerliche Öffentlichkeit war, weder fortsetzbar noch wiederholbar. Aber am Beginn des 20. Jahrhunderts war der Brief für viele noch das einzige Instrument regelmäßigen Austauschs. Und später, als der Zugverkehr schneller, das Telephonnetz dichter wurde, als das Fern*gespräch* (wie anschaulich ist das deutsche Wort für Telephonat!) dem Briefgespräch Konkurrenz machte, sorgten die geschichtlichen Ereignisse dafür, daß der Brief neue Bedeutung bekam. Krieg und Flucht, Gefängnis und Vertreibung, Trennung und Spaltung – ohne Briefe wären diese Schrecken des Jahrhunderts noch schwerer zu ertragen gewesen. Das Lebenszeichen von daheim, die Feldpost, der Kassiber, der Gruß „von drüben“, die Nachricht, die von Hand zu Hand geht – alle diese Formen brieflicher Mitteilung waren so wichtig wie ein Stück Brot. Denn sie waren Hoffnung. – Und heute? Sicher gibt es schnellere, direktere, auch effektivere Formen der Kommunikation als noch vor zehn oder zwanzig Jahren. Das allgegenwärtige Handy wird bald zu unserem selbstverständlichen Begleiter werden. Und dennoch kann es einen „richtigen“ Brief nicht ersetzen. Meist vermag ein Gespräch mehr als ein Brief, aber manchmal kann man ihm anvertrauen, was sich nur schwer aussprechen läßt. Die Mischung aus Nähe und Distanz, die den Brief auszeichnet, ist unersetzlich. Das gilt nicht nur für den Liebesbrief. – Über den Brief im 21. Jahrhundert wollen wir uns keine Gedanken machen. In einer Zeitung fand sich die großgedruckte Meldung „Internet löst Schreibboom bei Jugendlichen aus", und eine Sprachwissenschaftlerin stellte fest: „Früher konnte man Jugendliche nicht dazu bewegen, einmal im Jahr eine Karte an die Tante zu schicken. Heute schreiben sie am Computer wie die Weltmeister." Kein Kommentar.

Spätestens an dieser Stelle muß gesagt werden, daß unser Buch aus einer Sendereihe hervorgegangen ist, die der Mitteldeutsche Rundfunk an 365 Tagen – vom 1. Januar bis 31. Dezember 1999 – ausstrahlt(e). MDR KULTUR ist zu danken, daß aus einer Idee ein handfestes Projekt geworden ist, und der Dramaturg Thomas Fritz war ein kompetenter (und zuweilen strenger) Begleiter unserer Arbeit. Wir bedanken uns!

Die Überlieferung von Brieftexten ist eine fragwürdige Angelegenheit. Sehr oft sind sie nur in gekürzter oder „gereinigter" Fassung, ohne Anrede, ohne Gruß, mit Auslassungen, ja sogar mit nachträglichen Retuschen, zugänglich. Sie, liebe Leser, finden am Ende des Buches die Quellen, nach denen wir zitiert haben. Wir haben uns entschieden, die Briefe so zu drukken, wie sie im Rundfunk gesendet werden, also mit den behutsamen Kürzungen, die die Sendedauer von höchstens fünf Minuten erfordert, und mit der knappen Einleitung, die dort jeweils vorangestellt wird. In einigen wenigen Fällen haben wir uns für einen Ausschnitt aus einem sehr viel längeren Brief entschieden. Diese Brief-Ausschnitte sind mit einem * gekennzeichnet.

Unsere Sammlung will (und kann) keine wissenschaftliche Briefausgabe sein: Sie ist ein Lese-Buch, ein Almanach, vielleicht sogar ein Brevier, aus dem man Freude und Anregung gewinnen kann.

In diesem Sinne, liebe Leserin, lieber Leser, schicken wir das Buch auf die Reise zu Ihnen!

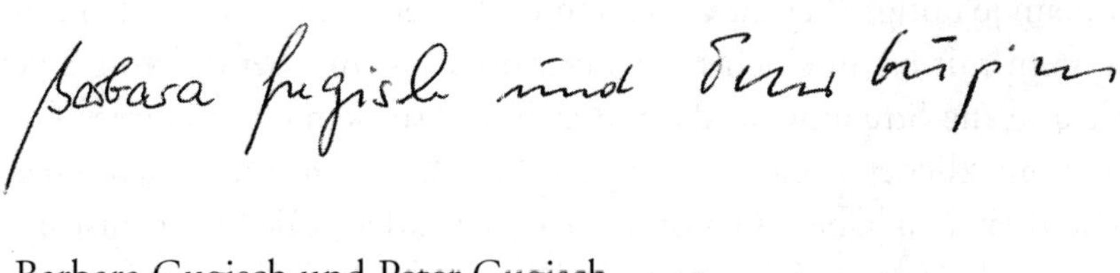

Barbara Gugisch und Peter Gugisch

Berlin, im August 1999

# 1. JANUAR

*Am 1. Januar 1937 schreibt der Psychoanalytiker **Karl Landauer** an seinen Freund, den Soziologen und Philosophen **Max Horkheimer**, mit dem er in Frankfurt lange zusammengearbeitet hat. Nun sind beide Emigranten; Horkheimer in New York, Landauer in Amsterdam – zu nahe, um der Verfolgung zu entkommen. 1945 wird er in Bergen-Belsen ermordet.*

Amsterdam Z. den 1. Januar 1937
Breughelstraat 10

Lieber Max!

Der erste Brief, den ich in diesem Jahr schreibe, soll an Dich sein. Vielleicht ist man doch noch irgendwo etwas abergläubisch und es soll ein gutes Omen sein, wenn das Jahr mit einem Brief anhebt, den man gerne schreibt und der nichts Unangenehmes enthält. Denn die meisten Briefe sind entweder aus unangenehmen Gründen geschrieben, behandeln Unangenehmes oder sind an unangenehme Leute.

Der Hauptanlaß dieses Briefes ist, Dich zu fragen, wie es mit Deinen Reiseplänen steht. Denn ich hoffe doch sicher, daß Du auch dieses Jahr mit Deiner Frau hierherkommst und daß Ihr es Euch so einrichtet, daß wir längere Zeit zusammen sein können. [...] Man ist ja so außerordentlich isoliert, daß man totfroh ist, wenn endlich einmal ein lieber Mensch da ist, mit dem man über Dinge, die einem wichtig sind, reden kann. Ich meine damit nicht praktisch wichtige Dinge. Die sind glücklicherweise im Augenblick nicht so zu befürchten. Vielmehr habe ich in meiner Einsamkeit es mehr denn je nötig, über die allgemein wichtigen Dinge zu sprechen. In Holland steht mir kaum eine Möglichkeit offen, mehr über die Vorgänge der Welt und die Strebungen, die hinter ihnen stecken, zu erfahren. Du bist in der glücklicheren Lage, nicht so verlassen zu sein und einen Kreis lieber Mitarbeiter zu haben. Das ist hier so ganz anders. Die Bourgeoisie ist hier so stabil, daß Unendliches nicht in Frage steht, [...]. Zwar gibt es natürlich so etwas wie Salonkommunismus, aber über die Zeit – glaube ich – sind wir hinaus, auch wenn wir nicht aus äußeren Gründen hierin Zurückhaltung üben müßten.

Hier sind vielmehr Fragen aktuell, wie Du sie in Deiner letzten Arbeit angeschnitten hast. Die Bedeutung dieser Probleme war mir lang nicht aufgegangen, [...]. Für mich waren das olle Kamellen. Nun: seitdem haben wir ja zugelernt. Erst neulich die Geschichte mit der Abdankung des englischen Königs, (der keine geschiedene Amerikanerin heiraten durfte), konnte uns ja die unerhörte Macht der Kirche deutlich zeigen. Hier zwar, nur getarnt in den Mantel der alten Moral, zeigte sie doch reichlich ihr häßliches Gesicht. Ihre Fratze in Spanien ist grausiger, aber wohl nicht so gar verschieden.

Da ich den Provocateur der Arbeit und sein Buch nicht kenne, sind natürlich die Einzelheiten nicht für mich. Wohl aber gilt auch mir die Tendenz Deines Aufsatzes. Zu ihr möchte ich nur ein paar Worte sagen: Du bist vor allem im letzten Jahr so viel rückhaltloser und offener geworden, ja geradezu kämpferisch. Das tut mir sehr wohl. Du weißt, es hat mir früher oft leid getan, wenn Du so viel liebenswürdiger warst, als es meinem Temperament liegt.

[...]

Von uns hier ist nicht allzuviel zu berichten. Vor 14 Tagen ungefähr fand hier eine Freudfeier statt, bei der ich über den Traum sprach. Es hat mich dabei gereizt, die Sache so darzustellen, daß der alte, uns liebe Freud dabei so recht zur Geltung kam. Ich habe mir den Spaß gemacht zu zeigen, daß auch das scheinbar von der Realität so ganz abgelöste Gebilde des Traumes nur eine Reaktion auf die Außenwelt ist, etwas was die falschen Schüler Freuds so gerne ganz beiseite schieben. Ist es nicht amüsant, daß [C.G. Jung] jemand der gerade die Realitätsseite der Persönlichkeit ungeheuer vernachlässigt, auf dasjenige besonderen Wert legt, was allen Menschen gemeinsam ist und dieses mit einem Terminus aus der Nationalökonomie belegt: Kollektives Unbewußtes. Warum er das tut, ist ganz offenbar: weil es eben nicht kollektiv ist, weil es Unsinn ist. Und köstlich erscheint mir, daß gerade dieser Ausdruck so sehr in den allgemeinen Sprachgebrauch übergegangen ist. Muß, fragt man sich übrigens, denn wirklich alles Unsinn sein, damit es in aller Munde kommt?

Grüße Alle, besonders Maidon, herzlich von uns.

Dein Karl

# 2. JANUAR

*Am 2. Januar 1900 schreibt Philipp, nun* ***Fürst zu Eulenburg und Hertefeld,*** *Vertrauter Kaiser Wilhelms II. und derzeit Botschafter in Wien, den folgenden Brief an* ***Hermann von Lucanus,*** *den Chef des kaiserlichen Zivilkabinetts.*

Wien, 2. Januar 1900

Hochverehrte Exzellenz!

*Sie ahnen nicht,* welche Freude Sie mir durch Ihren soeben erhaltenen Brief gemacht haben! Ich hänge in wahrer Verehrung an Ihnen; ich fühle, wie uns die *wirkliche* Liebe zu unserm geliebten Herrn verbindet – die *sorgende* Liebe um Ihn!

Gott erhalte Sie frisch und stark, nicht nur im neuen Jahr, sondern lange darüber hinaus. Ich *zittere* bei dem Gedanken, Sie könnten dem Kaiser fehlen! Das Maß der Verantwortung, welches Sie tragen – und unter den gegebenen Verhältnissen *auf sich nehmen* – die Fülle von Macht, die Ihnen in gewissem Sinne dadurch gegeben ist und die Art, wie Sie das alles *tragen* und *führen,* erfüllt mich mit ebenso hoher Verehrung wie Bewunderung. Die Gerechtigkeit verlangt, daß einstmals in der Geschichte unseres Vaterlandes *Ihr Charakter entsprechend gewürdigt werde!*

Ihr Leben ist schwer – wie auch das meine, soweit es im Zusammenhange dieses geliebten Kaisers steht. Ich frage mich manchmal, ob Er ahnt, was wir für Ihn zu tragen haben? Fast möchte ich es verneinen. Die Gnaden, die Er uns erweist, entspringen mehr jener natürlichen Güte, die Ihn zu einer so liebenswerten, menschlichen Persönlichkeit macht, als dem Gedanken eines gewollten Ausgleichs. *Sie* verstehen es bei der Gleichheit unseres Standpunktes daher auch besser als irgend jemand anderer (denn *wer* hat wohl unsern armen Herrn *wirklich* lieb?), wie es mir eigentlich *unmöglich* war, Ihm die Freude meiner Standeserhöhung zu verderben! In *jeder anderer Hinsicht* konnte ich nur die Gnade *abweisen.* Persönlich sind mir Würden und Ehren völlig gleichgültig; das kann ich mit *reinem Gewissen* sagen. Für meine geliebten Kinder war mir die Standeserhöhung *entsetzlich!* Wie gefährlich sind solche Dinge für junge Gemüter! Die Polemik, die diese Erhöhung hervorrufen wird, ist mir qualvoll, ich *hasse* es, in der Öffentlichkeit herumgezerrt zu werden. Und man wird mit Freuden die Gelegenheit wahrnehmen, in mir unsern lieben Herrn zu treffen und zu kränken! So stehe ich dieser Gnade recht zaghaft gegenüber – wünschend, ich wäre 3 Monate älter!

Das alles vermag ich nur Ihnen *gegenüber* auszusprechen. Es versteht sich von selbst, daß ich die rührende Güte des Kaisers in meiner Haltung vor der Welt entsprechend honorieren werde, daran wird es sicherlich nicht fehlen!

Ihr Wort: „Sie hätten gesehen, wie unendlich es den lieben Herrn beglückt hat, mir eine so hohe Anerkennung zu geben", trägt mich über alles hinfort, was da kommen möge! Ich danke Ihnen dafür, wie für Ihre gütige, freundschaftliche Gesinnung von Herzen. Nur einen Wunsch hätte ich gehabt: daß Sie mich nicht gar so förmlich angeredet hätten!

Ich hoffe, daß Sie mich fernerhin so einfach titulieren werden, als es der Wunsch ist

Ihres Ihnen herzlich und aufrichtig ergebenen

Eulenburg-Hertefeld

# 3. JANUAR

*Am 3. Januar 1915 schreibt **Fritz W.** von der Westfront des I. Weltkriegs an seinen **Pfarrer** in der Heimat. Fritz W. ist Fahrer bei der Fußartillerie – nicht Kraftfahrer, sondern Führer eines Pferdegespanns –, mit dem er an der furchtbaren Schlacht um die belgische Festung Namur teilgenommen hat.*

Lirwall, d. 3. Januar 1915.

Sehr geehrter Herr Pastor!

Nun will ich Euch auch mitteilen, wie ich mir das Eiserne Kreuz verdinet habe, es war nicht leicht, aber der liebe Herr Gott hatt mir beigestanden.

Es war vor Namur. Früh Morgens um 8 Uhr kam der Befehl Beobachtungswagen nach vorn; ich fahre den Wagen mit noch ein Kamerad, der schon gefallen ist; wihr setzten auf, bekamen den Befehl, die Pferde laufen zu lasen und wen Sie stürtzten, weil die Chause furchtbar beschosen wurde mit Kranaden und Gewehfeuer. Führer hatten wir nicht; wie wihr vorkamen solten wihr Deckung suchen.

Es wahr ein Haus im Felde, wie wihr absitzen wolten schluch eine Kranate 15 m vor uns ein, wihr wahren beide besinungslos; wie wir wieder sehen konnten sah ich dicht bei mir drei Ofizire von Gartekrenatüren Tot liegen und es wahr ein Major Haupt und Oberleutnant. Den Haubtmann sein Pferd lief umher und brachte es mit in meine Deckung.

Wie ich mit dem Wagen in Deckung wahr da brachten die Krankenträger ein Ofizir, der hatte ein Lungenschus und ein Feldwebeleutnant wahr der linke Arm abgeschosen und die barmten nach ein Arzt der hinten in ein Dorf wahr.

Mir tat es leid, ich nahm das Pferd von dem Todgeschossenen Hauptmann und Ritt die gefährliche Chause, die sehr stark beschosen wurde retur. Ich sagte dem Arzt bescheid. Ich kam glücklich wieder bei mein Pferden an, da hörte ich von Kammeraden das mein Major verwundet währ, aber es könnte ihn keiner holen er läg weit vor im Feuer.

Mir überlief es eiskalt ich lief los und suchte ihn im Kugelregen und fand ihn. Ich nahm ihn for mich und trug ihn bei mein Wagen; da konnte ich ihn noch nicht lassen weil die Franzosen auch dorthin sehr schosen. Ich nahm das Pferd nochmahl und ritt nochmahl den Weg und hohlte ein Auto ein Stück raus und kam auch wieder glücklich an. Dann nahm ich ihn auf den Rücken und trug ihn in das Auto; nun kam er nach Magdeburg in das Lazaret.

In 9 Wochen kam er wieder zu uns, da schickte er eines Morgens ich sollte mal zu ihm kommen. Als ich hin kam nahm er mich in den Arm und trückte mich sehr an sich und sagte „Mein Sohn Sie können sagen Sie haben den Bataillonskommanteur von Tote gerettet" und schenkte mir 12 Stück schöne Cigaren und sagte das andere Geschenk kommt in einigen Tagen.

Zwei Tage später mußte ich wieder zu ihm kommen und sagte zu mir „mein Sohn im Namen Seiner Majestät des Kaisers überreiche ich ihn das Eiserne Kreuz" indem er es mir an die Brust knüpfte.

Nun lieber Herr Pastor und Famielie wollen wihr wüntschen das ich auch mit meiner Brust vor euch gesund und munter treten kann. Nun sind Sie lieber Herr Pastor nebst Frau und Kinder Herzlich geküßt von ihren

Fritz W.

# 4. JANUAR

*Am 3. Januar 1904 schreibt **Markus Ehrenpreis**, Gelehrter, Schriftsteller und Oberrabbiner von Bulgarien, an den Religionswissenschaftler **Martin Buber**. Buber hatte seinen Rücktritt von der Redaktion der Zeitschrift „Der Jude" gegenüber Chaim Weizmann mit den Worten verteidigt: „daß ich ein Blatt, um dessen Finanzen ich ständig zu sorgen hätte, derzeit nicht übernehmen kann, weil ich dafür nicht Zeit und Nervenkraft genug habe; [...]".*

Sofia, 3.1.1904

Lieber Herr Doktor,

Also Sie geben sozusagen Ihre Demission von der jüdischen Rasse! Noch mehr: Sie desertieren, Sie werfen die Flinte ins Korn und laufen davon; Sie verlassen heimlich das Schlachtfeld, wo Ihr Volk den letzten verzweifelten Kampf um seine Existenz kämpft, und verstecken sich in das wohlgeschützte Studierzimmer, hinter den Schreibtisch, beim Differenzierungsproblem? Und das tun Sie, Martin Buber, der Mann der unerschöpflichen Initiative, des unverwüstlichen Glaubens, der erfolgreiche Organisator, aus dem ein kommandierender General werden sollte? Nein, verzeihen Sie mir, aber ich kann Ihre Todesanzeige beim besten Willen nicht ernst nehmen. Dazu achte ich Sie zu sehr, dazu glaube ich an Sie zu sehr. Ich kann mir nicht denken, daß Sie, wie soll ich sagen, so wenig tiefgründig wären, daß all Ihr Eifer und Tatendrang nur so eine Art Jugendsport waren, den Sie mir nichts Dir nichts wie einen abgetragenen Rock von sich werfen können; ich kann nicht glauben, daß Ihr Verantwortlichkeitsgefühl es ruhig mit ansehen wird, wie Sie eine Reihe von Unternehmungen, die Sie ins Leben gerufen, einfach stehen lassen ohne sich weiter um sie zu bekümmern; und ich kann nicht annehmen, daß Sie so wenig von Ihrem aktiven, lebendigen Talent belästigt werden, daß Sie nicht notgedrungen für dasselbe in positiver Volksarbeit Betätigung suchen *müßten*, ob Sie nun wollen oder nicht.

Nein, lieber Freund, ich kann Ihre Mitteilung nicht ernst nehmen und Ihre Demission wird von der jüdischen Rasse nicht angenommen werden. Auch Ihre eigene Natur – und das ist das Entscheidende – wird sich gegen diese Entschließung auflehnen und sie zu Schanden machen. Brauche ich *Ihnen* zu sagen, daß wir nicht das sind, was wir sein *wollen,* sondern was wir sein *müssen.* Sie sind nun einmal ein Tatenmensch, ein Initiator, ein Anreger, ein Organisator. Ich kann Sie mir als Nurgelehrten gar nicht denken; auch Ihre Wissenschaftlichkeit ist zappelndes Leben, Fleisch und Blut. Und ob Sie wollen oder nicht, Sie werden dorthin zurückkehren, wo Ihr Platz ist – zum Schlachtfelde, wo unser Volk um Sein oder Nichtsein kämpft. Und wenn Sie wiederkommen – und Sie werden nicht lange auf sich warten lassen! – dann treffen Sie mich auf meinem alten Posten, als bescheidenen aber ausdauernden Mitkämpfer, und dann drohe ich Ihnen mit dem Finger, wie einem übermütigen Jungen, der plötzlich aus der Schule fortgelaufen, drücke Ihnen in alter Kameradschaft die Hand und wir kämpfen weiter, Arm in Arm.

Lassen Sie bald wieder von sich hören und verzeihen Sie diese ungebetene Gardinenpredigt.

PS. Ihre Mitteilung ist übrigens unvollständig: Wird der „Jude" erscheinen und unter wessen Redaktion? Wird der „Jüdische Verlag" fortbestehen und unter wessen Leitung? Wird für die „Hochschule" fortgearbeitet und durch wen? Wird die „Fraktion" fortbestehen und in welcher Form? Schon dieser Fragebogen ist eine schreiende Anklage, und zwar auf Kindesmord. Das sind lauter Kinder, die Sie in die Welt gesetzt und die Sie jetzt umbringen wollen.

# 5. JANUAR

*Am 3. Januar 1949 – und damit kurz nach seiner Rückkehr aus den USA nach Frankfurt a. M. – schreibt* ***Theodor W. Adorno****, Philosoph, Soziologe und Musikwissenschaftler, an den seit seiner Schulzeit befreundeten* ***Leo Löwenthal****, der an der Columbia University lehrt. Beide arbeiten für das Institut für Sozialforschung, das – während des II. Weltkrieges nach New York verlegt – auch nach Frankfurt zurückgekehrt ist. – Im ersten Abschnitt des Briefes bezieht sich Adorno auf Löwenthals gerade erschienenes Buch „Falsche Propheten", deutsch später unter dem Titel „Agitation und Ohnmacht" veröffentlicht.*

Frankfurt a. M.
Liebigstraße 19 III, bei Irmer
3. Januar 1949

Mon très cher,

hab schönsten Dank für die „Prophets", die mir viel Freude bereiten. Ich habe viel darin gelesen und finde, daß es Dir sehr gut gelungen ist, die Proportionen herzustellen und einen Ton, der das Tödliche durchblicken läßt, ohne ins Gestikulierende zu verfallen, dem man ja bei diesen affektiv so unbeschreiblich besetzten Dingen kaum entgeht. Und gegenüber dem unter dem Titel Content Analysis blühenden Unfug, in dem sich die quantitativen Methoden selbst ad absurdum führen, ein höchst wirksames Gegengift.

Wenn es Dir möglich wäre, den Verlag [...] dazu zu bringen, mir kostenlos ein paar Exemplare zu schicken, würd ich sie gern hier in die rechten Hände bringen, auch dem Seminar eines schenken. [...]

Wenn ich mit noch einer Bitte Dich behelligen darf, dann wäre es die, zu veranlassen, daß ich möglichst rasch ein Vor-Exemplar des Berkeleybuches hierher bekäme. Dann kann ich es, wie ich möchte, in der Vorlesung verwursten, in der ich jetzt im Teil über empirischen Research stecke. Ich habe zwar die gesamten Fahnen hier, aber die sind zu umständlich zu hantieren.

Sehr schwer, über die Eindrücke etwas Vernünftiges oder auch nur einigermaßen Kohärentes kurz zu formulieren. Es macht natürlich einen großen Unterschied, ob man als detachierter Beobachter, und in der *Funktion* des Beobachters, kommt, oder ob man sogleich mitten in die Arbeit im europäischen Zusammenhang hineingestürzt wird. Natürlich ist beim letzteren die Erfahrung positiver – während schon ein paar Ferientage ausreichen, Distanz herzustellen. Immerhin kann ich Dir weder verschweigen, daß ich vom ersten Augenblick in der Bretagne an von der europäischen Erfahrung – glückvoll – überwältigt war und daß die Arbeit mit den Studenten an Intensität und Beziehung alles hinter sich läßt, was man erwartet, auch alles, was vor 1933 war. Und die Behauptung, das Niveau der Studenten sei gesunken, sie seien ungebildet, oder pragmatisch orientiert, ist reiner Zimt. Viel eher ließe sich sagen, daß sie sich in einer abgelösten und der Politik entfremdeten Weise mit einem Fanatismus ohnegleichen in den Geist gestürzt haben. Das entscheidend Negative, das in alles hineinwirkt, ist, daß die Deutschen (und eigentlich ganz Europa) keine politischen Subjekte mehr sind, auch als solche sich nicht mehr fühlen, und daß dadurch dem Geistigen etwas Schattenhaftes, Unwirkliches anhaftet. Mein Seminar gleicht einer Talmudschule – ich schrieb nach LA, es wäre, wie wenn die Geister der ermordeten jüdischen Intellektuellen in die deutschen Studenten gefahren wären. Leise unheimlich. Aber eben darum, im echten Freudischen Sinne, auch wiederum unendlich anheimelnd.

Gesundheitlich und persönlich geht es mir so gut wie lange nicht, ich bin dreimal so frisch und leistungsfähig als drüben, hatte noch keine Minute Kopfschmerzen. Schmerzlich nur die Trennung, und ein Problem die Arbeit an den eigentlichen Dingen, an die ich bis jetzt in dem Lehrbetrieb kaum kam.

Schreib doch einmal. Hoffentlich geht es Euch allen gut. Grüß die Golde sehr schön und ganz besonders den Daniel. – Ist Aussicht, daß Du wiederum hier auftauchst?

Alles Herzliche und Liebe

von Deinem alten Teddie

# 6. JANUAR

*Am 7. Januar 1953 schreibt der Regierende Bürgermeister von West-Berlin,* ***Ernst Reuter****, an den deutsch-amerikanischen Theologen* ***Reinhold Niebuhr****. Reuters Haltung zum Flüchtlingsproblem ist vorbildlich: damals wie heute. Und seine Vorausschau auf die künftige Entwicklung hat sich spätestens 1961 voll bestätigt.*

Berlin, den 7. Januar 1953

Sehr geehrter Herr Niebuhr,

unser Freund Lasky übermittelte mir Ihren Brief vom 12. Dezember an ihn. In diesem Brief nehmen Sie auf eine Mitteilung der „New York Times" vom 8. Dezember Bezug, wonach ich eine Aufforderung an unsere Landsleute in Ostdeutschland gerichtet haben soll, nicht nach West-Berlin zu kommen. Diese Meldung ist in der Form nicht ganz richtig. [...] Zur Erläuterung darf ich folgendes bemerken: Ich spreche seit über einem Jahr über den RIAS in einer regelmäßig alle vierzehn Tage wiederkehrenden Sendung, die unter der Bezeichnung „Wo uns der Schuh drückt" läuft. In dieser Sendung nehme ich zu allen möglichen Beschwerden und Wünschen, die aus der Bevölkerung an mich herangebracht werden, Stellung. Dabei spielt selbstverständlich auch die Flüchtlingsfrage eine große Rolle. Es gibt West-Berliner, die sich darüber beschweren, daß ihnen die Flüchtlinge vorgezogen würden, sofort Arbeit und Wohnung bekämen. Umgekehrt gibt es Flüchtlinge, die sich darüber beschweren, daß sie jahrelang keine Arbeit und keine Wohnung bekämen. Es liegt in der Natur der Sache, daß eine kleine Stadt wie Berlin mit all den Problemen allein nicht ganz fertig werden kann. Trotzdem besteht keine Meinungsverschiedenheit darüber, daß wir Flüchtlinge aufzunehmen haben. Der einzige Punkt, der ernsthaft umstritten ist, ist die Aufnahme von Flüchtlingen, die bis vor kurzem eine prominente Rolle im Osten gespielt haben. Jedesmal, wenn ich mich im Rundfunk dazu geäußert habe, habe ich erklärt, daß wir keinen zurückweisen können und daß wir helfen müssen, obwohl unsere

Schwierigkeiten dadurch oft bis zur Unlösbarkeit gesteigert werden. – In dieser Sendung habe ich lediglich einmal darauf hingewiesen, daß die Flüchtlinge, die aus dem Osten zu uns kommen, nicht annehmen können, daß sie bei uns sofort Arbeit, Brot und ausreichende Unterkunft finden. Nicht mehr. Ich habe das Gefühl, daß es notwendig war, das zu sagen. Weniger wegen der Flüchtlinge selbst, als wegen der Auswirkung auf unsere eigene Bevölkerung. Ich glaube daher, daß das, was Sie auf Grund einer nicht richtig wiedergegebenen Darstellung der „New York Times“ sagen, nicht ganz den Tatsachen entspricht; aber ich weiß, wie solche Dinge entstehen. Die Zeitungen können nicht immer genau berichten und haben auch nicht immer im Auge, was für ein Schaden durch ungenaue Berichterstattung entsteht.

Für das Jahr 1953 sehe ich voraus, daß der Flüchtlingsstrom noch viel größer werden wird. Es beginnt eine Art Völkerwanderung, die die natürliche Reaktion auf den steigenden ökonomischen und politischen Druck ist. Die Entwicklung könnte nur aufgehalten werden, wenn die Machthaber im Osten selber zu drastischen weiteren Absperrungsmaßnahmen übergingen. Sie werden das wahrscheinlich auch tun, weil der Verlust menschlicher Arbeitskraft auf die Dauer auch ihren Interessen nicht entspricht. Aber die Einführung drastischer Sperrmaßnahmen, wie etwa die Verhinderung von Reisen nach Berlin und so weiter, wird für sie sehr unbequem sein. Für uns bleibt es auf jeden Fall eine ständig wachsende Sorge. Es ist in Berlin gar nicht einmal so sehr ein finanzielles als ein rein technisches Problem, jeden Tag neue Quartiere für Hunderte von Menschen zu beschaffen.

Mit den besten Grüßen

Ihr sehr ergebener Ernst Reuter

*Am 7. Januar 1919 schreibt der Dichter **Klabund**, mit bürgerlichem Namen Alfred Henschke, an seinen Freund **Ernst Heinrich** nach Berlin.*

Locarno–Monti, 7.I.1919

Lieber Herr Heinrich,

Dank für Ihre guten Wünsche! Wenn Wünsche helfen könnten ... Ich bin über Irenens Tod noch nicht hinweggekommen. Und ich werde ihn erst dann überwunden haben, wenn ich mich selber, d. h. meinen Tod – überwunden habe. Was für ein lebendiger Mensch war ich doch! Mit welcher Leidenschaft zum Leben! Nun bin ich wie mitten durchgebrochen, und weder dort noch hier. Weder tot noch lebendig. Wer mir einmal gesagt hätte, vor einem Jahr, vor einem halben Jahr, mein *Lebens*inhalt würde einmal der *Tod* sein, den hätte ich ungläubig verlacht. Woran denke ich? Worauf hoffe ich? Wem gilt meine Leidenschaft? Meine Freundschaft? Dem Tod, der mir in Gestalt der geliebten Frau immer verführerischer erscheint. Unsere Liebe war im Sommer zu einer solchen Glut emporgeflammt, daß ich am eigenen Leibe, an eigener Seele erfuhr was es heißt: ein Romeo, ein Leander zu sein. Ich war durch hundert Frauen gegangen und *weil* ich hundert Frauen kannte: um so einziger erschien mir dieses Wunder an Frau und nie *nie* wieder werde ich ihr begegnen. Ich habe die Vollkommenheit umarmt. Aber: wer die Schönheit angeschaut mit Augen, ist dem Tode schon anheimgegeben ... (Platen). Sie vereinigte die Reinheit „Beatricens", die Schönheit „Lauras" mit der Güte der heiligen „Katharina" und der Kindlichkeit der Braut des Novalis: „Sophie".

Sie galt der kleinen bayrischen Stadt, der sie entstammte, wie eine Heilige: die ganze Stadt hat geweint bei ihrem Tode. Nun haßt man mich. Gewiß mit Recht. Denn mit dem Kinde hab' ich sie getötet. Meine höchste Seligkeit wurde meine tiefste Schuld. In welchem Labyrinth wandeln wir armen Menschen! Wie hilflos zappelt unsre Erde, die schwarze Fliege, im großen, goldenen Spinngewebe!

Ich will alle meine Verse, die ich ihr geschrieben habe, vereinigen in einem Band *Der Cherubim*: die Elegie, die Sonette, die Oden, Distichen und Kleinen Lieder. Und als Anhang: den kleinen Einakter: *Der Totengräber* samt einem kleinen Buch *Balladen.*

Herzlichst
Ihr Klabund

17.II.1919

Lieber Herr Heinrich,

Irene hat heute ihr Kind zu sich gerufen.

Ihr Klabund.

# 8. JANUAR

*Am 7. Januar 1937 schreibt der 42jährige Schriftsteller* ***Ernst Jünger*** *an den österreichischen Zeichner und Schriftsteller* ***Alfred Kubin****. Jünger bewundert das Werk des 18 Jahre älteren Kubin, mit dem er seit langem in freundschaftlichem Kontakt steht.*

Ueberlingen a.B., 7.1.1937
Weinberghstraße 11

Lieber Herr Kubin!

Ihren Brief vom 14. Dezember und das Jahrbuch fand ich nach meiner Rückkehr hier in Ueberlingen vor. Wie Sie sehen, bin ich Ihnen nun weit näher gerückt, und ich hoffe, daß der seit langem geplante Besuch sich im laufenden Jahre verwirklichen wird. Sollten Sie vorher in diese Gegend kommen, so würden Sie mich sehr erfreuen, wenn Sie bei mir einkehrten.

Das Jahrbuch finde ich recht gelungen; es gibt einen guten Einblick in Ihr Werk. Als ich darin blätterte, beschäftigte mich an Ihrer Komposition eine kleine Eigentümlichkeit, die mir bislang noch nicht so aufgefallen war. Ich möchte sie die beziehungslose Gleichzeitigkeit nennen – die stumpfe Abgeschlossenheit der Individuen, die in der Welt wie in einer Reihe von Kerkerzellen nebeneinander tätig sind. Mir stellte sich das an einer Kleinigkeit dar, nämlich daran, daß Sie in Ihrer Novelle, während alles dem gespenstischen Rufe nacheilt, den Hauslehrer aus dem Fenster rufen lassen, daß für heute die Stunde beendet sei. Aehnliches findet sich sehr häufig in der „Anderen Seite" und natürlich auch in Ihren Zeichnungen. Dieser bedeutende Zug tritt auch in den Gedichten von Georg Trakl hervor, der für mein Gefühl ja Ihr nächster Verwandter ist. Es handelt sich hier, wie ich vermute, um symbolische Notizen, durch die der Künstler den Verlust der Harmonie vermerkt, die sich aus der Welt zurückgezogen hat und den blinden, aufgespaltenen Willen hinterläßt. Es erhebt sich bei mir nun die Frage: Wo ist die Stelle, an die diese Mitteilungen gerichtet sind?

Was Sie vom Altern schreiben, leuchtet mir ein, und ich glaube, daß gerade Sie aus diesem Vorgang Kräfte zu ziehen imstande sind. Was mich betrifft, so sind mir solche Wahrnehmungen noch fremd; im Gegenteil habe ich das Gefühl, noch nicht genügend Jahresringe angesetzt zu haben – und zwar so stark, daß mir oft ein Mensch von zwanzig Jahren in der Abgeschlossenheit seiner Urteile und Lebensgewohnheiten als überlegen erscheint. Meine geistige Entwicklung und Kristallisation hat einen sehr langsamen Zug.

In den Tropen gefiel es mir sehr; auch habe ich dort eine neue Furcht entdeckt, die durch das Maximum an vitaler Lebenskraft hervorgerufen wird. Es ist, als ob Sie in eine große, rote Blüte blicken, die plötzlich zu glühen beginnt. Zugleich lebte ich dort aber ganze Tage lang in einer solarischen Heiterkeit, wie sie mir hier nur für Viertelstunden gelingt.

Ich sende Ihnen gleichzeitig mein letztes Büchlein zu; vielleicht regt Sie der Kobold an, der in seinem vierten Kapitel geschildert wird.

Ihr

Ernst Jünger

# 9. JANUAR

*Am 9. Januar 1946 schreibt der 43jährige Komponist* ***Rudolf Wagner-Régeny*** *an seinen Freund, den sechs Jahre älteren Bühnenbildner* ***Caspar Neher*** *nach Hamburg.*

Teterow Neukalener Str. 20
9.1.1946

Mein lieber Caspar!

Dieses Jahr ist schon neun Tage alt. Und auch diese wenigen Tage veränderten nicht das trübe Bild der nächsten Monate.

Zwar kam von Heinz ein lieber Brief mit der Bitte, ich möchte mich für ihn frei halten, er würde im April wieder von sich hören lassen. Eine Übersiedlung zu Euch ist ja aber mit meinem Klavierchen und den Büchern und meiner armen kranken Frau nur dann möglich, wenn die höchsten Militärstellen mich irgendwie in einen Lastwagen verfrachten. Das müßte von Hamburg aus eingeleitet werden.

Wenn inzwischen – sagen wir im Februar oder März – die Stadt Güstrow mich im Lastwagen des dortigen Theaters – das planen sie! – dorthin fahren will, so werde ich vorläufig nicht nein sagen.

Hauptsächlich deshalb nicht, weil dort ein vortreffliches Krankenhaus ist mit lieben tüchtigen guten Ärzten für meine Frau. Wir machen hier vorläufig täglich abends eine Pantoponspritze, damit die Schmerzen erträglicher sind.

Caspar, ich weiß selbst nicht mehr recht, ob ich noch am Leben bin oder ob es nur den Anschein hat, daß ich es bin, der sich morgens die Schuhe anzieht und abends die Zähne putzt.

Kannst Du mir in einem Briefe eine zerkrümelte Zigarette schicken? Heinz hat es auch getan, und sie gab mir auf einige Stunden das Gefühl, ein normaler Mensch zu sein. –

Lieber! Du schreibst reichlich mager!

D. h. ich kann's nicht mal erraten, was Du treibst, denkst fühlst ... Ich wünschte Dich eigentlich nach Güstrow.

Dort ist in einem alten Marstall ein Theater mit 20 Jazzmusikern. Vielleicht probiere ich dort manches aus, was ich mir im Laufe der letzten Jahre ausdachte. Jedenfalls „Oper“ wollen wir niemals mehr machen!?

Ich spielte im Dezember mit einem Saxophonisten und einer Ziehharmonikasängerin im hiesigen Caféhaus. Dort lernte ich mehr als auf allen Proben in Wien und Berlin!

Wenn man das Zeitlose will, sollte man es am raffiniertesten mit den zeitnächsten Modeinstrumenten interpretieren.

Ich will's in „The legend of the happy man“ versuchen.

Dein Rudi

Indes binde ich mich in Güstrow an nichts, auch falls ich dorthin übersiedeln würde! Post bitte nach Teterow, bis ich nichts anderes angebe.

*Achtung!!* Wir bitten sehr, sehr, durch einen Arzt oder anderswie um *Pantopon-Ampullen*, hier gibt es seit heute keine mehr!! Es ist ganz entsetzlich.

Bis zu 500 g kann man schicken. Léli läßt Euch herzlich grüßen. Sie kann selbst nicht schreiben, da die rechte Hand nicht fähig dazu ist.
Bitte versucht eine solche Sendung so rasch als möglich!!!

## 10. JANUAR

*Am 10. Januar 1978 schreibt* ***Eva Strittmatter*** *einen* ***Rundbrief*** *übers Briefeschreiben. Natürlich war er nicht ihr letztes Wort in dieser Sache; sie hat auch weiterhin intensiv mit ihren Freunden und Lesern korrespondiert.*

Heute, am 10. Januar 1978, resigniere ich: vor den fünfzig Briefen, die hier unbeantwortet liegen, obwohl ich seit Wochen nichts mache als *Post*, und vor meinen Armen, dem rechten Ellenbogen zumal, der die *Tennisspieler-Krankheit* hat, wie der Doktor Niepel in Piestany mir erklärte, Abnutzungserscheinungen, die nicht zurückgehen werden. Der Herr Doktor N. hat noch einen Zusatztitel, den ich bei uns nie gehört habe, und so wird er auch angeredet: Der Herr *Primarius*. Der Herr Primarius also sagt, es kann bei mir nur vom Schreiben kommen, da ich nicht Tennis spiele – [...] – und ich soll das Schreiben lassen, die Arme schonen. So wollte ich einen Brief auf Tonband diktieren, ich redete mit dem Apparat wie mit unserem Hund: willst du wohl das Zeug aufnehmen, aber er nahm nicht, schließlich fiel mir ein, daß man dazu ein Mikrophon braucht, ich probierte alle Anschlußstellen, kriegte den Stecker hinein, aber nun ging das Kassettenband nicht mehr vor noch zurück, vielleicht sind die Batterien jetzt leer ... Also muß ich doch die Ellenbogen strapazieren und auf der Maschine [...] schreiben, [...]

Einige zehn Jahre zurück hätte ich so gern Post bekommen, da kam für mich selten genug ein Brief – keiner schreibt, keiner ruft an, ich bin vergessen, vergangen – ich habe mich so hartnäckig nach Kontakten gesehnt, dieses Sehnen verdichtet und hinausgesendet, daß nun die Wirkung zurückläuft. Wie im Märchen, wenn der Hungrige das Zauberwort für den Brei erfährt, und es *überkommt* ihn ... Das ist natürlich ein unpassender Vergleich. Es hat nicht mein Verlangen aufgehört zu hören, zu erfahren, was Menschen denken, tun, schon gar nicht, wie sie umgehen mit dem, was von mir ausgeht, aber es kommt mir aufs Hören an, nicht aufs Reden – und Briefeschreiben ist ein *Miteinanderreden* – was ich zu sagen habe, will ich in Gedichten sagen oder in anderen nichtadressierten Wortverbindungen. Denn obwohl ich weiß, daß Menschen mit freundlicher Gesinnung auf das warten, was ich schreibe, kann ich doch nicht an sie denken bei dem, was nun auch ich mich gewöhnt habe, *Arbeit* zu nennen.

Ich hatte ein unruhiges, ungutes Jahr und habe das einzige Verlangen, mich in Worte *zurückzuziehen.*

In den nächsten Monaten erscheinen meine neuen Bücher, die „Rose" und die „Briefe". Während sie zu den Freunden und Lesern kommen, werde ich einen Weg suchen, auf dem es sich weitergehn läßt, an den Kreuzungen, auf denen diese Bücher stehen, bin ich seit Jahren vorbei.

Eigentlich, im *tiefsten Innern,* wie man früher sagte, habe ich aber auch dazu keine Neigung, ich möchte *leben,* von mir werfen, was mit Literatur zu tun hat.

Vor ein paar Tagen lief ich am Vormittag vom Briefeschreiben fort, ich mußte Matthes eine Bestellung überbringen, die telefonisch an mich gekommen war. Ungenau wußte ich, wo im Wald er sein könnte. In der Nacht oder gegen Morgen hatte es geschneit, so ein Reifschnee, dünne Schicht [...]. Über den Föhren, dem Schnee, den geröteten Wipfeln der Wegrainbirken Bläue und Sonne, die Luft geschmelztes Kristall, rein, leicht, wie auf den Bosnischen Bergen im Frühling, und ich hatte einen Anfall von Lebenslust, so seit langem nicht mehr. Erheitert sah ich mich von außen: langer Mantel, Altfrauen-Umschlagetuch, Stiefel von Strittmatter, aufgekrempte Hosenbeinlinge, wegen des Schnees, groteske Gestalt, die da durch den Wald stapft und fühlt: es wäre möglich zu fliegen ... Wenn es gelingen würde, die *Pflichten* abzuschütteln, wenn man es lassen könnte, sich immer neu zu binden und einzuschnüren ... Wozu all die Lesungen, Briefe und *Nebendinge?* Essays, Vorworte, Nachworte, Interviews, Büchersignierstunden, Fernsehgespräche – wenn Du doch weißt, daß das Leben begrenzt ist? Wenn es weiter so geht, wirst du nicht mehr *leben,* Schein-Pflichten werden Dir nicht einmal jene Freiheiten lassen, die möglich sind. Es ist Zeit, laß die Hast.

# 11. JANUAR

*1922 schreibt der Wiener Schriftsteller und Journalist* ***Karl Kraus*** *an den österreichischen Ministerpräsidenten* ***Johannes Schober*** *einen Brief, „dessen Inhalt wohl immer unbestellbar sein wird“.*

Hochverehrter Herr!

Von einer Auslandsreise heimgekehrt, beeile ich mich, Ihnen [...] zu versichern, daß noch viel hoffnungsloser als die wirtschaftliche Misere des Vaterlands das Benehmen der Finanzorgane ist, die den Heimkehrenden als die Repräsentanten der österreichischen Staatshoheit an der Grenze empfangen. Nicht daß sie sich als Vertreter eines Bettlerstaates auf das halbe Kilo Zucker oder die fünfzig Zigaretten stürzen, die sie mit begreiflichem Mißtrauen im Koffer vermuten und mit berechtigtem Eifer suchen, ist das Verdrießliche. Wohl aber der Ton, der in jedem, welcher die österreichische Grenze zu überschreiten wagt, einen Deliquenten anzusprechen scheint. Es ist doch unerträglich, daß zu den Besitztümern, die der Reisende unbedingt nicht hinübernehmen darf, die Menschenwürde gehören soll, und es mag dahingestellt bleiben, ob es für den Ruf dieses Staates im Ausland abträglicher wäre, daß der Fremde den Eindruck empfängt, in ein Land der schlechten Manieren zu geraten, oder dem patriotischen Gefühl unangemessener, daß der Inländer nur mit Widerstreben ein Territorium betritt, an dessen Schwelle er bloß dafür, daß es ihm einfiel, zurückzukommen, angeschnauzt wird. Auf Wunsch kann Ihnen mit genaueren Daten über das Betragen eines österreichischen Grenzrevisors gedient werden, der der Meinung zu sein schien, daß das Öffnen des Koffers eine militärische Übung sei und im Ton der Abrichtung verfügt werden müsse. Die Widerlichkeit der Szene wurde womöglich durch die Schüchternheit gesteigert, in die er gegenüber einem Passagier umschlug, der mit ironischem Gleichmut antwortete und in dem er, schon allein dadurch verwirrt und umsomehr, als der Koffer statt Zucker Manuskripte und Bücher darwies, einen „Redakteur“ vermutete. Die Frage „Is der Herr vielleicht a Redakteur oder so was?“ wurde nur als ein weiterer Beweis des Mißtrauens abgewiesen, wiewohl es unschwer gewesen wäre, durch die Bejahung ein Wunder der Liebenswürdigkeit zu bewirken. Da nun nicht lauter Redakteure die Grenzen passieren, sondern auch solche Reisende, die sich selbst einschüchtern lassen, etwa Frauen, so wäre wohl eine Weisung dringend geboten, durch welche den Leuten, denen die Suche nach Zucker und Tabak obliegt und die infolgedessen einen Machtrausch produzieren, der uns noch von den Kriegszeiten in grauslichster Erinnerung ist, eingeschärft wird, daß sie sich anständig zu benehmen haben. Bei Inländern, die ohnedies schon abgehärtet sind und im Umgang mit dem Kasmadertum in seinen schwersten Formen bereits einige Übung haben, kann die Sache ja nicht zu bösen Weiterungen führen. Aber die Fremden, nach denen dieser Staat lechzt, sollten doch nicht schon an der Grenze erkennen müssen, daß er sich der untauglichsten Mittel bedient, um sie anzulocken, und es kann der Hebung des Verkehrs derselben keineswegs zustattenkommen, wenn, wie ich einmal in Lundenburg gehört habe, einem Amerikaner von einem ziemlich lauten Kontrollorgan der Rat widerfährt: „Gengan S' nach Amerika zruck, wann Ihna was net recht is!" [...] Da der Reisende beim geringsten Widerspruch Gefahr läuft, am Weiterreisen verhindert zu werden, und lieber jede Demütigung über sich ergehen läßt, so erscheint das Betragen solcher Repräsentanten als die vollkommenste Ausnützung jener Wehrlosigkeit, die im Shakespear'schen Satz „Dem Hund im Amt gehorcht man" als die Beziehung des Bürgers zur Autorität endgiltig bezeichnet ist, wobei ich freilich als Hundefreund zweifeln möchte, ob das Tier je durch Machterhöhung die Harmonie der Natur verletzen könnte. Dagegen bin ich durchaus überzeugt, daß gerade Sie, sehr geehrter Herr Bundeskanzler, der schon als Polizeipräsident die Veredelung der in ihren Sitten so rauhen Sittenpoliozeiorgane angestrebt hat, sich ein hinreichend lebendiges Gefühl für die Unleidlichkeit bureaukratischer Ausartung bewahrt haben, um ihr wenigstens jene Grenzen zu setzen, die sich mit der Landesgrenze deckt.

Karl Kraus

# 12. JANUAR

*Im Januar 1990 schreibt der Maler und Schriftsteller* ***Breyten Breytenbach*** *an den Schriftsteller und Publizisten* ***Fritz J. Raddatz****. Breytenbach, 1939 in Südafrika geboren und dort sieben Jahre inhaftiert, lebt seit 1982 in Paris.*

Paris, 21.1.90

Dear Fritz, liewe Fritz,

ich fühle mich sehr in Deiner Schuld, nicht früher auf Deine beiden Briefe geantwortet zu haben – und habe ja auch für solche Schuldgefühle allen Grund; sie kamen ja schon vor geraumer Zeit. Bitte verzeih. Zuerst einmal waren wir in Spanien, [...]. Wir kehrten später als geplant zurück – und da war Dein Brief. Aber ich verkroch mich sofort ins Atelier zur Arbeit – die mich noch immer ganz gefangen hält. Ich schufte wie ein Wilder; denn ich hatte mir nicht klar gemacht, wie schwierig es ist, sich in einen „normalen" Malrhythmus wieder hineinzufinden. Zeichnen, malen, irgend etwas „machen" (heißt es „schaffen"?) – ist ja stets ein großer Reflexionsprozeß, öffnet einen zu neuem Denken und fügt dem eigenen Selbst (was immer dieses heillose Chaos namens „Selbst" sein mag) etwas hinzu. Je älter ich werde, desto peinvoller wird das. Nicht, daß ich mich alt oder unfähig fühle, aber so viele Illusionen und Träume sind zerronnen und „denken" – wie Du selber weißt – wird allmählich zu einer eher marginalen Tätigkeit.

Dabei „denke" ich oft an unseren letzten Pariser Abend zusammen. Er war schön, wunderschön – besonders mit dem Eiffelturm direkt auf dem Schoß –, aber auch traurig. Dank Dir nochmal für das herrliche Essen wie für das so anregende Gespräch. Woran wir im Leben geglaubt haben, auch was wir taten: es war nie vom Bösen motiviert; selbst wenn vieles dem auch wir unseren Namen liehen, verdreht und manipuliert wurde. Ich habe eine schreckliche Vorahnung, daß diese neue „befreite" Welt der „Demokratie und Menschenrechte" in Finsternis hineinstürzt, in einen verzweifelten Fanatismus, moralische Indifferenz und wildeste Ausbeutung. Leute wie Du und ich sind vielleicht dazu verdammt, als die leeren Eierschalen des alltäglichen Fernseh-Rühreis zu „überleben"; eggsperts, sozusagen. Well, ich lehne das ab. Ich denke, ich muß irgendeinen Weg finden, um den Kampf (mehr und mehr: der Kampf gegen die Macht) weiterzuführen; der einzige Unterschied zu früher ist der, daß man weiß: da ist keine Chance für irgendeinen Fortschritt, geschweige denn einen Sieg!

So ist es – auch aus diesem Grunde – schwierig geworden zu schreiben oder zu malen in einer Welt der Nicht-Leser und Nicht-Betrachter, die sich in dem leer laufenden Geräusch eines narzistischen Deliriums wiegt – selbst wenn, glücklicherweise, schreiben und malen davon unabhängig sind. Dennoch ist es eine enorme Anstrengung, zurückzukehren zum täglichen Risiko vor dem weißen Blatt Papier.

Das ist vielleicht, zu Teilen, ein Grund, warum ich nicht gleich geantwortet habe.

Zusätzlich zu all dem war ich im Dezember – buchstäblich für ein Wochenende – auch noch in Südafrika, zur Beerdigung meines Vaters. Auch da öffneten sich einige alte Türen, mag sein: nicht in andere Räume des Nichts, aber zu den Erinnerungen an die versunkene Welt der Kindheit, da die Erde noch tief und warm war. Du weißt am besten, wovon ich spreche. Vielleicht wäre es jetzt also zu früh, mich im Atelier zu besuchen. Laß mich erst mein Gesicht neu bestimmen. Die Wahrheit zu sagen: Ich bin im Moment eher abgestoßen von der Idee eines (literarischen) „Portraits" (trotz all meiner Eitelkeit) – wenn ich auch vollkommenes Vertrauen in Deine Sensibilität und Empfindsamkeit habe.

Wir bleiben ja im Kontakt – und wo und wann immer wir uns wiedersehen, werden wir unsere Probleme wie die Wiederkäuer vor uns herwälzen. Aber in keinem Falls darfst Du böse sein, weil ich so lange nicht geantwortet habe.

Das allerbeste für 1990. Keep the faith.
Your friend

Breyten

*1935 wendet sich der „ausgebürgerte" Schriftsteller **Kurt Hiller** aus dem Prager Exil mit einem leidenschaftlichen Anklage-Brief an den deutschen Reichsinnenminister **Wilhelm Frick**.*

Herr Reichsminister!

Wenn grobschlächtig-machtbesoffenes Spießertum die Träger der geistigen Bewegung einer Nation, eben weil sie das sind, der Reihe nach „ausbürgert"; wenn Deutschen, deren Werke in ein Zeitalter fortwirken werden, das die meisten der heute die Heimat beherrschenden Karikaturen nicht mal dem Namen nach mehr kennen dürften, von eben diesen Karikaturen das Deutschtum abgesprochen wird – die Komik dieses von aller Welt belachten Vorgangs übersehe ich. Ich nehme meinen persönlichen Fall so ernst, wie Sie es wünschen, und lege gegen die Unwahrheiten, die Sie über mich verbreiten lassen, daher Verwahrung ein.

Keineswegs kann und will ich mit Ihnen über die Frage streiten, ob es einen Kriegsgegner sittlich belastet, wenn er „aus dem deutschen Heeresdienst desertierte"; ich habe Ihnen nur zu sagen, daß ich wegen der strafbaren Handlung, deren Sie mich bezichtigen, niemals verurteilt oder auch nur angeklagt worden bin; daß vielmehr ein Ermittlungsverfahren wegen Fahnenflucht, das einmal in München gegen mich geschwebt hat, vor aller gerichtlichen Verhandlung eingestellt worden ist – meine (nicht bestrafte) Entfernung vom Regiment liegt freilich siebenundzwanzig Jahre zurück (11. Oktober 1908).

Ich bin bereit, eine Unwahrheit, an der der Hauch der Spur eines Körnchens Wahrheit haftet, nicht als Lüge zu buchen. Aber Lüge ist Ihre Behauptung, ich hätte, in der Neuen Weltbühne, „die niedrigsten Verleumdungen über Deutschland" verbreitet. Ich habe in dieser Zeitschrift tatsächlich meiner Liebe, meiner unvergänglichen Liebe zu Deutschland Ausdruck gegeben, zu seiner Natur, seiner Sprache, seinen Meistern, seiner ehrfurchtgebietenden kulturellen Vergangenheit und seiner unerhört herrlichen Zukunft (nach Eurem Sturz). Ein Land, das man so liebt, verleumdet man nicht.

Welch lächerliche Anmaßung, daß Ihr Euch mit Deutschland gleichsetzt! Wer wird zum Beispiel in Ihnen, Herr Reichsminister, einen Tag, nachdem Sie von der Tafel der Geschichte gelöscht sein werden, einen Repräsentanten des Deutschtums sehn? Unser schlechtestes Stück Prosa wird länger leben als Euer bester Erlaß. Ich habe indessen auch Euch nicht verleumdet. Jemanden verleumden heißt ja wohl: wider besseres Wissen unwahre Tatsachen über ihn behaupten, die geeignet sind, ihn verächtlich zu machen, ihn in der öffentlichen Meinung herabzuwürdigen. Das ist Ihr Metier, nicht meines. Ich habe die Wahrheit, die lautere Wahrheit veröffentlicht; erstens über den feigen Meuchelmord an meinem Kameraden Erich Mühsam durch Eure Leute im Lager Oranienburg; zweitens über das, was ich von Eurem Diebspack und Eurer folternden Kanaille am eignen Leibe erfuhr; drittens über Bestialitäten, die ich nur sah. Sie haben die Stirn, Herr Minister, der deutschen Öffentlichkeit zu erzählen, daß die Tatsachen, die ich Europa in meinen Berichten mitteilte, unwahr seien und, darüber hinaus, daß ich meine Anklage wider besseres Wissen erhoben hätte. Hierfür gebührt Ihnen und Ihren Spießgesellen das, zu dessen Exekution mir einstweilen die politogeographischen Voraussetzungen fehlen: ich kann, leider, nicht nach Berlin reisen und es Ihnen verabreichen. Gegner ausplündern, martern, meucheln – das mag von irgendeinem neuheidnischen Obskuranten- und Seeräuberstandpunkt aus seine Ehre haben; dann verpflichtet diese den Täter, zu seinen Untaten zu stehen; den, der ihn deckt, sie zu decken. Sie zu dulden, zu veranlassen oder zu begehn, aber hinterher abzustreiten, das entkommene Opfer, das aussagt, zum Lügner, zum Verleumder zu stempeln, ist unter allen Umständen ehrlos.

Kurt Hiller.

# 14. JANUAR

*Im Januar 1911 schreibt die 39jährige lebens- und liebesdurstige Milieu-Schriftstellerin* ***Franziska von Reventlow****, Sproß eines uralten holsteinischen Adelsgeschlechts, an den befreundeten Philosophen und Privatgelehrten Dr.* ***Paul Stern****. Bei der Heirat geht es um die Scheinehe mit einem dem Trunk ergebenen, heruntergekommenen baltischen Baron.*

Ascona bei Locarno, Villa Monescia

Lieber Stern,

haben Sie recht schönen Dank für Ihren Brief – ich hab mich so gefreut, etwas ausführlicher von Ihnen zu hören. Nur höre ich ungern, daß Sie immer noch oder vielmehr wieder Patient sind. Gehen Sie nicht nach St. Moritz, sondern leben Sie vernünftig in München und kommen Sie im März nach Locarno, das wäre *so* nett, und da Sie selbst keine Lust haben, jetzt fortzugehen. – Überwintern tut man wirklich am besten zu Hause, jedesmal, wenn man im Winter auswärts ist, wird diese Überzeugung befestigt. [...]

Wenn Sie nochmal mit einem Anwalt über die Erbsache sprechen wollten, wäre es mir sehr angenehm, vorausgesetzt, daß es Ihnen keine Mühe macht. Die Sache ist so: Der Alte hat schon sein Testament gemacht und jedes seiner Kinder hat eine Kopie davon in Händen. Das väterliche Gut hat der jüngste Sohn bekommen, der nach dem Tode des Vaters die andern auszahlen muß, und dann ist noch ein Familiengut, welches mein Gatte als Ältester bekommen *muß*. Er hat sich erkundigt, und nach russischem Recht braucht er Bubi nur zu *legalisieren*, dann gilt er für seinen rechtmäßigen Sohn und ist erbberechtigt. Die Auskunft ist von der russischen Gesandtschaft, muß also wohl stimmen. Ferner hat er jetzt ein Testament gemacht, worin er mich zu seiner Erbin einsetzt, und das ich in Händen habe. Bleibt noch der Fall, daß er vor dem Alten stirbt, dann erbe ich einen sogenannten Tochterteil, d. h. 1/4 von dem, was meinem Mann zugefallen wäre. – Der schlimmste Fall wäre, daß der Schwiegervater vor der Hochzeit abkratzen würde, deshalb eilen wir uns jetzt sehr, es muß nur noch aufgeboten werden, was nächste Woche geschieht, und dann die Bewilligung aus Rußland abwarten.

Der Alte scheint sogar sehr froh über die Sache, weil er dann sicher ist, daß der Sohn dann nichts Unmögliches mehr heiraten kann – er war schon einmal mit einer italienischen Kellnerin verheiratet und man hat ihn mit vieler Mühe davon befreit. Er ist wirklich ein ganz verrücktes Huhn, aber von ungemein anständigem Charakter – na, Sternchen, Sie müssen unbedingt herkommen und ihn sich ansehen. Die Szenen beim Notar und auf dem Standesamt von Ronco waren großartig. Er schlägt auf den Tisch und flucht auf die Bürokraten. Ich hab nur Angst, daß er den Pfaffen – man muß sich wegen irgendwelcher russischer Notwendigkeiten kirchlich trauen lassen – einfach totschlägt oder anbrüllt. Das Merkwürdige ist ferner, daß er diese Ehe, die doch persönlich gar keine Rolle spielt, noch spielen wird, als eine Art Heiligtum betrachtet und daraufhin ein neues Leben anfangen will –, ferner daß der Gedanke, daß Bubi ihn beerben wird, ihn geradezu begeistert. Ach, ich möchte so inzwischen mal einen Abend mit Ihnen in der Neuen Börse oder sonstwo sitzen und mit Ihnen ratschen. Eine solche Häufung von Situationskomik ist mir lange nicht vorgekommen.

Ich nehme gleich den heutigen Tag zum Schreiben wahr, denn ich bin einmal wieder lägerlich, [...]

Guter Stern – noch eine Bitte, es ist zwar eigentlich recht taktlos – aber würden Sie mir nicht jetzt meinen Dollar–Talisman, den ich Ihnen letztes Jahr verpfändete – also jetzt mir das Pfand selbst pumpen? Es eilt nicht, ich habe diesen Monat noch de quoi existieren, durch die Übersetzung, die zwar durch die Abschrift und einige andere Kosten arg reduziert wird. Dann bekomme ich wieder eine zu machen, die am 1. März fertig sein wird, aber nicht gleich bezahlt wird. Bis dahin geht es. – Ich hoffe nun von Franzl etwas zu erringen, und wenn Sie die Dollars beisteuern, so kann es gerade gehen. Ich bin wahnsinnig haushälterisch geworden und komme mit 100 Lire inkl. Heizung durch den Monat. [...] –

Sternchen, wenn ich erbe, lade ich zu einem Souper ein, wo die Zigaretten mit Dollarscheinen angezündet werden. – Ich fürchte nur, der Schwiegervater überlebt mich doch noch. Aber wie dem auch sei, ich habe dieser Tage, wo ich viel ruhig gelegen und nachgedacht habe, so ein Gefühl, als ob ich bei etwas Ruhe, die in einigen Monaten zu erwarten ist, ungemein wieder aufleben könnte. Die letzten Jahre waren etwas über unsere Kraft. [...]

Aber adieu, adieu, mir kommt vor, als ob ich abends gegen 7 bei Ihnen sitze und Cherry Brandy trinke und immer noch nicht gehe. Statt dessen werde ich jetzt die Kombination von Klappstuhl und Handkoffer verlassen, die den Diwan ersetzt, und mit dem Bett vertauschen.

Also viele, viele herzliche Grüße.

Ihre F. Reventlow

# 15. JANUAR

*Im Januar 1951 veröffentlicht die Zeitschrift „Der Monat" in ihrem 29. Heft einen Offenen Brief von Thomas alias **John T. Becher** in London an seinen Vater **Johannes R. Becher** in Berlin. Thomas Becher ist damals 22 Jahre alt. Vielleicht ist der Brief ein Ausdruck persönlicher Betroffenheit; gewiß ist er ein Zeugnis des kalten Krieges, und Johannes R. Becher hat sich in einem Brief an Johns Mutter über diese „schmutzige politische Deklaration" bitter beklagt.*

London, [19.] Januar 1951

Lieber Vater!

Wie Du siehst, bin ich zurück in England. Ich bedaure nicht, Dich besucht zu haben. Ich bedaure auch nicht, nach England heimgekehrt zu sein. Es war erfreulich, Dich, Vater, wiederzusehen – nach zwölfjähriger Trennung. Die wenigen Augenblicke mit Dir zusammen, der Anblick des Zustandes, in dem Du lebst, war für mich ein weit stärkerer Lehrmeister, als alle meine Jahre in England.

[...] Mein Verlangen, Dich zu sehen, war der Zweck meiner Reise nach Berlin. Doch Du mußtest mir sagen: Ich kann Dich nicht empfangen in meinem Haus. Ich mußte bis zum nächsten Tag warten, um Dich in Deinem Bureau zu sehen, – wie ein Arbeitskollege oder Businessmann. Es ist mir nie gelungen, Dich in Deinem Haus hinter Stacheldraht zu besuchen. Niemals werde ich Antwort geben können auf die Frage so vieler Freunde: Warum lebt Dein Vater hinter Stacheldraht? Ist das der Schutz vor der Liebe Deines Volkes? Vater, ich weiß, wie große Ideale und Zukunftshoffnungen Du in das deutsche Volk gesetzt hattest, das Dir immer am Herzen gelegen hat. Fürchtest Du Dich jetzt vor Deinem Volk?

Dein freudiger Blick, als wir uns endlich wiedersahen, wird mir in ewiger Erinnerung bleiben. Trotz der langen Trennung fühlte ich, daß die Liebe nicht gemindert war. Du hattest sofort Pläne für mich – für die Zukunft. War es möglich, daß Du den Verhältnissen um Dich so blind gegenüberstandest? – Denn als ich daran ging, den ersten Schritt zu Deinen Plänen zu verwirklichen, da fühlte ich bereits, daß Unmögliches von mir verlangt wurde.

Ich mußte Erlaubnis haben von der Partei, vom Innenministerium, in der Deutschen Demokratischen Republik bleiben zu dürfen. Du warst überzeugt von Deiner Macht – schließlich bist Du ja eine Persönlichkeit – und so ging ich zur Partei mit der Bitte, mir den Aufenthalt zu gewähren, den Aufenthalt in meiner Heimat bei meinem Vater.

Man gab mir einen langen Fragebogen. Man verlangte von mir Auskunft über Dich, meinen Vater, und über meine Mutter. Ich habe Blut geschwitzt, um dieses Dokument zu beantworten, zumal mein Deutsch ja nach den vielen Jahren, wie Du weißt, mangelhaft ist.

Wer ist dieser Anton Joos, zu dem man mich geschickt hat? Da saß er hinter seinem Schreibtisch, – ein kleiner grauhaariger Mann, mit harten kalten Augen im Gesicht, das in den langen Stunden meiner Vernehmung niemals ein Lächeln hervorbrachte.

Er hatte den von mir ausgefüllten Fragebogen in der Hand, und nochmals mußte ich dieselben Fragen beantworten. Sollte es für ihn unbegreifbar sein, daß meine Mutter es vorzieht, im Frieden Englands zu leben, als in ihrem Alter sich nochmals in den Wirbel des verrückten Berlins zu werfen? Machte er mich für meine Mutter verantwortlich? [...]

Dieser kleine Mann, dieser Wicht im Vergleich zu Dir, schrieb Dir vor – [...] –, wie Du Deinen Sohn zu behandeln hattest. Und Du folgtest ohne Widerspruch. [...] Ist Dir in dieser Situation die Realität der Verhältnisse, unter denen Du lebst, nicht zum Bewußtsein gekommen? Erkennst Du nicht, daß Deine Macht nur eine Illusion ist? [...] Muß ich Dir sagen, daß man Dich verwendet wie ein Werkzeug? Daß man nur Deinen Namen und Deine Unterschrift als Aushängeschild dem deutschen Volke hinhält? Daß Deine Liebe, das deutsche Volk, mit Deiner Hilfe vernichtet wird? [...] Wenn Du in Deinem Auto durch die Straßen fährst, versuch die Menschen zu erfassen, so wie sie sind, hungrig und in Angst vor dem Morgen. [...] Blick auf die wieder marschierende Jugend in Uniform und Militärstiefeln: hast Du das nicht schon einmal gesehen?

Wir hatten wenig zu sagen, als wir uns verabschiedeten. Ich fühlte, Du ahntest, was in mir vorging, nämlich daß ich mich bereits entschieden hatte, niemals an dem Traum von Deinem Deutschland teilzunehmen, der sich zusehends in einen Alptraum verwandelt.

Als mein Vater besitzt Du meine Liebe, wenn ich Deine Arbeiten lese, so glaube ich zu begreifen, was Du pflanzen und hegen wolltest, aber wenn ich sehe, was aus Deinem Werk emporschießt, – eine Finsternis, die aufs neue Europa bedroht, dann bin ich froh, daß sich unsere Wege getrennt haben.

Dein Sohn John T. Becher, London

*Am 16. Januar 1919 schreibt der Architekt **Walter Gropius** an den Schriftsteller, Theatermann und späteren Rundfunkintendanten **Ernst Hardt**. Noch 1919 wird Gropius Direktor der Weimarer Bauakademie und der Schulen für angewandte Künste, die er zum Staatlichen Bauhaus vereinigt.*

Berlin W 10
Kaiserin Augustastraße 68
den 16. Januar 1919

Sehr verehrter Herr Hardt,

Durch Herrn Dr. Köhler hörte ich zu meiner Freude, daß Sie nun wirklich Dirigent des Weimarer Theaters geworden sind und möchte Sie herzlich dazu beglückwünschen.

In Anknüpfung an unsere Bekanntschaft im Sommer 1914 auf der Werkbundausstellung möchte ich Sie gerne in einer eigenen Angelegenheit um Auskunft und gegebenenfalls um Ihre Unterstützung bitten.

Van de Velde hatte mich vor Jahr und Tag als seinen Nachfolger für Weimar vorgeschlagen. Ich hatte meine Ideen schriftlich niedergelegt und nach Besuchen im dortigen Ministerium und beim Großherzog war meine Angelegenheit so ziemlich spruchreif geworden. Da der Großherzog der Geldgeber war, ist die Angelegenheit vorläufig in der Luft, andererseits ist aber durch seinen Weggang mein Hauptzweifel, dort ersprießliche Arbeit leisten zu können, aus der Welt geschafft. Dr. Köhler hat sich warm für mich eingesetzt, spricht aber in letzter Zeit mutlos von den dortigen Strömungen, die schlimmer als je einen Klüngel ortseingesessener unbedeutender Künstler an die Oberfläche kommen lassen. Es ist mir nicht klar, wer nun eigentlich in Weimar befiehlt und die leeren Stellen dort besetzt. Die jetzige Tendenz ohne Gesamtplan, die einzelnen Künstlerstellen zu besetzen und den Direktorposten bis zuletzt offen zu lassen, ist natürlich irrsinnig. Eine ersprießliche Einheit und Arbeitsgemeinschaft zu gleichem Ziel – der allumfassenden Baukunst, der ja doch ursprünglich alle „Künste" angehören – wäre ja nur möglich, wenn ein weitsichtiger Architekt zuerst berufen wird und seinerseits dann die Vorschläge zur Besetzung der anderen Stellen kompromißlos und sachlich verfolgt. Eine solche Gemeinschaft, bei der mir das Vorbild der mittelalterlichen Bauhütten schon seit langem vorschwebt, könnte ein Zentrum bildnerischer Tätigkeit werden. Die bisherige Organisation, Mackensen neben Van de Velde, war eine traurige Verbindung, deren Geist mit allen Mitteln verhindert werden sollte.

Konnte ich mich verständlich machen, wie ich mir den neuen Geist künstlerischer Zusammenarbeit denke? Ich wäre Ihnen aufrichtig dankbar, wenn Sie mir über die augenblicklichen Verhältnisse in Weimar Aufschluß gäben und sagen wollten, ob noch eine Rettung denkbar ist, und wo man Hebel ansetzen müßte. Ich bin auch völlig im Unklaren darüber, wie sich die dortigen Künstler zu meinen Werken stellen, z. B. Engelmann und Klemm, von deren Urteil gewiß vieles abhängt. Leider bin ich durch vierjährigen Kriegsdienst zur Untätigkeit verurteilt gewesen und sank naturgemäß ins Tal der Vergessenheit.

Mit einer baldigen Antwort würden Sie mich sehr erfreuen.

Mit herzlichen Grüßen Ihr W Gropius

# 17. JANUAR

*Im Januar 1943 wurde der folgende* ***Brief im Kessel von Stalingrad*** *geschrieben und mit der letzten Maschine aus Nowo-Tscherkask nach Deutschland geflogen. Das war Mitte Januar. Der Brief enthält weder eine Anrede noch einen Gruß. Der Name des Absenders fehlt. Zuname und Adresse der Empfängerin sind unbekannt. Der Text ist erhalten geblieben, weil Sicherheitsstellen die Postsäcke geöffnet und die Briefe gelesen haben. Sie wollten die „Stimmung in der Truppe" erkunden ...*

[...] Am Morgen wurde gesagt, dass wir schreiben können. Nur noch einmal, sage ich, denn ich weiss es genau, dass es das letzte Mal sein wird. Du weisst, dass ich immer an zwei Menschen, an zwei Frauen geschrieben habe, an die „Andere" und Dich. Am wenigsten aber an Dich. Ich war weit entfernt von Dir und Carola stand mir näher als Du in den letzten Jahren. Wir wollen das nicht alles wiederholen, wie es kam und warum es so kommen musste. Heute jedoch, wo ich vom Schicksal vor die Wahl gestellt werde, nur noch an einen Menschen schreiben zu dürfen, geht mein Brief an Dich, die seit sechs Jahren meine Frau ist.

Es wird Dir wohltun, wenn Du erfährst, dass der letzte Brief des Mannes, den Du liebtest, an Dich gerichtet ist, und ich habe es nicht fertiggebracht, an Carola zu schreiben und sie zu bitten, Dir Grüsse von mir auszurichten. So bitte ich Dich denn, liebe Erna, in dieser Stunde, die meinen letzten Willen enthält, sei grossmütig und verzeih, was ich Dir im Leben Unrechtes tat und gehe zu ihr (sie wohnt bei ihren Eltern) und sage ihr, dass ich ihr viel verdanke und sie durch Dich, also durch meine Frau, grüssen lasse. Sage ihr, dass sie mir viel in dieser letzten Zeit gewesen, und ich hätte oft daran gedacht, was einmal werden sollte, wenn ich heimkehrte. Aber sage ihr auch, dass Du mir mehr gewesen seiest und dass ich eigentlich, obwohl tieftraurig, dass es nun keine Heimkehr mehr geben wird, froh bin, diesen Weg diktiert bekommen zu haben, der uns zu Dreien eine entsetzliche Quälerei erspart hat.

Ob Gott wohl grösser als das Schicksal ist. Ich bin ganz ruhig, aber Du weisst nicht, wie schwer das ist, in einer Stunde alles, was man noch zu sagen hat, auszusprechen. So viel wäre noch zu schreiben, so unendlich viel, aber weil es so viel ist, darum muss man verstehen, die Feder nicht zu lange auf dem Papier zu lassen und den richtigen Zeitpunkt zu finden, sie aus der Hand zu legen. So wie ich mein Leben jetzt aus der Hand lege.

Von meiner Kompanie sind noch fünf Mann dabei, Wilmsen auch noch. Die anderen sind schon alle ..., alle zu müde geworden. Ist das nicht ein schöner Ausdruck für das Grauen? Aber was interessiert das alles jetzt und was nützt es, wenn Du es weisst. So behalte mich denn als den Menschen in der Erinnerung, der sich fast ganz am Ende darauf besonnen hat, Dein Mann zu sein und Dich um Verzeihung zu bitten und noch mehr, Dich zu bitten, allen, die Du kennst, auch Carola, zu sagen, dass ich zu Dir in dem Augenblick zurückgefunden habe, der Dich mir für immer nimmt.

# 18. JANUAR

*Am 18. Januar 1911 schreibt der 34jährige Maler **Wassily Kandinsky** an den zwölf Jahre älteren Komponisten **Arnold Schönberg** in Wien.*

Ainmillerstr. 36, I
München, 18.1.1911

Sehr geehrter Herr Professor!

Entschuldigen Sie bitte, daß ich ohne das Vergnügen zu haben Sie persönlich zu kennen einfach an Sie schreibe. Ich habe eben Ihr Concert hier gehört und habe viel wirkliche Freude daran gehabt. Sie kennen mich, d. h. meine Arbeiten natürlich nicht, da ich überhaupt nicht viel ausstelle und in Wien nur flüchtig und schon vor Jahren ein Mal ausgestellt habe (Secession). Unsere Bestrebungen aber und die ganze Denk- und Gefühlsweise haben so viel Gemeinsames, daß ich mich ganz berechtigt fühle, Ihnen meine Sympathie auszusprechen.

Sie haben in Ihren Werken das verwirklicht, wonach ich in freilich unbestimmter Form in der Musik so eine große Sehnsucht hatte. Das selbstständige Gehen durch eigene Schicksale, das eigene Leben der einzelnen Stimmen in Ihren Compositionen ist gerade das, was auch ich in malerischer Form zu finden versuche. Es ist momentan in der Malerei eine große Neigung, auf construktivem Wege die „neue" Harmonie zu finden, wobei das Rhythmische auf einer beinahe geometrischen Form gebaut wird. Auf diesem Wege kommt mein Mitfühlen und Mitstreben nur halb mit. *Construktion* ist das, was der Malerei der letzteren Zeiten so fast hoffnungslos fehlte. Und das ist gut, daß sie gesucht wird. Nur denke ich über die *Art* der Construktion anders.

Ich finde eben, daß unsere heutige Harmonie nicht auf dem „geometrischen" Wege zu finden ist, sondern auf dem direkt antigeometrischen, antilogischen. Und dieser Weg ist der der „Dissonanzen in der *Kunst* ["], also auch in der Malerei ebenso, wie in der Musik. Und die „heutige" malerische und musikalische Dissonanz ist nichts als die Consonanz von „morgen". (Dabei ist selbstverständlich das so zu sagen akademisch-„harmonische" nicht prinzipiell auszuschließen: man nimmt das, was man braucht, ohne sich zu kümmern, *wo* man es nimmt. Und gerade „heute", zu Zeiten des kommenden „Liberalismus", sind so viele Möglichkeiten vorhanden!)

Es hat mich unendlich gefreut den selben Gedanken bei Ihnen zu finden. Nur eins tut mir leid: ich habe die 2 letzten Sätze in Ihrem Programm (Plakat) nicht verstanden. Trotz wiederholter Bemühung konnte ich nicht zu einer ganz *genauen* Erklärung kommen.

Ich erlaube mir Ihnen eine Mappe von mir zu schicken (die Holzschnitte sind beinahe 3 Jahre alt) und diesem Brief lege ich ein paar Photos bei nach den vorletzten Bildern. Von der ganz letzten Zeit habe ich noch keine. Ich würde mich sehr freuen, wenn diese Sachen Sie interessieren würde.

Mit lebhafter Sympathie und aufrichtiger Hochachtung

Kandinsky.

# 19. JANUAR

*Am 19. Januar 1914 schreibt der 44jährige Bildhauer* ***Ernst Barlach*** *an den Hopfenhändler und späteren Kunsthändler* ***Max Dietzel.***

Güstrow, 19.1.1914

Lieber Herr Dietzel,

ich finde die Arbeit sehr schön, aber ich kann mir den Luxus, zu sammeln, nicht leisten, nicht weil ich meine Zeichnungen verwerten müßte, sondern weil mir Eigentum ein unbequemes Ding ist, habe keinen Sinn dafür, zu besitzen. Es müßte sich noch vieles ändern in und außer mir, wenn ich ein Bedürfnis empfinden sollte, meine umgebenden Wände behaglich, anregend und wertvoll auszugestalten. Darin bin und bleibe ich wohl ein Barbar. Wenn man kein Haus hat, in [dem] man noch längere Zeit bleiben möchte, wenn man überhaupt immer fluchtbereit sein muß, ist einem der Gedanke an Besitz beschwerlich. Besitz ist wie Frauen: Man liebt sie und findet zugleich ihre Ansprüche unerträglich. Man kann die Konsequenzen nicht recht anerkennen, die mit dem „zu eigen sein" verbunden sind. Da ist ein Gefühl für jemand – gut. Aber das genügt ihm nicht – ihr nicht. Es bedarf dauernder Beweise, es geht wie mit einer Religion, es bilden sich Dogmen, die wie Geldscheine einen Wert und Sinn bloß vorgeben. Man treibt einen Kult, man muß ehren, es genügt nicht Liebe und Verehrung, nein, Liebe und Verehrung müssen installiert, ausgestaltet, stilisiert werden. Viel Worte um eine Kleinigkeit, werden Sie denken. Das ist wohl möglich. Aber ich will doch lieber nichts haben, obgleich ich so bequem in Besitz gelangen könnte. Meine Zeichnungen gönne ich Ihnen gerne, aber ich weiß jetzt nicht, wozu ich sie noch brauchen kann. Die Porzellane werden wieder gemacht, die Schäfergruppe bekam ich neulich als Probe und als erste.

Gestern war ich in Lübeck, um mit einem Vetter zusammenzutreffen, der, obwohl von Beruf Jurist, starke Interessen für Kunst, besonders Architektur, hat. Ich bin sonst kein Pfleger von Verwandtschaften, aber wenn da ein so tüchtiger und dabei grundehrlicher Mensch ist, so kann man ja die Verwandtschaft unbeachtet lassen. Ich freue mich, wenn ich die Reproduktion behalten darf – wenn Sie sie nicht brauchen. Besten Dank! Grüßen Sie bestens Ihre Frau von uns. Wir tummeln uns jetzt auf dem Eis.

Ihr ergebener
E. Barlach

* *Am 21. Januar 1939 schreibt* ***Friedrich Wolf*** *an seinen* ***Sohn Markus,*** *genannt Mischa, in Moskau. Bereits 1933 sind die Wolfs in die Sowjetunion emigriert. Friedrich Wolf aber hält sich zur Zeit in Paris auf, nachdem er vergeblich versucht hatte, über Frankreich nach Spanien zu kommen.*

Paris, 21. Januar 1939

Mischa, was hast Du für einen schlechten Papp, der sogar Deinen 16. Geburtstag vergißt! Zwar ist das an sich auch gar nicht auszudenken, daß Du schon 16 wirst – ich sehe noch, als sei es eben, wie Du als rosiges, nettes Klümpchen mit einem seidigen blonden Poposcheitel in meinem Arm lagst – aber grad darum hätte ja der Rabenpapp an diesen Tag denken müssen! Nun, nimm's nicht für Übel, mein Alter, sondern nimm einen festen Geburtstagskuß! Ich höre, Du bekommst jetzt Deinen eigenen Sowjetpaß, wirst also ein richtiger Bürger des großen Sowjetvolkes. Auch dazu muß man Dir gratulieren. Und damit Du noch besser verstehst, was das bedeutet, will ich Dir ein bißchen erzählen, wie es hier im Westen aussieht und wie es mit jenen merkwürdigen Lebenswesen steht, die – obwohl sie da sind – doch nicht da sind. Da sind zum Beispiel die Hunderttausende und bald Millionen Emigranten ohne Papiere. Ich mag zu Deinem Geburtstag Dir nichts vorjammern, aber Du wirst daran sehen, wieviel sinnvoller Dein Leben ist, als das der hunderttausend Jungens Deines Alters, die nunmehr jahrelang zwischen den Grenzen pendeln, nichts Rechts lernen können, überall nur lästige Niemands sind. [...]

Man kann sagen, das härtet den Menschen, ja, *wenn er kämpfen und arbeiten kann*, selbst unter den schwersten Bedingungen ... das kann ihn härten! Aber dies passive Warten–Herumlungern, das schafft nur asoziale Existenzen und schlimmste Lumpenproletarier, Schnorrer, Deklassierte. [...] Deshalb ist heute die Emigration so schwer, weil man nicht arbeiten darf! Das ist das erste, was Du überall hier im Westen auf Deinem Visum zur Kenntnis nehmen mußt. Heine in Paris ... er bekam, was man ihm zu Unrecht vorwarf, vom französischen Staat eine Monatsrente! Märchenhaft! Oder die russische Emigration etwa zwischen 1905 – 1914, sie reiste nach London, Zürich, Krakau auf die Kongresse, nach Capri pp. Heute kommst Du über keine Grenze mehr, ohne viel Geldnachweis und endlose Papiere.

Oft allerdings festigt das Schwere die Solidarität. Die Leute, die mich morgen zu „grünen Klößen" eingeladen haben, schufen gerade aus ihrer Not sich selbst ein kleines Arbeitskollektiv, das eine richtige „jiddische Mamme" leitet, eine wunderbare Frau. Sie haben selbst kaum zu leben, und jetzt kommen noch sechs bis zehn völlig abgerissene deutsche Juden zu ihnen und ohne mit der Wimper zu zucken, nimmt die Mamme sie auf, kleidet sie neu, futtert sie mit durch! [...] Bei solch einer Frau kann auch unsereins sich immer wieder Mut holen. [...]

Wie geht's weiter in der *Schule, Misch? Erzähle dem Pap doch wieder einmal ein bißchen!* Wie hat Dir „Der Kampf geht weiter" gefallen? Schreib darüber!!! Lenuschka, der kleinen Kröte gegenüber, hast Du die Rechte und Pflichten des größeren Bruders; Du darfst ihr einmal das Ärschlein versohlen, wenn sie gar nicht hören will.

Ich mache jetzt ein neues, richtiges großes Szenarium, es heißt DAS VERGESSENE SCHIFF und behandelt das Schicksal jenes Schiffes, das monatelang mit 200 aus Wien Vertriebenen in der Donau lag, in jenem Niemandsland, zwischen der deutsch-ungarischen Grenze.

Ob ich nach Amerika kann, weiß ich nicht. Das hängt schon nicht mehr von mir ab. An Mins schrieb ich, er antwortet nicht mehr, an Hede schrieb ich vor vier Monaten, sie antwortet nicht. An zwei Anwälte in New York schrieb ich, ich warte seit vier Wochen auf Antwort, jetzt schrieb ich an Louis. Nur, falls man mich ernsthaft einlädt, erhalte ich ein Visitorvisum, und falls mir hier die Behörde einen Titre de voyage aller-retour gibt. [...] Aber falls die politische Lage sich in dem Tempo weiterentwickelt, braucht man vielleicht gar nicht erst hinüberzufahren. [...]

Und jetzt, Mischa, gute Nacht, es ist spät. Ich denke noch an jenen Wintertag in Hechingen, wo Du kleiner winziger Knirps zur Welt kamst ... Meni biß mich in die Hand, weil Du ihr so weh tatest. Heute denk ich gern an all das. Ich möchte es gut noch einmal erleben.

Gib auch der Meni einen dicken Kuß und bleib mein braver, großer Junge.

Herzlichst
Dein Papp

Küßlein für Meni, Koni und Lena!

*Am 21. Januar 1943 schreibt **Charlotte Lubinski** an den **Generalstaatsanwalt** in Hamm. Der Brief verrät trotz seines sachlichen Tons die tiefe Sorge der Frau, aber die nachfolgenden Schreiben beweisen: Für die Behörden ist Lubinski nur ein Vorgang wie viele andere ...*

Düsseldorf, den 21. Januar 1943

An die Generalstaatsanwaltschaft Hamm/Westf.

DURCH DEN LEITER des Zuchthauses Lüttringhausen erfuhr ich mit größter Bestürzung, daß mein Mann

Dagobert Lubinski, geb. 17.7.93,
abgeurteilt im April des Jahres 1938 zu
10 Jahren Zuchthaus

am Montag, den 18. des Mts. aus Lüttringhausen abtransportiert worden ist. Da mir der Vorstand des Zuchthauses nicht angeben konnte, wohin mein Mann befördert worden ist, bitte ich Sie, mir über den Verbleib meines Mannes erschöpfende Auskunft zu geben.

Da mein Mann jüdischer Abstammung ist, habe ich die große Befürchtung, daß er nach dem Osten transportiert wird.

Ich möchte ausdrücklich darauf hinweisen, daß ich in privilegierter Ehe mit meinem Mann lebe und ich als Arierin wohl einen Anspruch darauf habe zu erfahren, was mit meinem Mann geschieht.

Für baldige Rückäußerung wäre ich Ihnen dankbar
Charlotte Lubinski

Der Vorstand des Zuchthauses
Remscheid-Lüttringhausen, den 4. Febr.
Urschriftlich mit 1 Anlage
dem Herrn Generalstaatsanwalt
in Düsseldorf
mit nachstehender Stellungnahme zurückgesandt.

Frau Lubinski erschien am 18. Januar ds. J. unangemeldet mit ihrer Tochter, um Lubinski zu besuchen und Nachweispapiere zu überbringen. Der Besuch konnte nicht mehr stattfinden, weil der Gefangene, der als ehemaliger Schriftleiter einer kommunistischen Tageszeitung hier wegen Vorbereitung zum Hochverrat einsaß, etwa 15 Minuten vorher dem Konzentrationslager in Auschwitz in Schlesien zugeführt worden war. Lubinski ist Jude, der auf höhere Weisung nicht mehr der Justizverwaltung untersteht. Da ich mich nicht für berechtigt hielt, der Ehefrau die Gründe des Abtransports und den Ort des Konzentrationslagers anzugeben, habe ich auf ihre diesbezüglichen Fragen anheimgestellt, bei der Staatspolizei Wuppertal, bezw. Düsseldorf das Nähere zu erfragen, falls sie nicht abwarten wolle, bis sie von ihrem Manne selbst Nachricht bekomme.
gez. Engelhardt
Regierungsrat.

Der Vorstand des Zuchthauses
Remscheid-Lüttringhausen, den 27. März 1943

Frau Charlotte Lubinski
Düsseldorf 10
Collenbachstr. 97, I

Auf Ihr Schreiben vom 21.1.43 an die Staatsanwaltschaft in Hamm i/W., das mir jetzt zur Erledigung zuging, teile ich Ihnen mit, daß Ihr Ehemann nach Mitteilung der Polizei am 18.1.43 dem Arbeitslager in Auschwitz in Schlesien zugeführt worden ist. Die Strafvollstreckung gegen ihn ist unterbrochen worden.

gez.: Dr. Engelhardt, Regierungsrat.
beglaubigt: Nusch, Verwaltungs-Obersekretär.

*Am 22. Januar 1979, und damit vier Tage nach seinem 65. Geburtstag, schreibt der Schriftsteller* ***Arno Schmidt*** *an seinen Freund, den gleichaltrigen Schweizer Kollegen* ***Alfred Andersch.***

22. 1. 1979

Lieber Alfred!

Schönen Dank für Eure Glückwünsche, und zumal Frau Gisela für ihr gar nicht untiefsinniges Blatt! –

Andere pikante Gaben waren etwa ein telegrafisch Lob von Helmut Kohl (dem CDU=Vorsitzenden; just think of that!); ein Strauch von 65 Rosen, zum Grauen umfangreich; und endlich eine sinister stilisierte Vorladung zum FinanzGericht, wegen Verdachts der Steuerhinterziehung, (ohne den ja auch gleichsam etwas gefehlt hätte). Nun, „vorüber ihr Schafe, vorüber".–

Nimm Du nun aber auch meine Gratulation entgegen; vor allem wegen Deiner anscheinend doch leidlich restaurierten Gesundheit. Schon daß Du wieder zu schreiben begonnen hast, ist unschätzbar – (ich verspüre immer weniger Lust dazu) – am gewichtigsten aber ist mir die schüchtern aufsprießende Reiselust; hast Du doch etwas von einem Besuch bei mir mit einfließen lassen: das wäre natürlich arg schön, Alfred! (Ich habe mir eine feuerfeste Camera obsc$^{\text{ur}}_{\text{ön}}$na bauen lassen; da können Wir sitzen und die Welträtsel über die Schulter ansehen, oder nach Herzenslust mit der Regierung schmollen.) Aber, Spaß apart, es wäre schon Diverses zu ventilieren zwischen Etsch und Belt.

***

Was dieses neue Biographicum anbetrifft, so ist sein Hauptreiz der, daß sich noch 9 Lebende zusammentrommeln ließen, die mit mir vor rund 60 Jahren in die Schule gegangen sind, und sich nun an das Stadtviertel (incl. mich) erinnern – mehr „Hamburgensium" als sonst etwas. Mir war bei der ganzen Chose das Int'ressanteste die Bestätigung meines alten Verdachtes gegen Historie & Historiker: „man mißtraue allen zeitgenössischen Berichten, zumal denen von Augenzeugen!" / Was speziell Krawehl angeht, so ist seine Teilnahme nicht halb so rührend, wie Du sie einstufst. Erstens fügt der Mann noch ein weiteres, besonders fatal changierendes, Blendglas hinzu; wird ein miserables Register liefern, (mit dem ein solcher Haufe von Namen und Orten=Straßen steht oder fällt); und überdem: he is having the time of his life! Was denkst Du, was der Mann reist & mit Leuten schwätzt, an die er sonst nie herankommen würde; den Telegrafen spielen läßt und die ZugTelefone – und Allesalles auf S.FISCHER'S Kosten! Neenee; wenn Der wünschen könnte, ginge dieser Auftrag so für die nächsten 10 Jahre weiter.

Nun pflege Du Dich nur möglichst gesund – (was mich betrifft, findest Du mein KrankheitsBild unangenehm genau im ersten Absatz des alten DICKENS= Funkdialoges beschrieben) – und seid Beide noch einmal herzlichst gegrüßt

von Eurem Arno

*Am 23. Januar 1945 schreibt der Jesuitenpater **Alfred Delp** an sein **Patenkind**. Delp weiß, daß dieser Brief ein Vermächtnis ist: Zehn Tage später wird er als Mitglied des Kreisauer Widerstands-Kreises in Plötzensee hingerichtet.*

23. Januar 1945

Lieber Alfred Sebastian,

als große Freude und Ermunterung erhielt ich heute die Nachricht von Deiner Geburt. Ich habe Dir gleich mit meinen gebundenen Händen einen kräftigen Segen geschickt, und da ich nicht weiß, ob ich Dich im Leben je sehen werde, will ich Dir diesen Brief schreiben, von dem ich aber nicht weiß, ob er je zu Dir kommen wird.

Du hast Dir für den Anfang Deines Lebens eine harte Zeit ausgesucht. Aber das macht nichts. Ein guter Kerl wird mit allem fertig. Du hast gute Eltern, die werden Dich schon lehren, wie man die Dinge anpackt und meistert.

Und Du hast Dir zwei gute Namen geben lassen. Alfred, das war ein König, der für sein Volk viel betete, viel arbeitete und viele harte Kämpfe gewann, die Menschen haben ihn nicht immer verstanden und ihn oft arg bekämpft. Später haben sie erkannt, was er für sein Volk getan hat und haben ihn den Großen geheißen. Das Volk Gottes aber nannte ihn den Heiligen. Sebastian, das war ein tapferer Offizier des Kaisers und des Herrgotts, da aber der Kaiser von Gott nichts wissen wollte, machte er aus seiner Torheit spitze Pfeile des Hasses und des Mißtrauens und ließ damit seinen Offizier zusammenschießen. Sebastian kam noch einmal zu sich, mit zerschundenem Körper und ungebrochenem Geist. Er hielt dem Kaiser seine Torheit vor, der ihn für seinen Freimut erschlagen ließ. Das aber kannst Du ja überall lesen, und Deine Eltern werden es Dir längst erzählt haben, liebes kleines Patenkind. Ich will Dich nur daran erinnern, daß in Deinen Namen eine hohe Pflicht liegt; mutig und zäh und standhaft mußt Du werden, wenn Deine Namen Wahrheit werden sollen in Deinem Leben.

Mein Lieber, ich möchte Deinem Namen auch noch eine Last, ein Erbe hinzufügen. Du trägst ja auch meinen Namen. Und ich möchte, daß Du das verstehst, was ich gewollt habe, wenn wir uns nicht richtig kennen lernen sollten in diesem Leben; das war der Sinn, den ich meinem Leben setzte, besser, der ihm gesetzt wurde: die Rühmung und Anbetung Gottes vermehren; helfen, daß die Menschen nach Gottes Ordnung und in Gottes Freiheit leben und Menschen sein können. Ich wollte helfen einen Ausweg zu finden aus der großen Not, in die wir Menschen geraten sind, und in der wir das Recht verloren, Menschen zu sein. Nur der Anbetende, der Liebende, der nach Gottes Ordnung Lebende ist Mensch und ist frei und lebensfähig.

Lieber Alfred Sebastian, es ist viel, was ein Mensch in seinem Leben leisten muß. Fleisch und Blut allein schaffen es nicht. Wenn ich jetzt in München wäre, würde ich Dich in diesen Tagen taufen, das heißt: ich würde Dich teilhaft machen der göttlichen Würde, zu der wir berufen sind. Die Liebe Gottes, einmal in uns, adelt und wandelt uns. Wir sind von da an mehr als Menschen, Gott selbst lebt unser Leben mit, das soll so bleiben und immer mehr werden, Kind.

Ich lebe hier auf einem sehr hohen Berg, lieber Alfred Sebastian. Was man so leben nennt, ist weit unten, in verschwommener und verworrener Schwärze. Hier oben treffen sich die menschliche und göttliche Einsamkeit zu ernster Zwiesprache. Man muß helle Augen haben, sonst hält man das Licht hier nicht aus. Man muß gute Lungen haben, sonst bekommt man keinen Atem mehr. Man muß schwindelfrei sein, der einsamen, schmalen Höhe fähig, sonst stürzt man ab und wird ein Opfer der Kleinheit und Tücke. Das sind meine Wünsche für Dein Leben, Alfred Sebastian: helle Augen, gute Lungen und die Fähigkeit, die freie Höhe zu gewinnen und auszuhalten. Das wünsche ich nicht nur Deinem Körper und Deinen äußeren Entwicklungen und Schicksalen, das wünsche ich viel mehr Deinem innersten Selbst, daß Du Dein Leben mit Gott lebst als Mensch in der Anbetung, in der Liebe, im freien Dienst.

Es segne und führe Dich der allmächtige Gott, der Vater, der Sohn und der Heilige Geist

Dein Patenonkel Alfred Delp

Das habe ich mit gefesselten Händen geschrieben; diese gefesselten Hände vermach' ich Dir nicht, aber die Freiheit, die die Fesseln trägt und in ihnen sich selbst treu bleibt, die sei Dir schöner und zarter und geborgener geschenkt.

*Am 24. Januar 1924 schreibt der Dirigent* ***Hermann Scherchen*** *an seine* ***Frau Auguste Maria,*** *mit der er seit zweieinhalb Jahren verheiratet ist und der er auf allen seinen Reisen fast tagebuchartig seine Erlebnisse erzählt. Neben einem festen Engagement in Frankfurt am Main dirigiert er als ständiger Gast in der Schweiz.*

*Scherchen glüht seit der russischen Oktoberrevolution für dieses Land, alle erreichbaren Schriften Lenins hat er gelesen.*

Donnerstag, den 24. Januar 1924
Am Nachmittag

Während der Fahrt nach Zürich begann gestern meine Arbeit (genaues Bezeichnen der Stimmen). Hier setzte ich sie bis zur Probe (abends 7 1/2) fort u. dann noch nach derselben (bis frühmorgens 3 Uhr). Jetzt eben bin ich aber erst damit fertig geworden. Nun sitzen draußen Musiker des Orchesters u. übertragen (wie Du früher) meine Einzeichnungen.

Gestern in der Eisenbahn lese ich zuerst die Nachricht von Lenins Tode. Diese Meldung kommt mit demselben Tage, an dem die Arbeiterpartei unter MacDonald in England die Regierung übernimmt. Ist das nur Zufall, greifen hier nicht zwangsgemäß Dinge u. Menschen nacheinander, haken sich gegenseitig fest? Lenin tot! Und wieder muß ich denken, wie grausam die Natur schaltet: *ein* Tun war dem ganzen Leben Lenin Erfüllung, das schenkt sie u. wirft nach seiner Ausreife ihn, eine leere verbrauchte Hülle, von sich. Ist das immer so, sind die Wirkungen von Menschen, je stärker sie sind, um so einmaliger, augenblickhafter, ist alles, was an ihnen darnach bleibt, nur Dunst, nur Schall u. Nachklang ihrer selbst? Ist das öffentliche Leben (Politik) noch unerbittlicher, kürzer abschneidend auf ein großes Wirken beschränkend als die Sphäre des Geistigen, wo der Schein neuen Weiterwachsens leichter umhüllt? Sind wir in unserm ganzen Ausströmen, die ganze Zahl unserer Jahre, unserer Handlungen, unsres Erlebens zusammengedacht, nur ein Eintagsfliegensein, *ein* Tropfen, der kaum in verschiedenen Farben schillert? Ist der Mensch noch viel einfacher u. rätselhafter zugleich, einmaliger, wirkender u. schwächer, unwichtiger als wir wissen? Der Mensch, der kaum dazu gelangt, *sein* Wort auszusprechen, der sofort wieder abtreten muß von dem Schauplatz des Lebens, hat er seine Augen geöffnet; der Mensch, der heftiger als je aufbegehrt gegen das Gesetz über ihm, das ihn erbarmungslos einreiht als Stäubchen kaum, gleich, ob er Reiche dieser Welt eroberte u. begründete oder einem Kinde sein Leben weitergab, einem Werk sein Fühlen u. Denken. Wie wenig sind wir, die wir alles umspannen wollen u. die wir an uns selbst gestaltend heimlich dennoch alles Weltgeschehen ändern? Die wir die Sterne im Auge tragen, die Luft in unserem Ohr, alles was unsere Sinne erfassen in unserem Ganzen fühlen? Und was sind wir beide, die wir zusammen schritten, jeder mit anderer Erbschaft, mit anderer Gegenwart; was sind wir, u. was will aus uns als Zukunft werden – fühlst Du das Gesetz, wie es heimlich über uns steht u. uns zu formen zwingt, gleich, ob wir wollen oder nicht? Und fühlst Du, wie dennoch ebengleich *wir* die Gestalter sind, wie durch unsern Atem die Welt anders weiterblüht, anders im Traum erglüht, als sie bisher war? Fühlst Du unser Wandern durch diese Ahnung vom Leben hindurch der Welt zu, die fern hinter aller Sehnsucht harrt, daß *wir* sie vollenden, sie aus dem Ewigen befreien, zum Leben, zu ihrer Einmaligkeit? Alles will dahin, u. alles lauscht, ob unser Auge, unser Dasein ihm Wirklichkeit zu schenken vermöchte – [...]

*Am 24. Januar 1936 schreibt der Schriftsteller **Ludwig Strauß** an seinen Freund und Schwiegervater **Martin Buber**. Strauß ist 1935 mit seiner Familie nach Palästina ausgewandert; er ist in Sicherheit, aber seine wirtschaftliche Situation ist sehr schwierig.*

Jerusalem, 24. Januar 1936

Liebe Paula, lieber Martin,

[...] Wir haben nach reiflicher Erwägung aller Möglichkeiten uns vorgenommen, einen Versuch zur Umstellung auf ein Leben im Kibbuz zu machen. Die Werkleute sind bereit, uns und die Kinder in ihren Kibbuz aufzunehmen, zunächst für die übliche vierteljährliche Probezeit, die sich natürlich auch ohne Bindung verlängern läßt, sodaß wir in aller Freiheit gründlich prüfen können, ob sich dieser Weg für uns als gangbar und gut erweist, wie auch der Kibbuz von seiner Seite die Möglichkeit unserer Einbeziehung erproben kann.

Was alles positiv für diesen Wunsch spricht, ist Euch ja nicht neu. Wir tun uns mit jungen Menschen zusammen, die das zu verwirklichen suchen, was Eva wie mir in jungen Jahren einmal als Möglichkeit für uns selbst vorschwebte [...]. In die praktische Arbeit dort würden wir uns, wie wir glauben, gut einfügen können; die Probe wird erweisen, ob wir das richtig sehen, – wenn nicht, so sind wir entschlossen, die Konsequenz zu ziehen. Es soll eben wirklich ein Versuch sein, keine Festlegung. Am Aufbau einer neuen Siedlung teilzunehmen, und gerade dieser, deren Ziele in allem wesentlichen die unseren sind, zieht uns mehr an als irgendeine andere Aufgabe, die uns hier gestellt werden könnte. [...] [Eva] wird mit ihrer Hausfrauen-Erfahrung dort sehr nützlich sein können. Ich werde zunächst nur die Zahl der ungelernten Arbeiter um einen vermehren, hoffe aber wie manche andere, die in meinen Jahren zu solcher Arbeit übergegangen sind, noch gut hineinzukommen. Die Kinder werden zuerst die einzigen Kinder im Kibbuz sein, worin eine ernste Schwierigkeit liegt. Sie wird dadurch erleichtert, daß in Jokneam außer dem Kibbuz schon jetzt eine Moschawah, eine Bauernsiedlung und eine Moschaw-Owdim, eine auf Selbstarbeit gegründete „Mittelstandssiedlung" [...], errichtet werden. Es werden also Kinder am Ort sein und bald auch eine Schule [...]. Daß die Kinder nicht, wie in den älteren Kibbuzim, in eine schon bestehende Kindergemeinschaft hineinkommen, hat neben manchen Nachteilen den für uns sehr wichtigen Vorteil, daß die Familie geschlossener bleibt. Es ist vorgesehen, das wir zwei Zimmer nebeneinander bekommen, eines für uns, eines für die Kinder, also entweder ein Holzhäuschen für uns oder in einem der dreizimmerigen Holzhäuser zwei Stuben.

[...] Ich weiß, daß Eure Sorge auf drei Dinge gehen wird: wird Eva sich nicht überarbeiten? wird für Eva und die Kinder in bezug auf Unterkunft und Ernährung gut gesorgt sein? und werde ich von meinem dichterischen und wissenschaftlichen Beruf nicht durch die physische Arbeit, [...], zu sehr abgedrängt? Nun wird auf all das ja erst die praktische Probe wirklich Antwort geben können. Aber einiges können wir nach unserer hiesigen Erfahrung schon jetzt dazu sagen: [...] Im Kibbuz ist die Lebenshaltung sehr primitiv, aber nicht in dem ständigen, aufreibenden Widerspruch zu den wirtschaftlichen Verantwortungen; sie ist in hohem Maße gesichert. Anderseits hat sie, bei aller Eingeschränktheit, nichts von dem Dumpfen und Gedrückten einer proletarischen Lebenshaltung in der Stadt, wie sie der wirklichen Finanzlage für uns allein entsprechen würde. Übrigens sind die Wohnverhältnisse im Kibbuz gut und die Holzhäuser trocken und wetterfest. Die Ernährung kann man unzulänglich finden, aber für die körperlich zarten, also bestimmt für Eva und die Kinder (das ist schon besprochen), gibt es besondere oder durch Zulagen verbesserte Kost.

Was nun mich angeht, so ist das Berufsproblem für mich, da ich mit dem dichterischen Beruf gesegnet und geschlagen bin, überhaupt nicht zulänglich lösbar und war auch nie zulänglich gelöst. [...] Außer in der dichterischen Arbeit, der hinzugeben mir nun einmal nicht gegönnt ist, habe ich in dieser Zeit Frieden nur in Stunden körperlicher Arbeit gefunden und ich will versuchen, ob ich nicht darauf mein Leben bauen kann. [...]

Die Zeit, zu der wir in den Kibbuz gehen wollen, steht noch nicht fest. Wir könnten schon nach Chedera gehen, neigen aber dazu, den Umzug des Kibbuz nach Jokneam [...] erst abzuwarten und wenn die Wohn- und sanitären Verhältnisse dort so geordnet sind wie jetzt in Chedera, erst hinzugehen. [...] Wenn möglich wollen wir unsere Wohnung hier während der Probezeit erhalten und vermieten.

Wir bitten Euch nun, unsere Gründe zu prüfen und uns bald Eure Meinung zu unserem Vorhaben mitzuteilen.

Seid beide herzlich gegrüßt!
Euer Ludwig

* *Am 31. Januar 1968 schreibt* ***Hans Magnus Enzensberger*** *einen höflichen, aber entschiedenen Absagebrief an* ***Edwin D. Etherington,*** *Präsident der Wesleyan University in Middletown, Connecticut.*

[31. Januar 1961]

Sehr geehrter Herr Präsident,

mit diesem Brief lege ich die mir verliehene Fellowship am Center of Advanced Studies der Wesleyan University in Ihre Hände zurück und verzichte auf das damit verbundene Stipendium. Für die Gastfreundschaft, die Sie mir erwiesen haben, bin ich Ihnen verbunden; schon deshalb bin ich es Ihnen, der Fakultät und den Studenten der Universität schuldig, die Gründe für meinen Schritt offenzulegen, und zwar so deutlich und genau wie nur möglich.

*Auf mehreren Briefseiten legt Enzensberger seine Gründe dar. Sein Ausgangspunkt ist eine prinzipielle Absage an „die Klasse, welche in den Vereinigten Staaten von Amerika an der Herrschaft ist, und die Regierung, welche die Geschäfte dieser Klasse führt". Sein Fazit lautet: „Ihr Ziel ist die politische, ökonomische und militärische Weltherrschaft. Ihr Todfeind ist die Revolution." – Am Ende stehen die persönlichen Schlußfolgerungen des Biefeschreibers:*

Es hat mich drei Monate gekostet, bis ich einsah, daß die Vergünstigungen, die Sie mir hier eingeräumt haben, darauf hinausliefen, mich zu entwaffnen; daß ich meine Glaubwürdigkeit einbüßte, indem ich Ihre Fellowship und Ihr Stipendium annahm; und daß die bloße Tatsache, daß ich hier war, als Ihr Gast, dem, was ich zu sagen hatte, die Spitze abbrach. „Um einen Intellektuellen zu beurteilen, genügt es nicht, seine Gedanken zu prüfen: was den Ausschlag gibt, ist die Beziehung zwischen dem, was er denkt, und dem, was er tut." Dieser Ratschlag (er stammt von Régis Debray) ist mir in meiner gegenwärtigen Lage von Nutzen. Um Ihnen zu zeigen, daß ich meine, was ich sage, gibt es nur einen einzigen Weg: den der Abreise.

Es ist dies ein notwendiger, aber kaum ein hinreichender Schritt. Denn es ist eine Sache, den Imperialismus im Gehäus zu studieren, und eine andere, ihm dort zu begegnen, wo er ein weniger wohlwollendes Gesicht zeigt. Ich bin eben von einer Reise nach Cuba zurückgekehrt. Ich sah die CIA-Agenten auf dem Flugplatz von México jeden Passagier nach Habana vor ihre Kamera kommandieren; ich sah die Silhouette der amerikanischen Kriegsschiffe vor der cubanischen Küste; ich sah die Spuren der amerikanischen Invasion in der Schweinebucht; ich sah die Hinterlassenschaft der imperialistischen Wirtschaft und die Narben, die davon in der Gesellschaft und im Bewußtsein eines kleinen Landes geblieben sind; ich sah die tägliche Belagerung, welche die Cubaner zwingt, jeden Löffel, mit dem sie essen, aus der Tschechoslowakei und jeden Liter Benzin, den sie verbrennen, aus der Sowjetunion herbeizuschaffen, weil die Vereinigten Staaten seit sieben Jahren versuchen, die cubanische Revolution auszuhungern.

Ich möchte im Herbst dieses Jahres nach Cuba gehen, um dort für längere Zeit zu arbeiten. Dieser Entschluß ist kein Opfer; ich habe einfach den Eindruck, daß ich den Cubanern von größerem Nutzen sein kann als den Studenten der Wesleyan University, und daß ich mehr von ihnen zu lernen habe.

Ich weiß, dieser Brief ist ein magerer Dank für Ihre Gastfreundschaft; und es tut mir leid, daß ich Ihnen die drei ruhigen Monate, die ich hier zugebracht habe, nicht besser vergelten kann. Es ist selbstverständlich, daß mein Fall, für sich selbst betrachtet, für die Allgemeinheit ohne Bedeutung und ohne Interesse ist. Die Fragen hingegen, die er aufwirft, betreffen nicht mich allein. Erlauben Sie mir daher, sie, so gut ich kann, in aller Öffentlichkeit zu beantworten

Mit aufrichtigen Grüßen

Hans Magnus Enzensberger

*Am 27. Januar 1982 schreibt der Schriftsteller **Günter Grass** an den Literaturkritiker **Marcel Reich-Ranicki**. Ausgangspunkt ist Reich-Ranickis Kommentar „Gespräch unter der Glasglocke", in dem er sich polemisch über die „Berliner Begegnung zur Friedensförderung" geäußert hatte.*

Berlin-Friedenau, am 27.1.1982

Lieber Marcel Reich-Ranicki,

Ihr Brief hat mich überrascht, hatte ich doch erwartet, daß Sie nicht nur Kritik austeilen und zur Polemik fähig sein könnten, sondern auch bereit wären, Kritik und Polemik auszuhalten.

Um zum Kern Ihres Briefes zu kommen: jener Marcel Reich-Ranicki, den ich 1958 in Warschau kennenlernte, war, wann immer er über Literatur sprach (und eigentlich sprach er nur über Literatur), geprägt von den Normen des sozialistischen Realismus. Und diese aus der Zeit des Stalinismus herrührende Verengung der Literatur bestimmt ihn auch heute noch, sosehr er sich außerhalb oder im Gegensatz zur leninistisch-stalinistischen Ideologie sehen mag.

Ich habe mich immer bemüht, Ihren Begriff von Literatur als Gegebenheit zu akzeptieren, und oft genug haben mich Ihre vitalen Mißverständnisse amüsiert. Doch schlimm und in gewissem Maße bedrohlich wird es, sobald Sie beginnen, die oft genug doktrinären Normen Ihres Literaturverständnisses in den Bereich der Politik zu übertragen. Dieses Gefühl, unter Druck gesetzt zu werden, haben etliche Schriftsteller empfunden, die der Einladung von Stephan Hermlin folgen wollten und die sich der anhaltenden Kampagne der FAZ gegen das geplante Schriftstellertreffen ausgesetzt sahen. An dieser Kampagne haben Sie sich maßgebend beteiligt.

Zu den betroffenen Schriftstellern gehöre ich; und als das Treffen endlich und dennoch zustande gekommen war, nahm ich Gelegenheit, in einem Interview auch jene mir bekannt gewordenen Versuche aufzuzählen, die das Treffen verhindern wollten. Es ist die reglementierende Art Ihrer politischen Parteinahme, die mir wie ein Rückfall in ungute Zeiten vorkommt;

so väterlich-besorgt und drohend zugleich habe ich auch die Herren Kurella und Hager im Ohr. Diesen (wahrscheinlich gutgemeinten) Versuch der Entmündigung angeblich naiver und verführbarer Schriftsteller haben schon andere vor Ihnen gemacht. Doch ich möchte mich dagegen verwahren.

Jedenfalls haben die aus Westdeutschland und Ostberlin angereisten Schriftsteller während der dann doch endlich stattfindenden Tagung Ihrer Belehrungen und Verwarnungen nicht bedurft.

Ich hoffe, daß auch Sie das inzwischen eingesehen haben, und grüße Sie freundlich

Ihr Günter Grass

*Am 27. Januar 1905 schreibt der 26jährige Maler **Karl Hofer** an den Schweizer Kaufmann **Theodor Reinhart**. Reinhart ist Hofers Mäzen. 19 Jahre lang hat er ihn unterstützt, und Hofer hat das dankbar anerkannt – aber in künstlerischen Fragen unbeirrbar auf seiner eigenen Meinung bestanden.*

Rom, 27. Januar 1905

Sehr geehrter Herr Reinhart!

Landschaft mit Mädchen, Selbstporträt und kleine Landschaft gehen heute per Eilgut an Sie ab, da ich annehme, daß Ihnen sehr viel daran liegt, das Bild für den Kunstverein rechtzeitig dort zu haben. Die Verzögerung entstand dadurch, daß ich wieder einmal nicht fertig werden konnte und immer noch etwas dran zu tun fand und nachher das Trocknen des Firnisses abwarten mußte. Bei Frachtgut hätte man gut *einen* Monat rechnen müssen. Ich hoffe, damit in Ihrem Sinne gehandelt zu haben. [...]

Was Ihren wiederholten Vorwurf betr. der Augen, die man bei mir nie sieht, [anbelangt], so ist es für mich wirklich schwer, Ihnen da die Ursachen zu erklären. Ich kann Ihnen dabei nur eine Hauptsache – und zwar ausschlaggebende Hauptsache – zur Beherzigung mitteilen. Nämlich aus wiederholten schrift- und mündlichen Äußerungen konnte ich entnehmen, daß Sie der Ansicht sind, ein Künstler (*Künstler*, nicht Kunstmaler oder Mensch, der sich mit Anfertigung von Ölgemälden seinen Unterhalt verdient, auch nicht Dilettant!) könne nach beliebigem Gutdünken – Zweck oder Rücksicht, Gefälligkeit usw. – in seinen Werken etwas so oder so anordnen, der Abwechslung halber es etwa einmal so machen, das andere Mal so. Diese Möglichkeiten und Künstlertum schließen sich aus! Also: Was ich so mache, das *muß* so sein, unwiderruflich, sonst würde ich es nicht so machen, selbst wenn es falsch ist und ich es hinterher vernichte, hat es so sein müssen, und niemand kann mit Recht sagen, er hätte es anders machen sollen. [...] Andersmachen heißt bei mir gar nicht machen.

Was nun den speziellen Fall des Seelenspiegels betrifft, so muß ich Ihnen bekennen, daß es eben in meinem Wesen begründet sein muß, daß Sie einen solchen in meinen Darstellungen nie erblicken. Derartige anscheinende Äußerlichkeiten hängen tiefer mit dem Menschlichen im Künstler zusammen, als Sie glauben. Ändert sich das innerste Wesen des Künstlers, so wird man es in seinen Werken sehen. Aber Mensch und Künstler ist ja eins. [...] Geöffnete, den Beschauer anblickende Augen in einem Kunstwerk sind für mein Gefühl geradezu eine Schweinerei, abgesehen davon, daß sie ein Bild als solches ruinieren. Sinn und Berechtigung haben sie nur im Porträt oder porträtartigen Darstellungen. Die „seelenvollsten" Blicke, „Richtung geradeaus", finden Sie bei den kommunsten Kitschbildern, am allerseelenvollsten in den Köpfen der Journalfiguren der Wiener Mode. Es ist nichts leichter als ein paar Augen mit „lebenswahrem", „gefühlvollem" Blick zu machen, weshalb eine gewisse Sorte diese Mätzchen immer wiederholt.

Glauben Sie mir, Herr Reinhart, es gibt in der darstellenden Kunst wichtigere und schwierigere Sachen als das, Sachen von solchem Kaliber, daß so etwas völlig gleichgültig daneben ist. Zum mindesten muß es seine Berechtigung und Ursache in der ganzen dargestellten Figur, d. h. deren Bewegung und Tätigkeit haben, wie z. B. bei Zubler, wo die Figur vorwärtsschreitet, dem Beschauer entgegen. Auch dann bleibt es etwas Sekundäres, weil es der Kopf ist, der nach vorn gewendet. Meine Figuren dagegen verharren völlig in Ruhe, für sie existiert kein Beschauer, also schauen sie ihn auch nicht an. Ich weiß nicht, ob Sie das, was mir so selbstverständlich, verstehen können, da ich es mangelhaft ausgedrückt, trösten Sie sich dann, es verstehen das die meisten Leute nicht, die Bücher über Kunst schreiben; aber glauben Sie mir, es muß so sein.

Haben Sie jetzt das Bild von Weiß bekommen? Er schrieb, daß er es abgeschickt. Sie müssen wieder einmal zu uns kommen, mündlich läßt sich alles besser traktieren, man hat dann auch gleich die Einwürfe des andern.

Bis auf Weiteres grüßen wir Sie und die Ihren von Herzen

Ihr K. Hofer etc.

* *Am 30. Januar 1965 schreibt die Politologin* ***Hannah Arendt*** *dem sehr viel jüngeren Schriftsteller und Essayisten* ***Hans Magnus Enzensberger*** *einen durchaus anerkennenden Brief zu seinem Buch „Politik und Verbrechen". Im entscheidenden Punkt aber widerspricht sie ihm deutlich.*

New York, den 30. Januar 1965

Lieber Herr Enzensberger,

[...]Nun zu dem von mir beanstandeten Satz, der ja im Grunde das Thema Ihres Buches bildet, die Gleichsetzung von Politik und Verbrechen. Lassen Sie mich mit Ihrem logischen Einwand beginnen. Dem Satz: Auschwitz ist die Konsequenz aller Politik, würde logisch entsprechen: Die nuklearen Geräte sind die Konsequenz der modernen Technik – und nicht, wie Sie meinen: „Die äußerste Konsequenz aus der Entwicklung der nuklearen Geräte wäre die Ausrottung des Lebens auf der Erde." Es gibt heute viele, die die Technik überhaupt für die Atomwaffen verantwortlich machen, wie Sie die Politik überhaupt für Auschwitz, und ich würde das eine wie das andere bestreiten. Was aber zwischen uns zur Debatte steht, ist Ihre Gleichsetzung vom „Megatod" mit der „Endlösung", und ich fürchte, Sie haben sich zu dieser Gleichsetzung einfach durch das ominöse Wort „Endlösung" verführen lassen. Der Megatod wäre in der Tat eine Art endgültigster Lösung aller Fragen, aber die Endlösung war „nur" die „Endlösung der Judenfrage"; sie könnte Vorbild für die „Lösung" ähnlicher Fragen werden, es ist auch denkbar, daß dabei Atomwaffen eine Rolle spielen, aber mit dem Megatod hat sie nichts zu tun. Das Fatale an Auschwitz ist doch gerade, daß eine Wiederholung möglich ist ohne katastrophale Folgen für alle Beteiligten. Die der Entwicklung nuklearer Geräte in der Kriegsführung inhärente *politische* Konsequenz ist ganz einfach die Abschaffung des Krieges als Mittel der Politik – es sei denn, man dichtet den Geräten selbst eine Konsequenz an, die sie doch nur haben können, wenn Menschen die Konsequenzen ziehen. Daß die politische Konsequenz aus der technischen Entwicklung der Kriegsführung, die sich ihrem eigenen Sinne nach aufhebt, gezogen werden wird, ist nicht sicher; ich halte es für sehr wahrscheinlich, aber dies ist eine bloße Meinung, über die man sich streiten kann. Worüber man sich, wie ich fürchte, nicht streiten kann, ist, daß Auschwitz möglich bleibt, auch wenn kein Mensch mehr von Atomtod spricht.

Unser Begriff von Politik ist durch das griechische und das römische Altertum, durch das siebzehnte Jahrhundert und durch die Revolution des achtzehnten vorgeprägt. Sie können ja nicht gut meinen, daß Auschwitz die Wurzeln dieser ganzen Vergangenheit bloßgelegt habe. Ich nehme also an, Sie wollten sagen: die Wurzeln aller *heutigen* Politik seien da zum Vorschein gekommen. Aber auch in dieser Einschränkung können Sie Ihren Satz nur aufrechterhalten durch die Parallele mit, kurz gesagt, Hiroshima. Ich bin der Meinung, das ist ein Kurzschluß, der allerdings nahe liegt, weil beide Ereignisse nahezu gleichzeitig im Verlauf des Krieges eingetreten sind. Dabei wird übersehen, daß nur Hiroshima und das Städtebombardement (Dresden) mit der Kriegsführung zusammenhingen und in der Tat anzeigten, daß in einem mit modernen Mitteln geführten Krieg der Unterschied zwischen Krieg und Verbrechen nicht mehr aufrechtzuerhalten ist. Aber Auschwitz hatte mit Kriegsführung nichts zu tun; es war der Beginn einer Entvölkerungspolitik, die nur durch die Niederlage Deutschlands aufgehalten wurde; Hitler hätte, wie wir wissen, auch im Frieden weiter „ausgemerzt“. Die Politik des Dritten Reiches war verbrecherisch. Kann man sagen, es gäbe seither den Unterschied zwischen Verbrechen und Politik nicht mehr – wie man vielleicht sagen kann, es gibt in einem mit modernsten Waffen geführten Krieg den Unterschied zwischen Krieg und Verbrechen nicht mehr? Dies scheint mir ein Kurzschluß zu sein.

[...] Ich hoffe, Sie nehmen all dies, wie es gemeint ist, und das heißt: nichts für ungut.

Mit freundlichen Grüßen

Ihre Hannah Arendt

*Am 30. Januar 1988 schreibt der in Westdeutschland lebende Schriftsteller **Hans Christoph Buch** an seinen ostdeutschen Kollegen **Heiner Müller**.*

Berlin, den 30. Januar 1988

Lieber Heiner,

ich schreibe Dir diesen Brief nicht nur, weil ich Dich seit Jahren kenne und schätze, sondern weil Du in Deinen Stücken wie kein anderer Autor der DDR das Bestehende einer radikalen Kritik unterzogen und damit Deine Leser in Ost und West ermutigst hast, den Status Quo in Frage zu stellen. An diesem literarischen Anspruch muß sich auch Dein politisches Verhalten messen lassen.

Um so mehr hat es mich bestürzt, als Du in einem Fernseh-Interview kürzlich die Verhaftungen junger DDR-Bürger, die am Rande einer „Kampfdemonstration" zum Gedenken an Rosa Luxemburg und Karl Liebknecht für „Freiheit der Andersdenkenden" eingetreten waren, abgetan hast mit dem Hinweis, es gäbe Schlimmeres auf der Welt, und erkennen ließest, daß Du die Premiere Deines Stückes „Die Lohndrücker" nicht durch Protest gefährden wolltest.

Du hast recht, es gibt Schlimmeres auf der Welt: die Arbeitslosigkeit und die Atommüllskandale in der BRD, die Reise von Franz Josef Strauß nach Südafrika, das Vorgehen der israelischen Armee gegen demonstrierende Palästinenser, die Kriege und Bürgerkriege im Nahen und Fernen Osten, in Afghanistan und Mittelamerika – all das wiegt schwerer als die Verhaftung von ein paar Dutzend Jugendlichen in der Hauptstadt der DDR. Und es ist genauso unsinnig, ein Unrecht gegen das andere auszuspielen, wie alles in ein und denselben Topf zu werfen. Aber ich werde den Verdacht nicht los, daß Dein Hinweis auf größeres Unrecht in anderen Teilen der Welt in diesem Fall nur der Ablenkung dienen soll von skandalösen Vorgängen im eigenen Land, die Dich als Dramatiker und Bürger der DDR unmittelbar angehen, weil sie sich vor Deinen Augen abspielen. Die Ausflüchte, mit denen namhafte Schriftsteller der DDR den zu drakonischen Haftstrafen verurteilten Demonstranten die von diesen erbetene Solidarität verweigert haben, sind beschämend und darüber hinaus logisch nicht stichhaltig. Ich will sie deshalb hier kurz rekapitulieren:

*Erstes Argument:* ein Teil der Leute wolle in den Westen ausreisen.

Abgesehen davon, daß andere, die nichts riskiert haben, die Verhafteten nicht im Nachhinein moralisch abkanzeln sollten – wofür er demonstriert, muß jeder für sich allein entscheiden –, haben die Ausreisewilligen lediglich von ihrem Grundrecht auf Freizügigkeit Gebrauch gemacht. Im übrigen steht hier einzig und allein das Vorgehen der Behörden zur Debatte, das dem in der DDR-Verfassung garantierten Recht auf freie Meinungsäußerung und allen in Helsinki vereinbarten internationalen Normen Hohn spricht.

*Zweites Argument:* Spontane Zusammenrottungen sind in der DDR verboten. Die Demonstranten haben gegen ein Gesetz verstoßen und müssen dafür die strafrechtlichen Folgen tragen.

Es genügt, diese fadenscheinig-fromme Argumentation auf die Opfer der Berufsverbote oder die Aktionen der Friedensbewegung in der BRD zu übertragen, damit sie ihre formaljuristische Erbärmlichkeit offenbart.

*Drittes Argument:* Die Gedichte von Krawczyk und Konsorten gefallen mir nicht.

Ein alter Hut aus der Mottenkiste der bürgerlichen Klassenjustiz. [...] Für ästhetische Diskussionen ist dies der denkbar ungeeignetste Augenblick, etwa so, als wolle man mit einem Ertrinkenden, anstatt ihn aus dem Wasser zu ziehen, über die Farbe seiner Badehose diskutieren. [...]

Lieber Heiner, Deine kleinlaute Reaktion auf die Mobilmachung Deines Staates gegen die Leser Deiner Bücher hat mich enttäuscht. [...] Es handelt sich um einen Fall von Feigheit vor dem Freund, denn die Demonstranten gingen am 17. Januar u. a. auf die Straße, damit ein Manuskript wie das von „Lohndrücker" nicht noch einmal 30 Jahre in der Schublade liegenbleibt. Ich plädiere nicht für Gratismut, lieber Heiner, aber ich erlaube mir, das Verhalten prominenter DDR-Autoren an dem ihrer sowjetischen, polnischen, tschechischen und ungarischen Kollegen zu messen. Offenbar haben einige von ihnen den ostdeutschen Obrigkeitsstaat schon so weit verinnerlicht, daß sie zur Solidarität nicht mehr fähig sind; oder sie sind durch Staatspreise und Westreisen so dickhäutig geworden, daß sie nichts mehr kratzt. An dieser Elefantenhochzeit hast Du, lieber Heiner, in der Vergangenheit nie teilgenommen. In diesem Sinne hoffe ich auf ein klärendes Wort von Dir.

Mit freundlichem Gruß
Dein Hans Christoph Buch

*Am 31. Januar 1998 wenden sich* ***58 ostdeutsche Künstler****, Ex-Bürgerrechtler und Intellektuelle mit dissidentischer Vergangenheit, unter der Federführung des Kunstwissenschaftlers und Ausstellungsmachers Christoph Tannert mit einem Offenen Bief gegen eine Nominierung des Leipziger Malers Bernhard Heisig für die Ausgestaltung des Reichstages.*

Berlin, den [31.01.1968]

In Verantwortung der Bundeskunstkommission werden derzeit Überlegungen angestellt, das im Umbau befindliche Gebäude des Berliner Reichstags und andere zukünftige Regierungsgebäude mit Kunst auszustatten.

Nicht nur, daß eine Auseinandersetzung über die einzuladenden Künstler-Innen bisher lediglich in Fachgremien geführt wurde, die gefällten Entscheidungen lassen auch ein hohes Maß an Ressentiments und Taktlosigkeit im Diskussionsfeld um Kunst, Staat und Nation offenbar werden. Ehe noch der produktive Streit in Gang kommen konnte, ehe überhaupt ein Sensorium für das Verhältnis von Kunst und politischer Kultur in diesen Repräsentationsgebäuden öffentlich entwickelt wurde, geschweige denn über die Asymmetrie im Ost-West-Gefüge bzw. zwischen staatstragender und nicht-staatstragender Kunst der DDR gestritten werden konnte, erging, neben anderen, bereits auch eine Einladung an den Maler Bernhard Heisig.

Die Ehrenrettung von Bernhard Heisig durch nachträgliche Würdigung auf neudeutschem Niveau ist nicht nur ein kunsthistorischer Irrtum, sondern auch eine politische Instinktlosigkeit.

Schon 1994, im Zuge der Neukonstitution der Bestände des 20. Jh., insbesondere der Zusammenlegung von Werken der DDR-Staatskunst mit Werken der West-Kunst in der Berliner Neuen Nationalgalerie wurde die notwendige Aufklärung ersetzt durch kalkulierte Inszenierung. Entpolitisierung und Entmoralisierung in der Würdigung einzelner Künstler aus dem Umfeld der Staatsmacht der DDR standen bereits damals in krassem Gegensatz zum demokratischen Wertehorizont. In bewußt ahistorischer 1:1-Präsentation von DDR-Staatskunst und institutionell etablierter West-Kunst wurde das historisch spezifische Momentum der jeweiligen Werke verdeckt und somit eine politische Augenwischerei betrieben mit dem vorgeschützten Argument, es handele sich hierbei um ein reines Zueinanderstellen von „künstlerischen Qualitäten".

Jetzt soll im Übergehen von Fakten und Forschungsergebnissen erneut das Nachdenken über die Instrumente der Herrschaft in der Verknüpfung mit der ästhetischen Binnenstruktur von Bildern verhindert werden. Es muß befürchtet werden, daß die Gebäude des neuen Regierens durchaus auch aus dem Geist Heisig'scher Kooperation mit dem DDR-Regime dekoriert werden.

Wir plädieren deshalb für das Zurückziehen der Einladung an Bernhard Heisig sowie eine öffentliche Auseinandersetzung über Kunst auch als Ausdruck politischer Verhältnisse.

Berlin, den 31. Januar 1998

*Der „Offene Brief" bündelt den angestauten Protest – aber es fehlt auch nicht an Gegenstimmen, zum Beispiel vorgetragen von dem ebenfalls unangepaßten DDR-Maler* ***Hartwig Ebersbach****.*

Es scheint, wieder einmal stünde die Würde des Ostens auf dem Spiel. Anläßlich der Weihung des Reichtages wird erneut eine Schlammschlacht geführt. Es scheint, was den Osten, ehemals DDR, betrifft, könnte nur derjenige nur noch für würdig befunden werden, der als Künstler „staatsfern" gewirkt hat oder im Exil. Im Streit um die Teilnahme von Bernhard Heisig stellt sich der besondere Verdacht ein, es geht gar nicht um eine inhaltliche Auseinandersetzung mit Werk und Leben, sondern es werde lediglich ein Klischee bedient: Heisig, das ist DDR.

Abgesehen von den Schwierigkeiten, das staatstragende Bild in Heisigs Werk überhaupt zu finden, begegnet man da eher einem Grübler und Zweifler, vielleicht sogar einem Utopisten im Sinne Blochs: Würde des Scheiterns, Prinzip Hoffnung. Jedenfalls besteht die Vermutung, es geht um Ausgrenzung des DDR-Ostens überhaupt.

Zwei Seelen und zwei Staaten in seiner Biographie. Für den Deutschen offensichtlich eine zu große Bürde. Selbstanerkennung, Selbstannahme und Selbstbewältigung waren noch nie des Deutschen Meisterschaft.

Der Verdacht besteht also, den Osten als historisch unwürdig vom Altar des Reichstages zu fegen. Abtreibung eines eigenen Stücks Biographie.

Nun wäre nicht verwunderlich, wenn Ansichten ohne Einsichten zwangsläufig in einem Grobraster enden. Es bedarf schon eines besonderen Zuganges zur Feinstruktur, der Kultur des feinen Hintersinns, also des Lesens zwischen den Zeilen, einer Meisterschaft im DDR-Osten.

Daß die Kampagne ausgerechnet vom Osten her geführt wird, wo eigentlich bessere Einsichten sein sollten, läßt Zweifel an der Aufrichtigkeit des Anliegens aufkommen und legt den Verdacht der Selbstpositionierung der Autoren des Briefes gegen Heisig nahe.

Der künftige Reichstag sollte seine Würde dadurch erhalten, wie er sich zu den Künstlern in Ost und West verhält.

Auch der Osten hat eine Würde.

Hartwig Ebersbach

# 1. FEBRUAR

*Anfang 1941 schreibt die österreichische Schriftstellerin* ***Vicki Baum*** *an den Verleger* ***Fritz H. Landshoff****. Vicki Baum lebt bereits seit 1937 in Hollywood; Landshoff – auf dem Wege in sein drittes Exilland – hat ihr aus London geschrieben: „Solange es noch einen Menschen gibt, der deutsch liest, werde ich weiterverlegen, und wenn der gestorben ist, werde ich es erst recht tun."*

[Hollywood, Januar/Februar 1941]

Lieber, guter, braver, eigensinniger Dr. Landshoff,

Ihren Brief lasse ich mir einrahmen als eines der wenigen erfreulichen Dokumente dieser Zeit. Ich kann Ihnen kaum sagen, wie stolz ich auf Sie bin. Aus London hörte ich gelegentlich von Leuten, die Sie trafen, über Ihr Wohl- oder Übel-Ergehen. Schön war's ja sicher nicht, aber doch besser, als wenn Sie in Holland erwischt worden wären.

Wie Sie wissen, werden Sie hier alle Ihre Autoren und noch ein paar mehr antreffen, und wir sind bereit, Ihnen Triumphpforten zu bauen, wenn Sie zu Besuch kommen. Dr. Bermann sah ich eines Abends in Thomas Manns Haus. Und nun also wird Querido ein neues Leben in meinem geliebten, wunderschönen Batavia anfangen? Und wenn die Japaner kommen? Ich sehe uns schon alle auf einer einsamen Insel enden, ich weiß eine in der Zulusee, wo es nur Muskatnußbäume gibt und verlassene portugiesische Marmorpaläste. Wie wär's?

Ein kleines Romänchen wartet auf Sie, zufällig spielt es auch da unten, es ist ein nichtswürdiger Dreck, so im Stil der illustrierten Zeitung und, komischerweise, englisch geschrieben. Das heißt, ich oder sonst jemand muß es übersetzen. Im Grund fühle ich, daß ich es gar nicht mehr verdiene, von Ihnen verlegt zu werden, denn ich habe ja ganz aufgehört, Deutsch zu schreiben. Nicht wegen Geschäft und nicht aus freier Wahl, sondern weil mir die deutsche Sprache irgendwie unterm Hintern weggerutscht ist.

Ich freue mich schrecklich auf Sie und hoffe, Sie werden bißchen Zeit haben, mir viel zu erzählen. Apropos – ich arbeite an einem endlosen, endlosen Roman, von dem ich gar nicht weiß, wie gut oder schlecht er ausfallen wird, eine Art Rechenschaftsbericht meiner Generation, das heißt, die letzten vierzig Jahre vom Standpunkt der Frau aus gesehen; keine Autobiographie, aber mir ähnlich in Charakter und Erziehung. Bitte, freuen Sie sich ein bißchen auf Amerika, denn wenn wir auch Wilde sind und höchst hysterisch, so ist hier doch vorläufig noch Frieden und eine Menge anständiger Gesinnung!

Auf bald, immer Ihre

Vicki Baum

# 2. FEBRUAR

*Am 2. Februar 1975 schickt die* ***„Rote Armee Fraktion"*** *– kurz RAF – einen Brief an ihre* ***inhaftierten Mitglieder****. Seit dem 13. September 1974 befinden sich die Gefangenen der RAF in ihrem dritten Hungerstreik. In einer Erklärung haben sie verlautbart, daß sie sich damit „gegen Sonderbehandlung", „gegen die Vernichtungshaft an Politischen Gefangenen" und „gegen die Countersurgency-Programme der imperialistischen Vollzugsmaschinen" zur Wehr setzen.*

*Der Brief der RAF ist ein Eingeständnis des Scheiterns und zugleich ein angestrengter Versuch, dieses Scheitern zu erklären.*

vom 2. Februar 1975

An die Gefangenen aus der RAF

Wir bitten Euch, den Streik jetzt abzubrechen, obwohl aus seinen objektiven – der Stärke der reaktionären Mobilisierung hier, dem Klassenkampf von oben – und seinen subjektiven Bedingungen – unterentwickelte Klassenkämpfe, die Korruption der Klassenorganisationen des Proletariats, einer schwachen revolutionären Linken – seine Forderung, die Aufhebung der Isolation, nicht durchgesetzt werden konnte.

Versteht das als Befehl.

Tatsache ist, daß die Möglichkeiten der legalen Linken – aus ihrer Defensive und Hilflosigkeit gegenüber dem neuen Faschismus, Solidarität als Waffe zu organisieren – in der Korrespondenz zum Aufbau der Guerilla, der Politik der RAF, nicht genug entwickelt sind. Der Streik hat sie auch auf ihre Wahrheit gestoßen: die Ohnmacht politischer Strategien, die die Frage der Initiative und Handlungsfähigkeit aus der Illegalität, die Notwendigkeit bewaffneter Politik als die Verwirklichung von proletarischem Internationalismus hier, vor sich herschieben; so auf der Entwicklung unserer großen Mobilisierung '68 in ihre Niederlage: die Zersplitterung, die Sekten, die Korrumpierung in der Defensive festgelegt bleiben.

Wir sagen, was der Streik als die letzte Waffe unserer Gefangenen für die Vermittlung, Mobilisierung, Organisation antiimperialistischer Politik hier erreichen konnte, hat er erreicht. In seiner Eskalation kann sich keine neue Qualität des Kampfes vermitteln.

Zuzulassen, daß Ihr ihn fortsetzt – gegen das Kalkül der staatlichen Propaganda: durch die exemplarische Hinrichtung gefangener Guerillas – weil sie kämpfen, immer kämpfen, trotzdem kämpfen – Widerstand als hoffnungslos erscheinen zu lassen – hieße Euch opfern.

Wir nehmen Euch diese Waffe, weil der Kampf um die Gefangenen – aus dem Kräfteverhältnis, das an ihm begriffen worden ist – jetzt nur unsere Sache sein kann, mit unseren Waffen entschieden wird.

Wir werden siegen!

# 3. FEBRUAR

*Am 3. Februar 1921 schreibt der 32jährige Maler, Bildhauer und Bühnenbildner* ***Oskar Schlemmer*** *an den schweizerischen Maler und Zeichner* ***Otto Meyer-Amden****. Beide sind seit der gemeinsamen Studienzeit befreundet. Leider liegt nur der Brieftext vor – ohne Anrede und Gruß.*

*Schlemmer arbeitet seit einem Jahr als Lehrer für Metallplastik und Wandmalerei am Weimarer Bauhaus.*

Cannstatt, 3. Februar 1921

Wissen Sie um das Feldgeschrei im Lager der Modernen: Picasso malt naturalistisch! (Es ist eine Mischung, oder Kreuzung, von Gulbransson und Millet!)

Ich weiß nicht, ob diese neue Parole, mitten in eine kaum erfaßte hineingegeben, Fluch oder Segen bringt. Ich sehe eine grausige Verwirrung entstehen. Oder ist es einerlei vielleicht, welche Richtung eingeschlagen wird, wenn nur das Wesentliche, der Sinn, erhalten bleibt? Dennoch, sollte man meinen, müßte es ein Zeichen geben, in dem Du siegen wirst! Ist es damit so wie mit den Religionen und den Ringen im „Nathan"? Was ist Wahrheit in der Kunst? Was ist überhaupt Die Wahrheit? Gibt es absolute Wahrheit, absolute Kunst, oder eben Wahrheiten, relative und verhältnismäßige?

Ich fand mich nicht fest genug solchen Fragen gegenüber, die sich unter anderem in Weimar ergaben, in Gesprächen mit meinem Neffen Hermann Müller, der dort Schüler ist. Dort ist ein Wahrheitsapostel aufgetreten (er heißt Häußer), „der die Wahrheit spricht", indem er Christus, Laotse und Nietzsche zitiert, der von sich sagt, das er der erste wäre, Täter des Wortes, nicht Hörer allein zu sein. Seine Tat sei: Familie und Hab und Gut zu verlassen (verloren im Krieg, war Sektfabrikant in Frankreich); nun zieht er von Stadt zu Stadt, von Verhaftung zum Irrenhaus, und Wiederfreilassung nach anscheinend glänzenden Rechtfertigungen. Ich schreib es wegen der Wirkung in Weimar: dort erklärten an die zwanzig Schüler des Bauhauses „Kunst für Krampf", warfen den Bettel hin und spazieren ohn Sorg und Geld gen Süden, Spanien und besonders Italien; manche folgen auch den Jüngern Häußers [...] nach auf Schritt und Tritt (besonders die Mädchen scheinen für direkte Nachfolge zu sein; bei den Jünglingen äußert sich der Konflikt in Vonsichwerfen von Konvention und Hemmung und Gewinnung der großen Wurstigkeit).

Daß sich das Bauhaus den Geistern von heute nicht verschließt, auch bei offenkundiger Gefahr (es sind dies die Bauhausabende); daß schon das Programm des Bauhauses eine verwegene Schar an jungen Menschen zusammenrief (es ist eine tolle Jugend von heute beisammen), macht, daß das Bauhaus nach ganz anderer Seite hin „baut", als erwartet wird, nämlich: den Menschen. Gropius scheint das sehr bewußt, und er erkennt darin das Manko der Akademien, die die Menschenbildung außer acht lassen. Er wolle, sagt er, daß ein Künstler auch ein Charakter sei, und erst dies, nachher das andere. Doch scheint er zuweilen Angst zu bekommen ob den Folgen: es wird nichts gearbeitet – aber viel, viel geredet. So wünschte er sich eine zeitweilige Mauer um das Bauhaus und klösterlichen Abschluß. – Ruhende Pole im Chaos der Schüler sind die Lehrer; ich glaube, zwei Versuche des Herrwerdens zu erkennen. Itten versucht es mit Diktatur bis zur Rücksichtslosigkeit und schulmeisterlicher Pedanterie (hier protestieren die Schüler gegen Vergewaltigungen). Klee wird es mit entgegengesetzten Mitteln versuchen: Gleichgültigkeit (oder Schein derselben); kommt dann einer, und er wird bereitwilliger kommen, als zu vermuten ist, so wird er vielleicht eine überraschend gute Aufnahme finden. – Übrigens scheint Klees Berufung das meiste Kopfschütteln zu erregen, als Typ für l'art pour l'art, jeglichen Zwecks entäußert – und doch scheint es mir kurz gesehen. Es wird sich ja alles zeigen. [...]

# 4. FEBRUAR

*Anfang 1992 antwortet der österreichische Schriftsteller* ***Peter Turrini*** *auf eine Anfrage der Theaterzeitschrift „****Die Bühne****“.*

Liebe Karin Kathrein!

Sie fragen mich, ob ich etwas über den Krieg in Jugoslawien schreiben möchte, und ich antworte Ihnen ohne jede Unfreundlichkeit mit einem NEIN. Ich kann keine Artikel mehr schreiben. Ich kann keine Essays schreiben. Ich kann keine Drehbücher schreiben. In meinem Kopf wird alles zur Theaterszene. Ich habe gehört, daß in diesem Krieg auch Künstler mitschießen. Serbische und kroatische und retour.

Stellen Sie sich vor: In zwei Jahren ruft Kärnten seine Unabhängigkeit aus! Wien erklärt Klagenfurt den Krieg! Die Front verläuft am Semmering, knapp unter dem Hotel PANHANS. Auf der Seite der Wiener kämpfen die Künstler Heller und Blau, auf der Seite der Kärtner Lipus und Turrini. Sie, liebe Karin Kathrein, die Sie alle Künstler lieben, versuchen zu vermitteln, doch vergebens. Um das Schlimmste zu verhindern, verraten Sie den Kärtnern die Wiener Stellungen und den Wienern die Kärtner Stellungen. Eine Semmeringmatahari!

Sie ermahnen mich, ernst zu bleiben, angesichts der vielen Toten? Ich kann Sie beruhigen, die sind nur im Fernsehen. Die Wirklichkeit ist im Theater!

Ich grüße Sie sehr herzlich.

*Am 2. Februar 1902 schreibt **Wilhelm Busch** diesen freundlichen und altersweisen Brief an seine „Nichte" **Nanda Keßler**.*

Mechtshausen, 2. Februar 1902.

Meine liebe Nanda!

Ich denke Dir für Deinen freundlichen Brief, woraus ich ersehe, daß Du Dich wohlbefindest. – Ja, und der siebenzigste Geburtstag! Das ist so eine Sach! Einem braven Bürgermeister zum Beispiel, der sich sein lebelang geplagt und geärgert hat, mag es zum Schluß seiner ruhmvollen Laufbahn willkommen sein, wenn ihm zu Ehren geredet, gegessen und getrunken wird, und wenn er so Gelegenheit findet, sich gerührt und herzlich zu bedanken. Bei mir aber, dessen leichte Betriebsamkeit man schon mehr als genügend gewürdigt hat, möchte doch eine solche Leichenfeier bei Lebzeiten ganz und gar nicht berechtigt sein. Überhaupt, ist denn das Altsein für die Leute, die damit behaftet sind, so etwas extra Lustiges, daß man ihnen mit „hoppheh!" dazu gratulieren kann? Ich finde nicht.

Wir hier lauern noch immer auf einen anständigen Winter. Ewig Sturm und Regen ist uns allnachgrade zuwider geworden. Wir möchten was Weißes sehn, wir möchten mal wieder was Festes unter den Füßen haben. Nun, heut ist Lichtmeß, Ostern ist fern. Blumen, die bereits draußen hervorspritzen, können noch bittre Erfahrungen machen.

Leb wohl, liebe Nanda! Sei recht herzlich gegrüßt und, bitte, grüß auch all Deine Angehörigen vom

Onkel Wilhelm

# 6. FEBRUAR

*Am 6. Februar 1943 schreibt der Schriftsteller* ***Günther Weisenborn*** *aus dem Gestapo-Gefängnis in der Berliner Prinz-Albrecht-Straße an seine Frau* ***Margarete, genannt Joy****. Er wurde im September 1942 wegen seiner Mitarbeit in der Schulze-Boysen-Harnack-Gruppe verhaftet. Auch seine Frau wurde zunächst inhaftiert: Sie saß – getrennt von ihrem Mann – bis April 1943 im Berliner Gefängnis am Alexanderplatz.*

Berlin, U[ntersuchungs]-Gefängnis,
Prinz-Albrecht-Str. 8

[6. Februar 1943]

Mein Joyken!

Ein schwerer Tag geht zu Ende. Ich stand gestern und heute vor dem Kriegsgericht. Gestern beantragte der Reichskriegsanwalt den Tod für mich. Heut war mein letztes Wort, das Urteil lautete auf drei Jahre Zuchthaus wegen „Nichtanzeige eines Verbrechens". Das war heute um zwei Uhr. Um vier war ich in meiner Zelle, lief auf und ab und bin noch nicht klar. Ich lag die Nacht gefesselt. Ich war sehr ruhig. Im letzten Wort sprach ich auch von Dir, von Deiner Tapferkeit in Frankreich und Sizilien. Ich muß mich erst sammeln. Ich bin sehr müde. Und sehr einsam. Es waren die schwersten Tage meines Lebens. Ich hab Dir nichts davon geschrieben, daß ich vorgeladen bin. Du hättest Dir nur Sorgen gemacht. Ich war schweißgebadet. Wie alles wird, weiß ich nicht. Es ist jetzt 18 Uhr, unsere „Brückenzeit". Danach will ich schlafen, schlafen. Ich liebe Dich so sehr. Dein duftendes Tiroler Tüchel trug ich auf dem Herzen.

Mein Gott! Schlaf schön, einzige Geliebte.

Bin sehr müd Dein Pitt

*Am 7. Februar 1931 schreibt der 74jährige Nervenarzt und Psychoanalytiker* ***Sigmund Freud*** *an den Schriftsteller* ***Stefan Zweig****. Zweig hatte ihm sein jüngstes Buch „Die Heilung durch den Geist“ zugeschickt, und Freud bedankt sich – mit kritischem Einverständnis.*

Wien IX, Berggasse 19,
7. Februar 1931

Sehr geehrter Herr Doktor,

ich habe Ihr letztes Werk erhalten und von neuem gelesen, diesmal natürlich mit mehr persönlicher Anteilnahme als an Ihren früheren fesselnden Produktionen. Wenn ich Ihnen meine Eindrücke in kritischer Weise mitteilen darf, möchte ich sagen: am meisten harmonisch, gerecht und vornehm erschien mir der Mesmer. Ich denke auch wie Sie, daß das eigentliche Wesen seines Fundes, also der Suggestion, bis heute nicht festgestellt ist, und daß hier Raum für etwas Neues bleibt. [...]

Daß einem das eigene Portrait nicht gefällt, oder daß man sich in ihm nicht erkennt, ist eine gemeine und altbekannte Tatsache. Darum eile ich, meiner Befriedigung Ausdruck zu geben, daß Sie das Wichtigste an meinem Fall richtig erkannt haben. Nämlich, daß soweit Leistung in Betracht kommt, diese nicht so sehr Sache des Intellekts als des Charakters war. Das ist der Kern Ihrer Auffassung, und das glaube ich auch selbst. Sonst könnte ich es beanstanden, daß Sie das kleinbürgerlich korrekte Element an mir allzu ausschließlich betonen, der Kerl ist doch etwas komplizierter; zu Ihrer Schilderung stimmt nicht, daß ich doch meine Kopfschmerzen und Müdigkeiten gehabt habe, wie ein anderer, daß ich leidenschaftlicher Raucher war (ich wollt ich wär es noch), der der Zigarre den größten Anteil an seiner Selbstbeherrschung und Ausdauer in der Arbeit zugestand, daß ich bei aller gerühmten Anspruchslosigkeit viel Opfer für meine Sammlung griechischer, römischer und ägyptischer Antiquitäten gebracht und eigentlich mehr Archäologie als Psychologin gelesen habe, daß ich bis zum Krieg und einmal nachher wenigstens einmal im Jahr für Tage oder Wochen in Rom sein mußte, und dergleichen. Ich weiß von der Kleinkunst her, daß das Format den Künstler zu Vereinfachungen und Weglassungen nötigt, aber dann entsteht leicht ein falsches Bild.

# 7. FEBRUAR

Ich gehe wahrscheinlich nicht irre in der Annahme, daß Ihnen der Inhalt der psychoanalytischen Lehre bis zur Abfassung des Buches fremd war. Umsomehr Anerkennung verdient es, daß Sie sich seither so viel zu eigen gemacht haben. An zwei Stellen kann man Sie kritisieren. Sie erwähnen fast gar nicht die Technik der freien Assoziation, die vielen als die bedeutsamste Neuerung der Psychoanalyse erscheint, der methodische Schlüssel zu den Ergebnissen der Analyse ist, und Sie lassen mich das Verständnis der Träume vom Kindertraum her gewinnen, was historisch nicht zutrifft, nur in didaktischer Absicht so dargestellt wird.

Auch Ihr letzter Zweifel, ob sich die Analyse zur Ausübung für gewöhnliche Menschenkinder eignet, führt sich auf solche Unkenntnis der Technik zurück. Zur Zeit da das Mikroskop ein neues Instrument in den Händen des Arztes war, konnte man in den Handbüchern der Physiologie lesen, welche selten vorhandenen Eigenschaften der Mikroskopiker zu besitzen verpflichtet sei. Dieselben Anforderungen stellte man später an den Chirurgen, heute lernt jeder Student mikroskopieren, und gute Chirurgen werden in Schulen gezüchtet. Daß es jeder nicht gleich gut macht, dagegen gibt es auf keinem Gebiet Abhilfe.

Mit herzlichen Grüßen in Ihre Ferien

Ihr Freud

*Am 8. Februar 1921 schreibt* ***Stefan Zweig*** *an seinen französischen Schriftstellerkollegen* ***Romain Rolland****. Während des 1. Weltkrieges haben beide als entschiedene Pazifisten die Stimme erhoben; jetzt verbindet sie die Sorge um die europäische Zukunft.*

Salzburg, 8. Februar 1921

Mein lieber und verehrter Freund,

ich schreibe Ihnen heute deutsch, weil ich nicht weiß, ob ich alles, was ich sagen will, genug klar ausdrücken kann. Es ist mir ein Bedürfnis, Ihnen unsere intellectuelle Situation zu schildern. Denn der jetzige Augenblick ist ein kritischer.

Meine Beziehung zu den meisten deutschen Menschen beginnt jetzt wieder peinlich zu werden. Menschen, die schon ganz klar fühlten, die sogar diese Klarheit in Worten zum Ausdruck brachten, ziehen sich mit einem mal zurück: Deutschland hat nur *einen* Gedanken jetzt – und dieser Gedanke drückt sich in allen seinen Menschen aus –: nicht mehr aufrichtig zu sein. Ganz Deutschland arbeitet jetzt an einer Lüge, an einer neuen Legende: Der Kaiser, Ludendorff werden jetzt plötzlich große Persönlichkeiten, der Krieg eine heilige Sache. *Alles ist vergessen*: die Jugend glüht vor Haß, fiebert nach Krieg, die Professoren, die bestürzt über ihre eigene Dummheit ein wenig geschwiegen hatten, blasen wieder in die teutonischen Hörner. Der wildeste Wahn ist wieder wach.

Nie waren wir mehr isoliert als jetzt. In den schlimmsten Tagen des Krieges hatten wir Verbündete, vor allem das Leiden des Volkes, das jedes Wort des Friedens im geheimen segnete, wir hatten die Wirklichkeit des Krieges als Gegner, gegen den man kämpfen konnte. Aber schon entsteht wieder das Phantom des Krieges, herrlich idealisiert als Krieg der Rache und der Gerechtigkeit – wie gegen Wahnbilder kämpfen? Was wir sagten, ist vergeblich gegen eine Mentalität, die nicht hören *will* und die gegen unsere heiligsten Bemühungen das Argument hat: seht, wie die *Feinde* den Frieden verstehen.

Diese Lüge ist das Schlimmste in der Tat, was Frankreich und England an Deutschland getan haben. Der Hunger traf nur den Leib, – das Rachegelüst, das sich in den letzten französischen Beschlüssen kund tut und das auf

42 Jahre von ungeborenen Kindern noch Sclavenarbeit verlangt, hat die deutsche Seele vergiftet. Wir, Sie und ich leben unter Rasenden, unter Wahnsinnigen. Die Deutschen lügen sich aus Verzweiflung jetzt *selbst* an – wahr ist in Ihnen nur der rasende Haß.

Und, lieber verehrter Freund, wie entsetzlich – ich verstehe diesen Haß! Ich teile ihn selbstverständlich nicht, ich weiß ja, daß es ein „Volk", eine „Nation" gar nicht gibt, sondern nur Menschen. Aber wie das den Leuten *erklären*, daß es Franzosen gibt, die das Quälerische, das Erpresserische mißbilligen, wie ihnen das Schweigen des französischen Parlaments (das für sie das Volk darstellt) glaubhaft machen? [...]

Was tun? Zu Menschen sprechen, die sich den Finger in die Ohren stopfen und laut brüllen, um nicht denken zu müssen? Oder öffentlich protestieren? Oder warten, bis der Wahn vorbei ist? [...]

Glauben Sie nicht, ich sei müde oder feig geworden vor der Übermacht. [...] Ach, wenn Sie wüßten, wie widerlich mir diese Teutschen Teutonen mit ihrem Kriegsgeheul sind [...] und wie ich doch diese mißleiteten und enttäuschten Menschen, dies in die Knie gedrückte Volk bemitleide!

Wie companyiciert ist all dies geworden! Und wie einfach haben wir uns alles gedacht. Wir meinten, beim Sieger würde Begeisterung, beim Besiegten Ekel vor dem Krieg sein. Und es ist umgekehrt! Wirklich, man soll kein Ziel stellen für sein Wirken, sondern nur rein wirken, gerade aus sich heraus: vielleicht hilft man den andern nur, wenn man sich selbst hilft. [...]

Mit vielen Grüßen Ihr getreuer

Stefan Zweig

*Am 27. Februar 1947 schreibt der Schriftsteller* ***Hermann Kesten*** *aus New York an seinen Kollegen* ***Erich Kästner*** *nach Deutschland. „Ich fühlte mich nie einem Lande zugehörig", hat Kesten einmal erklärt; sein Brief aber verrät, wie stark die Erinnerung an seine deutsche Heimat in ihm fortlebt.*

[New York]

27. Februar 1947

Lieber Kästner!

Danke Ihnen bestens für Ihren lieben Brief vom 5.12.46. Wir sind erst kürzlich von unserer Rundreise durch den amerikanischen Kontinent heimgekommen.

Was schreiben Sie? Haben Sie gute Nachrichten von Ihren Eltern? Ich bin sehr froh, von Zeit zu Zeit von Ihnen zu hören. Haben Sie Ihre Eltern zu Weihnachten in Dresden besuchen können? Ich lebte mal zwei oder drei Monate in Dresden, 1917; ich wohnte bei einem Onkel, der zwei sehr hübsche Töchter in meinem Alter hatte, ich radelte auch durch die Sächsische Schweiz, und fühlte mich sehr glücklich, mit Cousinen, und Dresden; inzwischen haben die Engländer Dresden zerstört und die Deutschen meine Cousinen vergast. Ich erinnere mich noch, wie ich Hand in Hand mit meiner Lieblingscousine durchs Grüne Gewölbe wandelte, ich weiß nicht mehr, warum wir über all den sächsischen Juwelen so lachen mußten, es war wahrscheinlich frivol, mitten im ersten Weltkrieg, mein Vater und auch die Herren Repententen aus meiner Klasse im Gymnasium waren schon an der Front, und ich schrieb damals Gedichte, auf Dresden, auf meine Cousinen, und alles ist hin, meine Gedichte hat die Gestapo 1940 in meinem Hotel abgeholt, nebst andern Manuskripten, Dresden und die Cousinen siehe oben. Nur ich sitze in New York, und schaue aus meinem Fenster auf die Eisbrocken, die den Hudson herunterschwimmen, und denke an meinen toten Freund Joseph Roth. Als ich im März 1933 nach Paris entkommen war, und im Café des Deux Magots mit ihm saß, das heißt auf der

Straße, vor der schönen alten Dorfkirche St. Germain des Prés, und wie der Schwartensack aus dem deutschen Volkslied „meins selber lachen mußte", da drohte mir der melancholische und trunkne Roth oft: „Kesten, Ihnen wird das Lachen auch noch vergehn!" Und manchmal denke ich wirklich, das Lachen ist mir schon etwas vergangen.

Wie schade, daß ich Sie nicht anrufen, mich mit Ihnen für eine Tasse Kaffee verabreden, und eine Stunde plaudern kann!

Mit herzlichen Grüßen

Ihr Hermann Kesten

*Am 13. Februar 1964 schreibt die 30jährige Schriftstellerin **Brigitte Reimann** aus Hoy(erswerda) an den in Berlin lebenden Architekten und väterlichen Freund **Hermann Henselmann**.*

Hoy, 13.2.64

Bester Professor Henselmann,

Irgendwann heute nacht hat sich die Melancholie verflüchtigt, und ich kann Ihnen endlich wieder schreiben – nur so, um ein bißchen zu schwatzen. Jener Abend bei Ihnen hatte mir wieder mächtig zu knabbern gegeben, ich habe „getiftelt“ ... Mein erstes Kapitel ist schon in der Papiermühle, ich begann wieder von vorn, verrannte mich wieder, fand meine Dame Franziska dekadent und verkommen und von ganz unsozialistischer Traurigkeit – und heute morgen fiel mir ein, daß sich dagegen nichts sagen läßt, die Kurve beginnt in einem Tiefpunkt, wie sollte ich sonst ihre Steigung nachzeichnen? Kurz und gut, nachher werde ich wieder arbeiten.

Zum Glück war mein reizendes Schwesterchen mit seinem winzigen Baby eine Woche lang bei mir, und wir hatten viel Spaß miteinander. Morgens zu hören, daß nebenan ein Kind kräht... Ungeahnte Genüsse. Manchmal empfand ich, was ich versäumt habe, unfruchtbares, Bücher heckendes Weib. Am liebsten hätte ich die Kleine (die Schwester) zu Ihnen geschleppt, sie ist so anmutig, so hübsch und bezaubernd, eigentlich noch ein Kind, und ein liebenswerter Charakter, und schöne Beine... Ich hatte ein Männer-Vergnügen, als ich mit ihr Einkaufen ging: an diese Füße unsägliche Schuhe zu ziehen, die ich nie im Leben tragen kann, ohne mir beim ersten Schritt die Beine zu brechen. Auch ein bißchen Neid, aber der wohlwollende Neid einer Mutter; die Kleine ist zehn Jahre jünger als ich. Jung-Robespierre tröstete mich: Macht nichts, du bist ein Typ, der barfuß laufen und Ochsen treiben sollte. Als die beiden abreisten, zurück in ihre Studentenbaracke, fiel ich in Schwermut, ich dachte, ich hätte mein Leben anders einrichten sollen. Manchmal, selten, sehne ich mich nach Sicherheit, nach der gestärkten Hemdenbrust, an die ich meinen Kopf betten kann, nach einem friedlichen Glück mit Kind und Waschmaschine und wohlsituiertem Mann. Schauderhaft, was? Glauben Sie, daß andere Frauen auch solche Odalisken-Sehnsüchte haben? Seit zehn Jahren kämpfe ich – allein – um meine Existenz, muß mich und einen anderen erhalten, und das ist nur die Außenseite. Wie schwer es heute noch für eine Frau ist, sich in einem künstlerischen Beruf durchzusetzen und zu behaupten, wissen Sie ja.

Die ganze Zeit denke ich noch darüber nach, warum Hermlin gesagt hat, ich stellte ja keine künstlerischen, sondern Lebensfragen. Ich hätte ihn doch bitten sollen, das zu präzisieren. Gibt es da Unterschiede, worin bestehen sie? Kunst erschien mir immer als das, womit man sich ganz allein herumschlagen muß (darum mein Horror vor Lehrgängen: was ist eine Fabel? was ein Konflikt? Das weiß man, oder man weiß es nicht, Definitionen sind bloß Krücken.) Vielleicht hält mich Hermlin für allzu schlicht, weil ich immer wieder zäh auf die „Lebensfragen" zurückkam (ich gestehe, daß ich bekümmert wäre; ich verehre H. wegen seiner herrlichen Novellen). Aber vielleicht weiß ich noch gar nicht, wie man lebt?

Hatten Sie jemals das Gefühl, diese Welt – die wir so oft und so glatt „unsere" Welt nennen – sei in Wahrheit nicht Ihre, Henselmanns Welt? Ich habe solche Anfechtungen, und dann möchte ich ausreißen – aber wohin? Man kann sich keine private Welt schaffen, säuberlich getrennt von der, die uns umgibt. Sehen Sie, nun schrieb ich das Wort „Anfechtung", und auf einmal tut sich die Kirche auf, mit Glaube, Dogma, Ketzerei und Hölle und der Verheißung auf den Garten Eden. Was für Verbindungen! Man müßte den Schleier der Anonymität zerreißen, der einen von so vielen Menschen und Erscheinungen trennt. Eines Tages werde ich aus lauter Neugierde in die Partei gehen.

Jetzt habe ich Ihnen drei Seiten lang meine Sorgen vorgejault ... Ich wünschte, ich könnte bald wieder bei Ihnen sein und Ihre Stimme und Ihr listiges Lachen hören. Sie sind eine Ermutigung und ich liebe Sie auch dafür.

Grüßen Sie Ihre Frau Isi und die ganze legendäre Familie herzlich von mir. Ich umarme Sie.

Ihre Brigitte Reimann

*Am 11. Februar 1948 schreibt* ***Anna Seghers*** *an den österreichischen Schriftsteller und Publizisten* ***Bruno Frei*** *in Wien. Bruno Frei war wie Anna Seghers im mexikanischen Exil und lebt nun – wie sie – in einer Viersektorenstadt.*

Berlin, 11. Februar 1948

Lieber Bruno,

ich danke Dir vielmals für Deinen Brief vom 18.12. Ich war inzwischen einige Wochen bei den Kindern in Paris. Hoffentlich kann ich in einigen Wochen wieder auf kurze Zeit hin. Diese Ausflüge, das Wiedersehen mit den Kindern, das Wiedersehen mit Paris, das Zusammensein mit meinen Freunden in Paris, sind für mich immer beinahe ein Glück, so daß ich leider mit Recht immerzu Angst haben muß, es wird nichts daraus. Du kannst Dich vielleicht noch daran erinnern, daß eine Anna ein Buch „Transit" machte. Das war aber nur ein naives kleines Vorspiel zu den Papier– und Konsulatsorgien, die man jetzt hier feiert, auch wenn man keine Deutsche ist.

Verlang' nicht, daß ich ausführlich über Berlin schreibe. Es ist alles zusammen von außen genommen: Eine außerordentlich widerliche, eine außerordentlich attraktive Stadt. Vielleicht eine der verrücktesten in Europa. Dieses vierblättrige Kleeblatt von Alliierten auf einem Berliner Stiel, der ziemlich brüchig und manchmal wieder zäh ist, die gestopft vollen Bahnen wird es auch bei Euch geben. Ob Eure Wiener so wüst werden, so wütend auf jeden, aber jeden über die Zeitlage und den Hunger, das kann ich kaum glauben. Ganz, ganz selten einer von den alten Berliner Witzen, aber nur ganz selten. Aber dann ist es kein chiste alemán. Soviel Zeitungen, als ob man die Trümmer mit Papier stopfen wollte, sogar eine Monatszeitung vom chinesischen Militärattaché. Ich glaube aber, das alles gibt es so ähnlich auch bei Euch.

Nachdem, was meinen liebsten Menschen und Freunden passiert war, nachdem, was ich schon vorher wußte und sofort lernte, war ich nicht überrascht, auch nicht, wie manche, im gewöhnlichen Sinn betroffen oder enttäuscht von dem, was ich sah. Ich hatte mir immer vorgestellt und stelle es mir auch jetzt so vor. Gewiß, der Hitlerfaschismus hat dieses Land korrumpiert. Gewiß, dieses Land war das denkbar beste Exerzierfeld für den Faschismus. Man denkt manchmal an Rom im ganz frühen Mittelalter zur Zeit der Völkerwanderung. Dann gibt es wieder – wie es sie auch dort gegeben hat – einzelne Menschen und Situationen, die eine Vorstellung von dem geben, was kommen muß und wofür man da ist und wofür man arbeitet. Es gibt auch Anfänge vom Anfang, die großartig genug sind, um das aufzuwiegen, was zunächst so ist wie es ist. Ich brauch Dir über all das nichts zu schreiben, Du hast manches selbst gesehen. Allerdings, die Hauptsache nicht, obwohl diese Hauptsache auch etwas in der Richtung ist, etwas Dynamisches, etwas im Entstehen, und daher Widerspruchvolles, von dem Du ein paar Momente nacheinander erleben mußt, um wenigstens eine kleine Teilstrecke zu kapieren. Ich habe keine Lust, lange und viele Einzelheiten zu schreiben. Es hätte auch keinen Zweck, und andere machen es besser.

[...]

Viele Grüße

Anna

*Am 12. Februar 1950 antwortet der 72jährige* ***Hermann Hesse*** *auf die Anfrage des* ***Studenten B.*** *Hesse – einer seiner Großväter war Indologe und Missionar gewesen – interessierte sich stark für indische Philosophie und meditative Techniken und setzte sich in seinem Werk damit auseinander.*

12. Februar 1950

Lieber Herr B.,

Sie stellen eine Frage an mich, die immer wieder an mich gelangt: Wie kann man das Meditieren lernen?

Es ist kein Zufall, daß im heutigen Deutschland dies Bedürfnis sich so stark meldet, wie es ja auch kein Zufall ist, daß von den paar Büchern, die als Anweisung dienen könnten, in Deutschland wohl kein einziges mehr aufzutreiben sein wird. [...]

Ramakrishna war einer der letzten großen Weisen und Lehrer Indiens. Über ihn und über das Thema überhaupt steht einiges auch in Albert Schweitzers Buch „Die Weltanschauung der indischen Denker". [...]

In Indien glaubt niemand daran, daß Meditation ohne Guru, ohne persönlichen Lehrer, erlernbar sei. Vermutlich glaubt auch niemand dort, daß jemals ein Abendländer über die untersten Stufen des Yoga hinauskommen werde. Aber das hindert nicht, daß wir uns wenigstens um diese untersten Stufen bemühen können. In Amerika haben gewisse Kreise das erkannt, und dort gibt es einige indische Lehrer. Aldous Huxley würde Ihnen darüber Auskunft geben können.

Ich selbst habe weder einen Guru gehabt noch bin ich auf höhere Stufen gelangt. Aber die eine Erfahrung habe ich machen können, daß die größte äußere Mithilfe zur Erreichung eines Zustandes von Konzentration und innerer Ruhe in der Tat in den Atemübungen besteht, über die sich das Abendland ebenso lustig gemacht hat wie über das Nabelbeschauen. Machen Sie Atemübungen, wie jeder bessere Heilgymnastiker sie kennt und achten Sie darauf, daß Sie wohl das Ausatmen, niemals aber das Einatmen forcieren dürfen, Sie schaden sich sonst. Das Wesentliche bei den Atemübungen ist, daß man dabei auf gar nichts als auf ein möglichst vollkommenes Tiefatmen achtet, daß man sich auf diese eine Funktion konzentriert. Es hilft viel. Es hilft Distanz gewinnen vom Aktuellen, es bereitet vor zur Ruhe, zur Sammlung. Und wenn Sie diese Übungen im Atmen schon mit einer Vorstellung verbinden, ihnen schon eine Art von geistiger Bedeutung, einen Inhalt geben wollen, so stellen Sie sich vor, Sie atmen nicht Luft ein, sondern Brahman. Sie lassen mit jedem Atemzug das Göttliche in sich ein und entlassen es wieder, es wird Ihnen auch der „Westöstliche Divan" dabei einfallen.

Mögen Sie nun mit Ihren Übungen weit oder nicht weit kommen, so werden Sie doch, wenn Sie es ernst meinen, sich dabei einer Seelenstimmung nähern, die wir Abendländer sonst nur im religiösen Gebet oder bei der Hingabe an das Schöne zu erleben fähig sind. Sie werden nicht mehr nur Luft atmen, sondern das All, sondern Gott, und werden nicht auf intellektuellem, sondern auf leiblichem und unschuldigem Wege etwas von der Freiheit, Seligkeit und Frömmigkeit der Hingabe und Willensentspannung erleben.

Jener Ramakrishna erzählt in seinen Gleichnissen zuweilen Geschichten, welche ebensogut in den Anekdoten des Dschuang Dsi stehen könnten. Die Weisheit aller Völker ist eine und dieselbe, es gibt nicht zwei oder mehr, es gibt nur eine. Das einzige, was ich etwa gegen die Religionen und Kirchen einzuwenden habe, ist ihre Neigung zur Unduldsamkeit: weder Christ noch Mohammedaner wird gerne zugeben, daß sein Glaube gut und heilig zwar, nicht aber privilegiert und patentiert sei, sondern ein Bruder all der anderen Glaubensarten, in denen die Wahrheit sich sichtbar zu machen sucht.

Eine der kleinen Geschichten, die von Ramakrishna überliefert werden, und die ganz wohl auch bei Dschuang Dsi stehen könnte, lautet: Ein Weiser sah eines Tages einen Hochzeitszug mit großem Gepränge unter Trommel- und Trompetenklang über eine Wiese ziehen. Nahebei beobachtete er einen Jäger, der so in das Zielen auf einen Hasen vertieft war, daß er weder den Lärm der Musik hörte noch den Zug wahrnahm. Der Weise begrüßte den Jäger und sprach: „Verehrter, Ihr seid mein Guru. Mögen sich meine Gedanken, wenn ich meditiere, so auf den Gegenstand meiner Andacht richten, wie die Euren auf diesen Hasen."

Möge Ihnen ein Jäger begegnen und Ihr Lehrer werden! Möge Ihr Streben nach dem Einswerden mit der Wahrheit so unablenkbar werden wie das Zielen des Jägers!

Hermann Hesse

*Am 13. Februar 1992 schreibt **Martin Walser** an **Salman Rushdie**. Walser ist einer der 23 Autoren, die einem Aufruf der taz gefolgt sind und sich mit Briefen an Rushdie wenden, der seit dem 14. Februar 1989 mit der Todesdrohung des Ayatollah Komeini lebt.*

13.2.1992

Sehr geehrter Salman Rushdie,

was Sie erleben müssen, zeigt uns, wie ohnmächtig wir sind. Wir, das sind alle, die den Terror, den die monotheistische Religion produziert, verabscheuen. Gesten und Meinungen – mehr haben wir nicht. Die monotheistische Religion hat immer Täter, Mörder also und Folterer. Die monotheistische Religion hat immer die Wahrheit. Aber diese Wahrheit braucht zu ihrer Erhaltung und Propagierung offenbar den Terror. Noch keine monotheistische Religion hat auf Terror verzichtet. Auch der Marxismus nicht, diese letzte Ausgeburt des monotheistischen Denkens.

Können wir gar nichts tun? Helfen vielleicht Boykotte? Ich glaube, Boykotte verwandeln das Lager des Fundamentalismus in eine Festung. Es ist zweifellos befriedigender, von der ganzen Welt einen Boykott des fundamentalistisch regierten Staates zu fordern, als einzugestehen, daß man ohnmächtig ist. Ich halte es nicht für eine Schande, mit den fundamentalistischen Terroristen im Gespräch zu bleiben. Könnte es nicht sein, daß Sony, IBM und Siemens dem Monotheismus auf die Dauer gefährlicher werden als unsere Gesten und Meinungen? Das heißt nicht, daß wir auf unsere Gesten und Meinungen verzichten können, auch wenn wir in Gesten und Meinungen vor allem unsere Ohnmacht erleben. Ich kann meine Ohnmacht nicht dadurch erträglicher machen, daß ich andere beschuldige, dem fundamentalistischen Terrorismus gegenüber nicht richtig operiert zu haben. Ich weiß nicht, welches Mittel das beste ist gegen den Terror der Wahrheitsbesitzer. Und weil ich das beste Mittel nicht kenne, möchte ich auf keines verzichten. Auch nicht auf Sony, IBM und Siemens. Ich verstehe, daß Sie, sehr geehrter Herr Rushdie, durch Ihr Bekenntnis zum Islam ein Zeichen geben wollten. Das war eine große Geste. Vielleicht bewirkt sie doch noch etwas im Lager der Wahrheitsbesitzer. Ich meine, daß der Prozeß auf dieser Erde gegen die monotheistische Religion verläuft. Gegen den Wahrheitsbesitz. Gegen den Fundamentalismus. Es scheint aber so, daß die Ungleichzeitigkeit der Kulturen sich zur Zeit verschärft. Der Westen hat offenbar mit seinen politischen und kulturellen Anmaßungen zur Verstärkung des Fundamentalismus beigetragen. So wie der verlogene Internationalismus des Marxismus eine grelle Spur von Nationalismen hinterläßt.

Wahrheitsbesitzer kann man nicht bekämpfen. Man kann allenfalls versuchen, ihnen vorzuleben, wie es ist, ohne Wahrheit zu leben. Man kann nicht recht haben. Man kann nichts besser wissen. Ich würde die Fundamentalisten immer zu jeder Buchmesse der Welt einladen. Mir kommt es vor, als nütze dem Fundamentalismus nichts so sehr wie die Einschließung und Ausgrenzung. Festung zu sein, Belagerungszustand, überhaupt Kriegsartiges, das muß ihm nützen. Ich würde immer und überall das Gespräch mit Fundamentalisten suchen. Ich würde ihnen jede Menge Sony und IBM verkaufen. Ich habe als Kind mit Hilfe einer Taschenlampe unter der Bettdecke verbotene Bücher gelesen. Das spricht für Sony, IBM und Siemens. Wir leben alle in und von irgendeinem Glauben. Aber es darf kein Glaube besser sein als ein anderer. Der letzte Feind des Friedens ist der Monotheismus. Daß man sich einer Art, die Welt zu erklären, anschließen soll, führt zum Terror. Wir können nicht darauf verzichten, diesem Terror mit Meinungen und Gesten zu antworten.

Ich kann mir keinen Schriftsteller denken, der sich jetzt nicht mit Ihnen, sehr geehrter Salman Rushdie, solidarisch empfände. Es gibt zur Zeit keinen Schriftsteller auf dieser Erde, dem alle anderen sich so verbunden fühlen wie Ihnen. In Ihnen kommt unsere Ohnmacht grell zum Ausdruck. Dafür genieren wir uns. Wir möchten etwas tun, wir müßten etwas tun – und wir haben Meinungen und Gesten. Sie, sehr geehrter Salman Rushdie, finden bei jedem von uns Heimstatt, wenn Sie das brauchen. Ich biete Ihnen jederzeit Unterkunft an bei mir. Sie sind herzlich willkommen.

Solange Sie bedroht sind, müssen wir aber auch unsere einzige Kraft für Sie mobilisieren: Öffentlichkeit. Dieser Kraft war bis jetzt noch kein Fundamentalismus gewachsen. Nicht in Rom und nicht in Moskau.

Der 14. Februar soll der Fatwa-Tag sein. Und das Wort Fatwa soll seine bessere Herkunft einbüßen und soll das heißen, wozu es vor drei Jahren gemacht wurde: Terrorurteil. Und die fundamentalistischen Terroristen sollen sich gespiegelt sehen in einer Weltöffentlichkeit, die weit über Schriftsteller hinausreicht.

Sie werden diesen Prozeß gewinnen, sehr geehrter Salman Rushdie, so wie die Dissidenten in Osteuropa gegen die Orthodoxie des Marxismus gewonnen haben. Wir sind auf Ihrer Seite: hilfsbereit, ohnmächtig, zuversichtlich.

Mit herzlichen Grüßen

Ihr Martin Walser

*Am 14. Februar 1996 veröffentlicht die Berliner „tageszeitung“ (taz) eine Auswahl von **Haßbriefen** an den Lübecker Bürgermeister **Michael Bouteiller.** Er hatte nach dem Brand eines Asylantenheimes am 18. Januar 1996 mit den Angehörigen der Opfer getrauert und gefordert: „Wir müssen die Gemeinschaftsunterkünfte auflösen, das unmenschliche Asylgesetz ändern, zivilen Ungehorsam leisten, um die Menschen vor Abschiebung zu schützen.“*

**„Unser Land verkanakt“**

Brandstifter gehören ins Jenseits befördert, egal woher sie kommen und wohin sie gehören! Es gibt aber auch noch andere Verbrecher, z.B. solche, die öffentlich darzu auffordern, Widerstand gegen die Staatsgewalt zu leisten, wenn z.B. Kanaken abgeschoben werden sollten. Es ist doch ein Wunder, daß nicht schon mehr Heime abgefackelt wurde. Ich halte das für ein Verbrechen und habe kein Verständnis dafür. Die große schweigende Mehrheit geht nicht auf die Straße. Sie ist nicht ausländerfeindlich, aber sie will nicht, daß unser Land verkanakt und verbrechert wird, sie will nicht, daß wir im Verbrechen versinken, daß wir weiter internationalisiert werden, daß sich Kanaken hier aufspielen können, als wären sie zu Hause. Die große schweigende Mehrheit verhält sich, wenn sie im Ausland ist, auch so, wie es sich für einen Gast ziemt. Und sie fährt wieder nach Hause, wenn der Urlaub rum ist. Und sie zahlt auch ihr Sach! Wissen Sie eigentlich nicht, wie es in Häusern zugeht, wo kanakken allein wohnen: Offenes Feuer, also Lagerfeuer auf dem Boden, Steinboden, Fliesen, oder auf Parkett ein Blech legen. Keine Seltenheit. Es ist ein Wunder daß nicht mehr Türkenhäuser in die Luft gehen, was man dort alles so sehen kann.
Na denn, trotzdem viele freundliche Grüße an die Waterkant

[ohne Unterschrift]

**„War Alkohol im Spiel?“**

Verehrter Herr Bürgermeister, ich und mit mir viele meiner Mitbewohner sind über ihr Verhalten entsetzt. Bei ihren Kommentaren haben Sie sich wie ein Primaner bei seinem ersten Treffen benommen, hektisch, verwirrt usw. Schon schlimm genug, weil es Tote gab, müssen Sie noch Öl ins Feuer

schütten und von Nazi-Tätern reden. Zu diesem Zeitpunkt haben weder Sie noch andere Kenntnis gehabt was geschehen ist. Müssen wir Deutsche immer gleich unser Nest beschmutzen und mit dem Büßergewand herumlaufen? Aber unser Lübecker Bürgermeister weiß nichts Eiligeres zu tun als das eigene Nest zu beschmutzen, und noch Strafmaßnahmen anzudrohen: „wir werden die Ausländer integrieren". Da darf ich Sie bitten, gleich den Anfang zu machen und 1-2 Familien in *ihrem* Haus aufzunehmen! Wie können Sie Bürger zum Gesetzesbruch auffordern, warum haben Sie sich so daneben benommen – war wieder der Teufel Alkohol im Spiel!?!
Mit wenig Achtung vor solch einem Bürgermeister

P. und 12 weitere Nachbarn

**„Der darf nicht mehr sprechen"**

Jagt eueren heulenden Waschlappen den Bürgermeister Michael Bout... mit den Bimbos in den Urwald. Was diese Type sich geleistet hat, hauptsächlich auch vor dem Ausland, die Deutschen als Mörder hinzustellen. Für dieses Land darf der nicht mehr sprechen. Gebt ihm einen Tritt in den Hintern.

[ohne Unterschrift]

**„Ruhe in Deutschland"**

Ihren Auftritt habe ich im Fernsehen gesehen. Schämen Sie sich nicht. Schickt die Ausländer alle in ihre Heimatländer zurück und es herrscht Ruhe in Deutschland.

Oder nehmt die Asylanden doch in Eure Häuser und Wohnungen auf, warum tut ihr das nicht, weil ihr scheinheilige, raffgierige Heuchler seid. Alle können sie Neger, Zigeuner usw. in ihre Häuser aufnehmen Kinkel, Bubis, Scharping, Geißler, Süßmuth usw. Ihr seid alle nur raffgierige Wessi-Arschlöcher zum zivielen Umgehorsam aufrufen, Sie gehören nach Halle in den Knast, in den „Roten Ochsen".

Es grüßen die DDR–Bürger

**„Sehr geehrter Herr!"**

Inzwischen ist Ihnen wohl bekannt geworden, daß Sie die größte Pflaume als Politiker der Stadt Lübeck sind. Diese schreibt Ihnen kein Neo-Nazist, sondern eine ganz normaler Bürger Deutschlands, der schon über 40 Jahre die CDU Wählt. Jeder Verbrecher selbst die der Bader-Meinhofband, die nachweislich Menschen umgebracht hatten, wurde immer als „mutmasliche" Rechtsbrecher bezeichnet. Plötzlich brennt da in Lübeck ein Asylanten Wohnhaus, Menschen sterben und es werden ein paar junge Menschen festgesetzt. Da steht plötzlich ein Trottel auf, der gleichzeitig Bürgermeister von Lübeck ist. Dieser ausgemachte Trottel weis auch sofort wer die Verbrecher sind, nämlich die festgesetzten jungen Burschen, die auch gleich zur Neo-Nazi Scene gerechnet werden. Ohne überhaupt eine Ahnung zu haben, verurteilt dieser Trottelige Bürgermeister in aller Öffentlichkeit diese Leute zu den Verbrechern und er verlangt auch sofort die höchste Strafe. Was verlangt das deutsche Volk von solch einen Lübecker Trottel? Nun, dieser Mann ist nicht tragbar als Bürgermeister.

[ohne Unterschrift]

*Am 21. Februar 1976 schreibt der Schriftsteller **Jürgen Fuchs** an den Studenten **Hans-Joachim Obst,** den er durch die FDJ-Poetenbewegung kennengelernt hatte. Fuchs selbst war seinerzeit in Jena exmatrikuliert worden.*

Grünheide, 21.2.1976

Lieber Hans-Joachim Obst,

heute besuchte mich Siegfried Reiprich, und ich erfuhr, daß Du mit ihm zusammen studierst. Er berichtete mir ausführlich von den fatalen Vorgängen an Eurer Sektion, von dem Versuch, gegen ihn ein Ausbildungsverbot zu verhängen. Ich hatte gehofft, daß die Entgleisungen einiger Funktionäre in Jena doch Seltenheitswert besitzen und nicht unbedingt gleich frisch und fröhlich wiederholt werden. Sollte ich mich geirrt haben? Erfreulich ist, wie sehr sich diese Universität um die Verbreitung meiner Arbeiten bemüht: Sie werden gelesen und diskutiert – nur schade, daß dies bisher in meiner Abwesenheit geschehen ist. Vielleicht wird Dich in diesem Zusammenhang interessieren, daß sich z.B. Günter Kunert, Christa und Gerhard Wolf, auch Volker Braun, anerkennend über meine Arbeiten geäußert haben. Aber wie auch immer: All das, was mir Siegfried erzählte, ist natürlich wenig erfreulich. Dennoch glaube ich, daß Menschen wie Du einfach nicht zulassen werden, daß unser Staat erneut durch verfassungswidrige Absichten (Exmatrikulation wegen freier Meinungsäußerung, Verfassung, Artikel 27) diskreditiert werden. Sie werden nicht zulassen, daß die hysterische Verteuflung eines suchenden jungen Menschen, der sich zum Marxismus bekennt, zuwege bringt, ihn existentiell zu bedrohen und politisch zu erpressen. Sie werden nicht vergessen, daß wir in einem sozialistischen Land leben, und daß es, im Gegensatz zur Stalin-Zeit, nicht mehr möglich ist, solche Taten im Verborgenen zu begehen.

Mit freundlichem Gruß

Jürgen Fuchs

## 16. FEBRUAR

*Am 13. Februar 1924 schreibt der Maler* ***Heinrich Vogeler*** *an seine Freunde* ***Karl und Marie Jänichen****. Vogeler lebt seit 1923 in der Sowjetunion, die in dieser Zeit viele junge Künstler und Intellektuelle anzieht. Sein Bericht vom Leben in Rußland ist voller Sympathie, aber durchaus nicht unkritisch.*

Moskau, Universität des Westens
[Nationale Minderheiten]
[13.2.1924]

Lieber Karl Jänichen und liebe Marie Jänichen. – Dieser Brief ist nun vor allem euren Freunden in Lunzenau gewidmet. Sie wollen wissen, wie man seine Kräfte für Russland ausweiten kann. Ich kann nichts Gutes nichts Hoffnungsvolles darüber berichten. Die Anzahl der guten Schulen ist klein, der Rahmen für die Entwicklung der Schule sehr gross und Möglichkeit für die mannigfaltigste Entwicklung. Es fehlt vollkommen an Mitteln zum grosszügigen Aufbau der Schulen. Das Leben aber derjenigen Lehrer, die in den weiten deutschen Kolonien aus eigener Initiative etwas aufbauen wollen im Sinne der neuen Erziehung, ist ein so elendes, armseliges, das unsere Menschen das wohl nicht tragen können. Hinzu kommt dies unerhörte russische „Nietschewo" dies „macht nichts" in allen Lebens- und Sterbeslagen an dem hunderte und tausende zu grunde gehen. Es ist maasslos schwer dies zu ertragen, und das Schlimme ist, man wird sehr, sehr bald durch unorganisierte Zeiteinteilung u.s.w. so angesteckt dass man vor sich selber einen Schreck bekommt und die Sehnsucht nach Deutschland mit ganzer Kraft hochkommt. Russland ist jetzt in einer so schweren wirtschaftlichen Lage, so viele arbeitslose Intellektuelle, dass jeder Zuzug vermieden wird; wenngleich Lehrkräfte überall nötig wären. Die gemeinwirtschaftliche Verbindung mit Deutschland ist für Russland direkt eine Lebensfrage. Ich selber komme mir hier immer etwas vor, wie ein Nutzniesser der Revolution, wenn ich daran denke, was für unerhörte Aufklärungsarbeit jetzt in Deutschland geleistet werden müsste. Aber trotzdem muss ich hier noch viel praktisches lernen und mit grossem Studienmaterial heimkommen. Dass all unsere Reformbewegungen in Deutschland eigentlich wenig Sinn haben, wenn wir nicht eine rein kommunistische Wirtschafts und Gesellschaftsform aufrichten, das ist mir ganz klar; [...]. Wie ging es uns denn auf dem

Barkenhoff? Waren wir nicht völlig am Ende, da wir einsehen mussten, dass innerhalb des jetzigen Wirtschaftssystems eine derartige Zelle nur unerhörte Opfer erfordert und doch immer weiter vom Ziele abrückt.

Hier sind jetzt viele unsympathische Parteikämpfer. Lenin ist tot. Es wird zu viel um litterarische Ausdrucksformen gekämpft und discutiert. Hinter allem steht immer wieder ganz Gross: wie kommen die Kräfte von unten um die Formen mit dem neuen Geist lebendig zu machen. Gewis die Schule ist gut, aber wie wenig, wie unendlich wenige sind es, die diese wirklich gestalten und auch wiederum ihre Formen füllen. Meistens sind es Fabrikarbeiter gewesen, die gleich während der Revolution zugriffen und im Anschluss an ihre Betriebe die Schulen aufbauten. Wenn es nicht anders zu machen ist, so sollen die Lehrer in die Betriebe als Arbeiter eintreten und von dort aus schaffen.

Lieber Karl, jede Woche kommen Briefe aus Deutschland von Männern aus allen Berufen, Wissenschaftler, Lehrer, Techniker, alles will nur aus Deutschland heraus auf jede Weise und ihr Bild über Russland ist falsch. Russland mit seinen vielen Arbeitslosen, immer wieder boykottiert von den kapitalistischen Staaten und Unternehmen kann keine Fremden tragen. [...] Die Wunden des Weltkrieges, die Zerstörungen der Revolution gehen bis ins Mark. Erst wenn zwischen uns die Grenzpfähle fallen und wir mutig alle Werte erfassen und alle Arbeitskräfte kann die Welt erlöst werden.

Was macht Ihr in Hohenkirchen? Ich komme hier sehr zum künstlerischen Schaffen. Damit kann ich mehr nutzen. Das philosophieren verlernt man hier ganz. Es ist auch kein Bedarf, kein Hörer für diesen Artikel. – Im Herbst komme ich heim auf den Barkenhoff, werde aber wohl kaum festsitzen können, da die Lehrerbewegung mich ruft.

Nun lebt wohl meine Lieben! Gern ginge ich einmal wieder euren Schulberg herauf und sässe mit Dir in deiner Bibliothek. Klara Zetkin ist hier seit längerer Zeit und plauderte ich mit ihr über die Muldengegend.

Herzlichst

Euer Heinrich

[...]

# 17. FEBRUAR

*Am 12. Februar 1952 schreibt* ***Franz Butterlin*** *an den Präsidenten des Kulturbundes der DDR,* ***Johannes R. Becher****, einen zwar respektvollen, aber auch verschmitzten Brief. In einer Zeit, da nicht einmal der Forstmeister ein Gewehr besaß, war die Jagd ein Privileg für absolut „zuverlässige" Funktionäre.*

Strausberg, den 12. Februar 1952
„Neue Mühle"

Sehr verehrter Herr Präsident!

Gestatten Sie mir zunächst, meinen herzlichsten Dank für Ihren ebenso freundlichen wie köstlichen Brief vom 4.2. ausdrücken zu dürfen. Leider hatte die „Berliner Zeitung" irrtümlich meine alte Adresse angegeben, so daß mich Ihr Schreiben mit erheblicher Verspätung traf.

Ich habe nun meinerseits bereits alles organisiert, um Sie auf undressierte Fabelwesen zu Schuß zu bringen. Ich bin infolge einer alten Kopfverletzung seit dem vorigen Jahre nicht mehr im Dienst. Mit meinem Freunde, dem Forstmeister Walter Zapf, habe ich nun folgende Absprache getroffen: Wir bitten Sie, Herr Präsident, um Mitteilung an meine vorstehend genannte Adresse, welcher Termin Ihnen zu einer Jagdexpedition wohl genehm wäre. Diesen Termin bitte ich mir mit einer Frist von ca. 3-4 Tagen frdl. mitteilen zu wollen, damit ich Herrn Zapf rechtzeitig in Kenntnis setzen kann. Uns paßt jeder Tag, wir richten uns also ganz nach Ihnen. An dem von Ihnen zu bestimmenden Tag wäre es nun zweckmäßig, wenn Sie uns mit dem Wagen abholen würden. Mein neuer Wohnsitz „Neue Mühle" liegt an der Hennickendorfer Chaussee, ungefähr 800 m von der Bahnbude 18 in Strausberg-Vorstadt, also unweit des S-Bahnhofes Strausberg.

Wir bitten höfl. um Angabe des Tages und der Stunde, wann wir Sie erwarten dürfen. – Das in Aussicht genommene Jagdrevier liegt nur wenige km von hier entfernt. Wäre es wohl möglich, daß Herr Forstmeister Zapf und ich für den Jagdtag wohl leihweise ebenfalls ein Gewehr erhalten könnten? In diesem Falle wären die Aussichten auf ein sofortiges Waidmannsheil hundertprozentig. Sollte sich dies nicht durchführen lassen, was allerdings sehr bedauerlich wäre, so müßten wir meine Saufeder mitführen, die ja dann im Wagen mühelos bis zum Anstand befördert werden könnte. So ein Ding hat nämlich einiges Gewicht.

Werden Sie eine Büchse oder eine Flinte führen? Sind mit der fraglichen Waffe auch schon etliche Probeschüsse auf die Scheibe abgegeben worden, so daß Ihnen der Haltepunkt und der Streuwinkel derselben bekannt ist? Wir bitten, auch genügend Munition mitzuführen.

Sollten Sie mit der Waffe absolut vertraut sein, so ist mit Sicherheit Aussicht auf Erfolg gegeben, trotzdem nach alten Jägererfahrungen das Schwarzwild vorn zu kurz und hinten zu schnell ist.

Wir verbleiben in Erwartung Ihrer Anordnung und hoffen, daß uns ein frohes Schüsseltreiben mit frischer Schwarzwildleber erwartet.

Mit einem kräftigen Waidmannsheil!
bin ich

Ihr sehr ergebener

Franz Butterlin

# 18. FEBRUAR

*Am 18. Februar 1914 schreibt der 69jährige* ***Carl Friedrich Benz*** *an den Leiter des Londoner Science Museums,* ***E.A. Forward.***

Ladenburg a.[m] N.[eckar], den 18. Februar 1914

Herrn E.A. Forward
The Science Museum
South Kensington
London S.W.

Ihr wertes Schreiben vom 9. Januar 14 habe ich erhalten und bin gerne bereit, Ihnen über die ersten von mir gebauten Motorwagen Auskunft zu geben, soweit mir heute noch erinnerlich ist.

Bezüglich der Wagen mit vertikaler Kurbelachse und horizontal gelagertem Schwungrad des Motors, kann ich mit Bestimmtheit sagen, daß sie von mir gebaut und von Roger in Paris nur verkauft wurden, da Roger selbst überhaupt weder die Motoren noch die Wagen jemals selbst baute, sondern alles von uns bezog.

Von diesem Wagen mit horizontalem Schwungrad sind überhaupt nur einige wenige hergestellt worden. Das Schwungrad wurde deshalb anfänglich horizontal gelagert, um die Lenkungstätigkeit des Wagens nicht zu beeinträchtigen, [...]. Spätere praktische Versuche haben jedoch gezeigt, daß diese Wirkung nicht genügend stark ist, um die Lenkungsfähigkeit wesentlich zu beeinflussen und wurde von da ab die für die Kraftübertragung viel vorteilhaftere horizontale Lagerung der Achse angeordnet.

Der in München im Jahre 1888 ausgestellte Wagen war von der gleichen Konstruktion wie der, den Sie besitzen. Wie schon bemerkt, wurden von dieser Type nur wenige Wagen gebaut, [...], weil sie in Deutschland keine Käufer fanden. Es trat dadurch eine gewisse Ruhepause ein, in der wenig gebaut und verbessert wurde.

Erst als Roger in Paris diese Neuerung bekannt gemacht hatte und einige Wagen dort eingeführt und verkauft waren, worunter auch einer an Panhard und Levasor schon im Jahre 1888, konnten wir die Fabrikation regelrecht aufnehmen und hatten dann auch vollauf zu tun.

Ich glaube, daß die Wagen von 1890 an mit horizontaler Kurbelachse gebaut wurden.

Die Zündung erfolgte zuerst durch eine kleine Dynamo und Induktionsapparat, dann durch 2 Chromsäure–Elemente und Induktionsapparat. Accumulatoren waren damals noch nicht im Handel. Die Unterbrechung des elektrischen Stromes zur Zündung lag ursprünglich in der hochgespannten Leitung, später bei Verwendung von Elementen im primären Strom.

Die beiden Hinterräder des Wagens waren bei den ersten mit Eisenreifen versehen, während das Vorderrad immer mit Vollgummi bezogen war.

Für die Geschwindigkeitsregulierung war bei den ersten Wagen ein Rohr vom Vergaser unter den Führersitz geleitet, welches am Ende mit vier Schlitzen versehen war. Diese Schlitze konnten durch eine Kappe, [...], vergrößert, verkleinert oder ganz geschlossen werden. [...] Auf diese Weise wurde der Gang des Motors in der Tourenzahl geregelt. Ein anderes ebenso in seinem Zufluß regulierbares Rohr endete ebenfalls unter dem Führersitz und führte dem aus dem Vergaser kommenden Gemisch, [...], je nach Bedarf noch frische Luft zu, um dem Gasgemisch die richtige Explosionsfähigkeit zu geben, [...].

Ihrem Wunsche entsprechend, sende ich Ihnen meine Photographie, eine Aufnahme aus der Zeit der ersten Benzinautomobile, und lege die mir übersandte Aufnahme Ihres Wagens wieder bei.

Sollten Sie noch irgend welche Auskunft über fraglichen Gegenstand wünschen, bin ich gerne bereit zu beantworten, soweit mir noch möglich.

Hochachtungsvoll!

C. Benz

# 19. FEBRUAR

*Am 25. Februar 1963 schreibt der fast 78jährige ungarische Philosoph* ***Georg Lukács*** *an den deutschen Ökonomen und Soziologen* ***Werner Hofmann.***

Budapest, 25. Februar 1963

Lieber Herr Kollege!

Ich antworte verspätet auf Ihren liebenswürdigen und interessanten Brief vom 21. Dezember. Leider bleiben Ihre Schwierigkeiten und Klagen auch für eine lange Zeit aktuell. Wer heute für eine wirkliche Gesellschaftswissenschaft arbeitet, muss wissen, dass eine Erfüllung nur in der Zukunft, nicht in der Gegenwart möglich ist. Sie haben vollständig recht, wenn Sie hier in erster Reihe den Neopositivismus anklagen. Sicher hängt die verhängnisvolle, mechanische und schroffe Arbeitsteilung der einzelnen Disziplinen unmittelbar mit dem Neokantianismus und heute mit dem Neopositivismus zusammen. Die richtige Tradition, deren letzte Vertreter die Klassiker des Marxismus waren, kannte diese Arbeitsteilung nicht. Ökonomie, Geschichte, Soziologie etc. bildeten eine organische methodologische Einheit. Für ihre Wiederherstellung kämpfen wir Marxisten. Denn der Mechanismus der Stalinschen Periode bringt auch bei uns eine sich wissenschaftlich gebärdende aber im Wesentlichen höchst unwissenschaftliche Arbeitsteilung hervor. (Die amerikanische Mikrosoziologie fängt z.B. bei uns an, grosse Mode zu werden.)

Das ist aber nur die Erscheinungsseite der Sache. Man müsste darüber nachdenken, weshalb der Neopositivismus zu einer solchen absoluten Herrschaft gelangt ist. Ich glaube nun es handelt sich vor allem darum, dass das heutige Bürgertum aus gesellschaftlich-weltanschaulichen Gründen um jeden Preis die Wirklichkeit aus dem Leben, aus Wissenschaft und Kunst zu eliminieren bestrebt ist, damit ein selbstgefälliger, sich nonkonformistisch maskierender Konformismus seine ideologische Basis erhalte. Das vereinigt sich auch mit der religiösen Frage von heute. Unter diesen Umständen bleibt einem ernsthaften Gelehrten tatsächlich nichts übrig, als der wirklichen Zukunft entgegenzuarbeiten, einer Zukunft, in welcher die Menschen den Anblick der Wirklichkeit nicht nur ertragen, sondern sogar suchen werden.

Mit herzlichen Grüßen
Ihr Georg Lukács

*Am 20. Februar 1963 schreibt der Schriftsteller **Johannes Bobrowski** an seinen Kollegen **Peter Huchel**, mit dem er seit Jahren befreundet ist, einen kurzen und sehr traurigen Brief. Der Brief ist eine Antwort auf eine Antwort: 1962 war Huchel – nach 14 Jahren – als Herausgeber der Zeitschrift SINN UND FORM abgesetzt worden. Wegen „politischer Unzuverlässigkeit". Und Bobrowski hatte geschwiegen.*

Johannes Bobrowski

Berlin–Friedrichshagen 7/2.63

Sehr verehrter Herr Huchel,

nach diesem bösen Nachmittag neulich müßte ich wissen, daß Sie nichts hören wollen von mir. Trotzdem muß ich – und wenn der Ordnung halber – schreiben, daß sich an meiner Verehrung für Sie und also an meiner Einstellung zu Ihnen nichts geändert hat, daß es nicht Nachlässigkeit war, wenn ich mich nicht meldete, sondern mein Unvermögen, in derartigen Situationen überhaupt zu reagieren, [...].

Daß ich nicht anders als vorher schreiben werde, sollten Sie mir glauben können und daß das Licht, in dem ich offenbar bei Ihnen stehe, mir unerträglich ist, auch.

Ich wäre sehr froh, wenn Sie diesen Brief annehmen würden.

Ihr ergebener

Johannes Bobrowski

Peter Huchel
Potsdam-Wilhelmshorst

Den 14. Februar 1963

Sehr geehrter Herr Bobrowski,

Sie hatten die Freundlichkeit, mir ein paar Zeilen zu schreiben, wofür ich Ihnen danke. Es sei Ihnen aber gleich zu Beginn gesagt, dass mich diese in einiges Erstaunen setzen, und ich wünschte sehr, es wäre anders. Ich vermag Ihrer Argumentation nämlich nicht so zu folgen, wie Sie es sicherlich von mir erwarten. Niemals habe ich, was Sie anlangt, gemeint, Sie wären verpflichtet, in einer riskanten Zeit meine Nähe zu suchen. Ich sah mich nur immer, wenn Freunde, die in W.[ilhelmshosrt] waren und im Verlauf des Gesprächs auch auf Sie und unsere vermeintliche Freundschaft kamen, in die peinliche Situation gebracht, der Wahrheit entsprechend zu argumentieren und das zum Ausdruck zu bringen, was Sie selber in Ihrem Brief so offenherzig mit „Unvermögen in derartigen Situationen überhaupt zu reagieren" bezeichnen. Niemand kann über seinen Schatten springen, und ich bin der letzte, der für sich eine Ihnen nicht gemässe Haltung einfordern wollte. Aber ich vermag gleichfalls nicht über meinen Schatten zu springen, Ihr deutlich sichtbar gewordenes Nichtvorhandensein in jenen Monaten, Ihr Verhalten beim Meckel-Telefonat oder nach der Akademie-Lesung, wo es Sie weder Zeit noch Mühe gekostet hätte, en passant ein menschlich nobles Wort zu finden, sind von mir, ich möchte es nicht anders ausdrükken, durchaus bemerkt worden. Doch es erübrigt sich wohl, darüber noch Worte zu verlieren, nachdem Sie mir in Ihrem Brief eindringlich klar gemacht haben, dass Sie, einfach Ihrer Natur nach, zu solchem nicht fähig sind.

Nichts für ungut, [...].

Mit guten Wünschen für Sie

Peter Huchel

Johannes Bobrowski

Berlin–Friedrichshagen 20/2.63

Sehr geehrter Herr Huchel,

für Ihren Brief bedanke ich mich, weil er mir völlig klarmacht, daß Sie mein „Nichtvorhandensein in jenen Monaten" nur als ein schweres persönliches Versagen ansehen können. Es bedeutet gar nichts, wenn ich sage, daß ich zu allen von Ihnen genannten Fakten Erklärungen machen könnte, die im ganzen vielleicht eine andere Beleuchtung ergeben würden. Es bleibt bestehen, daß ich nicht gesprochen habe, es bleibt, daß ich nicht einfach zu Ihnen hinausgefahren bin, obwohl ich es mehrfach vorhatte, daß ich es nur wegen irgendwelcher äußerer Dinge hinausschob und mich bei beschönigenden Gerüchten, die es ja auch gab, beruhigte. Es hilft nichts, daß ich sage, ich habe niemals die Absicht gehabt, mich zu distanzieren oder eine „gefährliche Nähe" zu meiden, und daß ich nirgendwo aus meiner Meinung über die Vorgänge ein Hehl gemacht habe. Ich sehe ein, daß mein Verhalten Ihnen gegenüber keine andere Schlüsse zugelassen hat, als sie Ihr Brief vorstellt.

[...] Quia absurdum: ich bitte Sie um Verzeihung.

Johannes Bobrowski.

# 21. FEBRUAR

*Am 21. Februar 1964 schreibt der angesehen Literaturwissenschaftler und Hochschullehrer* ***Peter Szondi*** *an die Hamburger Wochenzeitung* ***Die Zeit****. Szondi wurde als ungarischer Jude in Budapest geboren und entkam nur durch glückliche Umstände dem Holocaust. Sein Brief wurde nicht veröffentlicht.*

Zur Veröffentlichung
z. Zt. Zürich 53, 21.2.64
Buchzelgstr. 64

Sehr geehrte Herren,

Sie berichten in der ZEIT vom 14. Februar, dass ein Dr. Franz Fischer in München, ehemals hoher HJ-Führer und Denunziant, dank dem bayerischen Kultusminister Maunz trotz seiner früheren Einstufung als Hauptschuldiger 1955 als Geschichtslehrer wieder in den Staatsdienst genommen und kürzlich, trotz den gegen ihn eingeleiteten Dienststraf- und Ermittlungsverfahren (die wieder eingestellt wurden!), zwar versetzt worden ist, der bayerischen Schulbehörde und damit der Oeffentlichkeit aber erhalten blieb. Kennt man die Schriften von Minister Maunz aus der Hitlerzeit und berücksichtigt man, dass er, nach seinen Aeusserungen über das Salazar-Regime zu urteilen, seine politischen Ansichten kaum geändert haben dürfte, so wird man sich über das von Ihnen Berichtete wenig wundern. Man hat es mit einem Modellfall zu tun. Warum sollte Dr. Fischer nicht Studienprofessor sein, wenn Professor Maunz Minister sein kann? Oder wünschen Sie, dass ein Minister seine Gesinnung verleugnet und seine Gesinnungsgenossen verstösst? Auch das wäre kein gesunder Zustand. Will man die Heilung, so muß man schon oben beginnen, ganz oben.

Mit freundlichen Grüßen

Ihr

*Anfang 1978 antwortet der Schriftsteller **Erich Fried** aus London mit dem folgenden Brief auf die Anfrage seines Kollegen **Hannes Schwenger**. Schwenger, Sprecher des Schutzkomitees Freiheit und Sozialismus, hatte ihn um einen Protestbrief für den inhaftierten Rudolf Bahro gebeten.*

[Anfang 1978]

Lieber Hannes Schwenger,

ich kann keine Briefe an Menschen hinter Gittern schreiben, die diese Briefe nicht oder erst nach Jahren bekommen werden.

Ich kann auch keine Briefe an die schreiben, die diese Menschen ihrer Freiheit berauben und die ich nicht kenne oder zu gut kenne und die meine Sprache nicht verstehen oder nicht verstehen wollen. Es werden schon genug Briefe geschrieben, die keine Briefe sind.

Als ich Rudolf Bahros Buch „Die Alternative" und seine Vorträge las und bei Freunden, die ihn gekannt hatten, nach ihm fragte, der mittlerweise schon unter unsinnigen Anschuldigungen verhaftet war, schrieb ich ein langes Gedicht, in dem ich mich zu *dem* Sozialismus, für den er eintritt, bekannte und gegen seine Einkerkerung protestierte.

Seither habe ich, wo ich konnte, von ihm und für ihn gesprochen. Aber ich finde in den westlichen Demokratien, vor allem aber in der Bundesrepublik, zwar viel Sympathie für ihn, aber wenig Sinn für Dringlichkeit, besonders bei denen, die vielleicht Einfluß oder sogar Macht genug hätten, etwas für ihn zu tun. Angesichts des allgemeinen moralischen Niveaus unserer Demokratien wundert mich das nicht, aber es deprimiert mich.

Besonders bemerkenswert finde ich das Gerede, man müsse in solchen Sachen einen langen Atem haben, und auch jene Dissidenten, die östlich der Grenze für einen humanen Sozialismus sind, sollten sich einen langen Atem wahren.

Ich habe, inspiriert von diesen guten Ratschlägen, einen Vierzeiler geschrieben:

DER LANGE ATEM
für Rudolf Bahro

Dem man den Hals zuschnürt
rufen die Freunde von draußen
lauthals zu:
„Bewahr dir den langen Atem!“

Alles andere, was ich hier sagen könnte, ist in diesen Briefzeilen und Verszeilen schon enthalten.

Erich Fried

*Am 23. Februar 1946 schreibt der 70jährige **Konrad Adenauer** an den Bonner Pfarrer **Bernhard Custodis**.*

23. Februar 1946

Lieber Custodis!

Von der Mutter Werhahn erhielt ich den anliegenden Artikel des Paters Pribila mit der Bitte um Beurteilung. Da ich die Adresse des Paters Pribila nicht habe und die Mutter Werhahn mir mitteilte, daß sie den Artikel durch Dich bekommen habe, sende ich ihn anbei mit der Bitte zurück, ihn an Pater Pribila zurückgehen zu lassen.

Ich würde den Artikel nicht erscheinen lassen. Nach meiner Meinung trägt das deutsche Volk und tragen auch die Bischöfe und der Klerus eine große Schuld an den Vorgängen in den Konzentrationslagern. Richtig ist, daß nachher vielleicht nicht viel mehr zu machen war. Die Schuld liegt früher. Das deutsche Volk, auch Bischöfe und Klerus zum großen Teil, sind auf die nationalsozialistische Agitation eingegangen. Es hat sich fast widerstandslos, ja zum Teil mit Begeisterung auf all den in dem Aufsatz gekennzeichneten Gebieten gleichschalten lassen. Darin liegt seine Schuld. Im übrigen hat man aber auch gewußt – wenn man auch die Vorgänge in den Lagern nicht in ihrem ganzen Ausmaß gekannt hat –, daß die persönliche Freiheit, alle Rechtsgrundsätze, mit Füßen getreten wurden, daß in den Konzentrationslagern große Grausamkeiten verübt wurden, daß die Gestapo, unsere SS und zum Teil auch unsere Truppen in Polen und Rußland mit beispiellosen Grausamkeiten gegen die Zivilbevölkerung vorgingen. Die Judenpogrome 1933 und 1938 geschahen in aller Öffentlichkeit. Die Geiselmorde in Frankreich wurden von uns offiziell bekannt gegeben. Man kann also wirklich nicht behaupten, daß die Öffentlichkeit nicht gewußt habe, daß die nationalsozialistische Regierung und die Heeresleitung ständig aus Grundsatz gegen das Naturrecht, gegen die Haager Konvention und gegen die einfachsten Gebote der Menschlichkeit verstießen. Ich glaube, daß, wenn die Bischöfe alle miteinander an einem bestimmten Tage öffentlich von den Kanzeln aus dagegen Stellung genommen hätten, sie vieles hätten verhüten können. Das ist nicht geschehen und dafür gibt es keine Entschuldigung. Wenn die Bischöfe dadurch ins Gefängnis oder in Konzentrationslager gekommen wären, so wäre das kein Schade, im Gegenteil. Alles das ist nicht geschehen und darum schweigt man am besten. Ich weiß bestimmt, daß der verstorbene Papst mit meinem Urteil genau übereinstimmte. Wie der jetzige Papst denkt, weiß ich nicht.

Vielen Dank für die Beförderung und herzliche Grüße

Dein

[Adenauer]

Jedenfalls würde der nicht dem Nationalsozialismus direkt verfallene Teil des Deutschen Volkes, insbesondere auch die kath. Kirche in Deutschland, vor dem Ausland und insbesondere vor der Nachwelt gerechtfertigter dastehen, als es jetzt der Fall sein wird.

*Am 24. Februar 1951 schickt die* ***Schülerin Monika*** *aus Rahnsdorf einen Brief an ihre* ***Tante Ulrike*** *in Dortmund. Monika geht in die fünfte Klasse. Im Deutschunterricht wurde die Aufgabe gestellt, einen Aufsatzbrief an Verwandte in Westdeutschland zu schreiben und – nach der Bewertung – dorthin zu schicken.*

Rahnsdorf, den 24.2.51

Liebe Tante Ulli!

Auch im fernen Osten kämpfen Völker für Freiheit und Frieden. Du weißt ja, daß in Deutschland ein großer Krieg war. Daher haben wir auch die Spaltung in Berlin. Im Westen Berlins hausen die Amerikaner und die Engländer aus den kapitalistischen Ländern. Sie haben eigenes Geld, von dem sie sagen, es ist mehr als unser Geld. Im Westsektor wird aufgerüstet und Kriegsmaterial hergestellt. Wir, liebe Tante, bauen auf.

Grotewohl schrieb an Adenauer einen Brief, in dem stand, daß sich Deutsche an einen Tisch setzen sollen und beraten, wie man zur Einheit Deutschlands kommen kann. Adenauer war so feige, daß er ablehnte; denn er hatte Angst von seinem Posten runterzukommen. Er antwortete durch die Zeitung. Grotewohl war damit nicht zufrieden.

Die Volkskammer der D.D.R. schickte einen ähnlichen Brief an den Bundestag. Als der Brief dort ankam, ließ der Bundestag keine Zeitungsschreiber herein, weil sie über den Frieden sprachen. Wir haben vom Bundestag noch keine Antwort.

Im fernen Osten wird auch für Einheit gekämpft, z.B. in Korea. Die Südkoreaner kämpfen gegen die Nordkoreaner. Die Südkoreaner werden von den Engländern, Franzosen und besonders von Amerikanern unterstützt. Die Nordkoreaner werden von Volkschina und der Sowjetunion unterstützt. Wir werden auch von der Sowjetunion unterstützt.

Volkschina hat die Kapitalisten vertrieben.

Vietnam ist eine französische Kolonie. Vietnam will die Franzosen aus ihrem Land heraustreiben.

Daraus lernen wir, daß wir beim Aufbau helfen sollen und die Kriegstreiber verjagen, damit wir eine fröhliche Zukunft haben. Darum sollen wir immer daran denken: „Deutsche an einen Tisch!"

Wie denkst Du darüber? Viele herzliche Grüße.

Deine Monika

# 25. FEBRUAR

*Am 25. Februar 1925 schreibt der bis dahin völlig unbekannte Schriftsteller* ***B. Traven*** *an* ***John Schikowski****, den Feuilletonredakteur des sozialdemokratischen „Vorwärts" in Berlin. Es ist der dritte Brief an den „Vorwärts", und es ist der erste, in dem der geheimnisvolle Autor etwas von seinem Leben in Mexiko erzählt.*

Columbus, Tampes.
Mexico Febr. 25. 1925

Sehr geehrter Herr Doktor!

Empfing heute Ihren Brief vom 2. Febr. Ich danke für die rasche Annahme meines Beitrages. Mehr noch danke ich für Ihren Wunsch, weitere Beiträge einzusenden.

Ich kenne das Leben in Mexico, in Nord-Amerika, in Central-Amerika. Und da ich dieses Leben bis zu der Stunde, wo ich diesen Brief schreibe, als Arbeiter lebe, als Oelmann, als Farmarbeiter, Kakaoarbeiter, Fabrikarbeiter, Tomaten- und Apfelsinenpflücker, Urwaldroder, Maultiertreiber, Jäger, Handelsmann unter den „wilden" Indianerstämmen in der Sierra de Madré, wo die „Wilden" noch mit Pfeil, Bogen u. Keule jagen, tätig war, und es darum aus eigener Erfahrung kenne, glaube ich, Ihren Lesern viel Lustiges, Trauriges, Wissenschaftliches und Unterhaltendes mitteilen zu können.

Z.Zt. arbeite ich an einem größeren Roman, der als Mittelpunkt „die Eroberung Mexicos" hat, eine der grandiosesten Episoden in der Geschichte der Menschheit. [...] In Europa macht man sich keine Vorstellung, welche Kulturwelt hier begraben liegt und auf den Erlöser wartet. Seit Beendigung des Krieges fangen die amerikanischen Gelehrten an, sich hier umzusehen. Was diese Männer in der kurzen Zeit ihrer Tätigkeit hier bereits zutage gefördert haben, hat vor kurzem einen Gelehrten in einer amerik. Ztg. den Satz aussprechen lassen: „Gegenüber den kulturhistorischen Reichtümern, die uns in Mexico, Central-Amerika, Peru, Bolivia erwarten, werden eines Tages die Schätze Egyptens u. Assyriens lächerlich geringfügig erscheinen." [...]

Ich habe Ihren Brief mit dem Wunsch, die „Baumwollpflücker" einzusenden, nicht erst abgewartet. Ich hatte das Gefühl, daß sie ihn (den Roman) zu sehen wünschen werden, und habe ihn deshalb am 19. Jan. an Sie abgesandt. Er wird inzwischen in Ihren Händen sein. Ich glaube auch, daß er Ihnen und Ihren Lesern gefallen wird.

Sie fragen mich nun nach dem Honorar?

Der Preis der „Baumwollpflücker" – wie der Preis der meisten ähnlichen Arbeiten – läßt sich nicht nach der Zeit bestimmen, die man an rein mechanischer Arbeit aufwandte, um es niederzuschreiben, plus das, was man dem Typisten für das Copieren zu zahlen hatte. Kann mir irgend jemand mit barem Gelde die Nöte, die Entbehrungen, den Hunger, den Durst, die Nächte und die Schrecknisse bezahlen, die ich persönlich zu erleben hatte, um den Rohstoff für den „Roman" zu erhalten? Bitte, lieber Herr Doktor, bedenken Sie nur für einige Sekunden, wieviele Tage geduldiger Beobachtung notwendig waren, um Ihren Lesern die Spring-Spinne vor Augen zu führen, die ich in der Arbeit verwandte, um eine Proletarier Tragödie zu aufzurollen. Hier in den Tropen laufen hunderte von Arbeitern herum, die deutsch sprechen und schreiben können, die vielleicht mehr gesehen und erlebt haben als ich. Aber um Dinge wahrhaftig zu sehen und sie andere sehen zu machen, das setzt etwas voraus, das man irgendwann und irgendwo im Leben teuer zu bezahlen hatte, mit einer Münze, die keine Bank in Zahlung nimmt. [...]

Für ein Kilogramm (*ein* Kilogramm!) Kartoffeln zahle ich hier 90 (neunzig) Pfennig in Gold, 1 Kg. Zwiebeln 1,20 Goldmark, Mehl 1 Kg 0,90 Goldmark, eine Flasche Bier ca 1/5 liter 1,08 Goldmark. Bitte, lieber Doktor, können Sie mir nicht diesen Preisen entsprechend meine Arbeiten bezahlen?

Aber um die Frage abzuschließen: Zahlen Sie mir für meine Arbeiten das, was der „V.[orwärts]"Verlag für Original-Arbeiten dieser Art und dieser Seltenheit Willens ist zu zahlen und dabei ein anständiges Gesicht zu bewahren. [...]

Bitte, sagen Sie ihrem Kassierer, er möge mir die Honorare stets nach Annahme der Arbeit zusenden und zwar so rasch, als es die Postverbindung nur zuläßt. Dann bin ich immer noch um drei Wochen zu kurz gegenüber denen, die mehr in der Nähe von Berlin wohnen.

Von meinem Wohnplatz sind es 35 Meilen (ich glaube noch etwas mehr) bis zu der Stelle, wo ich Tinte kaufen kann; darum habe ich mir Tinte abgewöhnt. [...]

Denken Sie, bitte an Beleg-Exemplare!

Hochachtungsvoll

B. Traven

# 26. FEBRUAR

*Am 26. Februar 1922 schreibt **Ludwig Dilger** aus Saint Louis in Missouri an seinen **Bruder Albert** in Deutschland. Ludwig (nun: Louis) Dilger ist 1880 als Siebzehnjähriger ausgewandert (vielleicht um dem Militärdienst zu entkommen) und hat seither in vielen Berufen gearbeitet: Er war Fuhrmann und Metallarbeiter, Krämer, Packer, Reparateur und zuletzt städtischer Arbeiter.*

St. Louis Feb. 26 – 22

Mein lieber Albert nebst Familie!

Albert, wie geht es Dir und Deiner Familie, schreibe mal wie es Euch wirklich geht. Ihr seid gewiß glücklich das Ihr noch lebt. Uns geht es bis jetzt noch gut, doch stehen uns, wie es scheint, schwere Zeiten vor. Die Geschäfte liegen fast gänzlich danieder, die Löhne sind sehr stark heruntergepreßt, und der Lebensunterhalt bleibt hoch, dazu diese fürchterliche Massen von Beschäftigungslosen! Hoffentlich dreht sich alles zum Besten. Beinahe hätte sogar Gott die Deutschen verlassen. Ihr habt hundert Jahre von schweren Zeiten vor Euch. Wenn der Herrgott schuld an dem Kriege hatte, wie die Pfaffen behaupten, dann ist der Teufel, ihm gegenüber ein anständiger Kerl, nicht wahr?

Lieber Bruder, Du schreibst von Rache, die Deutschland üben will! Das solltet Ihr Euch aus dem Sinn schlagen. Was hatte Deutschland nicht alles auf dem Gewissen, vor diesem Kriege? Denke nur 150 Jahre zurück, an Poland, Schleswig-Holstein, Elsaß-Lothringen, Kiau-Tschau, u.s.w. Nun nicht weinen, wenn es Ihm selbst an den Kragen geht, willst Du Frieden, halte Frieden! Das stete Säbelgerassel der Hohenzollern, ist der Grund Eures Unglücks. Der Friede von Versailles ist sehr streng vielleicht ungerecht, aber er ist deshalb so formiert worden, um den verdammten deutschen Militarismus auf ewig unschädlich zu machen.

Lieber Bruder, ich danke Dir herzlich für Deine Einladung zum Besuch; doch kennst Du die Verhältnisse nicht. In 3 Jahren hat mein Sohn seine Lehre aus, dann verdient er 45 Dollar die Woche, und ich werde dann nicht mehr vermißt.

Hoffentlich hat sich Deutschland dann ein wenig erholt.

Daß sich alles großartig verändert hat kann ich mir lebhaft vorstellen; und gar zu gerne möchte ich diese Veränderungen persönlich besichtigen. – Ich will nun schließen, lieber Bruder, und bitte Dich, meine schlechte Schrift nicht so scharf zu kritisieren, da ich stets englisch schreibe, und lese und spreche, mit Ausnahme, wenn ich an Euch schreibe. Das Englische ist mir so handgreiflich, wie dem Bettelmann die Laus. Es ist nicht über trieben, wenn ich sage das ich besser englisch wie deutsch spreche. Vor zwei Jahren war ich Delegat zum National-Konvent der *Farmer Labor* Partei in Chicago.

[Ich grüße Euch vieltausendmal und bleibe

Euer Louis]

# 27. FEBRUAR

*Am 27. Februar 1947 antwortet der 25jährige* ***Wolfgang Borchert*** *brieflich aus einem Schweizer Spital dem Hamburger Oberbaurat* ***Dr. Max Grantz.*** *Am 13. Februar 1947 war Borcherts „Draußen vor der Tür" vom Nordwestdeutschen Rundfunk urgesendet worden; danach hatte Grantz dem Autor seine Einwände geschrieben.*

27 II 47

Verehrter Herr Dr. Grantz!

Sie haben recht: Mein Stück ist noch nicht gut, wenn Sie das rein Formale damit meinen. Wenn Sie aber den Inhalt meinen, muß ich Ihnen widersprechen: Es lag mir nichts daran, ein *gutes* Stück zu schreiben. Es sollte nur wahr und lebendig sein und das aussagen, was einen jungen Menschen heute bewegt.

Sicher sind Sie mit 55 Jahren noch nicht alt. Aber Sie vergessen eins, wenn Sie meine Auffassung von Gott töricht nennen. Das ist dies: Als Kind wächst man mit einer Gottes-Vorstellung auf, die in ihm eine *persönliche* Macht sieht, die uns in unserer Not beisteht und das Böse nicht zuläßt. Das Kind kann das göttliche Gesetz in sich selbst noch nicht begreifen, es sieht in Gott immer etwas, das außer ihm ist. Weder die Schule noch die Kirche oder das Elternhaus klären das Kind auf, daß diese Gottesvorstellung falsch ist und so muß der junge Mensch mit zunehmender Reife eines Tages die Erfahrung machen, daß es *diesen* Gott nicht gibt, daß es keine Macht gibt, die uns beisteht, die sich herbeiflehen läßt und das Böse verhindert. Oder wollten Sie das behaupten? Nun antworten Sie mir: Das Göttliche ist *in* uns und *in* allem Leben. Ja, wo sollte es anders sein. Aber nun sagen Sie mir auch, wie soll ein junger Mensch in unserer Zeit, der erkennt, daß seine kindische Gottesvorstellung falsch war, der durch *diesen* Krieg und *diesen* Frieden hindurchgeht, wie soll er an das Gute, an das Göttliche glauben? Dazu bedarf es sicher einer großen inneren Reife und Festigkeit – und einer gewissen bürgerlichen Ruhe. Diese Eigenschaften aber kann und soll ein junger Mensch nicht haben. Das ist meine Antwort auf Ihren Vorwurf – und ähnlich würde sie auch auf ihren Vorwurf, daß ich die Liebe von Mensch zu Mensch verkenne, ausfallen. Stehen wir denn nicht aber „vor der Tür"? Geistig, seelisch, beruflich? Haben wir Jungen nicht alle ein Stück Beckmann in uns?

Beckmann geht am Ende nicht in die Elbe. Er schreit nach Antwort. Er fragt nach Gott! Er fragt nach der Liebe! Er fragt nach dem Nebenmann! Er fragt nach dem Sinn des Lebens auf dieser Welt! Und er bekommt keine Antwort. Es gibt keine. Das Leben selbst ist die Antwort. Oder wissen Sie eine?

Wir hätten das mündlich alles viel besser besprechen können, aber ich habe mir 1941 in Rußland ein unheilbares Leberleiden geholt und liege seit Kriegsende ununterbrochen im Bett, so daß ich Ihnen leider keinen Besuch machen kann. Ich möchte Ihnen aber sagen, daß ich mich über Ihre Teilnahme aufrichtig gefreut habe.

Herzlichst!

Ihr W. Borchert

# 28. FEBRUAR

*Am 28. Februar 1921, „nachts 5 h 13", schreibt* ***Joachim Ringelnatz*** *auf dem Bahnhof Frankfurt /Oder einen langen Brief an seine* ***Frau Lona****, die er zärtlich „Mein urgeliebter Muschelkalk" nennt. Ringelnatz kommt von öffentlichen Lesungen in Breslau und fährt zu den nächsten Veranstaltungen im Cabaret „Fledermaus" nach Königsberg. 4 Stunden Aufenthalt – da kann man über vieles nachdenken. Auch über die Ehe mit Muschelkalk, die erst vor einem halben Jahr begonnen hat.*

[...]
Hitzko hat mir mal geschrieben, ich sollte Dir viel mehr Liebes erweisen (oder ähnlich) d.h. ich sollte Dir dies und jenes anschaffen. Guter, treuer Kerl! Denk ich doch selber so oft daran. Aber niemand weiß ja, wie bei uns die Situation liegt. Wir haben beide arm zu arm geheiratet und *müssen* sparen, sparen! Wenn uns die Steuer nicht einen großen entsetzlichen Strich macht, u. kein Unfall mich vorzeitig trifft, gelingt es vielleicht, daß wir ein kleines Sümmchen zusammenkratzen. Und dann, mein einziges Lieb, will ich gern abkratzen. Dann wüßte ich, Muschelkalk steht nicht auf der Straße, ist jung, hübsch, hat einen gewissen, kleinen Lebenswink von mir bekommen, wird mich eine gewisse Zeit lang betrauern, dann, wenn mein Wunsch in Erfüllung geht, einen reichen, aber nicht oberflächlichen oder kunstfeindlichen Menschen heiraten, u. alles das genießen, was sie bei mir entbehren mußte. Und doch, Liebling, ist schon einiger innerer Reichtum bei uns da. Ich, der ich immer behauptet habe, die wahre Liebe nicht zu kennen, – ich weiß vielleicht heute, was sie bedeutet. Und so in diesem Sinne küsse ich Dich jetzt gedanklich und grüße Dich fromm und treu.
[...]

*Noch immer am 28. Februar 1921, nun aber 17 Stunden später, schickt Ringelnatz dem ersten Brief einen zweiten hinterher.*

Schneidemühl, 28. II. 21. nachts 10 Uhr

Ach liebster Kalk, welch häßl.[iche] Vorbedeutung. Ich schrieb Dir heute ganz früh einen Brief aus Frankfurt an der Oder. Und dann schlief ich ein wenig ein im Wartesaal. Und als ich dann erwachte u. zum Zug lief, fuhr dieser mir vor der Nase davon. Ich war so namenlos unglücklich darüber u. mußte mich nun 12 Stunden herumtreiben. Ich depeschierte gleich an Frl. von Borzestowski – Treffe nun morgen früh 8 Uhr dort ein u. bin so traurig u. friere und bin hundsmüde u. ganz verzagt. Daß ich wohl wünschte, Du säßest neben mir u. wischtest allen Kummer mit einem Streicheln weg.

Ich hab auch noch andere Enttäuschungen gehabt. Viel Steuern u. Agentenprovision abgezogen. Und dann platzte der Tragriemen an dem schweren Rohrkoffer. Alles kommt zusammen, mich zu entmutigen! Aber ich weiß wohl, das wird auch vorübergehen. Doch mußte ichs aussprechen, mein Herz erleichtern, indem ich Dirs zeigte. Manchmal ist mir so sterbensmüde zu Mut.

Grüße mir Seelchen u. alle, denen es zukommt, vor allem aber den geliebten Kuschelmalk, dessen Heimatlaute mich schon im Zug umklangen. Ich sehne mich nach Deinen Augen und Worten, nach Deinen Händen und Hosen, nach Deinem liebrunden Popo, nach unserem Nest, nach Cafestündchen, Ruhe und Frieden.

Denk weiter treu auf unser Wiedersehn

Dein Ringel

Gott schütze Dich! Und Dein Herz bleibe gut!

Die 5 Markscheine beiliegender Art hebe doch in einer besonderen Kasse auf. Ohne sie von Zeit zu Zeit umzuwechseln.

# 1. MÄRZ

*Am 1. März 1933 schreibt der Dramatiker* ***Georg Kaiser*** *aus dem italienischen Agrigento an seine* ***Frau Margarethe*** *in Berlin. Kaiser, der meistgespielte deutsche Bühnenautor dieser Jahre, wird noch 1933 mit Aufführungsverbot belegt; er geht in die Schweiz und stirbt 1945 als mittelloser Emigrant.*

Agrigento
Grand Hotel des Temples

Mittwoch
[1.3.1933]

ich
bin noch hier, um meinen Schnupfen auszuheilen. Meine Lippe wird wieder normal. Meine Stimmung ist schlecht. Wer zuviel schweigt, denkt zuviel. Hier wird geschwiegen – ich glaube in einem Kloster Athos zu leben, nur weiss ich nicht, was ich anbeten soll. Wie leicht haben es die Mönche. Überall Bilder und vorgeschriebene Litaneien. Ein Hotel, in dem man allein ist, ist ein sehr schwieriges Kloster.

Abends, wenn es dämmert, tritt hier eine echte Oktoberstimmung auf. Das Dauergrün der Gewächse hier hat immer etwas herbstliches, Geranien blühen leicht abgestanden. Dabei wird mir das Herz sehr schwer. Viel – vielzuviel muss ich an Grünheide denken, das nicht mehr ist. Wie schafft man ein zweites Grünheide? Das war der einzige Ort, an dem ich wirklich gelebt habe. Soll denn nicht mehr gelebt werden? Mir krampft sich das Hirn zusammen.

Ich will abreisen – ich könnte jetzt abreisen, aber ich fürchte mich vor Berlin. Wieder in den Strassen laufen, in den stumpfsinnigen Kinos sitzen, von Hakenkreuz und Hitler hören – das stösst ab. Aber ich weiss nicht, wie ich es hier aushalten soll. Meine Widerstandskraft gegen mich selbst ist sehr gering geworden. Wäre die Reise nicht so lang, bräche ich morgen früh auf. Doch die Ausdehnung und Anstrengung der Fahrt erschreckt mich. Vielleicht reise ich übermorgen. Nur am Wahltag will ich nicht in Berlin eintreffen. Das ekelt mich.

Ich bin ein Frühaufsteher geworden, um neun erhebe ich mich. Mit leichtem Knacken des gichtigen Mittelfingers der rechten Hand leite ich den

Tag ein. Dann laufe ich zur Stadt Agrigento hinauf oder nach einem ruinierten Tempel hinab. Gestern wollte ich das Meer erreichen, aber kurz vorm Ziel musste ich kehrtmachen, da ein frei grasender Bulle mir Angst einjagte. So ist das Leben in der Natur. Die Hundeplage hat sich als weniger schlimm erwiesen. Dagegen rauschen die Fliegen scharenweise. Ich werde Knoblauch kauen müssen, um sie zu verjagen. –

Hast Du Geld? Ich hoffe es blindlings. Dass Wreede Dich nicht instichliess. Vom Ende der Welt grüsse ich Dich

# 2. MÄRZ

*Am 2. März 1978 schreibt der Historiker **Golo Mann** an den Schriftsteller und Publizisten **Fritz J. Raddatz**. Raddatz, damals auch Feuilletonchef der ZEIT, hat ein Heinrich-Heine-Buch geschrieben, das er Golo Mann zugeschickt hat.*

2. März 1978

Verehrter Herr Raddatz,

haben Sie schönen, wenngleich verspäteten Dank für „Ein deutsches Märchen". [...] Es liest sich ganz ausgezeichnet, so wenigstens ging es mir. Und es stehen viele wunderhübsche wie auch gescheute Sachen darin. Besonders frappiert haben mich die, mir bis dato zum grossen Teil unbekannten Zitate; etwa wie Heine auf die Pariser intellektuelle haute volée wirkte. Erstaunlich das Urteil des Vigny: Dass er kalt und böse gewesen sei. Das muss man doch wohl als ein vereinzeltes nicht voll gültiges Urteil nehmen! Und das andere, wonach er für einen Franzosen zu witzig gewesen sei. Ferner auch, für mich eine absolute Entdeckung: Dass er nie perfekt Französisch gesprochen, viel weniger geschrieben habe. Natürlich lag es daran, dass er ein Dichter und Schriftsteller war, und was für einer; dieser Sorte fallen nun einmal die fremden Sprachen besonders schwer, letzthin sind sie ihr widerwärtig; oder: es arbeitet in ihnen ein Widerstand dagegen. [...]

Was die Hauptlinie Ihrer Betrachtungen anbelangt: Vollkommen einverstanden. Dass er nicht bloss ein unsicherer Kantonist war, sondern im Herzen Aristokrat und mehr 18. als 19. Jahrhundert. Völlig richtig. Übrigens nicht gar neu, scheint mir.

Zu kurz kommt mir der Dichter bei dem ganzen Unternehmen. Was geht mich das bürgerlich–klägliche häusliche Leben Conrad Ferdinands an, Brokat und Plüsch und Geiz etc., wenn ich seine mir teilweise sehr lieben Gedichte geniesse? Und Heine! [...] Was gehen mich dann seine kleinen Bosheiten und Treulosigkeiten an und dass die Mouche nicht Mouche hiess, – das war ja nun allerdings bekannt – und Mathilde nicht Mathilde und er Harry und nicht Heinrich? – Eigentlich doch nicht allzuviel.

Die angebliche Armut – die Frage wäre, inwieweit diese Legende von Heine selbst ausging, inwieweit von Zeitgenossen und Späteren. Sicher, er verstand mit Geld nicht umzugehen. Sicher, er hatte ganz hübsche Einnahmen.

Aber alles war stets im höchsten Grade ungewiss. Und dann: Von den Umrechnungen in heutige Valuta halte ich überhaupt nichts. Unvermeidlich rechnet man da gleichzeitig viel zu hoch und auch wieder viel zu niedrig. Was will „Kaufkraft" besagen, für eine Zeit, in der es, ausser Kleidung, Essen und Wohnen, rein gar nichts von dem zu kaufen gab, was es heute zu kaufen gibt? Dafür aber anderes, zum Beispiel Bedienung, über und über, für lächerlich wenig Geld. Hans Mayer, zitieren Sie, berechnet den Taler zu 5 DM, 1977. Barer Unsinn. Demnach hätten die ärmeren Einwohner Weimars von 40 DM im Monat gelebt! Was soll uns denn das! – Nun, sehr wichtig ist es nicht. Oder doch nur wichtig für den, der sich so sehr wie Sie für die Oekonomie der Schriftsteller vor 140 Jahren interessiert. In Gelddingen erinnert Heine mich sehr an Gentz [...]. Natürlich, und Sie führen das sehr schön aus und geben die schlagendsten Beweise dafür, liebte er die Macht, und zwar die alte, gekrönte entschieden mehr als die neue. So auch den Metternich. Nur preussische Macht nicht. Genug. Ein überaus anregendes, alte Perspektiven verschärfendes und neue eröffnendes Buch, zu dem ich Sie beglückwünschen möchte. Ein paar kritische Anmerkungen dazu durften wohl sein.

Beiträge für Sie – im Moment, fürchte ich, leider nein. Ich mache zuviel Unsinn; von einer schweren übernommenen Schulaufgabe abgesehen, nicht einmal mit der komme ich recht vorwärts. Im nächsten Jahr hoffe ich wieder freier zu sein; das habe ich freilich schon von manchem Jahr erwartet.

Mit freundlichsten Grüßen

Ihr stets ganz ergebener

Golo Mann

PS. Prächtig kommt auch der Onkel Salomon heraus. Köstliche Zitate! Da hätte mich nun interessiert, wie der eigentlich sein Geld gemacht hat?

# 3. MÄRZ

*Im März 1935 schreibt der Schauspieler und Kulturhistoriker* ***Egon Friedell*** *diesen selbstbewußten Brief an die Schauspielerin* ***Lina Loos****. Friedell hat wenige Jahre zuvor seine vielbeachtete „Kulturgeschichte der Neuzeit" veröffentlicht.*

[März 1935]

Liebe Lina!

Die Menschen, die den Sinn der Menschheit ausmachen, zerfallen in drei Gruppen: Die Helden, die Genies und die Heiligen. Die Helden müssen sich grundsätzlich überschätzen, da sie sonst ihre übermenschliche – oder wenn Du willst – ihre unmenschliche Aufgabe nie vollbringen könnten.

Die Heiligen besitzen die von Dir geforderte „Bescheidenheit", weil sie eben nicht mehr oder nicht mehr ganz von dieser Welt sind.

Von den Genies hingegen sagt Carlyle: „Sie besitzen die Gabe, allen Menschen und Dingen ihr richtiges Maß abzusehen." Diese Fähigkeit muß sich natürlich auch auf die Selbstbeurteilung erstrecken. Sie stellen sich weder auf die Zehen noch machen sie sich künstlich kleiner (was ebenso albern und verlogen wäre wie das erstere), sondern präsentieren sich in ihrer natürlichen Lebensgröße und kennen genau den Platz, an dem sie stehen. Sie halten sich nicht für mehr wert als die anderen (das erst wäre unbescheiden), sondern bloß für Träger von Fähigkeiten und Vollbringer von Leistungen, die den Durchschnitt überragen: Wie weit, das wissen gerade sie am allergenauesten zu bestimmen. Ich habe hier bisher noch nie einen Fehlgriff bemerkt, weder im Sinne der Über- noch der Unterschätzung. Schopenhauer schrieb als 30jährige Obskurität an den Verleger Brockhaus: „Das Buch, das ich Ihnen übergebe, enthält eine Gedankenreife, die noch nie vorher in eines Menschen Kopf gekommen. Es ist eines von jenen Büchern, die nachher Quelle und Anlaß von hundert anderen Büchern sein werden."

Nietzsche schreibt an Brandes: „Ich habe den Deutschen die tiefsten Bücher geschenkt, die sie bisher besitzen." Unter diesen befand sich aber keines, für das er nicht die Druckkosten begehrt hätte.

Stendhal schrieb 1830: „Ich antizipiere den Geist 1900."

Als man Michelangelo aufmerksam machte, daß seine Statue des Papstes nicht ähnlich sei, sagte er: „Wem wird das in zehn Jahrhunderten auffallen?"

Bei den beiden letzteren Beispielen ist besonders zu beachten, wie genau und sicher die beiden ihren Wirkungsradius berechnet haben; Stendhal auf 70, Michelangelo auf 1000 Jahre.

Falsche Demut ist russisch! Hinter ihr verbirgt sich die größte Frechheit! Eine Achsendrehung, und sie gebiert den bolschewistischen Antichrist!

Es ist mir selbstverständlich niemals eingefallen, mich mit dem Dichter Schiller zu vergleichen, sondern nur mit dem Historiker. Wenn Du das für ein Sichaufdiezehenstellen hältst, so verstehst Du a) von Schiller, b) von mir, c) von künstlerischer Geschichtsschreibung einen Schmarrn.

Es küßt Dich Dein E.

# 4. MÄRZ

*Am 10. März 1903 schreibt* ***Theodor Herzl*** *an den Budapester Politiker und Publizisten* ***Ernst Mezei****. Herzl ist ein führender Vertreter der zionistischen Bewegung, die für die Rückkehr aller Juden in das „Land Israel" eintritt.*

Wien-Währing 10 März 903
(Ganz vertraulich)

Hochgeehrter Herr,

mein guter Vater hiess Jacob Herzl u. wohnte in der Tabakgasse (wo ich geboren bin) dann auf der Landstraße, wo er viele Jahre sein Geschäft hatte, u. zuletzt im Thonethof; bis wir 1878 nach dem Tode meiner Schwester nach Wien übersiedelten. Er war Freimaurer (was ich nicht bin). Vielleicht erinnert sich Ihr Bruder jetzt? Das ist freilich nicht nöthig, um Ihren aufrichtigen Brief zu beantworten.

Es ist wunderbar, wie wenig unsere so vielverurtheilte Bewegung den Gegnern u. Gleichgiltigen bekannt ist. Wer sie kennt – Jud oder Christ – liebt sie. Er wäre denn ein für alles Höhere unempfänglicher Mensch.

Mein „Judenstaat" ist längst überholt. Ich schrieb ihn in Paris, wo ich vier Jahre der Vertreter der Neuen Freien Presse war, u. wusste damals nicht viel vom Jüdischen. Ich war ein dem Judenthum Entfremdeter, ein Boulvardier. Ein Rabbiner bin ich auch jetzt nicht, u. in den Tempel gehe ich nur in Basel am Samstag der Congresswoche. Dort grüsse ich auch mehr den Gott meiner Väter als meinen eigenen. Denn mit meinem Gott kann ich auch ohne Rabbiner u. vorgeschriebene Gebete verkehren.

Mein „Judenstaat" brachte mich erst zu den Zionisten, die vor mir da waren u. die ich nicht gekannt hatte. Ich war damals ein Isolirter u. meine Worte waren erfahrungslos u. unverantwortlich. Besser könnten Sie sich aus meinem utopischen Roman „Altneuland" über die ganze Sache unterrichten. Den schrieb ich von 1899 bis 1902, schon als Führer der Bewegung.

Dadurch war ich zu manchen ménagements gezwungen. Künstlerisch ist das Buch nicht viel werth, obwohl es mich viel Anstrengung gekostet hat.

Aber zur Erklärung des Ganzen mag es dienen. Wollen Sie sich ernster über unser schönes Volkswerk unterrichten, so lesen Sie die Protocolle der Baseler Congresse. Sehen Sie, ich plage mich seit bald acht Jahren wie ein Hund, ich habe dafür einen grossen Haufen Geld geopfert, arbeite ausserdem natürlich umsonst, habe mich verhöhnen u. mit Koth bewerfen lassen, u. ich bin heute noch so warm für die Sache, wie am ersten Tag u. ununterbrochen. Und ich bin kein Naivling, auch aus Schauspielerei thue ich's nicht, denn ich weiche allen Beräucherungen u. Anstrudelungen aus, wenn ich's kann. Da muss also etwas an dieser Sache sein! Glauben Sie nicht?

Nun zu den ungarischen Juden. Ich war in den Jahren einmal unten in Pest um eine Werbeversammlung abzuhalten. Da waren Adolf Agai, Ladis[laus] Neugebauer u. noch ein Dutzend Andere, die für die Sache erwärmt schienen. Ich habe dann nichts mehr von ihnen gehört. Längst ist die Sache zu gross geworden, als dass ich selbst Localagitationen betreiben könnte. Für die Personen, die an den einzelnen Orten in all den Ländern von Sibirien bis Transval, von Neuseeland bis Canada agitiren, bin ich nicht verantwortlich.

Das glauben Sie wol nicht ...

Auf die ungarischen Juden möchte ich sogar verzichten, wenn ich wüsste, das ihnen das antisemitische Elend durch ihren Patriotismus erspart bleibt. Ich mache keine Elendspeculation. Aber es wird auch über die ungarischen Juden kommen, brutal u. umso härter je später, umso wilder je mächtiger sie bis dahin werden. Davor gibt es keine Rettung. Dann können sie mit ihrem Patriotismus Schabbes machen.

Mittlerweile machen wir Verlachten uns auf u. bauen ein heimatliches Haus auch für diejenigen, die heute noch nichts von uns wissen wollen. Ich bin sehr, sehr beschäftigt, u. an meiner sofortigen Antwort erkennen Sie, dass es mich zu Ihnen hinzieht, offenbar weil Sie auch ein Pester Jud sind, wie ich selbst.

Mit hochachtungsvollem Gruß

Ihr ergebener Herzl

# 5. März

*Im März 1923 antwortet der 39jährige Maler* ***Max Beckmann*** *mit dem folgenden Brief auf eine Anfrage des* ***Piper Verlags****.*

Frankfurt am Main, im März 1923

Sehr geehrte Redaktion, Sie wünschen, daß ich Ihnen ein schriftliches Selbstporträt liefere.

Mein Gott, mir wird sehr schwül, was soll ich sagen? Und vor allem, was soll ich nicht sagen? Ich finde das viel wesentlicher, was ich nicht sagen soll.

Es wird also eine Musik, die aus lauter Pausen besteht.

Daß ich am 12.11.1884 in der Nähe des Schwansees zu Leipzig geboren bin, kann ich nicht unterschlagen. Ich betrachte diesen Geburtsort allerdings nicht als meinen wesentlichen, da meine beiden anonymen Eltern aus Braunschweig stammen (woher die besonders gut renommierten Würste und Konserven kommen), da meine Geschwister dort geboren sind und wir auch bald nach meiner Geburt dorthin zurückkehrten.

[...]

In Braunschweig zeichnete ich mich auf der Schule dadurch besonders aus, daß ich in den Stunden eine kleine Bilderfabrik errichtete, deren Erzeugnisse von Hand zu Hand gingen und manchen armen Mitsklaven auf einige Minuten über sein trübes Schicksal hinwegtäuschten. [...]

Von Farben liebe ich eigentlich Zinnober und Violett sehr und Tabaksbraun. Wahrscheinlich, weil ich die Zigarre so außerordentlich schätze. Gibt es etwas Schöneres wie eine gute Zigarre?

Vielleicht eine Frau? Man kann sie nur nicht so leicht wieder weglegen. Aber trotzdem. Ich liebe auch Frauen. Ich habe mich auch verheiratet, im Jahre 1906. Mit Minna Tube, Opernsängerin am Stadttheater in Graz. 1908 wurde Peter Beckmann geboren. Ein hoffnungsvoller Jüngling. Von seiner Entwicklung nehme ich von Zeit zu Zeit Stichproben, die mich sehr interessieren. [...]

Mein erstes Debüt fand 1906 in der Berliner Sezession statt. Jetzt heißt sie, glaube ich, Freie oder Befreite Sezession. Auch mit dem Kunsthandel kam ich damals zum ersten Mal in Berührung. [...]

1903 ging ich als entschlossener deutscher Jüngling nach Paris. Mietete mir in der Rue Notre Dame des Champs ein Atelier und malte ein Riesenbild, zweimal so groß als die, mit denen ich später die geachtete Mitwelt in Erstaunen und Mißachtung versetzte. Das war ein guter Anfang.

Aber auch dort wurde mir der Frühling 1904 zum Verhängnis. Ich ließ meine „Stiefel mit Nägeln beschlagen“ und zog zu Fuß durch Südfrankreich. In Genf hatte ich jedoch von der schönen Natur genug und fuhr mit dem D-Zug nach Berlin, wo ich mich mit einigen Unterbrechungen bis 1914 aufhielt.

Dies war meine eigentliche Akademiezeit. Ich lernte, was zu lernen war. Kunst, Liebe, Politik beschäftigte mich ausreichend. Ich war, glaube ich, etwas fleißiger als auf der Schule in Braunschweig. Zum Schluß war ich gerade eifrig dabei, Tango zu lernen, als ich durch gewaltiges Hurragebrüll und Absingen von mancherlei Vaterlandsliedern darauf aufmerksam wurde, daß ein Rollenwechsel in meinem Leben eintreten sollte.

Als ich wieder zur Besinnung kam, fand ich mich in einem belgischen Augustinerkloster damit beschäftigt, Feuer in einem widerspenstigen Ofen anzumachen, und bemerkte, daß ich eine Krankernpflegeruniform trug. [...]

Es wäre nun die Gelegenheit nicht ungünstig, einige Kriegsbilder zu entwerfen. Ich habe mich aber mit dieser Materie ausgiebig genug beschäftigt, so daß ich nicht mehr Zeit habe, darüber noch Worte zu verlieren. Längst bin ich in anderen Kriegen.

Durch Zufall landete ich in diesen heiteren Jahren in Frankfurt am Main. Hier fand ich einen Fluß, der mir gefiel, ein paar Freunde, und auch ein Atelier.

Nun beschloß ich, mich selbständig zu machen. Das Geschäft wer erst sehr klein. Langsam hat es sich vergrößert. Was wird weiter draus? – Wir leben von heute auf morgen.

Herzlichst Ihr Beckmann

# 6. MÄRZ

*Am 9. März 1913 schreibt die* ***Fürstin Marie von Thurn und Taxis****, mütterliche Freundin* ***Rainer Maria Rilkes****, an ihren bewunderten Schützling.*

Wien 9 – 3 [1913, Sonntag]

Also in Paris sind Sie – Dottor Serafico – und von Marthe sagen Sie nichts – und doch – ich spüre sie in Ihrem Brief und freue mich daß Sie sich zufrieden fühlen und die Stadt der Städte genießen. Ich habe viele Städte *lieber* – in Italien allein wenigstens ein halbes Dutzend – oh nein mehr, mehr – aber keine glänzt und klingt so wie Paris – und ich kann mir denken daß man dorten ein geheimes, merkwürdiges Leben leben könnte – dort irgendwo bei der Place des Vosges – oder in der Nähe von der Tour d'Argent – ich meine das kl. Restaurant wo Mr Frédéric so fabelhafte *canards* zubereiten konnte. Ich war dorten mit Mélanie Pourtalès der großen Schönheit des second Empire – die noch so hübsch war hinter ihren Schleiern wie ihr eigenes sehr verblaßtes Pastel – mit George Cain dem Conservator des Carneavalet der uns alle Schrecken der Revolution in den düstersten Ecken von dem alten Paris vorgezaubert hatte –mit dem guten Louis Turenne der für sein Cercle l'Union, die Rezepte der Chanoinessen von Remiremont für königliche Besuche entdeckt hatte – so können Sie sich denken daß wir fetiert wurden – Aber daß müssen Sie wieder *nicht* denken daß diese culinarischen Erinnerungen mit meinem geträumten Leben in Paris zu thun haben –

O Dottor Serafico, ich beneide Sie! Ich denke mir Sie sind der glücklichste Mensch auf Gottes Erdboden (Jetzt ärgern Sie sich wie eine Wanze – *con rispetto parlando* – aber es ist doch so – wenn diese merkwürdigen Augen von Ihnen die Alles so merkwürdig so *anders* sehen, einmal offen wären für Sie selbst.) Also ich werde es Ihnen aufzählen:

Sie sind ein großer Dichter und wissen es ganz genau.

Sie sind verliebt (*nicht* raisonnieren, Sie *sind* verliebt und immer verliebt, wer wie und was, ist gleichgültig)

Sie haben ein kleines Atelier in Paris – und es ist März – der ganze wundervolle Frühling klopft an der Thür –

Herein! gerufen Dottor Serafico!

Schauen Sie – ich bin eine Frau – und eine Frau in meinem Alter sollte jedesmal wenn sie sich im Spiegel anschaut sich jedes einzelne Haar ausreißen und dann sich sofort am nächsten Strick aufhängen – ich habe so viel Kummer und so viel Sorge in meinem Leben gehabt daß mir manchmal eiskalt wird wenn ich Maridi – (Gott behüte sie!) die mir so ähnlich sieht (und ich glaube nicht nur physisch,) ansehe – Und doch ein blühender Obstbaum, ein goldener Sonnenstrahl *make me wild with delight!*

Aber andererseits wenn Sie nicht so desperat wären würden Sie wahrscheinlich nicht so wunderbar schreiben. Also seien Sie desperat! seien Sie sehr desperat seien Sie noch desperater!

[...]

Jetzt wissen Sie alle unsere Neuigkeiten –

Ja noch etwas! Miss Ethel Smythe – eine wirklich *sehr* begabte Componistin (leider eine *militante Suffragette,*) aber die talentireste (da fehlt irgendwo ein T) Frau, (musikalisch) die ich kenne – stirbt vor Sehnsucht Ihre „Judith" zu „vertonen" – Was sagen Sie dazu? Darf sie?

Sie hat wirklich schöne Sachen geschrieben, aber ich habe ihr gesagt ich werde Ihnen schreiben und Sie hätten das nicht gerne, und würden wahrscheinlich nein sagen – also bitte um Antwort, Sie können gleich abwinken.

*À propos* ich bin beleidigt wegen den Velasquez – höflich – mein Gott – Dottor Serafico wenn wir zusammen gewesen wären, ich glaube ich hätte Sie umgebracht!

Und auf diese freundliche Bemerkung hin ziehe ich mich bescheiden zurück mit den allerherzlichsten Grüßen!

MT

*In der Nacht vom 7. zum 8. März 1915 schreibt der Dichter* ***August Stramm*** *einen Brief zwischen Schreckensbotschaft und expressionistischem Manifest von der Westfront an seine Freunde* ***Nell und Herwarth Walden****. Herwarth Walden, der Herausgeber des „Sturm“, hatte den promovierten Postbeamten Stramm für die Literatur entdeckt. – Nur sechs Wochen später fällt Stramm bei einem Sturmangriff in der Nähe von Brest-Litowsk.*

7./8.3.15

Also! Heute ist Sonntag! oder vielmehr gestern war er. denn jetzt ist es 3 Uhr nachts. Aber Tage und Nächte verschwimmen. Es ist nicht mehr Anfang und Ende. Die Franzosen sind eines Angriffs stark verdächtig, drum muß ich doppelt wach sein zum grauenden Morgen. Und doch ist heute Sonntag. Zwei Briefe erhielt ich von Euch. [...] Ach Nell! ach Herwarth! Ihr seid zwei tapfere Kämpfer! Ich habe Euch ja wohl mal letzthin einen betrunkenen Brief geschrieben. Ich weiß nicht mehr recht was drin stand. Vielleicht weiß ich es überhaupt nicht! Aber das Eine ist sicher, daß es nur Liebes für Euch sein konnte. Wenn die Worte es auch am Ende nicht immer trafen. Ihr seid tapfer. Ihr seid zwei Kämpfer Deutschlands. Ihr seid doppelt hoch, weil in Euch auch nicht das geringste Mußkämpfertum liegt. wie in uns allen hier mehr oder weniger, die sich ihrer Haut wehren. Ihr kämpft freiwillig für freierkanntes freigefühltes. Ihr kämpft nicht, weil die äußeren Feinde Euch zwangen, Ihr kämpft von innen heraus, Ihr zwingt den Kampf auf um höchste hohe Güter, Ihr seid der Kampf selber, Der Sturm. Der Sieg aber ist immer ein unzuverlässiger Geselle. Der fragt nicht nach Wert oder Nichtwert. Der fragt nach den Kräften! Und die sind Eure! Das Unerschütterliche! Das Festhalten in allem Brechenden! Das Stehen in allem Wankenden Unsicheren. Das bürgt den Sieg. Ach! Kinder! Es ist wohl schwer! Sehr schwer! Das Letzte aber siegt immer! Künste taumeln dahin! Kunst bleibt! Sie ist nicht Schöpfung. Sie ist Urquell! Und dafür steht Ihr. Muß also Eure Sache siegen? Unsre Sache? Das „Unsre“ aber nur in meinem Kunstempfinden, nicht in meinen Kunstäußerungen gemeint. Ach! Ich bin oft sehr unzufrieden mit mir. Ich bin unglücklich, weil ich nichts kann! Unfähig bin zu irgendeiner Gestaltung! Aber die Wut packt mich, wenn ich eine Zeitung sehe. Dieses Lügengeschmiere! Diese Entweihung alles Gewaltigen und Großen, das man hier durchlebt. Meine Lehmhöhle hier ist ein Weltall gegen das schreibsudelnde Berlin. Ich habe noch nie einen solchen Ekel gefühlt gegen den sozusagen Journalismus. Wenn ich hier einen Kriegsberichterstatter in die Finger käm, ich hing ihn an den Beinen auf nur ein paar Stunden, damit er die Welt auch mal anders säh. Vielleicht würde er sich dann genieren wobei ich bei dem lugdurchseuchten Gesindel allerdings nicht mal glaube. Aber bis hierher kommen sie auch nicht. Oder liegt vielleicht alles nur an der Lügenhaftigkeit unserer Sprache? Wir müssen anders sehen! Ich komme nicht raus aus der Wirrnis. Jetzt muß ich aber raus in die klatschige pfeifige Nacht. Es regnet, nieselt. Das Spähen merkt nicht! Und Spähen horchen horchen. Und ich spähe doch nur nach mir selber schuß- und vernichtungsbereit nur für die andern. Der andere?? Und ich spähe aus nach Euch die Ihr da seid in der großen Ichwelle! Was ist die Entfernung? Fühlen rechnet nicht mit Raum und Zeit! Ich küß Dir Deine feine tapfre Hand, Nell, die mir so liebe Zeilen, Worte schrieb und gib dem Herwarth, diesem Heerführer aller Kunst, einen Teil davon ab!

In Lieb und Treue und allem Wahren Echten Hohen

Euer August Stramm

*Am 8. März 1983 feiert der Schriftsteller, Wissenschaftler und Essayist* ***Walter Jens*** *seinen 60. Geburtstag. Sein Freund und Mitstreiter* ***Heinrich Böll*** *schreibt ihm dazu folgenden Brief.*

[März 1983]

Für Veteranen, lieber Walter, habe ich mich nie *ganz* begeistern können; Respekt mischte sich mit Mißtrauen, und oft genug war das Mißtrauen größer als der Respekt, auch, wenn ich sie in Prozessionen oder bei Aufmärschen mit- oder meistens hinterherhumpeln sah. Eine Erklärung für diese sehr eingeschränkte Hochachtung habe ich in mir noch nicht gefunden; die muß tiefer sitzen, als ich bisher vorgedrungen bin. War das angeboren oder mitgegeben? Ich weiß nicht, weiß nur, daß diese Einschränkungen schon da waren, bevor unser guter Lateinlehrer uns an Hand von Plautuskomödien das Bramarbasieren erläuterte. Man nennt die Veteranen ja wohl auch „alte Garde", und klingt da nicht „Held" mit oder wenigstens an? Sollte einer schon deshalb ein Held sein, weil er *mit der Zeit, in ihr* alt geworden ist? Wird man durch *Erleben* der Zeit, seiner Zeit, ein Held, und klingt bei „Garde" nicht „Hüter" mit? Kein Veteranentreffen, das nicht seine Peinlichkeit hätte, und diese Peinlichkeit ist international; da klirren die Orden, die einer bekommen hat, und auch die, die er nicht bekommen hat, weil er sich doch nie vorgedrängt hat, zu bescheiden war, sich nie ins rechte Licht gerückt hat oder gerückt worden ist. In unserem so mit Veteranen gesegneten Land, wo selbst die Enkel der Veteranen noch auf die Tatsache stolz sind, daß ihre Großväter zur „alten Garde" gehörten, machte mich der Gedanke, wir, du und ich, könnten Veteranen sein, bange. Natürlich: alt geworden sind wir *mit* der Zeit, *in* ihr, möglicherweise *an* ihr; dekoriert sind wir auch (wenn's auch nicht immer klirrt, sondern nur, wie es sich für Papier gehört, raschelt!). Sind wir Veteranen der Demokratie oder gar Veteranen einer demokratischen Literatur? Alte Garde, Helden? Haben wir nicht dieses und jenes getan, sogar erduldet, bedienen uns gelegentlich der nostalgischen Notenschlüssel „Weißt du noch?", wenn wir einander auf die Schulter klopfen, und des zweiten, „Ihr müßt doch wissen!", wenn wir Jüngeren belehrend die Zeit zu deuten versuchen, mit der wir alt geworden sind, die Zeit, die wir begleitet haben und die uns begleitet hat.

Schlimme Beschäftigung, finde ich, und doch erliege ich ihr häufig, wenn mein Mißtrauen mir gegenüber schlapp wird. Ist von sich selbst erzählen, aus „seinem Leben" erzählen nicht immer Bramarbasieren? Da werden auch Niederlagen und Fehler, Reinfälle und Versager, Pleiten zu Erfolgen, unmerklich zu Heldentaten, die man sich an die Brust heftet. Hier liegen auch die Tücken der Bescheidenheit der Tiefstapler und derer, die sich selbst erniedrigen. Da betont einer möglicherweise seinen geringen Rang, seine geringe Bedeutung, um eine höhere Einschätzung zu provozieren. Mag einer auch *nur* Veteran sein, er *wirkt* wie ein Held. Veteranen sind wir, notgedrungen, riechen nach alter Garde, sollen wir uns damit abfinden, des Heldentums verdächtig zu sein? Haben wir uns gar um das Vaterland verdient gemacht? Um Gottes willen, Momos, die Sache wird ernst, Zeit für eine Komödie: der Junge Walter Jens, der den älter gewordenen beobachtet, B. als Junge beobachtet den altgewordenen, der „die Zeit nicht mehr versteht", und versetzt gleichzeitig einen, der so jung ist, wie er damals war, ins Alter, stellt sich vor, wie die, die heute jung sind, als Veteranen aussehen werden; mein Gott, wie schnell wird man heutzutage ein „Opa". Trau keinem über dreißig! Das war nicht so ganz unberechtigt. Soll man denen über sechzig trauen? Nicht nur manche, viele von ihnen haben ja doch „durchgehalten", Du auch, ein tapferer Republikaner, und ich füge dem, was da in Schrank und Schublade raschelt, etwas hinzu, bin sogar bereit, mir hin und wieder ein „Weißt du noch?" zu gestatten, und denke doch, je mehr ich *mit der Zeit* altere, immer häufiger an jenen chinesischen Weisen, den ich aus einem Salinger-Roman kenne: Auf dem Sterbebett interessierte ihn nichts mehr als der Klatsch der Waschfrauen, die am nahen Flußufer die Wäsche spülten; ganz verrückt war dieser Veteran der Weisheit auf dieses merkwürdige, nie so recht definierte Etwas, das man das *wirkliche Leben* nennt.

Ich kann kaum glauben, was ich von mir selbst auch nicht glauben wollte, als es soweit war: Sechzig! Und immer noch der blasse blonde Hamburger Junge, der als Momos den Finger hebt zum Heile der Republik, des Fußballs, in strenger demokratischer Frömmigkeit. Wem man den Jungen nicht mehr ansieht, der er einmal war, wer seine Zeit verlassen oder hinter sich gelassen hat, der ist wirklich alt geworden.

# 9. MÄRZ

*Am 9. März 1941 schreibt der Schriftsteller und Arzt* ***Gottfried Benn*** *an den Bremer Kaufmann* ***Friedrich Wilhelm Oelze****, einen seiner wichtigsten und vertrautesten Freunde. Benn praktiziert als Arzt im Militärdienst; als Dichter hat er 1938 Schreibverbot erhalten.*

Berlin, 9. März 1941.

Lieber Herr Oelze,

der Sonntag ist zu Ende, grauer Vorfrühlingstag, größtenteils Regen, alles sehr dunkel, ich war im Zoo, um meine Frau zu zerstreuen: Bären, Robben, Jaguare und mein Lieblingstier: der Puma regungslos auf einen Ast gestreckt, monoman, mit grünen Augen. Ich muß sagen, ich war tief beeindruckt von dem allen, tief beeindruckt vom *Tier,* dem Verhafteten, ungeheuer Unterworfenen aller seiner Wendungen und Bewegungen, seinen schauerlichen Wiederholungszwängen im Traben, Schaben, Wetzen, Heulen, dieser ganzen Neuronen- und Reflexspannung von geradezu fühlbarem Charakter, die nur die Entladung in die Muskulatur kennt – offenbar die älteste Vorform des Bewußtseins –, noch ohne jeden Ausweg in die Trennung vom Objekt, die wir dann brachten. Von neuem wurde mir klar, was für eine den Heutigen garnicht mehr nachspürbare kosmische katastrophenhafte Entspannung dies Bewußtsein für das All wurde nach so viel Millionen Monden Reiz- und Rückenmarkverhaftetheit. Sicher war die Epoche dieses Aufstemmens von der Muskulatur hinüber in den Gedanken eine ganz unheimliche und grausame, und dann kam dies Ausströmen der Unruhe und der Last in ein Bild und Gegenbild. Sehr begreiflich, daß die Erde nach diesem Ausbruch *stiller* wurde, geologisch weitere Schichten ohne Vulkane waren, mehr Kontinente bewohnbar wurden, das Klima sich milderte, nachdem der Planet den Ausweg in die Ausdruckswelt gefunden hatte. Jetzt entstanden die Schmetterlinge und der Regenbogen, sanfte Dinge und Gebrochenheiten. Jetzt entwickelte sich die Art, die schöpfungsgemäß an physiologischem Wert verlor, aber an Ausdruckswert gewann bzw. ihn erst eroberte. Und da es ein Innen und ein Außen gewiß seitdem für uns, aber für den Schöpfer wohl nicht gibt, der das allzeit gegenwärtige Wesen der Sache ebenso vertritt und ist wie ihre begrifflichen Reflexe, muß man ihn wohl sehen als einen sich sehr langsam verfeinernden Gott. Auch er war nicht fertig, auch er kannte die Schmetterlinge nicht von je, und der Mensch erlöste ihn eher, als es umgekehrt geschähe, wie es im allgemeinen heißt und gilt. Ja, der Mensch erlöste den Gott, aber dieser Prozeß wird nicht zu Ende sein und etwas anderes wird ihn von uns erlösen, denn sicher sind auch wir eine schauerliche Qual u. bedrücken die Erde tief.

Dies waren Gedanken im Zoo, die sich vordrängten, aber nun wende ich mich Ihrem Brief zu, für den ich vielmals danke.

[...]

Die neueste Version lautet: noch 3 Jahre europäischer Krieg u. dann 5 Jahre Kolonialkrieg. Also Ihr Traum von der Karibischen See und einer Insel darin hat keine gute Perspektive. Aber es kann ja auch anders kommen. Der obige Gedanke von einem sich langsam verfeinernden Gott hat ins Geschichtliche übertragen etwas Tröstliches. Ich sagte, ich liebe den Puma, aber, füge ich hinzu, ich glaube nicht, daß er für uns noch einmal gesetzlich wird.

In diesem Zusammenhang ein Wort über Dacqué. Ich kenne das Buch nicht, das man Ihnen zu Weihnachten schenkte. Aber ich las in letzter Zeit einige neue Aufsätze von ihm. Er vertritt darin rein die neue deutsche Naturwissenschaft, beteiligt sich also maßgeblich am vorliegenden abendländischen Zusammenbruch made in Germany. Trotzdem bleibt sein Gedanke von den Erdzeitaltern, die jedes eine bestimmte biologische Besonderheit mit sich brachten, den zoologischen Wesen einprägten, sie nach ihr umbildeten, und deren Motive wir in den körperlichen Rudimenten finden, ein interessanter Gedanke innerhalb der Folge der so zahlreichen Gedanken, die über das Entwicklungsprinzip im Laufe der Jahrhunderte ausgesprochen wurden. Jedenfalls war dies ein Gedanke außerhalb des Mechanischen und darum erweiterte es den Blick. Aber nun ist er anscheinend ein Blunck der Paläontologie geworden – sehr bedauerlich! Eine Besonderheit der deutschen Konstitution ist der Schaum; aber nicht der von Meeren, die sich an Felsen zerschlagen, sondern mehr ein Bierschaum u. der Gärung im Ungeziefer.

Ihre Dame hat recht: in allen schönen Büchern steht dasselbe (und in allen schlechten auch!)

Wann sehen wir uns mal? Es gäbe manches zu erzählen, das man nicht schreiben kann. Sind Sie schon Hauptmann?

[...]

Herzlich Ihr Be.

# 10. MÄRZ

* *Am 10. März 1970 wendet sich der in Schweden lebende Schriftsteller* ***Peter Weiss*** *mit einem langen Brief an die* ***Akademie der Künste der DDR,*** *der er als Korrespondierendes Mitglied angehört. Der Brief bleibt unbeantwortet. Alexander Abusch entscheidet, daß er den Adressaten nicht einmal vorgelegt wird.*

[Stockholm, 10. März 1970]

Werte Mitglieder der Sektion Literatur und Sprachpflege!

Von der Direktion der Akademie erhielt ich in einem Schreiben vom 24.2.1970 die Mitteilung, daß meine Einladung zur Teilnahme an den Feierlichkeiten zum 20. Jahrestag der Akademie nicht länger gültig sei und daß man auch nicht mit meiner Anwesenheit rechne, unter der Begründung, ich habe in meinem Stück TROTZKI IM EXIL „Die Wirklichkeit der Großen Sozialistischen Oktoberrevolution entstellt und verzerrt".

Dem Bild, wie es seit mehr als vier Jahrzehnten in der Sowjetunion gezeichnet wird, entspricht meine Schilderung der Revolution und der Kampfgefährten Lenins tatsächlich nicht. Tatsächlich ist das Stück ein Angriff gegen dieses Bild, denn ich gehe dabei von einer anderen Wirklichkeit aus als von derjenigen, die das für den Sozialismus gültige Bild bestimmte.

[...]

Was repräsentiert Trotzki heute, dreißig Jahre nach seinem Tod, welche Gefahren lassen sich mit ihm verbinden, daß sein Name in den sozialistischen Ländern immer noch mit diesem historisch einzigartigen Tabu belegt ist und sein Wirken von einem mit dem dialektischen Materialismus unvereinbaren Verdunklungsprozeß umgeben wird?

Es liegt auf der Hand, daß es vor allem seine Perspektive der permanenten Revolution ist, seine Befürwortung des unaufhörlichen Befreiungskampfes auf allen Kontinenten, aus der sich seine Verleumdung und Brandmarkung herleiten läßt, und darunter liegt, ständig fortwirkend, sein Bruch mit Stalin, als er sein internationalistisches Anathema dem Prinzip des sozialistischen Aufbaus in *einem* Land entgegenstellte.

Selbst wenn wir der Meinung sind, daß, bei der damaligen kapitalistischen Umringung, Stalins Lösung unumgänglich war, so können wir nicht umhin, die unverhältnismäßige Diskrepanz zu erkennen zwischen dem von Stalin geschaffenen Schandbild Trotzkis und dessen tatsächlichen Ideen, Richtlinien und Prognosen.

Im Jahr 1970, in dem das Leben der sozialistischen Länder im Zeichen des hundertsten Geburtstags Lenins steht, erreicht auch die Bekämpfung Trotzkis einen neuen Höhepunkt. Sein Zerrbild, das inzwischen auch für manche Sozialisten fadenscheinig geworden sein mag, wird mit großer Anstrengung aufgefrischt und aktualisiert. Es geschieht nicht zufällig, daß die Ehrung Lenins, die kultische Ausmaße erreicht, zusammentrifft mit der kompakten Aburteilung Trotzkis. Im Streit um die richtige Auslegung des Marxismus–Leninismus erbietet Trotzki genügend Material, um als Sündenbock herzuhalten für die verschiedensten Erscheinungen, die den sowjetischen Parteidirektiven widersprechen.

[...]

Als Autor, dessen gesamte Arbeit darauf abzielt, die Muster von Lüge, Ungerechtigkeit und Unterdrückung aufzuzeigen und nach Mitteln zu suchen, sie zu beheben – was von Ihnen gewürdigt wurde, indem Sie mich zum Korrespondierenden Mitglied Ihrer Akademie wählten –, zeigt sich mir die Notwendigkeit, in einem sozialistischen Staat zu den Mitteln der „Sklavensprache" zu greifen, als ein Hohn auf die Grundlagen des Marxismus und auch auf die sonstige Fortschrittlichkeit des Erziehungs– und Bildungswesens in den sozialistischen Ländern. Gerade diese müßten in ihrer heutigen Stellung die Auseinandersetzung mit einem kontroversiellen Stoff verkraften können.

[...]

Dieses Stück ist mein Beitrag zum Leninjahr 1970. Es ehrt Lenin, indem es seine fundamentale Regel von der Notwendigkeit der offenen Diskussion befolgt, indem es die Menschen zeigt, die ihm nahestanden, mit denen er sich stritt, an denen er sich entwickelte und mit denen zusammen er die größte gesellschaftliche Umwälzung unseres Jahrhunderts einleitete.

Peter Weiss

# 11. MÄRZ

*Am 11. März 1965 schreibt **Frida Groß** aus dem Dorf Rosowka, Pawlodarskaja Oblast, in der Kasachischen Sozialistischen Sowjetrepublik, an ihre Verwandten **Christina und Heinrich Kirchenmeier** in Velgast bei Stralsund.*

Geschrieben den 11/III 1965

Gutentag vielgeliebt Freunde tante Chrestina und Onkel Heinrich mit samt all euren Kinder, seid viel tausend mal gegrüst und geküst von mier euren Neffi Frida mit samt Kinder, Weiter wil ich euch zu wissen tun das wir euren werden Brief erhalten haben am 3 März und haben daraus erfahren das ihr noch ale schön gesund und am Leben ward. das was am besten ist auf diser Welt. Weiter fragt ihr ob wir das Fotografie erhalten haben ja wir haben das erste erhalten und auch jetzt wieder zwei sind euch viel mal dankbar für die Mühe die ihr euch macht für uns. Weiter wolt ihr villeicht auch wissen was wir ale treiben und tun, ich Arbeite schon 7 Jahre nichts mehr, meine älste Tochter arbeitet beim Vih die Berta ist Kälbertrenkerin und mein Sohn hate auf der Maschine gearbeitet. Jetzt ist er krank schon den ganzen Winter fahrt zu den Doktern u fahrt und alles hilft nichts und sagen auch nichts was er hat oder was ihm ist, und das ist mir schwer. Jetzt erlaubt mir an euch fragen zu stelen. Was Arbeiten eure Kinder? und wie geht bei ihnen das Leben? Wägst bei euch Obst oder nicht? bei uns wägst es nicht weil es so Kalt hir ist. Jetzt erlaubt mir zu fragen was das für ein Groß ist euer Nachbar. Wist ihr warum ich frage weil mein Mann ist am 37. Jahr fort genomen geworden und so wissen wir nicht wo er geblieben ist und teten doch so gerne wen er noch am leben were und ich ihn noch mal finden tete er hate 7 Kinder hinterlassen sie leben noch alle er hiß Groß Heinrich Johan. Weiter hetet ihr auch gerne wen wir euch auch Fotografie schiken teten das wolen wir auch gerne tun bis zum negsten Brief werden wir schon uns Fotografirt haben dan legen wir unbedingt eins rein. Von unsrem Vatter haben wir überhaubt keine Fotografie früjahr war das überhaubt nicht ser das abnehmen und noch in den Dörfern. der Bruder Johan ist im Nachbardorf 12 Kilometer von uns weg er hat auch schon die zweite

Frau von der erste Frau hat er keine Kinder sind ale gestorben von der zweite hat er 6 Kinder 3 Töchter sie sind alle Doktoren eine geht noch in die Schuhle ein Sohn ist schon verheirat ein Sohn ist in der Armee. Der Bruder Gustaf ist in Iskamenogorsk es ist nicht so sehr weit. er hat auch schon die zweite Frau von der erste hat er ein Sohn der ist schon verheirat von der zweite Frau hat er ein Sohn der ist in der Armee und eine Tochter geht noch in die 9 Klasse, die Schwester Eigina hat noch ihren ersten Man wohnt auch nicht bei uns ist im Nachbardorf hat 2 Kinder eine Tochter und einen Sohn sie gehen beide noch in die Schule, die Schwester Melita wohnt im Nachbardorf 5 Kilometer weg sie hat auch schon den zweiten Man der erste ist fertrunken sin 3 Kinder zurik geblieben 2 Söne und eine Tochter sind ale verheiratet von den zweiten hat sie 4 Kinder eine Tochter und 3 Söhne. ihr fragtet wer den vorigen Brief geschriben hat es ist meinem zweiten Mann seine älste Tochter u. disen Brief hat geschrieben die zweite Tochter. Wil euch fragen wie ihr den Brief ferstehen tuht wir kӧnen eures schwach lesen wir sind doch keine richtige Deutschen nur halbe verzeit wen feler sind. Nun erlaubt mir mein wenig schreiben schlisen und euch noch mal ale ins gesamt grüsen bleibt gesund bis wir uns widersehn

ich hoffe auf baldige Antwort ade –

# 12. MÄRZ

*Am 12. März 1948 schreibt der 36jährige Schweizer Schriftsteller **Max Frisch** an **Eduard Korrodi**, den Feuilletonredakteur der Neuen Zürcher Zeitung.*

12.3.1948

Sehr verehrter und lieber Herr Korrodi!

Eben habe ich die Honorare bekommen für meine beiden Aufsätze über Berlin und Wien. Sie hatten damals den Einfall, mich auszufragen, wieviel ich mir als Honorar denke. Da ich weiß, daß unser liebes Vaterland, auch wenn es vor Konjunktur strotzt, intellektuelle Arbeit nicht bezahlen kann, sagte ich: 300 Franken. Ich möchte keinesfalls aus der Regel fallen. Es kommen nun ganze 260 Franken und das ist ganz sicher ein bloßes Versehen, worüber ich Sie nicht lange aufhalten möchte. Umso mehr, weil zwischen uns persönlich alles in Ordnung ist, lockt es mich, die Regel als solche einer platonischen Erörterung zu unterziehen. Einem Techniker, der zehn Jahre jünger ist als ich, zahle ich monatlich 800 bis 900 Franken, das ist üblich. Ein Tippfräulein bekommt zurzeit 600 bis 700 Franken. Unser städtischer Bauführer bekommt 1200 Franken. Ich frage mich oft, ob es vermessen und dünkelhaft wäre, wenn ich meine schriftstellerische Arbeit, wirtschaftlich bewertet, zwar nicht einem Bauführer gleichsetze; aber wenn ich sie vielleicht zwischen Bauführer und Tippfräulein anzusetzen wage: das wäre monatlich etwa 900 Franken. Wenn ich nun für meine Beiträge, ohne die Zeit der Reise irgendwie einzurechnen, eine Arbeit von 14 Tagen annehme, so betrüge das Honorar wenigstens 450 Franken. Ich weiß, das wird nie ein Schriftsteller bekommen, und nie würde ich das fordern. Es locken mich nur die Vergleiche, wobei ich nicht von den kaufmännischen Gangstern spreche, deren Wagen jetzt unsere Straßen füllen. Nehmen wir, um bei den Intellektuellen zu bleiben, etwa einen durchschnittlichen Ingenieur: wenn wir ihn auf den Neubau rufen, den die Neue Zürcher Zeitung jetzt erstellt, und ihn ein Gutachten machen lassen, d.h. wenn wir mit seiner Arbeitszeit auch den vollen Einsatz seiner Kenntnis und seiner Verantwortung beanspruchen, steht es ihm zu, für zwei Tage eben diese 260 Franken

zu verlangen. Wir könnten noch ungezählte Beispiele herausgreifen. Und was wäre das Ergebnis? Was wir schon wissen und in unserem Patriotismus nie wahrhaben wollen: daß wir im Lande der Krämer leben, zufrieden, daß uns vorläufig nichts Schlimmeres beschieden ist. Ich spreche jetzt nicht von Büchern und Verlagen, die einfach, infolge der Größenverhältnisse unserer Leserschaft, nicht existieren können, wenn auch noch der Schriftsteller existieren wollte; ich denke jetzt nur an die Zeitungen, die bei allen zierlichen Zweigen, die sie nach dem Geistigen hin haben, durchaus im Wirtschaftsleben wurzeln und von dorther nicht nur bedingt sind, sondern auch ernährt, und wenn ich eine Samstagszeitung in der Hand habe, büschelweise die Inserate blättere, deren Preise ich kenne, und wenn ich sehe, daß ein Beitrag wie der letzte, der im ganzen ungefähr eine Literarische Beilage ausmacht, mit dreihundert Franken bezahlt wird, um vier Seiten mit Inseraten zu rechtfertigen – dann merke ich immer, daß ich nichts verstehe oder nicht verstehen will, damit ich meiner Wege gehen und sagen kann: Laßt uns in Ruhe, bei uns ist es in Ordnung! Und wie würde ich es wünschen, es wäre so, wie es in unseren Leitartikeln steht, und wenn ich dann an Leute denke wie Ramuz, der in Gloriole mit Schulden starb, oder wie der junge Dürrenmatt, der das Seine leistet und nicht weiß, wovon er leben soll – und all dies in einem Land, das in Konjunktur und Reichtum erblindet – bis es untergegangen ist.
Sie werden lächeln:
„Soviel Worte für 40 Franken!"
Ich bin manchmal, wenn ich für mich selber und unser Land nicht mehr vorwärts sehe, sehr verwirrt. Wie eben jetzt. Nehmen Sie mit Nachsicht meine herzlichen Grüße

Ihr Max Frisch

# 13. MÄRZ

*Am 13. März 1916 schickt der 35jährige Dichter* ***Paul Zech*** *seinem gleichaltrigen Freund und Kollegen* ***Stefan Zweig*** *in Wien einen Brief aus dem „Felde", den er bereits im Januar geschrieben hat.*

Lieber Freund,

haben Sie vielen Dank für Ihre Zeilen. Ich hatte in letzter Zeit viel Hemmungen körperlicher und seelischer Art zu überwinden, so daß ich nur ein windiger Mechanismus war, den ein unsichtbares Uhrwerk durch den Tag und schlaflose Nächte trieb. Gedacht habe ich aber sehr viel an Sie, in einer lichtschmerzlichen Minute, wenn die Zigarre glühte und der Nordwind über die Dachpappen des Unterstandes wie ein riesiger Tausendfüßler stampfte.

Zuweilen aber kam eine einsame Wachstunde, draußen im hügligen Schnee und da war es schön, den Schwan oder Orion zwischen Wolken über Baumstümpfe und durch Granatlöcher jagen zu sehen. Eine Grenze wurde mir da, wo das letzte Fernsein der Seele und der Sinne aufhört. Ach, anders will ich es nie halten. In diesen dunklen aufgedrängten Stunden des Tod-Schicksals erfüllt mich immer die Sehnsucht, über ein Meer zu fahren, d.i. – : persönlich so frei zu sein, wie es nur ausdenkbar ist und nichts herumzuhaben das ablenkt, zerhackt, in grün-giftige Höllen schleudert. Das nicht Splitter der Welt ist, sondern die ganze für die man alle Verantwortung zu tragen hat, kein anderer. Klein sein oder groß. Ohne Stellvertretung.

In meiner dornigen Umgebung *so* zu fühlen –: ist schwer. Man muß sich, offen gestanden, um das Bißchen Aufrechtsein schwer genug schinden. Kloaken durchwaten.

Was dachte man nicht alles von: *Kamerad!* Vielleicht war es früher einmal anders. Oder noch in den Anfangsmonaten dieser Jahr-Öde.

Denken Sie sich einen fensterlosen Raum $1^1/_2$ mtr. in der Erde und mit 150 Menschen belegt. Dieses Inferno des Stumpfsinns, futuristischen Lärms, negerhafter Schweinerei und ekelhafter Hysterie.

Ich weiß nicht, ob sie alle, die da stieren, lachen, pfeifen, gröhlen; johlen, weinen und sich aufreiben durch die lange Dauer dieses Zustandes *so* wurden, wie sie *jetzt* sind. Nicht Menschen mehr –, nur Ausbrüche in schlaffe

Körper konzentriert. Bändigend kam die Weihnachtsnacht. Sie nur konnte Minuten der Stille halten, des Zartseins und der Milde.

Aber da kam wieder von draußen her das Gefecht, knurrend, schnarrend, knatternd; mit der geräuschvollen Unregelmäßigkeit einer alten verrosteten Weckuhr, die von einer harthörigen Frau immer wieder von neuem aufgezogen wird.

In das klare Bewußtsein (denn man kam aus einer gedunkelten Krypta der Heiligung) plötzlich die Kanonen hinein. Sie müssen verstehen: auf weißer mondbeschneiter Landstraße der hastende Ansturm, und knapp darüber: Schrapnells. Sopranhell klang ihr feuriges Springen in den auf 5, 6 Töne gestimmten Baß der Granaten. Die ganze waldige Berglandschaft hatte das Gift des Augenblicks getrunken und war so zerlassen krank wie die Menschen, die da vorgetrieben wurden und vielleicht nur den Mond sahen, der wie eine verstörte Henkersgrimasse aus einer zerschundenen Baumkrone schielte.

Und dann kam das Revier, diese Vorkammer der Morgue. Ein Bett, schmutzig weiß. Ein dicker roter Fleck, dick und rot, von der Farbe und dem Aussehen einer spätaufgeblühten Pfingstrose.

Und der, der sich dort krümmte, war wächsern, so müd. Sein Gesicht nur war noch letzte Welle des überstandenen Sturms. Das scharfe weiße Gebiß entblößte sich mit einer starren Mundverzerrung. Das Gehirn schlug den Brüsten irgend einer fernen Geliebten entgegen, oder war – : ein Fluch, das grausige Gottesmal der Rache.

Es war gut daß man aus diesem Aufregenden, Häßlichen und Erschütternden in unschuldig weißer Winterlandschaft erwachte. Sonne sah und ein paar Vögel hüpfen.

Wieder brennt die Zigarre, und aus einem Buch von Rilke weht Schönheit und Güte.

Wäre das doch ewig!

Herzlich die Hand
Ihr Paul Zech.

Ich habe diesen Brief, der am Januaranfang an Sie abgehen sollte, verlegt gehabt. Heute fand ich ihn wieder.

P.Z.
Etain, den 13/III 1916

# 14. MÄRZ

*Am 14. März 1935 schreibt **Hans Henny Jahnn**, Schriftsteller und Orgelbauer mit Weltruf, von Hof Bondegaard auf Bornholm an den dänischen Justizminister **Carl Theodor Zahle** in Kopenhagen. – Jahnn durfte bis 1945 als Emigrant auf Bondegaard bleiben, wurde aber nach dem Krieg als deutscher Staatsbürger enteignet...*

Bornholm, 14. März 1935

Sehr verehrter Herr Minister,

gestern empfing ich Ihre Mitteilung vom 11. dieses Monats. Ich habe mir seitdem Mühe gegeben, zu überlegen, in welcher Form ich Ihnen antworten soll, um mein Gesuch zu wiederholen. Ihre Mitteilung, daß mein Aufenthalt hier im Lande über den 30. April 1935 hinaus nicht ausgedehnt werden darf, hat mich vollkommen unvorbereitet getroffen. Ich gestehe sogar, daß die Mitteilung der Staatspolizei, daß meine Aufenthaltserlaubnis nicht verlängert werden könnte, mir auf einem Versehen zu beruhen schien. Denn im Oktober vorigen Jahres hatte ich mit Ihnen, sehr verehrter Herr Minister, gemeinsam mit Herrn Redaktör Borberg, ein Gespräch in Ihrem Arbeitszimmer, und Sie brachten damals zum Ausdruck, daß ich wegen meiner Aufenthaltserlaubnis mir keine Sorgen zu machen brauchte. Da nun Ihre jetzige Entscheidung hierzu im Widerspruch steht, neige ich nach wie vor zu der Anschauung, irgend eine zufällige Konstellation müßte mir ungünstig gewesen sein.

Ich bin klug genug, zu wissen, daß ich in einem fremden Lande keine Rechte besitze. Aus den Zeitungen aber habe ich ersehen, daß die Staatspolizei wert darauf legt, öffentlich zu erklären, sie würde ohne Nötigung in keinem Fall das Asylrecht kränken. Ich begreife, daß diese Erklärung unzweideutig innegehalten wird, wenn die infrage stehenden Deutschen Juden oder Kommunisten sind. Oder es sich um Personen handelt, die ein genau umschriebenes politisches Verbrechen begangen haben oder dessen beschuldigt sind. Mein Unglück scheint zu sein, daß für mich keine dieser Voraussetzungen zutrifft. Ich bin nur ein Schriftsteller von einigem Ruf, ein Anhänger der Demokratie, und Gegner des Krieges. Also etwa in der gleichen Lage wie Thomas Mann. Ich weiß bestimmt, daß die Schweiz auch nicht einen Augenblick erwogen hat, Thomas Mann auszuweisen, genau so wie ich ohne die geringste Behelligung fast ein Jahr lang dort gelebt habe.

Nun ist meine Lage in Dänemark nicht so einfach, als daß ich unter Mitnahme von ein paar Koffern kurzfristig irgend eine Grenze überschreiten könnte. Ich habe hier auf Bornholm einen Hof gekauft. Und dieser Hof ist zur Zeit meine einzige Zuflucht und der einzige Besitz, der mir das tägliche Brot gibt. Zwar, als Eigentümer ist der minderjährige Eduard Harms eingetragen. Aber bedeutende Summen für den Kauf sind meinerseits beschafft worden. Auch diese Gelder sind nicht mein Eigentum gewesen. So hat Herr Professor Dr. Muschg von der Universität Zürich mir für den Kauf eine bedeutende Summe zu Verfügung gestellt, mit der einfachen Begründung, daß man einen der größten Dichter Deutschlands nicht verhungern lassen könnte.

Es ist vollkommen ausgeschlossen, daß Frau Harms den Hof allein bewirtschaftet. Es ist ebenso ausgeschlossen, ohne mein Leben zu gefährden, daß ich davon ziehe, mittellos, ohne die Aussicht, anderswo einen Lebensunterhalt zu finden, und die mir zur Verfügung gestellten Gelder in einem dänischen Hof zu belassen, den ich nicht betreten darf.

Je länger ich darüber nachdenke, desto gewisser erkenne ich, daß ich nur die eine Möglichkeit habe, Sie zu bitten, mich persönlich zu einer Unterredung zu empfangen. Ich glaube, gute Gründe anführen zu können, daß Sie Ihre Verordnung zurücknehmen können. Ich bitte Sie, mir einen Tag zu nennen, an dem Ihnen eine Besprechung angenehm ist.

Mit hochachtungsvollem Gruß

[Hans Henny Jahnn]

# 15. MÄRZ

*Am 15. März 1935 schreibt die Schauspielerin **Lina Loos** an den Kulturhistoriker **Egon Friedell**. Charmant und freundschaftlich, aber sehr entschieden in ihrer Meinung, beantwortet sie damit einen Brief von Friedell, in dem er sich recht unverhohlen zu den Genies gezählt hatte.*

15. März 1935

Lieber Egon!

Du hast vollkommen recht, wenn Du schreibst, daß ich von Dir als Historiker einen Schmarrn verstehe.

Mein Brief war aber keine Kritik des Historikers Friedell, sondern galt dem Menschen, besser dem Christen Egon! Es hätte mich interessiert zu erfahren, welche Lebensdauer Du Dir selbst als Historiker setzt; ich setze Dir dagegen – die Ewigkeit!

Auch ich mag die russische Demut nicht. Da stellt sich einer auf die Straße und bekennt seine Nichtigkeit – und ist dann Mittelpunkt einer Menge, also stimmt etwas nicht!

„Das Genie" kann ohne Zweifel einen Wert der Menschheit darstellen, aber der Sinn der Menschheit liegt in allen Menschen, ohne Ausnahme und ohne Auswahl! Was die Selbstbeurteilung des Genies (als Träger besonderer Fähigkeiten und Leistungen) anbelangt, so wäre es besser, sie hätten die Gabe, aller Menschen und Dinge richtiges Maß – vor Gott – zu erkennen; alles andere ergibt sich dann von selbst! Wenn besagte Träger auch länger mit dem weltlichen Dasein verbunden bleiben, ergibt sich doch kein Recht auf ein ewiges Diesseits!

Wer versucht, im Sinne Gottes zu leben, kann niemals Minderwertigkeitskomplexe vor den Menschen bekommen; nur der Ungläubige unterstellt sich dem Gericht, dem Urteil der Menschen.

Wenn Du aber glaubst, daß ich eine falsche Demut habe, so irrst Du. Ich habe durch mein ganzes Leben bewiesen, daß ich kein Held, kein Genie und keine Heilige bin; mir bleibt wirklich nichts anderes übrig, als bescheiden zu sein.

*Am 16. März 1976 schreibt* ***Robert Havemann*** *an* ***Erich Honecker****. Seinem Wunsch wurde umgehend entsprochen*

16. 3. 1976

Lieber Kamerad und Genosse Erich Honecker!
Ich wende mich an Dich in Deiner verantwortungsvollen Stellung als Kamerad der antifaschistischen Widerstandsbewegung und als Dein Knast-Kamerad im Zuchthaus Brandenburg-Görden. Ich wende mich an Dich mit der Bitte um Rettung des Schriftstellers Siegmar Faust, der als politischer Gefangener in Cottbus im Gefängnis sitzt. Er ist zu einer Strafe von viereinhalb Jahren verurteilt, von denen er schon über zwei Jahre abgesessen hat. Er ist mit einer lebenslustigen jungen Frau verheiratet und hat ein kleines Töchterchen. Beide sind in tiefes Unglück gestürzt. Ich glaube nicht, daß seine Verurteilung gerecht war. Er gehört zu denjenigen, die an unseren Zuständen gerade darum scharfe Kritik üben, weil sie leidenschaftliche Streiter für den Sozialismus sind. Ich wende mich an Dich, weil ich fürchte, daß er die schweren Bedingungen seiner Haft womöglich nicht lebend übersteht. Ich habe erfahren, daß sich auch der Bonner Vertreter Herr Gaus bereits um seine Freilassung bemüht hat, aber wohl vergebens. Ich bitte Dich, auch im Interesse unseres Staates, dem Siegmar Faust Gerechtigkeit zu gewähren und seine sofortige Freilassung zu veranlassen.

Vor einer Woche sandte Siegmar Faust einen Kassiber an seine Frau, den ich Dir hier mitteilen will:

> *Tina! Wenn mich nicht bald etwas rettet, kratze ich ab. Ich möchte mit jedem Polit-Häftling Chiles oder Spaniens tauschen. Terror, Folterungen, Repressalien, Schikanen werden immer schlimmer. Warum läßt sich hier keine UNO-Kommission sehen? Laßt alle Glocken läuten! Ich friere, muß hungern, habe Seh-, Herz-, Kreislauf- und Schlafstörungen und verblöde langsam aber sicher. Habe ja nun schon über 23 Monate Einzelhaft und 63 Tage Folterarrest kennengelernt. Was noch? Wofür? Wenn Ihr mir wenigstens Mut machen könntet! ... Informationen von Wolf! Tina, es geht um mein Leben und um unsere Zukunft. Haltet alle zusammen und entreißt mich diesen Meuchelmördern. Euer Faustus.*

Solch ein Brief macht mich für uns alle traurig. Lieber Kamerad, denke daran, wie schwer es manche von uns hatten, damals in der Nazizeit, und daran, wieviel schwerer es ist, bei den eigenen Freunden und Genossen eingesperrt zu sein.
Mit kameradschaftlichem Gruß [Robert Havemann]

# 17. MÄRZ

*Am 17. März 1911 wird nach dem Willen von **Friedrich Haase** dem Schauspieler **Albert Bassermann** ein Brief zugeschickt, der wahrscheinlich bereits 1909 geschrieben wurde. An diesem 17. März 1911 stirbt Haase im Alter von 85 Jahren. Der Brief ist ein Vermächtnis für seinen berühmten Kollegen.*

*Die Herkunft des „Ifflandrings“ ist übrigens bis heute nicht zweifelsfrei geklärt; seit 1996 trägt ihn der Schauspieler Bruno Gans, der ihn von Josef Meinrad geerbt hat.*

Lieber Herr Bassermann!

Wenn Sie diese Zeilen nebst Beilage erhalten, bin ich in dem Lande, von „des Bezirk kein Wanderer wiederkehrt!“

Ich habe öfter den Versuch gemacht, Ihnen näherzukommen, es war jedoch nicht zu ermöglichen. „Wahr ist es, und es ist schade – und schade, daß es wahr ist!“

Da nun für meine persönliche Wertschätzung der Künstler alle Zeit von dem Menschen getrennt blieb, so stehe ich nicht an, Ersterem, der meine aufrichtige Hochachtung besaß, den beifolgenden Ring übersenden zu lassen, den ich mit Stolz lange Jahrzehnte hindurch besaß und trug. Es ist ein Ring, der auf seiner Fläche das Porträt Ifflands enthält, das in Eisen geschnitten und von vielen Diamanten eingefaßt ist. – Iffland gab diesen Ring bei seinem letzten Gastspiel in Breslau dem jungen, damals in seiner höchsten künstlerischen Blüte stehenden Ludwig Devrient. Dieser schenkte ihn vor seinem Tode seinem Neffen Emil Devrient, der ihn seinem Verwandten Theodor Döring vererbte, und von diesem erhielt ich – Friedrich Haase – ihn mit dem kategorischen Wunsche, ihn nur dem Schauspieler bei meinem Ableben überlassen zu wollen, den ich zur Zeit für eine solche Ehrengabe als Würdigsten erachte.

Ich erfülle nun hiermit die Order meines geliebten unvergeßlichen Freundes und übergebe diesen historisch gewordenen Ring Albert Bassermann, weil er unter den bekanntgewordenen deutschen Bühnenkünstlern aus gar mancherlei Gründen augenblicklich mir am bedeutsamsten erscheint, diesen Schmuck zu empfangen.

Nehmen Sie somit diesen Ring, lieber Herr Bassermann, tragen Sie ihn, bleiben Sie immerdar der seltenen Auszeichnung würdig, vererben Sie ihn ebenfalls rechtzeitig demjenigen Bühnenkünstler, den Sie zur Zeit für den geeignetsten erachten werden, und erinnern Sie sich zuweilen freundlich Ihres alten Kameraden.

[Friedrich Haase]

# 18. MÄRZ

*Am 17. März 1972 wendet sich die 67jährige **Irmgard Keun** mit einem langen, trotzig-verzweifelten Brief an ihre Freundin Hildegard alias **Hero Matré**. Irmgard Keun, einst Erfolgsautorin, dann Emigrantin, Illegale und nach 1945 eine vergessene Schriftstellerin, lebte 1972 bereits seit sechs Jahren im Landkrankenhaus Bonn. Erst 1979, drei Jahre vor ihrem Tode, wurde ihr Werk von der literarischen Öffentlichkeit wieder"entdeckt".*

17. März 1972

Hildegard! Liebe Hildegard,

Dein Brief hat bürokratisch und auch sonst noch unerforschliche Wanderungen gemacht, ehe er mich (vor ein paar Tagen!) erreicht hat. Aber er hat mich erreicht. Wär' ich mitten im Amazonas verschollen, hätte die postalische Verbindung wahrscheinlich – sicher! – besser und schneller funktioniert.

Ich habe mich über Deine Nachricht gefreut, Hildegard, und will Dir auch gleich schreiben, sonst schiebe ich es vielleicht auf – Gott weiss, wie lange.

Ich schreibe zwar wieder, aber keine Briefe. Aus Hemmung, aus Angst, aus Furcht, – dass Freunde, die mal welche waren, keine mehr sein könnten, wenn sie wüssten, dass es mir dreckig geht. Ich bin feige und fürchte mich vor Enttäuschungen.

Eigentlich geht's mir jetzt nur noch ein bisschen dreckig – im Gegensatz zu vorher, wo's mir super-saudreckig ging.

Um's schnell und kurz zu machen – ich bin hier im Irrenhaus – d.h. in der offenen Nervenklinik, direkt an der Strasse – ohne vergitterte Fenster und übrige charmant übliche Irrenhaus-Charakteristika. Ich kann gehen und kommen, wann und wie ich will und habe einen selten einfühlsamen, intelligenten, sogar humorbegabten Arzt.

Trotzdem ist alles scheusslich, und ich halte es kaum noch aus. Die wollen mich hier auch garnicht mehr haben – übrigens wird mein guter Arzt bald gehen, und der Nachfolger wird mich dann wohl piesacken, weil das so ein Typ ist, der's anders machen will als sein Vorgänger. Es gibt doch Leute, Hildegard, die Anderssein um jeden Preis mit Bessersein verwechseln. Dummköpfe.

Warum ich hier bin?

Totaler Nervenzusammenbruch, wie man das laienhaft so nennt. Ich wollte das Haus aufbauen und bin vom Architekten bis zum letzten Arbeiter reingelegt worden. Hervorragend geschäftstüchtig war ich ja nie, aber soooo doof und hilflos, wie ich schliesslich wurde und handelte, also dafür kann ich mir selbst kaum noch mildernde Umstände geben. Vielleicht ein bisschen eine böse Gallenblasenentzündung, qualvoll und klaglos (zum Klagen langte es schon nicht mehr), schleppte ich mich durch die Gegend, frass nahezu pausenlos Tabletten, um wenigstens halbwegs mal schmerzfrei zu sein und Tochter Martina versorgen zu können. Das hab ich auch noch geschafft – bis zum fast letzten Atemzug.

So. Vielleicht beim nächsten mal mehr. Schreib mir. Hildegard, warum habe ich nie einen Menschen damals um Hilfe gebeten? Warum habe ich es bis heute nicht getan?

Wegen des Hauses läuft ein Prozess. Dann habe ich noch Lastenausgleich zu kriegen.

Vorher muss ich hier raus sein, die Anstalt zieht alles Geld ein.

Manchmal kann ich was an meine Martina schicken lassen, die hat sich gut gemacht und hat hier in Bonn vor ein paar Tagen ihr Schwestern-Examen im Paulus-Krankenhaus gemacht.

Hildegard, ich weiss ja nicht, wie es Euch geht – aber wenn Du es kannst und willst, dann hilf mir. Schicke mir 50 Mark, ich bin gerade in besonderer Not, weil ich privat (ich bin in keiner Kasse) zum Augenarzt muss. Ich kann Dir das Geld wiedergeben, aber vielleicht erst in drei, vielleicht auch erst in sechs Monaten.

Schulden habe ich nicht, und unehrlich und unfähig zum Dank werde ich wohl nie werden.

Ich bin im Augenblick geradezu ekelhaft arm. [...]

Hildegard, ich bin zwar älter, aber nicht alt, hässlicher, geschweige denn, fetter geworden.

Ich habe viel, sehr viel gelesen und noch mehr beobachtet. Natürlich werde ich das literarisch verwenden. Nur sind die Arbeitsbedingungen hier gleich null. [...]

Alkohol ist vorbei, Tabletten sowieso.

Sehen wir uns bald?

Lass mich nicht warten, auch wenn Deine Bescheide negativ sein sollten.

Für heute – leb wohl und gut.

Irmgard

# 19. MÄRZ

*Am 19. März 1919 schreibt der Dichter und Dichter–Bruder* ***Carl Hauptmann*** *an den befreundeten Schriftsteller* ***Julius Maria Becker****. Der Brief wird zum Manifest. Der Adressat ist Empfänger einer emphatisch vorgetragenen Botschaft.*

[Künstlerkolonie Schreiberhau] 19.3.1919

Mein sehr lieber Julius Maria Becker

„Bourgeois", das stammt von Marx. Er untersuchte den Industrieprozeß. Und suchte das Evangelium für den Industriearbeiter. Und weil die Unternehmer Bürger waren, so galt es in diesem Evangelium nun einen Haß und Kampf gegen diesen Bürger, der schwarz und gelb scheuslig bemalt werden mußte. Und also „Bourgeois" hieß.

Aber Bürger citoyen!

Der Bürger war allzeit der einzige Kulturbringer. Nie konnte aus dem das Land hassenden Industriearbeiter Kultur, ein Ideal wahrhaft menschlichen Lebens, es konnte nur der Haß im Kampfe der Schichten hervorgehen.

Bürger, das waren die Fauste. Die Erkenner. Die Erfinder. Die Sehnsüchtigen. Die Künstler. Die von sich aus in Geist und Einbildungskraft hineingetriebenen, die allein Kultur bringen, weil nur aus dem Bereich der großen Einbildungskraft Kultur zu gewinnen und in unsere Wirklichkeit hineinzubilden ist.

Industriearbeiter, und so steht es noch heute, sind gleich unvermöglich wie der Adel, Kultur zu bringen. Denn der Industriearbeiter ist Haß, Vereinseitigung, Disharmonie, wie der Adel Genuß. Mehr als Zufriedensein, Sättigung mit allem Guten, Behagen an den Dingen. Nur wieder die Fauste müssen kommen. Die Erkenner. Die Erfinder. Die, die die Möglichkeit zur Sehnsucht haben und den innersten Gewalttrieb, ihr zu leben: Die Künstler.

Was sind sie allzeit gewesen: Bürger.

Das ins Kraut geschossene Unternehmertum und ihre faulen Anhängsel machen das Bürgertum nicht aus. Die Unternehmer zumeist waren noch immer die fähigsten, leidenschaftlichsten Arbeiter. Das ist ein Kapitel für sich. Lassen wir das hier aus dem Spiele.

(...) Das ist der schreiende Skandal heute in unserer Welt, daß die Bürger sich selber haben betölpeln, um ihr heiliges, höchstes Leben und ihre Mission bringen lassen, und daß sie zu kniefälligen Anbetern des Götzen Industrie und des Goldes erniedrigt, sich ihrer einstigen höchsten Mission kaum erinnern.

Der Arbeiter der Industrie bringt keine Kulturideale, kein Lockbild und kein Sinnbild letzten menschlichen Lebens. Geschieht nicht, daß sich der Bürger seines höchsten Berufes erinnert, werden wir ferner ein Leben ohne Kultur, ein Leben ohne alle Weihe und höhere Bestimmung, nur unter dem Zwange trockener Animalitäten zu führen verflucht sein.

Mein lieber Julius Maria Becker.

Ich mußte Ihnen diese Betrachtung machen.

Nicht Sozialisierung ist es. Wir brauchen einen Glauben an die höheren Bestimmungen, die das Bürgertum allein aus seinen höchsten Sehnsuchtsdrängen und seinen besten Köpfen und Herzen und nicht so zielkritische Geister aus ihren grimmerregten Negationen (Marx) hervorgebracht haben. Aus negativen Theorien einseitiger, großstädtisch orientierter, disharmonischer Menschenleistungen (Industrieprozeß) erwächst Haß und Grimm. Kein Sinnbild höheren Daseins.

Die Bürger wecken!

Die Bürger wecken!

Die Fauste!

Die Erfinder!

Die Erkenner!

Die, die zu leidenschaftlicher Sehnsucht die innerste Kraft und Fähigkeit haben, um mit Heißhunger ins Reich des Jenseits zu greifen und Hesperiens Früchte für uns hinieden herabzureißen.

Die Künstler!

Die Bürger wecken!

Die Bürger wecken!

Sonst sinken wir in den Abgrund.

Ich bin noch nichts Rechtes.

Ich muß sehr langsam nur und Schritt um Schritt vorwärts. Sehne mich sehr nach Frühling. Und nach Höhenflug, um aus dieser Sphäre des Staubes ein bissel im Eden des Schaffens erregt und entflammt und glücklich zu sein.

Treulich Ihr
Carl Hauptmann

# 20. MÄRZ

*Am 16. März 1955 schreibt* ***Erich Kleiber****, designierter Generalmusikdirektor der Berliner Staatsoper unter den Linden, an* ***Max Burghardt****, den Intendanten des Hauses. Es ist ein Abschied für immer. Kleiber stirbt im Januar 1956.*

Köln, 16. März 1955

Sehr verehrter Herr Intendant!

Ich danke Ihnen für Ihre freundlichen Zeilen. Heute muß ich noch einmal abschließend auf unsere letzten Gespräche zurückkommen.

Das plötzliche Herabreißen der Inschrift „FRIDERICUS REX APOLLINI ET MUSIS" von der Linden-Oper empfinde ich als eine Schändung eines eben erst wiederaufgebauten historischen Monuments. Rätselhaft ist mir, daß man die zweihundert Jahre alte und seit Monaten in neuer Vergoldung weithin leuchtende Inschrift nicht schon vor Jahren zum Verschwinden verurteilt hat, als man damals meine Bedingung annahm: das Haus müsse genau so wieder aufgebaut werden wie es 1743 der „Alte Fritz" durch seinen Baumeister Knobelsdorff dem deutschen Volke geschenkt hat. Für mich ist dieser Vorfall – nebst anderen Ihnen bekannten Vorkommnissen der letzten Zeit – ein trauriges aber sicheres Symptom, daß, – wie im Jahre 1934 – Politik und Propaganda vor der Tür dieses „Tempels" nicht Halt machen werden. Früher oder später müßte ich dann doch ein zweitesmal Abschied nehmen von dem Hause, nach dem ich mich 20 Jahre lang gesehnt habe. Diesselbe oder eine andere „Stelle", die den wilden Befehl gab, die Inschrift „binnen zwei Stunden" zu entfernen, wird sich nicht abhalten lassen, in meinen Wirkungskreis einzudringen und mit Anweisungen oder Richtlinien meine bisher völlig unbeeinflußte Kunstübung zu stören. Mein Entschluß, die Bindung mit der Staatsoper aufzugeben, steht fest. Ich habe ihn schweren Herzens gefaßt! Ich wollte dem Institut die Treue halten – habe aber einsehen müssen, daß zur Zeit der Geist der alten Staatsoper im neuen Hause nicht regieren kann. Es bleibt mir nur übrig, Ihnen, sehr verehrter Herr Intendant, für Ihr Entgegenkommen und für Ihren guten Willen, ein erstklassiges Operninstitut zu schaffen, herzlichst zu danken. Ich bitte Sie, dem Personal der Staatsoper den Inhalt dieses Schreibens mitzuteilen.

Mit besten Grüßen und Wünschen bin ich
Ihr ergebener Erich Kleiber

*Am 21. März 1984 schreibt der Schriftsteller **Rolf Schneider** an seine erwachsene **Tochter**.*

Schöneiche bei Berlin, 21. März 1984

Diesen Brief, liebes Kind, schreibe ich kurz vor der Vollendung Deines 21. Lebensjahres. Das Datum ist längst ein beliebiges geworden, die Zeiten, da man mit solchem Geburtstag in den Zustand der juristischen Volljährigkeit aufrückte, sind vorüber. Gleichwohl haftet an der Zahl eine sonderbare, eine atavistische Magie, welche auszuweisen vermag, daß unsere Gefühle und Gewohnheiten konservativer sind, noch konservativer als die unsere Lebensumstände normierenden Gesetze.

Derart nun, unmittelbar vor Deinem Eintritt in ein endgültigstes und unwiderrufliches Erwachsensein, frage ich mich, Deinen Vater, was ich an Dir so ausgerichtet und versäumt habe. [...] die Antwort wird ebenso mit Dir wie mit mir zu tun haben, aber Dein Vater, wie Du schmerzlich weißt, ist ein Literat und gehört also einem Berufe an, welcher sich von anderen, zumeist nützlicheren Berufen in der Welt dadurch auszeichnet, daß ihre Inhaber bis zu einem beleidigenden Grade der Ausschließlichkeit mit sich selber befaßt sind. [...]

Wir leben in einem Lande, das sich aus nachvollziehbaren Gründen als das Resultat einer progressiven Gesellschaftslehre empfindet. In seiner Pädagogik huldigt es Praktiken, denen ich nicht unrecht antue, wenn ich sie eher autoritär nenne. Autoritatives Verhalten in Erziehungsdingen zielt auf eine Reproduktion seiner selbst; warum sonst würde es eingesetzt? Von daher sind ihm aber Bewegung und Fortschritt, wie ich sie verstehe und nicht bloß ich, hinlänglich fremd. [...] Manchmal ist es das reine 19. Jahrhundert; zum Beweise dafür kann ich eine Geschichte andienen.

Im Berliner Stadtteil Friedrichshagen [...] existierte eine Schule, die zum Abitur führte, eine Erweiterte Oberschule in unserem, eine Oberschule im alten Verstand. Ihr stand eine Direktorin vor. Sie hatte offenbar mancherlei erlebt, nicht nur Gutes; sie hatte die vermutbaren Kränkungen ihrer Seele umgesetzt in einen Eifer, den pädagogisch zu nennen man sich weigern muß. Das von ihr angestrebte Ideal einer sozialistischen deutschen Schule glich einer Mischung aus Kasernenhof und Zuchthaus zum Verwechseln; gäbe es ihn noch, hätte sie wohl auch zum Rohrstock gegriffen; [...]

# 21. MÄRZ

Diese Genossin Unrat hat aus ihren Schülern Opportunisten und Krüppel produziert. [...] Beherrscht wurde die Szene durch die Mechanismen aus Anpassungsdruck und Schrecken, ihr Resultat waren Schultragödien aus der alten Tradition von „Frühlings Erwachen“, von Hanno Buddenbrook und vom Zögling Törleß. Ich denke an dieses Bild: Auf dem Schulhofe [...] stehen zwei junge Mädchen beieinander. Alle ihre Gefährten sind durch die Agitation des Lehrkörpers von ihnen entfernt worden und wagen aus Furcht nicht, in Handlungen des Mitgefühls oder der Solidarität einzutreten. Die Agitation des Lehrkörpers versteht sich daher, daß der Vater eines der Mädchen, als Pfarrer, der Anhänger eines unbedingten Pazifismus ist, der Vater des anderen Mädchens aber im Geruche eines Dissidenten, Staatsfeindes und Verräters steht. [...]

Ich muß Dir nicht sagen, daß eines der beiden jungen Mädchen, das Kind des vermeintlichen Dissidenten, Du selbst gewesen bist. Ich habe damals einiges unternommen, auf diese Demütigung Deiner Person zu reagieren. [...] Weniger aus persönlicher Kränkung, vielmehr aus Gründen einer allgemeinen Moral schien es mir angezeigt, der Direktorin, die dies alles verursacht hatte, den von ihr ausgeübten Beruf verwehren zu helfen. Ich bin damit gescheitert. Die Person ist wohl keine Direktorin mehr; sie wurde befördert und ist derzeit in einer übergeordneten schulischen Verwaltung beschäftigt.

So habe ich mich bei Dir zu entschuldigen: für mein Scheitern und für die Umstände, welche dazu führten, daß Du in jene Situation geraten bist; sie hatte ausschließlich mit mir zu tun. Diese Umstände wachsen ins Groteske, wenn man bedenkt, daß beide Parteiungen, die Direktorin wie Dein Vater, sich in ihren Überzeugungen auf die nämliche, von Karl Marx gestiftete Gesellschaftslehre berufen. Wer von beiden hat recht? Wenn der Erfolg als Argument zählt, so habe ich jedenfalls unrecht [...]

* *Am 22. März 1901 schreibt* ***Ludwig Thoma****, Schriftsteller und Redakteur des Münchener „Simplicissimus", an den Verleger* ***Albert Langen*** *den folgenden Brief, der Teil eines viel längeren Schreibens ist; denn Thoma rechnet auch wortwörtlich sehr gründlich mit Langen ab.*

München, den 22. III. 1901

Lieber Herr Langen!

Ihr Brief zeigt mir, daß ich – abgesehen von der Unmöglichkeit – sehr gut daran that, nicht zu kommen.

Nicht *das* ist notwendig, daß der Redakteur mit dem Herausgeber „ernst konferirt", sondern, daß alle zwei ihre Sache kennen und wissen und eine Bilanz lesen können. – [...]

Sie zerbrechen sich den Kopf darüber, wie es möglich ist, daß der Absatz im schnellen Fallen begriffen ist, sie moquiren sich über meine Berichte, daß der S.(implicissimus) Fortschritte macht, und über meine seelige Überzeugung, die mich hindert, den Absatz zu kontrollieren, wozu ich mir nicht einmal die „Mühe" nehme.

Ich weiß nicht, halten Sie mich für so saudumm, oder so gewissenlos, daß ich entweder den Absatz nicht kontrollieren kann, oder nicht kontrollieren mag? [...]

Wissen Sie, lb. Herr Langen, wenn ich denke, wie Sie es haben könnten, wenn Sie nur wollten, dann fühle ich so etwas wie Verstimmung über Ihre Klage. Ich rede jetzt nicht als Ihr „Redakteur" sondern als Jemand, der es Ihnen gut meint, und so alt ist wie Sie und vielleicht notgedrungen mehr Erfahrung hat.

Ich weiß, daß Sie als junger Kerl darauf los lebten und daß die Pariser Jagdgeschichte nicht die einzige – sagen wir – Nonchalance war; aber jetzt könnten Sie nach den damals gemachten Erfahrungen etwas strenger gegen sich selber sein. Sie haben ein sehr gutes Geschäft, das Ihnen nach und nach ein großes Vermögen einbringen kann, wenn Sie besonnen und klar alle Seitensprünge und Probirereien weglassen; Sie haben das große Glück, lauter ehrliche Leute an der Seite zu haben, die gar nichts wollen, als Ihr Unternehmen, so stramm es geht, fördern und in die Höhe bringen.

Die Sache geht. Ihr Verlag ist dank der Umsicht Mischecks heute ein blühendes Geschäft, der Simplic. ist ein berühmtes Blatt geworden und kann für Sie in nicht allzulanger Zeit ein Vermögen bedeuten – [...] was wollen Sie denn mehr? Wie viele dürften das? In einem so komplicirten Geschäft, wie Ihr Verlag ist? Sie könnten angenehm und in behaglichem Luxus überall in der Welt leben, alles sehen, was schön ist – statt dessen bohren Sie sich in eine nervöse Thätigkeit ein, die ruhiger Arbeit bloß hinderlich ist. Dieses Zappeln hat keinen Werth. [...]

Hängen Sie sich den guten alten Spruch über die Bettstatt: Erst wägen, dann wagen. Und noch eines wünsche ich Ihnen aufrichtig. Daß die Unterredung mit Mischeck Ihnen volle Klarheit über Ihre disponiblen Gelder gibt. Sie dürfen die Henne nicht als jung schon umbringen, die Ihnen einmal die goldenen Eier legen soll. Schonen Sie das Geschäft jetzt, wo es richtig anfängt zu blühen.[...]

Ich weiß, daß der Mahner Ihnen sehr wenig angenehm sein wird. Aber setzen Sie sich einmal in die Lage eines Anderen. Ich muß seit sieben Jahren meine Leute erhalten und gebe auch allmonatlich 180 Mk Vorschuß her. Daneben zahle ich ca 150 Mk ab und lebe mit dem Rest, so schlecht es geht. – Versuchen Sie es einmal mit 2500 Mk pro Monat zu hausen. Wir haben in Bayern nur einen Minister, der mehr hat.

In einem Jahr dürfen Sie vielleicht schon das doppelte brauchen.

Zum Schluß. [...] Hering bestellte zuerst 14 000 von N° 52; sein Kunsturteil sagte ihm, daß dieß bei dieser N° genüge. Am ersten Tage war bis Mittag die Continuation vergriffen; er bestellte 2000 nach und erhält sie am Donnerstag; beschwert sich dann über verspätete Lieferung. Zuerst hat der Heuochs nicht 16 000 bestellen können, sondern er muß zuerst kritisch betrachten.

Glauben Sie nicht, daß der Ärger mit diesem Pferde schon genügt für normale Narren? Muß es sein, daß Sie mir mit Ihren Bilanzbetrachtungen auch noch die Galle umrühren? –

Herzliche Grüße an Herrn Björnson, Ihre lb. Frau, Herrn Mischeck und Sie

Ihr Thoma

*Am 23. März 1911 schreibt die 44jährige Schauspielerin* ***Adele Sandrock*** *an den Schriftsteller* ***Arthur Schnitzler****, mit dem sie einmal sehr befreundet war. Der Sandrock geht es schlecht. Ihre Zeit als gefeierte Tragödin ist zu Ende; und ihre zweite, sensationelle Karriere als Komische Alte beginnt erst 1920. – Übrigens: Schnitzler hat ihr hundert Mark geschickt.*

Charlottenburg 23. III. 1911
Leibnitz Strasse 60

Sehr geehrter, lieber Herr Doctor,

Vollständig zusammengebrochen an Leib und Seele, bin ich vor Verzweiflung von Wien fortgefahren! Fühlte ich doch den Zusammenbruch meiner Gesundheit, und wenn ich in dem schrecklichen theuren Hotel noch wochenlang krank gelegen wäre, dann wäre mein Elend unabsehbar geworden. Das ist es auch ohnedies! Die bodenlose Schlechtigkeit der Menschen hat mich jetzt *vollständig* gebrochen! Das ein Mensch, der so seine Pflicht erfüllt, in solchem wiederlichen Rummel der Niedertracht hineinkommen kann, das ist genug um daran zu *verzweifeln.* Die Frau Guttmann von der kleinen Bühne hat direckt einen Mord an mir begangen, denn ich habe einen Nervenschock erlitten, durch all diese Gemeinheiten dieser Frau, und bin jetzt unfähig zu arbeiten! Und über die Behandlung die mir der Berger und der Rosenbaum angethan – daß die zwei Menschen mir prinzipiell nicht einen einzigen bitter, direkt flehenden Brief beantwortet haben, daß man mich behandelte, nicht wie eine Dame, wie eine Künstlerin – sondern wie eine Dirne – daß hat mir noch den Rest gegeben! Soviel hätte man doch meiner Kunst wenigstens achten können, daß mir einer der Herren geschrieben hätte „Wir bedauern, aber wir haben keine Verwendung für Sie." So aber ließ man mich tagelang in dem theuren Hotel sitzen, ohne sich zu rühren, und ich hatte so dringend gebeten um Antwort. Oh, Herr Doctor – ich habe mich ja so bodenlos erniedrigt, ich habe mich angeboten, habe mich geduckt und gekuscht, wie ein Hund – und schäme mich vor mir selber wenn ich mein Gesicht im Spiegel sehe, daß ich so sinken mußte um Nichts, um Nichts. [...]

Ich bin von dieser Behandlung todtkrank Herr Doctor, und das Schlimmste ist jetzt, daß ich in mindestens 6 - 8 Wochen nichts unternehmen kann, weil meine Nerven total caput sind. Da ich nichts verdiene, leidet auch meine Mutter Hunger, und das bringt mich noch ins Irrenhaus vor Schmerz. Ich werde mich ja schon wieder erholen, werde mir wieder Arbeit suchen, aber jetzt kann ich Nichts unternehmen, weil ich in Wien von all diesen Enttäuschungen nervenkrank wurde.

Herr Doctor Schnitzler – ich weiß jetzt nicht, was ich anfangen soll! Ich bitte Sie leihen Sie mir tausend Kronen, damit ich wenigstens 6 Wochen ausspannen kann und meine Gesundheit wieder herstellen. Ich bitte Sie, lieber, lieber Herr Doctor – ich habe Nichts mehr in Besitz, denn gerade mein Verdienst, die 950 Kronen, die für mein Leben für 2 Monate bestimmt waren, haben mir die bösen Menschen nicht gezahlt. Lieber Herr Doctor – helfen Sie mir, ich bitte Sie innig! Ich hungere bereits, denn ich bin aus Wien gekommen, mit Nichts – mit gar Nichts. Ich werde es Ihnen ehrlich zurück geben. Sie sind doch so gut, wirklich so seelensgut – denken Sie doch wie weh daß thut um Geld bitten zu müssen, ich weiß mir ja keinen Rath, denn ich bin jetzt krank und hungere. Das habe ich nie gedacht, daß ich so von Wien zurück kommen sollte, und am allertiefsten hat mich die rücksichtslose Behandlung Bergers geschmerzt. Ihnen danke ich noch herzlich, lieber Herr Doctor für Ihre lieben Bemühung. Sie sind eine wahrhaft vornehme Natur – darum sind Sie auch so ein herrlicher Dichter! Lieber Herr Doctor, helfen Sie mir, ich bitte Sie nochmals – sowie ich arbeiten kann, dann gebe ich Ihnen, Alles ehrlich zurück. Bitte antworten Sie mir – denn sonst bleibt mir nur noch das Ende!

In Verzweiflung Ihre total gebrochene

Adele Sandrock

*Im März 1985 schreibt der geniale Zeichner und Graphiker* ***Horst Janssen*** *den folgenden Brief an seinen* ***Sohn Philipp****. Streng genommen ist dieser Brief nur das „Anschreiben" für eine andere, weit umfangreichere Epistel, die Janssen später unter dem Titel „Brief an Lucie" veröffentlicht hat. Aus diesem Brief wird hier der erste Absatz zitiert.*

Hamburg, im März 1985

Mein lieber Sohn

Hier hast Du wieder mal Deinen alten Papa-Büchermacher. Diesmal sind es hauptsächlich Vokabeln mit etwas Geschnörkel, Schneckenkram + Würmer. Weisst Du – es ist ein Brief, und zwar ein „einfürallemal-Antwortbrief" auf einen Brief von Lucie Knoche. Abgesehen davon, dass ich diesem entzückenden Namen nicht widerstehen konnte, schreibt Lucie, die ich nicht kenne, die aber scheinbar mich kennt – die schreibt, was fast alle schreiben: … sie mag meine Bilder leiden aber garnicht meine „Lebenseinstellung". Sie vermutet „Selbstzerstörung", meint auch, ich würde ge– und ausgebeutelt, glaubt, ich sässe im eigenen Gefängnis und heimlich unterstellt sie mir den Menschenfeind und plädiert für: Verpflichtung gegen die Talente. Und alles sowas und durchaus liebevoll und zu guterletzt holt sie noch (ihren) Gott heran, damit ich ... usw. Na – hier hast Du meine Replik – ein Ego-Stenogramm – allen Lucianern für hinter den Spiegel. Ich denke, es wird Dich amüsieren. Und küsse Mama, wie sie es liebt: nämlich fast garnicht.

Dein Papa

*

Oh gedankenbeschwerte Lucie

Madam, es ist $5^{00}$ in der Früh' – ich habe inzwischen mit 10 Tassen Kaffee die Morgenlähmung aus den alten Kniegelenken rausgespült und die 10. Zigarette hat den Kreislauf auf die gewohnte Frequenz gebracht. Und nun schreib' ich Ihnen eins meiner Früh-Stücke – denn DAS ist die Regel: statt feste Nahrung zu futtern muss ich zum Tagesbeginnen irgendeine Schreiberei oder Kritzelei oder beides loswerden – zur Lockerung der Pfote für's Professionelle. Und um Ihnen gleich in's Gewissensfleisch zu pieken und um Ihre besorgten Argumente umzudrehen: heut' sind SIE es – Nutzniesserin meiner exaltierten „Lebenseinstellung" – auf Sie verbrauche ich heut' zum Tagesbeginn einen Teil meines Saftes und sage Ihnen als erstes: Ich habe zwar die verschiedensten und wechseligsten VORstellungen von diesem Leben, ja – und die grössten Vergnügungen in den NACHstellungen der flüchtigen Erscheinungen dieser Welt – aber zu einer bestimmten + gewissen EINstellung bin ich in diesen Angelegenheiten noch nicht gekommen. Oder: in Zweifelszeiten und in den sporadischen Wirrungen – da bastel' ich mir schon mal so 'ne Einstellung als Krücke + Trost. Aber kaum dass es mir wieder gut geht – ist solches gleich futsch und das Leben hat mich wieder.

[...]

*Am 25. März 1933 schreibt **Lion Feuchtwanger** aus dem Schweizer Exil sehr eindringlich an den Freund **Arnold Zweig**, der in diesen Tagen über Prag nach Wien reiste. Noch hatten die Zweigs Deutschland nicht aufgegeben, was sich jedoch sehr schnell änderte. Sie trafen sich im Juni in Bandol in der Provence mit Feuchtwangers, im September schifften sich Beatrice Zweig und die Kinder nach Palästina ein, Arnold Zweig folgte im Dezember.*

Wengen bei Bern,
25. März 1933

Lieber Zweig,

ich bin gewiß von jeher ein Optimist gewesen, aber Ihren Optimismus verstehe ich nicht. Ich habe Hitlers Buch gelesen und die Artikel seiner Zeitungen, und ich wußte, daß nach solchen Aufpeitschungen die Regierung den Massen Gelegenheit geben mußte, sich auszutoben. Für so skrupellose Leute war es nicht schwer, irgendeinen Vorwand zu finden. Ich hoffe, daß Sie jetzt Vorsicht genug haben werden, Frau und Kinder, solange es Zeit ist, an einen sicheren und neutralen Ort kommen zu lassen.

Ich gehe Mitte nächster Woche nach Lugano, bleibe dort ein paar Tage mit Brecht und gehe dann vermutlich nach Südfrankreich. Ich teile Ihnen meine Adresse sowohl nach Berlin wie nach Wien mit. Wenn Sie mir umgehend schreiben, erreichen mich Briefe bestimmt unter der Adresse der Sernau in Burgdorf. Auch später werden Briefe über die Burgdorfer Adresse immer befördert.

Ich habe Ihnen viel zu erzählen. Ich habe immer geglaubt, daß die Dummheit der Menschen weit und tief ist wie das Meer, aber ich habe nicht geglaubt, daß die deutschen Juden daran in solchem Maße teilnehmen.

Es war zu spät für mich, in Deutschland noch irgend etwas zu retten. So muß ich wohl alles, was dort war, verloren geben. Mir ist es vor allem leid um das Haus und die Bücher, viel mehr als um das Geld. Marta ist es leid um den Garten. Bitte, erzählen Sie aber vorläufig niemandem von meinem Verlust.

Wir sind bei alledem guten Mutes. Der Wechsel zwischen jenseits und diesseits des Meeres war freilich ein bißchen jäh. Aber ich habe ihn gut überstanden.

# 25. März

An den zweiten Teil meines Buches kann ich vorläufig leider nicht denken. Aber ich habe andere Pläne, und ich glaube, Ende April werde ich beginnen zu arbeiten.

Ich hoffe dringend, Sie bald zu sehen.

Entschuldigen Sie das schlechte Deutsch. Ich lese zu viele Regierungskundgebungen.

Sehr herzliche Grüße, auch von Marta.

Ihr F.

*Am 26. März 1907 schreibt der Maler und Bildhauer* ***Max Klinger*** *einen begeisterten und sehr anschaulichen Reise-Brief an seinen Freund* ***Georg Hirzel.***

Madrid, Mittwoch 26. März 1907

Lieber Hirzel!

Hoffentlich hast Du ein paar unserer Karten erhalten. [...] Die spanische Reise war ein einziger Zauber. Seit 1. März bei wolkenlosem Himmel, ohne einen einzigen Tag Regen durch einen täglich vollständig wechselnden Zauber von Landschaft Architektur Menschen Kunst und Stimmung. Fast zuviel für so kurze Zeit. Deswegen strich ich viel vom ursprünglichen Programm: Sevilla, Gibraltar, Lissabon, Tanger. – Es ist auch so sehr reichlich mehr als genug.

Wir fuhren durch Südfrankreich, Toulouse Carcasonne Narbonne Perpignan in einigen Tagen nach Barcelone, hielten uns ein paar Tage da auf und sahen viel *neue* spanische Kunst Architektur und Sculptur, höchst interessanter Art. Dann die Küste entlang nach Valencia.

Anderthalb Tage ununterbrochen rechts brandendes Meer bei blauer Luft, links Hochgebirge und ohne Unterbrechung rechts und links soweit die kostbare bebaute Ebene reicht Orangenbäume in voller Fruchtpracht in Millionen von Bäumen! – Ein Landanbau von einer Sauberkeit und Schönheit, die ganze preußische Garde in Paradeanzug ist dreckig und liederlich dagegen. Dann von Denia an der Küste, wo wir ein paar Tage blieben in zwei scharfen Wagentagen durch unglaubliche Gebirgsketten nach Alicante dort gerastet, die Palmenwälder von Elche – stundenlange Wege nur durch Palmenwald! und nach Murcia, wunderbare farbige Holzsculpturen.

Dann über eine hohe Sierra über Baza nach Granada. Sehen! nicht schreiben.

Dort ein paar Tage über Cordoba mit einem wunderbaren arabischen Dombau nach hier – morgen Toledo dann Paris Leipzig. – Herr Gott!

Und der Prado. Du kennst Ribera noch nicht trotz Paris und Dresden. Du kennst Goya noch gar nicht und vor allem Velasquez. Das ist das wahre und einzige geistige Gegengewicht zu Michel-Angelo, Tizian und Lionardo. Eindrücke wie Erdstöße! Daß man da sich nicht „erholt" kannst Du wohl glauben. Aber Man „holt" etwas für den ganzen Menschen.

## 26. MÄRZ

Trotz Sprachunkenntniß ging die Reise gut. Alles sehr ehrlich freundlich reinlich. Reinlich über alles Erwarten auch in kleinen Orten. Ich habe den Eindruck eines Landes das die Fremden weder pecuniär noch geistig braucht. Ganz anders als man Spanien bei uns hinstellt und glaubt …

Eben kommt der Kellner und empfiehlt, sich morgen und übermorgen ganz schwarz zu tragen (Grün Donnerstag und Charfreitag hohe Feste!!)

Das einzig unangenehme war Montag das große Stiergefecht. Wir haben nicht gebrochen. Aber nach dem 5. Stier zogen wir ab, schenkten den Leuten die weiteren drei, und merkten den Effekt ein paar Tage am Appetit.

Viel herzliches an Euch und die Bekannten! Auf baldiges Wiedersehen [...]

Dein M. Klinger

*Am 27. März 1943 schreibt die 13jährige* ***Anne Frank*** *in ihrem Amsterdamer Versteck den folgenden Brief an ihre* ***Freundin Kitty.***

*Mit diesem Brief durchbrechen wir gleich zweifach die Auswahlkriterien unserer Reihe. Erstens: Anne Frank schreibt nicht deutsch, sondern holländisch. Sie hat Deutschland schon als Vierjährige verlassen müssen. Die fremde Sprache ist ihr vertrauter als ihre Muttersprache. Und zweitens: Der Brief wurde nie abgeschickt. Es gibt keine Kitty. „Ich habe keine Freundin", schreibt Anne Frank am 15. Juni 1942. „Darum dieses Tagebuch." Und sie fährt fort: „Um nun die Vorstellung der langersehnten Freundin in meiner Phantasie noch zu steigern, will ich nicht die Tatsachen einfach wie jeder andere in dieses Tagebuch schreiben, sondern will ich dieses Tagebuch die Freundin selbst sein lassen. Und diese Freundin heißt Kitty."*

*Zwei Jahre nach diesem Tagebuch-Brief wurde Anne Frank in Bergen-Belsen – nun wieder in Deutschland! – ermordet.*

Samstag 27. Mrz. 1943

Liebe Kitty,

Der Steno Kurs ist fertig, wir fangen nun an Geschwindigkeit zu üben, was werden wir klug! Um dir weiter noch mal was von meinen Tagtotschlagbeschäftigungen (das nenne ich so weil wir nichts anderes tun als die Tage so schnell wie möglich vorbeigehen zu lassen, so daß das Ende der Versteckzeit schnell näher kommt) zu erzählen. Ich bin versessen auf Mythologie und am meisten auf griechische und römische Götter. Hier denken sie daß es vorübergehende Neigungen sind, sie haben noch nie von einem Backfisch mit Götter-Würdigungen gehört. Nun, dann bin ich der erste!

Herr van Pels ist erkältet oder besser er hat ein wenig Halskratzen. Er macht ein gewaltiges Getöse darum. Gurgeln mit Kamillentee, Gaumen pinseln mit Myrrhen-Tinktur, Dampo auf Brust, Nase, Zähne und Zunge und dann auch noch eine schlechte Laune!

Rauter, irgendein hoher [SS]Mof hat eine Rede gehalten. Alle Juden müssen bis 1. Juli die germanischen Länder verlassen haben. Vom 1. April bis 1. Mai [...] wird die Provinz Utrecht gesäubert werden (als ob es Kakerlaken sind), von 1. Mai bis 1. Juni die Provinzen Nord- und Süd Holland.

## 27. MÄRZ

Wie eine Herde armes, krankes und verwahrlostes Vieh werden die armen Menschen zu den schmutzigen Schlachtplätzen geführt. Aber laß mich lieber darüber schweigen, ich bekomme nur Albträume von meinen eigenen Gedanken. Noch eine tolle Neuigkeit ist daß die deutsche Abteilung der Arbeiterbörse durch Sabotage in Brand gesteckt wurde. Ein paar Tage danach folgte das Standesamt. Männer in Uniform der deutschen Polizei haben die Wachtposten geknebelt und somit wichtige Papiere futsch gemacht.

*deine Anne.*

*Am 28. März 1917 schreibt der 35jährige Vizefeldwebel des 20. bayerischen Reserve-Infanterie-Regiments* ***Hugo Herrgen*** *an seinen kleinen* ***Sohn****, der bei den Großeltern lebt. Herrgen, der vor dem Krieg Lehrer in Nürnberg gewesen war, fällt in den ersten Nachtstunden des 29. März 1917.*

den 28. März 1917

Mein lieber Theo!

Ich muß Dir auch einmal wieder einen ausführlichen Brief schreiben. Ich weiß ja, wie gerne Du Dir Briefe von Deinem Papa vorlesen läßt. Wenn Du so weiter fleißig lernst, wirst Du meine Briefe bald allein lesen können. Nun paß auf!

Es ist zwar schon 2 Uhr nachmittags, und doch rauche ich erst meine Morgenzigarre. Weißt Du noch, wie Du mir daheim immer den Rauchständer brachtest und das brennende Zündhölzchen reichtest? Gelt, jetzt soll ich Dir wieder Ringe blasen dürfen? Doch möchtest Du sicherlich gerne wissen, wo ich dieses Brieflein schreibe. Der Eingang zu meinem Kämmerlein ist so niedrig, daß auch Du Dich ganz gescheit bücken müßtest. Großpapa müßte auf allen Vieren hereinkriechen. Da würde er aber schimpfen; denn auf dem Boden steht beständig 10 Zentimeter hohes Wasser aus dem Graben. Es pumpen zwar die Soldaten beständig das Wasser aus dem Graben, aber ganz bringen sie es auch nicht weg, und vom Graben kommt es zu mir herein. Doch tröste Dich, den Engländern drüben, die ungefähr so weit weg sind wie vom Schulhaus zum Schwanenwirt, geht es auch nicht besser. Die hören wir auch immer pumpen. Also komme nur herein zu mir, nur mußt Du für Deine Holzschuhe Stiefel, richtige Stiefel, anhaben. Setze Dich neben mich auf die Bank und stelle Deine Füße auf den Holzklotz. Gelt, da sieht es aus, wie in einem Zwergenkeller. Stelle Dich einmal: Siehst, Du reichst gerade bis zur Decke. Stoße Dich aber nicht an; denn die ist aus einem gewölbten Eisenblech, damit nicht gleich ein Splitter der Geschosse uns treffen kann. Gelt, es ist kalt? Ja, draußen scheint heute nämlich wieder einmal die Sonne, doch hierin spürt man nichts davon. Wenn die Kerze nicht wäre, säßen wir stockfinster. Ja, einen kleinen Ofen haben wir schon, Holz ist auch da, aber am Tage dürfen wir nicht einheizen. Von früh 5 Uhr bis abends $^{1}/_{2}$ 8 Uhr darf nicht gefeuert werden. Die schlauen Engländer würden den Rauch sehen, und dann kämen gleich die Granaten geflogen.

## 28. MÄRZ

Gelt, unser Tisch ist nicht recht sauber. Dein Papa bekommt auch allmählich eine Negerhaut, bis unsere 5 Tage da vorn rum sind. Zum Waschen kommt man hier nicht. So was wäre für viele Buben eine Freude, wenn sie sich für 5 Tage nicht zu waschen brauchten. Ob diese Buben auch gerne in meinem Bettchen schliefen? Das Brettergestell hinter Dir sind die Betten. Unten, fast im Wasser, liegt mein Diener, und oben, ganz fest am Dach, schlafe ich. Der Unterstand ist gerade so lang, daß ich mich ausstrecken kann. Gelt, das ist eine harte Matratze? Der Waschsack ist mein Kopfkissen, und mit meinem Mantel decke ich mich zu. So, jetzt mußt Du Dich auf mein Bett legen; denn ein Unteroffizier will zu mir herein, und mehr als zwei Leute können nicht sitzen. Wenn Du Hunger hast, kannst Du Brot mit Marmelade haben. Zum Mittagessen müssen wir noch lange warten. Das kommt nachts um 1 Uhr, da können die Engländer unsere Leute nicht in den Graben hineingehen sehen. Gelt, da schläfst Du schon fest in Deinem warmen weichen Bettchen. Nachts kommen wir wenig zum Schlafen. Da muß der Soldat arbeiten und gut aufpassen, daß keine Engländer herüberkommen. Gefiele es Dir bei uns? Ich meine, es ist schöner, bei den Großeltern den Tänzer zu schlagen und in die Schule zu gehen. Ich freue mich immer, wenn Großpapa von Dir schreibt, daß Du gesund bist und in der Schule fleißig lernst. Dann geht es mir auch gut. –

Dir und allen Lieben herzliche Grüße von Deinem Vater

*Am 29. März 1950 schreibt **Thomas Mann** an die „**Germanic Review**", eine Publikation der Columbia University in New York. Bemerkenswert ist sein nobles und warmherziges Plädoyer für den vier Jahre älteren Bruder Heinrich Mann, mit dem er im Verlaufe ihres langen Schriftstellerlebens durchaus nicht immer einer Meinung gewesen war.*

*Heinrich Mann war am 12. März 1950 gestorben, kurz bevor er die Heimreise nach Deutschland antreten konnte, wo er zum Gründungspräsidenten der Ostberliner Akademie der Künste berufen worden war.*

Pacific Palisades, California
1550 San Remo Drive
29. März 1950

Sehr geehrte Herren,

es hat mich gefreut, von Ihnen zu hören, und gerührt hat es mich, Ihrem Brief zu entnehmen, daß Sie vorhaben, in Ihrer Zeitschrift meines 75. Geburtstags mit einer oder der anderen wohlwollenden Betrachtung meiner Lebensarbeit zu gedenken. Eine noch größere Genugtuung aber war es mir, zu hören, daß Sie diese Aufmerksamkeiten verbinden wollen mit einer Huldigung vor dem Genius meines heimgegangenen Bruders, an dem in der Tat, wie Sie sagen, dieses Land einiges gut zu machen hat. Er lebte recht unerkannt, recht einsam hier, und wenn ich ihm, solange es nicht augenscheinlich zu spät war, zuredete, der dringenden Einladung der volksdemokratischen deutschen Regierung nach Berlin zu folgen, so war es, weil ich wußte, daß dort ein Lebensabend voller Ehren sein gewesen wäre. Den wünschte ich ihm, fand, daß es ihm zukam und unterstützte also den Wunsch der offiziellen deutschen Stellen, obgleich seine Übersiedelung wohl die Trennung von ihm für immer bedeutet hätte, und auch obgleich immer deutlicher wurde, daß er eigentlich nichts mehr wünschte, als in Ruhe gelassen zu werden.

Er war in letzter Zeit sehr alt geworden, heimgesucht von wechselnden Leiden. Er arbeitete nicht mehr, schrieb einige Briefe, in denen er von den Vorbereitungen zu seiner Abreise sprach, las ein wenig und hörte Musik. Mit der Produktivität ist es sonderbar: wird man schließlich zu müde für sie, so vermißt man sie auch nicht; ich habe ihn nie über das Versagen seiner Arbeitskraft klagen hören, sie ließ ihn scheinbar ganz gleichgültig.

Auch wußte er wohl, daß sein Werk – ein gewaltiges Werk! – getan war, wenn auch sein letztes ganz großes Unternehmen, die in eigentümlichem Emaille-Glanz historischen Kolorits leuchtenden episch-dramatischen Szenen, welche (überraschende Stoffwahl!) dialogisch das Leben des preußischen Friedrich erzählen, unvollendet liegen blieb. Was liegt daran, daß diese Fragmente Fragment blieben! Sein Kunsterleben ist vollendet ausgeklungen in den beiden letzten Romanen, dem „Empfang bei der Welt", einer geisterhaften Gesellschaftssatire, deren Schauplatz überall und nirgends ist, und dem „Atem", dieser letzten Konsequenz seiner Kunst, Produkt eines Greisenavantgardismus, der noch die äußerste Spitze hält, indem er verbleicht und scheidet.

Auf ebendieselbe Weise hat der große Essayist sich vollendet in dem faszinierenden Memoirenbuch „Ein Zeitalter wird besichtigt", einer Autobiographie als Kritik des erlebten Zeitalters von unbeschreiblich strengem und heiterem Glanz, naiver Weisheit und moralischer Würde, geschrieben in einer Prosa, deren intellektuell federnde Simplizität sie mir als die Sprache der Zukunft erscheinen läßt. Ja, ich bin überzeugt, daß die deutschen Schullesebücher des 21. Jahrhunderts Proben aus diesem Buch als Muster führen werden. Denn die Tatsache, daß dieser nun Heimgegangene einer der größten Schriftsteller deutscher Sprache war, wird über kurz oder lang auch von dem widerstrebenden Bewußtsein der Deutschen Besitz ergreifen.

[...]

Er ruhe in Frieden, nach einem tatenreichen Leben, dessen Spur von dieser Erde, so meine ich, nur mit der Kultur selbst und der Selbstachtung des Menschen vergehen kann.

Ihr sehr ergebener

Thomas Mann

*Im März 1982 schreibt der 30jährige* ***Martin Ahrends*** *an den Schriftsteller* ***Franz Fühmann****. Fühmann schien ihm „ein Beispiel dafür zu sein, daß eine Existenz als Künstler und Geistesarbeiter in der DDR auf achtbare Weise zu bestehen war". Auch Ahrends wollte Schriftsteller werden. Vorläufig war er ein Diplom-Philosoph mit Arbeitsverbot, der als Ofenputzer in einem Potsdamer Handwerksbetrieb untergekommen war.*

März 1982

Lieber Franz Fühmann!

Die Berliner Begegnung zur Friedensförderung hat mir Hoffnung gemacht auf eine DDR-Friedensbewegung. Sie sollen das wissen, denn in dem Wenigen, das ich von Ihrer Rede in Berlin erfuhr, hoffen auch Sie darauf. Ich hoffe auf diese Friedensbewegung, weil ich es für an der Zeit halte, daß wir jüngeren Deutschen politisch verantwortlich werden. Verantwortlich, um das politisch verantwortungslose Verhalten der meisten Deutschen im III. Reich für uns produktiv zu machen und den Verführungen des Totalitarismus künftig zu trotzen.

Eine solche Verantwortung in unserer Geschichte würde allerdings das Gegenteil eines Verantwortlichgemachtwerdens für das Versagen unserer Väter und Großväter bedeuten, das uns hier über den Hals kommt, ohne daß wir die Chance hätten, deren Schuld zu sühnen. Sühne heißt doch eben, lernen, es besser zu machen. Wir aber werden ummauert und für unmündig erklärt. Dazu wird uns weisgemacht, die Nazis waren die anderen und wir die Sieger der Geschichte. – Sehr ungünstige Voraussetzungen, aus jenem Sichentmündigenlassen der Väter und Großväter zu lernen. Wir werden bestraft ohne das Bewußtsein der Strafe. So kann die Bestrafung nicht anschlagen, so bleibt sie unbewußt und hat irrationale Folgen.

Ich habe Verständnis dafür, daß die Väter und Großväter nach dem Zusammenbruch einiges Mißtrauen gegen sich selbst zu verdrängen hatten, daß sie mit den Verdrängungen des Wirtschaftswunders und des antifaschistischen Staates besser leben konnten. Wobei mir die Wirtschaftswunder-Verdrängung weniger gefährlich erscheint, weil sie eben nicht das politische schlechte Gewissen direkt betrifft. Ich habe Verständnis für dies

Weiterlebenwollen. Die dafür geschaffenen Bedingungen können aber nicht die unseres Lebens sein. Wir sind frei gegenüber der Geschichte des deutschen Faschismus, weil wir keine Schuld an ihm tragen. Wir sind frei, die Lehren aus dieser Zeit endlich anzunehmen. Statt dessen verharren wir gelähmt in der Verdrängungswelt der Väter und Großväter, dieser Welt der Fettleibigkeit und der Lüge.

„Wir Deutschen können froh sein, wenn wir wieder satt zu essen haben", sagt mein Vater, und inzwischen ist es nicht mehr nur satt, als wachse der Lebensmittelkonsum mit der Unwahrhaftigkeit des Lebens. Wenn dieser Satz sich auf meine Generation überträgt, werden wir eine Freß- und Saufgemeinschaft und aufhören, ein Kulturvolk zu sein. [...]

Ihr Martin Ahrends

*Im März 1962 schreibt der Student **Henning Schreiber** aus dem Haftarbeitslager „Schwarze Pumpe" an das **Dekanat der Wirtschaftswissenschaftlichen Fakultät der Hallenser Martin-Luther-Universität.** Sein Adressat ist ein Professor Borchert.*

[März 1962]

Sehr geehrter Herr Professor!

Zu Beginn des Studienjahres 1960/61 nahm ich das Studium der Industrieökonomie an der Wirtschaftswissenschaftlichen Fakultät auf. Ich kam von der Oberschule und hatte die Absicht, mir in möglichst kurzer Zeit gute Fachkenntnisse anzueignen, ohne mir bewußt zu sein, daß zum Erlangen eines hohen Fachwissens ein entsprechendes ideologisches Bewußtsein vorhanden sein muß.

Ich hörte in dieser Zeit schon öfters die Sendungen westlicher Rundfunkstationen, ohne mir Gedanken über die Einwirkungen zu machen, die diese Sendungen auf mich jungen Menschen machen mußten. Den Mahnungen unserer Publikationsorgane, in Bezug auf das in diese Sendungen eingestreute Gift, schenkte ich wenig Glauben. Bei Unklarheiten informierte ich mich zweiseitig und kam zu keinen objektiven Ergebnissen. Dieses nicht volle Vertrauen zu unserer Republik machte aus mir einen Menschen, der sich gröblichst gegen die Gesetze der DDR verging und sich deshalb vor dem 1. Strafsenat des Bezirksgerichtes Dresden zu verantworten hatte. Ich wurde nach § 19 des Strafrechtsergänzungsgesetzes wegen staatsgefährdender Hetze und Propaganda zu zwei Jahren Gefängnis verurteilt.

Ich habe meine Tat eingesehen und weiß auch, daß ich alle sich aus meinem negativen Verhalten ergebenden Konsequenzen selbst verschuldet habe. Ich hoffe trotzdem, daß ich nach Verbüßung meiner Strafe und einer Bewährungszeit in der sozialistischen Produktion mein begonnenes Studium vollenden kann.

Ich habe mir vorgenommen, während meiner Haftzeit durch gute Arbeit zu beweisen, daß ich meinen Fehler eingesehen habe, und daß ich mit allen, mir zu Gebote stehenden Mitteln diesen Fehler wieder gutmachen will, um ein würdiges Mitglied der Gesellschaft zu werden.

Im Haftarbeitslager wird mir die Möglichkeit gegeben, durch entsprechende Vorträge und Literatur, sowohl meine ideologische Umerziehung als auch meine fachliche Qualifikation durchzuführen. So arbeite ich zur Zeit den Lehrstoff des Faches politische Ökonomie des Kapitalismus noch einmal durch, um mein Wissen zu vervollständigen und zu vertiefen. Nach und nach will ich den Lehrstoff des 1. Studienjahres noch einmal durcharbeiten.

Sehr geehrter Herr Professor! Ich möchte Ihnen und allen anderen Lehrkräften für all das Gute, das ich an der Wirtschaftswissenschaftlichen Fakultät empfangen habe, meinen Dank aussprechen. Ich habe mich nicht würdig erwiesen, dieses mir von unserem Staat garantierte Studium durchzuführen. Ich bitte Sie, die Gründe meiner negativen Entwicklung weiter zu propagieren, damit derjenige Teil der Studenten, der in der einen oder in der anderen Form noch westlichen Rundfunkstationen Glauben schenkt, das verwerfliche seines Tuns einsieht und das Gift, das in diese Sendungen eingestreut ist, erkennt.

Ich bitte Sie, Herr Professor, den Studenten der Seminargruppe V. des 2. Studienjahres herzliche Grüße von mir zu übermitteln und sie von diesem Brief in Kenntnis zu setzen.

Hochachtungsvoll,

Henning Schreiber

* *Am 1. April 1953 schreibt der 63jährige* ***Franz Jung*** *an die Schriftstellerin und Journalistin* ***Cläre M. Jung*** *in Berlin. Sie hat ihn um seine Meinung zu ihrer Autobiographie gebeten. In jungen Jahren waren beide miteinander verheiratet gewesen. Damals war Franz Jung ein bedeutender expressionistischer Erzähler und ein entschiedener Sozialist, der mehrfach verhaftet wurde und später – als Emigrant – nur knapp dem Tode entging.*

*Nach dem Krieg arbeitet Cläre Jung beim Rundfunk der DDR; Franz Jung lebt seit 1948 in den USA. Am Schluß seines Briefes äußert er sich sehr persönlich: illusionslos, ganz ohne Hoffnung und im Wissen um das neue politische Mißtrauen, das der Kalte Krieg hervorgebracht hat.*

75 Ft. Washington Avenue, New York 32
1/4 53

Liebe Cläre,

[...]
Und dann noch eins: Schreibe im Grundansatz für Dich, für Dich allein – wenn es Wirkung auslösen soll. Kümmere Dich grundsätzlich nicht um irgendeinen Leser, am wenigsten, um diesem etwas zu erklären oder ihn zu beeinflussen. So zu schreiben, ist ein anderer Beruf. Entweder so oder so – beide Berufe lassen sich nicht mischen. Deine Persönlichkeit und Deine Auffassung und Stellung zum Thema muß drin sein, auch wenn sie äußerlich nicht sichtbar ist. Jeder Mensch lebt sein eigenes individuelles Erleben, es ist nicht notwendig und auch nicht mal glücklich, ihn darin zu beeinflussen und dazwischenzufahren. Er nimmt sich, was Du ihm schreibst, sowieso das, was er braucht, sich zu bestätigen oder abzulehnen. Wenn Du diese Distanz aufgibst, bist Du als Schriftsteller verloren – Du siehst das selbst am besten an meinem Beispiel.

Ich bedaure dies für mich auf keinen Fall, aber ich erlaube mir, nachträglich festzustellen, daß es eben falsch war.

Ich bin nicht so sicher, ob unser Briefwechsel Dich nicht gefährdet. Es nützt ja nichts, wenn ich erkläre, ich bin kein Politiker – weil das eben ein eigener Beruf ist, den man erlernen muß, wie irgendein Handwerk. Ich bin auch nicht sicher, ob Deine Verbindungsstelle richtig ist. Davon müßte Frau Claus [von der Rundfunkbibliothek] ja alles von den Zusammenhängen, die ja über ein ganzes Leben gehen, verstehen – es ist nicht anzunehmen. So entsteht eine Grenzfrage, hauchdünn, was ist politisch wertvoll oder schädlich – Dinge, um die ich mich ja gar nicht kümmern kann und eigentlich auch will (allerdings dürfte ich logischerweise dann auch keine Verbindungen aufrechterhalten). Um Dir das noch näher verständlich zu machen: Alles, was in der Welt abgelehnt, verurteilt, prozessiert und hingerichtet wird, ist das „Rechte" – im innersten Kern. Das wissen auch die andern. Sie schlagen einen tot, nur weil er recht hat. Sonst kann nicht totgeschlagen werden. – (Die Formen spielen keine Rolle.) Und das muß so sein – vom Standpunkt der Gesellschaft und der politischen Funktionen der Allgemeinheit wie des einzelnen. Man kann sich anpassen, [...] ich aber – in all der persönlichen Bedrückung und Ausweglosigkeit, die mich nicht einmal stört, gehöre aber nicht dazu.

Ich fürchte, daß jemand, der Dir den Briefwechsel mit mir zum Vorwurf macht, (all das) nicht verstehen kann, zum mindesten hängt es ganz von ihm ab, ob er es verstehen will. Daß „ich" recht habe, soll Dir nicht zum Verhängnis werden. Man wird mich hier wie drüben in irgendeiner Form auslöschen oder totschlagen, zum mindesten aus dem allgemeinen Verkehr ziehen, wenn ich für die Allgemeinheit oder für das, was die jeweilige Richtung als störend empfindet, als gefährlich und lästig erscheine. Das ist selbstverständlich. [...]

Deswegen ist es eigentlich fast unmöglich, zu korrespondieren. Ich begieße meine literarische Begabung wie einen verstaubten Blumentopf am Fensterbrett, für mich und lerne und verbessere und alles das. Mehr nicht. Tiefere Fragen über Zweck und Aufgabe kann ich schon nicht beantworten. Denn es ist alles auf mich und meine Entwicklung konzentriert und an sich schon nur für wenige verständlich, für kaum ein Dutzend Menschen dann auch noch akzeptabel.

Vorläufig störe ich noch niemanden direkt damit. Vielleicht eines Tages eben wird man mich dafür totschlagen, und dann mit Recht.

Theoretisch möchte ich sehr gern nach dort kommen und mit Dir sprechen. Ich sehe aber keine Aussicht, das zu verwirklichen.

Herzlichen Gruß
Franz

*Im Frühjahr 1929 schreibt die 27jährige Erzählerin und Dramatikerin* ***Marieluise Fleißer*** *den folgenden Brief an Oberbürgermeister* ***Dr. Friedrich Gruber*** *und an die Mitbürger ihrer Heimatstadt Ingolstadt. Kurz zuvor, am 30. März 1929, war ihre Komödie „Pioniere in Ingolstadt" in Berlin uraufgeführt worden. Die Aufführung löste einen Theaterskandal aus und wurde zu einem heftigen politischen Ärgernis.*

[Anfang 1929]

Sehr geehrter Herr Oberbürgermeister von Ingolstadt!
Liebe Mitbürger!

Sie haben gegen mein Stück „Pioniere in Ingolstadt" protestiert und es ein gemeines Machwerk, ein Schmähstück, ein Schandstück genannt. Warum denn gleich so hitzig? Sie haben ja die Aufführung nicht einmal gesehen, auch das Stück nicht gelesen, da es niemand zugänglich war. Waren Sie da nicht ein bißchen leichtsinnig, Herr Oberbürgermeister? Wie kann man sich denn gleich bis in die Ausübung seiner Amtsfunktionen hinein auf das, was ein paar Zeitungen schreiben, verlassen? Und dann standen Ihrer den Zeitungen entnommenen Ansicht ja andere große Zeitungen entgegen. Haben Sie sich denn nicht das ganze Material angesehen, bevor Sie etwas taten, was Sie immerhin kompromittieren konnte? Oder wollten Sie vielleicht blind sein? Wenn Sie sich schon darum annahmen, Herr Oberbürgermeister, wäre auch eine andere Einstellung von Ihnen denkbar gewesen. Sie hätten mich zum Beispiel gegen die Entstellung meiner Absichten in Schutz nehmen können. Aber es wird jetzt Frühling, und die Säfte steigen ...

Ich schaue mein Stück an, ich schaue Ihren Protest an – ich kann mir nicht helfen, Herr Oberbürgermeister, ich bringe die beiden Dinge nicht unter einen Hut. Faktisch habe ich doch eine Riesenreklame für meine Vaterstadt gemacht, und ich habe sie gerne gemacht, da ich eine begeisterte Ingolstädterin bin. Sie sind mir da wirklich ein wenig in den Rücken gefallen. Ich habe schöne Ansichtskarten zum Projizieren besorgt und Photographien von Leuten, die es mir erlaubt hatten; Photos, die herrlich genug sind, daß man davon träumen könnte. Damit allerdings hatte ich nicht gerechnet, daß Sie gegen Gratisreklame etwas einzuwenden haben.

# 2. APRIL

Warum ich ein Stück über Ingolstadt schrieb? Weil ich in Gottesnamen die Menschen da unten mit ihren tausend Schwierigkeiten liebe. Ich verstehe nicht, was Sie eigentlich an meinem Stück kränkt. Daß es zwischen Soldaten und Dienstmädchen etwas vital zugeht? Das ist immer so gewesen, und außerdem ist Vitalität, von einem höheren Gesichtspunkt gesehen, eine positive menschliche Eigenschaft. Worum handelt es sich also: Sollten Sie fürchten, daß ich auf den einen oder anderen von Ihnen im besonderen hinschrieb? Beruhigen Sie sich, ich war kein Unmensch gegen Sie, Sie werden niemand erkennen, ich habe keinen einzigen unter Ihnen festgenagelt.

Aus Ingolstadt schrieb man mir sogar, daß man mich dort totschlagen würde. Seid doch nicht gleich so derb, liebe Leute. Da hätte ich ja, wenn es nach euch ginge, in meinem Stück ganz anders derb sein müssen, um den volkstümlichen Ton zu treffen, mir macht das Kummer. Es ist nicht fein, wenn man ein Mädchen totschlägt. Es ist auch dann noch nicht fein, wenn dies Mädchen zufällig in Berlin aufgeführt wird. Die Mädchen genießen heute größere Freiheit. Wir leben nicht mehr im Zeitalter der Hexenprozesse. Kommt doch selber herauf und seht euch das Stück an, bevor ihr euch lang aufhetzen laßt. Vielleicht wollt ihr mich dann gar nicht mehr totschlagen. Vielleicht geht es euch dann, wie in dem Brief steht, den ich gestern von einem mir unbekannten Landsmann bekam:

„Mit sehr großer Freude und Rührung habe ich der Aufführung Ihres Stückes beigewohnt. Ich stamme aus der Gegend von Ingolstadt, aus einem Dorf bei Eichstätt, und es war mir heimatlich zumute, zumal am Sonntag eine Anzahl ziemlich unliterarischer Landsleute den Zuschauerraum füllten. Ich bekam Heimweh ..."

Es wird Frühling, und die Säfte steigen. Mir scheint, daß Sie in dieser unruhigen Zeit an einem etwas bösen Furunkel leiden. Wenn dies Furunkel aufgegangen ist, werden Sie wieder gesünder sein.

[Marieluise Fleißner]

*Am 3. April 1942 schreibt* ***Clara Grunwald*** *aus dem „landwirtschaftlichen Umschulungsheim" Neuendorf bei Fürstenwalde an der Spree den folgenden Brief an ihre Freundin* ***Clothilde Schenck****. Clara Grunwald ist damals bereits 65 Jahre alt; sie war früher Lehrerin an einer Montessori-Schule und unterrichtet nun im Umschulungsheim. 1943 geht sie freiwillig mit dem Transport der von ihr betreuten Kinder nach Auschwitz.*

[Neuendorf], 3.4.1942

Meine liebe Freundin,

ich muß Dir etwas sehr Trauriges mitteilen: einige 60 Menschen, ein knappes Drittel, haben gestern fortfahren müssen und werden heute, Karfreitag, um Mitternacht nach Polen verladen. Bis auf eine Frau, die sich immer nervenschwach und hysterisch gezeigt hat, waren alle so würdig und gefaßt, daß einem dabei das Herz noch schwerer wurde. Alle wurden sofort von der Arbeit befreit, damit sie ihre Sachen richten und packen konnten; die anderen traten für sie ein, damit der Betrieb nicht zum Erliegen kam; und viele, die auf Außenarbeit mußten, arbeiteten nachts im Betrieb. Da zum größten Teil die älteren Leute betroffen waren, die wir sowieso nur im Innenbetrieb verwenden, war er vom allergrößten Teil der Arbeiter entblößt. So blieb in der Wäscherei nur eine junge Frau übrig. Es mußte aber unbedingt noch für die Fortgehenden gewaschen werden, besonders die Bettwäsche. Sieben junge Mädchen meldeten sich freiwillig. Sie haben zwei Nächte gewaschen und sind an beiden Tagen in ihrer Fabrik gewesen. [...]

Zwei Paare, die sich nicht trennen wollten, von denen aber nur ein Teil betroffen war, haben noch heiraten können, so daß auch der andere Teil mitgehen konnte. Eine weißhaarige alte Dame kam an. Ihre Tochter ist bei uns, ihre beiden Söhne, die im nahen Forstlager sind, sollen ebenfalls mitgehen. Als ihr erlaubt wurde, mit ihren Kindern zu gehen, war sie sehr froh, denn nach Jahren der Trennung wird sie wieder alle bei sich haben. Sie war, glaube ich, die einzige hier, die fröhlich war, war überall, wo Hilfe gebraucht wurde, war unausgesetzt tätig und recht heiter mit allen.

Am Mittwoch kam Dein Päckchen. Ich wollte mit den Sachen zu dem jungen Mann bei der Kleiderkammer gehen, bei dem abgegeben wurde, was einer mehr besaß, als mitzunehmen erlaubt war, und bei dem sich diejenigen zu melden hatten, die nicht so viel besaßen, wie nötig war. Unterwegs traf ich ein sehr nettes Mädchen, das ich kenne. Sie machte große Augen, als ich von Arbeitshosen sprach. Ich nahm sie mit zurück; wir probierten Hose und Weste an, es saß großartig, und auch die Einlagen für die Stiefel paßten. [...] Die Kappe hat Benedikta Zeller bekommen, die keine Kopfbedeckung besitzt. Sie ist 21 Jahre alt und war mit betroffen, weil sie staatenlos ist. [...]

Vielen Dank für die Gedichte. Sie sind alle sehr schön. Sie bedeuten mir viel, weil sie Erkenntnisse und Gefühle aussprechen, die auch mir nahe sind. Wie gut, daß jetzt auch in den Kreisen Gottgläubiger dies erwacht: Ich habe Dir keine Verheißung zu sagen. Für mich war immer schwer zu ertragen: Gott wird es lohnen, Gott wird strafen. Zuckerbrot und Peitsche. Ich habe in meiner Klasse nie gestraft, nie gesetzt, nie „Lobe" gegeben, nicht einmal Nummern unter die Arbeiten geschrieben, nur, damit die Kinder sich gewöhnen möchten, jede Sache um ihrer selbst willen zu tun, nicht um eines Zweckes willen, der außerhalb liegt. – [...]

Unsere Kleine ist noch nicht aus dem Krankenhause entlassen. Bertel konnte sie auch in diesen aufregenden Tagen nicht sehen. Ein Anruf im Krankenhaus gab befriedigende Nachricht. Ach Liebe, bemühe Dich doch nicht um Lebetran! Der Arzt hat welchen verschrieben, aber es gibt auch keinen auf Rezept.

Martin meint immer, die Briefe, die an uns geschrieben werden, sollten vorsichtig sein, denn es wäre nicht ausgeschlossen, daß eines Tages die ganze ankommende Post angehalten und nachgesehen werden könne. Dann wäre es gut, wenn die Briefe nur Familiennachrichten enthielten.

Viele liebe Grüße von
Deiner C.

*Am 4. April 1992 schreibt der Jenenser Professor für praktische Theologie, **Klaus-Peter Hertzsch**, diesen Brief an seinen ehemaligen Schüler, den Theologen und Bürgerrechtler **Friedrich Schorlemmer** nach Wittenberg.*

Jena, den 4. April 1992

Lieber Bruder Schorlemmer,

ich hatte wochenlang mit einer Grippe zu kämpfen und bin deshalb nun in einem solchen Stau von liegengebliebenen Pflichten, daß ich diesen Brief kürzer und damit undifferenzierter schreiben muß, als ich eigentlich wollte. Andererseits bin ich so beunruhigt, daß ich jedenfalls jetzt schreiben muß. Dabei sind Sie als Adressat beinahe zufällig; denn ich habe Sie – wahrscheinlich in einer Wiederholung – im Rundfunk gehört; da ging es um ein Podiumsgespräch in Sachen „Tribunal" und DDR-Vergangenheit. Aber ganz zufällig sind Sie mir natürlich doch nicht in den Sinn gekommen; dafür haben wir zu viel in dieser Vergangenheit miteinander geredet, bedacht und gelegentlich auch gesagt.

Mich beunruhigen heute zwei Aussprüche, von denen ich befürchte, sie treffen wirklich zu:

Michail Gorbatschow soll gesagt haben: Mit gleichem Recht, mit dem man heute Erich Honecker vor Gericht stellen will, müßte man wahrscheinlich die meisten der Männer vor Gericht stellen, die in den letzten zwanzig Jahren irgendwo Macht ausgeübt haben. Und Friedrich Schorlemmer sagte bei dem Podium: Es gibt Zeiten, in denen es moralische Pflicht ist, Bescheid zu wissen. Ein bequemes „aus heutiger Sicht" versucht, sich dieser je aktuellen Pflicht zu entziehen. Das ist nicht zulässig.

Worüber wissen wir heute Bescheid? Und welche Konsequenzen ziehen wir daraus?

Ich stelle mir ein Szenario vor: In zwölf oder fünfzehn Jahren findet ein Tribunal statt – oder vielleicht auch eine echte Gerichtsverhandlung –, als Zeugen der Anklage und Opfer je ein Mensch sagen wir aus Bangladesch, aus Nigeria, aus Peru. Und nun sagen sie: Wollt ihr im Ernst behaupten, ihr habt im Jahr 1992 nichts gewußt? Wollt ihr behaupten, ihr hättet euch weiter nichts dabei gedacht, als ihr in der Zeitung last, für ein Kind in

Europa wird soviel Geld ausgegeben wie für 150 Kinder in Afrika? Sollte euch wirklich nichts aufgefallen sein, als ihr in euern Zeitungen last, daß wir zu Tausenden täglich verhungert sind und daß es damals in Deutschland 84 Milliardäre gab? Habt ihr nicht wenigstens in euerm eigenen Bereich gestutzt, wenn ihr erfuhrt, daß ein Tennis-Professioneller 3 Millionen Mark vom Turniersieg nach Hause trägt, und ausgerechnet habt, daß eine 500-Mark-Rentnerin ihren gesamten Lebensunterhalt präzise 500 Jahre auf die hohe Kante legen müßte, um diese Summe zusammen zu bekommen? In der Zeit, als ihr sorgfältig mit Mauerschützen und Kommunalwahl-Fälschern abgerechnet habt und überlegtet, wie ihr Honeckers habhaft werden könntet, habt ihr doch gewußt, wie elend eine halbe Million Menschen im Irak zugrunde gegangen ist, Opfer und Folgeopfer eures Krieges. Und wie ihr über alle Kanäle geworben habt, daß die Menschen bei euch immer noch mehr kaufen, verschleißen und neu anschaffen, während ihr – und ihr habt das gewußt – die begrenzten Vorräte der Erde beängstigend schwinden saht, wie wollt ihr das denn heute verantworten? Was sagen wir ihnen dann?

Sie verstehen: Ich sehe mich nicht in der Lage, zum einen zu sagen, das sind aufzuarbeitende Verbrechen, das ist Unrecht, das so nicht stehenbleiben darf, und zum anderen: such is life oder auch: das sind halt die Gesetze der Marktwirtschaft, und immerhin ist sie enorm effektiv. Ich gestehe, daß ich in hohem Maß beunruhigt bin, weil wir ständig Vergangenheit bewältigen sollen und dabei in einer bestürzend unbewältigten Gegenwart leben. Und ich gestehe auch, daß mich der Eindruck beunruhigt, daß kaum jemand so etwas heute laut und deutlich sagt und also so etwas als Problem unsrer Tage empfindet: auch Wolfgang Ullmann nicht, auch Wolfgang Thierse nicht, auch Friedrich Schorlemmer nicht, von etablierten Parteien oder Synoden ganz zu schweigen.

Ich wäre sehr froh, lieber Bruder Schorlemmer, wenn Sie zu meinen Sorgen etwas Beruhigendes zu sagen hätten. Gibt es denn noch Menschen, die nicht vor allem fragen, was war gestern? und nicht nur fragen: wie kommen wir über die Durststrecke der nächsten Zeit?, sondern die die entscheidende Frage stellen: Wo wollen wir denn eigentlich hin? Es hat doch Zeiten gegeben, in denen das unsre gemeinsame Frage war. Glauben wir wirklich, wir sitzen heute im richtigen Boot? Und sagen Sie mir bitte nicht: Das eine gehört untrennbar zum andern; wir müssen die Vergangenheit bloßlegen um der besseren Zukunft willen. Denn Sie wissen so gut wie ich, daß Schuld und Versagen von gestern nicht wirklich die Versuchung für heute und morgen ist, sondern im Gegenteil: daß die Richter von heute, je mehr sie Schuld und Versagen der andern aufdecken, desto mehr sich in ihrer eigenen Lebens- und Handlungsweise bestätigt finden. Haben Sie eine Idee, wie wir aus dieser Zwickmühle herauskommen?

Ich grüße Sie herzlich, in alter und bleibender Verbundenheit.

Ihr Klaus-Peter Hertzsch

# 5. April

*Am 5. April 1934 schreibt **Ernst Thälmann** an seine **Frau** und seine Tochter Irma aus dem Gefängnis Berlin-Moabit diesen aufrechten und standhaften, aber ganz unheroischen Brief.*

Berlin, den 5. April 1934

Meine liebe Rosa!

Deinen letzten Brief vom 22.3. habe ich mit großer Freude gelesen. Außerdem habe ich Eure Karte und dazu eine Karte von Rudolph und eine aus Berlin zu Ostern bekommen. Du wirst es kaum verstehen, daß ich so lange geschwiegen und Dir keine Antwort auf Deine letzten Briefe gegeben habe. Es ist auch für mich sehr schwer, darauf eine vollkommene und gerechte Antwort zu geben. Mein Schweigen sollte keineswegs ein Vorwurf oder gar eine Kränkung für Dich sein, sondern ist ausschließlich zu erklären und zurückzuführen auf die Lage, in der ich mich jetzt schon seit über einem Jahr befinde. Die Gedanken, die ich mir des öfteren über Euch, über Irmas Zukunft usf. mache, und das Nachdenken über vieles, was ich so in letzter Zeit miterlebt und mitgemacht habe, tragen auch dazu bei, daß ich innerlich darunter zu leiden beginne. Man wird, ohne es zu wollen, manchmal und zeitweilig ganz apathisch und lustlos dabei.

Ostern, das Fest des Wiedererwachens der Natur, [...] ging hier still und fast lautlos vorüber. Es war am Karfreitag, am Karsamstag und an den beiden Ostertagen hier sehr ruhig, zeitweise mäuschenstill, nur hin und wieder hörte man das Schließen einer Fensterklappe wie auch den dumpfen Widerhall des Zuschlagens von Gefängnistüren. Draußen das alltägliche Zwitschern der Spatzen, und nur selten singt eine Schwarzdrossel ihr bekanntes Lied. Am Nachmittag des ersten Ostertages beherrschten die Flugzeuge in der wolkenleeren Luft das Feld, und ihr stundenlanges Gesurre machte der lautlosen Stille ein Ende. In der Zelle selbst die tiefste Einsamkeit, die kleine, harmlose und fleißige Spinne hängt zufällig des Mittags in den ährengelben Sonnenstrahlen zwischen den eisernen Gitterstäben und versucht, ihr Netz zu weben. Abgeschlossen von bald allen Menschen, in dauernder Isolierung, fern vom Leben des deutschen Volkes, so lebe und vegetiere ich dahin.

Ich weiß, daß Du für diese meine Lage volles Verständnis hast ... Dabei bewundere ich immer Deinen unbeugsamen Mut, mit dem Du der Zukunft hoffnungsvoll entgegensiehst und viele Leiden, die Dir auferlegt sind und Dich treffen, mit ruhigem und gefaßtem Willen überwindest. Mut, Hoffnung und innere Stärke sind in solchen Situationen unschätzbare Mittel zu Festigung des menschlichen Willens und der eigenen Kraft. Es ist erfreulich, daß Du so tapfer und mutig Dein Schicksal zu ertragen weißt.

Du hast meine Karte bekommen? Sie ist am 23.3. geschrieben und trotzdem nicht rechtzeitig genug. Dafür hast Du als Entschädigung bei Irmas Schulentlassung die überraschende Freude erlebt, die Dir und insbesondere Irma durch die unerwartet reiche und schöne Blumenpracht zuteil geworden ist. Aber auch ich habe mich nachträglich darüber sehr gefreut und im stillen gedacht, daß es doch noch Menschen gibt, die sich dankbar zu zeigen bereit sind. Auch für Irma muß es eine ganz besondere Freude gewesen sein, so reichlich mit Blumen beschenkt zu werden. Nicht nur die Freude an den Blumen selbst ist es, sondern die Menschenliebe und Dankbarkeit, von denen die vielen Geschenke Zeugnis ablegen, geben ein hohes Gefühl der inneren Genugtuung.

Das Geld habe ich bekommen. Unsere Irma sei recht herzlich gegrüßt. Ebenfalls Schwiegervater gelten diese Grüße.

Von ganzem Herzen grüßt Dich vielmals und ganz besonders

Dein lieber Ernst

# 6. APRIL

*Am 6. April 1906 schreibt der junge Maler* ***Franz Marc*** *von einer Reise nach Griechenland an seine Schülerin* ***Marie Schnür*** *den folgenden Brief.*

Vatopedhion-Kloster, 6.4.1906

Meine liebe Schnür,

mit süß verwirrten Sinnen durchstreife ich diesen wunderbaren Athos, mit der verworrenen, sehnsüchtigen Erinnerung an meine deutschen Freunde und Freundinnen. Das beschneite Thasos liegt rötlichschimmernd gegenüber. Lemnos und alle die berühmten, vielbeschrieenen griechischen Inseln leuchten über das Meer hierüber. Der Athos steht trotz des noch kürzlich gefallenen Schnees schon in der Frühlingsblüte, alle Gewürze und Spezereien des Abendlandes strömen ihren blühenden, betäubenden Duft um einen aus; denn hier ist der Ort, von wo die geheimnisvollen Gewürze der Weihnachts-Bäckereien ihren Ursprung haben. Wir leben jetzt durchwegs in den griechischen Klöstern, werden mit Fisch, Kaffee, Rotwein und Schnaps genährt, (aber ein Rotwein und Schnäpse, von denen sich ein Abendländer nichts träumen läßt!), gehen täglich in die Kirche, – ein Kapitel, das mit der Feder zu beschreiben unmöglich ist; ich werde versuchen, Ihnen durch mündliche Schilderung einen Begriff davon zu geben. Ein solcher griechischer Gottesdienst ist etwas so anstrengendes, ermüdendes, daß ich mir vorstelle, das schwächere Naturen wie ich und mein Bruder schon nach einer Stunde ohnmächtig aus der Kirche getragen werden müßten, – wegen Überanstrengung der Nerven und empörtem Ärger. Was übrigens die wissenschaftlichen Absichten meines Bruders betrifft, so erreichen wir hierin mehr, als wir je erhofften und irgendein Gelehrter anläßlich dieser Reise prophezeit hatte. Wir waren schon ganz skeptisch und resigniert gestimmt. Was uns, entgegen allen bisherigen Erfahrungen europäischer Gelehrter, die Gunst der Athosmönche erworben hat, wissen wir selber nicht. Dickste Freundschaft, sag ich Ihnen! Desgleichen haben wir sogar mit der türkischen Behörde am Athos intime Freundschaft geschlossen und uns gegenseitig einen Abend mit Bier in Grund und Boden gesoffen! Jener Abend gehört zu den komischsten und originellsten Erinnerungen meines Lebens. Wenn Sie sich sogenannte „Kümmeltürken" in der grotesken Phantasie malen, wie man sie nur in Kinderbüchern pflegt, so bleiben Sie noch sicher hinter der Wahrheit zurück! Der Abend verlief unter feierlichsten gegenseitigen politischen Toasten! Die Eindrücke unserer Reise sind eine kuriose Mischung von Komik und Staunen, von Ironie und Ergriffenheit, von Genuß und Entbehrung jeder Art. Mein Bruder und ich verstehen uns ausgezeichnet und wirklich tief, trotz der großen Verschiedenheit unserer Anlagen; ich bin selig, wieder einmal so lange mit ihm allein sein zu dürfen; aber doch freue ich mich sehr, sehr auf mein Atelier, auf den Sommer, auf's Malen, – mit Ihnen, nicht wahr? Tun Sie's, ich bitte Sie darum. Versuchen Sie es wenigstens. Seien Sie Freund zu mir, so tief Sie's können. Ich will es sicher sein; ich habe Menschen wie Sie lieb. Und wenn es wahr ist, daß ich mir zu viel an Freundschaft- und Liebegeben zutraue, welches Gefühl sagt Ihnen, daß *Sie* unter dies zu viel gehören?

Ich küsse Ihre Hände, Ihr F. Marc

# 7. APRIL

*Am 7. April 1907 schreibt der 21jährige* ***Othmar Schoeck*** *den folgenden Brief an seine* ***Eltern*** *in Brunnen am Vierwaldstätter See. Max Reger hat den jungen Mann eingeladen, in Leipzig Musik zu studieren.*

Leipzig, den 7. April 1907

Adresse: Dresdnerstrasse 24 III
bei Frau Schimelwitz

Liebste Eltern!

Heute früh 1/2 8 Uhr kam ich hier in ziemlich schlaftrunkenem Zustand an. Mein erstes war eine Tasse heisser Thee. Es ist ein eigenes Gefühl um das Ankommen in einer wildfremden Stadt, um eine Zeit wo noch der grösste Teil der Bevölkerung das Gestern verträumt. Ich trank also meinen Thee, hauptsächlich aus dem Grunde, um nicht zu früh die Leute zu stören, zu welchen ich zu gehen die Absicht hatte. Nun frug ich mich bis zur Dresdnerstrasse 24 glücklich durch und wurde hier von 2 alten Damen, bei denen mich Freund Frey aus Zürich in so liebenswürdiger Weise empfohlen, aufs herzlichste empfangen. Ich scheine einen guten Eindruck auf die beiden gemacht zu haben, denn sie waren soffort bereit, ein Zimmer für mich herzurichten, das sie sonst jedenfalls nicht vermieten. Es ist ein grosses Eckzimmer mit Erker und 3 grossen Fenstern etc. direkt wundervoll! Und das Schönste bei der ganzen Herrlichkeit ist, dass das Zimmer incl. Frühstück und anderen Notwendigkeiten für die leibliche Wohlfahrt genau so viel kostet wie das bedeutend einfachere Zimmer meines freundlichen Vorgängers und Empfehlers: 26 Mark pro Monat. Klavierspielen darf ich auch nach Herzenslust, die Entfernung vom Conservatorium ist nicht zu nah und nicht zu weit, ich denke, mein glühender Wunsch an einem ordentlichen Ort unterzukommen ist hier in idealer Weise erfüllt. Meinen Einzug halte ich erst am Dienstag weil die beiden alten Fraueli schon so lange brauchen bis dieser Salon-Urwald wohnbar gemacht ist. Bis dahin haben sie mir ein gutes, billiges (Logis) empfohlen. Ich glaube wenigstens nicht, dass ich selbst auf ein „Hospiz", wo in jedem Zimmer eine Bibel auf dem Tisch liegt, gekommen wäre. [...] Dies war also mein erstes Unternehmen. Das zweite war die Anschaffung eines neuen Hutes, weil ich mich im alten wirklich nicht mehr sehen lassen durfte. Als drittes folgte das Mittagessen in einem sehr hübschen Restaurant zum „Goldenen Einhorn". Diner à 1 Mk, mit Abonement: 10 Tischmarken à 9 Mk, also 90 Pf. das Essen: Suppe, 2 Gänge mit Fleisch und Gemüse oder Fisch, zudem noch süssen Nachtisch oder Kaffee, dies alles sehr gut zubereitet. Als viertes, und wichtigstes Unternehmen folgte mein Besuch bei Reger. Er war sehr freundlich zu mir, erkundigte sich nach meinen Geldverhältnissen, frug ob ich die 360 Mk Conservatoriumsgeld bezahlen könne, was ich bejate. Ferner besprachen wir die von mir zu nehmenden Lehrfächer. Bei ihm selbst Composition, dann bei andern Herren Dirigieren, Partiturspielen und Klavierspiel. Für das letztere müsste ich, wenn ich es bei einem besseren Lehrer betreiben wollte 60 Mk extra bezahlen; Reger könne aber, wenn ich mich recht „halte" dafür sorgen, dass mir die 60 Mk erlassen würden. Dies allerdings erst nach einem 4.el Jahr. Geordnet wird dies alles aber erst Morgen im Conservatorium selbst. [...] Sodann sprach er vom Geldverdienen und geht nun allen Ernstes daran mit mir meine Lieder zu sieben und die besten drucken zu lassen. [...] Sehr viel werde ja nicht dabei herausschauen, aber anfangen müsse man einmal. Jedenfalls habe ich in dieser Angelegenheit an Reger einen gewandten Helfer und Ratgeber. Dies ist also der momentane Stand meines Leipziger Barometers. – Mein kurzer Stuttgarter Aufenthalt war sehr schön. Herr Crüger holte mich ab und logierte mich im Hotel Dierlamm ein. Dann besuchte ich Fräulein Anna, die leider immer noch an Husten leidet. Nachdem ich dann bei Faist wieder einige unvergessliche Musikstunden verlebt, holte mich Herr Krüger in die „Künstlerstube" ab wo es hoch herging so dass ich beschloss am Morgen auszuschlafen und Samstag Abends im Nachtschnellzug nach Leipzig zu verreisen. Dies ist der Grund warum ich 2te statt 3te Klasse gefahren bin. [...] Nun ist all das Schöne vorbei und ich sitze in meinem Hospiz und geniere mich heimzuschreiben dass ich Heimweh habe. Wenn ich aber das Gegenteil behaupten wollte so wäre dies halt eben auch nicht wahr. – Viele, viele Grüsse alle Lieben, besonders aber an Euch von Euerem dankbaren Sohne. Schreibt bitte bald!

Othmar

# 8. APRIL

*Am 8. April 1970 schreibt die Schauspielerin* ***Hildegard Knef*** *den folgenden Brief an ihre langjährige Freundin und Vertraute* ***Else Bongers****. Daß Albert ein Hund ist, sollte man von vornherein wissen ...*

St. Moritz, den 8. April 1970

Liebe Else,

Ich muß es Dir sagen: Albert, der Niederne, hat uns verlassen. Beate v. M. aus München traf ihn und uns vor der Kulm-Apotheke. Über Christinas Schlitten hinweg sahen sie sich an, er von unten, sie von oben, er bernsteiniger denn je, und ohne auf unsere Gefühle im entferntesten Rücksicht zu nehmen, ließen sie die Flammen ihrer Leidenschaft lodern und über sich zusammenschlagen. Wir gaben nach und ihn auf. Nun lebt er ein menschenwürdiges Dasein, das ihm bis zu jenem Nachmittag versagt geblieben. Er schläft in einem breiten Bett, nimmt seine Mahlzeiten am Tisch sitzend ein, darf die Ohren in die Suppe hängen, die Pfoten ins Gemüse stemmen, bekommt Nachtisch und Sahnebonbons, sieht fern und geht an regnerischen Tagen ins Kino. Er wird verstanden. Beate v. M. behauptet, er könne seine letzte Inkarnation nicht verwinden; als Schoßhund – wahrscheinlich Pekinese – hätte er das vormalige Erdendasein bei einer Dame der Gesellschaft, pralineegefüttert und von Samtportieren umgeben, verbracht, und der nun schwere und auch ungelenke Bassetkörper stünde der federleichten Seele des ehemaligen Pekinesen im Wege. Wie dem auch sei, er ging von uns, und mit ihm die Rodler und Skiläufer, die Skeleton- und Bobfahrer, die Eisläufer und Nachteulen. Die Hotels haben ihre Fahnen abgenommen und ihre Türen verschlossen, die Betten abgezogen, die Teppiche geklopft uns das Wasser aus den Schwimmbecken gelassen. Die Ärzte zählen ihre Gipsbestände, die Boutiquen sind wieder Dorfläden, die Diskotheken mucksmäuschenstille Keller, und die saisonmüden Hoteliers fahren in die Großstadt, um sich auszuschlafen.

Total ausgeschlossen fühlt man sich von der beängstigenden Vorausschau des Claude Levi-Strauss, der kürzlich sagte: “Ich studiere die primitiven Kulturen, weil ich das Jahrhundert, in dem wir leben, nicht mag. Die Menschen von 1970 erinnern mich an Mehlwürmer, die in einem mit Mehl gefüllten Sack hausen. Wenn die Bevölkerung der Mehlwürmer überhandzunehmen droht, sekretieren die Mehlwürmer ein Gift, das auf Entfernung tötet. Sie vergiften das Mehl, in dem sie leben. Das ist, was mit dem Menschen geschieht. Er verstreut psychologische und moralische Gifte, und ich fürchte, daß die Zeit kommen könnte, in der der Mensch sich derart bedrängt durch den anderen fühlt, daß er in eine Ära des Massakers eintreten wird." Wie gesagt: Total ausgeschlossen fühlt man sich von seiner Vorausschau, aber das ist möglicherweise ein Trugschluß.

Die Züge verkehren weiterhin, und im Mai kann es hier sehr schön sein. Vielleicht hast Du Lust, Christina wiederzusehen ...

h.

# 9. APRIL

*Am 9. April 1933 schreibt die heftig umworbene* ***Ricarda Huch*** *den folgenden – mutigen und sehr entschiedenen – Absage-Brief an* ***Max von Schillings****, den Präsidenten der Preußischen Akademie der Künste.*

Heidelberg, 9. April 1933

Sehr geehrter Herr Präsident,

lassen Sie mich zuerst danken für das warme Interesse, das Sie an meinem Verbleiben in der Akademie nehmen. Es liegt mir daran, Ihnen verständlich zu machen, warum ich Ihrem Wunsche nicht entsprechen kann. Daß ein Deutscher deutsch empfindet, möchte ich fast für selbstverständlich halten; aber was deutsch ist und wie Deutschtum sich betätigen soll, darüber gibt es verschiedene Meinungen. Was die jetzige Regierung als nationale Gesinnung vorschreibt, ist nicht mein Deutschtum. Die Zentralisierung, den Zwang, die brutalen Methoden, die Diffamierung Andersdenkender, das prahlerische Selbstlob halte ich für undeutsch und unheilvoll. Bei einer so sehr von der staatlich vorgeschriebenen Meinung abweichenden Auffassung halte ich es für unmöglich, in einer staatlichen Akademie zu bleiben. Sie sagen, die mir von der Akademie vorgelegte Erklärung werde mich nicht an der freien Meinungsäußerung hindern. Abgesehen davon, daß eine „loyale Mitarbeit an den satzungsgemäß der Akademie zufallenden nationalen und kulturellen Aufgaben im Sinne der veränderten geschichtlichen Lage" eine Übereinstimmung mit dem Programm der Regierung erfordert, die bei mir nicht vorhanden ist, würde ich keine Zeitung oder Zeitschrift finden, die eine oppositionelle Meinung druckte. Da bliebe das Recht der freien Meinungsäußerung in der Theorie stecken.

Sie erwähnen die Herren Heinrich Mann und Dr. Döblin. Es ist wahr, daß ich mit Herrn Heinrich Mann nicht übereinstimmte, mit Herrn Dr. Döblin tat ich es nicht immer, aber doch in manchen Dingen. Jedenfalls möchte ich wünschen, daß alle nichtjüdischen Deutschen so gewissenhaft suchten, das Richtige zu erkennen und zu tun, so offen, ehrlich und anständig wären, wie ich ihn immer gefunden habe. Meiner Ansicht nach konnte er angesichts der Judenhetze nicht anders handeln, als er getan hat.

Daß mein Verlassen der Akademie keine Sympathiekundgebung für die genannten Herren ist, trotz der besonderen Achtung und Sympathie, die ich für Dr. Döblin empfinde, wird jeder wissen, der mich persönlich oder aus meinen Büchern kennt. Hiermit erkläre ich meinen Austritt aus der Akademie.

Ricarda Huch

# 10. APRIL

*Am 9. April 1924 schreibt der Schriftsteller und Politiker* ***Ernst Toller*** *aus der Festung Niederschönenfeld den folgenden Brief „**an B**". Toller ist wegen seiner Beteiligung an der Münchener Räterepublik zu einer fünfjährigen Haftstrafe verurteilt; aber seine „Briefe aus dem Gefängnis" belegen, daß er die Entwicklungen seiner Zeit auch in der Festung aufmerksam verfolgt.*

9.4.1924

Was Sie mir über den Rundfunk berichten, hat mich sehr nachdenklich gemacht. Alle Mittel der Technik bergen zwei Kräfte: aufbauende und zerstörende. Die Menschen haben bis jetzt die kühnsten Berechnungen, die herrlichsten Erfindungen dazu benutzt, einander totzuschlagen, Städte zu vergasen, Länder zu verwüsten.

Diese gefährliche Doppelkraft ist auch dem Rundfunk eigen. Ich kann mir wohl vorstellen, wie in künftigen Kriegen die Herrschenden Lügen über Lügen hinausfunken, die Welt verwirren, den Frieden verhindern. Dieser Gefahr begegnen wir nur dann, wenn wir in ruhigen Zeiten den Rundfunk dazu gebrauchen, daß die Völker sich kennen lernen, so daß Hetzapostel in den leeren Raum sprechen.

Erinnern Sie sich noch, was in Deutschland die Franzosen, die Russen, die Engländer galten? Alle Russen waren barbarische Analphabeten, alle Engländer hinterlistige Krämerseelen, alle Franzosen degenerierte Schwächlinge.

Und wie wurden wir Deutschen von der anderen Seite dargestellt? Den meisten Menschen mangelt es an Phantasie. Könnten sie sich die Leiden anderer vorstellen, würden sie weniger Leiden zufügen. Was hat eine deutsche Mutter von einer französischen getrennt? Schlagworte, die das Ohr für Wahrheit taub machen. Hier beginnt die Arbeit des Rundfunks. Das Volk in Deutschland muß erkennen, daß das Volk in Frankreich die gleichen täglichen Freuden und Nöte erlebt, daß die Steuern hier und drüben drücken, daß die Lasten hier und drüben ungleich verteilt sind, daß die Ursachen von Armut und Elend nicht jenseits der Grenzen liegen. Wir wissen wenig voneinander. Unsere Schulbildung ist lückenhaft und voller Vorurteile.

Der Neger ist für uns ein exotisches Wesen, das ab und zu Jazzmusik macht, der Jude ein Wucherer, der täglich und stündlich darauf bedacht ist, anderen das Fell über die Ohren zu ziehen.

Was wissen wir von den Negern in Afrika? Von den großen, sozialen Kämpfen der Neger in Amerika? Wer würde für möglich halten, daß in den Südstaaten von Nord-Amerika trotz freier Verfassung die große Masse der Farbigen vom Wahlrecht ausgeschlossen ist, daß in Polen viele Juden Handwerker und Arbeiter sind?

So wenig wie wir, wissen die andern. Ich wurde in Frankreich von amerikanischen Studenten gefragt, ob es wahr ist, daß bei uns in Deutschland die Schulkinder schon zum Frühstück Bier bekommen, ob die Bayern deutsch sprechen. Was könnte der Rundfunk leisten!

In den Zeitungen lesen wir immer von kriegerischen Gelüsten der anderen. Was würde es bedeuten, wenn die großen Friedensdemonstrationen in England und Frankreich in Deutschland hörbar würden?

Voraussetzung ist, daß der Rundfunk mutig ist. Seine Aufgaben können nicht überschätzt werden. Damit er sie erfüllen kann, ist es notwendig, ihn zum Instrument jener zu machen, die am Aufbau menschlicher Gesellschaft arbeiten.

# 11. APRIL

*Am 12. April 1917 schreibt der 36jährige **Oswald Spengler** den folgenden Brief an den 7 Jahre jüngeren Verlagsbuchhändler **Kurt Wolff** nach Leipzig. Selbstbewußt und eloquent stellt Spengler seine „Morphologie der Weltgeschichte" dem Verleger vor. Trotzdem hat Wolff das Werk abgelehnt: Es erschien 1919 - 22 bei H.C. Beck in München.*

München, Agnesstr. 54
12. April 1917

Sehr geehrter Herr Verleger!

Hiermit lege ich Ihnen ein größeres Werk historisch-philosophischen Inhalts mit der Frage vor, ob Sie zu dessen Herausgabe geneigt sind. Der Titel ist:

Der Untergang des Abendlandes.
Umrisse einer Morphologie der Weltgeschichte.

Es handelt sich zunächst um den ersten Band („Gestalt und Wirklichkeit"), der eine nach Methode und Resultat vollkommen neue und grundlegende Untersuchung über das Problem der Geschichte enthält. Die Formprobleme der geistigen und sozialen Entwicklung des heutigen Europa bilden hier den Schwerpunkt einer *vollständigen* Analyse der menschlichen Kultur. Der Umfang beträgt etwa 32 Druckbogen. Der zweite, kleinere Band („Welthistorische Perspektiven"), von dem gleichfalls ein Inhaltsverzeichnis beiliegt, soll im Abstande eines Jahres erscheinen. Er wird eine zusammenfassende Darstellung der spezifisch historischen, politischen und wirtschaftlichen Fragen auf der Basis des ersten und mit dem Ziel einer Psychologie der europäischen Zukunft geben.

[...] Mit diesen Büchern möchte ich das Ergebnis einer langjährigen wissenschaftlichen Arbeit der Öffentlichkeit übergeben. Der erste Band ist 1911 – 14 ausgearbeitet worden und war in der ersten Niederschrift fertig als der Krieg ausbrach. Er ist nunmehr endgültig ergänzt und abgeschlossen.

Ich wünschte – obwohl der Inhalt, wie Sie sich überzeugen werden, jeden Verdacht abweist – der Annahme einer beabsichtigten momentan-sensationellen Wendung zu entgehen. Der Titel, der seit 1911 feststand, bezeichnet im strengsten Wortsinne eine welthistorische Phase, die mehrere

Jahrhunderte umfaßt, in deren Beginn wir erst stehen und deren tieferer Sinn weit unmittelbarer in der Struktur der geistigen, künstlerischen und sozialen Entwicklung als auf dem Gebiete der reinen Politik in Erscheinung tritt.

Sie werden sich bei der Durchsicht des sehr eingehenden Inhaltsverzeichnisses überzeugen, daß das Buch – worin alle übereinstimmen, denen das Manuskript vorlag – auf einigen Gebieten der modernen Wissenschaft Epoche machen wird. Es ist ihm insbesondere eine weitgehende Einwirkung auf die Geschichtswissenschaft, Kunstgeschichte und Nationalökonomie vorausgesagt worden.

Ich darf aus diesem Grunde wohl die Überzeugung aussprechen, daß die Herausgabe auch in dem Sinne, welchen ein Verlag natürlicherweise mit dem Worte verbindet, erfolgreich sein wird. [...] Die innere Notwendigkeit der Grundidee und die daraus folgende Notwendigkeit und Tragweite der Konsequenzen, die zum Teil schon durch die gegenwärtigen Ergebnisse bestätigt worden sind, heben die Arbeit aus dem Rahmen der herrschenden Augenblicks– und Tendenzliteratur heraus. [...] Es wird hier ein Grundgefühl in eine klare und bestimmte Fassung gebracht, das heute überall, aber in vereinzelten, fachmäßigen und darum unvollständigen Theorien zu Tage tritt.

Allerdings ist ein guter Teil des Erfolges von der Tätigkeit des Verlages abhängig, da das Schicksal eines Buches wie dieses unter Umständen auf Jahrzehnte hin sich durch die Form bestimmt, in welcher die Leserschaft von seinem Vorhandensein unterrichtet wird.

Ich habe geglaubt, Ihnen den Vorschlag der Herausgabe machen zu dürfen und es würde mich freuen, wenn damit eine dauernde Verbindung auch für die Zukunft angeknüpft worden wäre. Wenn Sie geneigt sind, dem Anerbieten näher zu treten, so bitte ich Sie höflichst um Mitteilung Ihrer Vorschläge.

Ergebenst
Dr. Oswald Spengler

# 12. APRIL

*Am 12. April 1933 erscheint dieser Brief* ***Wilhelm Furtwänglers*** *in der deutschen Presse, zusammen mit einer geschickt formulierten Antwort von* ***Joseph Goebbels****. Furtwänglers privater Brief an den Minister war schon einige Tage vorher in der Reichskanzlei eingegangen, Goebbels bereitete eine propagandistisch gezielte Antwort vor und publizierte diesen „offenen Meinungsaustausch" auf der ersten Seite vieler deutscher Zeitungen. Ein schlauer Schachzug, der internationale Beachtung findet.*

Sehr geehrter Herr Reichsminister!

Angesichts meines langjährigen Wirkens in der deutschen Öffentlichkeit und meiner inneren Verbundenheit mit der deutschen Musik erlaube ich mir, Ihre Aufmerksamkeit auf *Vorkommnisse innerhalb* des *Musiklebens* zu lenken, die meiner Meinung nach nicht unbedingt mit der Wiederherstellung unserer nationalen Würde, die wir alle so dankbar und freudig begrüßen, verbunden sein müssen.

Ich fühle mich hierbei *durchaus als Künstler.* Kunst und Künstler sind dazu da, zu verbinden, nicht zu trennen. Nur einen Trennungsstrich erkenne ich letzten Endes an: den zwischen *guter* und *schlechter* Kunst. Während nun aber der Trennungsstrich zwischen *Juden* und *Nichtjuden*, auch wo die *staatspolitische Haltung* der Betreffenden *keinen Grund* zu Klagen gibt, mit geradezu theoretisch unerbittlicher Schärfe gezogen wird, wird jener andere, für unser Musikleben auf die Dauer so wichtige, ja entscheidende Trennungsstrich, der zwischen gut und schlecht, allzu sehr vernachlässigt.

Das heutige Musikleben, durch die Weltkrise, das Radio, schon ohnehin geschwächt, *verträgt keine Experimente* mehr. Man kann Musik nicht kontingentieren wie andere lebensnotwendige Dinge, wie Kartoffeln und Brot. Wenn in Konzerten nichts geboten wird, gehen die Leute nicht hinein. Daher ist die *Frage* der *Qualität* für die Musik nicht nur eine ideale, sondern schlechthin eine *Lebensfrage.* Wenn sich der Kampf gegen das Judentum in der Hauptsache gegen jene Künstler richtet, die – selbst wurzellos und destruktiv – durch *Kitsch, trockenes Virtuosentum* und dergleichen zu wirken suchen, so ist das nur in Ordnung. Der Kampf gegen sie und den sie verkörpernden Geist, der übrigens auch germanische Vertreter besitzt, kann nicht nachdrücklich und konsequent genug geführt werden. Wenn dieser Kampf sich aber auch gegen *wirkliche* Künstler richtet, ist das nicht im Interesse des Kulturlebens. Schon weil Künstler, wo es auch sei, viel zu rar sind, als daß irgendein Land sich leisten könnte, ohne kulturelle Einbuße auf ihr Wirken zu verzichten.

Es muß deshalb klar ausgesprochen werden, daß Männer wie *Walter, Klemperer, Reinhardt* usw. auch in Zukunft in Deutschland mit ihrer Kunst zu Worte kommen müssen.

Deshalb noch einmal: Unser Kampf gelte dem wurzellosen, zersetzenden, verflachend destruktiven Geiste, nicht aber dem wirklichen Künstler, der in seiner Art immer, wie man seine Kunst auch einschätzen möge, ein Gestaltender ist und als solcher aufbauend wirkt.

In diesem Sinne *appelliere* ich an Sie im Namen der deutschen Kunst, damit nicht Dinge geschehen, die vielleicht nicht mehr gut zu machen sind.

In vorzüglicher Hochachtung, Ihr ergebener
gez. Wilhelm Furtwängler

# 13. APRIL

*Am 13. April 1949 schreibt der Schriftsteller* ***Siegfried von Vegesack*** *an seinen Freund und Kollegen* ***Dr. Werner Richter*** *in New York den folgenden Brief. Ein Zeitdokument ...*

Weissenstein, den 13.4.49

Mein lieber Bärle!

Endlich komme ich dazu, Deinen ausführlichen Brief vom 22. Februar zu beantworten! Jella und ich haben uns sehr gefreut, Näheres von Euch zu hören! Und wenn jetzt Irmgard und die Oma zu Ostern kommen, werden sie natürlich auch Deinen Brief lesen! Ich hoffe sehr, dass wir jetzt in Kontakt bleiben, – die wenigen Freunde, die diese grauenhaften Jahre überstanden haben, sollten doch zusammenhalten!

Ich finde es wirklich grossartig, wie tapfer Ihr Beide alles angepackt und Euch eine neue Existenz drüben aufgebaut habt! Aber wir hoffen doch, dass Ihr einmal wiederkehren werdet, und dass Deine Arbeiten Dich doch – wenigstens nach Europa, wenn nicht nach Deutschland, – zurückführen werden! Uebereilen würde ich es natürlich nicht, erst abwarten, wie sich die nächste Zukunft gestaltet. Was diese betrifft, bin ich doch skeptischer, als Du: ich fürchte, dass wir doch noch eine böse Auseinandersetzung mit dem Osten erleben werden, – an irgend eine „Verständigung“ mit Väterchen Stalin glaube ich nicht! Aber es kann sich natürlich noch einige Jahre hinziehen. Und ob die Westmächte dann im Stande sein werden, die Lawine aufzuhalten, erscheint mir doch sehr fraglich. Sie machen ja alles, um dem Bolschewismus den Boden hier vorzubereiten! Manchmal hat man das unheimliche Gefühl, dass alle europäischen Politiker, – einschliesslich die deutschen, – Geheimagenten des Kreml sind, weil sie die Geschäfte von Stalin besorgen! Ganz genau so, wie unsere famose „Civilverwaltung“ im Osten während des Krieges durch ihre irrsinnigen Massnahmen dem Bolschewismus erst den nationalen Impuls gegeben, den „vaterländischen“ Krieg von Stalin entfesselt hat! Genug davon, – man könnte ein dickes Buch über die menschliche Dummheit schreiben, und würde sie doch nie erschöpfen!

Leider habe ich gar keine Verbindungen zu Zeitschriften oder Zeitungen, – schreibe auch nichts mehr für „Journale“, mit Ausnahme von gelegentlichen Gedichten. Es ist mir einfach nicht mehr möglich, „Kleinkram“ zu schreiben, – ich habe geradezu eine physische Aversion dagegen! So kann ich Dich gut verstehen, dass Du vom „Journalismus" nichts mehr wissen willst! Von Deinen Biographien habe ich nur Rühmendes gehört und gelesen. Je älter ich werde, umso mehr interessieren mich Lebensdarstellungen und Memoiren, – wie überhaupt das „Vergangene", was ja in Wirklichkeit nie vergangen, sondern wie alle Vergangenheit fortwirkende Gegenwart ist!

Vor einer Woche war ich einen Tag in Pöcking bei Irmgard und der Oma. Sie hausen dort sehr gemütlich in zwei kleinen Räumen, klagen nie und nehmen alles von der heiteren Seite, – Irmgard ist ja unverwüstlich, wenn sie Kaffee und etwas zum Rauchen hat! Und die böse Zeit hat wieder das Gute, dass man diese kleinen Lebensfreuden ganz besonders geniesst! Erstaunlich ist es, wie die Beiden sich Jahre lang nur durch Stricken über Wasser gehalten haben, jetzt bekommen sie vorläufig 160 DM im Monat, was natürlich nicht reicht, mit der Zeit soll ja die Pension wieder ausgezahlt werden. [...] Gern hätte ich Dir mein „Weltgericht von Pisa" geschickt, – leider ist es vergriffen. Und es ist fraglich, wann eine Neuauflage gedruckt wird. Hoffentlich hast Du inzwischen meine südamerikanischen Erzählungen und den Nachruf auf Gotthard erhalten. [...]

Von Clara hatte ich neulich einen längeren Brief. Sie lebt in Blankenese, scheint sich dort wohl zu fühlen und arbeitet wieder eifrig, – ein neues Buch soll bald erscheinen. Aber ich fürchte, es wird sehr „katholisch" sein, – schrieb ich Dir eigentlich schon, dass sie zum Katholizismus übergetreten ist? [...]

Dass ich Jella habe, und den kleinen Christoph, ist wohl ein Glück, für das ich gar nicht dankbar genug sein kann! Es ist fast so, als wäre mir ein zweites Leben geschenkt worden!

Nun Schluss für heute! Lass wieder mal von Euch hören!

Mit vielen sehr herzlichen Ostergrüssen,
auch von Jella, an Euch Beide

# 14. APRIL

*Am 13. April 1910 schreibt der 23jährige Maler* ***August Macke*** *den folgenden, sehr dringlichen Brief an seine Großmutter,* ***Catharina Koehler****, die streng genommen nicht seine, sondern die Großmutter seiner Frau ist. August und Elisabeth Macke haben erst vor sechs Monaten geheiratet ...*

Tegernsee, 13. April 1910

Liebe Großmutter!

Es ist ein Sonnentag, wie ihn schöner der Herrgott wohl selten macht. Die Blüten sind ganz auf, Bienen fliegen darauf herum. Alles ist herrlich und guter Dinge. Wahrscheinlich bei Euch auch, nur mit dem Unterschiede, daß Ihr böse Nachbarn habt, mißgünstige Spießer, die uns, die wir eigentlich Fremdlinge in diesen Bergen sind, Gott sei Dank fehlen. Ist es nötig, daß ein Mensch immer in den Regeln und Fesseln lebt, die die Vorurteile und guten Sitten seiner bösen Nachbarn ihm vorschreiben. Oder glaubst Du, daß zwei junge Menschen in der Glut ihrer Liebe einmal nicht an die bösen Nachbarn denken. Und nun, liebe Großmutter, mit Deinem ewig jungen Herzen, denke einmal nur an uns beide, Lisbeth und mich, wie wir zusammen aufgewachsen sind, uns so lieb gehabt haben, immerzu, wie nur zwei Menschen sich lieb haben können. Wir waren wie die Kinder, aber zu frei dazu, um Spießer zu sein. Wir haben zu wenig an die bösen Nachbarn gedacht, das war ein Fehler, wir haben ihr Dasein vergessen, zumal die Tante Catharina, deren Honigmäulchen Du auch nicht schätzt. Wir haben uns, liebe Großmutter, laut und deutlich gesagt, zu gern gehabt. Das Dumme ist, daß unsere zu große, zu frühe Liebe ein lebendiges Dokument hat. Einen ganz prachtvollen Bengel. Ich weiß nicht, hoffe aber, daß Du nicht die Furcht vor Klatsch, sondern die Freude über dieses Ereignis in Dein Herz einziehen läßt. Ich bitte Dich, denk nicht klein von uns, laß Dich die Furcht vor Klatsch nicht anfechten. Wir freuen uns hier von ganzem Herzen. Es tut die weite Natur und die ewigen Berge auch sein Teil dazu, daß wir so glücklich sind.

Das Beste ist nun, daß Du Dich auf die Bahn setzt und herkommst. Wenn Du den Jung siehst, sagst Du gar nichts mehr. Du erlebst nur die reine, lautere Freude, Urgroßmutter geworden zu sein. [...] Der Junge führt den stolzen Namen Walter Carl August. Es ließ sich nicht vermeiden, daß die Anzeige nach Bonn ans Standesamt geschickt wurde. Es kommt vielleicht dort in die Zeitung. Es ist dies dann aber auch die beste Lösung. Die bösen Mäuler lieben nur die Geheimnisse. Die öffentlichen Bekanntmachungen sind viel ungefährlicher und sind nicht so geeignete Anhaltspunkte zu weiteren Ausschmückungen.

Im übrigen hat die Sache sehr gut gegangen, die ersten Wehen waren sehr schlimm. Die Lisbeth ist im Zimmer herumgelaufen vor Schmerz. Die zweiten wurden besser und regelmäßiger und bei der Geburt selber fragte sie die Hebamme öfter, wie es ginge, und jedesmal antwortete sie „es geht". Schließlich war der Junge morgens halb sechs, 13. April, da. Ich sage Dir, er ist so gesund, daß einem das Herz im Leibe lacht. Also, Großmutter, freu Dich mit uns, mit dem Jungen. Mit Deinem Herzen bist Du immer jung gewesen. Sei es auch hier, verzeihe, was zu verzeihen ist. Sieh die Lilien in Deinem Garten, sie sind noch nicht so kultiviert wie wir. Man hat ihren Nachbarinnen keine Stimme gegeben. Aber sie würden auch nicht darüber reden, ob die Früchte zu früh kommen. Sie freuen sich nur, wenn sie Sonne und Früchte haben. So auch wir, und Du!?. Großmutter.

Dein August

# 15. APRIL

*Am 15. April 1917 schreibt der Komponist* ***Ferruccio Busoni*** *an den Schweizer Dichter und Übersetzer* ***Hans Reinhart*** *in Winterthur. Reinhart hat ihm kurz zuvor seine Rezension zu Ernst Uehlis Buch über Richard Wagner zugeschickt...*

[Zürich], 15. A[pril] 1917

Sehr geehrter Herr Reinhart,
für Ihre freundlichen Ausdrücke, meine beiden Theater-Bagatellen betreffend, erkenntlichsten Dank.

Ihr Aufsatz über Wagner-Uehli ist gedanklich u. formell klar gestaltet und heischt insofern meine Achtung!

Aber Wagnerianismus sowohl, als auch Christenthum, liegen mir ferne, u. meine Empfindung ist, daß es an der Zeit waere, mit diesen beiden Begriffen aufzuräumen – oder wenigstens sie in Ruhe zu lassen und nicht noch darin herumzustochern.

Wagner's Götter lassen mich gleichgültig und „Tannhäuser" halte ich – von der Ouvertüre abgesehen – für eine schwache, stellenweise selbst gewöhnliche Musik: – während die *Partituren* Wagners dem Musiker ein Führer u. Lehrer sind, ist – nach meinem (ganz persönlichen) Empfinden – der Wagner von der *Bühne* aus der Komponist für Nicht-Musiker, im Grunde verlogen und eigentlich langweilig.

Sie müssen hier mir Einiges zu Gute halten: meine Lateinische Abstammung u. die Verfolgung dieser Kunstrichtung durch mein ganzes Leben, an der ich schwer trug.

Ich begreife nicht, daß eine Nation, die das Glück hat, Faust u. Nathan (und selbst Hebbel's Niebelungen) zu besitzen, einen Wagner als Dichter ernst nehmen und noch nachträglich so vieles hineindeuten konnte. Nach meiner (immer persönlichen) Auffassung, kommt Uehli ein wenig spät, und greift – falls er Widerhall finden sollte – in unsere „Vorwärts- u. Rück-Entwicklung" störend ein. Gott segne ihn. Alles kommt mit der Zeit an seinen richtigen Platz.

Ich spiele hier am 19. ein bedeutenderes Programm. Falls ich die Freude erleben sollte, Sie zugegen zu haben, dann könnten wir uns mit Hartmann über Ihren mir sehr angenehmen u. mich interessierenden Vorschlag sprechen u. Definitives festsetzen. Ich freue mich darüber, daß Sie mir Ihr Vertrauen schenken, das ich zu verdienen die ernsteste Absicht habe.
Freundliche Grüße
Ihr ergebener FBusoni

*Am 16. April 1930 schreibt **Louise Dumont** an den Schriftsteller **Herbert Eulenberg**. Louise Dumont war nicht nur eine berühmte Schauspielerin, sie war auch Prinzipalin des Düsseldorfer Schauspielhauses, das sie mit ihrem Mann, Gustav Lindemann, gegründet hatte.*

[Düsseldorf, Mitte April 1930]

Lieber, sehr verehrter Herbert Eulenberg!

Ihr Angriff fordert eine ernste Antwort. Ich war an dem Tage, an dem Ihr Brief ankam, so überlastet, daß ich Ihnen nicht gleich darauf sagen konnte, was ich sagen muß:

Warum geht Ihre Frage nicht an die hochsubventionierten deutschen Theater, die viele Millionen zur Verfügung haben und also in der Lage sind, ohne Rücksicht auf den Kassenerfolg ihre Spielpläne zu gestalten?

Warum geht Ihre Frage nicht an die Deutsche Dichterakademie? Ich muß die Berechtigung dieser Frage – an uns gerichtet – bestreiten, denn wir müssen den Theaterhaushalt erhalten und haben somit die Pflicht, den Spielplan so zu gestalten, wie ein breites Publikum ihn fordert. Das ist das Äußerliche, innerlich gesehen steht die Sache aber so:

Wo und wann ist jemals gesagt worden, daß das Schauspielhaus für eine besondere Art Dichtung gegründet worden ist? Daß die unsäglichen persönlichen Opfer, die es gekostet hat, hierfür gebracht werden sollten (vergeblich, wie ich leider zugeben muß): Das Schauspielhaus sollte ein reines Instrument der Schauspielkunst werden, die Wahrheit wieder herstellen in dem von Grund auf verdorbenen deutschen Theater. Hierfür, lieber Herbert Eulenberg, habe ich mein Leben hergegeben. Sie dürfen mir glauben, daß ich als erfolgstarke Schauspielerin mir für mein Leben auch hätte etwas Schöneres vorstellen können. Ich werde sterben, ohne die Riviera, ohne Rom, ohne Neapel und so vieles andere Große und Schöne gesehen zu haben. Das Leben von Lohnsklaven in des Wortes härtester Bedeutung, kompliziert durch Geistesqualen aller Art führen wir in der Tat. Unsere Arbeit läßt uns überhaupt kein privates Leben mehr, und von der Freude, wie sie eine Rivierareise gibt, muß ganz abgesehen werden. Darum – dennoch glücklicher Dichter – Sie dürfen und durften Ihr ganzes Leben lang tun, was Sie wollten. Geistig–menschlich sich Anregung holen, wo immer Ihre Seele es wünschte, wonach sie schmachtete. Unser Werk ist nicht „vollbracht“, ist nichts als ein sauberer Haushalt, der sich, weil wir wie Lohnsklaven Tag und Nacht alle Arbeit selbst machen, selbständig über Wasser hält. Wir sind „arme Teufel“.

Und weiter frage ich: Wo haben denn die deutschen Dichter jemals etwas für das Schauspielhaus getan, ihm seine Existenz auch nur geistig erleichtert? Schmidtbonn, den Sie nennen, hat seiner Zeit, als er zur geistigen Leitung des Schauspielhauses gehörte, bei einem dreitägigen Aufenthalt in Berlin sich an Reinhardt vergeben. Und diesem Beispiel könnte ich noch manche andere hinzufügen, was an ewig schmerzende Narben von tiefen Wunden in meinem Herzen rührt.

Rechten Sie, lieber Dichter, mit dem deutschen Publikum, rechten Sie mit den Behörden, die dem deutschen Volk Millionen und Millionen entziehen für das, was sie Theater nennen. Denken Sie schließlich aber auch einmal daran, wenn Sie das Publikum, das ausländische Stücke bevorzugt, verurteilen, daß auch deutsche Dichter – Gerhart Hauptmann voran – das Ausland mehr lieben als das Vaterland. Italien und Frankreich ist die bevorzugte Heimat der deutschen Dichter, und Sie, lieber verehrter Teurer, sind ja auch lieber in Ascona als auf dem Drachenfels. Ich nehme Ihnen das weiß Gott nicht übel. Wenn ich nicht eine rettungslos philiströse, wirklich deutsche Tagelöhnerin wäre, die nicht den Schwung hat, ihre Stube, die sie putzen muß, zu verlassen – ich möchte auch lieber einmal die Welt im Licht italienischer Sonne sehen als den deutschen Quark immer wieder rühren – ohne Erfolg, ohne Freude, ja auch ohne Genugtuung, den Besten des Volkes genug getan zu haben. Denn in den kargen Ruhestunden gibts Briefe mit Vorwürfen, nicht nur von Ihnen, lieber sehr glücklicher Dichter.

Seien Sie nach diesem, was um der inneren Wahrheit gesagt werden mußte, ebenso aufrichtig gegrüßt von

dem ärmsten Putzweib des deutschen Theaters
Louise Dumont

*Am 16. April 1901 schreibt der 45jährige Dichter* ***Peter Hille*** *an seinen Freund* ***Ludwig Schröder****. Hille, von dem Detlev von Liliencron gesagt hat, „Er muß ein Herz wie Frühlingssonne haben“, starb 1904 nach einem unsteten Leben an der Schwindsucht. Viele seiner Werke sind Fragment geblieben; die meisten sind nicht erhalten.*

[Berlin], Kesselstr. 40 III
16.04.1901

Urteil derer, die's gut mit mir meinen:
Er ist ein Genie, geben wir ihn verloren!
Ich tu euch nicht den Gefallen zu verschwinden. Mich zu verdunkeln wie Schlaf oder Basedow

Mein lieber Ludwig!

Dachte, Du hättest gebrummt, daß ich so lang geschwiegen. Wenn Du mir die Nummer noch zugehn lassen könntest, vom 10. März war's ja wohl, der Rhein.-Westf. Zeitung – wär' mir's sehr lieb. Oder ich wende mich selbst daran und zahle – 10 Pf kostet wohl die Nummer und nehme dann gleich 3 Exemplare. – Wenn Du Dich besinnst, wo etwas von mir und über mich gestanden: „Wiener Gartenlaube“ oder ähnlich – „Kölner Volkszeitung“, schreib's mir mal, auch das Jahr, die Jahreszeit, will sehn, ob ich's bekommen kann.

Dr. Bräutigam bringt den Gesellschaftsartikel über mich – mit Bild.

Mir wäre dies Waldgedicht am liebsten – weil zumeist westfälisch – hat in etwas anderer Fassung in Allmers Album gestanden.

Böcklin-Gedicht war nur nach einem Böcklin Gedicht verteilt. Lieber wäre mir das Waldgedicht. Das sind Ungeheuer: der Myrddhin, ein Biest von 130 Seiten, auch der tiefe deutsche „Walter von der Vogelweide“, „Das Höhenspiel“, „Großvater Michels letzte Zipfelmütze“, „Schwarze Rosen“, „Das Leben ein Spiel“. Noch fressen sie an mir herum. Aber nur bis Pfingsten. Pfingsten ein Geist- ein Lichtfest. [...]

Dann soll das stehn, was mich als wesentlich überliefert.

Fleißiger bin ich vielleicht später. Aber das ist so dies, das für Blätter. „Sängerstaat“, eine Darstellung des Keltentums u. dies und das. Ich muß *mal* leben. Ich bin nur noch ein zitterndes Hohngelächter, ein ganz hohes, dem nie das Recht des Lebens geworden, ein durch all das Elend, die Galle vermöbeltes Wald- und Bauernblut.

Ich bin. Pfui Teufel, der deutsche Skatstaat.

Wie geht's zu Haus?
Hoffentlich gut?

Grüße Deine Frau und die kleine – „Adelheid“ heißt sie ja wohl –
recht herzlich vom „Wahren Dichter“ Peter Hille

*Am 18. April 1915 schreibt ein* ***pommerscher Musketier****, von dem wir nur wissen, daß er Franz hieß, aus dem Lazarett in Altenburg den folgenden Brief.*

Altenburg, den 18. April 1915

Liebe Schwester,

Du hast geschrieben, ich soll schreiben, wie es mir geht. Sonst geht es mir gut, die Finger sind bald heil, bloß von rechter Hand der Zeigefinger und der kleine Finger, die sind noch etwas lahm, die hab ich noch immer bewickelt. Aber morgen wird mir der rechte Fuß abgenommen, denn da sind die Zehen schon halb abgefault, und das tut so sehr weh.

Der Krieg wird wohl so bald kein Ende nehmen. Die Russen sind jetzt aus den Karpaten heraus, und jetzt lassen Unsre nicht nach. Jetzt muß er in das Wasser rein hinter den Karpaten, und dann ist der Ruß weg, dann muß er aufhören. Aber dann geht es gegen England, daß der bekommt noch sein Teil ab. Deutsche verzagen nie. Ich will auch noch im Felde, wenn auch der eine Fuß fehlt, aber das schadet nichts, ein Feld ist immer ein Feld. Sonst nichts Neues.

Besten Gruß von Deinem Bruder Franz

# 19. APRIL

*Am 19. April 1932, schreibt die Hilfsangestellte* ***Frida S-r*** *aus Heilbronn am Neckar den folgenden Brief an* ***Adolf Hitler****. Neun Monate später ernennt ihn Hindenburg zum Reichskanzler – Fridas Wunsch auf einen „baldigen Sieg" ist in Erfüllung gegangen...*

Heilbronn, den 19. April 1932

Lieber Herr Hitler!

Ich habe das Glück, mit Ihnen, lieber Herr Hitler, Geburtstag zu haben, und sehe mich aus diesem Grunde veranlaßt, Ihnen meine herzlichsten Glück– und Segenswünsche zu übermitteln. Der liebe Gott möge Sie auf Ihren großen Kampfesreisen beschützen und Ihnen recht bald zum erhofften Siege verhelfen! Ich bin eine eifrige Kämpferin für Ihre Sache, und wenn ich ein Bub wäre, wäre ich schon lange bei Ihrer SS eingereiht. Aber so bin ich eben eine Frau und kann nur mit dem Munde und mit den Taten Sie bekennen und verteidigen und für Sie werben.

Ich kann nun auch verstehen, da Sie ja so furchtbar viel leiden und erdulden müssen. Als ich Ihren Lebenslauf gelesen habe, mußte ich zu meiner Mutter sagen: Siehe, dieser Mann mußte gerade soviel leiden und meint es nur gut mit einer verdorbenen Geschichte. Sehen Sie, lieber Herr Hitler, ich bin geschieden, habe so Furchtbares durchgemacht, daß ich eigentlich – menschlich gesprochen – hätte daran zugrundegehen müssen über all dem Unrecht – auch von Seiten des Gerichts. Denn heute wird ja dem am meisten vor Gericht geglaubt, der am meisten schwindeln kann, was ich ja auch einmal offen und frei dem Gericht – Landgericht Stuttgart – mitgeteilt habe. Noch nie aber ließ ich mir den Mut nehmen, vielmehr raffte ich mich wieder so auf, daß ich heute wieder eine Stellung bekleiden kann. Denn ich war gesundheitlich derart unten, daß an einem Aufkommen gezweifelt wurde. Alles nur Nerven, durch viele Aufregung usw.

Mein Bräutigam, mit dem ich mich vor einem Jahr verlobte, ist bei der SA–Reserve. Wissen Sie, lieber Herr Hitler, ich habe einen Jungen mit elf Jahren, und da gehört eben ein Vater her, wenn die Mutter ihrem Erwerb nachgehen muß, um den Lebensunterhalt für drei Personen – Sohn, Mutter und mich selbst – zu verdienen. Doch leider kann ich nicht heiraten, weil eben für den Mann, den ich zu heiraten gedenke, keine Arbeitsmöglichkeit vorhanden ist. Er ist auch geschieden und ist ein tüchtiger Mensch, machte früher das Einjährige, war vier Jahre im Krieg und besuchte die Oberrealschule. Mit 38 Jahren ist einer eben leider zu alt. Wir arbeiten so fest für die Sache Ihrer Idee und wünschen nur, daß es bald anders werde. Ich bin bei der Stadt zur Aushilfe angestellt, bekomme jeden Sonn– und Feiertag abgezogen und verdiene sage und schreibe pro Monat nur 100 bis 110 Mark. Davon muß ich nicht nur für meine drei Personen sorgen, wie oben angeführt, sondern auch noch zum großen Teil, ja zum größten Teil Opfer und wieder Opfer bringen für meinen Bräutigam, der keinerlei Unterstützung bezieht. Zurzeit arbeitet er für das Nationalsozialistische Tageblatt von Heilbronn, Annoncensammeln und Blätter verteilen. Aber der Verdienst ist ja so minimal, daß es nicht einmal für eine Person ausreicht. Er verdient eben in der Woche so 7 bis 9 Mark.

Lieber Herr Hitler, ich habe Sie so sehr in mein Herz geschlossen, daß ich Ihnen gern einmal persönlich die Hand drücken möchte und Ihnen danken für alles das, was Sie für unser deutsches Volk an Verleumdung und Entbehrung auf sich nehmen müssen. Mein elfjähriger Sohn ist Ihnen ganz und gar hingegeben. Ich möchte Sie recht herzlich bitten, doch auch recht bald mal nach Heilbronn zu kommen, damit wir Sie alle freudig und nach langer Erwartung begrüßen könnten. Es wartet alles auf Sie.

Ich habe nur den einen Wunsch, daß Sie recht bald zu dem erhofften Ziel gelangen werden und mein Bräutigam, Pg Schwarz, bald Arbeit findet, damit die gräßliche Not ein Ende hat. Bedenken Sie einmal, wenn man zu viert mit 100 bis 110 Mark leben soll. Dazu kommen noch Kleider, Schuhe, Bücher, Schulgeld usw. Wenn ich ja nicht die eine Hoffnung auf Sie hätte, daß es dann anders würde, hätte ich mich bestimmt nicht für ein solch großes Opfer meinem Bräutigam gegenüber hergegeben, so daß ich selbst nicht einmal mehr imstande bin, mir etwas Notwendiges anzuschaffen. Aber wir alle hoffen auf Ihre baldige Hilfe. Das soll mein Geburtstagswunsch für den morgigen 20. April 1932 sein, baldige Arbeit für unsere Männer, damit die große Not ein Ende nehme.

Kommen Sie doch bitte recht bald zu uns nach Heilbronn. Alles spricht davon, wenn wir nur Sie einmal hierherbekommen könnten! Wir würden Sie sicher alle mit offenen Armen empfangen!

Also nochmals alles Gute und baldiger Sieg. Es grüßt Sie herzlich mit Heil und Sieg

ergebenst Frida S-r

Ich habe den Brief im Geschäft geschrieben, damit es niemand sieht, der Schnelligkeit halber mit der Maschine.

Heil und Sieg

Frida S-r

# 20. APRIL

*Am 13. April 1946 schreiben **Vater und Mutter Kempfe** an ihren **Sohn** einen Brief, der genauer als jede nachträgliche Geschichtsdarstellung Auskunft gibt über Befindlichkeiten im Nachkriegsdeutschland. Der Vater – parteilos und unbescholten – war bis zum Kriegsende technischer Direktor einer „arisierten" Schuhfabrik; er ist jetzt Betriebsleiter. In der sowjetischen Besatzungszone. Der Sohn, ein junger Arzt, wohnt nach der Rückkehr aus der Kriegsgefangenschaft in der englischen Zone, arbeitslos und auf die Unterstützung der Eltern angewiesen.*

[Radebeul, den] 13.4.46

[Mein lieber Junge!]

Seit Montag arbeitet die Reparaturabteilung wieder, und wenn die in der Fabrik stehenden eingepackten Maschinen erst abtransportiert sind, angeblich in acht Tagen, dann soll auch der übrige Betrieb wieder anlaufen. Natürlich zunächst sehr bescheiden. Einige Steppmaschinen usw. sind uns geblieben, und wir sind auf der Suche nach gebrauchten Maschinen, um nicht alles mit der Hand machen zu müssen. Einiges haben wir schon gekauft, wollen damit aber erst zum Vorschein kommen, wenn die Luft wieder rein ist. Besser ist besser! Das Rohmaterial, fertige und halbfertige Ware, ist nicht beschlagnahmt. Wir hatten ja stets sehr viel in der Fabrikation, so daß wir eine ganze Weile zu tun haben. Wir werden ja auch wieder neues Material heranschaffen. Schwierigkeiten bestehen in gewissem Sinne mit der Arbeiterschaft. Man will den Betrieb, d.h. soweit man noch von Betrieb überhaupt sprechen kann, der Obhut der Provinzialregierung unterstellen und einen Treuhänder einsetzen. Auf deutsch: sozialisieren. Als Treuhänder vorgeschlagen ist von der Arbeiterschaft gelegentlich einer Betriebsversammlung ein – Zuschneider von uns. Selbstverständlich ein KPD-Mann. Eine Bestätigung ist noch nicht erfolgt. Die Aktionäre werden wohl von ihrem Geld nichts mehr sehen. Übrigens wurden zunächst und als erstes die Gehälter herabgesetzt. Mir ist ja klar, daß nach Lage der Dinge die bisherigen Einkommen nicht tragbar sind.
[Dein Vater]

Karfreitag 46

Ja, Rolf, Du hast recht, es ist wirklich schrecklich, *wie* es so vielen von uns jetzt ergeht, und zum größten Teil sind es unschuldige Menschen. Wann wird der Himmel ein Erbarmen haben? Wir sind ja auch nicht schlechter als die anderen, und wenn uns das immer wieder gesagt wird, es ist doch nicht wahr. Für eine Regierung, die derartig versagt hat, können wir gewöhnliche Sterbliche ja nicht. Wir haben unsere Pflicht getan und Unsägliches erlitten und erleiden es immer noch. – Doch davon genug, jetzt geht mein Blick in unser winziges Gärtchen, und da bin ich gleich wieder so froh. Du glaubst gar nicht, *wie* schön es in diesem Jahr ist. Der Süßkirschenbaum war noch nie so voller Blüten. Der Nuß-, der Apfelbaum und die Schattenmorellen haben so sehr gut angesetzt. Auch die Beerensträucher sind dick voll. Wenn kein Frost kommt, wird es eine Rekordernte, und so ist es überall. Also die Natur will uns armen verhungerten Menschen helfen, und dazu ziemlich zeitig. Gott sei Dank dafür!

Am 23.4., „Tag der Befreiung", wird hier ganz groß gefeiert. Alles soll mit frischem Grün, Girlanden und Fahnen geschmückt werden. Leider – ist aber vorläufig noch kein Fahnentuch eingetroffen. Was soll man da machen? Der 1. Mai wird ein Feiertag, wie er, laut Anschlag, noch nie dagewesen ist. Also haben wir noch schöne Tage vor uns. – Die Triumphbögen sind wohl bald fertig. Also geht es uns ganz famos hier.

[In Liebe – Deine Mutter]

# 21. APRIL

*Im April 1991 schreibt **Heiner Müller**, in dieser Zeit Präsident der Akademie der Künste zu Berlin (Ost), den folgenden Text einer **Einladung für ein Künstlerforum** zur Begründung einer europäischen Sozietät. Das Forum sollte am 27. und 28. September stattfinden. – Das Projekt kommt nicht zustande. „Die Sieger schreiben Geschichte, aber ich fürchte, sie sind Analphabeten, was die europäische Lektion betrifft", sagte Müller in einem Interview vom Juli 1991.*

Von Bautzen nach Babylon geht der Weg der Bevölkerung der ehemaligen DDR und, wenn man Bautzen als Synonym für staatliche Gewalt gegen Mehrheiten setzt, Mehrheiten im eignen Territorium statt in Kolonien, langwieriger und verschlungener der Weg der Bevölkerungen Osteuropas. Damit etwas kommt, muß etwas gehen, kein Gewinn ohne Verlust: der Gewinn der Freiheit wird als Verlust an Sicherheit erfahren. Die Sicherheit war machtgeschützt, die Freiheit ist ein Privileg. Die Geschichte hat die Macht der Politik abgeworfen und zeigt das eiserne Gesicht des Marktes; der Alltag fragt mit Marx und Brecht, wieder: wer wen. Die Teilung Deutschlands war ein Ausdruck der Teilung der Welt, die nicht aufgehoben ist mit der Einheit Deutschlands und mit der Entspannung zwischen Ost und West. Die große Sintflut, die Bertolt Brecht über die bürgerliche Welt hereinbrechen sah, kommt anders: als Flutwelle der implodierenden Zweiten und Dritten Welt, das Ende der Geschichte ist ein Wunschtraum saturierter Eliten. Auch in Europa wird das Vakuum nach dem Verlust der Feindbilder in Schwarz und Weiß durch den Fall der Mauern zunehmend zum Abgrund, in dem sich Verdrängtes und Vergessnes formiert: Nationalismen und Rassismen, ihr Nährboden der Hunger, die Demütigung durch den kulturellen Imperialismus der Zentralgewalten, die Frustration im Schrott der Utopien. Die Regionen essen die Imperien, die Toten haben das letzte Wort. Mit dem Golfkrieg ist die Erfahrung des Scheiterns wieder Allgemeingut, nicht mehr Privileg der Intellektuellen Osteuropas. Nach dem Ende der Ideologien muß der notwendige Dialog auf dem Boden der Tatsachen geführt werden. Die Kunstwerke sind das Gedächtnis der Menschheit, Gedächtnis setzt das Überleben der Gattung voraus. Sie steht zur Disposition, die Abwicklung des Planeten ist im Gange. Berlin wird als Drehscheibe zwischen Ost und West ein Ort sein, an dem Entscheidungen fallen, die nicht nur für Europa relevant sind. Deshalb die Idee einer Europäischen Sozietät in Berlin, die nicht eurozentristisch gedacht ist – Europa, das die USA und die Sowjetunion nicht ausschließen kann, hat eine Schuld abzutragen, historisch und aktuell –, einer Werkstatt der Künste, die aus dem Dialog der Akademien mit den Toten heraustreten müssen in die Zugluft der Gegenwart, und des öffentlichen Denkens, gegen modische und/oder ökonomisch definierte Szenarien des Untergangs, für eine mögliche Zukunft ohne Selektion. Wir brauchen Ihre Hilfe.

April 1991

# 22. APRIL

*Am 22. April 1946 schreibt die Malerin **Gerda Rotermund** an ihre Freundin, die Bildhauerin **Ellen Bernkopf**, nach Palästina. Die beiden Frauen waren seit den zwanziger Jahren befreundet. Der Jüdin Ellen Bernkopf gelang die Flucht aus Deutschland, und nach Jahren erzwungenen Schweigens entstand ein langjähriger Briefwechsel.*

Alvensleben, 22.04.1946

Liebste Ellen – heute kam Dein erstes Lebenszeichen vom 12.2. – Gestern die erste Nachricht von Ernst und Isa. – Die Welt öffnet sich wieder – welch ein Glück. – Ob Du wohl inzwischen meine andern Briefe bekamst? – Mit diesem dürften es 6 Stück sein. – Ich bewundre Eure Fähigkeit zu Kurzberichten. – Ich kann das nicht. – Ich bin voll zum Überlaufen. – Ich sehe, es geht Dir gut. – Ich nehme auch an, daß Du in old love an mir hängst. – Aber ach – in welch verschiedenen Welten leben wir ein welch verschiedenes Leben. – Ich glaube wirklich, das Jenseits wird uns erst zusammen führen! – Man fühlt auch zwischen den Zeilen, daß Ihr alle trotz mancherlei Sorgen und Bedrohung doch ein relativ geordnetes bürgerliches Dasein führen konntet. – Und durch welche Höllen und Tiefen sind wir hier gestoßen. – Und noch ist des Leidens kein Ende. – Obgleich ich hier gegenwärtig auch in einer Idylle lebe, wenn ich von dem Elendszug von Flüchtlingen und Vertriebenen absehn will, der hier durchzieht oder untergebracht wird. Eine Landschaft, wie Ludwig Richter sie zeichnete, mit Schafherde und singendem Schäfer.

Jetzt blüht alles, und der Landmann zieht auf dem Feld seine Furchen. – Ich selbst darin noch in wildester Flüchtlingsmaskerade – aber bei allerbester Gesundheit und z.Zt. ausreichend ernährt mit Lebensmittelkarte 2 (Schwerarbeiter und nur prominente Künstler. –) Na – wolln mal sagen, ich bin auf dem besten Wege dahin. – Das Beste ist, ich komme intensiver zur Arbeit als all die Jahre zuvor. Aber ich habe ja auch viel nachzuholen. – Die Jahre zuvor waren nur Broterwerb; und Aufträge sind ja ganz schön! – aber man kommt nicht zu sich selbst. – Was [...] werden wird, weiß keiner. – Ich weiß nur, daß ich werden will, um die Dinge auszudrücken, die mir auf der Seele brennen. – Der Anfang ist gemacht.

Das sind die Dinge – die mich brennend bewegen. – [...] die Kritik nennt mich Kollwitz-Schülerin. – Nun, ich will ihr keine Schande machen. – Ich sah sie zuletzt 1942 – im Herbst. – Es war erschütternd sie zu sehen –

schwach und ermattet, unfähig zur Arbeit. – Eine Nichte, Klara Stern, betreute sie. – Ich schickte ihr meine zusätzlichen Krankenmarken (ich bekam das seit 1941 nach einer Gelbsucht, wegen Galle und Schilddrüse), aber sie sandte sie umgehend zurück und zwei sehr liebe Briefe – die habe ich noch. – Die Krankenmarken bekamen dann kleine Juden-Kinder, die damals schon keine Milch mehr kriegten. – Mit Klara Stern war ich sehr befreundet. Von ihr bekam ich immer genauen Bericht über das weitere Ergehen von Käthe. Ich selbst war nicht mehr zu bewegen, nochmals hinzugehn, ich konnte es einfach nicht ertragen. – „Sie müssen hart sein" sagte sie mir selbst – ... das gelingt nicht auf der ganzen Linie. – Ihr Sterben dauerte von 1942 – 1945. Sie mußte noch die Zerstörung ihrer Wohnung – Verlust ihrer Werke – Verlust des liebsten Enkels erleben. – Sie starb in Moritzburg – nach der Zerstörung Dresdens, und hat den Frieden nicht mehr erlebt. – Und wird heut sehr gefeiert und sehr verehrt. – Ihr blieb der Ruhm – für uns die großen Aufgaben, man muß sich beeilen, sie zu erfüllen – denn es ist schon hoch am Tage, und man weiß nicht, ob man am Abend noch Kraft genug hat. – Nun, trotz Herzschwäche und Schilddrüse und Gallenleiden, ich habe erstaunliches ausgehalten. – Aber die Vorstellung, es könnte nochmal wieder anfangen, allerdings, dann lieber gleich tot. Bis dahin au travail. – Und vielleicht vor dem Jenseits irgendwann mal wieder Frankreich, zu den alten Göttern. – Gruß Mauri

# 23. APRIL

*Am 23. April 1945 – sieben Tage vor der Hochzeit mit Adolf Hitler und acht Tage vor ihrem Tode – schreibt die 33jährige* ***Eva Braun*** *den letzten Brief an ihre* ***Schwester Gretl Fegelein****. Der Schwager Hermann Fegelein, Generalleutnant der Waffen-SS, wurde noch am 28. April erschossen – wegen Fahnenflucht.*

Berlin, den 23.IV.[19]45

Mein liebes Schwesterlein!

Wie tust Du mir leid, daß Du solche Zeilen von mir bekommst! Aber es geht nicht anders. Es kann jeden Tag und jede Stunde mit uns zu Ende sein und da muß ich die letzte Gelegenheit benützen um Dir zu sagen was noch getan werden muß. Vorausgeschickt: Hermann ist nicht bei uns! Er ist nach Nauen gefahren um ein Bataillon oder sowas, aufzustellen. Ich bin der felsenfesten Überzeugung, daß Du ihn noch einmal sehen wirst. Er wird sich sicher durchschlagen um vielleicht in Bayern den Widerstand wenigstens für einige Zeit, fortzusetzen. Der Führer selbst hat jeden Glauben an einen glücklichen Ausgang verloren. Wir alle hier und ich inbegriffen, hoffen, solange noch Leben in uns ist. Bitte behaltet jetzt den Kopf oben und verzweifelt nicht! Noch gibt es Hoffnung. Aber es ist auch selbstverständlich, daß wir uns nicht lebend fangen lassen. Die treue Liesl will nicht weg von mir. Ich habe es ihr oft und oft angeboten. Ich möchte ihr gerne meine goldene Uhr schenken. Leider habe ich sie Miezi vermacht. Vielleicht gibst Du Miezi gleichwertigen Ersatz von meinem Schmuck dafür. Du wirst das schon recht machen. Außerdem möchte ich das goldene Armband mit dem grünen Stein bis zum Schluß tragen. Dann lasse ich es mir abnehmen und du sollst es immer tragen, so wie ich es immer getragen habe. Es ist ebenfalls für Miezi im Testament vorgesehen. Also, mache es wie oben. Meine Brillantuhr habe ich unglücklicherweise hier zum richten gegeben, die Adresse schreibe ich unten an. Vielleicht hast Du Glück und bekommst sie noch. Sie soll Dir gehören, Du hast Dir doch immer eine gewünscht. Ebenfalls gehört Dir das Brillantarmband und der Topasanhänger, Geschenk des Führers zu meinem letzten Geburtstag. Ich hoffe, daß diese meine Wünsche von den anderen respektiert werden.

Außerdem muß ich Dich um folgendes bitten:

Vernichte meine ganze Privatkorrespondenz und vor allem die geschäftlichen Sachen. Es dürfen unter keinen Umständen Rechnungen von der Heise gefunden werden. Vernichte auch ein Kuvert das an den Führer adressiert ist und sich im Bunker im Safe befindet. Bitte nicht lesen! Die Briefe des Führers und meine Antwortentwürfe (Blaues Lederbuch) bitte ich wasserdicht zu verpacken und eventuell zu vergraben. Bitte nicht vernichten!

Der Firma Heise bin ich noch einliegende Rechnung schuldig. Es könnten auch noch weitere Forderungen kommen. Aber sie dürfen RM 1500 kaum überschreiten. Was Du mit den Filmen und Alben machst weiß ich nicht. Auf jeden Fall bitt ich Dich, vernichte alles erst im letzten Moment, außer den Geschäfts– und Privatbriefen und dem Kuvert an den Führer. Diese kannst Du gleich verbrennen.

Ich schicke mit gleicher Gelegenheit Eß- und Rauchwaren. Bitte gebt auch Linders und Kathl von dem Kaffee. Linders bitte ich auch etwas Konserven aus meinem Keller zu geben. Die Zigaretten in München gehören Mandi ebenfalls die sich im Koffer befindlichen. Der Tabak ist für Papa. Die Schockolade für Mutti. Auf dem Berg ist ebenfalls noch Schockolade und Tabak. Laßt Euch alles geben.

So nun weiß ich nichts mehr. Augenblicklich heißt es wieder es würde besser und General Burgdorf, der gestern nur 10 % gab für unsere Lage, ist heute bereits auf 50 % gestiegen. Also! Vielleicht kann doch noch alles gut werden!

Ist Arndt mit dem Brief und Koffer angekommen? Wir hörten hier nur das Flugzeug sei überfällig. Hoffentlich ist Morell mit meinem Schmuck bei Euch gelandet. Das wäre ja fürchterlich, wenn etwas passiert wäre. Mutti und Herta und Georg schreibe ich, wenn es geht, noch morgen. Für heute genügt es.

Nun wünsche ich Dir mein liebes Schwesterlein viel, viel Glück?! Und vergiß nicht! Hermann siehst Du bestimmt wieder!!

Mit den herzlichsten Grüßen und einem Kuß bin ich
Deine Schwester Eva

N.S. Eben habe ich den Führer gesprochen. Ich glaube auch er sieht heute schon heller als gestern in die Zukunft.
Adr.[esse] des Uhrmachers: SS Unterscharf.[ührer] Stegemann SS Lager Oranienburg nach Kyritz evakuiert.

# 24. APRIL

*Am 24. April 1943 schreibt der Dirigent* ***Bruno Walter*** *an* ***Thomas Mann****. Beide sind seit den gemeinsamen Münchner Jahren befreundet. Thomas Mann hatte Bruno Walter ein Buch-Exemplar seiner Radio-Sendereihe „Deutsche Hörer" geschickt, mit der er sich über die BBC an die Menschen in Deutschland wandte. – Walters Antwort ist ganz kurz – und gehört doch zu den schönsten deutschen Briefen in schlimmer Zeit.*

New York, 24.IV.1943

Lieber, verehrter Freund!

Tausend Dank für Zusendung Ihrer Mahnungen an das deutsche Volk. Ich kann Ihnen gar nicht sagen, wie sehr ich und meine Frau, der ich die Reden vorlese, Inhalt, Ton und Gesinnung dieser Kassandra-Warnungen genießen.

Ganz besonders erwärmt mich natürlich der Glaube und Appell an das Bessere im Deutschen, von dem diese Reden leben. Ich meine etwas von Erziehung zu verstehen – ich weiß, daß mein zweiter Fagott besser spielen wird, wenn ich ihn überzeugen kann, daß ich ihn dessen für fähig halte. Kein besseres Mittel den Menschen ganz schlecht zu machen, als ihm zu sagen, er sei hoffnungslos.

Wie verworfen auch die Mehrheit der Deutschen sei, wir machen sie alle zu Hitlers durch summarische Verurteilung, und wir könnten den Krieg verkürzen und den Frieden vorbereiten, dem neuen besseren Europa den Weg ebenen durch die feierliche Erklärung, daß wir an ein latentes besseres Deutschland glauben.

Nochmals vielen Dank und schönste Grüße von Haus zu Haus
Ihr alter Bruno Walter

* *Ostern 1933 wendet sich der Schriftsteller* ***Armin T. Wegner*** *mit einem Offenen Brief an* ***Adolf Hitler****. Dem Brief war eine Boykott-Aktion gegen jüdische Geschäfte vorausgegangen, zu der die faschistische Reichsregierung am 29. März 1933 aufgerufen hatte. – Wegners Brief wurde in Deutschland nicht veröffentlicht: Es gab keine Zeitung mehr, die ihn abzudrucken wagte.*

Ostern 1933

Herr Reichskanzler!

In Ihrer Bekanntgabe vom 29. März des Jahres hat die Staatsregierung die Acht über die Geschäftshäuser aller jüdischen Bürger verhängt. Beleidigende Inschriften: „Betrüger! Nicht kaufen! Den Juden den Tod!", gemalte Wegweiser: „Nach Jerusalem!" leuchteten an den Spiegelscheiben, Männer mit Knüppeln und Faustbüchsen hielten vor den Türen der Läden Wache, und zehn Stunden lang hat man die Hauptstadt zum Schauplatz der Belustigung der Massen gemacht. Dann, zufrieden mit dem Eindruck dieser höhnischen Maßregel, hob man das Verbot des Handels wieder auf, und die Straßen zeigten ihr gewohntes Bild. Aber ist, was nun folgte, nicht schlimmer? Jüdische Richter, Staatsanwälte und Ärzte werden aus ihren wohlverdienten Ämtern gestoßen, man sperrt ihren Söhnen und Töchtern die Schulen, treibt die Hochschullehrer von der Kanzel und schickt sie auf Urlaub, eine Gnadenfrist, die niemand zweifelhaft sein kann, beraubt die Leiter von Schauspielhäusern, Schauspieler und Sänger ihrer Bühnen, die Herausgeber von Zeitungen ihrer Blätter, stellt ganze Handbücher über jüdische Dichter und Schriftsteller zusammen, um unter ihnen die Wächter der sittlichen Ordnung des Tages zur Dummheit zu verurteilen, und statt in seinen Geschäften trifft man das Judentum dort, wo seine für die Gemeinschaft edelsten Werte ruhen, im Geist. [...]

Herr Reichskanzler, es geht nicht um das Schicksal unserer jüdischen Brüder allein, es geht um das Schicksal Deutschlands! Im Namen des Volkes, für das zu sprechen ich nicht weniger das Recht habe als die Pflicht, wie jeder, der aus seinem Blut hervorging, als ein Deutscher, dem die Gabe der Rede nicht geschenkt wurde, um sich durch Schweigen zum Mitschuldigen zu machen, wenn sein Herz sich vor Entrüstung zusammenzieht, wende ich mich an Sie: Gebieten Sie diesem Treiben Einhalt! [...] Nicht als Freund der Juden, als Freund der Deutschen, als Sproß einer preußischen

Familie, welche die Geschichte ihrer Ahnen bis in die Tage der Kreuzzüge verfolgt, aus Liebe zu meinem eigenen Volke richte ich diese Worte an Sie. Wenn alle in diesen Tagen stumm bleiben, so will ich doch nicht länger schweigen gegenüber den Gefahren, die Deutschland dadurch drohen. [...] Herr Reichskanzler! Aus der Qual eines zerrissenen Herzens richte ich diese Worte an Sie, und es sind nicht nur die meinen, es ist die Stimme des Schicksals, die Sie aus meinem Munde mahnt: Schützen Sie Deutschland, indem Sie die Juden schützen! Lassen Sie sich nicht beirren durch jene, die mit Ihnen kämpfen! Sie sind schlecht beraten! Fragen Sie Ihr Gewissen wie in jener Stunde, da Sie vom Kriege heimkehrend, inmitten einer entfesselten Welt allein den Weg Ihrer Kämpfe begannen. Immer ist es das Vorrecht großer Seelen gewesen, einen Irrtum einzugestehen. Wessen die Menge bedarf, ist ein sichtbares Zeichen. Führen Sie die Verstoßenen in ihre Ämter zurück, die Ärzte in ihre Krankenhäuser, die Richter auf das Gericht, verschließen Sie den Kindern nicht länger die Schulen, heilen Sie die bekümmerten Herzen der Mütter, und das ganze Volk wird es Ihnen danken. Denn wenn Deutschland auch vielleicht die Juden zu entbehren vermag, was es nicht entbehren kann, sind seine Ehre und seine Tugend!

*Am 26. April 1927 schreibt der Politiker und Revolutionär* ***Max Hölz*** *den folgenden Brief an den Zürcher Schriftsteller und Kritiker* ***Carl Seelig****. Seelig gehörte später zu den unermüdlichsten Helfern deutscher Schriftsteller in der Schweizer Emigration.*

Im Zuchthaus Gross-Strehlitz am 26. April 1927

Lieber Carl Seelig,

Ihr Gruß und Ihre freundl. Zeilen haben mich erfreut. D.h. bedingt erfreut. Es schmerzt mich, dass Sie wohl das Grosse an Rosa L.[uxemburg] erkennen und lieben, aber vor dem *Grössten* dieser Frau steht Ihre Seele unbegreifend. Ihr Herz schreit auf, wenn Sie denken, dass R.L. aus purem Altruismus zu keiner anderen Lösung kam, als jene zu vernichten, um diese zu beglücken.

Lieber, lieber Carl Seelig, *das* war das Grösste und Wundervollste an dieser zarten, mit ihrer unendlichen Liebe *alle* Geschöpfe (auch ihre Gegner und Feinde) umfassenden sozialen Kämpferin.

*Gross* war ihr Wissen und ihr Erkennen, ihr Verstehen, ihre Liebe, ihr Können, aber *grösser* als all dieses, das unbedingt *Grösste* an ihr war die Konsequenz ihres Handelns, d.h. dass sie alle sozialen Probleme *bis zu Ende durchdachte*, ihre Kausalität erkannte und darauf ihr Handeln einstellte, trotzdem dadurch ihre Seele blutete. [...]

Lieber Carl Seelig, für *diese* Frau stand die Frage nie so: jene zu vernichten, um diese zu beglücken.

Haben Sie ein Kind oder sonst einen Menschen, den Sie sehr, sehr lieben?

Sie stehen an dem einen Ufer des Flusses, und an dem andern Ufer sind 4 Menschen, die Sie sehr lieben: ein Freund und dicht dabei die Frau mit den 2 Kindern, die sie Ihnen schenkte. Im plötzlichen Blutrausch, in geistiger Umnachtung (oder sonst einem Grunde) legt Ihr Freund an auf die 3 Menschen, ein Büchsenschuss von *Ihrer* sicheren Hand kann die 3 retten.

*Wie* steht hier die Frage? Den zu vernichten, um jene zu retten, zu beglücken? ? ?

Sie begehen einen Mord, auf jeden Fall, einen Mord, ob Sie abdrücken oder nicht. Und Mord bleibt Mord!

*Was* ist nun gut, was ist gerecht, was ist sittlich?

# 26. APRIL

Unsere Seele schreit auf, wenn wir den Freund vernichten, töten, und sie schreit ebenso laut auf, wenn wir den Gegner, den Feind, den *Menschen*, das Tier, *jedes Geschöpf* vernichten, töten.

*Schreit sie denn weniger auf*, wenn wir den Gegner, den Peiniger, den Menschenvernichter und -töter (aus Profitgier) *nicht* töten, sondern zusehen, wie unsere Brüder und Schwestern täglich und stündlich getötet und vernichtet werden? Wenn wir nur reden, belehren, einwirken, wenn wir fordern oder bitten: „Du kapitalistischer Moloch, Du Menschenvernichter um der Profite willen, Du Mörder in den Bergwerken, Fabriken und auf den Schlachtfeldern, töte nicht, bitte sei gut und gerecht, denn die Liebe ist das Grösste unter uns!!" Und trotz unserer jahrtausendelangen Bitten, Beschwörungen, Forderungen nach „Gerechtigkeit!", trotz unserer Friedfertigkeit, mordet der Moloch frisch, fromm, fröhlich weiter.

[...] „Guter Meister, was soll ich tun, damit ich das ewige Leben erbe." – „Gehe hin, verkaufe alles was Du hast, gib es den Armen und folge mir nach." Da ward der Jüngling sehr traurig, denn ...

Lieber Carl Seelig, Sie sind dieser reiche (an Kultur) Jüngling, versetzt in das 20. Jahrhundert. Sie haben die sozialen Uebel, das soziale Elend (und auch die Kausalität dieses Elends) *erkannt*; Sie sind auch bereit mitzuhelfen an der Beseitigung dieser Uebel, aber die Kultur Ihrer Zeit (diese Unkultur, weil sie die Kräfte aus der Verelendung der Massen saugt) hindert Sie, den letzten Schritt zu tun. Sie sind traurig, dass Sie dem Rufe der Meisterin (R.L.) nicht folgen können, weil Ihre Kultur (*nicht* Ihre Seele) dagegen aufschreit.

Es ist kaum möglich, diese Fragen in ihrer ganzen Tiefe und ihrem ganzen Umfang in einem Briefe zu erörtern. Und gerade ich muß doppelt vorsichtig sein bei jeder briefl. Erörterung solcher Probleme, weil meine Ausdrucks*form* sehr oft Missdeutungen herbeiführt. [...] Lieber Carl Seelig, die Taktik der Strassenkämpfe und die Strassenkämpfe überhaupt sind nie und nimmer in das Belieben *unseres* (der Unterdrückten) Wollens gestellt, ich, der ich in den Jahren 19, 20 und 21 in den Strassen kämpfte, weiss nur zu gut, *wie* Strassenkämpfe entstehen.

Soviel für heute. – Wenn Sie die Möglichkeit haben, ein paar Bücher für mich aufzutreiben, so bereiten Sie mir damit bestimmt eine grosse Freude. Meine Spezialgebiete sind *Soziologie*, Philosophie, Sozialethik, Sexualreform u.a. [...]

Mit vielen herzlichen Grüßen bin ich
Ihr Max Hoelz

*Am 26. April 1938 schreibt* ***Lotte Lenya*** *an* ***Kurt Weill*** *in Hollywood. Beide sind 1935 emigriert. In Amerika haben sie 1937 zum zweiten Mal geheiratet. Nun warten sie auf ihre Chance: die Lenya als Sängerin in New York, Weill als Filmkomponist in Hollywood. – Der Brief, einer von vielen, die alle ähnlich klingen, muß ein Gespräch ersetzen: Im Vordergrund stehen die alltäglichen Sorgen. Aber immer schwingt die Angst mit: Wie geht es weiter in der Welt?*

[New York, 26. April 1938], Dienstag

Liebes Schnubchen,

es war nett mit Dir am Telephon zu sprechen. Ich werde heute abend mit Jacobi nochmal sprechen. Es war so unklar was er da gestern so im weggehen sagte. Aber ich habe den Eindruck, daß weder er noch ich mehr herausholen können. Man kann in einem Nightclub nicht mehr machen. Du siehst es an Elsie Huston, die noch immer den größten und sichersten Erfolg des Abends hat, sie hat kein einziges Angebot von wo anders bekommen. Ich weiß nicht wie er sich das vorstellt, mich für eine Woche rauszunehmen und mich später wieder hineinzutun. Ich halte das für ganz schwachsinnig. Er sagt er hat so große expencies. Ich war bei [Arthur] Lyons. Er war leider nicht da. Ich habe mit seiner Sekretärin gesprochen und die meinte auch es hat nach dem 1. Mai nicht mehr viel Sinn. Es kommen ja auch gar keine wichtigen Leute rein. Es ist zu spät. Wenn ich es im Winter gemacht hätte [hätte] es mir wahrscheinlich mehr genützt. Mein Programm ist auch nicht reichhaltig genug. Ich singe eigentlich nur immer den [Marc] Blitzstein song, „Barbara", „Surabaya" „Pirat-ballad" und manchmal den „Bilbao". „Kanonensong" fast immer und den „Right Guy". Aber es war sehr gut daß ich es probiert habe. Ich habe eine Menge gelernt, weißt Du Blumi, die Elsie arbeitet ja mit so viel Tricks. Die hat es viel leichter. Mit all diesen drumms, und merkwürdigen Instrumenten. Da denken die Leute, es ist was. Meine Sachen sind alle so gerade. Marie Eve hat mir erzählt, daß die Oswald wieder einen ganz großen Erfolg jetzt in Paris hat. Sie macht jetzt auf kommunistisch und singt nur revolutionssongs nachdem sie die „3 Groschenoper" ausgepowert hat. Die hat den Bogen raus. Und ich glaube Jacobi hat sich eine Sensation versprochen. Und das war ich ja nicht. –

# 27. April

Na the hell with it. Ich tat was ich konnte. [...] Neues gibt es gar nichts Blumi. Ich hoffe, Du kannst bald abfahren. Und dann werden wir uns einen niedlichen Sommer machen. Von den Eltern ist wieder ein frecher Brief bekommen. Sie „anerkennen“ es, daß Du jetzt bestrebt bist, der Familie zu helfen, daß ich ein „gutes“ Engagement habe. [...] Was wir alles hier machen, wie die Sohns hier weiterkommen, danach fragen sie nicht ein einziges mal. Eltern sind auch ganz süße Menschen.

Gestern war Strelsin wieder mit ein paar Mädchen im Club. Der ist ja ganz besonders wiederlich. Von der Seite ist gar nichts für Leo zu hoffen. Aber Leo ist ganz fidel und sucht ruhig weiter. Sonst habe ich niemand gesehen. [...] Jetzt gehe ich essen und dann gehe ich mit Marie Eve zu einem Konzert, daß Elsie in einem Privathaus heute abend gibt. So geht die Zeit rum. Nun lebe mein Blümchen. Ich bin beunruhigt, was wieder alles in der Welt forgeht. Hier haben vier Nazi einen jüdischen Redakteur am hellen Tage in seinem Office überfallen und ihn furchtbar zugerichtet. Da wird einem ganz schlecht, wenn man daran denkt, daß das hier auch mal losgehen wird. Viele Knüßchen machs gut und ärgere Dich nicht.

Blumi

*Am 28. April 1921 schreibt **Kreszentia Mühsam**, einen Brief an **Wladimir Iljitsch Lenin**, nach Moskau. Es ist ein Hilferuf. Mühsam ist 1919 zu 15 Jahren Festungshaft verurteilt worden. Nach fünf Jahren wird er freigelassen, aber unter Hitler erneut verhaftet und 1934 im KZ Oranienburg ermordet.*

München, am 28. April 1921

Sehr geehrter Genosse Lenin!
Da ein zuverlässiger Genosse nach Rußland reist (Karl Petermeier), gebe ich diesen Brief für Sie mit.

Ich will nicht eine lange Bitte an Sie richten, nur fragen, ob es möglich wäre, meinen Mann, Erich Mühsam, auf irgendeine Art nach Rußland zu bringen.

Da er eines der meist gehaßten Opfer der Reaktion ist und nur durch Zufall noch am Leben, im Gefängnis, das sie „Festung" heißen, da jede Möglichkeit einer Arbeit ausgeschlossen ist, fürchte ich, daß er, wenn er noch lange zu dieser Untätigkeit verdammt ist, eben krank wird.

Ich möchte auch von kompetenter Stelle erfahren, ob die Broschüre „Einigung des Proletariats im Bolschewismus" angekommen ist, ebenso die Arbeit über die „bayerische Räteregierung" und sein Arbeiterdrama „Judas".

Zur Zeit ist die Lage meines Mannes in der „Festung" so, er bekommt alle Briefe und Pakete, darf aber seit 22. Februar keine Antwort mehr geben, auch mir nicht, besuchen konnte ich meinen Mann seit 5 Monaten nicht.

Die Broschüre „Einigung des Proletariats" habe ich rausgeschmuggelt, auch die Räteregierungsarbeit. Denunziert bin ich worden, und ich weiß nicht, ob ich meinen Mann wiedersehen kann.

Ich will hier das alles nur anführen, damit Sie, Genosse Lenin, ein kleines Bild von dem erhalten, wie es bei uns zugeht.

Da bei der Eroberung Münchens durch die weiße Garde meine ganze Wohnung ausgeplündert wurde (am 3. Mai 1919), das Vermögen, soweit noch eines da war, beschlagnahmt wurde, würde ich Sie bitten, wenn die Arbeiten meines Mannes in Rußland angekommen sind, mir etwas unter die Arme zu greifen. Ich werde mich dafür nicht entschuldigen.

Der Genosse Petermeier kann über die ganze Lage und Gesinnung Auskunft geben. Diesem Brief lege ich Erich Mühsams letzten Gedichtband „Brennende Erde" bei.

Ich hoffe auf eine kurze Antwort, und, wenn es Ihnen, Genosse Lenin, möglich wäre, Erich Mühsam ein paar Zeilen zukommen zu lassen. [...]
Mit kameradschaftlichen Grüßen Frau Kreszentia Mühsam [...]

*Am 28. April 1924 schreibt der – zu seiner Zeit hochberühmte – österreichische Lyriker und Dramatiker* ***Anton Wildgans*** *an* ***seine Frau*** *in Mödling.*

Weimar, 28. April 1924.

Liebste Lilly –

Aus der beiliegenden Ansichtskarte entnimmst Du, was ich heute vormittag alles absolvierte. Nun ist es sechs Uhr und ich habe das Gefühl, daß mir meine Beine oberhalb der Knöchel abbrechen. Trotz der peinigenden Muskel- und Sehnenschmerzen war ich nachmittags auf dem Weimarer Friedhof, wo auch die Fürstengruft ist, in der Goethe und Schiller ruhen. Diese Begräbnisstätte hat mich einigermaßen enttäuscht. Die Särge stehen wie Kisten in einer unterirdischen Rumpelkammer herum, insonderheit gleichen die Truhen, die die Zinnsärge Goethes und Schillers bergen, zwei gewaltigen Kisten durch ihre durchaus rechtwinkligen Linien. Ich habe mir dies alles viel stilvoller, viel würdiger und erhabener gedacht. Immer wieder erlebt man, daß die Phantasie die Dinge viel reiner, wesentlicher und großartiger sieht. Im Goethehaus selbst aber ist noch in einzelnen Räumen die Stimmung der wirklichen Vergangenheit und der Eindruck einer hohen bürgerlichen Kultur. In den Gesellschaftsräumen stehen freilich die Möbel nicht seit damals so, wie sie jetzt stehen. Aber sie stehen womöglich wie damals. Ist es vorstellbar, daß Goethes Schwiegertochter Möbel und Hausrat verklopfte, und daß die vorderen Zimmer zeitweise vermietet waren? Den unversehrten Eindruck von damals gewähren nur die vier kleinen, fast düsteren, ja ärmlichen Räume, die Goethes eigentliche Wohnung bildeten. Mir ist sehr verständlich, daß er sie gerade so und nicht anders hatte und haben wollte. Ich bringe ein sehr gutes Buch mit Innenansichten vom Goethehaus mit. – Es gäbe natürlich noch viel zu sehen, aber ich befolge auch hier meine Methode, lieber weniges, dieses aber immer und immer wieder zu betrachten, um es ganz und bleibend in mich aufzunehmen. Ich werde demnach jeden Tag ins Goethehaus gehen, bis ich darin ganz heimisch bin. Heute entfernte ich mich mit Erlaubnis des Hauswartes von den übrigen Besuchern und ging ohne Führung auf eigene Faust in alles abseitige Winkelwerk des Hauses und Hofes bis auf den Dachboden hinauf.

Meine Berliner Vorlesung verlief sehr günstig und hatte starke Wirkung auf das anwesende Publikum. Der große Saal war fast ganz voll. Ich las, an dem Tische sitzend, an derselben Stelle, wo Bismarck als preußischer Ministerpräsident die Regierung repräsentierte. Am meisten wirkten die Gerichtsgedichte und das Triptychon „Liebesnacht“, „Sommer“ und „Herbst und Ende“ der ersten Abteilung. „In memoriam“ und die letzte Szene aus „Kain“ bestritten die zweite und dritte Abteilung. Ich bin nun neugierig, was die Berliner Presse schreiben wird, wie sie um den unleugbaren Erfolg des Abends herumkommen wird.

Am Donnerstag dürften mich Staakmanns per Automobil von Weimar abholen, abends ist in Leipzig Gesellschaft, und dann geht's wieder heimwärts. Sonntag will ich jedenfalls wieder bei Euch sein und die musikalische Orgie anführen.

Indessen tausend Küsse und Grüße von Deinem
Toni.

*1971 veröffentlicht der Schriftsteller **Walter Mehring** einen Band mit zwölf Gedichten, die er unter dem Titel „Briefe aus der Mitternacht" zusammenfaßt. Es sind fiktive Briefe, geschrieben an die Geliebte in der Einsamkeit der Emigration zwischen 1937 und 1941. Einen wirklichen Brief stellt Walter Mehring seinem Gedichtband voran: Es ist ein Brief an seine **Leser** ...*

Brief an einen Leser an die Leserin

Um mich kurz zu fassen: der Mensch ist das einzige Lebewesen hier auf Erden, das Briefe schreibt = intro-extro-per-vertiert – anonym – c/o – i.A. (Unterschrift unleserlich) – Apostolisch: AN DIE KORINTHER – ganz ergebenst an Seine Exzellenz – Impulsiv, depressiv; „Immer Dein ..." (Leerung zwei Mal täglich ausser an Sonn-Feier-Buss und Bettagen). Denn, wovon schreibt der Mensch?

Von sich – an-und-fürsich – allein mit seiner Wehmut, Schwermut, Wut und Demut – ein Individuum wie Du und wir – kollektiv in Klöstern Kirchen, Kasernen und Kolchosen – konform in GOTTES Zucht – Kranken-Irrenhäusern – Lust-und-Seuchenhospitälern – uniform: in Schützengräbern – Feld-und-Heldenpost (nur einseitig beschrieben!) Keine Briefe mehr aus dem K.Z. – liquidiert – POST mortem – und darüber noch hinaus An eine Nachwelt fiktiv – chiffriert in Versen, also in einer der Obrigkeit, Bürokratie, Dictatur unverständlichen Fremden-Sprache – wie in diesen Briefen, flüchtig – Einem Mitternacht-und-Tagebuch, geführt über vier Unjahre – steckbrieflich verfolgt in

Wien – nach dem ANSCHLUSS Österreichs an den Gesamtdeutschen Sprachraum – durch Gestapo-Grenzkontrollen-Leibesvisitationen – bis

Paris – beim Exodus vor der Teutoneninvasion –

in

Marseille – Maréchal Pétainfrankreich (interniert von der „Sureté Nationale" als „feindlicher Staatenloser" – deportiert in das Typhus-und-Auslieferungslager SAINT CYPRIEN – desertiert nach Nirgendwoher-wohin – arm-selig – gezeugt, erzogen, gedrillt, verhört, zerknirscht – in's Gebet genommen – unbekehrt aus Verzweiflung – Hoffnung – Eitelkeit, doch noch gelesen zu werden – am liebsten von der Geliebten – notfalls von einem beschränkten Leserkreis – unbekannter Weise

mit freundlichen Grüßen
der Autor

*Am 2. Mai 1952 schreibt Bundespräsident* ***Theodor Heuss*** *an Bundeskanzler* ***Konrad Adenauer****. Der Brief beendet einen politischen Streit: Heuss war für eine neue deutsche Nationalhymne eingetreten; Adenauer (und mit ihm der Deutsche Bundestag) beharrte auf dem „Deutschlandlied".*

*Wir wissen, wie dieser Streit ausgegangen ist. Zu einer feierlichen Proklamation der Hymne aber war Heuss nicht bereit ...*

Bonn/Berlin, 2. Mai 1952

Sehr geehrter Herr Bundeskanzler!

Sie haben recht: ich wollte vermieden wissen, daß in öffentlichen Veranstaltungen mit einem vaterländischen Akzent, gleichviel wie ihre Ausdehnung oder wie ihr Rang sei, ein Mißklang ertöne, weil sehr, sehr viele Menschen unseres Volkes Haydns große Melodie nur eben als Vorspann zu dem „dichterisch" und musikalisch minderwertigen Horst-Wessel-Lied im Gedächtnis haben, dessen banale Melodie den Marsch-Takt in ein Volksverderben abgab.

Doch das ist es nicht allein. Als mich die Frage nach einer Nationalhymne bewegte – und das liegt innerlich längst vor meiner Wahl zum Bundespräsidenten –, glaubte ich, daß der tiefe Einschnitt in unserer Volks- und Staatengeschichte einer neuen Symbolgebung bedürftig sei, damit wir vor der geschichtlichen Tragik unseres Schicksals mit zugleich reinem und freiem Herzen, in klarer Nüchternheit des Erkennens der Lage bestehen werden. Ich weiß heute, daß ich mich täuschte. Ich habe den Traditionalismus und sein Beharrungsbedürfnis unterschätzt. Man hat mir wegen meines Planes manche herzhafte Zustimmung gegeben, und zwar aus schier allen heute wesentlichen politischen Gruppen, man hat mich bewegend, entrüstet, töricht, banal in zahllosen Briefen, Telegrammen, Resolutionen belehrt, daß man in der Not die Vergangenheit nicht verleugne usf. usf. Wenn mich jemand über geschichtliches Würdegefühl belehren wollte, habe ich das kühl auf die Seite geschoben. Denn ich bin stolz und selbstbewußt genug, zu meinen, daß einige meiner in der Vergangenheit liegenden literarischen und wissenschaftlichen Arbeiten der deutschen Würde bekömmlicher waren als die Leistung mancher „prominenter" Protestler von heute, die besser schweigen.

Da ich kein Freund von pathetischen Dramatisierungen bin und mit mir selber im Reinen bleiben will, muß ich nach meiner Natur auf eine „feierliche Proklamation“ verzichten. Wenn ich also der Bitte der Bundesregierung nachkomme, so geschieht das in der Anerkennung des Tatbestandes.

Ich möchte daran zwei Erwartungen und Wünsche knüpfen. In den letzten Jahren habe ich, zum Teil durch recht prominente Mitglieder aus den Reihen der CDU, der FDP, der SPD Versicherungen erhalten, wie richtig, wie falsch das sei, was ich versucht habe – es wäre ein Glück, wenn nun das Kapitel der Parteienauffassungen abgeschlossen wäre, das auch in einigen Landtagen abgehandelt wurde. Zum anderen: Man hatte mir nahegelegt, bei der Freigabe von Helgoland den erwarteten Akt der „Proklamation“ zu vollziehen, weil bekanntlich auf dieser Insel Hoffmann seine Verse gedichtet hat. Das ist nun so: Hoffmann von Fallersleben war ein Schwarz-Rot-Goldener, sogar leicht verärgert, daß nach 1870 sein Gedicht gar nicht in Aufnahme kam. Ich würde sehr froh sein, wenn alle, die sich jetzt in Briefen und Entschließungen und Artikeln so lebhaft zu ihm bekannt haben, auch die Folgerungen daraus weiter ziehen, und es wäre verdienstlich, Herr Bundeskanzler, wenn die Bundesregierung mit dafür sorgen könnte, daß diese Farben bei festlichen Anlässen, da man die Worte von Hoffmann von Fallersleben singen will und singen wird, nicht bloß an den Amtsgebäuden wehen, sondern von den Mitgliedern der Gruppen, die sich dafür in Beschlüssen erklärt haben, als das Symbol unseres Staates auch öffentlich bekannt würden.

Mit guten Grüßen

Ihr
Theodor Heuss

*Am 2. Mai 1987 beginnt* ***Papst Johannes Paul II.*** *seinen zweiten Besuch in der Bundesrepublik Deutschland. Zu diesem Anlaß erscheint ein Buch mit 26 „Briefen an den Papst", die als kritische Zwiegespräche mit dem Summus Pontifex geschrieben wurden. Der folgende Brief stammt von* ***Flori Lille;*** *sie ist 30 Jahre alt, ist schwanger und lebt als Prostituierte in Frankfurt am Main.*

Sehr geehrter Herr Papst,

wir kennen uns nicht, ich kenne nicht mal Ihresgleichen, Sie nicht meinesgleichen. Wir arbeiten an so ganz verschiedenen Orten, daß wir uns nur schwerlich begegnen werden, und doch pfuschen wir uns gehörig ins Handwerk. Dachte mir, es ist Zeit, Ihnen zu sagen, daß vieles von dem, wofür Sie stehen, mir den Boden unter den Füßen wegzieht und daß ich leide unter Ihrer Passion.

Prostitution mag ein altes Gewerbe sein, so alt wie das Ihre, den Willen der Götter zu deuten ist es bestimmt nicht. Den Gesetzen der sich wandelnden Gesellschaft unterworfen, bieten wir immer gerade das an, was selten, exklusiv, ja geächtet ist. So erfüllen wir die wahren Sehnsüchte, Wünsche und Träume derer, die die Regeln und Verbote erfinden, formulieren und hüten. Wir sind der Spiegel der Gesellschaft, die Antithese der Ethik, die Avantgarde der Erotik. Ich gebe Ihnen einige Beispiele:

Im griechischen Stadtstaat, in dem die Ehefrau ihr begriffgebendes Matronenleben führt und von Kultur und Sinnlichkeit ausgeschlossen ist, bezahlt man uns für die Fähigkeit, gebildet, sensibel und doch Frau zu sein. Im ständisch gebundenen, zünftig geregelten, von Kleider- bis Klosterordnungen eingebundenen Leben der erblühenden Städte am Umbruch zur Neuzeit entlohnt man uns für unsere zügellose Laszivität und unsere archaische Nacktheit. Die feisten Bürger unseres Jahrhunderts schließlich zahlen schlicht und einfach für den außerehelichen Verkehr, für ihren Mangel an Phantasie und ihre Scheu vor dem eigenen Weib, dem „unbekannten Wesen".

Um das ganze Karussell aufzuzeigen, ein letztes Beispiel:

In diesen, unseren Tagen des großen Abgesangs auf die Promiskuität werden gerade asiatische Frauen als Sexualobjekte angepriesen und verhökert, weil sie treuer, liebevoller, anständiger seien, als andere Frauen (generell). Wie paradox ist eine Gesellschaft geworden, in der die Prostitution mit den klassischen Werten der abendländischen Moral werben muß.

Wissen Sie, es gibt nichts Erniedrigenderes, als einem Job nachzugehen, der harte Arbeit, schlechte Arbeitsbedingungen, soziale Stigmatisierung gröbster Art und erhebliche Gesundheitsrisiken auf sich vereint und an Stelle von solidarischer Ermutigung durch kirchlich beauftragte Sozialhilfe-Institutionen mit väter- und mütterlichem Mitleid übergossen und in einer Opferrolle festgeschrieben wird. Damit ist bei mir und vielen meiner Kolleginnen Schluß! Wir wollen in unserem Beruf arbeiten und stellen wie andere Forderungen an Staat und Arbeitgeber, um unsere Situation zu verbessern. Belehren, bekehren und resozialisieren wollen wir uns nicht lassen.

Lieber Karol, ich glaube, daß Sie sicher sehr behütet aufgewachsen sind. Was mein Metier betrifft, hat wahrscheinlich auch Ihr erwachsenes Leben in Polen Sie nicht offener dem Phänomen und seinen Vertreterinnen werden lassen, und als Zölibatär und Kirchenfürst ist das ja auch nicht weiter verwunderlich. Trotzdem bleiben die Frauen, die Verhütung, die Abtreibung, die Sünde der Unzucht weiterhin Ihr Thema. Und Ihre Lehren strotzen von Sünde und Teufel. [...]

Sehen Sie, ich weiß: solange Sie Zucht predigen, floriert meine Unzucht, solange Sie Kenntnis über Verhütung und Abtreibung in die Dunkelheit verbannen, bleibt mein Monopol, solange Sie die Beichte und die Buße institutionalisieren, bleiben die Sünden teuer, solange Sie die Liebe erst vom Schlüsselbein an aufwärts definieren, muß ich mir nicht den Kopf zerbrechen ... mit anderen Worten: solange Ihr Thron fest steht, wackelt auch mein Bett nicht.

Aber ich wäre kein Subjekt der Geschichte mehr, keine kämpferische Frau, ich hätte nichts aus meiner Arbeit gelernt, wenn ich mich auf diesen Pakt einließe, und mein Spott wäre gegen mich wie gegen Sie gerichtet. Ich will nicht die Früchte Ihrer düsteren Lehren in einer grauen Welt verzehren. Für mich und mein Kind will ich eine Welt ohne Trennung von Geist und Körper in Eva und Maria, ohne Furcht vor Sex und Phantasie, ohne heuchlerische Doppelmoral, ohne Huren, aber auch ... ohne Patriarch.

*Anfang Mai 1904 schreibt die Schriftstellerin* ***Lou Andreas-Salomé*** *an den jüngeren Freund* ***Rainer Maria Rilke*** *den folgenden Brief. Seit den sehr intensiven gemeinsamen Rußland-Reisen 1899 und 1900 weiß sie um seine psychische Labilität und versucht immer wieder, durch Zuhören und mit Ratschlägen zu helfen. Übrigens vertiefte sie dieses Interesse später noch, stieß 1911 zum Kreis um Sigmund Freud und arbeitete als Psychoanalytikerin.*

[Göttingen, Loufried, Anfang Mai 1904]

Lieber Rainer,

ich danke Dir für Deinen Brief. Vielleicht sind jetzt schon Deine unfreiwilligen Ferien überstanden, wissen kann man's freilich so wenig wie, ob ein nächtlicher Traum sich wiederholen wird. Wäre diese tiefe Angst nicht allem Schaffen beigegeben, so würde es vermuthlich für Menschenkinder von zu ungemischter Seligkeit sein; ich denke immer von diesen und einigen andern Sensationen, daß sie ohne das wie conzentrirte und rasch tödtende Gifte wirken würden; sie wirken nur Leben indem sie entweder an Hemmungen in uns selbst oder an einen zweiten Menschen (was schon Hemmung genug ist!) gebunden sind. Deshalb ist in allem, was je im Leben gelang, eine so unendliche Fülle verarbeitet, gleich reich an Wahrheiten wie Irrthümern, Siegen wie Scheiterungen; von Fall zu Fall immer wieder ein Geheimniß: weil Leben. Jedenfalls machte es mal auf mich den tiefsten Eindruck, als ich las, an bazillen-(keim-)freier Nahrung gingen Hühner zugrunde, und allzu reines Wasser mache magenkrank.

In Bezug auf ganz etwas anderes meine ich, könntest Du vielleicht auch Deine Mutter aus ähnlichem Gesichtswinkel ansehn: selbst wenn sie nichts sein sollte als ein einziger dicker Bazillus in Deiner Lebensspeise oder gar Deiner eigensten Zusammensetzung, ist über ihren Vortheil oder Nachtheil für Dich garnichts ausgesagt. Bazillen bringen nur in Gährung, was schon in einem steckt, und was man bei der Gelegenheit (Krankheit) *ausscheidet.* Manche segensvollste, idealste Mutter ist für ihr Kind *steril* (keimfreie Nahrung!!). Wir wissen so wenig, daß wir uns von nichts anzufechten lassen brauchen; ein Feigenbaum der bei Dir blüht, und die blauen Veilchenbüschel die bei uns überall aus den bemoosten Ritzen der alten Steinmauer des Gartens drängen, sind immer noch das Thatsächlichste, Wissenswertheste, zu erleben Nothwendige.

Aber ein ganzer Sommer in Rom wäre grauenvoll ungesund. Meist ist Rom schon nach Mai eine Strapaze und ein Fiebernest. Mußtest Du Dich so fest einrichten, daß Du den billigen Erfrischungen von italienischem Gebirg und Meer auszuweichen hast? Und dem Schönen, was noch jenseits Roms liegt?

Sogar wir hatten einige heiß sommerliche Tage; jetzt wieder ein Duft und eine Frische, die berauschen. Man kann doch die Blättchen und Blüthenköpfchen nicht sehn, ohne zu wissen: man ist ihnen verwandt, man vergißt's nur immer wieder, aber der Frühling sagt es so laut, daß auch wir Frühlinge sind! Denn dies ist der Grund unseres Entzückens an ihm.

Die Obstblüthe bricht auf. Und im Garten stehn 43 Obstbäume!

Auch mir ist, in den kranken Tagen, eine Arbeit entglitten, eine große, geliebte, von der die größere Hälfte, 300 Druckseiten, reif war, und die machte, daß ich Woche und Woche in Wonne herumging. Man muß Geduld haben.

Lou.

*Am 4. Mai 1976 schreibt der Ethnologe und Wissenschaftstheoretiker* ***Hans Peter Duerr*** *an den älteren Philosophen* ***Paul Feyerabend****. Seit dem zufälligen Zusammentreffen in einer Heidelberger Buchhandlung 1965 pflegten beide eine fast 30 Jahre – bis zum Tod Feyerabends 1993 – andauernde Brieffreundschaft.*

4. Mai 1976

Lieber Paul,

vielen Dank für Deinen Brief, den ich eben gekriegt habe. Sag das nicht, daß es überall so aussieht wie im Grab (obwohl es mir manchmal auch so scheint). Es ist für Dich noch lange nicht die rechte Zeit zum Sterben, ich fühl das ganz genau. Übrigens, versäumen können wir's ja eh nicht, da brauchen wir gar keine Angst zu haben. Vor vier Jahren hab ich in Berlin mit meinem Freund Sahal, einem Somali, mit LSD einen Todestrip unternommen. Es ging wie mit der Achterbahn zuerst runter zu den Tieren, dann zu den Pflanzen, dann zu den Mineralien, und plötzlich wurde uns klar, daß die Fahrt dorthin ging, wo nichts mehr von irgendetwas getrennt ist, wo alles gleich ist, in den Tod. Zum erstenmal im Leben hab ich den Tod gesehen, und er hat mächtig gezogen und er sagte „Ach Junge, warum willst Du Aufschub, ich krieg Dich ja doch, was hast Du vom Aufschub, in dreißig Jahren bist Du doch wieder in genau *derselben* Situation!" Er war gerade dabei, mich zu überzeugen, als ich merkte, daß mein Freund, der Afrikaner, ins Leben zurücksprang und ich ihm nach. Wir tauchten wieder im Leben auf und die Gischt spritzte und die Farben leuchteten. Irgendetwas ist in jener Nacht gerissen, zum erstenmal hatte ich den Tod akzeptiert, vorher hatte ich ihn immer verdrängt und er saß als Ungeheuer auf meinem Nachttisch. Seit dieser Zeit lebe ich in ständigem Kontakt mit ihm und er hat viel von seinem Schrecken verloren. Ich hab das Gefühl, Paul, daß wir beide noch Aufschub haben (obwohl ich Dich ja erst einmal ganz kurz, vor nunmehr elf Jahren, gesehen hab.)

Vielleicht seh ich auch deshalb im Augenblick etwas optimistischer, weil ich gerade erfahren hab, daß ich wieder mal die nächsten 1 1/2 Jahre finanziell gesichert bin. Die Heinrich Heine-Stiftung (eine linksliberale „Gegenstiftung" zur DFG) hat mir ein Stipendium für schwarze Magie (kein Witz) gegeben. Das ging so. Ich habe einen Antrag geschrieben, hab auch reingeschrieben, daß ich keine Chance auf ne Stelle usw. hab, ohne wissenschaftl. Schmalz. Dann wurde drüber entschieden. Das ging so vor sich. Ein Historiker stand auf und fragte, ob ich genial oder ein Hochstapler sei. Da ist, wie man mir erzählte, die Margherita v. Brentano aufgestanden und hat die Frage zwar nicht gemäß der Wahrheit, aber gemäß meines Vorteils beantwortet, sodaß ich zu dem Geld kam. Meine Seminare in Zürich machen auch einigen Spaß. Letzte Woche kamen nach dem Seminar zwei Amerikanerinnen zu mir und sagten, das Seminar hätte ihnen unheimlich gut gefallen, nur schade, daß sie kein deutsch könnten.

Herzlich

Hans Peter

PS Ich leg Dir meinen Antwortbrief an den Redakteur einer wissenschaftl. Zeitschrift bei, die meinen Hexenartikel als „unwissenschaftlich" abgelehnt hat. Er hat mir vorgeschlagen, doch erst einmal etwas „philisophy of science" zu lesen.

*Am 5. Mai 1940 schreibt die 23jährige Hausangestellte **Anna Grätz** an ihren früheren Vormund, den **Pfarrer Winzler** in Breslau, diesen ungewöhnlichen Brief. Anna Grätz wurde 1939 wegen Landesverrats vom Volksgerichtshof zu drei Jahren Zuchthaus verurteilt. Ihr Brief wurde „wegen ungehöriger Äußerungen über Anstaltsverhältnisse“ einbehalten.*

Frauenzuchthaus Cottbus, 5. Mai 1940

Lieber Herr Pfarrer!

Sie haben schon lange nichts mehr von sich hören lassen. Sie sind doch nicht etwa krank? Das wäre in dieser Zeit nicht gar so ausgeschlossen. Bei uns bricht auch immer einer nach dem anderen zusammen. Es ist nicht zu verwundern bei dem knappen Essen. Ich mache jetzt Rosen. Ich kann mich am Abend kaum noch auf den Beinen halten. 12 Stunden Arbeitszeit ist etwas viel. Wir werden vor der Zeit alt und verbraucht. Bin schon ein paarmal beim Arzt gewesen wegen meiner Rückenschmerzen, hat mich aber bis jetzt noch nicht untersucht. Herr Pfarrer, Sie wissen ja von meiner ganzen Heimzeit, daß ich nie aus Zeitvertreib zum Arzt gelaufen bin. Arztunkosten habe ich dem Heim nie gemacht. Mir ist ein plombierter Zahn kaputt gegangen, dazu muß man hier erst die Genehmigung vom Arzt haben (zur Zahnarztbehandlung). Hatte mich schon ein paar Wochen damit rumgeschleppt; als ich es aber vor Zahnschmerzen nicht aushielt, meldete ich mich zum Arzt. Er wollte mir die Genehmigung gar nicht mal geben, dabei war der Zahn mittendurch geplatzt, daß ich gar nicht wußte, wie ich essen sollte. Mancher kann mit allem kommen und bekommt immer alles, und mancher nur mit dringenden Sachen und wird doch nur zu oft abgewiesen. [...] Sie werden zwar sagen „ich denke, überall geschähe mir Unrecht und überall werde ich zurückgesetzt“. Es ist aber tatsächlich so. Ich weiß, daß Sie ja nur darüber lächeln, aber ich wünsche oft so manchem, er würde einmal seiner ehrbaren und tugendhaften Glorie entblößt im Zuchthaus sitzen. Vielleicht würde er dann anders denken. Aber wie kann ich nur von Ihnen Mitleid verlangen, wo Sie doch immer in einer Welt für sich gelebt haben. Sie werden nie das fühlen können, was ich fühle, denn so was muß man am eigenen Leibe erfahren haben. Darum paßt auch nicht das Bibelwort „Besser Unrecht leiden, als Unrecht tun“ sondern „Auge um Auge, Zahn um Zahn“. Ja, ja Herr Pfarrer, wer sich auf Gott verläßt, der ist ewig verlassen. Das Märchen vom lieben Gott war ganz schön, als ich klein war.

# 5. MAI

Sehen Sie mal, Herr Pfarrer; wir beten zu Gott, daß er möge uns helfen und unseren Feinden auch. Wem soll er nun helfen?? Dem, den er lieber hat?? Unleugbar ist die Bibel eines der interessantesten Bücher, die es gibt. Der Mann, der es geschrieben hat, ist der Klügsten einer gewesen. Denn man kann es wenden wie man will: Immer trifft es zu, daß jeder Recht hat. Drum nutzt auch jeder auf seine Weise die Bibel aus. Ich habe mich endlich durchgerungen. Ich habe nun eine höhere und bessere Idee. Ich hoffe, Sie bald davon zu überzeugen. Nun werden Sie ja für das verlorene Schaf beten. Aber glauben Sie, Herr Pfarrer, ich fühle mich durchaus nicht als ein solches. Im Gegenteil, ich bin nun endlich aus dem Dahindämmern aufgewacht und stehe nun im wirklichen Leben. Vielleicht mußten die drei Jahre Abgeschiedenheit sein, um zu einer besseren Erkenntnis zu kommen. Ich hoffe, daß wir uns noch später darüber unterhalten werden. Es hat alles sein Gutes, sogar 3 Jahre Zuchthaus. Hoffentlich bleiben wir alle am Leben, denn auf der Erde ist es jetzt interessanter als im Himmel oder in der Hölle!

Herzliche Grüße von Ihrer hoffnungsfreudig in die Zukunft blickenden
Anna Grätz

*Am 6. Mai 1972 schreibt der am 22. April 83 Jahre alt gewordene Schriftsteller* ***Ludwig Renn*** *an den Literaturwissenschaftler, Essayisten und Schriftsteller* ***Eberhard Hilscher****.*

6.5.1972

Lieber Eberhard Hilscher!

Ihr Brief vom 21. April war einmal ein nicht einfach formaler Glückwunsch, sondern ist schwer von Inhalt. Ich konnte ihn aber nicht gleich beantworten, denn gerade an diesem Tag begann der schwerste Anfall von Hautausschlag unbekannter Ursache, den ich je erlebt habe. Noch immer bin ich davon geschwächt. Das ist aber nicht wichtig.

Sie haben recht: Die von meinem Vater ererbte mathematische Begabung spielt bei mir eine große Rolle. Meine anthropologischen Studien – meine heute ausschließliche Beschäftigung – basieren mit auf der Mathematik, aber auch auf physikalisch-chemischen Erkenntnissen, der Genetik, der Relativitätstheorie. Ich stemmte mich als Jugendlicher gegen meinen Vater, aber nicht wegen der Mathematik, sondern wegen der Simplifizierung seines mechanistischen Materialismus und seiner geradezu kultivierten Vernüchterung, die meiner Gemütslage nicht entsprach. Er war wohlwollend und hatte viel Verständnis für Kunst.

Ich weiß nicht, ob ich bei Ihnen dieselbe Affinität zur Mathematik und den Naturwissenschaften voraussetzen kann. Schriftsteller neigen ja oft zur Feindseligkeit dagegen. Hermlin offenbarte mir einmal seinen ganzen Haß gegen die Mathematik. Diese mir unverständliche Geistesrichtung hat vermutlich die Folge, daß mir seine Lyrik völlig unverständlich ist.

Mir eröffnete erst später die Dialektik das Betrachten der Welt, gleichzeitig von mehreren Bedingungen, von multiplen Komplexen her, den freien Blick. Da ich außerdem früh in einen praktischen Beruf hineingekommen war, ja ihn gesucht hatte, konnte ich nie zu der unrealistischen Simplifizierung des Pazifismus kommen, noch zu Sigmund Freud, dessen sexualistische Brille alles aus dem Leben herausfiltriert, was nicht in seine Vereinfachungen paßt. Karl Kraus, der im Wiener Kleinbürger die Welt sah, blieb mir ganz fremd. Remarque kannte wirkliche Kämpfe nicht und erfand dümmliche Situationen. Ähnlich geht es mir mit Anna Seghers, die gern von Ereignissen schreibt, die sie nicht erlebt hat. Simonow und andere sowjetische Romanciers erfinden auch, um den Heldenmut der sowjetischen Kämpfer überflüssigerweise noch zu beweisen, die falschesten Ereignisse.

# 6. MAI

Wenn Thomas Mann im Zauberberg die Leute in latinisierten Perioden von fast Seitenlänge diskutieren läßt, klappe ich das Buch zu, ebenso bei Lotte in Weimar, wenn ich mir merken soll, wer da neben wem bei Tische saß. Unbegreiflich ist mir auch, weshalb Thomas Mann irgendwo in seinen alttestamentarischen Erzählungen die Gefühle einer Dame von 1900 der Frau eines nomadisierenden Viehzüchters in den Mund legt. Arnold Zweig leistet es sich, dem Analphabeten Grischa Gedanken anzudichten, die er nur aus den Werken von Sigmund Freud haben kann. Diese Urteile finden Sie vielleicht ungerecht. Aber wozu soll ich Begeisterung heucheln? Seit Jahren habe ich keinen Roman gelesen, außer einigen militärischen Dingen, von denen ich zu Unrecht angenommen hatte, sie taugten sachlich etwas.

Nun zu Ihren Fragen: Ich kenne weder Russell noch Wiener. Den Nietzsche lernte ich erst nach dem Erlebnis des ersten Weltkriegs kennen. Ich mochte ihn ebensowenig wie das Fußballspiel. Ein Professor der Philosophie, Schüler von Husserl, bemühte sich an vielen Abenden, mir die Phänomenologie beizubringen, ebenso wie das Gekrakel von Paul Klee. Mir geht aber das Verständnis dafür ab.

Was mich bewegt, ist Einstein, die Atomphysik, die Astronomie von Ambarzumjan, die Physiologie Pawlows, die amerikanische Sozial-Anthropologie von Franz Boas und Margaret Mead, allerdings alles das nur, wenn man es mit der Marxistischen Dialektik innig bereichert. Zu den Berufsschriftstellern fühle ich mich nicht hingezogen und fühle mich nicht zu ihnen gehörig. Allzuoft ist die Berufskunst von Moden oder der Notwendigkeit entstellt, Geld zu verdienen.

Ob Sie mich hier verstehen, weiß ich natürlich nicht. Es lohnt sich aber vermutlich, die Dinge sorgsam abzuwägen, zumal wir in manchem, wie es scheint, übereinstimmen. Für Ihren Brief bin ich Ihnen sehr dankbar. Falls Sie Wert darauf legen, den Briefwechsel fortzusetzen, bin ich bereit. Freilich strengt es mich übermäßig an, Schreibmaschine zu schreiben. Ich schreibe altmodisch mit der Hand.

Herzlich Ihr Ludwig Renn

*Am 6. Mai 1962 schreibt* ***Erwin Piscator*** *an seine Frau* ***Maria Ley-Piscator*** *nach New York. Piscator ist in diesem Jahr, als 68jähriger, zum Intendanten der Freien Volksbühne in Berlin gewählt worden. Bis zu seinem Tode, 1966, kommt der geplante Umzug seiner Frau nicht zustande.*

Berlin-Charlottenburg
Fasanenstr. Hotel Savoy
6.V.1962
Sonntag früh 4.00

Marialein,

verzeihe, daß ich nicht sofort auf Dein Brieflein vom 25. antwortete, aber ich war inzwischen in Frankfurt wegen einer Diskussion über meine Inscenierung von Genets „Balkon" (die Du vielleicht noch sehen kannst) und in Dillenburg, wo ich einen Kritiker traf, der das Vorwort zum „Politischen Theater" bei Rowohlt schreiben soll. Das scheint ja nun doch sehr notwendig, daß das Buch richtig verstanden wird.

Trotzdem ich vor dem ganzen späten Beginnen etwas Angst habe, ist es doch auch wieder wie ein später *Frühling* mit neuem Drang zum Wachsen, Gedeihen, Vollenden – wenigstens der Möglichkeit dazu. Eine innere Fröhlichkeit, die ich nach außen und nirgends hier zu offenbaren wage – zu sehr gewohnt, nur das Schwere und Erfolglose in den letzten Jahrzehnten erfahren zu müssen – weitet sich nun doch aus. Ich wünschte, sie würde nicht noch einmal zu sehr enttäuscht.

Aber darum zögerte ich auch – und tue es noch – wie weit sollen wir uns praktisch und in Gedanken an diese Stadt, die ja in Wahrheit meine geistige Heimat ist, binden? Es könnte sehr schön sein, das Haus am Wasser, am Wannsee ... Aber wie lange bleibt Berlin was es ist, wann wird es „freie" Stadt, wann wird es wieder das Berlin ohne Mauer – und wie sieht es dann aus - und was wird dann aus dem Haus?

Aber darauf freue ich mich – nun mit Dir zusammen darüber nachzudenken, Häuser oder Wohnungen anzusehen. Ich sprach mit Betty gestern nachmittag. Aber sie hat eine ganze Familie am Bein - jedenfalls mit Mann – aber wenn man ein Haus hätte ... Sie verdient jetzt 350 Mk (es gibt hier keine Dienstboten, seitdem die Mauer geschlossen ist und diejenigen fehlen, die von drüben kamen – 100.000de). Aber ohne Bedienung ist alles zu schwer und doch: in einem Hotel können wir nicht wohnen bleiben – das ist zu teuer! [...] Die paar Sachen in Dillenburg sollte man stehen lassen – ein Refugium, in das man sich stets zurückziehen kann (solange das Haus in Dillenburg bestehen bleibt, was auch zweifelhaft ist.) Über alles das können wir erst Entschlüsse fassen, wenn Du hier bist.

Schiff oder Flugzeug? Schiff! Da erholst Du Dich doch besser – und natürlich kannst Du mehr mitbringen. Aber außer Deinem Pelz-Mantel kannst Du auch alles hier haben. Natürlich Bücher, Manuskripte [...] Mit deutschen Bahnen fährt man heute gut. Ich habe es mehrere Male getan. Und man kann Dir in New York die Reise zusammenstellen. [...] Oder Schiff Hamburg. Von Hamburg nach Berlin weiterfliegen - Hauptgepäck geht per Bahn weiter nach Berlin. Hier lagern? Aber wo? Und was brauchst Du? Ich nehme wahrscheinlich – bis auf Bücher – auch das andere wieder mit nach Dillenburg. Habe den Wagen hier. Müßte mich wohl auf den Sommer vorbereiten – und auf Griechenland.

Ob wir so weit gehen sollten? Eigentlich ja – noch dazu: Ich bereite als erstes Stück Hauptmanns Atriden-Tetralogie vor - er wird am 15. November 100 Jahre. Ich wollte alle vier Stücke auf einen Abend zusammenziehen. Nun hat leider der etwas Playboy-Sohn Benvenuto Hauptmann ein Veto eingelegt. Ich fliege morgen nach München, um mit ihm zu verhandeln. Als 1. Stück: Die Atriden. G. Hauptmann – als zweites Anouilh: Die Grotte (la grotte) – als 3. das außergewöhnlich gute Stück eines jungen deutschen Autors (Hochhuth: Der Stellvertreter). Also für die Atriden wäre Griechenland das beste. Aber vielleicht heiß? und weit!

Also nun erwarte ich Deine Nachrichten. *Wann* Du kommst – Wie? Womit? Wodurch?

Dein
Goldkind

Für die herrlichen 20 roten Rosen hatte ich doch gedankt: *es war zu schön!* Ich bin 30./31. Mai zu einer Tagung in *Frankfurt!*

*Im Mai 1945 veröffentlicht die in Zürich erscheinende Zeitschrift „Freies Deutschland" einen leidenschaftlichen Brief des 30jährigen* ***Stephan Hermlin*** *an den französischen Schriftsteller* ***Louis Aragon****. Aragon hatte geschrieben: „Wir werden diesem verbrecherischen Volk einen schrecklichen und dauerhaften Tribut abverlangen, wir werden dem deutschen Volk eines der schwersten und drückendsten Joche auferlegen, die die Geschichte gekannt hat."*

[Mai] 1945

Es ist schwer, zu Ihnen zu sprechen, Aragon, da unser Blut schon längst vor Grauen erstarrt ist und unsere Worte im Feuersturm verwehten. Schmerz zehrt an uns, unser eigener und der Schmerz der anderen und ihr Haß. Und so gehen Tage und Nächte dahin, seit mehr als fünf Jahren...

Ich bin ein Deutscher, Aragon, und ein Feind des Nationalsozialismus. Ihr Wort, Aragon, ist ein sehr berühmtes Wort, und ich bin jung und ganz ohne Ruhm. Aber unsere Worte gingen zusammen ihren schweren Weg, sie kannten die gleichen Begeisterungen, sie haßten und liebten gemeinsam, und es kann, es kann nicht sein, daß unser Haß, unsere Liebe nicht gemeinsam wären ... O, Ihr berühmtes Wort, Ihr gerühmtes, Ihr geliebtes Wort, es kann nicht sein, daß es nicht mehr wie aus unserem eigenen Herzen käme! ...

Es ist schwer, ein Deutscher zu sein. Hier ist es schon, das Joch, von dem Sie sprechen, das Joch des deutschen Namens, aber es ist ein Joch, das man nicht ablegen will, niemals. [...]

Es ist schwer, mit leeren Händen zu kommen und zu sprechen. [...] Wir aber, die deutschen Feinde der Barbarei, stehen mit leeren Händen, unsere Taten wurden nicht zur Tat, noch nicht zur Tat, und wir hören Stöhnen und Racherufe unserer Brüder und Schwestern von allen Enden Europas. In meinen Ohren gellt Ihr Schrei, Aragon: - Mörder!

Erwarten Sie von mir nicht den Versuch, einen kleinen Teil unseres Volkes, zu dem ich mich selbst zählen darf, reinwaschen zu wollen, für ihn eine von Ihrer allgemeinen Bewertung des Deutschen sich unterscheidende Bewertung zu verlangen. [...] Wir leugnen nicht die Mitschuld des Volkes, Aragon, und damit unsere Mitschuld. Ein Regime nicht gestürzt zu haben, das seit Jahren Verbrechen auf Verbrechen häuft, bedeutet, eine Mitverantwortung für das Geschehene übernehmen zu müssen. Wir müssen versuchen, diese Schuld abzutragen, mit unserer Arbeit, mit unseren Erzeugnissen, unseren Bodenschätzen und, wenn Sie es verlangen, mit einem Teil unseres Gebietes.

Aber das vergossene geistige Blut Frankreichs können wir nur mit einem vielleicht bezahlen, mit einer Möglichkeit: mit der Möglichkeit, einmal, später, Ihre Hand zu sehen, die sich der unseren entgegenstreckt.

Es ist Zeit, das zu sagen. Nicht Ihren Haß will ich beschwichtigen. Ihr Haß ist der meine, und noch sind wir nicht am Ende des Hassens angelangt. Doch es soll keinen Haß ohne Gerechtigkeit geben! [...]

Dies will ich sagen, aber mehr noch. Sie haben Worte gesagt, die nicht fallen durften. Sie rufen nach dem furchtbarsten Joch für Deutschland, und ich will Ihnen [...] mit den Worten eines Deutschen erwidern, der Ihnen so gehört wie Jean Jaurès mir: „Ein Volk, das andere Völker unterdrückt, kann nicht frei sein!“ Entziehen Sie sich diesen Worten nicht, Aragon, sie sind Wahrheit geblieben!

Sie sagen, wir seien Zerstörer von jeher. Sie zeigen auf das Kainszeichen auf unserer Stirn: Guernica! Aber wir tragen andere Zeichen, auch wir beklagen Tote, auf die wir stolz sein dürfen. Wir sagen Casa del Campo, wir sagen: Belchite, wir sagen Teruel ... [...] Immer und überall war es der gleiche Feind. [...]

Sie wollen uns die französische Kunst nehmen. Aber hier ist es ja: das Größere Frankreich. Es bewohnt unsere Herzen, unsere Sinne. Glauben Sie, wir könnten ohne es sein? Wir müssen Racine und Rodin begreifen, um uns selbst begreifen zu können. Aber so sei es! Nehmen Sie alles, was Frankreich ist, aus Deutschland, doch die unsichtbaren Sonnen Poussins werden unseren Schlaf behüten und die holden und gefährlichen Masken Watteaus durch unsere Träume irren ...

Kein französisches Buch wollen Sie den Deutschen mehr lassen? Unter den Trümmern eines Hauses in Berlin liegen Ihre Verse, Aragon. Nicht Sie noch ich werden den Band je finden. Aber Sie werden aus unserem Gedächtnis weder Pascal noch Baudelaire reißen können. [...]

Es gilt, den Krieg für die Freiheit zu gewinnen. Es ist Zeit, sich ganz ins klare darüber zu bekommen, wie den künftigen Generationen der Friede erhalten werden kann. Im Namen Ihrer, unserer Opfer, im Namen der Lehren, die uns teuer sind, im Namen Ihrer großen Partei rufe ich Ihnen, Aragon, zu, Ihren Haß zu meistern, so wie er, der uns „Le Beaux Quartiers“ und „Crêve-Coeur“ gab, zum Ruhme seines Landes für eine beglückte Welt unvergänglich eine Sprache meisterte.

*Am 9. Mai 1933 schreibt **Klaus Mann** aus dem französischen Exil an den Schriftsteller **Gottfried Benn**. Benn hat sehr viel später eingestanden: „Der Siebenundzwanzigjährige hatte die Situation richtiger beurteilt, die Entwicklung der Dinge genau vorausgesehen, er war klarer denkend als ich." – (Die ausgesparten Namen der Schriftstellerkollegen sind nicht veröffentlicht.)*

Le Lavandou, den 9. Mai 1933

Lieber und verehrter Herr Doktor Benn,

erlauben Sie einem leidenschaftlichen und treuen Bewunderer Ihrer Schriften mit einer Frage zu Ihnen zu kommen, zu der ihn an sich nichts berechtigt als eben seine starke Anteilnahme an Ihrer geistigen Existenz? Ich schreibe diese Zeilen nur in der Hoffnung, daß Sie mich als verständnisvollen Leser Ihrer Arbeiten etwas legitimiert finden, eine offene Frage an Sie zu richten. – In den letzten Wochen sind mir verschiedentlich Gerüchte über Ihre Stellungnahme gegenüber den „deutschen Ereignissen" zu Ohren gekommen, die mich bestürzt hätten, wenn ich mich hätte entschließen können, ihnen Glauben zu schenken. Das wollte ich keinesfalls tun. Eine gewisse Bestätigung erfahren diese Gerüchte durch die Tatsache, die mir bekannt wird, daß Sie – eigentlich als *einziger* deutscher Autor, mit dem unsereins gerechnet hatte – Ihren Austritt aus der Akademie *nicht* erklärt haben. Was mich bei der protestantischen ++++ nicht verwundert und was ich von ++++ , der seine Rolle als der Hindenburg der deutschen Literatur mit einer bemerkenswerten Konsequenz zu Ende spielt, nicht anders erwartet hatte, entsetzt mich in Ihrem Fall. In welcher Gesellschaft befinden Sie sich dort? Was konnte Sie dahin bringen? Ihren Namen, der uns der Inbegriff des höchsten Niveaus und einer geradezu fanatischen Reinheit gewesen ist, denen zur Verfügung zu stellen, deren Niveaulosigkeit absolut beispiellos in der europäischen Geschichte ist und von deren moralischer Unreinheit sich die Welt mit Abscheu abwendet? Wie viele Freunde müssen Sie verlieren, indem Sie solcherart gemeinsame Sache mit den geistig Hassenswürdigen machen - und was für Freunde haben Sie am Ende auf dieser falschen Seite zu gewinnen? Wer versteht Sie denn dort? Wer hat denn dort nur Ohren für Ihre Sprache, deren radikales Pathos den Herren ++++ und ++++ höchst befremdlich, wenn nicht als der purste Kulturbolschewismus in den Ohren klingen dürfte? Wo waren denn die, die Ihre Bewunderer sind? Doch nicht etwa im Lager dieses erwachenden Deutschlands? Heute sitzen Ihre jungen Bewunderer, die ich kenne, in den kleinen Hotels von Paris, Zürich und Prag – und Sie, der ihr Abgott gewesen ist, spielen weiter den Akademiker *dieses* Staates. Wenn Ihnen aber an Ihren Verehrern nichts liegt – sehen Sie doch hin, wo die sich aufhalten, die Sie Ihrerseits auf so hinreißende Art bewundert haben. Heinrich Mann, dem Sie wie kein anderer gehuldigt haben, ist doch mit Schanden aus eben derselben Organisation geflogen, in der Sie nun bleiben; mein Vater, den Sie zu zitieren liebten, wird in dem Lande nur noch beschimpft, für dessen Ansehen er in der Welt allerlei geleistet hat – wenn auch nicht so viel, wie seine neuen Herren nun wieder zu zerstören wußten. Die Geister des Auslands, die doch auch Ihnen wichtig gewesen sind, überbieten sich in den schärfsten Protesten - denken Sie doch an André Gide, der gewiß nie zu den platten Marxisten gehört hat, die Sie so schrecklich abstoßend fanden.

Da sind wir ja wohl beim entscheidenden Punkt. Wie gut habe ich Ihre Erbitterung gegen den Typus des marxistischen deutschen Literaten (fatalster Vertreter: ++++ ) immer verstanden, und wie sehr habe ich sie oft geteilt. Wie blöde und schlimm war es, wenn diese Herren in der Frankfurter Zeitung, im Börsenkurier oder in ihren verschiedenen Linkskurven Dichtungen auf ihren soziologischen Gehalt hin prüften. Das war ja wirklich zum Kotzen, und niemand hatte mehr unter denen zu leiden als ich. Mit Beunruhigung aber verfolgte ich schon seit Jahren, wie Sie, Gottfried Benn, sich aus Antipathie gegen diese aufgeblasenen Flachköpfe in einen immer grimmigeren *Irrationalismus* retteten. Diese Haltung blieb rein geistig und hatte für mich eine große Verführungskraft, wie ich gestehe - aber das hinderte nicht, daß ich ihre Gefahren spürte. Als ich unlängst in der Weltbühne den Aufsatz über Sie und Ihre „Flucht zu den Schachtelhalmen" las, konnte ich dem, der da gegen Sie polemisierte, beim besten Willen so ganz Unrecht nicht geben – ja: wenn ich genau nachdachte, fiel mir ein, daß ich eigentlich recht ähnliche Dinge ziemlich viel früher über Sie geschrieben hatte. Es scheint ja heute ein beinah zwangsläufiges Gesetz, daß eine zu starke Sympathie mit dem Irrationalismus zur politischen Reaktion führt, wenn man nicht höllisch genau Acht gibt. Erst die große Gebärde gegen die „Zivilisation" – eine Gebärde, die, wie ich weiß, den geistigen Menschen nur zu stark anzieht –, plötzlich ist man beim Kultus der Gewalt, und dann schon beim Adolf Hitler. – Ist es nicht doch ein bißchen so, wie ein geistreicher Autor (*kein* Marxist) an dieser Küste neulich zu mir sagte: „Der

Benn hat sich einfach so viel über den ++++ geärgert, daß er schließlich Nazi darüber wurde.“ Ich verstehe ja sehr gut, daß man sich ausgiebig über den ++++ ärgern kann, aber doch nicht gleich bis zu dem Grade, daß man den Geist darüber überhaupt verrät. Mich könnte kein ++++ , kein ++++ je so weit bringen. Im Gegenteil: während der ++++ heute Mittel und Wege findet, sich so ein bißchen fascistisch umzufrisieren - und vielleicht morgen schon bei ihm die „Nation“ steht, wo gestern das „Klassenbewußtsein“ stand –, weiß ich nun so klar und so genau wie nie, wo mein Platz ist. Kein Vulgärmarxismus kann mich mehr irritieren. Ich weiß doch, daß man kein stumpfsinniger „Materialist“ sein muß, um das Vernünftige zu wollen und die hysterische Brutalität aus tiefstem Herzen zu hassen.

Ich habe zu Ihnen geredet, ohne daß Sie mich gefragt hatten; das ist ungehörig, ich muß noch einmal um Entschuldigung bitten. Aber Sie sollen wissen, daß Sie für mich – und einige andere – zu den sehr Wenigen gehören, die wir keinesfalls an die „andere Seite“ verlieren möchten. Wer sich aber in dieser Stunde zweideutig verhält, wird für heute und immer nicht mehr zu uns gehören. Aber freilich müssen Sie ja wissen, was Sie für unsere Liebe eintauschen und welchen großen Ersatz man Ihnen drüben dafür bietet; wenn ich kein schlechter Prophet bin, wird es zuletzt Undank und Hohn sein. Denn, wenn einige Geister von Rang immer noch nicht wissen, wohin sie gehören –: die dort drüben wissen ja ganz genau, wer nicht zu ihnen gehört: nämlich der *Geist.*

Ich wäre Ihnen dankbar für jede Antwort.

Meine Adresse:
Hotel de la Tour, SANARY s.m. (VAR)

Ihr Klaus Mann

# 10. MAI

*Am 10. Mai 1976 gratuliert der Schriftsteller* ***Uwe Johnson*** *– gemeinsam mit seiner* ***Frau Elisabeth*** *– dem berühmten Schweizer Kollegen* ***Max Frisch*** *zum 65. Geburtstag. Johnson schreibt aus dem englischen Sheerness, wo er seit einiger Zeit lebt.*

Sheerness, 10. Mai 1976

Lieber Herr Frisch,

was schenken wir Ihnen nun zu Ihrem runden Geburtstag? Nach einigem Zögern haben wir etwas Nationales ausgesucht, in der Hoffnung, es sei Ihnen weniger bewusst. Wollen Sie sich, bitte, erinnern an den 10. August 1792, die Erstürmung der Tuilerien? Wir meinen an dieser alten Kamelle jenen Umstand, dass aus dem siegreichen Volk einige aus den roten Uniformen der hingemetzelten Schweizer sich Banner oder Fahnen verfertigten, damit zu paradieren - was nämlich nach Georg Sorel (Reflections on Violence, Huebsch, New York o.J.; p. 194) die erste Gelegenheit ist, bei der die rote Fahne als ein Symbol der Revolution benutzt wurde, made in Switzerland.

Wussten Sie das? ja, dann müssen Sie selber etwas wählen, zum Beispiel das Hausrecht auf den Rasen (denn uns ist ein Rasen geliefert frei Haus), oder aber beliebige Seitenwahl beim Tischtennis (der Ihrer Rechten missliebige Rosenstock ist ausgegraben) oder auch das Bruststück von der Ente, die wir Ihnen gebraten hätten ...

Jener Versuch über falsche Ehe ist umgearbeitet; ich bedanke mich nochmals für Ihre Beratung. Ansonsten hätten wir Ihnen zu erzählen, warum die Prinzessin Anne ihrer Nation einen Nachwuchs versagt: um noch an der Olympiade teilnehmen zu können. Danach wird sie wohl verzichten müssen auf das Leben zu Pferde, denn sie fällt zu oft vom Rücken desselben. Wir haben nun mit eigenen Augen gesehen, wie dies in Wahrheit eine Insel der Schafe ist; dicht waren die Weiden bestanden mit grossen und kleinen, die Mütter verzweifelt über die dumme Neugier der Kinder, die Angst ausstanden auf menschlichen Wegen, statt sich an den Bauch der Mama zu halten... Es gibt Schafe, die sehen aus wie frisiert: sagte Elisabeth, und in der Tat war an manchem noch die Spur der Brennschere kenntlich. Und seit mir von einem Zollkommissionär des Hafens ein Bier spendiert wurde, dürften wir zur Not auch einen kleinen Handel mit Illegalien aufmachen. Wieder und wieder gibt es Momente, da verzweifeln wir an der

Möglichkeit, uns dieser Mentalität zu adaptieren, so beim Anhören eines Quiz im Rundfunk, wo Einer in drängendem, federndem, treibendem Ton nach der letzten Äusserung einer Notorietät vor der Hinrichtung fragt und die Antwort quittiert in der folgenden Weise: Eichmann. Korrekt. Und nun begeben wir uns auf das Gebiet der Klassischen Musik! ... sie haben ja recht, es geht sie nichts an, sie sind Äonen davon entfernt; damit aber wir von ihnen auch. Dann beim Einkaufen legen wir das Kleingeld einmal ausgesucht hin und bekommen auf das schönste gesagt: Lovely!

Wes ohngeachtet wir aber bereits borgen dürfen, und es tun, indem wir uns erheben und Ihnen singen nach zwei Melodien: HAPPY BIRTHDAY TO YOU! sowie auch MANY HAPPY RETURNS!

Mit herzlichen Grüßen

Ihre U. + E.

# 11. MAI

*Am 10. Mai 1935 tritt **Carl von Ossietzky** seine Haftstrafe im Staatsgefängnis Tegel an. Er ist wegen „Landesverrat begangen durch die Presse" zu eineinhalb Jahren verurteilt worden. Am Abend schreibt er seiner **Frau Maud** den folgenden Brief.*

*Die Inhaftierung Ossietzkys, der als Herausgeber der „Weltbühne" zum Inbegriff für kritischen Journalismus geworden war, löste internationalen Protest aus. Nach sechs Monaten – am 22. Dezember – wurde er im Rahmen einer Amnestie aus der Haft entlassen.*

Absender.
Name: v. Ossietzky
Buch-Nr.: 337

Berlin-Tegel, den 10. Mai 1932
Seidelstraße 39

Liebste Maudie,

den ersten Tag hätte ich hinter mir. Was soll ich schreiben? Es ist einsam hier, ich habe nichts zu rauchen und weder Bücher noch Papier. Weiß Gott, wann ich das bekomme. Aber die Beamten, die ich gesprochen habe, sind alle freundlich und nett und voll Interesse für mich. Die Zelle ist hell und frisch gestrichen, infolgedessen sehr sauber. Sie wirkt mit ihrem Steinboden wie ein großes Badezimmer. Das ist alles gar nicht übel und wahrscheinlich das Beste, was heute geliefert werden kann. Aber die Vorstellung, daß hier jemand viele Monate sitzen soll, ist doch phantastisch.

Vielleicht wird dich trösten, was Du inzwischen von Dr. Apfel and andern gehört hast, die mich hinausgeleitet haben. Es war[en] sehr viele Leute gekommen, ein paar berühmte Schriftsteller dazwischen wie Toller, Feuchtwanger, Arnold Zweig, Roda Roda, Leonhard Frank. Es gab Ansprachen, es wurde wieder und wieder photographiert. Unter Hochrufen ging ich durchs Gefängnistor. Dieser Tag, der der traurigste hätte werden können, ist für mich der stolzeste meines Lebens geworden.

Dennoch war es gut, daß Du das nicht hast miterlebt. Mich hat es erschüttert, dich hätte es völlig kaputt gemacht. Hoffentlich hat man Dir alles gut und genau geschildert. Es muß auch in den Zeitungen einiges stehen.

Ich bin sehr traurig, wenn ich an unsern gestrigen Abend zurückdenke. Wir hätten in unser letztes Zusammensein vor langer Trennung nicht gereizte Auseinandersetzungen tragen dürfen. Wahrscheinlich habe ich durch meine eignen Darlegungen Dir sehr weh getan. Vergiß nicht, daß das nicht meine Absicht war. Diese Zeit ist ohnehin nicht leicht für uns, und wir waren beide wohl etwas verwirrt.

Liebes, liebes Kind – jetzt wird für längere Dauer kein Brief mehr gestattet sein. Bitte, achte sorgfältig auf dich, pflege dich – Deine Entsagung hilft mir nichts. Grüße unsre Kleine, wenn Du hinfährst. Küsse Sie für mich. Ich hoffe, von Dir bald zu hören. Verzweifle nicht, es muß besser werden. Vieles möchte ich Dir heute abend schreiben, was ich als zu persönlich, nicht schreibe. Ach, liebe Maus, Freundin meiner Jugend, ich wünsche Dir gute Tage, Dir soll das Leben leicht werden. Bitte, sei nicht einsam, verkrieche dich nicht. Trotzdem man mich eingesperrt hat, ist es jetzt sehr ehrenvoll, meine Frau zu sein. Auf all das hast Du Anspruch, nutze es! Ich bin ruhiger, wenn ich weiß, daß Dir es gut geht. [...]

Grüße bitte die Redaktion, Frau Jacobsohn, Frl. Hünicke. Es geht mir gut! Bitte Grüße zu übermitteln an Arnheim, der sehr krank ist.

Ich küsse dich, mein liebes, liebes Kind; trag den Kopf hoch. Es wird nicht so schlimm.

Dein Carl

# 12. MAI

*Am 12. Mai 1933 – nur zwei Tage nach der Bücherverbrennung auf dem Berliner Opernplatz –, veröffentlicht die Wiener „Arbeiter-Zeitung" einen Protestbrief des Schriftstellers* ***Oskar Maria Graf*** *an die* ***Machthaber in Deutschland****. Der Brief wurde, deutsch und in Übersetzungen, von vielen Zeitungen nachgedruckt. Er gehört zu den ungewöhnlichsten und meistbeachteten Appellen deutscher Künstler gegen die faschistische Barbarei.*

Wien, den 12. 5. 1933

Wie fast alle linksgerichteten, entschieden sozialistischen Geistigen in Deutschland habe auch ich etliche Segnungen des neuen Regimes zu spüren bekommen: Während meiner zufälligen Abwesenheit aus München erschien die Polizei in meiner dortigen Wohnung, um mich zu verhaften. Sie beschlagnahmte einen großen Teil unwiederbringlicher Manuskripte, mühsam zusammengetragenes Quellenstudienmaterial, meine sämtlichen Geschäftspapiere und einen großen Teil meiner Bücher. Das alles harrt nun der wahrscheinlichen Verbrennung. Ich habe also mein Heim, meine Arbeit und - was vielleicht am schlimmsten ist - die heimatliche Erde verlassen müssen, um dem Konzentrationslager zu entgehen.

Die schönste Überraschung aber ist mir erst jetzt zuteil geworden: Laut „Berliner Börsencourier" stehe ich auf der *weißen* Autorenliste des neuen Deutschland und alle meine Bücher, mit Ausnahme meines Hauptwerkes *Wir sind Gefangene*, werden *empfohlen!* Ich bin also dazu berufen, einer der Exponenten des „neuen" deutschen Geistes zu sein!

Vergebens frage ich mich, womit ich diese Schmach verdient habe.

Das Dritte Reich hat fast das ganze deutsche Schrifttum von Bedeutung ausgestoßen, hat sich losgesagt von der wirklichen deutschen Dichtung, hat die größte Zahl ihrer [seiner] wesentlichsten Schriftsteller ins Exil gejagt und das Erscheinen ihrer Werke in Deutschland unmöglich gemacht. Die Ahnungslosigkeit einiger wichtigtuerischer Konjunkturschreiber und der hemmungslose Vandalismus der augenblicklich herrschenden Gewalthaber versuchen all das, was von unserer Dichtung und Kunst Weltgeltung hat, auszurotten, und den Begriff „deutsch" durch engstirnigsten Nationalismus zu ersetzen. Ein Nationalismus, auf dessen Eingebung selbst die geringste freiheitliche Regung unterdrückt wird, ein Nationalismus, auf dessen Befehl alle meine aufrechten sozialistischen Genossen verfolgt, eingekerkert, gefoltert, ermordet oder aus Verzweiflung in den Freitod getrieben werden!

Und die Vertreter dieses barbarischen Nationalismus, der mit Deutschsein nichts, aber auch schon gar nichts zu tun hat, unterstehen sich, mich als einen ihrer „Geistigen" zu beanspruchen, mich auf ihre sogenannte weiße Liste zu setzen, die vor dem Weltgewissen nur eine schwarze Liste sein kann!

Diese Unehre habe ich nicht verdient!

Nach meinem ganzen Leben und nach meinem ganzen Schreiben habe ich das Recht, zu verlangen, daß meine Bücher der reinen Flamme des Scheiterhaufens überantwortet werden und nicht in die blutigen Hände und die verdorbenen Hirne der braunen Mordbanden gelangen!

Verbrennt die Werke des deutschen Geistes! Er selbst wird unauslöschlich sein, wie eure Schmach!

(Alle anständigen Zeitungen werden um Abdruck dieses Protestes ersucht.
Oskar Maria Graf)

# 13. MAI

*Am 13. Mai 1945 schreibt* ***Anton Ludwig****, von dem wir nichts mehr wissen, als in seinem Brief steht, aus dem österreichischen Mauthausen an seinen* ***Bruder*** *in Werder an der Havel.*

13. Mai 1945

Mein herzlieber Bruder,

nach langer Zeit ein Lebenszeichen von mir. Weihnachten erhielt ich Deine zwei Päckchen, wie immer beraubt. Am 18. Januar [1945] panikartige Evakuierung aus Auschwitz. Monatelang Fahrt und Marsch durch Deutschland und Österreich. Not und Entbehrung bis zur völligen Erschöpfung. Viele Tausend gingen elend zugrunde. Wer ein paar Sekunden schlapp machte, wurde kaltblütig und roh erschossen. Hier bekamen wir den Rest. Ich war dem Hungertode nahe. In Auschwitz noch ein gesunder, kräftiger Mann von 75 kg – hier ein Totengerippe. Die plötzlich eintreffenden Amerikaner haben uns in letzter Minute vor der Vernichtung bewahrt.

Die Helden der SS, die sonst so tapfer auf wehrlose und verhungerte Menschen einzuschlagen verstanden, sind vor ein paar amerikanischen Tanks getürmt, mit vollen Koffern natürlich. Die SS ist wohl die größte organisierte Diebesbande, die es je gegeben hat. Und nicht zu vergessen: Mörderbande.

Wer es nicht erlebt hat, wird und kann es einfach nicht glauben. Dort habe ich mir im Stillen gesagt: armes deutsches Volk! Wenn wir diesen Krieg verlieren, und seit der Niederlage von Stalingrad war ich mir bewußt, daß an einen Sieg nicht mehr zu denken war, dann wird es für dich ein schreckliches Erwachen geben, dann wirst du armes Volk für mitschuldig erklärt! Es ist so gekommen.

Ich will hoffen, daß Ihr alle wohlauf seid. Gib mir so schnell wie möglich ein Lebenszeichen. Heute vor acht Tagen brachten die Amerikaner die Befreiung. Sofort bekamen wir eine Verpflegung, wie man sie besser sich nicht wünschen kann. In kurzer Zeit werde ich mich erholt haben. Wir sind wieder freie Menschen. Ich kann es immer noch nicht fassen. Nur eines macht mein Herz schwer: armes deutsches Volk. Du hast dich mit Hitler identisch erklärt – mußt nun für all sein Tun und Handeln einstehen. Als ich im Radio Görings Verhaftung vernahm und sein Benehmen dabei: dieser Feigling und eitle Fant, da ist mir der Ekel gekommen. Solche Leute waren Liebling des Volkes. Wir, die wir hinter die Kulissen geschaut haben, wußten Bescheid.

Willst Du, daß ich zur Heimat kommen soll, dann schreibe es mir (evtl. ein amtliches Dokument). Sonst muß ich mir eine andere Heimat suchen. KZ-Leuten wird besonders geholfen. Briefe werden nicht mehr zensiert.

Seid alle herzlich gegrüßt und geküßt von Eurem Anton.

Adresse. Lager Mauthausen (Oberdonau)

# 14. MAI

*Am 14. Mai 1981 schreibt der in Schweden lebende deutsche Schriftsteller **Werner Lansburgh** an seinen sehr viel jüngeren Kollegen **Frank-Wolf Matthies** nach Westberlin. Lansburgh ist 1933 aus Deutschland emigriert; Matthies hat 1981 die DDR verlassen: er spricht von einem „Umzug aus Deutschland-Ost nach Deutschland-West"...*

Uppsala, 14.5.81

Lieber Frank-Wolf Matthies,

ob sich vielleicht unsere Briefe kreuzen? Wir wollten uns ja nach unserem ersten kurzen, schönen Treffen in Berlin in Briefen darüber klarwerden, was wir oft genug in unfruchtbaren Selbstgesprächen endlos erörtert und zerfasert haben - was das eigentlich ist, dies: seine Gruppe verlieren.

Ich will's nicht feierlicher ausdrücken als so. Sie sagten ja selber, „Exil" sei eine in Ihrem Fall viel zu anspruchsvolle Bezeichnung, ein durch das Leid der Hitlerjahre geadeltes Wort, mit dem DDR-Vertriebene ihr Schicksal nicht dramatisieren und glorifizieren sollten. Diese Einstellung hat mir sehr imponiert und sollte mir selber dazu verhelfen, meine Vertreibung durch Hitler und mein seitheriges Leben in der Fremde mit gleicher Bescheidenheit und Distanz zu sehen wie Sie.

Denn trotz aller Ungleichheiten unserer Lage scheint mir, und schien mir bei unserem Treffen in Berlin, daß uns ein gleiches, ein entscheidendes Grundgefühl vereint. Ein Gefühl, wie es etwa Kinder haben mögen, wenn sie plötzlich ihren Geburtstagstisch leer finden und keiner mehr zu ihrer Geburtstagsfeier auftaucht - keiner, auch Eltern und Geschwister nicht mehr.

Wir sind recht verschiedene Kinder und haben sehr verschiedene Geburtstage. Sie dreißig, ich fast siebzig. Sie mußten Ihr Land verlassen, weil Sie sich nicht fügen wollten – eine Sache, um die ich Sie zutiefst beneide –, während ich lediglich wegen meiner Rasse, die überhaupt nichts mit einer Bewährungsprobe moralischer Standhaftigkeit zu tun hat, emigrieren mußte. Da ist Ihre Verbannung schon ein wenig imposanter und exemplarischer als die meine, finde ich, auch wenn Sie mir antworten könnten - und das haben Sie noblerweise damals in Berlin getan -, daß Sie im Gegensatz zu mir schließlich im Bereich Ihrer Sprache geblieben seien.

Aber Sprache, was ist das? Hat man sie nicht schon in dem Augenblick verloren, in dem man keinen Adressaten mehr hat, eben keine Gruppe, und als Schriftsteller verurteilt ist, gleichsam Briefe ohne Anschrift zu schreiben – Worte, nur Worte, hinter denen keine gemeinsam erlebten, erlernten und verbindenden Dinge mehr stehen? Der Verlust der Sprache als Sprache, als technisches Mitteilungswerkzeug, wie ich ihn in der Fremde erlebte, ist da nur eine besonders extremer Fall. Ich könnte mir gut vorstellen, daß bei der ganz anderen Wellenlänge und Konditionierung der Menschen in der Bundesrepublik auch für Sie ein solches schriftstellerisches Vakuum eingetreten ist – das enteignete Wort, ohne Adressat, ohne Gegenüber, wenn auch hoffentlich von kürzerer Dauer als bei mir.

Merkwürdig: Dieses Exilgefühl, das ich hier zu beschreiben suche und das ich fern von Deutschland nun schon seit 1933 in mir trage, hat gerade jetzt sein dumpfes Moll verloren, ja seinen Inhalt, wo ich Ihnen schreibe. Warum? Die Antwort wissen Sie: Exil hört eben auf, wenn man ein Gegenüber hat.

Dafür danke ich Ihnen. Und grüßen Sie mir bitte Berlin, das weder das Ihre noch das meine mehr ist und uns dennoch vereint.

Ich freue mich auf Ihren Brief!

Herzlichst Ihr
Werner Lansburgh

# 15. MAI

*Am 11. Mai 1986 schreibt der Schweizer Schriftsteller **Friedrich Dürrenmatt** dem „Fast-Freund" und Kollegen **Max Frisch** den folgenden Brief zum 75. Geburtstag. Es ist sein letzter Brief an Frisch und das Ende ihres intensiven, wenn auch nicht sehr umfangreichen Briefwechsels. Noch 1990 bedauerte Dürrenmatt: „Ich habe ihm geschrieben, aber er antwortet nicht einmal."*

Neuchatel, 11.05.86

Lieber Max

es war für Dich einst ein Problem, daß ich zehn Jahre jünger bin als Du. Das spielt jetzt keine Rolle. Unserer beider Rutschbahn, im Nichts endend, die wir noch hinunterzuschlittern haben, ist ungefähr gleich lang. Wenn wir schon beide ältere Herren geworden sind, eine Tatsache die, dass sie einmal eintreten könnte, ich nie ins Auge gefasst habe, so weiss ich nicht, ob wir einander kondolieren oder gratulieren sollen. Wie es auch sei, wir haben uns beide wacker auseinander befreundet. Ich habe Dich in Vielem bewundert, Du hast mich in Vielem verwundert und verwundet haben wir uns auch gegenseitig. Jedem seine Narben. Diese Zeilen schreibe ich nicht ohne Nostalgie. Ich habe mich nie sonderlich um die Schriftstellerei unserer Zeit gekümmert, Du bist seiner Zeit einer der wenigen gewesen, die mich beschäftigt haben – ernsthaft beschäftigt wohl der Einzige. Als einer, der so entschlossen wie Du seinen Fall zur Welt macht, bist Du mir, der ebenso hartnäckig die Welt zu seinem Fall macht, stets als Korrektur meines Schreibens vorgekommen. Dass wir uns auseinanderbewegen mußten, war wohl vorgezeichnet, ohne dass ich damit eine literaturgeschichtliche Prädestinationslehre aufstellen möchte

Dein
Dürrenmatt

*Am 10. Mai 1970 schreibt der Holzschneider und Drucker* ***HAP Grieshaber*** *zweimal an seine* ***Tochter Ricca:*** *Am Morgen einen Brief aus Luzern und am Abend eine Postkarte aus Ascona. Grieshaber ist auf Reisen; seine Grüße gehen auf die Achalm bei Reutlingen, wo er im schlimmen Jahr 1933 eine Zuflucht gefunden hat.*

Hotel Schweizerhof. 6000 Lucerne. 10. V. 70

Liebe Ricca,

es ist nichts mit den distinguished Hotels. In meinem brannte es. Morgens um 4 h sah man die vornehmen Damen nackt und halbnackt auf die Straße rennen. Die Männer warfen die Schuhe mit den silbernen Trapezabsätzen aus dem Fenster. Manche rannten nur mit einer Zahnbürste bekleidet hinaus, hinterher kam ganz dicker, fetter, schwarzer Qualm. Da mein Zimmer nach vorne und Parterre lag, dachte ich zuerst daran, das elektrische Licht noch auszunutzen – es erlosch auch prompt, ebenso hörte das heiße Wasser auf, da es ohnehin genug heiß im Hotel geworden war. Es gelang mir dennoch, mich zu rasieren und ein Bad zu nehmen. (Ein distinguished Hotel ist nicht billig). Dann kam die Feuerwehr mit viel Geheul und fuhr zwischen den wild herumfuchtelnden Gästen im Carracho auf den Brand los. Immer noch war niemand richtig angezogen. Eine Frau rief: "mein Schmuck!, oh mein Schmuck". Ein Feuerwehrmann warf ihn aus dem Fenster. Als der Geschäftsführer mich rasiert und gekleidet sah und als ich ihm das teure Zimmer zahlen wollte, da sagte er, „aber mein Herr, sie haben heute nichts zu bezahlen."! Darum einen Rat: man miete sich in einem Luxushotel ein, lege ein kleines Feuerchen, rasiere sich dann und gehe sorgfältig angezogen zum Empfangsbüro und man braucht nichts zu bezahlen.

Ich umarme Dich

Dein Papa

Anlage: Adresse Luxushotel

# 16. MAI

Hotel Ascona. 10. V. 70

Liebe Ricca

alle haben gesagt, hier im Süden, am Lago Maggiore sagt man, sei nur blauer Himmel wie auf der Postkarte. Es regnet. Noch nie hat es so geregnet. Gleich nach dem Gotthardt-Tunnel fing es an zu regnen. Der See liegt unten im Regen, das Hotel oben am Berg hat aber ein riesiges geheiztes Schwimmbad. Ein Schwimmbad im Regen. Mein Zimmer hat einen Balkon mit Liegestuhl, Tisch und Aschenbecher – im Regen. Ich bade jetzt im Regen, d.h. im warmen Wasser und kalten Regen.

Uff
Dein Papa

PS. Ob ich nachher das Hotel anzünde? Aber wegen des Regens brennt es nicht.

*Am 17. Mai 1918 schreibt **Bertha Pappenheim**, die Begründerin des Jüdischen Frauenbundes, an den Religionswissenschaftler **Martin Buber**.*

*Bertha Pappenheim (die übrigens in jungen Jahren Freuds „Anna O." war) hat Bubers Buch „Drei Reden über das Judentum" erhalten, für das sie sich nun – mit durchaus eigenen Überlegungen – bei ihm bedankt.*

Isenburg, 17.5.1918

Sehr geehrter Herr Dr. Buber!

An dem Festtage, den wir feiern, weil wir das Buch der Bücher haben, habe ich mir, ein Ungewöhnliches in meinem der Kleinarbeit und dem Dienste zugewandten Leben, Zeit genommen ein kleines Buch zu lesen, Ihr Buch, das ich darauf prüfen wollte, ob ich es mit meinen jungen Beamtinnen lesen kann.

Das kann ich natürlich nicht. Denn so wie ich viel viel wie darin verstehe, so werden die Mädchen es auch nicht verstehen und ich würde ihnen das, was sie fragen müßten, so wie ich auch fragen müßte, nicht erklären können. Vielleicht würde auch eine oder die andere von ihnen sich einbilden zu verstehen - die Einzelheiten – und das wäre noch schlimmer.

Aber trotz meines Mangels an historischen und philosophischen Kenntnissen, Mangel an Kenntnis der Bibel, der Propheten und des Christentums *glaube* ich doch Ihr Buch teilweise, vielleicht seinem Grundgedanken nach zu verstehen: es ist eine Umschreibung „der jüdischen Sozialpolitik", wie ich sie leben und von den Juden gelebt sehen möchte. Das Streben nach dem Ebenbilde Gottes – die *Einheit* – das Wirken in der Pflicht des Alltags, die Höherentwicklung der Gemeinschaft Aller anzubahnen und zu ermöglichen – die *Tat* – und die Verwirklichung sozialistischer Ideen - die *Zukunft*. Braucht man eigentlich zu dieser Selbstverständlichkeit einen so großen wissenschaftlichen Apparat, so viele Dinge und Worte, die eine Frau wie ich, und so gibt es doch unter den Jüdinnen Tausende solche, nicht wissen?

Das Geheimnisvolle des Judentums, das uns Juden so stark und über Zeit und Ort hinaus bindet, das ich aber in der Unentbehrlichkeit der anderen geistigen Werte nicht als ein absolutes Primat zu bezeichnen wage – das *fühle* ich in Ihrem Buche nicht erklärt. Mir fehlt etwas in Ihren Ausführungen für mich selbst und auch für die, die wir zu erziehen haben. – – Ich glaube, daß der praktische Zionsgedanke für Viele eine Unwahrhaftigkeit ist; ich halte den sozialen Gedanken, ohne ein Postulat für Andere, für kräftiger, wenn auch nicht bequem und blendend wie Zion, das ja auch nicht Ihre letzte Zukunft ist. Tatsächlich können wir zur Erhaltung dessen, was uns so lieb ist, Nichts und Niemanden entbehren, der sich zu uns bekennt und jüdisch ist, weil er weiß, daß die Zehngebote und das Gebot der Nächstenliebe jüdisch sind und der diesen Besitz uneingeschränkt für uns verteidigt und in diesem Geiste lebt. - Vielleicht werden Sie für meine Ausführungen ein erhaben ablehnendes Lächeln haben. - Jedenfalls bin ich Ihnen für das Buch sehr zu Dank verpflichtet. Denken tut so gut, ich bin dankbar, wer mir Gedankenspeise reicht; ich bin nicht verwöhnt nach dieser Richtung. [...]

Ich sende Ihnen in den nächsten Tagen die 3 Reden wieder und bitte um ein Buch, das ich mit den Beamtinnen lesen kann.

[Ihre Bertha Pappenheim]

*Am 18. Mai 1905 schreibt die 23jährige „Poetantin" **Julie Schrader** ihrer drei Jahre älteren **Schwester Emma** den folgenden (echten?) Brief. „Der welfische Schwan", eine Zeitlang in einem Atemzug mit Wilhelm Busch genannt und als „das bedeutendste komisch-naive Talent deutscher Zunge" bezeichnet, war in dieser Zeit in „gehobener" Stellung bei einem Fabrikanten in Harburg nahe Hamburg beschäftigt.*

Harburg, den 18. Mai 1905

Liebstes Emmakind!

Ich beeile mich, dir auf Deinen Geliebten von letzten Freitag rasend zu antworten. Es ist mir viel Dampf von der Leber gegangen, nachdem Du gesagt hast, daß ich nicht meine Liebe zu Juliussen in Eile tun soll. Ich tu sie jetzt mit Langeweile, was auch geht, aber nur langsamer.

Nun bin ich vier Monate bei Goldschmidts und habe mich noch immer dem schönen Julius versperrt, obwohl er ab und an ganz schön mit Anlehnung an Corpus dran ist, was ich mir aber verbiete, wenn es auch kitzelt. Er ist sehr französisch und verkehrt jetzt mit Dichter Dehmels und dem Dirigenten, welcher Muck heißt und den ich Dir schon in einem der vorigen Briefe geschickt habe. Er läuft Tag ein und Tag aus mit einem Frac herum. Selbiger dient ihm wohl auch als Négligée, wenn er zu Bette geht.

Als er bei uns zu Gaste war, wir machten Diner für ihn, sagte er soviel wie ein Hering. Für den Herrn Julius war das peinlich, denn unser Madammchen quasselt um so mehr. Ihr Mund, welcher von eigentümlicher Schiefheit, steht niemals still. Wie das elektrische Klavier, das auf Juliussens Zimmer steht und sechs Stücke kann ... Manchmal spielt Herr Julius es mir vor. Dann wird mir ganz weich in den Knien. Wie Weihnachten, wenn es mit der Bescherung losgeht.

Unser Herr Julius sagt, Herr Muck hält nichts von Damen. Das sieht man ihm auch an. Denn er ist viel zu schmal auf der Brust, käsig im Gesicht und würde bei jedem normalen Umstand, welchen das Geschäft mit der Weiblichkeit nun einmal mit sich bringt, sanft im Herrn entschlafen. Da sage ich nur mit den Herrn Julius: Caque!

Bei allerfeinster Herrschaft ist dieses an und für sich schreckliche und gemeine Wort jetzt doll in Mode. Man sagt es sogar bei der Tafel. Jedenfalls unser Madammchen und der Herr Julius. Was hätten wir für Strafe bekommen, wäre es uns in Gegenwart unserer lieben Mutter aus kindlichem Munde entschlüpft! Du brauchst ihr diesen Brief nicht vorzulesen, damit sie es nicht in den falschen Hals kriegt.

Mein Herr und Gebieter, Baruch Goldschmidt, welcher sich jetzt Bernhard nennt, weil Baruch das Geschäft schädigt, er meint es gut mit mir, klopft er doch mit einem goldenen Zwanzigmarkstück, auf welchem das Portreht unseres schönen Kaisers steht, dienstags und donnerstags an die Tür von meinem Chambre (Bellétatsche), um nicht mehr und nicht weniger als meine Beine zu sehen, welche in ganz anderen Umständen als die von Madammchen sind. Deswegen. Sie frommen seinen Augen wohligst. An den Zehen beginnt er zu sehen, bei den Knöcheln angelangt, zückt er den Zwicker, um ihn kurz vor den Knien wieder abzunehmen, hat ihm doch der Schweiß die Gläser blindgemacht.

Nur eine Prise noch, mein bester Herr. Bei den wirklich hübschen Scharfmacherstrumpfbändern, welche Du mir zu meinem letzten Geburtstag geschenkt hast, hat Amor die Grenze gesetzt. Bis hierher und nicht weiter. Wie kurz geht ihm der Atem, seine Augen haben Basedowische Krankheit, gleich würgt er und verlangt nach Hingfong, den die gute Magd parat hat. Und wenn er dann vom Tode seiner Süchte auferstanden, steckt er mir das Zwanzigmarkstück in das Tor zum Busen, wo ich es gebettet lasse, bis der Kerl vondannen. Wahrlich ich sage Euch, es kostet Schweiß, sein Brot bei fremden Herrn zu nehmen. Freilich ist die neue Herrschaft zu Harburg sehr viel splendider und comfortabler als die Baronin zu Hannover. Herr Baruch, jetzt Bernhard, ist wie Sammet; sein Julius aber, pralle dreißig Lenze alt, wie Seide. Er schmiegt sich und fügt sich und biegt sich.

[...]

Morgen gehen wir nach Hamburg auf die Oper. Es gibt was von Verdi, den sie hier alle mögen. Herr Muck ist aber mehr auf Wagner, der einen Ring gehabt hat, welcher mit Fluch beladen war, indem er alle zerstört hat, die ihn bei sich getragen. Es muß kein geringer Ring gewesen sein, sonst hätte ihn Wagner nicht gehabt. Wir gehen hin, weil die Frau Edel singt, welche auch noch Fleischer heißt, aber mit einem solchen nicht verheiratet ist. Sagt Herr Julius. Sie hat zwei Namen. Weil sie überkandidelt ist. Sage ich. Vorige Woche war sie bei uns und hat in fünf Minuten zwei Pfund Fischeier gefressen, daß ihr die Kaviars zuletzt wie Popels um die Nase und um den Mund geklebt sind. So sind sie alle, welche singen. Sie fressen sich schier zu Tode!

Julius ist jetzt voller Flausen. Er sucht nach einem Nest, scheint mir. Warte nur, warte nur balde legt auch dieser Kuckuck ein Ei!

Nun habe ich über viele Seiten genug geschwätzt, daß mir die Tinte schon ganz warm geworden ist. Mein liebes Emmakindchen, wenn Du nun bald zum zweiten Male in die Wochen kommst, nehme ich meinen Urlaub, um Dir nahe zu sein. Dann wollen wir ganz in Ruhe unser Kindchen kriegen und neun gerade sein lassen, wie? Es küßt Dich und umschmust Dich Dein Herzensjulchen.

# 19. MAI

*Am 19. Mai 1917 schreibt* ***Rosa Luxemburg*** *aus dem Gefängnis an ihre Freundin* ***Sophie****, die Frau von Karl* ***Liebknecht****, diesen Frühlingsbrief. Im Januar 1919 wurden Luxemburg und Liebknecht in Berlin ermordet.*

Wronke, 19. Mai 1917

Meine liebste Sonitschka, ich schrieb Ihnen gestern eine Postkarte, will Ihnen aber heute noch in einer Angelegenheit schreiben, die ziemlich dringend ist, und hoffe, daß Sie diese Zeilen noch rechtzeitig kriegen. Mathilde [Jacob] schrieb mir nämlich beiläufig, daß Sie Ende dieses Monats nach Berlin zurückkehren wollen. Sollte dies stimmen, dann protestiere ich dagegen mit aller mir zu Gebote stehenden Kraft und bitte Sie um alles, was ich Ihnen wert und lieb bin, davon abzustehen. Es wäre wirklich heller Wahnsinn, wenn Sie jetzt schon nach Hause wollten. Ihr Zustand war derart, daß nur eine lange, ausdauernde Kur irgendeinen Erfolg verspricht. Ihr letzter Brief verriet, wenn mich mein Ohr nicht trügt, eine kleine, leise Besserung, ein klein wenig Frische und Munterkeit, und ich freute mich darüber herzlich. Aber das ist ja jedenfalls ein erster schwacher Anfang. Sobald Sie jetzt nach Berlin zurückkehren, geht auch dieser kleine Erfolg in zwei Wochen dahin, und alles ist beim alten. Sie brauchen Monate zu Ihrer Erholung, um so mehr, da Sie leider so viel Zeit im Hotel in Stuttgart verloren haben. Für diesen kurzen Aufenthalt verlohnte sich wirklich nicht zu fahren! Und wenn es zu Hause mit den Kindern so lange ging, dann wird es auch noch zwei Monate gehn. Ich bestehe darauf, daß Sie noch über Juni und Juli fortbleiben. Auch wegen eines Besuchs bei Karl [Liebknecht] hat es keinen Zweck, die so wichtige Kur zu unterbrechen, richtiger: zunichte zu machen! Also bitte, Sonjuscha, hören Sie auf mich, und bleiben Sie, wo Sie sind, Sie wissen, ich meine es gut mit Ihnen und ebenso mit Karl und den Kindern, Sie können sich auf meinen Rat verlassen. Schreiben Sie mir bald, wie Sie sich entschließen, die Frage läßt mir keine Ruhe.

Wie schön ist es jetzt hier! Alles grünt und blüht. Die Kastanienbäume sind in frischem herrlichem Laubschmuck, die Zierjohannisbeeren haben gelbe Sternchen, die Zierkirsche mit dem rötlichen Laub blüht auch schon, und der Faulbaum wird nächstens blühen. Ich habe heute von Luise Kautsky, die mich besucht hat, zum Abschied einen Haufen Vergißmeinnicht und Stiefmütterchen gekriegt und sie selbst eingepflanzt! Zwei runde Klümbchen und eine gerade Linie dazwischen, immer abwechselnd Vergißmeinnicht und Stiefmütterchen –, alles steht so fest, ich traue kaum meinen Augen, denn ich habe zum ersten Mal im Leben gepflanzt, und alles ist gleich so gelungen. Grade zu Pfingsten werde ich soviel Blumen vor dem Fenster haben!

Vögel gibt es jetzt hier eine Menge neue, jeden Tag lerne ich wieder einen kennen, den ich nie gesehen hatte. Ach, wissen Sie noch, damals im Botanischen mit Karl in der Frühe, als wir die Nachtigall hörten, da sahen wir auch einen so großen Baum, der noch ganz ohne Laub, aber massenhaft mit kleinen leuchtend weißen Blüten bedeckt war; wir zerbrachen uns den Kopf, was denn das sei, denn es war klar, daß es kein Obstbaum war, und die Blüten waren auch etwas seltsam. Jetzt weiß ich! Das ist eine Silberpappel, und diese Blüten sind keine Blüten, sondern junge Blättchen. Das erwachsene Blatt der Silberpappel ist nämlich nur unten weiß, oben dunkelgrün, die jungen aber sind noch beiderseits mit weißem Flaum bedeckt und leuchten in der Sonne wie weiße Blüten. Solch eine große Pappel steht hier in meinem Gärtlein, und auf ihr sitzen mit Vorliebe alle Singvögel. Damals, am gleichen Tage, wart Ihr beide bei mir abends, erinnern Sie sich noch? Es war so schön, wir lasen uns etwas vor, und um Mitternacht, als wir stehend Abschied nahmen – durch die offene Balkontür floß himmlische Luft mit Jasminduft herein –, trug ich Euch noch jenes spanische Lied vor, das ich so gern habe:

> Gepriesen sei, durch wen die Welt entstund,
> Wie trefflich schuf er sie nach allen Seiten,
> Er schuf das Meer mit endlos tiefem Grund,
> Er schuf die Schiffe, die hinübergleiten.
> Er schuf das Paradies mit ewigem Licht,
> Er schuf die Erde – und Dein Angesicht!...

Ach, Sonitschka, wenn Sie das nicht in Wolfscher Musik gehört haben, dann wissen Sie nicht, wieviel glühende Leidenschaft in diesen zwei Schlußworten liegt.

Jetzt, während ich das schreibe, ist eine große Hummel ins Zimmer geflogen und füllt es mit tiefem Brummen. Wie schön das ist, welche tiefe Lebensfreude liegt in diesem satten Ton, der von Fleiß und Sommerhitze und Blumenduft vibriert.

Sonitschka, seien Sie heiter und schreiben Sie bald, bald, ich habe Sehnsucht.

Ihre R.

*Am 19. Mai 1919 schreibt der 51jährige* ***Walther Rathenau*** *an* ***Lore Karrenbrock****. Die junge Frau hat sich vertrauensvoll an ihn gewandt, und Rathenau antwortet ihr: teilnahmsvoll, gütig, aber spürbar distanziert.*

Grunewald, Sonntag abend, 19. Mai 1919

Mein liebes Fräulein!

Es leuchtet und duftet vor meinen Augen das Siebengestirn Ihrer blutroten Rosen.

Dank für diese Freude! Und Dank auch für die Betrübnis, die Ihr Brief mir brachte, denn sie bedeutet Vertrauen.

Möchte der meine Sie nicht betrüben; auch er wird vertrauensvoll sein, und dennoch nicht alles erfüllen, was Ihr warmes Herz fordert.

Ich sagte Ihnen, was ich vom freiwilligen Sterben denke und will Ihnen sagen, was ich niemals aussprach; dann aber niemals mehr ein Wort hiervon reden und vernehmen.

Ich selbst habe um die Zeit, als Sie geboren wurden, jahrelang den Gedanken mit mir herumgetragen, den ich jetzt verwerfen muß.

Ich halte dies Ende für ein metaphysisches Unrecht, für ein Unrecht am Geiste. Es ist Mangel an Vertrauen zur ewigen Güte, Auflehnung gegen die innerste Pflicht, dem Weltgesetz zu gehorchen. Wer sich tötet, tötet; und nicht nur sich selbst, sondern ein anderes Wesen. Denn der Mensch ist keine Einheit. Dieser Tod, das ist meine tiefe Überzeugung, ist keine Befreiung wie das natürliche und unverschuldete Ende. Jede Gewalt in der Welt wirkt fort, wie jede Tat. Wir sind dazu da, um vom Leiden der Welt etwas auf uns zu nehmen, indem wir unsere Brust darbieten, nicht es zu vermehren, indem wir Gewalt tun.

Ich weiß, daß Sie leiden und fühle Ihr Leiden mit Ihnen. Seien Sie gütig gegen dies Leiden, es wird gegen Sie gütig sein. Durch Wünsche mehrt es sich und durch Unwillen; durch Milde schläft es ein wie ein Kind.

Sie haben so viel Liebe in sich; wenden Sie alles den Menschen zu, den Kindern, den Dingen, selbst Ihnen und Ihren Schmerzen. Seien Sie nicht einsam; wollen Sie es nicht sein; überwinden Sie das Hemmnis, blicken Sie ihm ins Auge; es ist nichts.

Ich selbst erwidere Ihre Neigung und Güte mit herzlicher Sympathie. Ich weiß, diese Erwiderung ist arm, sie ist viel zu arm für Ihr reiches Herz.

Seitdem ich aufgehört habe, mich und mein Dasein wichtig zu nehmen, einfach weil es mir gar nicht gehört und seine Dienste der Gemeinschaft anzutragen hat, hat sich etwas in meinem Verhältnis zu Menschen geändert. Vielleicht auch, *weil mich der Krieg so rasch gealtert hat.* Ich fühle, daß ich jedem zu dienen habe, und da ich keinem richtig dienen kann, so versuche ich allen zu dienen. Das ist sicher ein Mangel meiner Natur; er stammt daher, daß ich die frühen Jahre meines Lebens zu sehr nach Menschen suchte. Sie verschlossen sich – auch das war meine Schuld – fast hätte ich mich auch verschlossen. Nun haben sich die heißen Wünsche zu sehr in Wunschlosigkeit verwandelt - ich glaube nicht in Kälte. Aber das, was glücklicheren Naturen gegeben ist, sich anzuschließen, aufzugehen, einzuleben, ist mir nicht mehr beschieden.

Daß ich des Mitfühlens, Teilnehmens, der Dankbarkeit und der tiefen Achtung vor dem menschlichen Herzen fähig bin, bezweifeln Sie ja nicht. Doch alles dies ist eine arme Erwiderung Ihrer herzlichen Neigung, die deshalb mir so unverdient zuströmt, weil Sie in mir ein Bild sehen, das Sie in seiner Vollendung selbst geschaffen haben, dem ich leider auch nicht von ferne gleichkomme.

Es wäre mir ein tiefer Schmerz, wenn Sie dies betrübte. Vergessen Sie nicht, daß ein Mensch, der zwar nicht ist, was Sie glauben, doch an Ihrem Leben und Fühlen von Herzen Anteil nimmt.

Der Ihre R.

* *Am 6. Mai 1933 schreibt **Paul Hasenclever** seinem Bruder, dem Dramatiker **Walter Hasenclever**, einen langen Brief. Walter Hasenclever, bereits 1933 ausgebürgert, wohnt in dieser Zeit in Nizza; Paul Hasenclever lebt in Westerland auf Sylt und leitet dort einen Gewerkschaftschor.*

*Davon erzählt er in seinem Brief: stolz auf die musikalischen Erfolge, selbstbewußt angesichts faschistischer Drohungen, denen er standgehalten hat. Der Schluß des Briefes – den wir hier abdrucken – spricht dem älteren Bruder Mut zu. Ein gutgemeinter Appell ...*

*Bitterer Nachsatz: Nach der Flucht durch mehrere Länder und wiederholter Internierung nimmt sich Walter Hasenclever 1940 das Leben.*

Westerland (Sylt), den 6. Mai 1933
Munkmarscher Chaussee 13

[...]
Ja, lieber Walterbruder, da mache ich nun solch ein Wesen von dem ollen Chor, als ob mich das etwa ganz ausfülle und wer weiß was für eine Wichtigkeit sei. Das mußt Du nun nicht gleich annehmen. Aber nachdem ich zunächst soviel theoretisiert hatte, wollte ich Dir doch auch zeigen, daß die Umsetzung ins Praktische, soweit möglich, nicht dahinter zurückbleibt. Und auch das ist nur ein kleiner Ausschnitt; aber schon *der* würde genügen, um einen nicht in Hoffnungslosigkeit versinken zu lassen. Und gerade im Anschluß an diesen Gedankengang will ich Dir noch eine schöne Stelle aus dem Brief abtippen, den Rosa Luxemburg am 26. Januar 1917 aus der Festung Wronke an Luise Kautsky schrieb: „Aber wenn die gesamte Welt aus den Fugen geht, da suche ich nur zu begreifen, was und weshalb es passiert ist, und hab ich meine Pflicht getan, dann bin ich weiter ruhig und guter Dinge." Ultra posse nemo obligatur. Und dann bleibt mir noch Alles, was mich sonst erfreute: Musik und Malerei und Wolken und das Botanisieren im Frühling und gute Bücher und Mimi und Du und noch manches – kurz, ich bin steinreich und gedenke es bis zum Schluß zu bleiben. Dieses völlige Aufgehen im Jammer des Tages ist mir überhaupt unbegreiflich und unerträglich. Schau z.B. wie ein Goethe mit kühler Gelassenheit über den Dingen stand. Denk doch, was er erleben mußte: die große französische Revolution, die doch, aus der Nähe gesehen, sicher wie eine blutige und völlig zwecklose Farce sich ausnahm, und dann von 1793 bis 1815 eine ununterbrochene Kette von Kriegen, wo die Welt, wiederum wie ein

losgelassenes Irrenhaus aussah. Und wie ruhig, mit welchem geistigen Gleichgewicht trieb er gleichzeitig seine Studien über die Metamorphose der Pflanzen, über die Farbenlehre, über tausend Dinge. Ich verlange nicht, daß Du wie Goethe dichtest, aber seine Lebensauffassung – den Universalismus der Interessen, die innere Harmonie – kann sich jeder anschaffen, oder wenigstens anstreben. Und wenn Du etwa sagst: Goethe war eben kein politischer Kämpfer, so meine ich: ein Kämpfer muß erst recht über den Dingen zu stehen suchen, sonst versinkt er mit der Nase in jedem Quark – [...] Etwas Wunderschönes ist übrigens im Phaidon-Verlag, Wien, erschienen: zwei Bände Mommsen zu je RM 4.80! Der erste Band, die „Römische Geschichte“ enthält sage und schreibe 984 Seiten mit tausenden von Abbildungen; den zweiten, „Das Weltreich der Cäsaren“, habe ich mir vorgestern bestellt, sodaß ich Dir nur sagen kann, daß er mindestens 800 Seiten mit ebenfalls tausenden von Abbildungen enthalten soll – also geradezu geschenkt für je RM 4.80! Hättest Du nicht Lust, Dir sowas zu kaufen und durchzuackern? [...]

Ich will Dir nur noch, damit auch das Persönliche zu seinem Recht komme, von Ellen erzählen, daß sie nunmehr zur hiesigen Mittelschule geht und dort Französisch lernen wird. Die Hauptsache ist für sie einstweilen noch die bunte Schülermütze, die sie daraufhin tragen darf; aber nachdem ich ihr bisher immer wieder Verlaine-Verse vorlesen mußte, freut sie sich auf nichts so sehr, als daß sie das nun auch bald können wird. A propos Französisch: wenn mal ganz gelegentlich ein paar gelesene und ganz bestimmt nicht mehr benötigte französische Zeitungen und Zeitschriften, soweit nicht für uns verboten (das „Oevre“ ist, glaub ich, *nicht* verboten) bei Dir herumliegen [...], so würdest Du ein gutes Werk tun, wenn Du diese an mich adressieren, frankieren und in den nächsten boîts aux lettres schleudern möchtest.

Inzwischen sei umarmt von Ellen, der großartigen Mimi und insbesondere

von Deinem frère cadet

# 22. MAI

*Im Frühjahr 1925 schreibt der gerade 25jährige **Kurt Weill** diesen Brief aus Berlin in den Vorort Grünheide an seine Freundin **Lotte Lenya**. Im Jahr zuvor hatten sich der Komponist und die Sängerin kennengelernt.*

Muschi, süßes,

nun sag ich Dir doch das, was den Inhalt dieses Briefes bilden sollte. Und übergehe das Mißverständnis, das zwischen uns lag, mit Schweigen, weil Schweigen Dir am besten sagt, was mich Dein Gesicht beim Abschied auseinandergerissen hat. Müdigkeit? O nein! Aber der Anlaß ist zu wichtig, um darüber zu reden – u. meine Empfindung für Dich zu gigantisch, als daß irgend ein Vorgang des Alltags in ihrer Nähe sich behaupten könnte. Es soll nichts Kleines zwischen uns sein, – weil ein Leben schon nicht ausreicht, um das Große, das zwischen zwei Menschen ist, zu erschöpfen.

Und was ich Dir sagen möchte, war dies: daß ich nichts sehnlicher wünsche, als zu Dir endlich gut sein zu dürfen. Ich weiß, daß das Häßliche aus Deinem Leben verschwinden muß, damit Du wieder glauben kannst, daß es nur durch eine sehr gütige Hand weggewischt werden kann. Ich weiß auch, daß niemand so wie ich das besitzt, was Du ersehnst, weil tausend Jahrzehnte u. 25 Jahre an mir geschaffen haben. Ich möchte das, was ich bin, an Dich verschwenden. Denn ich habe nichts. Ist es Liebe? Ist es Güte? Ich weiß es nicht. Aber Du solltest es nehmen, mit beiden Händen. Es ist kein Geschenk von mir, denn es lebt nur für Dich; aber es könnte Dein Geschenk an die Menschen werden. Es ist ja unabhängig von Zeit, Raum, Körper. Du mußt nur wissen u. fest glauben, daß es da ist – dann besitzt Du es schon. Willst Du?

Und verstehst Du, wie es schmerzt, wenn jemand „Tschumpel" zu mir sagt u. dabei Dich ansieht, als käme dies Wort von Dir; u. daß ich nachher staunend und hilflos werde, wenn Du mich um das Kleinste, Leichteste bittest? Ich bin nicht gutmütig, ich war immer ein Grobian u. mißbeliebt, u. daß ich nicht „gut" bin, weißt Du. Aber es soll jemand da sein, bei dem ich mich ausgeben kann, sonst ersticke ich an meiner Lebensbejahung. Du bist ein Herrliches, an das mein Glaube sich klammert. Daß Du lebst – ist Genuß. Und daß Du mich lieben könntest – ist unfaßbar. Und daß ich Dich lieben darf – Seligkeit genug.
Sehr der Deine.
Äppelheim.

* *Am 7. Mai 1968 schreibt der 82jährige Schweizer Theologe* ***Karl Barth*** *an den Schriftsteller* ***Carl Zuckmayer****. Die beiden ungleichen Männer haben sich erst vor einem Jahr kennengelernt. „Mir ist im hohen Alter noch eine sehr merkwürdige neue Freundschaft zuteil geworden", hat Barth geschrieben. Wir zitieren den Schlußteil eines sehr langen Briefes, außerdem die altersweisen „Lebensregeln für ältere Menschen im Verhältnis zu jüngeren", die Barth seinem Brief beifügt.*

Basel, den 7. Mai 1968

Lieber Freund!

[...] Von mir wäre auch allerhand zu erzählen. Zum Beispiel von der ganz ordentlichen Gruppe von römisch-katholischen Vikaren, mit denen ich nun schon zum zweiten Mal eine muntere mehrstündige Konferenz hatte – ferner vom Besuch einer Verrückten aus St. Gallen, die sich für das Sonnenweib von Apok[alypse] 12 und also für eine Re-Inkarnation der Maria hält – ferner von einem reichlich unreifen Theologie-Beflissenen aus Kanada, der mich heute morgen u.a. fragte: was nach mir die Vernunft für meine Theologie bedeute? Antwort: Ich brauche sie!

Kennen Sie das erschütternde Buch über die Ausgrabungen von Massada, der Wüstenfestung am Toten Meer, wo im Jahr 73 nach Christus (drei Jahre nach dem Untergang von Jerusalem) 930 Juden am Ende ihres Kampfes gegen die Römer sich selbst samt Frauen und Kindern ums Leben brachten, um ihre Feinde wenigstens so um ihren Triumph zu bringen? Was ist doch schon Alles passiert auf Erden! und was kann und wird da noch weiter passieren! Lauter Gegenstände für Meistererzählungen und Meisterdramen, lieber Dichterfreund!

Nun, wir werden uns ja schon bald sehen und sprechen. Trotzdem wollte ich Einiges, schon damit wir sofort Stoff haben, auch schriftlich vor Ihnen ausbreiten. Wenn Sie da sein werden, möchte ich aber dann vor allem Ihnen zuhören.

In großer Vorfreude und mit allen guten Grüßen und Wünschen

Ihr Karl Barth

# 23. MAI

Lebensregeln für ältere Menschen im Verhältnis zu jüngeren

1. Du sollst dir klar machen, daß die jüngeren, die verwandten oder sonst lieben Menschen beiderlei Geschlechts ihre Wege nach ihren eigenen (nicht deinen) Grundsätzen, Ideen und Gelüsten zu gehen, ihre eigenen Erfahrungen zu machen und nach ihrer eigenen (nicht deiner) Fassung selig zu sein und zu werden das Recht haben.

2. Du sollst ihnen also weder mit deinem Vorbild noch mit deiner Altersweisheit, noch mit deiner Zuneigung, noch mit Wohltaten nach deinem Geschmack zu nahe treten.

3. Du sollst sie in keiner Weise an deine Person binden und dir verpflichten wollen.

4. Du sollst dich weder wundern noch gar ärgern und betrüben, wenn du merken mußt, daß sie öfters keine oder nur wenig Zeit für dich haben, daß du sie, so gut du es mit ihnen meinen magst und so sicher du deiner Sache ihnen gegenüber zu sein denkst, gelegentlich störst und langweilst und daß sie dann unbekümmert an dir und deinen Ratschlägen vorbeibrausen.

5. Du sollst bei diesem ihrem Tun reumütig denken, daß du es in deinen jüngeren Jahren den damals älteren Herrschaften gegenüber vielleicht (wahrscheinlich) ganz ähnlich gehalten hast.

6. Du sollst also für jeden Beweis echter Aufmerksamkeit und ernstlichem Vertrauen, der dir von ihrer Seite widerfahren mag, dankbar sein, du sollst aber solche Beweise von ihnen weder erwarten noch gar verlangen.

7. Du sollst sie unter keinen Umständen fallen lassen, sollst sie vielmehr, indem du sie freigibst, in heiterer Gelassenheit begleiten, im Vertrauen auf Gott auch ihnen das Beste zutrauen, sie unter allen Umständen lieb behalten und für sie beten.

*Am 20. Mai 1944 schreibt der Theologe* ***Dietrich Bonhoeffer*** *an seinen Freund* ***Eberhard Bethge****. Der Brief bricht plötzlich ab – er ist nur bis dahin erhalten.*

*Bonhoeffer schreibt aus dem Gefängnis in Tegel, wo er seit April 1943 als entschiedener Gegner Hitlers in Haft ist. Dem Brief ist eine Begegnung mit Bethge und dessen Frau Renate vorausgegangen. Während eines Fronturlaubs hat ihn der Freund besucht, und dabei ist zur Sprache gekommen, was nun der Anlaß für den Brief ist: die Schrecken der alliierten Angriffe, die Angst vor der erneuten Trennung, ja der Haß auf diese friedlose Welt ...*

Tegel, 20.V.44

Lieber Eberhard!

Dieser Brief ist noch einmal nur für Dich bestimmt ... Ich muß vorweg sagen, daß mich alles, was Du erzählt hast, so ergriffen hat, daß ich gestern den Tag nicht davon los kam und eine unruhige Nacht hatte; ich bin Dir unendlich dankbar dafür; denn es war eine Bestätigung unserer Freundschaft und außerdem ruft es wieder alle Lebens- und Kampfgeister wach und macht trotzig, klar und hart. Nun komme ich aber nicht ganz von dem Gefühl los, daß da in Dir eine Spannung ist, über die Du nicht ganz hinwegkommst, und da möchte ich brüderlich versuchen Dir zu helfen. Nimm es recht auf!

Wenn man liebt, will man leben, vor allem leben und haßt alles, was eine Bedrohung des Lebens darstellt. Du haßt die Erinnerung an die letzten Wochen, Du haßt den blauen Himmel, weil er Dich daran erinnert, Du haßt die Flieger usw. Du willst mit Renate leben und glücklich sein, und Du hast darauf ein gutes Recht. [...] Es ist nun aber die Gefahr in aller starken erotischen Liebe, daß man über ihr - ich möchte sagen: die Polyphonie des Lebens verliert. Ich meine dies: Gott und seine Ewigkeit will von ganzem Herzen geliebt sein, nicht so, daß darunter die irdische Liebe beeinträchtigt oder geschwächt würde, aber gewissermaßen als cantus firmus, zu dem die anderen Stimmen des Lebens als Kontrapunkt erklingen; eines dieser kontrapunktischen Themen, die ihre *volle Selbständigkeit* haben, aber doch auf den cantus firmus bezogen sind, ist die irdische Liebe und auch in der Bibel steht ja das Hohe Lied und es ist wirklich keine heißere, sinnlichere, glühendere Liebe denkbar als die, von der dort gesprochen wird

[...]; es ist wirklich gut, daß es in der Bibel steht, all denen gegenüber, die das Christliche in der Temperierung der Leidenschaften sehen (wo gibt es solche Temperierung überhaupt im Alten Testament?). Wo der cantus firmus klar und deutlich ist, kann sich der Kontrapunkt so gewaltig entfalten wie nur möglich. Beide sind „ungetrennt und doch geschieden“, um mit dem Chalcedonense zu reden, wie in Christus seine göttliche und seine menschliche Natur. Ist nicht vielleicht die Polyphonie in der Musik uns darum so nah und wichtig, weil sie das musikalische Abbild dieser christologischen Tatsache und daher auch unserer vita christiana ist? Ich kam erst gestern nach Deinem Besuch auf diesen Gedanken. Verstehst Du, was ich meine? [...] Wenn man in dieser Polyphonie steht, dann wird das Leben erst ganz und zugleich weiß man, daß nichts Unheilvolles geschehen kann, solange der cantus firmus durchgehalten wird. Vielleicht wird in diesen jetzigen gemeinsamen Tagen, aber auch in möglicherweise kommenden Tagen der Trennung vieles leichter zu tragen sein. Bitte, Eberhard, fürchte und hasse nicht die Trennung, wenn sie wieder kommen sollte und alle ihre Gefahren, sondern verlaß Dich auf den cantus firmus. Ich weiß nicht, ob ich es jetzt richtig gesagt habe, man sagt so etwas selten ...

*Am 27. Mai 1947 schreibt* ***Volkmar von Zühlsdorff*** *an den befreundeten Schriftsteller* ***Hermann Broch****. Beide kennen sich aus dem amerikanischen Exil, wo Zühlsdorff für die „American Guild for German Cultural Freedom" arbeitete. Nun ist er nach Deutschland zurückgekehrt, während Broch für immer in den USA bleibt.*

Amorbach im Odenwald
27.5.1947

Liebster Hermann,

wir haben ziemlich lang nicht voneinander gehört - bei mir lag es daran, daß alles das, was dazu gehört, wieder äußerlich und innerlich Fuß zu fassen und Besitz zu ergreifen, einen sehr in Anspruch nimmt. Jetzt ist es mit Gottes Hilfe so weit, daß wir in der habitatio sind, in der wir wohl bleiben werden, ich will nicht sagen endgültig, aber auf absehbare Zeit. [...] Der Winter liegt wie ein grauer Alptraum hinter einem, eine öde Strecke von Kälte und Frieren, [...] Jetzt ist dafür der Hunger wieder größer, wie so viele noch am Leben bleiben, ist erstaunlich und fast ein Rätsel. Die Wochenration ist diesmal: 1000 gr Brot, 100 gr Nudeln, 100 gr Fleisch, 50 gr Margarine, 32 gr Käse und 5 Pfund Kartoffeln, wenn man sie auftreiben kann. [...]

Sie tadeln einmal ihre Freunde in Österreich, daß sie Ihnen über Kälte und Hunger schreiben und dafür nicht über Zerknirschung. Aber der Hunger ist so unhöflich vordringlich und nimmt die Gedanken der Menschen oft mehr in Anspruch, als der Würde zuträglich wäre. Der Wille zum Leben ist meist ungemein stark, sobald es einmal darauf ankommt. Wenn sie genug zu essen hätten, würden sie sich mehr mit psychologischen Problemen befassen und über Schuldfragen nachgrübeln, daß es eine Freude wäre. Aber so gehen sie ohnehin durch ihr Fegfeuer, und wer will sagen, daß es nicht hart genug sei? Der Prozeß der geistigen Verwandlung geht im Stillen vor sich, das, was laut wird, ist meist nicht vom besten, was auch gar nicht anders sein kann, solange Deutschland ein staatloses Vakuum ist, in dem das Eigenbewußtsein des Volkes kein Mittel hat, sich darzustellen, und daher notwendigerweise stumm ist. Wenn man durch Deutschland fährt, hat man das Gefühl der Leblosigkeit, ja Unwirklichkeit, und wenn man darüber nachdenkt, woher das kommt [...] – so kommt man darauf, daß es das Fehlen einer vom Volke getragenen, Volk und Stadt und Land mit teilnehmendem, „demokratischem" Leben durchpulsenden politischen Gewalt ist.[...]

Sie fragen mich: Wo sind die Nazi? Daß die politischen und militärischen Führer zum Teil aufgehängt, zum Teil im Gefängnis sind, wissen Sie ja. Die Gruppe von Menschen, die Verbrechen begangen haben, sind oder werden vor Gericht gestellt. Drittens gibt es dann etwa 40.000, die in Lagern sitzen. Viertens einige Millionen, darunter alle Parteimitglieder, die vor die Spruchkammern kommen und Bußen erhalten oder freigesprochen werden. Aber wenn ich Sie recht verstehe, meinen Sie die alle nicht. Sie meinen jene, die keine Nazis waren [...], sondern frühere Sozialdemokraten, Deutschnationale, Zentrumsleute, was weiß ich, die an sich nichts getan haben, aber die keine Revolution gegen Hitler auf die Beine gebracht haben. Also jene breite Masse, die den Untergrund jeder Diktatur bildet, [...]. Die sind einfach noch da [...], und sind wieder Sozialdemokraten, Deutschnationale, Zentrumsleute usw.

Aber sie sind anders. Hitler hat auf ihnen herumgetrampelt, dann ist das Grauen des Krieges über sie hinweggegangen, die Niederlage und das Elend, das folgte, und alles das war nicht spurlos. [...] Ich habe mir natürlich, als ich nach Deutschland zurückkam, die Frage gestellt, ob der Nationalsozialismus, wenn die Umstände so wären, daß er noch einmal kommen könnte, eine Chance hätte. Heute bin ich zu der Überzeugung gekommen, daß er keine Hoffnung hat, am allerwenigsten unter der Jugend. Er ist erloschen und ausgebrannt, [...].

Persönlich geht es uns allen gut, die Kinder sind wohl und haben viel Freude am Sommer und einen großen Park. [...] Bitte bestellen Sie von uns allen viele Empfehlungen an Herrn von Kahler und seien Sie selbst, lieber Freund, sehr herzlich gegrüßt von

Ihrem getreuen
Volkmar.

*Am 26. Mai 1940 schreibt der 66 jährige* ***Leo Slezak*** *an seinen* ***Sohn Walter*** *in den USA. Leo Slezak war einst ein berühmter Tenor und ein gefragter Filmschauspieler. Walter Slezak hat seine österreichische Heimat bereits 1934 verlassen. „Ich danke meinem Herrgott, daß Du drüben bist. Wärst Du da, hätten wir Dich nicht mehr", schreibt der Vater 1945.*

Egern, Sonntag, 26.5.40

Mein geliebter Bubindo, Knabe, Radiostar und Lauser.

Das war gestern eine herrliche Überraschung, ich traute meinen Augen nicht, als der Paketwagen bei uns hielt und mit zwei Paketen angestiegen kam. Der Lloyd sandte im Auftrage eines Verwandten diese Liebesgabe, hieß es. Zuerst haben wir hin- und hergeraten, wer denn dieser Verwandte sein könnte, wieso aus Amerika, da schoß es uns wie ein Blitz durch den Kopf, aha, wir haben doch einen Verwandten drüben, wenn ich nicht irre, einen Sohn, vielleicht ist es gar von jenem? Was sagst Du zu dieser Megille? Dein Vater wird schon alt, er verblödet allmählich. Also diese Freude, am meisten über den Speck, denn mit Fett hapert es am meisten. Na, und der Büchsenschinken, die beiden Würste, der Kaffee, drei Kilo, ambaraderischaas [ embarasse de richesse], von allem, herrlich. Mami hat zwar gleich gejammert, daß Du viel Geld ausgegeben hast, aber ich beruhigte sie und sagte, alles kostet einen Quarter, Du hast besondere Beziehungen, weil Du ein Schtar bist und aus Amerika. Also vielen Dank, mein geliebtes Kinderle, bist ein Guter und gehörst Deiner Mami und dem lieben Papa ganz allein. Die beiden Würste sind prima, noch Friedenswürste, weil da noch echtes Fleisch drinnen ist und der Speck auch noch Originalrohstoff, nicht wie unser Kaffee synthetisch aufgrund erstklassiger Forschungen der Chemie hergestellt, echt vom Hintern eines Schweines, einfach lecker, obzwar der chemische Speck bekömmlicher sein soll, weißt?

Jetzt sollen nur noch die von Dir besungenen Platten ankommen, da allerdings habe ich keine Hoffnung, denn das kann die Zensur nicht durchlassen, ein Grammophon haben sie dort nicht und auch keine Zeit, und es kann ja doch etwas sein, das dem Lande schadet. Das verstehe ich, aber bitte, mein Kinderle, besinge noch welche, und zwar mehrere, denn ich habe jetzt die feste Hoffnung, daß der Krieg nach all diesen fabelhaften Erfolgen nicht mehr allzulange dauern kann, und dann telegrafiere ich zweimal täglich, und Du sendest jeden Tag eine besungene Platte. Da kriegst Du auch Deine Platten, Deine Büste und alles, was Du haben willst. Wir sind den ganzen Tag so aufgepeitscht, und am Abend gehen wir mit Herzklopfen zu Bett, hängen bis Mitternacht am Radio, um nur ja keine Meldung zu versäumen. Fast jeden Tag sind mehrere Sondermeldungen mit unwahrscheinlichen Siegen; wenn einmal zwei Stunden keine Siege gemeldet werden, ist man beleidigt. Wir sind immer noch da und wissen nicht, wann wir wegfahren, vielleicht platzt alles, und wir bleiben da, was nicht ungünstig wäre. Ach, es ist so schön da, noch nie habe ich es so empfunden wie jetzt im Krieg, so ganz abseits von all dem Grauenvollen, in Harmonie. Um Deine Mami herum ist Güte und Liebe, ohne die ich nicht leben könnte. Für Dein Kabel habe ich Dir ja schon gedankt, bitte innig, jede Woche, es gibt so eine Beruhigung. Aber gib kein Geld mehr für Fressalien aus, wir haben alles.

[Dein Papa]

*Am 27. Mai 1925 schreibt ein* ***Wiener Volksschüler*** *an* ***„Die Unzufriedene“****, ein Wochenblatt der österreichischen Arbeiterschaft. Die Zeitschrift hat ihren jungen Lesern die Frage gestellt: „Bist du schon geprügelt worden?“. 220 von ihnen haben sich dazu geäußert, davon 184 mit ja. Unser Briefschreiber, von dessen Namen wir nur die Anfangsbuchstaben kennen, besucht die fünfte Klasse und schickt dem Wochenblatt die folgende Antwort:*

W.[ien], am 27. Mai 1925

Liebe Unzufriedene!

Du bist der Ansicht, daß wir Kinder nicht geprügelt werden sollen, und wir Kinder darüber denken? Das ist sehr intressant von Dir und sehr schön, daß Du Dich um uns wehrlose Kinder annimmst, ich schäme mich zwar sehr aber Dir allein traue ich mir es zu sagen. Ich schreibe Dir zwar das erste mal, aber ich werde mich schon daran gewöhnen. Nun will ich 1. erzählen von wem ich geprügelt worden bin. Meistens werde ich nur allein von den Buben auf der Gasse gehaut, weil sie mich nicht vertragen können. Ich weis wirklich nicht warum. Vier, fünf mal habe ich es schon von unseren Lehrer bekommen. Früher habe ich oft zu Hause Prügel bekommen, heuer überhaupt nicht. Nur von meiner Mutter bekomme ich selten eine am Kopf da sag' ich, ich habe ein Dachtl bekommen. Mir gebührt die Strafe immer nicht, öfters bekam ich es wegen meinen Bruder. Er ist um 2 1/2 Jahre jünger als ich. Er nimmt alles in Ernst auf wenn ich nur Spaß mache.

Ich meine, man soll die Kinder strafen, indem die Eltern die Kinder bei einen Ausflug die Kinder zu Hause lassen, oder drei sehr schöne Tage nicht auf die Gasse gehen lassen. Oder strafen, indem sie die Eltern die Kinder Strafe schreiben lassen un von Herrn Lehrer unterschreiben lassen, dann werden sich die Kinder schämen.

Ich lese die Unzufriedene sehr gerne, trotzdem ich nicht gerne lese.

Sch. W. V.b, 11 Jahre

# 28. MAI

*Am 28. Mai 1907 schreibt der Dichter* ***Paul Scheerbart*** *an seine* ***Frau Anna*** *einen Brief, der nur aus wenigen Sätzen besteht. Es ist einer von fünf Briefen, die Scheerbart in diesem Monat für Anna schreibt und ihr auf den Tisch legt. Szenen einer Ehe – en miniature.*

**An Frau Anna Scheerbart, geb. Sommer, Zehlendorf, Anna-Str. 5**

Liebes Bärchen! Sei doch wieder gut – dann ist auch gleich das Wetter wieder besser, und es kommt die liebe Sonne. Die kommt nicht, wenn Du so böse bist. Darum: sei gut! sei gut! Ich bin auch ganz und gar Dein altes P. C.W. 4. Mai 1907

Eingeschrieben!
**An die Ehefrau Frau Mutsch von Mutschenburg in Zehlendorf.**

Lieber kleiner Bär! Bitte, bitte sei so gut und gib nicht wieder so viel Stoff zum Briefschreiben – es tut mir immer so sehr weh, wenn Du mich so verbeulst. Gefallen Dir denn grade nur die „verbeulten" Ehemänner? Ei! Ei! Ich bin Dein Paulemann. Sonntag, 5. Mai 1907 in Zehlendorf.

**An Mutsch Wannsee.**

Liebe gute Anna! Du mußt daran denken, daß man auch mal seines Lebens froh sein muß. Und wir wollen uns doch unsres Lebens *freuen.* Deshalb mußt Du mal ein bißchen 7 grade sein lassen – damit man wieder Mut zum Leben bekommt. Es ist doch so schwer, den Mut zu behalten. Und darum mußt dem Paulemann nicht so auf die Finger sehen – er hat ja deshalb schon immerzu Handschuhe an. Sei gut – dann ist die Welt so schön, und alles ist ein Paradies.

Wozu brauchen wir spazieren gehn. Kuß, Dicker, und sei heut gut am 10. Mai 1907 in Wannsee. Ich bin Dein „armer" Paulemann.

**Lieber Mutsch!**

Sei wieder gut Deinem Paulemann. 14. Mai 1907.

**An mein bestes Nuse-Puse in Z.**

Liebes Nuse-Puse! Da heute so köstliches Wetter ist, so lade ich Dich hierdurch ein, mit mir nach dem Abendbrot ins Abendrot zu wallen. Tut Dir das gefallen? Ja? Na? Ich bin Dein *sehr* guter – nein – Dein bester Paulemann in Zehlendorf am 28. Mai 1907.

*Am 31. Mai 1951 schreibt der 77jährige österreichische Schriftsteller **Alfred Polgar** an den reichlich dreißig Jahre jüngeren befreundeten Kollegen und Landsmann **Willi Schlamm**. Beide verbrachten die Kriegsjahre im amerikanischen Exil; während aber die Polgars schon bald nach Kriegsende nach Europa zurückkehrten, entschloß sich Familie Schlamm erst Anfang der 70er Jahre dazu.*

Zürich, Hotel Urban
31. Mai 1951

Liebster Freund Willy,

Dank für Dein charmantes Briefchen. Gut zu hören, daß Steffis racoons mit Kirschen eingedeckt sind, weniger gut, daß Ihr Euer Cottage-Häuschen noch nicht vermietet habt. Wir wünschten, Ihr wäret – da wir nun doch für 51 als Gäste nicht mehr in Frage kommen – diese Sorge schon los.

Uns geht es gut, so far. Die Zürcher Fadheit hat schon etwas unwiderstehlich Balsamisches. Denke Dir, wir sind nun über 14 Tage hier, und erst ein einziges Mal waren wir im Café Odéon! Und das war schon zu viel. Dort trat nämlich ein Mann auf mich zu, ein greiser Maler aus dem prähistorischen Wien und rief (freudig bewegt, aber immerhin) aus: „Mein Gott, Sie leben noch?!" Ich war ehrlich beschämt. Aber hab' ich das nötig? In's Theater gehe ich heute des erste Mal, in Vertretung von Freund Seelig, um für ihn Referat zu schreiben. Lange schon habe ich das nicht mehr getan, aber ich fühle noch immer genug produktive Bosheit in mir für einen mittleren Theaterkritiker. Ansonsten tröpfelt meine Produktion (da Du freundlicherweise danach frägst) ziemlich dünn. Jedoch habe ich ein Buch zusammen gekleistert, das im Herbst erscheinen und Dir dann mit Extra-Rapid-Eil Post zugehen wird. Vieles darin wird Dir neu sein, Manches wirst Du kennen, Manches nicht mehr erkennen. Inzwischen langweile ich mich ab mit der Übersetzung der neuen van Druten-Komödie. Sonderbar, am Broadway, wo ich sie gesehen habe, war das Ding ganz lustig. In der deutschen Fassung wirkt es, als spiele es unter lauter komplett Schwachsinnigen. Vielleicht allerdings hat zu diesem Eindruck meine Übersetzung Einiges beigetragen. Von Opprecht sahen wir bis nun nichts als das Schaufenster. Begegnungen mit Schaufenstern haben vor jenen mit deren Eigentümern dies voraus, daß man stehen bleiben kann oder nicht, je nach Laune. Eine Überraschung kam aus Amerika, indem daß eine zionistische Vierteljahreszeitschrift (den Namen habe ich schon wieder vergessen) eine vor einem Jahr in einer deutschen Zeitung erschienene story von mir übersetzt und gedruckt und uns hiefür $ 150,- geschickt hat. Ein sympathischer Blitz, sozusagen aus blauem jüdischen Himmel. –

Warum bist Du eigentlich so bitter gegen den lausigen alten Erdteil? Vergiß doch nicht, was der alte Kracher Alles mitgemacht hat. Deine Charakteristiken der europäischen Völker treffen in deren Schwarzes. Aber es gibt auch Weißes. Und ich glaube, à part bemerkt, den besseren Schlüssel zum Wesen eines Landes geben die unauffälligen Dinge dort, nicht die auffälligen. Du wirst doch nicht bestreiten wollen, daß eine Schützenwurst mehr ist (oder weniger, wenn Du so willst) als eine Wurst, nämlich eine Weltanschauung. Und daß andrerseits es närrisch wäre, an einer monströsen Parodie auf des Menschen Würde und Wert wie den Einzug Mac Arthur's in New York zu schließen, die Amerikaner seien ein serviles Volk mit ausgeprägtem Hitler-Komplex?

Du hast vollständig recht, daß Zürich ohne Euch eine Rumpf-Stadt ist. Ihr fehlt uns sehr, nicht nur als verläßliche Bridge-Wurzen, sondern auch schlechtweg als human beings.

Ich denke, ich habe Dich jetzt mit Nachrichten und Geschwätz ausreichend bedient. Bleibt gesund, in begründet guter Laune, und behaltet uns lieb. Lisl umarmt Euch. So do I. Dein

Alfred

# 30. MAI

*Am 30. Mai 1943 schreibt die neunzehnjährige **Maria von Wedemeyer** an ihren fast zwanzig Jahre älteren Bräutigam, den evangelischen Theologen und Mitstreiter der „bekennenden Kirche", **Dietrich Bonhoeffer** ins Gefängnis nach Berlin-Tegel. Die beiden haben einander nicht mehr in Freiheit wiedergesehen.*

Hannover, 30. Mai 43

Mein liebster Dietrich!

Heut hab ich den ganzen Tag Zeit für Dich gehabt. Meine Füße, denen ich schon lange übel nehme, daß sie meinen Gedanken auf ihren täglichen Spaziergängen nicht einfach folgen können, streiken nun auch schon auf den Wegen hier. Sie haben mir darum einen ganzen Tag Zimmerarrest verschafft und das versöhnt mich auch wieder mit ihnen. So hab' ich heute einen richtigen Traumsonntag. Ich kann, was ich mir schon lange ersehnte, auch einmal richtig träumen. Ob schlafend oder wachend ist da ziemlich egal, es dreht sich doch alles um den gleichen Gegenstand und um die gleiche Richtung in der die Träume fliegen. Eigentlich paßt solch ein Stück Briefpapier gar nicht dazwischen. Jedenfalls fürchte ich bei meiner miserablen Ausdrucksweise immer, das Papier schief zu halten, so daß alle Gedanken anders reflektiert werden, als ich sie losschickte. – Du mußt mir das Briefeschreiben erst einmal beibringen! –

Deine Mutter sagte mir, Du wolltest von meiner Arbeit hier wissen. Eigentlich ist solch ein Brief viel zu schade, um davon zu erzählen; aber was soll ich Dir schreiben? Die andern Leute, die den Brief ja notgedrungen lesen müssen, brauchen gar nicht so unbedingt zu wissen ob ich dich lieb hab' und wie groß meine Sehnsucht ist. Das schreib ich überhaupt nicht gern, das sag' ich Dir lieber. – –

Die Arbeit mit den Patienten macht mir wirklich große Freude und auch das Verhältnis zu den Lehrschwestern fängt jetzt an - nach anfänglichem Ach und Krach – sich ein bischen zu glätten. So ein bischen Rekrutenzeit gehört auch hier dazu, weißt Du: es ist dann ganz egal ob man Lottchen Schulz oder Emilie Müller ist, ob man bis drei zählen kann oder noch ein bißchen weiter. Und Stationsschwestern haben einfach die moralische Verpflichtung Drachen zu sein. Aber das Pflegen der Kranken machte gleich Spaß. Augenblicklich habe ich einen 3. Klasse Frauensaal und zwei 2. Klasse Zimmer zu versorgen. Als erstes lernt man, daß die gebildete, reiche Rasse eine ganz abscheuliche Bande ist, während man die einfachen Frauchen gleich gern haben muß.–

Am liebsten würde ich sie Dir alle mal vorstellen. Besonders meine Stammpatientin, eine Kellnerfrau, die mich unbedingt verheiraten möchte, sich nur durchaus nicht entschließen kann mit welchem ihrer drei Söhne in Rußland.-

Eine dicke Freundschaft habe ich auch mit einem 'Opa', der mir immer seine angebissnen Butterbrote zustecken möchte und es jeden Sonnabend neu versucht mir eine Mark Trinkgeld für eine Woche zu geben. Nebenbei lerne ich Hambörsch Platt und errege sehr das Mißfallen meiner Patienten, wenn ich doch immer wieder ins Pommersche komme.- Abends lese ich dann immer ein bischen in Deinen Büchern. Manches verstehe ich nicht, und ich freue mich darauf, es Dich endlich einmal fragen zu können. Am meisten liebe ich „Schöpfung und Fall". Großmutter sagte, wenn Du es heute noch einmal schriebest, so würde es sehr anders werden. Aber ich mag es nicht anders, ich mag es nur so wie es ist, obgleich ich auch da vieles nicht verstehen kann.-

– Ich muß Dir gestehen, daß mich oft der Anfang eines Satzes noch sehr interessiert und ich über dem Schluß schon eingeschlafen bin, und am nächsten Tag muß ich dann nochmal anfangen, weil ich gar nicht mehr Bescheid weiß und dann geht es nicht anders. Und doch freue ich mich den ganzen Tag darauf die Worte abends von Dir zu lesen (Deine Briefe kann ich nämlich schon alle auswendig.)

Großmutter schrieb mir, daß es der 2. - 5. Juni war, an dem ich im vorigen Jahr in Klein Krössin war. Nun ist es also wirklich schon ein Jahr her. Denk, es ist mir fast unbegreiflich, daß Du der Herr bist, den ich damals kennen lernte und mit dem ich mich über Vornamen, Lili-Marlen, Margeritten und anderes unterhalten habe. Großmutter erzählte mir, was Du davon behieltest und ich wurde noch nachträglich rot vor Entsetzen, was für einen Unsinn ich sagte. Ich glaube, Du, ich bin sehr anders geworden seit der Zeit. Es ist so schrecklich viel passiert seither. Aber eins bleibt bestimmt immer gleich, das weißt Du ja! –

In der nächsten Woche schreib ich Dir wieder und bis dahin hoffe ich auf jede Post und jedes Telefonklingeln und höre einfach nicht auf, auch wenn sie mich alle auslachen.–

Immer Deine Maria

# 31. MAI

*Am 31. Mai 1914 – dem Pfingstsonntag – schreibt* ***Robert Rudolf Hindemith*** *seinem Sohn, dem neunzehnjährigen werdenden Komponisten* ***Paul Hindemith****, den folgenden väterlich-mahnenden Brief. Die Strenge des schlesischen Handwerkers und Musikfreundes gegenüber allen drei Kindern ist verbürgt. Für ihre gediegene Ausbildung war die Familie nach Frankfurt gezogen, und hier erhielt Paul ein Stipendium für das Konservatorium.*

[31. Mai 1914 - Pfingsten]

Mein Sohn

Wie ich höre, hat die Frau Rat für Dich & Rudolf an Ostern 10 M gegeben, du wirst natürlich umgehend im Conservatorium, an Rudolf die 5 M abführen, da ich erst jetzt auf Befragen von Mutter höre, daß du die 10 M zur Reise nach Basel allein verbraucht hast. ...

Im Übrigen höre ich, daß auch Herr Rebner & auch Herr Prof. Knorr bereits dein Aussehn bemängeln & deine Aufmerksamkeit & Leistung verschlechtert finden. Das ist ganz natürlich.

Mein Sohn, du bist eben bös ins Rutschen geraten, ich warne dich ernstlich, ehe es zu spät; denn es ist eben die größte Ironie im Leben, daß einem das widerfährt, was man am weitesten verwirft, das ist, bei dir, du stirbst als ganz elender Tanzmusiker & Bettelmusikant. Ehre Vater & Mutter, das ist das erste Gebot, das Verheißung hat; willst du diese alte Weisheit, die schon ein paar 1000 Jahre vor Chr. Geltung hatte, umwerfen, nein, mein Sohn, da bist du in jeder Weise zu schwach.

Du wirst dich erinnern, daß ich dir, als du ins Leben tratst, sagte, jeder Mensch hat seinen freien Willen, ich will dich ganz wenig kontrollieren, d.h. so lange ich merke, daß es normal zugeht, sobald ich merke, daß das nicht der Fall, setzt haarscharfe Controlle ein.

Du hast z.B. diesen Monat, nach dem Zettel 140 M verdient, wenn du nun auch das Geld noch nicht alles erhalten hast, hast du aber fast den gleichen Betrag aus dem vorigen Monat mit herüber genommen. 17 M hast du den Monat der Mutter gegeben, verbliebe dir immer noch pro Tag, wo du zu Hause Essen, Trinken & Logis hast zum Vertun 4 M. Nein mein Junge, zu Haus weißt du, wird der Pfennig 2 x umgedreht ehe er ausgegeben wird & wenn du pro Tag noch eine Mark ausgiebst für dich so halte ich das für genügend. Was bleibt mir? Hast du mich schon, so alt du bist, mal gesehn ins Wirtshaus laufen, wenn mir einer sagt, du darfst nicht ins Bett, gut schlafe ich auf Holzfußboden, giebts nichts zu essen, gut, hungere ich mal, etwas Wasser giebts schon. Ich verlange, das merke dir, vom wahren Künstler asketische Strenge gegen sich selbst, eben deshalb heisst es, es soll der Künstler neben dem König stehen, weil er als Mensch sich so in der Gewalt haben muß. Dieses Lumpenleben, mein Sohn, nimmt ein böses Ende. Ich habe dich voriges Jahr, als du nach der Schweiz gingst, aufmerksam gemacht, auf die furchtbaren Gefahren im Verkehr mit Saumenschen, hüte dich, hüte dich, das ist wieder die alte Weisheit, viel 1000 Jahre alt: die will ich heimsuchen bis ins 3 & 4 Glied: Merke dir, das die ganze Bande Menschen ganz notwendiger Weise verseucht sein muß an Tuberkulose & Geschlechtskrankheit, Pfui Teufel. Ich erwähne dir das nur zur Warnung, denn ich glaube eine Bemerkung von Monsieur Heinichen dahin aufgefaßt zu haben. Das ist schon überhaupt dein guter Engel.

Auf alle Fälle werde ich Frau Rat bitten, daß, wenn irgend möglich, Frau Rat für dich, daß Stibendium vom Herrn Dr. Feis in Empfang nimmt, bis du Esel erst mal zur Besinnung kommst. Du sollst dich mal gründlich um den Pfennig plagen, wie der verlorene Sohn, der mit den Säuen die ... fraß.

Wenn du weg bleibst (jeder Mensch hat seinen freien Willen) so sorge wenigstens dafür, daß du in der Achtung der Leute nicht sinkst, denn deine Stellung ist jetzt schwerer, ein Ruck & du bist unten, ein rauf ist sehr schwer.

Merke dir, ich habe mit Mutter jetzt 20 Jahre einig & in Frieden gelebt & jetzt durch dich sind Sachen zwischen uns vorgekommen, die wir beide nie geglaubt hätten. Sprechen miteinander, ist ziemlich abgeschafft. Merke dir ferner, willst du gehorchen, darfst du wiederkommen, nach dem 12. Juni kündige ich die Wohnung & wir nehmen wieder eine 2 Zimmerwohnung, dann ist es zu spät – für immer.

Laß auch dein Klavier holen, wenn wir ausziehen bleibt es einfach stehn. Bessere Dich

dein Vater

Hüte dich, daß dein Staatsstibendium nicht auch zum Teufel geht, denn der giebt es doch nur auch an ernste zielbewußte Künstler. ...

# 1. JUNI

*Am 1. Juni 1983 schreibt Pfarrer **Peter Wagner** an Bundesverteidigungsminister **Manfred Wörner**. Dem Brief ist eine Katastrophe vorausgegangen: Pfingsten 1983, am 22. Mai, stürzt bei einer Flugschau in der Nähe von Frankfurt/Main ein kanadischer Starfighter in die Zuschauermenge. Fünf Menschen sterben sofort; die 19jährige Gesine Wagner wird schwer verletzt; sie stirbt 81 Tage nach dem Unglück. Wagners Brief an den Minister ist Anfrage und Anklage – und betrifft Grundsätzliches: Sie zielt auf die Verantwortung christlicher Politik.*

Offenbach, den 1. Juni 1983

Sehr geehrter Herr Minister Wörner,

Sie haben durch Ihren Parlamentarischen Staatssekretär, Herrn Würzbach, erklären lassen: "... den Schwerverletzten gilt unser tiefes Mitgefühl." Es gibt zwei leichtverletzte Jugendliche und einen Piloten, der mit dem Schrekken davongekommen ist. Schwer verletzt ist allein meine Tochter Gesine Wagner. Sie liegt mit Verbrennungen dritten Grades, die 85% der Körperoberfläche bedecken, im Stadtkrankenhaus Offenbach. Nach Auskunft der Ärzte hat sie keine Aussicht zu überleben.

Ich versuche zu ergründen, was im Kontext der Erklärung Ihres Staatssekretärs die Formulierung „tiefes Mitgefühl" besagt. Was sind diese beiden Wörter wert? Woran kann ich erkennen, daß sie mehr sind als bloße leere Worthülsen? Haben sie irgendein Gewicht?

Ich finde nichts. Im Gegenteil: Ich finde nur Worte, die die Abwesenheit von Mitgefühl erkennen lassen. Ich finde eine Begründung für künftige Werbeschauen der Bundeswehr, die ethisch bodenlos ist (Schaulust der Menge); die geistig-moralisch anspruchslos ist (Werbung); die um so dringender nach dem christlichen Fundament dieser Regierung fragen läßt (was ist „unverzichtbar"?).

Einmal vorausgesetzt, militärische Macht sei notwendig in einer Menschheit, die nicht vertrauen kann, so ist doch diese militärische Macht christlich gesprochen nie etwas Letztes, ihre Darstellung nie etwas „Unverzichtbares". Sie gehört dem Vorletzten an. Das Handwerk des gezielten Tötens, das von ungewolltem Töten begleitet wird, wird aufhören. Es schafft nichts und ist nichtig. Es ist nichts Bleibendes. Jetzt schon im Vorletzten ist das, was bleibt: Gott die Ehre zu geben mit allem, was dies einschließt.

Wer dagegen militärische Macht zur Schau stellt, wer sich spreizt mit der Gewalt, über die er zu verfügen meint, mag dies zur Hebung des Wehrbewußtseins für nützlich halten, er handelt nach dem Urteil der Bibel als ein Tor. Der Tor aber ist für die Bibel der Gottlose. Er beteiligt sich daran, Gott die Ehre zu rauben. Was einer christlichen Regierung ansteht, ist der bescheidene, zurückgenommene Umgang mit militärischer Macht.

Ich meine, aus dem Tod der fünf Mitglieder meiner Familie, in der von der Greisin bis zum Säugling jedes Alter vertreten und den Flammen preisgegeben war, einen Anruf, eine Bitte zu hören: Merkt auf, in welche Richtung euer Weg geht! Laßt es zu, daß es heute in euerm Innern brennt, damit nicht morgen eure Kinder brennen!

Der Tod der Familie Martin Jürges war nicht tragisch. Er war nicht das Ergebnis sich immer enger zusammenziehender Verstrickung. Er war vermeidbar. Tragisch ist allenfalls eine christliche Politik zu nennen, die im Zwiespalt mit ihrer eigenen Grundlage handelt. Ihre Lage ist verzweifelt, sie mag sich wenden, wie sie will. Sie wird den inneren Widerspruch mit immer mehr Lüge, mit immer mehr Anwendung von Gewalt zuzudecken versuchen. Ich weiß, daß Mitglieder dieser Bundesregierung mehr erkennen als sie sagen, aber was sie auch sagen, eines können sie nicht mehr sagen: Sie seien nicht gewarnt worden.

Mit freundlichem Gruß

P. Wagner

# 2. JUNI

*Am 2. Juni 1934 schreibt der 42jährige Schauspieler **Fritz Kortner** aus dem Exil in England an die Freundin **Else Schreiber-Zhdanow** in Deutschland.*

London, 2. 6. 1934

Liebe Else,

wenn ich so gar nichts mehr von mir hören ließ, so geschah es wirklich nicht aus Leichtfertigkeit. Ich habe mich oft und viel mit dir auseinandergesetzt, deinen wahrscheinlichen Rat in entscheidenden Situationen selbst zu konstruieren versucht und so eine regere Beziehung zu dir unterhalten als du weißt. Aber nichts von all dem ist formulierbar. Nicht in einem Brief. Vielleicht in einem Buch. Vielleicht reißt mich das, was geschehen ist, über mich hinaus, zum Versuch, diesen Wachtraum zu beschreiben. Von allem abgesehen: der Abschied von der Muttersprache. Ich muß mir jedes Wort aus dem Herzen reißen, eine wirklich erlebte Sprachvorstellung aus Hirn und Phantasie. – Es ist wirklich so, als ob ein geliebter Mensch einem hinstirbt, sterbend immer schöner wird. Ein anderer fremder Mensch wird einem dann als Ersatz aufgezwungen. In einer fremden Sprache aber spielen, das streift oft beängstigend die düsteren Bezirke des Wahnsinns. (Ein so disponiertes Hirn.) – Ich habe vor einer Woche meinen zweiten Film begonnen. Bei derselben Gesellschaft: British Gaumont. Das besagt alles über den Hauserfolg des ersten, dessen Premiere noch nicht war. (Erst im Sept.) Ich habe gute Aussichten, in diesem Lande und in dieser Sprache, der ich immer noch betäubt, schwerfällig und phantasiearm gegenüberstehe. Meine öffentliche Beziehung zu ihr gilt als glücklich. Die Herzensbeziehung leidet an der unüberwindlichen, unausrottbaren Liebe zu der Einen, geliebten. – Ein verwegener Abenteurer seiner Sprache ist ein plumper Subalterner einer fremden geworden. – Auch nach Hollywood scheint's zu gehen! Sehr oft macht mir das alles viel Freude. Jedenfalls: der Griff an die Gurgel ist lockerer geworden, vom Angsttraum bin ich manchmal frei. – Hanna hat alles wunderbar durchgestanden. Peter ist in einer Übergangsschule. Er lernt mit hinreißender Energie Englisch. Die Schule ist eine Stunde von London entfernt, ein wirkliches Paradies für Jungens. Hanna mit ihrer ebenbürtigen Tochter lebt in seiner Nähe. Vorläufig. Sie ist oft bei mir und ich so oft ich nur kann bei ihnen. Meine Tochter ist – bei aller Zurückhaltung – ein einziger Zauber. – Meine Mutter will ich Ende dieses oder Anfang des nächsten Monats besuchen. Könnte ich dich da nicht irgendwo treffen? Etwa in Zürich. Ich würde dann, auf dem Wege nach Wien, dort für 1-2 Tage haltmachen. Was hältst du davon? Schreib mir bitte darüber und über alles, was dich betrifft. – Über deinen Geburtstagsgruß habe ich mich riesig gefreut.

Viele, viele Grüße

Fritz

# 3. JUNI

*Am 2. Juni 1951 schreibt **Lotte B.** geborene Kreutzmann an ihre einstigen **Klassenkameradinnen** den folgenden Brief. Bis 1921 haben sie gemeinsam das Altenburger Lyceum besucht ...*

Mühlhausen, den 2.6.51

Meine Lieben in Ost und West, ja, sogar in Südwest-Afrika
(wer hätte das gedacht!)

Genau vor 30 Jahren gingen wir auseinander und heute nun soll ein Rundbrief beginnen. Ich bin durchaus mit von der Partie und möchte nur im Namen und zur Freude aller mahnen: beeile sich jede, so gut es irgend geht, daß der Brief schnell weitergeht und nicht nur einer im Jahr seine Rundreise beendet. Zu Dir, liebe Inge, sollen meine Zeilen reisen. – Gerade zu meinem Geburtstag (46 Jahre!!) überraschte mich Hannis Brief. Sie ist die einzige, zu der ich noch Verbindung habe. Von ihr weiß ich in groben Zügen von Annemaries und Elsbeths Ergehen. Und unser lieber Steps ist ein „Fräulein Doktor" geworden. Im Grunde wundert's mich nicht, sie war zu Höherem geboren und keiner entgeht seinem Schicksal! Aber gewiß hätte sie auch ein allerliebstes Hausmütterchen werden können. Auf wen richtet sie wohl heute ihre braunen, schwärmerischen Augen? Einstmals war es unser gemeinsamer Liebling Dr. Döll – erinnert Ihr Euch? Es ist lange her!

Die Allerjüngsten sind wir nicht mehr. Der eine merkt's am Herzen, der andere an den Zähnen. Mein Herz ist noch intakt – hab's ja auch lange aufgespart. Zuerst wurde ich Säuglingsschwester, mein Traumberuf, aber eine *alte* Säuglingsschwester wollte ich nicht werden, deshalb besuchte ich noch zwei Jahre die Wohlfahrtsschule in Jena und wurde Fürsorgerin. Diesen Beruf habe ich fast 10 Jahre mit viel Lust und Liebe ausgeübt, bis mir das Schicksal noch ein anderes Ziel steckte. Ein gleichaltriger Arbeitskamerad verlor durch den Tod zweimal in 5 Jahren seine Frau. Ich sage gern, er hatte es nicht verdient, denn er lebte mit jeder in denkbar bester Ehegemeinschaft. Aber die erste starb 3 Tage nach dem ersten Kind an Embolie, die zweite nach ihrem zweiten Mädchen an einer Lungenentzündung. Plötzlich stand der Mann allein da, allein mit drei kleinen Kindern. So fühlte ich mich plötzlich (es kam tatsächlich wie eine Erleuchtung über mich) dazu berufen, die entstandene Lücke auszufüllen. Ohne Liebe zu dem Mann hätte ich es natürlich nicht gekonnt, aber „wie ein Wunder" kam auch die und wuchs ins Grenzenlose. Vielleicht klingt es eigenartig und Ihr lächelt über die alte (damals bereits 35jährige) Lotte. Aber so und nicht anders war es. Wir heirateten im Februar 1941 und im Dezember bekam ich einen kleinen Reiner, der als vierter der letzte in der Runde sein sollte. Meinen Entschluß habe ich keinen Moment bereut. Die Kinder wissen, daß ich die dritte Mutti bin, aber wir sind sehr miteinander verwachsen und das Familienleben ist der beglückende Pol in diesem nicht immer liebenswerten Dasein.

Mein Mann wurde 1944 noch Soldat und kehrte erst im Dezember 1948 aus jugoslawischer Kriegsgefangenschaft heim. Nun, da er uns wiedergeschenkt ist, leben wir erst recht bewußt und vielleicht lieben wir uns noch mehr als vor zehn Jahren. Tätig ist er als Angestellter im „Energie-Bezirk" und hat so gerade sein Auskommen. Wir werden satt, wer wollte das bestreiten, auch laufen wir nicht nackt, sondern einfach gekleidet und sauber herum. Wir würden freilich gern mal meckern dürfen oder bellen, schon wegen der leichteren Verdauung bei unserer einseitigen Kost. Darum beneiden wir Euch da „drüben". Aber sonst zieht es mich eigentlich nicht nach diesem so viel gepriesenen Westen, viel besser wäre es, wenn wir hier vernünftige Verhältnisse bekommen würden.

Mein Mann ist sehr musikalisch und die Hausmusik ist seine einzige Leidenschaft. Die beiden großen Kinder können da schon mitmachen, aber ich bin nur Zuhörer. Mein Können am Klavier ist bescheiden und bei meinen hausfraulichen Pflichten läßt sich's auch nicht aufbessern. Was Hänschen nicht lernt ...

Nun wißt Ihr alles. Mein Eltern sind 1947 und 1949 gestorben, zu unserem lieben Altenburg habe ich kaum noch eine Beziehung. Es wäre schön, wenn wir das Band wieder fester knüpfen könnten. Das bißchen Leben geht so schnell vorüber und die Freuden sind selten, wenn man sich selbst keine zu bereiten versteht.

In alter, guter Freundschaft denke ich an Euch und grüße Euch in herzlicher Verbundenheit,

Eure Lotte geb. Kreutzmann

## 4. JUNI

* *Am 4. Juni 1945, schreibt der 23jährige* ***Markus Wolf*** *den folgenden Brief an seine* ***Eltern*** *nach Moskau. Markus Wolf ist wie sein Bruder Konrad mit der Roten Armee nach Deutschland zurückgekehrt und sofort mit verantwortungsvollen Aufgaben betraut worden.*

Berlin, 4. Juni 1945
[Berliner Rundfunk, Charlottenburg – Masurenallee]

Meine Lieben!

Also heute bin ich nun pünktlich in diesem Rundfunkpalast eingetroffen. Hier soll für die nächste Zeit meine „Arbeitsstätte" sein. Ich weiß gar nicht richtig, wie ich anfangen soll. [...]

Zuerst kam ich mir natürlich furchtbar komisch vor. Die Leute auf der Straße sprechen deutsch. Gleichzeitig viele Rotarmisten und Offiziere. Der erste Eindruck: viele Fahrräder, Kinderwagen und sehr viele wehrpflichtige junge Männer. In Tempelhof gingen die Leute ziemlich niedergeschlagen und arbeiteten unwillig. Ich habe leider keine Zeit, alles ausführlich zu beschreiben. Erst am Abend holte man uns mit einem Autobus ab. Wir begannen die Fahrt durch das tote Berlin. Wir sind also ziemlich durch alle Hauptstraßen gekreiselt. Der Schutt ist von der Fahrbahn selbst so ziemlich weggeräumt. Wir hielten vergeblich Ausblick nach einem wenigstens einigermaßen heil gebliebenen Gebäude. Vergeblich. Alles, buchstäblich alles ist zerstört, hoffnungslos zerstört. Es wäre bestimmt rentabler, eine neue Stadt aufzubauen, als hier allein den Schutt und die Trümmer wegzuräumen. [...]

Nun, und jetzt bin ich im Funkhaus, das, wie durch ein Wunder, vollkommen unzerstört ist. Der Genosse Grünberg, dem ich diesen Brief mitgebe, wird Euch einiges über den Betrieb erzählen können. Wir sind hier 6 Mann Deutsche und 1 Major mit 600 Mann der „Alten" zusammen. (Das alles natürlich unter uns.) Das Ausmisten ist leider nur zu einem kleinen Teil möglich, da viele, ja die meisten gebraucht werden. Ich denke, mit der Zeit wird es schon werden. [...]

Ich will meine Eindrücke zusammenfassen.

Die Bevölkerung von Berlin, das heißt von den Bezirken in dem Funkhaus, wo ich sie bisher kennengelernt habe, hat, so komisch das auch klingen mag, überhaupt nicht begriffen, daß Deutschland ein besiegtes Land ist und daß sie alle Mitschuld für den Raubkrieg und die Verbrechen tragen. Die Großzügigkeit der Roten Armee wird, nachdem der erste Schrekken und die Angst in Tagen überwunden waren, als Selbstverständlichkeit hingenommen, und die Meckerei beginnt. [...] Und die deutsche Überheblichkeit. Da stehen beim Fußballspiel die fein gekleideten jungen Herren und machen ihre dreckigen Bemerkungen. Oder die „unschuldigen" Deutschen zum Beispiel von unserem Hinterhof. Arbeiterfamilie. Schon große Diskussion, in welche Naziwohnung im Vorderhaus sie einziehen wollen. In Gesprächen mit Nachbarn stellt sich dann heraus, daß ihr Vater (jetzt in Gefangenschaft) 5 Kommunisten der Gestapo ausgeliefert hat und so weiter.

Selten hat man eine Freude. Ich sprach auf der Straße mit einer 76jährigen Arbeiterfrau. Ein solches Wissen und solches Verständnis für alle Fragen wie diese alte Frau hat wohl kaum ein Genosse hier. [...] Leider sind solche Frauen schon 76 Jahre alt. Trotzdem haben sich viele alte Genossen eingefunden, sehr viele.

Um ein gründliches Bild zu kriegen, muß man alles noch anschauen und abwägen. Ihr werdet es ja bald selber sehen.

Ach, das Wichtigste habe ich vergessen: Ich habe gleich Koni getroffen. Schon am ersten Abend erfuhr ich, daß er in der BERLINER ZEITUNG bei Kirsanow – Erpenbeck arbeitet. Am dritten Tag kam er dann an, auf einem Motorrad „Pony" als rasender Reporter. Die Begegnung war kurz und ein wenig „offiziell". Ich denke, sobald sich unsere Lage stabilisiert, werde ich ihn öfter sehen. [...]

# 5. JUNI

*Am 5. Juni 1934 schreibt* ***Hermann Göring****, zu dieser Zeit Reichstags-Präsident, preußischer Ministerpräsident und Innenminister, an den* ***Hauptschriftleiter der „Deutschen Zeitung,"*** *die das Presseorgan der Deutschnationalen war. – Was seinen Haß auf den Theaterkritiker und Feuilletonchef Alfred Mühr angeht, so mußte er seine Meinung wohl ändern. Dieser wird im September des Jahres als künstlerischer Beirat und später als Stellvertreter des Intendanten an das Preußische Staatstheater am Gendarmenmarkt verpflichtet. An der Schauspielschule des Staatstheaters erteilt er kulturpolitischen Unterricht.*

5. Juni 1934

Ich bestätige den Empfang Ihres Schreibens.

Trotzdem Sie gerade im Besitz meines Schreibens waren, hat Ihr Theaterkritiker A.Mü. (Herr Alfred Mühr) wiederum eine Kritik über das Staatliche Schauspielhaus in Ihrer Zeitschrift veröffentlicht, und zwar bezüglich des Stückes „Rebell in England". Es scheint so, daß jedesmal, wenn das Publikum, also das deutsche Volk, von der Aufführung eines Stückes begeistert war und dieser Begeisterung Ausdruck gab und wenn insbesondere führende Männer des heutigen Staates (Minister etc.) ebenfalls ihrer Begeisterung besonderen Ausdruck gaben, Herr Mühr Veranlassung nimmt, seine angeblich höhere Einsicht dadurch zu beweisen, daß er von der Anschauung des Volkes naserümpfend abrückt und glaubt, nun erst recht zersetzend Kritik üben zu müssen. Ich halte das für eine solch unerhörte Antwort auf meinen Brief, daß ich nunmehr die Dinge nicht mehr ruhig mit ansehe. Lediglich der Umstand, daß Sie mir schreiben, Herr Reichsminister Darré sei Vorsitzender Ihres Aufsichtsrats, hat mich bewogen, von einem sofortigen Verbot der Zeitung Abstand zu nehmen, bis ich Gelegenheit habe, mit Herrn Darré zu sprechen. Ich vermag aber diese Mitteilung nur schwer zu glauben, da der Führer seinerzeit von allen Herren in führenden Stellungen verlangt hat, daß sie derartige Ämter innerhalb von Zeitungen niederlegen sollen. So habe ich mein Verhätnis zur *Essener Nationalzeitung* gelöst und hat Herr Reichsminister Dr. Goebbels seine Herausgeberschaft beim *Angriff* niedergelegt. Ich bin deshalb der Überzeugung, daß Ihre Mitteilung nicht stimmen kann. Sobald ich Herrn Minister Darré gesprochen habe, behalte ich mir vor, ein Verbot über Ihre Zeitung zu verhängen, oder ich muß verlangen, daß Sie gegen den Theaterkritiker Stellung nehmen. Ich habe zunächst verfügt, daß Ihrer Zeitung der Presseplatz in beiden Häusern - Oper und Schauspielhaus - entzogen wird, und habe weiter verfügt, daß der Kritiker Mühr beim Betreten der Häuser sofort auszuweisen und festzunehmen ist. Ich bin dann wenigstens in der Lage, in der Öffentlichkeit feststellen zu können, daß Herr Mühr meine Theater nicht mehr kritisieren kann, weil er sie nicht mehr zu sehen bekommt. Vielleicht bringt aber ihr Theaterkritiker das Kunststück fertig, auch Stükke zu kritisieren, deren Aufführung er selbst nicht beiwohnte. Es würde ja der üblichen Usance der Theaterkritiker entsprechen, die meistens nur 1/4 Stunde der Aufführung beiwohnen, um dann derart niederträchtige Kritiken verfassen zu können. Ich habe ferner verfügt, daß Herr Mühr von der Staatspolizei als systematischer Hetzer und Saboteur am nationalsozialistischen Aufbau in Zukunft zu beobachten ist.

Ich erwarte binnen einer Woche Ihren Bescheid, was Sie als Schriftleitung zu tun gedenken.

Heil Hitler!
Göring
Preußischer Ministerpräsident.

# 6. JUNI

*Im Juni 1991 schickt* ***Gisela Steineckert*** *den folgenden Brief an* ***Alice Schwarzer****. Beide, die Schriftstellerin „aus dem Osten“ und die Journalistin „aus dem Westen“, treffen sich in der Sorge um die Lage der Frauen: in Ost und West.*

Berlin, Juni 91

Liebe Alice Schwarzer,

meine Liebe, hier ist Rapallo und Versailles zugleich, hier fließen die Tränen und stürzen die Zahlen, hier wird jeden Tag in der Zeitung prophezeit, was wie werden wird.

Allerdings wird meist nur über Dinge berichtet, die der Mensch kaufen kann. Offenkundig bestehen Werte der Seele und des Herzens nicht mehr. Wir lesen, wann wir uns das Zweitauto werden leisten können, wann unsere Einkommen denen anderer Deutscher vergleichbar sind. Wir lesen nicht, wann die Kriminalpolizei Ansätze von Prävention erkennen lassen wird, wir erfahren nicht, wann wir wieder einmal abends allein mit der U-Bahn fahren können, wie unsere Kunstschätze vor Diebstahl geschützt werden, unsere Kinder vor Drogen bewahrt. Auf solche Fragen gibt es nur Achselzucken, ausweichende Antworten, viel schlimmer, Resignation.

Seit März verbringe ich die meiste Zeit in Beratungsstellen, versuche, zusammenzuführen, was in den Kommunen für die Interessen der Frauen nützlich sein könnte. Das Niveaugefälle der Arbeit, mit den und für die Frauen, ist bestürzend. In dem einen Ort wird der Gleichstellungsbeauftragten verboten, sich irgend öffentlich zu verhalten. Anderenorts lassen mich Frauen grüßen, sie würden gern zum Gespräch oder zur Lesung kommen, aber sie haben Angst um ihren Arbeitsplatz, zumal, wenn sie schon auf ein Einkommen für die Familie reduziert sind.

Die Politiker versuchen derzeit, uns jede Mark dreimal aus der Tasche zu ziehen. Das geht natürlich nicht, so werden wir nervös und ungeduldig behandelt, weil wir nicht drei Mark in den Taschen haben. Und die Frauen verplempern kostbare Zeit damit, sich abzugrenzen voneinander, unterstellen sich Altlasten, zeihen sich extremer Positionen. Das zersplittert Kräfte, und inzwischen werden disziplinierende Fakten geschaffen.

Ich komm mit dem Leben eigentlich ganz gut zurecht. Am schwersten fällt es mir, mit den Gefühlen der Verachtung fertig zu werden, die ich empfinde. Wenn Leute über den Tisch gezogen werden, gesunde Unternehmen zerstört.

Und gerade solche, die für ihr Abitur und ihr Studium ein pralles Maß an Opportunismus brauchten, gerade die schreien in der Öffentlichkeit über andere, geben sich zu erkennen als ehemalige Lanzelots, die mir als solche nicht kenntlich gewesen sind.

Was für eine bittere Zeit. Rechts macht sich fast unangefochten breit, links ist für lange beschädigt und diffamiert, und dazwischen machen es sich Leute bequem.

Die Verlierer sind die Frauen. Die Zahlen der arbeitslos Gewordenen sagen zu wenig. Man muß nach der Zahl der Wiedereingestellten fragen, dann sieht man klarer. In den Betrieben gibt es bisher kaum funktionierende oder überhaupt keine gewerkschaftlichen Vertretungen. Kaum jemand traut sich, sie zu fordern. Der Unternehmer hat die Auswahl, er feuert, wenn jemand Interessen vertreten will.

Dieses Land altert zusehends. Ich kenne keine Frau, die ein Kind erwartet oder vorhat, sich eins anzuschaffen. Ich kenne kein Paar, das auf Scheidung sinnt, niemand kann sich das leisten.

Die Familien rücken einander wieder näher. Die Oma wird gebraucht, sonst ist die Enkelin für das Arbeitsamt nicht vermittelbar. Und den Kindergartenplatz kann sie kaum noch bezahlen.

Wir möchten uns so gern freuen. Über Obst und Gemüse, über das Wegfallen von Anstehen, Rumrennen, die verwartete Zeit. Wir stehen aber wieder an, wir rennen aber wieder rum, wir verwarten unsere Zeit.

Ich versuche, die Frauen zur Selbsthilfe zu ermutigen. Ich will Kenntnisse gegen Hilflosigkeit setzen, ich bedränge sie, die Gesetze zu kennen, ihre Rechte wahrzunehmen.

[...] Es ist ein Leben, in dem Güte als Schwäche wirksam wird, der Versuch, das eigene Leben mit Anstand, wenn auch Abstand zu sehen, gilt als Unbelehrbarkeit.

Leben, Wegleben, Zeit gewinnen, Abstand zulassen und sich dagegen wehren, daß das eigene Leben es nicht wert gewesen sein soll, gelebt zu werden.

Soweit die eigene Kraft reicht.

# 7. JUNI

*Am 2. Juni 1916 schreibt der 30jährige Dichter* ***Hugo Ball*** *an seinen Freund* ***August Hofmann****. Hofmann ist zur Zeit Artilleriesoldat; Ball, ein Mitbegründer des Dadaismus, lebt seit 1915 in der Schweiz.*

Zürich, 2. Juni 1916

Lieber Gusti,

[...] Ich habe mich so sehr mit Deinem Brief gefreut. Ich schreibe so wenig nach Deutschland, eigentlich nur an die Eltern, und ich bekomme deshalb auch nur wenig Briefe.

Ich habe sehr viel mit dem Kabarett (Voltaire) zu tun und habe inzwischen auch eine Tochter bekommen. Sie ist schon neun Jahre alt und heißt Annemarie Hennings. Wie schade, daß Du nicht hier sein kannst. Es gibt so interessante Musik ... Kennst Du Strawinsky, Ravel, Skrjabin? Strawinsky hat in Paris ungeheure Erfolge gehabt. Die Kubisten lärmten und schrien und debattierten. Man lernt sehr um, wenn man aus Deutschland herauskommt. Ich las eine Kritik über Reger in den „Soirées de Paris". Man nahm ihn komisch, als man sah, daß er mit einem ganzen Wagen voll Titeln daherkommt ... Da lachten die Affen. Und daß er Gott mitbringt nach Paris und „Seelenbräutigam" und „Aquarelle" ...

Man schreibt dort Sachen, die mehr in der Sone liegen. „Danse des Delphines", „Jumbos Wiegenlied" (die Berceuse eines Elefanten). Etwas hören wir auch in unserem Kabarett. Ein junger Schweizer hat in Paris bei Debussy studiert und spielt ab und zu eigene Kompositionen.

Ich selbst klimpere Ravel, Borodin und Rachmaninoff. Große Regerkonzerte gibt es jetzt zum Gedächtnis. Ich möchte auch gerne die Orgelvariationen über Bach gehört haben, aber ich muß Abend für Abend im Kabarett sein.

Das Kabarett Voltaire ist sehr interessant. Wollte ich Dir erzählen, was ich hier erlebte, bevor ich dazu kam, würdest Du denken, ich berichte Dir Märchen. Viele junge Menschen sind hier, die sich mir und denen ich mich angeschlossen habe: Deutsche, Rumänen, Polen, Russen, Holländer. Es geht in der „Holländischen Meierei" in der Spiegelgasse sehr bunt zu. Klabund war hier. Er bedichtete uns:

Ein deutscher Dichter seufzt französisch,
Rumänisch klingt an siamesisch.
Es blüht die Kunst, hallelujah!
's war auch schon mal ein Schweizer da.

Und gestern war ein Ungar da: Monsieur Szittya aus Paris. Er hat in Budapest viele Freunde bei der Presse und ein Korrespondenzbüro und möchte uns gern in Budapest haben.

Ich habe ein kleines Buch herausgegeben. „Cabaret Voltaire“ heißt es. Hat mir viel Arbeit gemacht, aber ich glaube, daß dafür auch noch nie ein so interessantes Propagandaheft gemacht wurde. Es kam mir darauf an, das Kabarett als Idee zu dokumentieren. Ich muß aber gestehen, daß es mich schon nicht mehr interessiert.

Die Schweizer neigen übrigens mehr zum Jodeln als zum Kubismus.

Sie sitzen auf ihren Steißen, wohl bei der Nacht,
Wenn die Hose kracht, wenn die Hose kracht ...

Lieber, ich fühle mich sehr wohl, wenn ich ausgeschlafen habe. Nur möchte ich mehr Zeit und Ruhe zum Schreiben haben.

Einige sehr lustige Dinge weiß ich, die möchte ich gerne aufschreiben. Einiges lese ich in der Kneipe vor, und man freut sich manchmal sehr darüber. Es sind Bruchteile aus einem phantastisch-pamphletistisch-mystischen Roman. Weiß der Teufel, was das für eine Mißgeburt ist. Irgendwie hängt's mit der Zeit zusammen ...

Die Welt ist sehr lustig. Guten Tag, Herr Schmidt! Guten Tag, Herr Spannagel, guten Tag, Herr Meyer! Schön Wetter heute! Das Grammophon spielt und die Sonne scheint. Deutscher Seesiech beim Skagerrak-rak-rak, Skagerrak-rak-rak, bis an den hellen Tag-tag-tag.

[...] leb wohl und sei ein artiges Soldatlein.

[Dein Hugo]

# 8. JUNI

*Am 8. Juni 1901, einen Tag vor seinem 24. Geburtstag, schreibt der jugendliche Dichter* **Rudolf Borchardt** *von einer Kur diesen Liebesbrief. Die Empfängerin, 21jährig, hatte er hier kennengelernt. Von April bis zu ihrer Heimreise Anfang Juni entspann sich die glühende, frühlingsduftgesättigte und ganz platonische Liebesgeschichte. „Ein einziges Mal erlaubte ich Borchardt auf der Bank, meine Hand zu küssen!" heißt es in* **Margarete Ruers** *Tagebuch. Jeden Tag wurde ihr ein Gedicht dargebracht.*

Kurhaus Bad Nassau 8.VII. [richtig VI.] 01

[Liebste],

Sie bekommen etwas, was sie schon gewiß nicht erwarten, und unter einer fingierten Absender-Adresse, die Sie nicht irre führen wird. Wenn Sie aber nur meinen, ich schickte Ihnen die Loveletters, um Ihnen Briefe zu zeigen, wie ich sie gern bekäme, und daraufhin beträchtlich zu höhnen wünschen, so soll Ihnen das sogleich abgeschnitten sein, denn ich schenke Ihnen das Buch nur, damit Sie morgen so oder so auf zwei Minuten an mich zu denken gezwungen sind und weil ich mich erinnere, Ihnen irgendeinmal während des saturnischen Weltalters davon gesprochen zu haben. Eigentlich sollte morgen mein Bild bei Ihnen um einen Blick bitten, aber da schon die zweiten Aufnahmen mißglückt sind und aus mir teils einen frivolen Modejüngling teils einen melancholischen Mulatten gemacht haben, so müssen Sie sich noch ein paar Tage „gedulden" (schön gesagt!), bis Sie die „Züge" dessen sehen, der um Ihretwillen beinahe gern andere hätte. Es werden dann wenigstens meine Verse nicht schaudern wenn sie das Bild zu ihnen legen – denn ich nehme an, Sie werden, wollen oder können es nicht aufstellen. Irre ich mich, so sagen Sie ein Wort und ich thue mich für einen Rahmen um, wie ihn ein Bild von mir haben darf, das in Ihren Händen ist.

Mittwoch, Donnerstag, Freitag, Sonnabend: seit vier Tagen haben wir statt Ruhe-Stunden Unruhe-Stunden, Sie und ich, nur anders, nur anders! Immer wieder meine alte Sehnsuchtsfrage: Wer sieht Sie an, mit wem reden Sie das Gleichgiltige und das Wichtige, wer hat Ihre flüchtigen und Ihre langen Blicke, wer fühlt es – wie ich – bis in die Spitzen seiner Haare hinein, wenn Sie blind und hart gerade vor sich sehen, wie ein Gott, –

Apollon der die Eidechse am Baum tötet und an Daphne denkt! In welchen Zimmern wohnen Sie, welches Wasser trinken Sie, sind wirklich noch dieselben Sterne über uns? Hier ist immer noch Sonne, frech und grell, ich wollte ich würde blind und sähe nichts, oder es regnete, regnete, regnete!! – bis alles Land und alle Welt versponnen wäre in ein leise rauschendes ungestilltes Gewand aus Grau, Feucht und Trüb! Ich könnte am Fenster stehn und hinaussehen, stundenlang und die Ohren an der Melodie ermüden. Ich schreibe dies im Kursaal in Ems, damit Sie es beizeiten haben und sich nicht wundern, wie Miss Fish dazu kommt Ihnen an Englishwomans loveletters ohne ein Wort zu schicken. Rings um mich herum sitzen Fremde an den langen Zeitungstischen, von draußen kommen zerrissene Töne vom Gesang der Rheintöchter herein. Hören Sie ihren Pfiff? Wie sie mit mir wandern! Weg und Busch und Bank, jeder Winkel des Hauses bekommt Ihre Stimme und Ihr Lachen, weckt mich mit alten Worten von Ihnen auf die vergessen schienen, und auftauchen wie Traum aus Traum durch Traum. Leben Sie wohl, schlaue Vivian und glauben Sie nicht, Sie könnten jemals wissen wie ich Sie liebe. Adieu, Weib im Scharlach. Liebe, Liebste! Sind die Becher wieder umgeworfen, Schönste, Teuerste?

B.

# 9. JUNI

*Am 9. Juni 1905 schreibt der Maler* ***Paul Klee*** *seiner langjährigen Verlobten (und späteren Frau),* ***Lily Stumpf****, diesen anschaulichen Reise-Brief von einem Besuch in Paris.*

Paris, 9. Juni 1905.

Mein geliebtes Herz,

nachdem ich Dich heute dadurch überrascht habe, daß ich Dir keine Karte schickte, will ich Dir jetzt einen kleinen Brief schreiben. Die andern sitzen im „Tristan", und ich an einem der belebtesten Boulevards. Das letztere macht, daß ich ganz dumm bin (für die Wagnerische Dummheit der andern kann ich nichts) und daß infolgedessen möglichst konfuses Zeug von mir zu erwarten ist ...

An das eigentliche Paris habe ich mich nun gewöhnt, der Straßenlärm und das blödsinnige Durcheinander kommt mir bereits selbstverständlich vor; es imponiert mir daher auch nicht mehr, hierin sind eben die ersten Eindrücke die größten. Zu diesen gehörte ein Volksball in den Hallen – riesiges Gebäude des Viktualienmarktes –, wo eine unübersehbare Menge in staubiger Atmosphäre ihr Fest, eigentlich das Fest des Königs von Spanien, feierte. Es war nur Volk da, Verkäufer, Verkäuferinnen, kleine Huren mit ihren Geliebten. Dieses hohe Fest in dieser Atmosphäre (faule Fische thaten das ihrige hinzu) hatte etwas Ergreifendes. Der Staub wirbelte massenhaft auf und verschleierte die Fernen; so weit man blicken konnte, tanzten Paare; hierzu kletterte man am Gitter in die Höhe. Besonders hübsch waren Gruppentänze (pas de quatre), wo dann und wann ein Negertanz oder ein Cancan improvisiert wurde.

Ein ander Mal kamen wir gegen Morgen durch die Hallen und sahen Huren mit ihren Männern Seil springen, man dachte an's Rokoko. An der Wand aber schliefen in Reihen, zum Teil aufrecht sitzend, die Arbeiter, an die Revolution erinnernd. Auf den Bänken der Boulevards sieht man (gegen Morgen ebenfalls) Leute schlafen mit dem Kopf an der Erde, Hintern auf der Bank. Sie atmen dabei begreiflicherweise sehr stark und können dabei unmöglich Erquickung finden. Eine solche Frau mußten wir in der Dunkelheit lange analysieren, bis wir ihre Körperteile bestimmen konnten. Bloesch begreift diese Stellung heute noch nicht. [...]

Von der Menge hat man den Eindruck, daß ihr das einzelne Menschenleben ganz gleichgültig sei. Es wird so sein, daß ein solcher Platz auf die Dauer total abstumpft. Denn überall zu helfen, wie man sollte, ist unmöglich. Im Winter muß alles noch viel entsetzlicher sein.

Die vornehme Welt lebt in unerhörtem Glanz dahin. Doch ist wohl alles oberflächlich, es glitzert, mehr ist nicht da. In den Theatern sitzen sie ohne eine Ahnung von Kunst, das Beste entgeht ihnen, das weniger Gute applaudieren sie, ohne eine Ahnung zu haben, daß sie sich damit verraten. Eine Aufführung von unerhörtem Glanz, Stil und Schönheit war die „Armida" an der Großen Oper. Die Münchner würden rasend, wenn ihnen so etwas geboten würde. Die Pariser blieben kühl. Das Werk ist ohne Rivalin; „Orpheus" und die „Iphigenien" sind Schemen dagegen [...] Wenn Du das Werk einmal hier oder an der Scala zu hören bekommst, wirst Du mir beipflichten, daß es trotz „Zauberflöte" und „Fidelio" das größte ist, was die große Oper bietet. Man wird riesengroß mit dem Werk, das Resultat ist höchste Freude und olympische Stimmung. Ich gehe morgen wieder hinein.

Wie geht es Dir, meine liebe kleine Lily? Schreib mir doch bald wieder ein paar Worte. Es küßt Dich in treuer Liebe,

Dein Paul.

# 10. JUNI

*Am 10. Juni 1949 schreibt der berühmte und umstrittene Schauspieler und Intendant des Düsseldorfer Schauspielhauses,* ***Gustaf Gründgens****, an den „Spiegel"-Herausgeber* ***Rudolf Augstein*** *den folgenden Brief. Er sieht sich gezwungen, auf einen Leserbrief der Wochenzeitschrift einzugehen.*

Düsseldorf, den 10. Juni 1949

Lieber Herr Augstein!

Man soll eben kein Interview geben.

Gestern habe ich mich einer sehr häßlichen Kieferoperation unterziehen müssen, und das erste, was mir abends zur Ablenkung in die Hand gegeben wurde, war der „Spiegel" mit den beiden Antworten auf das Interview, und lästigerweise muß ich Sie bitten, beiliegende kurze Berichtigung zu bringen (womit wir aber die Akte über den Kanonier – ich war übrigens zum Schluß Wachtmeister – endgültig schließen wollen).

Ich fahre von hier aus in Urlaub, um mich von der anstrengenden Spielzeit zu erholen, und wäre wirklich froh, wenn ich mir das Vergnügen Ihrer Zeitschrift leisten könnte, ohne in Schweißausbrüche zu geraten, es könnte wieder etwas über mich darin stehen.

Mit den besten Grüßen
Ihr Gustaf Gründgens

Obwohl ich der Meinung bin, daß der *Spiegel* in der letzten Zeit etwas viel „Gründgens" enthielt, sehe ich mich doch genötigt, auf den Leserbrief des Herrn G. zu antworten. Meine Meldung zum Militär war eine „freiwillige", und es hat mich viel Mühe gekostet, sie durchzusetzen. Sie geschah im Anschluß an die bekannte Sportpalast-Kundgebung „Wollt ihr den totalen Krieg" und an seine Durchführung. Ich wollte demonstrieren, daß ich den totalen Krieg, in den ja auch das Theater mit einbezogen werden sollte, nicht mitmachen wollte. Da ich mich weder für ein Irrenhaus, noch für ein K.Z. interessieren konnte, blieb als letzte Möglichkeit nur die „Flucht zur Fahne", wie es in einem mir vorliegenden Schreiben des im Verfolg des 20. Juli ermordeten Minister Popitz – der einer der wenigen war, die meine Gründe kannten – hieß. Als ich meinen Gestellungsbefehl endlich durchgesetzt hatte, meldete ich mich wie jeder andere Soldat auf der Wache der Krumhout-Kaserne in Utrecht. Von dort wurde ich zum Bataillonsstab befohlen. Es wurde mir eröffnet, ich solle die ersten 10 Tage in einem kleinen Zimmer des Kasinos wohnen und von dort aus auf dem Kasernenhof zunächst Einzelunterricht erhalten. Sehr zu meinem Ärger, denn das Untertauchen war ja gerade der Sinn der Unternehmung, nicht etwa mein Wunsch, absolut am Endsieg teilzunehmen. Der Grund war klar, denn die Division Hermann Göring, zu der ich ebenfalls gegen meinen leidenschaftlichen Wunsch eingezogen wurde, galt für eine Elitetruppe mit besonderem Schliff. Meine Mitkameraden waren 17 und 29 Jahre alt, das Unteroffizierskorps 22-30 Jahre alt. Ich war, glaube ich, älter als der Abteilungskommandeur (immerhin schon 43). Nach 10 Tagen, die für mich gerade aus den Gründen, die Herr G. anführt, nämlich daß sie zuviel Zuschauer anlockten, die schwerst erträglichen waren, wurde ich kaserniert und von da ab genau wie jeder andere Kanonier behandelt. Ich blieb in Utrecht übrigens nur 8 Wochen, wurde dann in eine Flakstellung in einen Vorort in Amsterdam versetzt, kam dann in eine Flakstellung auf den Flughafen Soesterdyk bei Amersfoort. Von da an ging es mir wirklich besser.

Ich weiß nicht, welchen Dienstgrad Herr G. innehatte. Ich jedenfalls habe in meinem Leben nie eine größere Karriere gemacht als die vom Gefreiten zum Unteroffizier. Die Stellung der Soldaten, der Unteroffiziere und der Offiziere war von einer Sekunde zur anderen wie umgewandelt.

Die Aufnahme ist auf dem Übungsgelände der Krumhout-Kaserne gemacht worden, und es ist mir gelungen, den Film in meine Hände zu bekommen und ihn in Königswusterhausen entwickeln zu lassen, um ihn später vielleicht einmal gebrauchen zu können. Aufgenommen hat mich der damalige Wachtmeister Franz Giesen, zu dem ich später in durchaus kameradschaftliche Beziehung kam, die aber naturgemäß nach den ersten 8 Tagen nicht vorhanden sein konnte. Deshalb konnte sich der Gefreite auch nicht gegen den Wachtmeister, der ihn knipste, durchsetzen.

Von einem Offizier, der eigens zu meiner Ausbildung bestellt worden wäre, ist mir nichts bekannt. Es hat auch niemals der Unterrichtende an meine Tür geklopft und gefragt, ob er eintreten darf, sondern ich hatte meine Stube vor dem Unterricht durch Aufstellung von Tisch und Bank in der vorgeschriebenen Weise herzurichten und wenn der Wachtmeister Giesen das Zimmer betrat, aufzuspringen, stramm zu stehen, erst Achtung zu rufen und dann zu melden: „Gefreiter Gründgens zum Unterricht vollzählig angetreten."

Hat Herr G. mich wirklich nie mit der Kelle in der Hand vor dem Kasernentor stehen und den Verkehr regeln sehen? Hat er nie an einem der großen Übungsmärsche teilgenommen, die für mich in meinem Alter mehr als strapaziös waren? Oder auf dem Schießstand, auf dem Kasernenhof, wo mich der Bataillonskommandeur Schulz höchst eigenmäulig anpfiff? (Übrigens weil genau die in dem Eingesandt erwähnte Latrinenparole bis nach Berlin gedrungen war: damals hieß es sogar, ich hätte meinen eigenen Diener mit und bei meiner Ankunft wäre der Bahnhof bekränzt gewesen.)

Es war schwer für mich, und auch schwer für die Offiziere und Kameraden, mich einzuordnen. Denn einmal gab ich die Führung des Staatstheaters, deren Generalintendant ich war, nicht ab, weil ich damit meine helfende und schützende Arbeit von 10 Jahren illusorisch gemacht hätte, zum anderen sollte das Nichtmehr-ausüben meiner Tätigkeit meinen Protest deutlich machen. Ich behielt also zwei Dinge in der Hand: Fragen der Entlassungen und Einberufungen und die Spielplangestaltung. Die ganze Situation war absurd, und ich weiß nicht, wie viele Leute die Zivilcourage dazu aufgebracht hätten. Goebbels sagte, darum befragt, warum ich zum Militär ginge: Herr Gründgens hat die Pik Zehn ausgespielt, aber ich habe das As und kann damit stechen.

Für jede dieser hier abgegebenen Erklärungen sind Zeugen vorhanden.

Gustaf Gründgens

*Am 11. Juni 1938 schreibt der 59jährige Schriftsteller* ***Hans Carossa*** *auf der Heimfahrt aus Weimar an seine Geliebte* ***Hedwig Kerber*** *nach Rittsteig. Drei Tage zuvor hatte er einen Vortrag über die „Wirkungen Goethes in der Gegenwart" gehalten.*

*Der verheiratete Carossa und Hedwig Kerber waren sich zuerst 1926 begegnet, 1930 wurde die gemeinsame Tochter Eva geboren.*

auf der Rückfahrt von Weimar, 11.6.38

Mein geliebtes Hedwiglein,

jetzt, im Zug, merk ich erst, was für angespannte Tage das waren. Ich bin wie der Fisch auf das Wasser immer wieder auf vollkommenes Alleinsein angewiesen, wenn ich nicht ersticken will, und davon war in den letzten Tagen keine Rede. Ich muß Dir doch allerlei erzählen. Das Echo meiner Rede war *nicht* so einstimmig wie die beiliegenden Pressestimmen vermuten lassen, einige Gruppen der H.J. waren keineswegs angenehm berührt. Die große Wiesenfläche bei Goethes Gartenhaus ist gegenwärtig zum größten Teil bedeckt von den Zelten der H.J. die dort auf Monate hinaus ein großes Arbeitslager hat. Dort habe ich gestern vorgelesen; aber diesem „Gastspiel" sind Auseinandersetzungen, allerdings in ganz freundlicher Form, vorausgegangen. Am rabiatesten sind die Österreicher. Aber im Grunde gilt die Verstimmung weit weniger mir als der Goethe-Gesellschaft, die eben, wie alles an die Vergangenheit Erinnernde, verschwinden soll, was man natürlich nicht offen sagt. Mein Vortrag aber hat nun der Gesellschaft gerade wieder einen starken Auftrieb gegeben, und das ärgert die holden Jünglinge. Bertram war ebenfalls bei der Unterredung zwischen den Leuten des Lagers und mir u. hat mich in einem wesentlichen Punkt kräftig unterstützt.

Nun aber genug von dem Kram, der keinem erspart bleibt, der sich in die Öffentlichkeit begibt. Man darf nur weder den Humor noch das Wohlwollen für den Andersdenkenden verlieren. Einer unter diesen jungen Führern war übrigens unglaublich nett, einsichtig und schrifttumskundig, *kein* Österreicher.

Und nun sag ich Dir nur noch, welche innige Freude mir dein blauer Brief bereitet hat; aber da fällt mir ein, daß ich bei Biehler nicht gesagt habe, wohin die Post geschickt werden soll, falls noch eine eintrifft. Das mit der erblichen Belastung ist ja so unbewußt hintergründig; denn das

Beispiel, das man einem Kinde gibt, *kann* ja auch belastend wirken. Deine Briefe, geliebte Hedwig, haben mir in diesen ruhelosen Tagen einen so guten, starken Rückhalt gegeben, ich bin voll Dank dafür; was gibt es sonst für Sicherheiten des inneren Lebens? Gewiß ist es eine Freude, daß sich Tausende schön und ehrlich zu dem Wort bekennen, das man zu ihnen spricht; es bedürfte aber nur eines einzigen Zeichens der Ungnade von oben, und aller Beifall wäre zum Schweigen gebracht. Bauen läßt sich nur auf Liebe und Arbeit. Mit aller Herzenskraft freut sich auf Dich

Dein Hans

*Am 12. Juni 1951 schreibt **Heinrich Brüning** an Bundespräsident **Theodor Heuss** den folgenden Brief, der leider ohne Anrede und Gruß veröffentlicht wurde. Der Zentrumspolitiker Brüning war von 1930 bis 1932 Reichskanzler, emigrierte 1934 und hatte seit 1939 einen Lehrstuhl für Staatsverwaltung an der Harvard University in Cambridge.*

Hartland, 12. Juni 1951

[...] Ich habe Ihre Ausführungen mit dem größten Interesse gelesen und würdige alle die Schwierigkeiten bei der Verabschiedung des Grundgesetzes, die Sie erwähnen. Es ist immer schwer, nach einer so totalen Revolution die geeignete politische Atmosphäre für die Gestaltung einer neuen Verfassung zu finden. [...] Je älter ich werde und je mehr ich mich in der Welt habe umsehen können, desto mehr komme ich zu der Überzeugung, daß eine lebendige verfassungsmäßige und rechtliche Tradition maßgebender ist für eine stabile politische Entwicklung als das geschriebene Wort der Verfassung. Die Tragik der heutigen Demokratien, auch der hiesigen, liegt darin, daß diese für jedes einzelne Volk anders gearteten Traditionen leider langsam geschwächt werden. Man macht immer neue Verfassungen oder Reformen der Verfassung, weil man einmal begangene Fehler beseitigen will oder weil sich völlig neue Lagen ergeben [...]

Die Sendung von Truppen nach Korea auf Beschluß der U[nited] N[ations] ohne Genehmigung des Kongresses hat hier zu sehr heftigen Auseinandersetzungen geführt. Die Kritiker dieses Schrittes würden weniger scharf werden, wenn die Sprecher der Regierung nicht aus diesem besonderen Falle versuchten, ein Prinzip zu machen, das auf lange Sicht gesehen die Freiheit der Entscheidung dieses Landes sehr gefährden kann [...] In England selbst hat sich allmählich eine Entwicklung vollzogen in der Richtung einer Verstärkung der Macht der Bürokratie, die sicherlich der ganzen Tradition des letzten Jahrhunderts widerspricht und die zu einem völligen Schwinden der klaren Unterschiede zwischen parlamentarischer Gesetzgebung und Verfügungsgewalt der Bürokratie geführt hat, mit den schwersten Folgen für die Rechtssicherheit des einzelnen Bürgers [...]

Wenn ich aber in meiner Einsamkeit über diese Dinge nachdenke, so scheint es mir, daß viele dieser Entwicklungen fast unabweisbare Folgen von höchst komplizierten wirtschaftlichen und finanziellen Erscheinungen sind, und ferner, daß die russischen Gewalthaber in der Lage sind, mit ihrem System und mit ihrem dämonischen Genie die anderen Nationen zu zwingen, ihre eigenen verfassungsmäßigen Traditionen Schritt für Schritt weiter aufzugeben. [...] Wenn ich recht haben sollte, daß diese Entwicklung weitergeht, solange der russische Koloß seine volle Macht behält, dann brauchen die Demokratien und ihre Führer ein viel größeres Verantwortlichkeitsgefühl, als es im 19. Jahrhundert in der Ära der theoretischen Verfassungen erforderlich war. Hier beginnt das Volk erst jetzt langsam zu merken, welchen Bruch mit aller Tradition das Regime des Präsidenten Roosevelt bedeutet hat. Aber wie man auf einen gemäßigten Weg, der der eigenen Tradition besser entspricht, zurückkehren soll, weiß niemand [...] Man sieht noch nicht, daß, wenn ein Land so weit ist, man dann eine viel stärkere ethische Auffassung von der Demokratie haben muß, einen Verzicht seitens der Opposition auf demagogische Ausnützung der Fehler einer Regierung und den guten Willen einer Regierung, die Opposition möglichst stark durch freundschaftliche Verhandlungen bis zu einem gewissen Grade an der Verantwortung teilnehmen und unter Umständen ihr auch Erfolge zukommen zu lassen. [...] Welches auch immer die verfassungsmäßige Stellung des Staatsoberhauptes ist, ich glaube, es ist seine Pflicht, wenn eine Politik der Augenblickserfolge einreißt, seine warnende Stimme zu erheben [...] Ich habe die feste Überzeugung, daß Sie diese Auffassung von Ihrem Amte haben und die Weisheit besitzen, in einem Augenblick und in einem Zeitpunkt diese Gaben zu gebrauchen, um ein Auseinanderreden und Auseinanderfallen unseres Volkes zu verhindern [...]

*Am 15. Juni 1989 schreibt der 19jährige* ***Dietmar Zöller*** *zwei Briefe: den einen* ***für*** *„E.", den anderen an einen* ***Professor Specht****. Das geschriebene Wort hat für Dietmar Zöller besondere Bedeutung. Er ist krank, und nur so kann er sich ungehemmt mitteilen. Der Befund lautet: „Autistische Verhaltensweisen bei Funktionsstörungen des Zentralnervensystems nach frühkindlicher Erkrankung an Malaria tropica ohne wesentliche intellektuelle Beeinträchtigungen." Wenn er einen Brief schreibt, öffnet sich für Dietmar Zöller ein Fenster zu den Menschen seiner Umwelt.*

15. Juni 1989

Lieber E.!

Ich muß Dir endlich auf Deinen lieben Brief antworten.

Ich habe mich ja sehr gefreut.

Natürlich kannst Du mich mal besuchen. Ich fürchte nur, daß es eine Enttäuschung wird. Ich kann zwar alles denken und schreiben, aber wenn ich handeln muß, verlassen mich alle guten Geister, und ich entziehe mich der Situation. Mein Bett ist mein Zufluchtsort, wenn mir alles zuviel wird. Ich bin sehr komisch, und vielleicht kannst Du gar nichts mit mir anfangen. Das ist die Wahrheit über mich.

Ich habe etwas Kummer wegen meines Buches. In Frankfurt soll jemand behauptet haben, das habe meine Mutter geschrieben. Das kränkt mich sehr und geht mir nach. Ich habe ja das Buch gemacht, um anderen zu helfen, um aufzuklären über eine schlimme Behinderung, von der auch viele Fachleute zu wenig wissen. So kann man mißverstanden werden.

Ich werde noch mal mich wehren, wenn jener Mann nur bereit wäre, mir selbst zu schreiben. So ist das doch unfair.

Am achten Juli heiratet mein Bruder Gernot. Danach fahren wir in Urlaub mit unserem Campingbus. Wir können uns also erst nach den Ferien treffen. Bis bald! Herzliche Grüße

Dietmar

## 13. JUNI

Lieber Herr Professor Specht!

Nun kenne ich endlich den langen Brief, den Sie als Vorwort geschrieben haben. Ich finde nicht, daß Sie Unsinn geschrieben haben. Das wollten Sie ja wissen.

Die Bemerkung in meinem Buch bezieht sich darauf, daß Leute meinen, Autisten hätten keine tieferen Gefühle und wollten keine Beziehungen bzw. ihnen seien Menschen gleichgültig. Ich will schon Beziehungen, aber die meisten Leute merken das gar nicht, weil ich es nicht so gut zeigen kann. Ich ärgere mich auch, wenn geschrieben wird, Autisten hätten nur Leistungsinseln und könnten mit dem Gelernten nichts anfangen. Ich kann alles lernen und fange damit auch etwas an, allerdings nicht in einem Beruf.

Symbolverständnis sollen ja Autisten auch nicht haben. Ich habe es. Bin ich dann am Ende gar kein Autist?

Sie haben damals, als wir zu Ihnen kamen, gut verstanden, was mit mir los war. Daran kann ich mich erinnern, auch an mein schlechtes Benehmen habe ich Erinnerungen. Ich war wirklich unglücklich darüber, und ich wollte doch so gern dankbar sein. Das ist jetzt alles einfacher. Ich halte viel mehr aus und kann ruhig bleiben.

Viele Grüße
Dietmar Zöller

* *Im Juni 1985 schreibt der fast 83jährige **Günther Anders** an die „**Künstlergilde**", die ihn für den Andreas-Gryphius-Preis vorschlagen möchte. Der Preis wurde 1957 als „Ostdeutscher Literaturpreis" vom Bundesministerium für Vertriebene gestiftet.*

Juni 1985

Sehr geehrter Herr Geschäftsführer,

ich bedaure es außerordentlich, daß ich Ihre mir mehrmals vorgelegte Frage, ob ich den von der „Künstlergilde" mir zugedachten Preis annehmen würde, erst heute, nach so langer Verzögerung beantworte. Ich war so ausschließlich mit der Bekämpfung der gegenwärtig den Weltfrieden bedrohenden Kräfte beschäftigt, daß ich – was Sie gewiß begreifen werden – mich verpflichtet fühlte, unwichtigere, gar Geld- oder Preisangelegenheiten erst einmal beiseite zu schieben.

Hier nun endlich meine Antwort: Nein, die Annahme Ihres Gryphius-Preises kann natürlich überhaupt nicht in Frage kommen. Die Tatsache, daß Sie die Annahme durch mich für möglich halten, empfinde ich als merkwürdig, um nicht zu sagen: als beleidigend. Ihre Wahl muß auf Grund einer imposanten Unkenntnis meiner Person, meiner Schriften und meiner Aktionen gefallen sein. In der Tat überschreitet die Fahrlässigkeit, mit der Sie einen nicht ganz unbeträchtlichen, Ihnen vom Innenminister vertrauensvoll zur Verfügung gestellten Betrag ausstreuen, das Maß üblicher und duldbarer Fahrlässigkeiten.

Ehe ich zur näheren Begründung meiner Ablehnung komme, möchte ich mit größtem Ernst und größter Bestimmtheit betonen, daß mir nichts ferner liegt, als das unsägliche Elend der sich vor vierzig Jahren westwärts wälzenden Flüchtlingsmassen aus dem Osten zu verkleinern oder gar vergessen zu machen. Im Gegenteil. Ich glaube, und zwar seit 1917, also seit nahezu siebzig Jahren, daß meine Empörung über alle Gewalttätigkeit und mein Gefühl für alle Opfer von Gewalt mein Leben bestimmt und angefüllt haben. Dieser Abertausenden, sich westwärts wälzenden Elenden, gedenke ich also mit Schrecken, mit Beklemmung und mit Schmerz.

Aber. Ich betone: Verursacht worden war diese deutsche Tragödie und der Verlust ehemals deutscher Gebiete nicht etwa durch eine spontane, gar kriminelle, Invasion östlicher Feindmächte, sondern ausschließlich durch

Deutschland. Durch Hitler, der, nach der schändlichen Gleiwitzer Posse 1939, den Osten überfallen, alle Dörfer und Städte verwüstet und Abermillionen umgebracht hat. *Dessen* Opfer sind die deutschen Ostflüchtlinge gewesen. Und [...] Wenn meine Geburtsstadt [Breslau] nun seit vierzig Jahren einen anderen Namen trägt als in meiner Kindheit, so ist das *seine* Schuld und die der Seinen: derer, die so verführbar gewesen waren.

[...] Dazu kommt: Zu den fliehenden Ostdeutschen 1945 habe ich nicht gehört. Und zwar deshalb nicht, weil es mich damals gar nicht mehr in Ostdeutschland gegeben hat. Das heißt: weil ich damals nämlich längst schon von den Nazis, also von Deutschen, erschlagen oder vergast gewesen wäre. Meine Auschwitz- und Maidanek-Asche hätte nicht westwärts mitfliehen können, oder mitzufliehen gewünscht, um dann, vierzig Jahre später, einen Ehrenpreis für die Pflege des ostdeutschen Kulturgutes aus den Händen eines nicht gerade Liberalen entgegennehmen zu können. Die Naivität und der Zynismus – tertium non datur – des Preisangebotes ist atemberaubend.

[...] Was freilich den großen Schlesier Andreas Gryphius betrifft, nach dem Sie den mir unüberlegt zugedachten Preis benannt haben, so bedeutet er mir durchaus etwas. Da Gryphius nämlich 1636, also im achtzehnten Jahr des Dreißigjährigen Krieges, in der letzten Zeile seiner Terzinen über die „Tränen des Vaterlandes“ geklagt hatte und darüber, daß nicht nur die „Türme in Glut stehen“, sondern nun auch die „Seelen der Menschen ‘abgezwungen’ “ (das heißt: vergewaltigt) worden seien, scheint er ja das Schreckensregiment Hitlers und die Schrecken des Hitlerkrieges prophetisch beklagt und verflucht zu haben. Diesem Manne fühle ich mich in der Tat sehr nahe. Aber den Gedanken, mich für meine Verwandtschaft mit dem von Ihnen als bloßes Bildungsornament mißbrauchten Mannes bezahlen zu lassen, diesen Gedanken fände ich doch nicht sehr geschmackvoll. [...]

[Günther Anders]

*Am 15. Juni 1911 schreibt der fast 30jährige Schweizer Psychoanalytiker* ***Ludwig Binswanger*** *an den 25 Jahre älteren Kollegen* ***Sigmund Freud*** *nach Wien. Trotz allmählich auseinanderlaufender Meinungen zur Psychoanalyse halten beide an ihrer Freundschaft fest, überweisen sich gegenseitig Patienten und tauschen sich über Arbeit und Privates aus.*

15. VI. 11

Lieber Herr Professor!

Ihr letzter Brief war mir eine große Freude. Wie ich Ihnen schon einmal schrieb, kann ich mir Sie nicht als Alternden vorstellen. Ich fühle, das kommt daher, daß mir mein Vater, der ja über 60 Jahre alt wurde, niemals als ein Alternder vorkam. Er steht in seiner ganzen ungebrochenen geistigen Frische und seinem Tätigkeitsdrang vor mir. Kurz, ich habe das Gefühl, daß man mit 60 Jahren noch nicht alt ist, geschweige denn mit 55.

Ich habe heute an Sie gedacht bei der Traumanalyse einer Patientin. Sie hatte geträumt, daß ich wegzöge und in einer fremden Stadt mich ganz der Analyse widmete (natürlich vor allem ihr selbst); Material: Ich sei viel mehr am Platze als Analytiker denn als Anstaltsleiter; der Beruf des ersteren müsse mich doch viel mehr interessieren, dazu brauche es auch viel mehr;„wie kann man sich so zersplittern lassen und die Hauptsache zur Nebensache machen, welche Kraftverschwendung, wie können Sie sich etwas anderem widmen, wenn Sie etwas so wichtiges [tun können], wenn Sie dieser neuen Bewegung angehören, einer so wichtigen Sache, für die Sie doch bestimmte Talente haben?" – Ähnlich haben Sie schon zu mir gesprochen, und wie die Patientin, so haben ja auch Sie ein persönliches Interesse, so zu reden. Sowohl Sie als die Patientin wissen aber ganz genau, daß Sie damit auch bei mir einen starken Komplex treffen. Mein Gefühl entscheidet leicht: 3/4 Analyse und 1/4 Anstalt. In Wirklichkeit ist es gerade umgekehrt. Vielleicht läßt sich mit der Zeit aber doch zum mindesten eine Gleichgewichtslage herstellen. Ich bin durchaus nicht derjenige, der alles selber tun will, sondern lade auf meine Mitarbeiter ab, soviel ich kann. Ich weiß sehr gut, daß ich mir auf keinen Erfolg etwas einbilde, es sei denn ein auf analytischem Wege erzielter, und daß mich jede Kur unbefriedigt läßt, es sei denn eine analytische.

Nun noch „Diverses“:

Wenn ich Stekels Traumsprache lese, habe ich immer ein etwas schlechtes Gewissen, weil ich innerlich furchtbar auf den Menschen schimpfe, andererseits aber doch von ihm lerne, nämlich etwas mehr Frechheit in der Deutung, ohne die man bei Gott nicht weiterkommt.

Stockmayer kommt im Oktober leider nur für ein Halbjahr; er kann nicht länger, und außerdem kommt nachher Dr. Schön zurück, der jetzt in Jena ist und den Winter noch bei Bleuler und Jung lernen soll. Ich freue mich sehr, ihn aus einem Ungläubigen zu einem Gläubigen gemacht zu haben.

v. T. ist auf dem Sprung abzureisen. Er ist in einem schauerlichen Zustand, in dem er sich selbst peinigt und mir die Haut herunterzieht. Die Hemmung ist noch nicht vorüber, es melden sich aber gewisse manische Regungen: Er will wieder ins Leben hinaus, der Freund lockt; andererseits fühlt er sich aber noch unfähig, einen Entschluß zu fassen, 14 Tage braucht er, um seinem Freunde einen Brief zu schreiben, er schwankt durchaus zwischen ihm und dem Tod (Selbstmord). Sein hiesiger Aufenthalt war durchaus eine Kopie der früheren mit dem Unterschied, daß er in einer etwas späteren Phase kam. Er wird wieder einen ganz guten Sommer haben. Daß er geistig zurückgegangen ist, bestreite ich doch; ich glaube, daß es sich bei ihm viel eher um Hemmungserscheinungen als um Ausfallserscheinungen handelt, um in der offiziellen Psychiatersprache zu reden. Wie wollen Sie eigentlich sein Verhältnis zu dem Freund weiter gestalten? Sollte man nicht den Freund bis zu einem gewissen Grade einweihen und den guten J. äußerlich etwas mehr von ihm fernhalten? Er wird von Wien aus baldigst zu ihm nach Mödling ziehen. Auch ich halte es für wahrscheinlich, daß der Tod der Mutter ihn noch mehr in die Arme des Freundes treiben wird. Er hat sich übrigens sehr rasch wieder hier eingelebt, nur in der Ferne erscheint ihm die Anstalt als Kerker oder Grab.

Hat Hu. Sie einmal aufgesucht?

Meine Frau und ich freuen uns riesig, Sie im September hier zu sehen. Vorher aber Weimar.

Mit herzlichen Grüßen von meiner Frau und mir an Sie und die Ihrigen

Ihr [L. Binswanger]

*Am 16. Juni 1918 schreibt* ***Karl Liebknecht*** *aus dem Zuchthaus Luckau den folgenden Brief an seinen* ***Sohn Wilhelm****. Wilhelm bereitet sich auf einen Landaufenthalt in Bayern vor; Karl Liebknecht wurde 1916 erst zu 2 1/2, später zu 4 Jahren Zuchthaus verurteilt.*

[Luckau, am] 16.6.18

Lieber Helmi!

Deine Abfahrt steht bevor – noch ein paar kurze Worte:

Schicke Dich in die Leute, auch wenn Dir vieles fremd und unbehaglich und unerwünscht scheinen mag: es wird nur der erste Eindruck sein. Was Dir auch gegen den Strich gehen mag: verschlucke Deine Bedenken – such jeden erst aus sich selbst und seinen Verhältnissen heraus zu verstehen – so wirst Du mit ihm leben können. Kritisiere Dich selbst mehr als andere, so wirst Du erkennen, daß alle Fehler der anderen auch in Dir stecken. Wieviele Erfahrungen derart mache ich jetzt im Zuchthaus!

Schone die Leute auch in Politicis (natürlich unter fester Wahrung Deines Standpunktes), wenn sie so harmlos und unpolitisch sind wie ich vermute. Kurz : Takt, Takt – äußeren –, noch mehr aber inneren. Alles Kleine und Äußerliche aus dem Sinn. Frisch die frische, strotzende Natur genossen, frisch das Landleben.

Du wirst bald fühlen, ob man kleine Gefälligkeiten, ein Zur-Hand-gehen in diesem und jenem von Dir erwartet – sei gefällig! Eventuell auch in dieser oder jener landwirtschaftlichen Verrichtung, *Sieh Dich um in der Landwirtschaft*, suche sie zu verstehen. Das ist höchst wertvoll. *Natürlich keinen freiwilligen „Hilfsdienst"*, auch keinen Ansatz dazu.

Schule nicht vergessen! Ich will kein Zurückbleiben, keinen Durchfall. Arbeite systematisch. Ein ruhiges Plätzchen drinnen (und sei's in der Scheune oder im Stall) oder draußen wirds immer geben. So hab ich mich zu allen meinen Examini auch vorbereitet.

Aber immer draußen liegen, wenns nicht Feldsteine regnet. Ausflüge. *Beim Baden und überhaupt in der fremden Natur Vorsicht.* Der bayerische Wald ist doch recht weit ab. Sieh Dir auch die Städte an und Dörfer und ihre Eigenart in Bau und Leben. Viel kannst Du seelisch und physisch von dieser Reise profitieren. Ich weiß nicht, wie lang sie dauern soll, aber ich hoffe bestimmt, daß sie nicht vorzeitig abgebrochen wird.

## 16. JUNI

Mein Pflanzenbuch ist bei Delitzsch (aus Glatz!). Das Vogelbuch benutze auf der Reise gut – liebe die Natur - dann entbehre ichs gern. Wir müssen stets wissen wies Dir geht! Gib regelmäßig Nachricht nach Hause und zuweilen auch an mich.

Dein „Jäger“ (Neuere Geschichte) ist zum Teil nicht schlecht; echt nationalliberal, aber mit diesem Vorbehalt meist brauchbar; sogar mit lichten Intervallen.

Nun leb wohl! Halte Dich tapfer und nutze die Zeit systematisch. Alles Beste. Sei freundlich zu allen Menschen. Ich küsse Dich.

Dein Papa

*Am 17. Juni 1935 schreibt* ***Richard Strauss*** *– Ignorant und Optimist – diesen für heutige Augen überraschenden und fast erschreckenden Brief an seinen Librettisten* ***Stefan Zweig****. Es geht um die gemeinsame Arbeit an der Oper „Die schweigsame Frau".*

17. Juni 1935

Lieber Herr Zweig!

Ihr Brief vom 15. bringt mich zur Verzweiflung! Dieser jüdische Eigensinn! Da soll man nicht Antisemit werden! Dieser Rassestolz, dieses Solidaritätsgefühl - da fühle sogar ich einen Unterschied! Glauben Sie, daß ich jemals aus dem Gedanken, daß ich Germane (vielleicht, qui le sait) bin, bei irgend einer Handlung mich habe leiten lassen? Glauben Sie, daß Mozart bewußt „arisch" komponiert hat? Für mich gibt es nur zwei Kategorien Menschen: solche, die Talent haben, und solche, die keins haben, und für mich existiert das Volk erst in dem Moment, wo es Publikum wird. Ob dasselbe aus Chinesen, Oberbayern, Neuseeländern oder Berlinern besteht, ist mir ganz gleichgültig, wenn die Leute nur den vollen Kassenpreis bezahlt haben. Bitte hören Sie jetzt auf, mich mit dem guten Gregor zu peinigen! Das übersandte Lustspiel ist reizend, und ich weiß genau, daß es ausschließlich Ihre Idee ist. Unter getarntem Namen akzeptiere ich es nicht, ebenso wie 1648. Ich bitte also nochmals dringend, mir baldigst diese beiden Einakter auszuarbeiten, nennen Sie mir die Bedingungen! Was ich dann, wenn nur Sie die Sache ganz geheim halten, damit mache, lassen Sie meine Sorge sein! Wer hat Ihnen denn gesagt, daß ich politisch so weit vorgetreten bin? Weil ich für Bruno Walter ein Concert dirigiert habe? Das habe ich dem Orchester zuliebe – weil ich für den andern „Nichtarier" Toscanini eingesprungen bin – das habe ich Bayreuth zuliebe getan. Das hat mit Politik nichts zu tun. – Wie es die Schmierantenpresse auslegt, geht mich nichts an, und Sie sollten sich auch nicht darum kümmern. Daß ich den Präsidenten der Reichsmusikkammer mime? Um Gutes zu tun und größeres Unglück zu verhüten. Einfach aus künstlerischem Pflichtbewußtsein! Unter jeder Regierung hätte ich dieses ärgerreiche Ehrenamt angenommen, aber weder Kaiser Wilhelm noch Herr Rathenau haben es mir angeboten. Also seien Sie brav, vergessen Sie auf ein paar Wochen die Herren Moses und die anderen Apostel und arbeiten Sie nur Ihre zwei Einakter. Der mexikanische Text mag ein ganz guter Operntext werden, aber nicht für mich.

# 17. JUNI

Ich interessiere mich nicht für Indianer, rote und weiße Götter und spanische Gewissensbisse! Diesen Text soll Gregor ruhig mal ausarbeiten, aber für einen anderen Komponisten, der sicher dankbarer dafür sein wird als

Ihr Sie herzlich grüßender, ebenso eigensinniger

Dr. Richard Strauss

Beste Wünsche für das Wohlergehen Ihrer Mutter. Die Aufführung wird hier famos. Alles ist in heller Begeisterung! Da soll ich auf Sie verzichten: Nie und nimmer!

*Am 16. Juni 1900 schreibt der Dichter* ***Otto Erich Hartleben*** *an seinen Verleger* ***Samuel Fischer*** *nach Berlin. Freimütig – und ohne die Spur eines schlechten Gewissens – „beichtet" er ihm seinen Flirt mit dem Albert Langen Verlag.*

Rom, 16.6.1900

Mein lieber guter Sami
Deinen Contrakt u. die 500 M. hab ich heute erhalten.
Danke gehorsamst.
Nachdem „der Zweck der Übung" (ich meine den Zweck meines Flirts mit dem Langen) erreicht ist, nämlich noch 500 M. Vorschuß aus Dir herauszuschinden – kann ich Dir ja verraten, daß ich niemals ernstlich daran gedacht habe, einen so intelligenten, noblen u. mit so feinen künstlerischen Instincten ausgestatteten Verleger – wie Du es bist – jemals untreu zu werden! Mai, mai! wie sie hier sagen.
Du bist die Krone der Verleger! In Dir vereinigt sich die Spürkraft der jüdischen Intelligenz mit der naiven Freude am künstlerischen Erfassen der Dinge!
25% sind großartig!

Ich habe natürlich sofort dem Langen abgeschrieben – (es ist übrigens furchtbar heiß heute) u. ihm die eben geschauten 500 M. geschickt.
Ich finde ich bin viel zu nobel gegen die Verleger. Ich hätte doch nun diese 500 M einfach behalten sollen, dem Langen *Deinen* Contract schicken und *ihn* fragen sollen, ob er nicht *auch* die 25% bewilligen u. mir zunächst mal die von Dir mir freundlichst übersandten 500 zuschicken wolle. Dann hätte ich wieder einen schönen Brief an Dich dichten können
u.s.w. –
Übrigens fehlt in § 4 die ausdrückliche Bestimmung, daß die 200 Freiexemplare *über* die Auflage die Dir zustehn *nur* bezüglich der *ersten* Auflage von 2000 gemeint sind. Ich habe also das Erstere hineingeschrieben u. noch 2 Sätze hinzugefügt zur größeren Klarheit.

So – damit Schluß.
Ich schwitze wie eine Nachtigall. Den Contract mit den Änderungen im §4 erwarte ich in 2 Exmp. nach hier:
„Roma fermo in posta."
Evviva!
Dein Erich

# 19. JUNI

*Am 19. Juni 1951 schreibt* ***Alfred Ullrich*** *aus Leipzig diesen persönlichen Brief an den stellvertretenden Ministerpräsidenten* ***Walter Ulbricht*** *nach Berlin. Ulbricht nimmt sich umgehend des Falles an, woraufhin der Pachtvertrag erneuert und der Auftragsnotstand beseitigt wird.*

Werter ehemaliger Jugendfreund Ulbricht!

Obwohl Jahrzehnte seit unserer Jugendfreundschaft vergangen sind, erlaube ich mir, in meinem Schreiben das vertrauliche und kameradschaftliche „Du“ anzuwenden. Vorerst will ich kurz skizzieren und Dir ins Gedächtnis zurückrufen, wo wir uns kennengelernt haben. In den Jahren 1910 bis 1913 waren wir gemeinsam Mitglieder der „Sozialistischen Arbeiterjugend Alt-Leipzig“. Dort verlebten wir wohl unsere besten Jugendjahre und oft sind wir nach unsren Heimabenden zusammen mit dem Jugendgenossen Lamm, dem leider früh verschollenen Vorsitzenden Ehrenberg und mit Dir diskutierend vom Volkshaus durch die Kochstraße nach Connewitz gelaufen. Damals ahnte wohl keiner von uns, daß Du einmal berufen sein würdest, die höchste Verantwortung im Staate zu übernehmen. Familiär waren wir durch unsere Väter verbunden, denn Dein Vater und mein Schwiegervater Joachim Pfahl waren beide Schneidermeister, gute Freunde und Kampfgenossen in den Anfängen der Arbeiterbewegung. In der Anlage übermittle ich Dir ein altes Photo von einem Ausflug nach dem Bienitz, ich habe uns beide angekreuzt und vielleicht erinnerst Du Dich noch meiner.

[...]

Meinen schicksalhaften Lebensweg zu schildern, würde zu weit führen und ich überlasse es der Zukunft, wenn uns der Zufall in Leipzig einmal eine Stunde zusammenführen sollte. Ich komme nun ganz kurz auf den eigentlichen Zweck meines Schreibens zu sprechen.

Vor drei Jahren erhielt ich durch Vermittlung des Leipziger Nachrichtenamtes in Liebertwolkwitz eine kleine Druckerei als Pächter zugewiesen. Die Besitzer, ehemalige belastete Pgs., mußten ihren Betrieb wegen Unregelmäßigkeiten zwangsweise verpachten. Mir widerstrebte innerlich die Übernahme, denn ich wollte nicht als ‘Unternehmer’ gelten, doch da ich ohne Existenz war, griff ich dann zu. Praktisch bin ich aber nur Treuhänder und Betriebsleiter, denn außer einem mittleren Angestelltengehalt (1000,-

DM pro Quartal) konnte ich mir nicht mehr entnehmen, weil durch einen ausgeklügelten Pachtvertrag alles in die Taschen der Verpächter floß.

Mein Hauptauftraggeber war bei der Übernahme der SMA-Verlag, mit dem ich sehr gut zusammengearbeitet habe. Ich bekam durch ihn laufend Kredite, um meinen Verpflichtungen gegenüber der Belegschaft pünktlich nachkommen zu können. Erwähnen möchte ich noch, daß 8 Tage vor meiner Übernahme die Währungsreform stattgefunden hatte und die Besitzer das Betriebskapital auf ihr Privatkonto buchen ließen. 15-20000,- DM haben diese Herren für den Betrieb aufgewertetes Geld für sich privat entnommen. Trotzdem die BGL-Leitung der Behörde Meldung machte, kümmerte sich niemand um diese offensichtlich ungerechte Entziehung des Betriebskapitals. Wie schon erwähnt, habe ich es mit Hilfe der SMA-Kredite doch von Woche zu Woche schaffen können.

Zwei Jahre ging alles gut, bis auf einmal der SMA-Verlag aufgelöst wurde und die Auftragszentrale die Verteilung der Aufträge übernahm. Anfänglich erhielt ich noch einige Aufträge, die schließlich dann ganz aufhörten. Hinzu kam der Papiermangel und dadurch enormer Rückgang der Privataufträge. Obwohl ich seit Monaten selber zusätzlich technisch mitarbeitete, bringt mich der Ausfall der großen Maschinen in eine immer katastrophalere Lage. Meine Verpächter rechnen mir x-Tausend Mark von Schulden aus, denn diese Erzreaktionäre wollen die Schwierigkeiten nicht sehen, trotzdem sie über die Lage im Gewerbe genau Bescheid wissen. Seit Dezember 1949 habe ich das Preisamt wiederholt gebeten, den Vertrag nachzuprüfen. Außer der Mitteilung, ich sollte mich noch einige Zeit gedulden, ist bisher von dieser Stelle nichts unternommen worden.

Neuerdings sind durch die Sowjetunion wieder große Druckaufträge vergeben worden. Ich hatte gehofft, mit berücksichtigt zu werden, doch wurde mein Antrag mit wenig stichhaltigen Gründen abgelehnt. Einmal heißt es, 10 km ist zu weit weg, ein andermal, ich druckte zu langsam usw. Das ist aber nicht zutreffend, denn ich habe für den SMA-Verlag Riesenaufträge (50 und 100 Tausend Schulbücher) zur vollsten Zufriedenheit erledigt.

Werter Jugendfreund Ulbricht! Ich komme zum Schluß auf meinen eigentlichen Wunsch und nehme an, daß es Dir möglich ist, diesen durch eine Dienststelle erfüllen zu können. Gib bitte der Auftragszentrale in Leipzig die Anweisung, mir von ihren vielen Aufträgen genau wie anderen Betrieben einen Bruchteil zur Erledigung zu übertragen. Nur dadurch ist mir die Möglichkeit gegeben an der Erfüllung des 5-Jahr-Planes mit beizutragen und meine Familie vor Not zu bewahren.

In der Anlage überreiche ich Dir 1 Exemplar der Berichte vom „Allgemeinen Kongreß der Arbeiter- und Soldatenräte Deutschlands". Dieses Heft ist dem Zugriff der Nazis entzogen worden und ich nehme an, daß Ihr es für bibliothekarische Zwecke notwendig gebrauchen könnt.

Mit der Hoffnung, daß mir durch mein Schreiben und meine Bitte geholfen wird, verbleibe ich mit sozialistischem Gruß

Dein Jugendfreund

Alfred Ullrich

*Am 19. Juni 1917 schreibt die Lyrikerin, Dramatikerin und Erzählerin Fürstin* ***Mechthilde Lichnowsky*** *geb. Gräfin von und zu Arco-Zinneberg an ihren geduldigen Verleger* ***Kurt Wolff*** *in Leipzig ...*

Berlin, Buchenstr. 2
19.6.1917

Lieber Herr Wolff!

ich begreife Ihren Kummer – Ihre Verzweiflung – Ihre Enttäuschung – alles. Und nun müssen Sie mir, da ich annehme daß alle diese Gefühle und Zustände nicht gesteigert werden können, gestatten auch ein freies, befreiendes Wort zu reden.

Ihr Bütten macht mich krank.

Das anständige graue Papier mit künstlich angebrachten Butterflecken (siehe Einband: Spiel vom Tod) System: Handgemachte Schlichtheit - verursacht mir leichte Fieberschauer, sodaß ich mich noch zu Lebzeiten umdrehe, nicht erst auf mein Grab warten kann.

Das herrliche Rote Papier mit einfachem Aufdruck des Autornamens und Buchtitels – (siehe Becher: Gedichte) – ja – da fehlen mir Worte. – Ich könnte sagen: Das stößt dem Faß den Boden aus. Da ich aber diese Redewendung nicht für genügend bezeichnend halte - muß ich einfach sagen – „Das ist – scheußlich." Daß ich in dieses Wort ein u setze statt eines andern Buchstabens, stellt eine Conzession dar, zugunsten unseres freundschaftlichen Autor-Verleger-Verhältnisses.

Herr Wolff, können Sie annehmen, daß ein Mensch, der zu Käfern, Wolken, Linien, Farben u.s.w. so steht, wie ich, in Dingen des Geschmacks – (was eine Übersetzung *dieses* Verhältnisses zur Natur bedeutet, eine Übersetzung in die Tat –) glauben Sie daß so ein Mensch eine Geschmacklosigkeit begehen *kann* wenn er nicht will?

Mit Intelligenz –
" Bildung –
" Routine –
" Abgucken –
" Patriotismus –
" Schlichtheit
u.s.w.
ist Geschmack nicht zu machen.

Es gibt Menschen, die ihren Doktor machen – dann gibt es solche, die „auch so" was leisten. Ideal ist die manchmal Verbindung beider; unerträglich wirkt gewöhnlich Sein und Arbeit des ersten Typs.

So – und nun zu dem Einband; allen *Menschen* wird er gefallen – ja – ich kann Ihnen sagen wenn ich ihn auf dem Bahnhof sagen wir z.B. in Liegnitz finde – nehme ich ihn mit, ohne lange zu denken.

Schamloser Kitsch. So schamlos, daß er hinreißend wird. Er stammt aus dem lebendigen Gefühl – und ist doch tot und unpersönlich in der Form.

Und 10 x echter wie die entlehnte Vornehmheit eines nicht ganz handgeschöpften Bütten ...

Zum „Stimmer", den Sie hartnäckig eine Novelle – oder eine Erzählung nennen, paßt nur *der* Einband. [...]

Glauben Sie meinem totensichern Instinkt, den ich zur Sicherheit immer noch durch eine Art Treuhandgesellschaft (Vernunft, Erfahrung, Logik etc) nachprüfen lasse, – ich werde in meiner Freude an dem Einband nicht allein bleiben: Wie gesagt - *Menschen* mit innerer Kultur (nicht mit im 26. Jahr erworbener), werden ihn gutheißen. Nebenbei: Er stammt nur indirekt von mir; meine Großeltern hatten solche Bücher. E.T.A. Hoffmann wurde so eingebunden – u.a.

Nun zur Sache: Ich bitte Sie aus Ihrem Brief No 2 zu wählen – d.h. in jeden Band ein Zettelchen zu legen mit der Inschrift: „Dieser dem Geschmack des Verlages nicht entsprechende Einband wurde auf besonderen Wunsch der Autorin nach einer von ihr gelieferten Vorlage ausgeführt."

Sie können noch hinzusetzen:

„Um Kritik wird gebeten."

[...] Mir hat der Brief wohlgetan – ich hoffe herzlich und aufrichtig daß Sie nicht böse sind und grüße Sie – bei 33° im Schatten.

Ab übermorgen ist meine Adresse: Kuchelna O/Schlesien.

M Lichnowsky.

*Am 21. Juni 1941 schreibt die 52jährige „Rüstungsarbeiterin" **Käte Himmelheber** an ihren **Bruder Edgar** ins Feld. Der Brief ist ein Hilferuf, aber er zeitigt nur schlimme Folgen. Bruder und Schwester haben drei jüdische Großelternteile, gelten also amtlich als „Volljuden". Das wurde bekannt, Käte mußte ihre Pinneberger Wohnung räumen und verlor ihre Arbeit in der Rüstungsindustrie. – Edgar Himmelheber ist Offizier und war Frontoffizier bereits im I. Weltkrieg. Durch den Brief seiner Schwester wird sein Judentum entdeckt; er wird erst degradiert und später „aus der Wehrmacht entfernt".*

[Hamburg, den] 21. Juni [19]41

Lieber Edgar!
So, nun sitze ich mal wieder in Hamburg und zwar vorübergehend besuchsweise bei Paula, da ich bis jetzt noch kein anderes Unterkommen habe; und nun weiß ich wirklich nicht, was ich machen soll, und schreibe an Dich, ob Du mir irgendeinen Rat geben kannst. Denn hier kann ich nach den jetzigen Gesetzen als Jüdin in einem sonst arischen Hause nicht bleiben, wie Paula sich erkundigt hat, natürlich nach allem!

Ich gelte nach den Papieren, die Albert damals zur Hand hatte, als dreivierteljüdisch und damit als voll[jüdisch].

Ich mußte aus Pinneberg wieder heraus und kann nach Paulas Ansicht nur bei Juden Wohnung nehmen. Was ich natürlich ungern täte, da ich meiner Gesinnung nach gar nicht jüdisch denke. Gerade in politischer Hinsicht!

Es bleibt mir also gar nichts anderes übrig als zu Otti zurück[-zugehen], wo sie sich so gemein gegen mich benommen hat. Oder ich muß eben zu Juden ziehen!

Nun wüßte ich gern, ob es irgend geht, daß Du mal kommst, um es für mich durchzusetzen, daß ich bei Ariern wohnen kann und desgleichen keine jüdische Kennkarte zu haben brauche. So kann ich es nicht erreichen, da sie mich hier immer nach den nötigen Belegen und Ausweisen fragen werden. Obgleich die Behörden sehr freundlich und höflich sind. Aber die Partei hat mehr zu sagen!

Bitte schreibe darüber nicht an Paula! Die ist schon so aufgeregt genug. Dein Foto an sie habe ich auch gesehen. Wie niedlich mit den beiden Kindern!

Sollte es Dir aber große Unannehmlichkeiten bringen, dann muß ich eben zu Otti ziehen.
Mit freundlichen Grüßen   Deine Käte

# 22. JUNI

*Am 26. Juni 1907 schreibt der Maler **Emil Nolde** an den befreundeten **Landgerichtsdirektor Sch** ...*

Guderup a/Alsen 26. 6. 07

Lieber Herr Landgerichtsdirektor!

Nachdem wir hier im kleinen Hause das Notwendigste geordnet hatten, ging ich an's Malen, mit froher Hoffnung und starkem Willen, aber – leider, alles Wollen nützt nichts, es sind andere Quellen, aus denen Kunst hervorgeht. Ich vermochte nichts Gutes zu schaffen und dann, ja dann verfällt man in trübes Sinnen und die Sonne - die auch selten genug da war – will nicht helfen, den Augen die Sommerschönheit verherrlichend vorzuführen.

Jetzt stehen 12 Meter Holz draußen neben unserem Hause von mir klein gemacht, das ist die schlichte Tat und fast die einzige, der ich mich zu freuen vermag.

Ob ich wohl diesen Sommer nichts Schönes werde malen können? Ich wollte so gerne, daß während dieser schönen Jahre mir eine reiche Tätigkeit beschieden sein möge.

Mit dem lieben Schreiben Ihrer Frau und den Ihrigen, werter Herr Sch...., brachten Sie uns frohe Kunde von der Ausstellung dort und wir freuten uns sehr, daß Sie so gern meine Holzschnitte sahen und auch einige behalten wollen.

Heute morgen kam der von Fräulein Sch..... in „Hamburg" geschriebene Artikel. Wie sie doch so fein mitempfindet und es so herrlich auszusprechen weiß. Manches, das ich selbst kaum ausgesprochen habe, hat sie erraten und sagt es so treffend. So oft schon bin ich getadelt worden, gerade da, wo es mich am wehmütigsten berührte und von Menschen, wo ich es nicht erwartet hatte.

Eine stille, fast kindliche Natürlichkeit ist mein eigen und ich hüte sie als mein teuerstes Gut. Daß Fräul. Sch..... dies sogleich empfand, berührte mich so herzlich wohl.

Wir weilen oft sprechend bei Ihnen und denken an den schönen Abend in Ihrem Hause.

Ihr sehr und herzlich ergebener
Emil Nolde.

*Am 23. Juni 1957 schreibt der Schriftsteller* ***Louis Fürnberg****, gebürtiger Tscheche und seit 1954 in der DDR als Stellvertretender Direktor der Nationalen Forschungs- und Gedenkstätten in Weimar und Mitbegründer der „Weimarer Beiträge", an den jungen Dichter* ***Rainer Kirsch****.*

Weimar, 23. Juni 1957

Lieber Rainer Kirsch,

ich fahre morgen für ein paar Wochen weg, zur Kur, und so wird aus unserem Wiedersehen nichts. Das tut mir sehr leid, denn nun sieht es ja so aus, als ob ich Sie schneiden möchte, weil ich mir denke, daß es ja wohl nicht die harmlose Sache mit Ihrer Freundin gewesen sein mag, die man zum Anlaß nahm, Sie zwei Jahre von der Universität zu schicken. Was nun das Umherschwänzen bis 11 Uhr im Dunkeln betrifft, so halte ich mich an Ihr wunderschönes Hohelied und sage mir: wenn es solche dichterischen Resultate hat, drücken wir beide Augen zu. Ich will Sie also, das sag ich gleich von vornherein, nicht schneiden, im Gegenteil: ich hätte Sie gerade jetzt gerne gesehen.

Erst etwas über Ihre Gedichte: Die Verfemten, Gang durch die abendliche Stadt, Charlie Parker, Allein, Herbst, In diesen Nächten, Abendlied, Das Hohe Lied sind sehr schön. Schicken Sie sie an die „NDL" oder an Peter Huchel, „Sinn und Form". Was Ihr Büchlein in meiner Reihe betrifft, sollen Sie erst daran denken, wenn Sie mehr geschrieben haben. Ich zähle nicht dreißig Gedichte, sondern wähle dreißig Gedichte. Ich will Ihnen nur sagen, daß Sie unbedingt schreiben sollen. Es ist in Ihnen, ich setze Hoffnung auf Sie. Ihre Gedichte jetzt aber sind Weltschmerz. Warum denn, weswegen? Weil man Sie zwei Jahre in die Produktion schickt?

Die zwei Jahre Produktion sind genau das, was Sie brauchen und was Ihre Poesie braucht. Wenn Sie richtig denken werden – ohne Umschweife und ohne philosophische Komplikationen –, wenn Sie anfangen werden zu sehen, zu beobachten, mit den Menschen zu leben und nicht mit Querulanten, wenn Sie das Opfer lernen werden und den Sinn des Opfers, dann werden Sie ein sehr, sehr guter Dichter werden, dann wird Ihr Leben ein Geschenk für sehr viele Menschen sein und es wird sich lohnen. Sie dürfen es daher nicht vertun und nicht falsch reagieren. Mir ist beinah, als ob eine höhere Hand im Spiel ist, wenn man Sie ein wenig aus dem dummen Milieu reißt, in dem Sie bis jetzt lebten. Nehmen Sie Ihre Freundin und gehen Sie in irgendeine Fabrik, irgendwohin, wo man Leute brauchen kann, in irgendein vernünftiges Büro, wo nicht Bürokraten sitzen, in eine Druckerei, als Expedient in einen Betrieb, es ist Wurst wohin, aber gehen Sie und arbeiten Sie und leben Sie mit dem Leben und schreiben Sie jeden Tag und wenn Sie auch noch so müde sind. Alle Ihre Enttäuschungen werden sich verlieren, Sie werden viel sicherer und bewußter leben und vor allem wird Ihr eklatantes Talent davon profitieren. Vergessen Sie nicht, daß man ins Paradies nur dann kommt, wenn man sich erst einmal durch den Musberg hindurchfrißt. Das bleibt einem nicht erspart, Gott sei Dank.

Glauben Sie nicht, daß ich nicht weiß, daß mit einem Brief, wie ich Ihnen einen schreibe, wenig getan ist. Ich würde Ihnen natürlich gerne helfen. Sie schreiben, daß Sie jetzt erst Ferien machen – lassen Sie mich doch wissen, was Sie unternommen haben, wo Sie unterzukommen versuchten oder es versuchen wollen. Dann will ich sehen, ob ich nicht ein bißchen was tun kann, damit es schneller und leichter geht. Hängen Sie die Philosophie getrost an den Nagel, es gibt gesündere und wichtigere Berufe. Jetzt aber arbeiten Sie zuerst und lernen Sie begreifen, daß Marx, Engels, Lenin größere Männer sind als Schopenhauer, Nietzsche und Sartre, daß unsere DDR, in der man sich noch so plagen muß und die so streng sein kann, daß sie junge Philosophen für zwei Jahre in die Produktion schickt, doch das einzige und bessere und einzig hoffnungsvolle Deutschland ist und daß das Leben viel komplizierter ist als ein Gedicht. Daß aber Gedichte zum Leben gehören, weil man ohne Schönheit, ohne Tiefe und ohne die Weisheit der Gedichte nicht leben kann.

Grüßen Sie Ihre Freundin auch von mir und haben Sie einen schönen Sommer. Wenn das Leben von neuem beginnt, ist es immer Sommer!

Herzlich ergeben<br>
Ihr Louis Fürnberg

*Am 30. Juni 1936 schreibt der russische Schriftsteller* ***Sergej Tretjakow*** *an seinen deutschen Freund und Kollegen* ***Oskar Maria Graf****. Beide hatten sich 1934 beim 1. Allunionskongreß der sowjetischen Schriftsteller in Moskau kennengelernt, zu dem Graf als Gast eingeladen war. Es blieb ihre einzige Begegnung: Tretjakow starb 1939 in sowjetischer Haft.*

[Moskau], 30.VI.36

Lieber Oskar.

Ich denke, du verstehst selbst, das du mir diese verspätung mit der Antwort entschuldigen sollst. Es waren schwere Tagen. Ich habe dir geschrieben, das ich dein Zitat an Gorky senden wollte, aber das war schon zu spät, und ich zitierte sie mehrere Male in den vorträgen und auch im mikrophon [...].

Auch sprach ich davon in einem Vortrag, den ich in der deutschen Sprache den 28. Juni gehalten habe. Hast du das alles gehört? Schade wenn nicht.

Der Deutsche Vortrag – das war meine stolz. Er war nicht vorher russisch geschrieben und nachher übersetzt, sondern deutsch geschrieben (das kostete mir zwei Tage arbeit). Ich schickte ihn ab, abzutippern, und bat auch, wenn etwas nicht deutsch klingt, das zu korrigieren. Man antwortete mir telephonisch – wenige Korrekturen, und ich ganz beruhigt kam an die letzte minute und sah schon dann, wenn es keine Zeit war, zu helfen, sondern auch deine deutsche Sprache repariert wurde.

Komisch. Ich schrieb –"Es spricht Solomona, von der Gorky die Heldin seines romans 'die Mutter' geschrieben hat."

Das heiss[t] – so wie der Maler von jemandem als modell ein Bild macht. Und das wird ersetzt – „Es spricht Solomona, die Heldin des romans 'die Mutter'." Ist das nicht verschieden? und wenn ich nachher fragte, ob es nicht möglich ist, für meine Gedanke einen equivalenten deutschen Ausdruck zu finden, sagt man mich – „Nein". Jetzt frage ich dich, ob das stimmt.

Ich schreibe – „Er liegt auf einem Blumenbügel". Man korrigiert – „Auf einem Bügel voll Blumen". Mir scheint, es ist nicht dasselbe. Oder doch beherrsche ich noch die Sprache zu schlecht. Ich erzähle dir nur ein Paar beispiele, um deine Meinung zu wissen. [...]

# 24. JUNI

Ich bedaure immer sehr, das du nicht gekommen bist. Mir fehlt manchmal sehr ein guter, langer, ruhiger, interessanter Gespräch mit dir. Du weisst ja, ich bin doch ziemlich einsames Wesen, was die Freunde anbetrifft. Freunde im Sinne großer Nähe, innigkeit und gegenseitiger interesse.

Ich bin jetzt in meiner arbeit, wenn nicht deiner Meinung, so deiner einstellung geworden. Es reisst mich nicht zum herumreisen und eindrucksammeln, sondern zum denken, um die grossen umrisse des lebens und des Menschen sich aufzuklären. Eine Vertiefung in den Stoff ist nötig, und Stoff ist da.

Sehr viel denke ich um mein Chinabuch herum. Es sind schon 120 Seiten getippt, aber es scheint mir, das alles wird gestrichen und von neuem aufgeschrieben.

In die nächsten zehn tage will ich nach Kabarda ausreisen, um da einige arbeiten zu vollenden, die mit nordkaukasus verbunden sind, und auch das Chinabuch zu schreiben.

Aber es giebt noch hier zu Moskau einige beschäftigungen, die ich nicht so lassen kann.

Viele Gorky's erinnerungsabende. Und in allen gespräche fühlt man, was für eine kolossale bresche sein Tod gemacht hat. So wie er, arbeitete ja keiner andere mit den literarischen anfänger. Dann äusserte er sich immer über neuerschienene bücher – er las mindestens 12 – 14 grosse neue bücher pro monat und gab nach dem lesen eine ausführlichste und allseitige kritik. Und dann leitete er ja die ganze arbeit des schaffens, unseren grossen Epos. [...]

Wie geht es mit deiner arbeit – mit Tolstoj und mit der Mutter? Was ist mit der deutschen fassung der „Abgrund"? [...]

Mein CS buch liefere ich übermorgen dem Verlag ab. Also in zwei - drei Monate wird das achtundzwanzigste buch erscheinen, die ich geschrieben habe. Hoffentlich wird Chinabuch das dreissigste – dann kann man ein Jubiläum feiern. Da möchte ich dir ein gute Glas Slivovice einschenken. Besten Kuss an Myriam von mir und Olga. Sei umarmt von uns beide – du musst ja so dick sein, das man dich überhaupt nur vierhändig umarmen kann.

Lebe wohl. Schreibe oft und viel. Und vergesse nicht das da freunde sind die dich sehr gerne sehen wollen.

Dein Serioscha

*Am 25. Juni 1967 schreibt der Schriftsteller **Wolfgang Koeppen** an die befreundete Lyrikerin **Oda Schaefer**. Der Brief ist Koeppens Antwort auf einen Zeitungsartikel von Oda Schaefer, in dem sie von glücklichen Kinderferien-Tagen im pommerschen Lubmin berichtet. Lubmin war für sie eine Idylle, und das eben deshalb, „weil es kein feiner Badeort war wie Brunshaupten oder Heiligendamm" ...*

Wolfgang Koeppen
München 23 Löwithstr. 2
den 25.6.67

Liebe Oda,

wie sehr hat mich dein „Lubmin-sur-mer" entzückt!

Erinnerungen, die mich schon seit längerer Zeit beschäftigen, werden belebt durch dein getreues Bild, und wieder fröstele ich in der alten Badeanstalt mit den muffigen Brettern. Mich amüsiert der Gedanke, dass wir uns beinah getroffen hätten. Ich war einige Sommer ab 1920 dort. Im Strandhotel auf der Düne unter Kiefern, das Gesicht zum Meer gewandt rechts. Zum Frühstück gab es eine Marmelade, die merkwürdigerweise erträglich schmeckte, wenn man sie mit Wasser verdünnte. Zu Mittag Rhabarbersuppe und Stachelbeergrütze. Eine kleine Berlinerin verlobte sich mit mir feierlich im Wald. Später reiste ich mit dem Heldenvater des Greifswalder Theaters auf Fahrrädern nach Lubmin. Wir assen in den Dünen warme Räucherflundern und gaben im Kurhaus einen Bunten Abend. Der Schauspieler hatte mit dem Tod des Tiberius einen schönen Erfolg, ich mit Hofmannsthal weniger. Er rettete mit dem Nobiskrug von Münchhausen die Stimmung, bis ich mit einer Rönne-Geschichte von Benn (Gehirne, Jüngster Tag, Kurt Wolff) die Katastrophe herbeiführte. Auf der Rückfahrt, zwanzig Kilometer gegen den Wind, war der Heldenvater vorwurfsvoll. Ich verliebte mich dann in ein Mädchen von einem der Rittergüter ringsum, eine bornierte junge Adlige, die sich als preussische Jeanne d'Arc fühlte, aber bestenfalls eine kleine Charlotte Corday war mit ihrem Hass auf die 'Novemberverbrecher' und ihrer Wollust am Mord von rechts. Sie war schön, und sie brachte mich zur Verzweiflung. Ich infizierte sie mit Literatur, mit Expressionismus, Anarchie und Bolschewismus, ich las ihr die Weltbühne vor und sie mir ein scheussliches, dummes Blatt, den Fridericus, es war ein herrlicher Sommer unter den Kiefern, in den Dünen, und vor lauter Wut aufeinander vergassen wir, miteinander zu schlafen. Später heiratete sie einen Landjunker aus ihren Kreisen, der irgendwo Landrat wurde, in Grimmen oder in Wolgast oder sonstwo. Ich verlor sie aus meinem Sinn, bis ich den Namen des Junkers in einer Totenliste des 20. Juli fand. Es beschämte mich: ihr Preussentum war vielleicht doch ein Idealismus und eine Moral.

Das hast du dir nun mit deiner, mich so begeisternden Erinnerung eingebrockt –

Herzlichste Grüsse dir und Horst!
Euer Wolfgang Koeppen

*Am 26. Juni des Jahres 1900 schreibt der Farmer* ***Randolph M. Probstfield*** *aus Moorhead in Minnesota an seinen Neffen* ***Paul Sauerborn*** *in Deutschland. Probstfield – damals noch Michael Probstfeld – ist bereits 1852 ausgewandert; er war zu der Zeit 20 und der Neffe erst 6 Jahre alt. Probstfield überwindet die wirtschaftlichen Schwierigkeiten und wird sogar Ehrenmitglied der Minnesota State Horticultural Society – nach Deutschland aber kommt er nie wieder zurück.*

Moorhead/Minnesota, Juni 26. 1900

Mein lieber Paul

Deine kurze *Mahnkarte* ohne Datum erhielt ich Anfang dieses Monats und trotzdem ich mich der Saumseligkeit bezeihen muß, so war es nicht ganz diese daß ich so lange schwieg.

Mein Nervensystem ist so zerrüttet daß ich unmöglich in Gegenwart von Andern schreiben kann und besonders wenn es Deutsch sein muß.

In der Arbeit finde ich Trost, wenn nicht Trost doch Zerstreuung die meine Gedanken an meinen herben Verlust ableiten: [erst die Frau, nun die Tochter].

Meine Tochter Dora starb am 26. März und bis zur letzten Viertelstunde hat Sie nie merken lassen daß Sie glaubte sterben zu müssen. Ihre Schwester Emilia blieb in StPaul bis Dora starb, auch ihr Bruder Edmund war mit Ihr die fünf letzten Wochen.

Ich konnte der Beerdigung nicht beiwohnen. Mein Herz fühlte zerbrochen da ich mich von meinem ersten Verlust noch nicht erholt hatte, und trotz alledem war ich froh daß Sie von ihrem schrecklichen Leiden für immer erlöst war.

Wir waren so beinahe außer Schulden letzten Herbst aber diese Heimsuchung die uns zu Theil wurde stürzte uns wieder in schwere Schulden über 2200 Dollar (etwa 8800 Mark) und zudem haben wir ein sehr hartes Jahr vor uns. Erndte haben wir keine. Am 1 Mai war noch alles gut, unter gewöhnlichen Umständen erwarteten wir 4000 bushel Weizen einzuernten. Heute erwarten wir die Aussaat nicht zurück. Pferde muß man behalten um für nächstes Jahr zu arbeiten aber womit füttern. Ich bin jedenfalls trotz allem in bessern Umständen wie viele Andre da wir ein Stück Land haben welches wir in gewöhnlichen Jahren nicht mähen, es ist nass und trocken legen wollte ich es nicht gerade deswegen weil ich es immer jedes Jahr mähen kann wenn es uns *gut genug* sein muß – grobes Heu aber besser wie keins. Es gibt ungefähr so zwanzig Tonnen. Wir brauchen 75 Tonnen wenn wir kein Stroh haben wie dieses Jahr.

Ich kenne mehrere Männer die mit ein paar Tausend Dollar anfingen und in 10 bis 15 Jahren Millionäre wurden. (Mit Spekulationen). Obschon anfänglich verachtet - das Geld verschafft zuletzt hohen *Respect* und Hochachtung – wenigstens oberflächlich! Den Nachkommen vergißts die Gesellschaft wie ihr Geld gemacht wurde.

Ich danke Dir vielmal für Deinen letzten lieben Brief. Ich mag die Verhältnisse Deiner Familie Deiner Eltern und Geschwister und der meinigen zu Hause als ich noch jung war hier nicht übersprechen – Es war in meinem elterlichen Hause wohl nicht ganz so schlimm wie in Deinem doch nicht so sehr viel besser. [...] Was ich in früher Jugend erfahren und gesehen ist mir heute noch viel greller und klarer im Gedächtniss wie Thatsachen von 10 Jahren zurück. Das Böse möchte ich gerne vergessen mit dem Guten wenn ich nur könnte.

Ich habe während der letzten 10 Jahre oft gedacht wieder einmal nach Europa zu kommen doch sind alle gegenwärtigen Aussichten dazu hoffnungslos. Erhält sich meine Gesundheit so gut wie die letzten 4 Jahre und komme ich einmal wieder außer Schulden so wird die Farm verkauft damit Jedes seine Antheil erhält und ich mag dann vielleicht doch einmal kommen; Viel Vergnügen vom Wiedersehen der Anverwandten kann ich mir gerade nicht versprechen da nur so wenige leben die mich oder die ich gekannt habe. Du bist der einzige mit dem ich noch in Verbindung stehe in direckter Beziehung und an Dich und Deine Familie denke ich unwillkürlich 20 mal wenn ich mich nach Deutschland denke für einmal an irgend Jemand anders. [...]

Es dunkelt meine Hand wird krampfhaft. Paula ist wohl nicht mehr so klein muß bald elf Jahre haben. Also herzliche Grüße und beste Wünsche für Deine liebe Frau und in der Hoffnung Euch alle doch einmal zu sehen – wenn wir älter sind – Verbleibe ich aufrichtichst mit besten Wünschen für Dich und Deine liebe Familie wie immer/Der Deinige

R.M. Probstfield

*Am 27. Juni 1945 schreibt die Physikerin* ***Lise Meitner*** *an ihren langjährigen Arbeitspartner* ***Otto Hahn****. Lise Meitner, als österreichische Jüdin von Verfolgung bedroht, war 1938 nach Schweden emigriert, während Hahn weiterhin am Kaiser-Wilhelm-Institut in Berlin arbeitete.*

*Der Brief hat Otto Hahn übrigens nie erreicht, da er zusammen mit anderen deutschen Atomwissenschaftlern im belgischen Facqueval interniert worden war.*

[Stockholm, 27. Juni 1945]

Lieber Otto,

Dein letzter Brief ist vom 25.3. datiert. Du kannst Dir denken, wie sehnsüchtig ich bin, Nachrichten von Euch zu bekommen. Ich habe in den englischen Kriegsnachrichten die Ereignisse sehr genau verfolgt und glaube, annehmen zu dürfen, daß das Gebiet, in dem Ihr und Laue seid, ohne Kampf besetzt worden ist. So hoffe ich von Herzen, daß Ihr persönlich nicht zu leiden hattet. Dagegen bin ich sehr besorgt um Plancks, da in der Gegend sehr erbittert gekämpft worden ist. Weißt Du etwas über sie und die Berliner Freunde? Diesen Brief wird ein Amerikaner mitnehmen, er wird ihn gleich holen, und ich schreibe also in großer Eile, und dabei habe ich so vieles zu sagen, was mir am Herzen liegt. Behalte das, bitte, im Auge, und lies ihn bitte mit der Zuversicht an meine unerschütterliche Freundschaft.

Ich habe in diesen Monaten sehr viele Briefe geschrieben, weil mir klar war, daß selbst Menschen wie Du und Laue die wirkliche Situation nicht begriffen hatten. [...] Du hattest mir selbst im März 1938 erzählt, daß Hörlein Dir gesagt hat, daß schreckliche Sachen gegen die Juden gemacht würden. Er wußte also von allen den geplanten und später ausgeführten Verbrechen und war trotzdem Mitglied der Partei, und Du hast ihn – trotzdem – für einen sehr anständigen Menschen angesehen [...].

Ihr habt auch alle für Nazi-Deutschland gearbeitet und habt auch nie nur einen passiven Widerstand zu machen versucht. Gewiß, um Euer Gewissen los zu kaufen, habt Ihr hier und da einem bedrängten Menschen geholfen, aber Millionen unschuldiger Menschen hinmorden lassen, und keinerlei Protest wurde laut.

Ich muß Dir das schreiben, denn es hängt so viel für Euch und Deutschland davon ab, daß Ihr einseht, was Ihr habt geschehen lassen. Es ist hier im neutralen Schweden schon lange vor Kriegsende diskutiert worden, was man mit den deutschen Gelehrten nach Beendigung des Krieges tun soll. Wie mögen erst die Engländer und Amerikaner darüber denken? Ich und viele andere mit mir meinen, ein Weg für Euch wäre, eine offene Erklärung abzugeben, daß Ihr Euch bewußt seid, durch Eure Passivität eine Mitverantwortung für das Geschehene auf Euch genommen zu haben, und daß Ihr das Bedürfnis habt, soweit das Geschehene überhaupt gut gemacht werden kann, dabei mitzuwirken. Aber viele meinen, es sei zu spät dafür. Diese sagen, Ihr hättet erst Euere Freunde verraten, dann Euere Männer und Kinder, indem Ihr sie in einem verbrecherischen Krieg hättet einsetzen lassen, und schließlich hättet Ihr auch Deutschland selbst verraten, weil Ihr, als der Krieg schon ganz hoffnungslos war, Euch nicht einmal gegen die sinnlose Zerstörung Deutschlands gewehrt habt. Das klingt erbarmungslos, und doch glaube mir, es ist ehrliche Freundschaft, warum ich Dir das alles schreibe. – Daß die übrige Welt Deutschland bedauert, könnt Ihr wirklich nicht erwarten. Was man in diesen Tagen von den unfaßbaren Greueln in den Konzentrationslagern gehört hat, übersteigt alles, wovor man sich gefürchtet hatte. Als ich im englischen Radio einen sehr sachlichen Bericht [...] über Belsen und Buchenwald hörte, fing ich laut an zu heulen und konnte die ganze Nacht nicht schlafen.

[...] Du wirst Dich vielleicht erinnern, daß ich, als ich noch in Deutschland war (und heute weiß ich, daß es nicht nur dumm, sondern ein großes Unrecht war, daß ich nicht sofort weggegangen bin), Dir oft sagte: Solange nur wir die schlaflosen Nächte haben und nicht Ihr, so lange wird es in Deutschland nicht besser werden. Aber Ihr hattet keine schlaflosen Nächte, Ihr habt nicht sehen wollen, es war zu unbequem. Ich könnte es Dir an vielen, großen und kleinen, Beispielen beweisen. Ich bitte Dich, mir zu glauben, daß alles das, was ich hier schreibe, ein Versuch ist, Euch zu helfen.

Mit sehr herzlichen Grüßen an alle

Deine Lise

* *Am 27. Juni 1922 schreibt der Freiburger Philosoph* ***Martin Heidegger*** *einen ausführlichen Brief an seinen Heidelberger Kollegen* ***Karl Jaspers****. Es ist ein Brief unter Fachleuten, gedanklich und sprachlich kompliziert. An einer Stelle aber tritt Heidegger aus der sehr speziellen Erörterung heraus: Er fragt nach Sinn und Aufgabe der Philosophie in heutiger Zeit.*

Freiburg i. Br., 27. Juni 22

Lieber Herr Jaspers!

[...] Entweder wir machen Ernst mit der Philosophie und ihren Möglichkeiten als prinzipieller wissenschaftlicher Forschung, oder wir verstehen uns als wissenschaftliche Menschen zur schwersten Verfehlung, daß wir in aufgegriffenen Begriffen und halbklaren Tendenzen weiterplätschern und auf Bedürfnisse arbeiten.

Soll das erste ergriffen werden, dann hat man gewählt die Gefahr, seine ganze „äußere“ und innere Existenz aufs Spiel zu setzen für etwas, dessen Erfolg und Ausgang man selbst nicht zu sehen bekommt.

Ohne Sentimentalität bin ich mir klar, daß die Entscheidung fürs erste für den Philosophen als wissenschaftlichen allein in Frage kommt. Das sind Dinge, über die man nicht spricht und in einer Aussprache wie dieser nur anzeigt. Wenn es nicht gelingt, solches Bewußtsein in der Jugend positiv konkret zu wecken, dann ist alles Gerede über Krisis der Wissenschaft und dergleichen eben Gerede. Wenn wir uns nicht klar sind, daß wir der Jugend solche Sachen – sie selbst erst ausbildend – vorleben müssen, dann haben wir kein Recht in wissenschaftlicher Forschung zu leben.

Im Zusammenhang der Aufgabe einer Gewinnung der ursprünglichen Kategorienstruktur des Gegenstandes Leben sah ich die prinzipielle Bedeutung der Untersuchungen, in denen Sie das Schizophrene und dergleichen in den Seinssinn des Lebens einbauen wollen.

Auf diesem konkreten Wege wird man die Unmöglichkeiten einsichtig machen können, die in einer isolierten, freischwebenden Bewußtseinsproblematik liegen.

Man kann nicht post festum die „üble“ Realität einführen und den geistigen Akten einen Leib ankleben (nicht einmal die Neger haben solche Vorstellungen vom Dasein, wie sie in der heutigen wissenschaftlichen Philosophie umlaufen). Aber heute steht in der Philosophie alles auf dem Kopf, es gilt als „unfein", wenn man einen Denker nach seiner prinzipiellen Position fragt, und man wird dahin verwiesen, sich an Nebensachen satt zu kritisieren. Zur Zeit Platos und Aristoteles' soll es meines Wissens umgekehrt gewesen sein. Solange man nicht entschlossen ist, sich mit seinen Produkten in diese Kampfbasis prinzipieller Auseinandersetzung bis aufs Messer zu stellen, bleibt man außerhalb der Wissenschaft. Man hat dann wohl einen schönen Betrieb und hält jedes Semester einige Dutzend Menschen zu Narren lediglich durch die Gleichgültigkeit, mit der man bei sich selbst mit den Prinzipien und Verwurzelungen seiner Erkenntnistaten umgeht.

Ihre Arbeit hat mir noch deutlicher gemacht, daß in der Kritik der Psychologie der Weltanschauungen Ihre Untersuchungen doch in die rechte positive Problemtendenz gestellt sind.

Und das stärkt in mir das Bewußtsein einer seltenen und eigenständigen Kampfgemeinschaft, die ich sonst – auch heute noch nicht – nirgends finde.

Ich habe nur den Wunsch, daß Sie unbeschadet der Objektivität noch schärfer den Sachen auf den Leib rücken. Sie haben die Übervorsicht wahrhaftig nicht nötig.

[...]

Da für mich unter den heutigen Verhältnissen auch nur eine kleinere Reise ausgeschlossen ist, wird es zu einem Besuch bei Ihnen nicht kommen.

Aber ich hoffe, daß Sie vielleicht nächstens mal wieder in die Nähe kommen.

Herzliche Grüße von Haus zu Haus

Ihr
Martin Heidegger.

*Am 30. Juni 1967 schickt der Schriftsteller **Hans Werner Richter** diese sehr entschiedene Absage an den Berliner Rechtsanwalt **Horst Mahler**.*

*Die im Brief zitierte Kommune I war Teil der außerparlamentarischen Opposition, die sich ab 1965 im Protest gegen die Große Koalition gebildet hatte. Die Kommune nahm 1967 einen verheerenden Kaufhausbrand in Brüssel zum Anlaß für eine provokante Flugblatt-Aktion mit Aufschriften wie „Wann brennen die Berliner Kaufhäuser?" oder „Neu! Unkonventionell! Warum brennst Du, Konsument [...]". Als die Initiatoren Rainer Langhans und Fritz Teufel wegen Aufforderung zur Brandstiftung angeklagt wurden, bat ihr Verteidiger Horst Mahler um entlastende Gutachten. Mehrere Schriftsteller betonten den fiktiv-satirischen Charakter der Flugblätter. Richter schrieb dem Rechtsanwalt den folgenden Brief.*

*Teufel und Langhans wurden im März 1968 freigesprochen.*

30. Juni 1967

Sehr geehrter Herr Mahler,

ein Gutachten literarischer oder politischer Art zu diesen Flugblättern der Kommune 1 ist kaum möglich. Literarisch sind sie undiskutierbar, politisch bieten sie ein verworrenes Konglomerat von pubertärer sich anarchistisch gebender Revolutionsromantik, spätbürgerliche Jugendträume.

Diese Texte haben weder etwas mit Marxismus – aller Spielarten – noch mit Maotsetung oder Hochiminh zu tun, auch nichts mit jenen bedeutenden Dokumenten des europäischen Anarchismus der Vergangenheit. Es sind Texte von Wichtigtuern, dumm, arrogant, unpolitisch, geschmacklos, Texte einer schlecht gemachten und miserabel geschriebenen Bierzeitung. Ich kann sie beim besten Willen nicht ernst nehmen, bedauere aber sehr, daß die Behörden sie ernst nehmen. Gruppen dieser Art hat es immer gegeben, auch in der Weimarer Republik, auch in dem Berlin dieser Zeit. Man hat sie nicht beachtet. Warum beachtet man sie heute? Warum spielt man ihre Ambitionen hoch, in der Presse, im Fernsehen, durch die Behörden und jetzt mit diesem Prozess mit Hilfe der Justiz? Sie wollen ja verurteilt werden. Begreift man denn nicht diese Art kleinbürgerlicher Provokation? Sie spielen Revolution und diskreditieren zugleich alle revolutionären Bestrebungen, sie spielen Revolutionäre und dienen den Reaktionären. Eine Justiz, die sie anklagt und unter Umständen verurteilt, spielt ihr Spiel mit, sie macht aus pubertären Wichtigtuern gesellschaftspolitische Akteure, eine Entwicklung, die bedauerlich ist.

Ich meine, man sollte diese Gruppen leben lassen wie sie leben, man sollte sie nicht beachten, sie sterben immer wieder ab, die Zeit ist ihr Totengräber und ihr einzig mögliches Gericht. Juristisches Denken ist hier nicht angebracht. Eine Justiz, die sich mit ihnen abgibt, erreicht das Gegenteil von dem, was das Gesetz anstrebt, eine Gesellschaft, die sie ernst nimmt, scheint mir gefährdet.

Diese ist meine Ansicht. Ach, lieber Herr Mahler, ist es denn nicht möglich, daß solche Verfahren rechtzeitig niedergeschlagen werden, sie diskreditieren alle und alles, aus Unfug, von mir aus auch groben Unfug, wird mit der Zeit ein Malheur, ein politisches Malheur, und das ist schlimm in einem Land, das von unpolitischen Menschen bewohnt wird. Beweis: die Flugblätter der Kommune I.

Mit den besten Grüßen bin ich
Ihr

[Hans Werner Richter]

*Am 30. Juni 1946 schreibt **Heinrich Mann** aus dem amerikanischen Exil an **Johannes R. Becher**, der ihn zur Rückkehr nach Deutschland eingeladen hat. Erst 1950 ist Heinrich Mann bereit, dieser Einladung zu folgen, nachdem er zum Gründungspräsidenten der deutschen Akademie der Künste berufen worden war. Aber die Heimkehr findet nicht statt: Heinrich Mann stirbt am 12. März 1950 in Santa Monica.*

30. Juni 1946
301 SO. Swall Drive
Los Angeles 36, Calif.

Lieber, sehr verehrter Herr Becher,

für vieles habe ich Ihnen zu danken, anderes Ihnen vorzutragen. So beginne ich mit dem Ausdruck meiner Freude, Sie dort zu wissen, wo auch ich gern wäre, und Zeugnisse Ihrer Tätigkeit zu erhalten. Ich bewundere Sie, während ich doch verstehe, daß Sie einfach nach Pflicht und Neigung handeln.

Ich wollte, mir wäre die Aufgabe so natürlich gestellt. Ein kleiner Satz von Ihnen rührte mich. „Bitte, kehren Sie bald zu uns zurück." Das ist ein lieber Wunsch, es wäre der meine. Leider müssen Sie in dem gleichen Brief meine 75 Jahre bestätigen. Statt eines Bedauerns beglückwünschen Sie mich. Aber die eigenen Gedanken eines 75jährigen sind von peinlichen Zweifeln begleitet.

Anlangen und wissen, daß man schon am Ende angelangt ist, ginge noch. „Sieh Neapel und stirb!" könnte man unterwegs sagen. Schwerer wöge die Erkenntnis, daß man in Wahrheit entbehrlich war. Auf dem Gebiet, wo ich mitzuarbeiten hätte, geschieht bei Ihnen gewiß das Mögliche, mir bliebe kaum hinzuzufügen. Dagegen müßte ich, wie jeder lange nicht Erblickte, mich öffentlich zeigen, für Absichten mancher Art, propagandistische und höhere.

Gerade das habe ich inzwischen verlernt. Lieber Joh. R. Becher, hier spreche ich zu Ihnen allein, der Sie mir schöne Gedichtbücher schicken und freundliche Briefe schreiben. Ihnen darf ich mich anvertrauen, ohne daß jeder es hört. Die letzten fünf Jahre meiner Abwesenheit enthalten schmerzliche Erlebnisse, bisher nicht überwundene; die Scheu hervorzutreten ist eine ihrer Folgen. Ohne meine geliebte Frau, die ich hier verloren habe, dorthin zurückzukehren, wo wir lebten, wäre mehr als leidvoll, mir erschiene es nicht ganz wirklich.

Dies kann sich ändern, falls ich alt genug werde. Mir widerstrebt es, Einladungen wie Ihre endgültig mit nein zu beantworten. Darf ich es mir künftig mit innerer Zustimmung erlauben, dann komme ich. Immerhin wäre es gut, mich vorzubereiten; dabei würden Sie mir helfen, wenn Sie mich schon jetzt, von hier aus, nach Bedarf mitarbeiten ließen. Ihre Vorschläge werden mir willkommen sein.

Hiermit verbinde ich eine Anregung hinsichtlich meines Buches „Ein Zeitalter wird besichtigt", die eigennützig erscheint und es ist: ich möchte das Buch bekannt wissen. Einmal bekannt, stellt es sich hoffentlich als gemeinnützig heraus. Aber der Fall kann nur eintreten, wenn Sie besondere, nachhaltige Schritte tun, um das Buch von Stockholm herein zu bekommen. („Neuer Verlag" oder „Ljus-Verlag", Stockholm)

Von dort wird es nicht versucht werden. Das Buch ist in Europa und Amerika nirgend erhältlich, Bestellungen werden nicht ausgeführt, der Antrag eines anderen Verlages, es zu übernehmen, ist abgelehnt. Sie erinnern sich der Abschnitte, die von der Int. Lit. gedruckt wurden. Vielleicht hat auch der Ljus-Verlag inzwischen bemerkt, was er da druckte. Besonders unpassend wird zweifellos die geübte Gerechtigkeit gegen diese wie jene empfunden.

Mir erübrigt noch ein anderer Dank, der nach Weimar zu richten wäre. Nur aus England habe ich erfahren, daß ich nach Thüringen eingeladen wäre und auf der Wartburg wohnen sollte. Der Gedanke, wenn die Nachricht stimmt, ist so großartig wie einfach; sicher bedeutet er eine beabsichtigte Korrektur meiner letzten deutschen Eindrücke, als ich aus der Akademie entfernt wurde.

Diese Einladung soll auch unterzeichnet gewesen sein von Ricarda Huch, meiner Kollegin in der Akademie. Alle die Jahre habe ich ihre Festigkeit verehrt, jetzt habe ich ihr zu danken für eine grandiose Güte. Ich bitte Sie, Gelegenheit zu nehmen, um Frau Ricarda Huch meiner tiefen Ergebenheit zu versichern.

Karl Lemke, den Verfasser der liebevollen Abhandlung, grüße ich bestens.

So will ich mich für heute von Ihnen verabschieden, lieber Joh. R. Becher. Nehmen Sie meinen Brief auf, wie er gemeint ist, ein sehr aufrichtiges Zeugnis, der Ausdruck der Verbundenheit.

Herzlich der Ihre
Heinrich Mann

*Am 1. Juli 1968 schreibt der aus Wien stammende Philosoph **Paul Feyerabend**, 44 Jahre alt und Professor in Berkeley, an seinen deutschen Kollegen **Hans Albert**. Feyerabend ist eher Skeptiker und Methodenpluralist, der drei Jahre ältere Albert der vielleicht wichtigste deutsche Vertreter des kritischen Rationalismus, Inhaber des Lehrstuhls für Soziologie und Wissenschaftslehre an der Universität Mannheim.*

1. Juli [1968, Berkeley]

Lieber Hans,

da sitz ich also wieder in Berkeley, dieser kulturellen Wüste. Keine Theater, keine Oper, keine interessanten Leute, außer daß es prozentuell hier die meisten Verrückten gibt in ganz Amerika und, so denk' ich wohl, auch in der ganzen Welt. Auf der Universität stolpern leergesichtige Studenten von Rauschgift voll herum, schöne Mädchen die wie ein Ei dem anderen einander gleichen, schweben gedankenlos dahin auf der Suche nach „Erfahrungen", und wenn man eine von ihnen fragt, und sie den Mund öffnet, dann wendet man sich gleich mit Grausen wieder ab, ob der Töne, oder der Ansichten die man zu hören bekommt. Diese Generation, so wie sie sich in Berkeley zeigt, scheint wahrhaftig zum Untergang bestimmt - wie werden sie wohl mit 50 Jahren aussehen, falls sie überhaupt so lange leben? Und darüber brennt die Sonne, soweit sie eben durch die Wolke von Rauch und Auspuffgasen durchdringen kann, die über all diesem Elend lastet. Was für eine Weise, sein Leben zu verbringen! Und wie glücklich seid Ihr, im kleinen Heidelberg, von Bohnen, Spinnern, und anderen angenehmen und rationalen Entitäten umgeben – die Wienerin aus Texas nicht zu vergessen, die ja sehr charmant ist und zwar in jedem der 37 Gesichter, die sie besitzt. Es tut mir sehr leid, daß ich nicht längere Zeit von dieser Gesellschaft profitieren konnte, und es tut mir auch leid, daß ich meine Zeit in Heidelberg nicht lebendiger, sondern halb tot vor Müdigkeit verbracht habe und so gar nicht von Eurer Gegenwart profitieren konnte. Das nächste mal mach ichs umgekehrt (wenn alles gut geht) und komme zuerst, also *Ende September*, bevor ich mich noch ins Berliner und Londoner Getriebe stürze. Und vielleicht siedle ich mich am Ende noch in Heidelberg an und eröffne eine Gaststube (was mir ein besseres Leben zu sein scheint als das Unterrichten an einer Universität).

Mit dem Agassi hab' ich eine ganze Nacht verbracht diskutierend. Dann ging ich nach New Haven, Yale, wo mich 3 Dekane und ein Prorektor interviewten und mir Fragen stellten, wie „was kann die Wissenschaftstheorie für die Wissenschaften, wie etwa die Physik tun?" (meine Antwort: „nichts") oder „glauben Sie, daß Kenntnis der Wissenschaftstheorie für einen Wissenschaftler von Vorteil ist" (Meine Antwort: „durchaus nicht, diese Kenntnis wird seine Vorstellungskraft ruinieren"). Letzte, verzweifelte Frage: „Warum sind *Sie* in diesem Gebiet?" (Meine Antwort: „weil man da mit einem Minimum von Wissen ein Maximum von Geld verdienen kann" – ehrlich, diese Antworten habe ich gegeben, aber ich kann diese akademischen Attituden einfach nicht mehr ernst nehmen).

Und schließlich zurück nach Berkeley, wo ich in einer Stunde über die Vorsokratiker vorlesen werde und wo ich in einem Monat ein Miniopernfestival leiten soll. Nun ja, wenn ich überlebe, und wenn mich nicht inzwischen der kalifornische Wahnsinn packt, dann hoffe ich doch, Euch noch vor Ende dieses Jahres zu sehen, mit Kind, Kegel, und Marsha.

Alles Gute

Paul

Apologies for the style, aber ich habe eben Hans Henny Jahnn gelesen.

*Am 2. Juli 1928 schreibt der Balladendichter **Börries Freiherr von Münchhausen** an den Lyriker, Kabarettautor und Maler Hans Bötticher alias **Joachim Ringelnatz**. Es ist ein kurzer Brief – Anerkennung braucht wenig Worte. Ob Ringelnatz sich durch das Lob des reaktionären Freiherrn geehrt fühlte, wissen wir freilich nicht.*

Windischleuba bei Altenburg, Thür. 2.7.28

Lieber und verehrter Herr Bötticher,

Sie und ich – wir sind so verschieden, wie nur zwei Kerle verschieden sein können. Aber Sie sollen doch wissen, daß ich weiß: Der da ist ein Kerl, d.h. ein Dichter!

Ich las eben mit unendlicher Freude an sehr Vielem Ihr Allerdings, - prachtvoll, mein Lieber, sind Ihre Humore, wenn Sie auch eine Liebe für das Antisalonliche haben. Aber das ist im Grunde ganz egal, wenn einer nur ein Könner ist!

Ich habe mich so oft im Simpel unendlich an Ihren Reisebriefen eines Artisten ergötzt. Und sie in ehrlicher Bewunderung Ihrer Künstlerschaft gelesen!

Ihr aufrichtig ergebener

Münchhausen

*Am 2. Juli 1960 schreibt der Dramatiker, Lyriker und Erzähler* ***Heinar Kipphardt*** *an den Journalisten* ***Hans-Dietrich Sander****. Sander wollte eine Reportage über Künstler schreiben, die aus der DDR gekommen waren. Kipphardt war 1949 in die DDR übersiedelt und 1959 in die Bundesrepublik zurückgekehrt.*

Büderich, 2. Juli 1960

Lieber Herr Sander,

ich denke darüber nach, was das Geschäft eines Schriftstellers vorzüglich zu sein habe in dieser geteilten, furchtbar aufeinander angewiesenen Welt unserer Tage. Die Dummheit hat ein so großes Maul auf beiden Seiten und so unappetitliche Fäuste, daß in dem allgemeinen Gebrüll und der allgemeinen Furcht wenig daran gedacht wird, daß wahrhaftig gelernt werden muß, miteinander zu leben, wenn nicht aneinander gestorben werden soll. Das ist ein Gemeinplatz, der den Vorteil hat, wahr zu sein, und den Nachteil, schwer machbar zu sein. Schwer machbar unter anderem, weil er in seiner ganzen Simplizität historisch neu ist, insofern die ihre Werkzeugschranken durchbrochen habenden Mittel der Gewalt untauglich geworden sind, menschliche Geschichte zu befördern, ohne menschliche Geschichte gleichzeitig zu beenden.

Es ist die kuriose und nicht ohne Ironie betrachtbare Lage entstanden, daß der infolge ihres seltenen Gebrauchs sehr schwachen Vernunft nicht wie in aller bisherigen Geschichte auf Maul gehauen werden kann von den Kommandeuren der Ziehmeisterin Gewalt, und zwar gerade wegen der schrankenlos gewordenen Stärke der Gewaltmittel nicht. Es sind übrigens die gleichen Mittel, die, produktiv manipuliert, das utopische „Reich der Freiheit" materiell herstellbar machen, und unsere Zivilisation ist eifrig dabei, das zu tun, indem sie die neuen Energiequellen überall installiert. In verhältnismäßig kurzer Zeit wird Energie in der gleichen, nicht erschöpfbaren Form und zu dem gleichen, äusserst niedrigen Preis überall zur Verfügung stehen. Diese Gleichheit wird Folgen haben. [...] Es ist evident, daß die uns gewohnten Formen des menschlichen Zusammenlebens, im 19. Jahrhundert entwickelt, dem neuen wissenschaftlichen und technischen Stande der Welt unadäquat sind, daß sie zerstört und durch angemessenere ersetzt werden, wenn sie sich als unentwickelbare erweisen. [...] man könnte sagen, daß die Geschichte schließlich immer ziemlich schlau angemessene

Wirtschaftsformationen und angemessene Formen des menschlichen Zusammenlebens hergestellt hat, wenn das notwendig war. Sie hat sie tatsächlich immer hergestellt, aber sie hat sie über Katastrophen hergestellt, und es ist dabei nicht eine Wissenschaft des menschlichen Zusammenlebens entstanden, sondern jeweils so etwas wie physikalische Anpassung. Unsere Lage ist neu, insofern wir die Schlauheit der Geschichte – fortschreitend in Katastrophen – schwerlich abwarten können, da wir Gefahr laufen, von einer einzigen Katastrophe in den Zustand der Barbarei geworfen zu werden, wenn „Barbarei" den Zustand charakterisiert. Wir werden ganz unnatürlich vorgehen müssen, ganz menschlich, wir werden die angemessenen Formen des menschlichen Zusammenlebens auf eine ziemlich künstliche, ziemlich wissenschaftliche Weise herausfinden müssen, [...] und wir werden ohne neue Gedanken verloren sein. Die Vernunft wird bemüht werden müssen, so widerwärtig unpraktisch sie vielen scheinen mag in der Langsamkeit ihrer widerspruchsvollen Fortbewegung und in ihrer nüchternen, der Sache ergebenen Blässe. Sie wird gebraucht werden müssen, und ich meine, daß vor allem die Schriftsteller sie brauchen sollen, so sehr man sie ihnen allseits mißrät.

Es werden kühle Köpfe benötigt und unvoreingenommene, und wenn schon etwas in ihnen glühen muß, dann möge das Vernunft sein. Ihre Zuneigung möge vernünftig sein, und es möge ihr Zorn vernünftig sein, und sie mögen ihre Worte nicht dreimal bedenken, sondern dreissigmal. Sie mögen schriftstellerische Verantwortung wieder herstellen, anders gesagt. Ich möchte das probieren.

Das ist der Grund, warum ich der von Ihnen geplanten Reportage keinen Geschmack abgewinnen kann. Ich halte für den interessantesten Teil an einem Schriftsteller seine Arbeit. Was ich sagen will, das soll dort drin stehen. [...]

Mit freundlichen Grüssen
Ihr

[Heinar Kipphardt]

# 4. JULI

*Im Sommer 1937 schreibt* ***Edith Stein*** *an den polnischen Philosophen* ***Roman Ingarden****, mit dem sie im philosophischen Seminar von Edmund Husserl erst in Göttingen, dann in Freiburg zusammengearbeitet hatte. Aus der frühen, aber wohl unerwiderten Zuneigung Edith Steins für Ingarden ging ein vertrauensvoller Briefwechsel hervor, der auch fortbestand, als die jüdische Kaufmannstochter und Philosophin erst zum Katholizismus übertrat und später Karmeliterin mit dem Ordensnamen Teresia Benedicta a Cruce wurde. – Edith Stein wurde 1945, vermutlich in Auschwitz, ermordet; sie wurde 1987 selig- und 1998 heiliggesprochen.*

Köln-Lindenthal, [ohne Datum, Sommer 1937]
Dürenerstr. 89

Lieber Herr Ingarden,

es hat mich sehr gefreut, von Ihnen etwas zu hören. Das will ich Ihnen dadurch beweisen, daß ich nicht 3 J. mit der Antwort warte. Daß Sie mir wegen meines Eintritts in den Orden „böse wären", glaubte ich nicht. Eine sachlich so unmögliche Reaktion auf eine letzte persönliche Entscheidung könnte ich Ihnen doch nicht zutrauen. Ich dachte nur, es könnte in meinem letzten Brief etwas gewesen sein, was Ihnen die Lust zum Schreiben nahm. Umso besser, wenn es nicht so war. Für Zeitmangel habe ich das größte Verständnis aus eigener Not und dispensiere Sie daher gern vom Schreiben, wenn Sie nicht etwa mal gerade etwas auf dem Herzen hätten, was Sie gern sagen möchten.

Was Sie an Voraussetzungen über unsere Einstellung zum Leben aussprechen, geht so gründlich daneben, daß wir wohl an kein Ende kämen, wenn ich mich aufs Widerlegen einlassen wollte. Es wird besser sein, wenn ich Ihnen ganz einfältig etwas von meinem Leben erzähle. Wir glauben, daß es Gott gefällt, sich eine kleine Schar von Menschen auszuwählen, die besonders nahen Anteil an seinem eigenen Leben haben sollen, und glauben, zu diesen Glücklichen zu gehören. Wir wissen nicht, nach welchen Gesichtspunkten die Auswahl getroffen wird. Jedenfalls nicht nach Würde und Verdienst, und darum macht uns die Gnade der Berufung nicht stolz, sondern klein und dankbar. Unsere Aufgabe ist es, zu lieben und zu dienen. Weil Gott die Welt, die er geschaffen hat, niemals preisgibt und vor allem die Menschen sehr lieb hat, ist es natürlich für uns unmöglich, die Welt und die Menschen zu verachten. Wir haben sie nicht verlassen, weil wir sie für wertlos hielten, sondern um für Gott frei zu sein. Und wenn es Gott gefällt, müssen wir auch mit manchem, was jenseits unserer Gitter liegt, die Verbindung wieder aufnehmen. An sich gilt es bei uns gleich, ob man Kartoffeln schält, Fenster putzt oder Bücher schreibt. Im allgemeinen verwendet man aber die Leute zu dem, wozu sie am ehesten taugen, und darum habe ich sehr viel seltener Kartoffeln zu schälen als zu schreiben. Anfangs waren es kleine Sachen, rein religiöse oder Buchbesprechungen. Aber ziemlich bald, nachdem ich die 1. hl. Gelübde abgelegt hatte (das geschah Ostern 1935), bekam ich den Auftrag, einen großen Entwurf, den ich hierher mitgebracht hatte, für den Druck fertig zu machen. Ich habe den Entwurf sehr bald kassiert und neu zu schreiben begonnen. Es ist ein 2bändiges Opus geworden über „Endliches und ewiges Sein". Das Ms. des 1. Bdes. ist schon dem Verlag Anton Pustet in Salzburg zum Druck übergeben. An dem II. werde ich noch einige Zeit zu feilen haben. Vielleicht könnte mir daher Ihre Arbeit über den formalen Aufbau des individuellen Gegenstandes noch nützlich sein. Aber, bitte, schicken Sie sie nur, wenn es Ihnen keine Mühe macht. – Es sind jetzt bald 4. J., seit ich hier bin. Eine sehr schwere Prüfung habe ich in diesem Jahr durchmachen müssen. Das war die letzte Krankheit und der Tod meiner Mutter. Wir hatten uns seit meinem Abschied von daheim nicht wiedergesehen. Im letzten Sommer habe ich monatelang in ständiger Erwartung der Todesnachricht gelebt. Meine Mutter starb am 14. September, am Fest der Kreuzerhöhung, gerade zu der Stunde, als wir hier – wie alljährlich an diesem Tage – unsere Gelübde feierlich erneuerten.

Könnten Sie sich wohl entschließen, mich „Schwester Benedicta" zu nennen, wie ich es jetzt gewöhnt bin? Bei „Fräulein Stein" muß ich mir überlegen, was das für ein Ding ist.

Mit den herzlichsten Wünschen und Grüßen
für Sie und Ihre Lieben

Ihre Schw. T. Benedicta a Cruce, C.D.

# 5. JULI

*Im Juli 1922 schreibt der österreichische Schriftsteller und Übersetzer, Herausgeber und Essayist* ***Franz Blei*** *an seinen Freund, den – höchst umstrittenen – Staatsrechtler* ***Carl Schmitt****.*

Luitpoldstrasse 41
Berlin Sch[öne]b[er]g

Lieber Doktor Schmitt,

aus München, wo ich nicht mehr leben möchte, bin ich seit zehn Tagen zurück und seit heute aus Ludwigslust im Mecklenburgischen, wo ich drei Tage mit einer jungen Dame die Welt vergass, was zuweilen sein muss, das Vergessen und die Dame. Der blose Alkohol tuts nicht immer. Auch wenns Wein ist und nicht nur schlechter deutscher Schnaps. Ich absolviere meinen zehnstündigen Arbeitstag ums tägliche Brot. Ein Münchner Verlag will, dass ich ihm den ganzen Carlyle herausgebe (nicht übersetze um Gotteswillen!). Ich glaube mich zu erinnern, dass das so etliche zwanzig Bände sind. Dieser Verleger ist noch verrückter als Carlyle war. Aber das ist seine Sache und ich „gebe heraus". Ein anderer Verlag will, dass ich ihm über Maria Theresia von Oesterreich schreibe. Ich weiss nicht, warum diese alte gute Bürgersfrau aktuell ist, aber ich will [es] mir überlegen. Keiner sagt, er möchte einen Talleyrand von mir und mich dafür fünf Monate erhalten. Zu dumm.

Inzwischen schreib ich den, jenen zweiten Band der Modernen Literatur, deren erster das sehr erweiterte Bestiarium ist, heisst Literarische Figuren und Landschaften. Mit diesen zwei Bänden, die zusammen wirklich eine Darstellung der modernen Literatur zu sein beanspruchen können, soll die Literatur dann für mich erledigt sein. Es gibt Wichtigeres. Wo ich jetzt doch weiss, wie die Methode eines heutigen Romanes zu sein hat! Und sechs Theaterstücke doch auch geschrieben werden wollen, schon um den Kampf gegen die Armut nicht blos mit den Büchern zu führen, die kaum die Nahrung der darauf verwandten Stunde bezahlen, von Stiefeln gar nicht zu reden. Aber Sie sehen, von Reisen kann gar keine Rede sein. Ich werde hier den ganzen Sommer an der Schreibmaschine sitzen, mitten durch wieder drei Wochen spielen und in der nächsten Saison an einem Theater, das neu und gut wird, Regisseur etc sein, wenn mir der erwartete Vertrag passt. Zuweilen aber glaub ich, von der nächsten Saison trennt uns ein Chaos in

Deutschland. [...] Jetzt muss ich sie leider bei ihrem Glauben lassen, das Theater interessiere mich, und es ist im ganzen Umkreis, von Schachspielen abgesehen, menschlicher Betätigungen mir die fernste. Ich kann und will doch nur mit Ihnen und den drei lieben Freunden plaudern, manchmal mit einer jungen Dame wohin fahren, Wein trinken und zuweilen was schreiben, wenn schon was gearbeitet sein muss. Die Evangelienarbeit hab ich halb fertig zum weitern dem Dr Breitschaft in München übergeben, der die Historien macht. Ich hab mich über ein Jahr durch umfangreichste Literatur durch gelesen und bin ganz saturiert. Ich vertrage das in Vergangnes gewendete Genick nicht, [es] wird steif davon. Ein Gelehrter ist an mir nicht verloren gegangen. Und es ist so gleichgültig, was in den Evangelien steht und was man darüber für eine Meinung hat. Das ist doch alles längst absorbiert und brauchbar gemacht. Lasset die Toten die Toten etc. Es ist viel hübscher, den Villiers de l'Isle Adam nachzuzeichnen, wie ich eben getan habe, mit aller nötigen Vorsicht, ihn nicht zu übertreiben. Ich muss in so 300 Seiten die 100 Figuren der Literatur bezwingen für je einen Abschnitt in jedem Band der „Literatur", der einmal Obiter Dicta, das andere mal Praeteriter Dicta heisst. Und hab meine Bücher nicht hier und muss mein Hirn unter Hochdruck des Erinnerns stellen, was schmerzhaft und schön ist. Und wie viel schöner als diese philologische Quälerei mit dem Lukas!

Also, lieber Doktor, Sie wissen, wo ich den Sommer bin. Ich hoffe, Sie kommen.

Herzlichst

Ihr
Bley

# 6. JULI

*Am 6. Juli 1902 schreibt die 26jährige Malerin **Paula Modersohn-Becker** an ihre **Mutter** folgenden Brief.*

[Worpswede], 6. Juli 1902.

Meine liebe Mutter,

es ist Sonntagmorgen und ich habe mich in mein liebes Atelier geflüchtet und sitze nun ganz allein in meinem lieben Brünjes-Häuselein, dessen ganze Einwohnerschaft zur Kirche gegangen scheint, so daß ich mir eins der klapprigen Fenster erbrechen mußte, um dadurch meinen Einzug zu halten.

Meine Mutter, daß dieser Brief kein pünktlicher Sonntagsbrief geworden ist, das hat seinen guten Grund, nämlich die Arbeit, in der ich jetzt von Herzen stecke mit meinem ganzen Menschen. Es gibt Zeiten, wo dieses Anhängig- und Abhängigkeitsgefühl in einem schlummert, Zeiten, in denen man viel liest, oder Witzchen macht oder lebt, und dann auf einmal wird es wieder wach und wogt und braust in einem, als sollte das Gefäß schier zerspringen, so daß nichts Platz hat daneben.

Meine Mutter. Es wird in mir Morgenröte und ich fühle den nahenden Tag. Ich werde etwas. Wenn ich das unserem Vater noch hätte zeigen können, daß mein Leben kein zweckloses Fischen im Trüben ist, wenn ich ihm noch hätte Rechenschaft ablegen können für das Stück seiner selbst, das er in mich gepflanzt hat! Ich fühle, daß nun bald die Zeit kommt, wo ich mich nicht zu schämen brauche und stille werden, sondern wo ich mit Stolz fühlen werde, daß ich Malerin bin.

Es ist eine Studie von Elsbeth, die ich gemacht habe. Sie steht in Brünjes Apfelgarten, irgendwo laufen ein paar Hühner und neben ihr steht die große blühende Staude eines Fingerhutes. Welterschütternd ist es natürlich nicht. Aber an dieser Arbeit ist meine Gestaltungskraft gewachsen, meine Ausbildungskraft. Ich fühle deutlich, wie nach dieser Arbeit noch manches andere Gute kommen wird, was ich im Winter noch nicht wußte. Und dies Fühlen und Wissen ist beseligend. Mein lieber Otto steht dabei, schüttelt den Kopf und sagt, ich wäre ein Teufelsmädel und dann haben wir beide uns von Herzen lieb und jeder spricht von der Kunst des andern, dann aber wieder von der seinen. Oh, wenn ich erst etwas bin, dann fallen mir allerhand Steine vom Herzen. So mein Verhältnis Onkel Arthur gegenüber, daß ich ihm mutig in die Augen sehen kann und ihn nicht mit allerhand Verheißungen vertrösten muß, sondern daß er die Genugtuung hat, seine liebreiche Geldhilfe war eine gute Kapitalsanlage. Und allen anderen Menschen gegenüber, die meine Malerschaft mitleidig und zartfühlend behandelten wie einen kleinen, schnurrigen, verbissenen Spleen, den man eben bei meinem Menschen mit in Kauf nehmen muß. Du fühlst, der Kamm schwillt mir.

Und dann trage ich so oft die Worte in meinem Herzen, die Worte Salomons oder Davids: Schaffe in mir Gott ein reines Herz und gib mir einen neuen gewissen Geist, verwirf mich nicht von deinem Angesicht und nimm deinen heiligen Geist nicht von mir ... Ich weiß gar nicht, ob dieser Spruch identisch ist mit dem Gefühl, aus dem heraus ich ihn sage. Aber es ist merkwürdig, von Kindheit an bei einer Gelegenheit, wo Gefahr war, daß ich zu stolz auf irgend etwas wurde, habe ich mir diese Worte gesagt.

Und du? Wir haben uns beide gefreut an Deinen Briefen. Aber Liebe, nicht so viel aufbleiben bis nachts um ein Uhr! Du mußt diese Reise hauptsächlich nur vom Gesundheitsstadium ansehen für Dich und das Küken. Küsse mir Herma. Ich wünsche, daß sie in ihrem Leben noch einmal ähnliche Gefühle haben wird, wie ich heute. Der Weg ist aber lang und man muß eine Hoffnung haben im Herzen, die einen nicht ermüden macht. Meine Herma, suche Dir eine Hoffnung! [...] Achte von selbst darauf, daß Du Dich nicht zu früh entwickelst und frühreif wirst. Eine langsam ausgereifte Frucht in Winden und Sonnen, das muß das Leben sein. [...] Einer, der einen weiten Weg vor sich hat, läuft nicht. Schaffe Dir nur ein stilles, schlichtes Milieu und denke an Sachen, die für Deine Jahre passen.

Ich küsse Euch beiden.

Eure Paula

*Am 7. Juli 1984 schreibt der Schriftsteller* ***Peter Schneider*** *an* ***Peter-Jürgen Boock****. Boock sitzt im Gefängnis: als ehemaliges Mitglied der RAF (von der er sich inzwischen losgesagt hatte), wurde er 1981 verhaftet und im Mai 1984 wegen „gemeinschaftlich begangenen Mordes" verurteilt. Dazu Peter-Jürgen Boock: „ich habe niemanden getötet und auch niemanden veranlaßt, dergleichen zu tun."*

7.7.1984

Lieber Charly,

ich war schon auf der Reise – [...] – als ich von dem Urteil in Stammheim las. Ich las es mit einer Mischung aus Unglauben, Staunen und auch einem Lachreiz, dem ich wohl nachgegeben hätte, wüßte ich nicht, daß dieser irgendwie surreale Urteilsspruch einen lebendigen Menschen trifft, noch dazu einen, den ich kenne und dem ich mich nahe fühle.

Wie lang ist dreimal lebenslänglich und 15 Jahre? 195 Jahre, 225 Jahre? Diese juristische Algebra hat etwas so Lächerliches und Monströses, daß ich sie nicht einmal mit den Taten eines KZ-Verbrechers in Beziehung setzen könnte: man stelle sich ein entsprechendes Eichmann-Urteil vor - hunderttausendmal, millionenmal lebenslänglich? Den entscheidenden Punkt hast Du im ersten Satz Deines Briefes angesprochen: offenbar handelt es sich um die relativ höchste Strafe, die in der bundesdeutschen Justizgeschichte ausgesprochen wurde. Und sie trifft keinen aus der Eltern-Generation, die für die größten Verbrechen in der jüngeren europäischen Geschichte verantwortlich ist, sondern einen von jenen Söhnen, die sich in einen absurden Untergrundkampf verrannten, um nicht so zu werden wie ihre Väter.

Kürzlich las ich in der „Frankfurter Rundschau" eine Bilanz der Urteile, die in der BRD gegen Nazi-Verbrecher ausgesprochen wurden. Insgesamt wurden ca. 80 000 Verfahren eingeleitet. Von diesen 80 000 Verfahren wurden ganze 5 000 mit einem Urteilsspruch abgeschlossen [...].

Ich kenne die Höhe der jeweiligen Strafen nicht im einzelnen. Aber ich weiß aus den Verfahren, die ich verfolgt habe, daß gegen keinen Lagerleiter oder KZ-Wachmann eine annähernd so hohe Strafe verhängt wurde wie gegen Dich. Der SS-General Wolf, Adjudant von Eichmann, kam mit 12 Jahren davon und war nach zwei Dritteln der Strafzeit wieder draußen.

Hier schließt sich ein Kreis. 1968 sahen die Väter ratlos und ein wenig erschrocken zu, wie sich ihre Söhne von ihnen lossagten. Von diesem Schreck haben sie sich ziemlich rasch erholt, heute sitzen sie über ihre Söhne zu Gericht. Wie oft haben sie und mit dem Blick auf sich selber erklärt, wie leicht ein junger Mensch zum Opfer einer menschenfeindlichen Ideologie werden kann? Aber „mildernde Umstände" scheinen nur für Nazi-Verbrecher zu gelten. Antifaschisten, die sich einmal zum Kampf mit der Waffe entschlossen und ihre Waffe dann niederlegten, haben in der BRD keinen Anspruch auf Gnade.

Ach, ich weiß, Charly, diese Überlegungen helfen Dir nicht. Sie bringen Dich nicht einmal über den nächsten und übernächsten Tag, und sie sind wohl auch kaum mehr als ein Versuch, über ein Urteil zu sprechen, das einem die Sprache verschlägt.

Einen Gedanken aus dem Vorangegangenen möchte ich dennoch festhalten: Wir müssen eine Amnestiedebatte in Gang setzen, die zu einer Auseinandersetzung über die spezifisch deutschen Motive und Beweggründe des Terrorismus führt. Hier darf man sich nicht damit zufrieden geben, die ideologischen Rechtfertigungen der RAF-Strategen noch einmal zu zitieren. Es ist nach meiner Ansicht nur halb und an der Oberfläche wahr, daß der Terrorismus in der BRD eine Antwort auf den Vietnamkrieg, den US-Imperialismus etc. war. Historisch und psychisch wahrer scheint mir die These, daß er eine Reaktion auf jene Vergangenheit war, die in Politikerreden stereotyp und hastig die „dunkle" genannt wird. [...]

Eigentlich hätte ich Dir nun noch viel zu erzählen [...]. Aber erst einmal möchte ich hören, wann wir uns sehen können.

Ich umarme Dich

Peter

# 8. JULI

*Am 8. Juli 1913 – eine Woche nach seinem 21. Geburtstag – schreibt der Student **Walter Benjamin** an **Carla Seligson**, mit der er in dieser Zeit im regelmäßigen Briefwechsel steht. Beide engagieren sich für die Freie Studentenschaft; Benjamin schreibt für den von Gustav Wyneken herausgegebenen „Anfang". Immer wieder beschäftigt ihn die Frage: Wie können wir unser Jungsein bewahren in einer uns fremden Welt?*

Freiburg, den 8. Juli 1913

Sehr geehrtes Fräulein Seligson,

Haben Sie Dank für Ihren Brief. – Er traf mich nicht unvorbereitet hier in Freiburg. Was Sie schrieben und was ich hier erlebte, das fasse ich in die Eine Frage: Wie retten wir *uns selbst* aus dem Erlebnis unsrer zwanziger Jahre?

Vielleicht wissen Sie nicht, wie sehr Sie recht haben – aber wir merken wirklich eines Tages, daß uns etwas genommen wird (nicht, daß wir es zu lange hatten, aber daß man es uns nicht mehr läßt). Wir sehen all die um uns, die das Gleiche einmal erlitten und sich in Kälte und Überlegenheit hineinretteten. Wir fürchten garnicht etwas, was wir erleben, sondern die verzweifelte Folge: daß wir danach erstarren, eine ewig gleiche und feige Geste annehmen. Ich erinnere mich in diesen Tagen oft an Hofmannsthals Verse:

„und daß mein eignes Ich, durch nichts gehemmt
herüberglitt aus einem kleinen Kind
mir wie ein Hund, unheimlich stumm und fremd"

Nicht wahr? jetzt handelt es sich für uns darum, ob dieses Wort ganz wahr werden soll, und ob wir uns selbst zu solchem Dasein entschließen müssen, nur um uns zu wehren vor den andern, die auch so „unheimlich stumm und fremd" sind.

Wie können wir uns treu bleiben, ohne grenzenlos hochmütig und überspannt zu werden? Man verlangt von uns unpathetische Einpassung und wir sind ganz lächerlich in unserm Allein-Sein, das wir bewahren wollen – und das können wir nicht begründen.

Dieses fühlte ich, als ich aus dem gewohnten Kreise Berliner Freunde hier herüber kam; ich fand Distanzierung, Mißverhältnisse, Nervosität – ich habe jetzt zum ersten mal die Einsamkeit kennen gelernt, ich machte sie mir zur Lehre: indem ich 4 Tage allein durch den Schweizer Jura eine Wanderung machte; ganz allein mit meinem angestrengten Körper.

Ich kann Ihnen noch nicht sagen, bis zu welcher Ruhe ich dieses Alleinsein gebracht habe. Aber wenn ich Ihnen in meinem ersten Brief so sehr mein Zimmer mit seinem Fenster auf den Kirchplatz hinaus pries, so bedeutet das nichts andres, als eben diese Ruhe.

Ich trennte mich hier ganz von einem Menschen wegen dessen ich her gekommen war; denn er wollte mit 22 Jahren der 40jährige sein, wie viele der geistigsten jungen Menschen um uns. Es ist auch sehr wahr, daß ich mit 20 Jahren jetzt nicht die geringste Gewähr für den Erfolg eines Lebens habe, wie ich es jetzt führe; sehr mit der Unterstützung des „Anfang“ mit Abteilungsorganisationen beschäftigt und getrennt von meinen Freunden. [...]

Neulich sah ich auf der Straße einen Schuljungen. Ich dachte: für den arbeitest du jetzt - und wie fremd ist er dir, wie unpersönlich deine Arbeit. Indem sah ich ihn noch einmal an. Er trug Bücher in der Hand, hatte ein offnes kindliches Gesicht, nur von einer leichten Schulbetrübnis überzogen. Er erinnerte mich an meine eigne Schulzeit; gar nicht abstrakt, gar nicht unpersönlich mehr schien mir meine Arbeit am „Anfang“.

Ich glaube wirklich, wir werden zum zweiten Male in unsrer Kindheit heimisch, die zu vergessen uns diese Tage lehren wollen. Wir müssen nur ein wenig unbekümmert um diese schwierige Gegenwart und um uns selbst ein vernünftiges Allein-Sein leben, wir werden uns ganz fest auf die Jugend verlassen, die die Formen für die Zeit zwischen Kind und Erwachsenem finden, schaffen wird. [...]

Möge es Sie nicht verstimmen, wenn ich mit diesen Worten, die ich nur von mir aus sagen konnte, nichts traf, was Ihnen wesentlich ist, wenn ich im Irrtum zu allgemein sprach. Aber auch Sie werden fühlen, daß alles darauf ankommt, uns nichts von unsrer Wärme zu Menschen nehmen zu lassen. Mag es auch sein, daß wir sie für eine Zeit ausdrucksloser und abstrakter bewahren müssen; sie wird bleiben und doch Gestalt finden.

Seien Sie herzlichst gegrüßt!

Ihr Walter Benjamin

# 9. JULI

*Im Juli 1928 schreibt der Schriftsteller **Joseph Roth** aus Wien an den Redakteur und Journalisten **Benno Reifenberg** in Frankfurt am Main.*

Hotel Imperial
Wien
[Juli 1928]

Lieber guter Herr Reifenberg,

Ihren kurzen Brief habe ich sehr begrüßt, weil er wenigstens etwas von Ihnen gebracht hat, aber fast nicht verstanden. Lassen Sie Sich bitte den Durchschlag geben und lesen Sie ihn noch einmal. Er hat eine künstliche Knappheit und einen Durchhalteton und läßt durchblicken, daß Sie eine Mission zu erfüllen haben, indem Sie das Feuilleton machen und ich keine, weil ich einen Roman schreibe. Das sind nicht Sie, das ist nicht der Klang Ihrer Sprache, und die Wichtigkeit, mit der Sie von Sich selbst schweigen, ist fast pathetischer als eine, mit der Sie von Sich reden würden. Warum nichts mitteilen? Warum sich „hinter dem Werk" verstecken? Lassen Sie Sich gesagt sein, daß Sie viel wichtiger sind als das Feuilleton und die Frankfurter Zeitung und alle Deutschjuden und die blödsinnige „Mission", die wir in Deutschland angeblich erfüllen. Sie wissen doch, daß ich nicht etwa beleidigt bin oder durch die Knappheit Ihrer Zeilen getroffen. Hätten Sie mir nichts anderes geschrieben, als: ich habe jetzt keine Zigaretten! – so hätte ich Sie erkannt. Aber ich erkenne Sie nicht wieder, wenn Sie Sendungen erfüllen und in Ihrer schäbigen Umgebung der Redaktionskonferenz an Europa oder an Dtschld. oder an der Welt arbeiten. Ihr letztes sehr gutes Feuilleton über Frankfurt beginnt leider mit einem faustischen Absatz von Himmel und Erde – das ist eine sogenannte „Einleitung" – und was Sie dort sagen, brauchen Sie nicht, weil es ohnehin zwischen Ihren Zeilen ist und es ist nur ein Erguß eines heimwehvollen Herzens, erinnert an den Gesang der Erzengel, hat einen leichten Posaunenton. Wo sind Sie nur, lieber Freund? Ich weiß nicht mehr, wo Sie zu finden, als stünden wir beide in einem stockdunklen Zimmer. Die Streichung, die Sie selbst vorgenommen haben, tröstet mich, aber nur wenig. Sie sind nicht heiter, Sie sind zu lange in diesem Haus, das sich so wichtig nimmt - und Sie sollen wissen, daß ich überzeugt bin, daß Sie allein (und auch nicht mit Krac und mir) die F.Z. bewahren werden vor dem Schicksal, ein General-Anzeiger zu werden. Ganz Deutschland ist ein General-Anzeiger. Man kann nicht anders.

Leben Sie wohl, ich bete, daß Sie nicht schon so ein ernster Mann geworden sein mögen, daß Sie mir meine Direktheit übelnehmen.

Mir selbst geht es nicht gut. (Mündlich zu besprechen)

Ihr alter
Joseph Roth.

Grüßen Sie zu Haus. Ein Wort von Jan und Ihrer Schwiegermutter und ein Lächeln Ihrer Frau ist mehr als die ganze Aufgabe der deutschen Zeitungen *und* Bücher.

## 10. Juli

*Am 10. Juli 1943 schreibt der 34jährige österreichische Schriftsteller und Publizist* ***Friedrich Torberg*** *an die fast doppelt so alte, nach wie vor faszinierende* ***Alma Mahler*** *– die Frau Franz Werfels und Witwe Gustav Mahlers. Das Ehepaar Werfel und Torberg hatten sich auf der Überfahrt ins amerikanische Exil kennengelernt. Übrigens nahm Alma das „tolle" Tagebuch später zur Grundlage für ihre Autobiographie „Mein Leben".*

Samstag früh, 10.7.1943

Alma –
hier ist Dein Tagebuch zurück – ich habe bis jetzt (halb acht Uhr früh) ohne Unterbrechung gelesen – und zwar nicht eigentlich „gelesen" sondern darin herumgewühlt, geil und aufgeregt, wie in einer Münzensammlung oder in einem Kronschatz zu dem man sonst nicht kommt, und ich bin ganz besoffen davon.

Ich weiß nicht warum Du es mir gegeben hast – warum Du mir das „angetan" hast – und ich hoffe, Du weißt es auch nicht. Es ist eine große Gunst und eine große Last, das gelesen zu haben – bist Du Dir eigentlich klar darüber? Es ist die Last einer großen Gunst – es ist die Gunst einer großen Last – siehst Du, es geht mir schon wieder durcheinander –

Und jetzt soll ich Dir vielleicht etwas dazu „sagen"? Am Ende gar etwas „Literarisches"? Aber wie *kann* ich das - da doch hier so ein exemplarischer Fall von *Leben* vorliegt und eben *nicht* von Literatur. *Dieses* Leben, Alma! Was soll *ich dazu* sagen?! Aber wenn Du wissen wolltest, ob Du die Fähigkeit hast, Leben wiederzugeben – Leben wieder erstehen zu lassen – so, daß man es greifen und riechen kann –: ja, also *diese* Fähigkeit *hast* Du. Ich glaube, daß ich ganze Stellen so nacherzählen könnte als ob *ich's* erlebt hätte – den Kapp-Putsch in Berlin, Däublers innen fettigen Hut, die Begegnungen mit Hauptmann, Mainbocher und der verdreckte Zuckerbäker in Paris, der Abend mit Hauptmann und d'Albert –: das und dergleichen ist, vielleicht, einem „literarischen" Urteil noch ausgesetzt (einem begeisterten).

Aber *alles* andere geht *weit* darüber hinaus und *entzieht* sich der Literatur wie dem Urteil – ja es entzieht sich sogar der Begeisterung – man kann sich höchstens bemühen, dem Ansturm und dem Zugriff dieser wilden Fülle nach Kräften standzuhalten, und man muß sich seinen Atem sehr vorsichtig einteilen beim Lesen (viel vorsichtiger als Du's beim *Leben* je getan hast). Ich weiß nicht wie gut oder wie schlecht mir das gelungen ist –

ich weiß nur, daß ich diese sechs Stunden Lektüre jetzt um nichts in der Welt hergeben möchte – und ich *werde* sie auch nicht hergeben sondern *ganz bei mir behalten.*

Ich werde jetzt manches viel besser verstehen – werde manches *wissen* was ich bis jetzt nur *geahnt* habe (*richtig* geahnt, dieses Kompliment muß ich mir schon machen): aber ich werde immer nur das wissen und verstehen wovon Du *willst* daß ich es wisse und verstehe. Und ich werde - was eigentlich meine größte persönliche Erleichterung ist –, manches nicht mehr so ernst nehmen, wogegen ich bisher (und noch gestern abend) so erbittert Sturm gelaufen bin; alles was mit Tod und Gleichgültigkeit zu tun hat, oder mit der unverwüstlichen Minderwertigkeit – Du weißt schon. Ich seh das jetzt anders und besser und es erschreckt mich gar nicht mehr.

Wir urteilen da zu sehr nach uns selbst, und das ist falsch, Männer haben Standpunkte, Frauen haben Stimmungen. Hab Du die Deinen – ich werde nicht mehr protestieren. Da Du schon 1929 einschreiben konntest: „Mein Leben geht zu Ende“ – da die Feststellung, wie gleichgültig alles sei, auf jeder zweiten Seite vorkommt und auf jeder dritten Lügen gestraft wird - wogegen soll *ich* da noch protestieren? Du protestierst ja *selbst*! Und wie! Alma – es ist *toll*, dieses Tagebuch! Es hat mich selig gemacht und deprimiert – es hat mir die Brust gesprengt und hat mir den Atem weggenommen – ich habe manchmal aufgelacht vor Vergnügen und manchmal aufgestampft vor Wut –: Du siehst – es ist mit mir umgesprungen wie das Leben selbst, und das ist es ja auch.

Alma: Du bist der beste Partner den das Leben je gehabt hat, und ich glaube, daß man nicht *Dir* zu diesem Leben, sondern *dem Leben zu Dir* gratulieren müßte.

So ungefähr hab ich's mir immer vorgestellt, und so ungefähr hab ich's mir gedacht, wenn ich auf die ebenso häufige wie läppische Frage, was Du denn eigentlich für eine Frau bist, zur Antwort gebe: „Die Letzte, über die man noch ein Buch schreiben dürfte - die letzte Frau mit einer Biographie.“ Mehr kann *ich* – der ich ja *doch* de la littérature bin und nicht de la vie – schon nicht mehr sagen, und mehr sag ich auch nicht mehr. Nur nochmals: daß Du nicht besorgt sein mußt, ich hätte mir irgendwas „gemerkt“ was ich nicht soll oder ich wüßte jetzt irgendwas was zu wissen mir nicht gebührt – vergiß nicht: ich *war besoffen* und bin es ein bißchen noch jetzt.

Und dieser Rausch ist es wofür ich Dir danke – in Treue, immer
F.T.

# 11. JULI

*Zwischen dem 4. und 15. Juli 1943 schreibt* ***Marianne Golz-Goldlust*** *aus dem Prager Gefängnis Pankratz an ihre Schwester* ***Rosi Haala*** *in Wien. Der Brief wird als Kassiber aus dem Gefängnis geschmuggelt. – Marianne Golz, in den zwanziger Jahren eine gefeierte Operettensängerin, wurde verhaftet und als „Volksfeindin" zum Tod verurteilt, weil sie jüdischen Frauen und Männern bei der Flucht ins Ausland geholfen hatte. – Der Besuch der Schwester, von dem in dem Brief geredet wird, fand statt; Rettung brachte er nicht. Marianne Golz-Goldlust wurde am 8. Oktober 1943 hingerichtet.*

Liebes!

Ich organisiere mein Leben und meinen Tod. Wenn Du kannst, verständige Saxl, Prag, Kleegasse 5 oder 15, bei Firma Schnickert & Schütte, Tel. 23 480, damit Du in Prag nicht alleine bist. Wohne bei meiner Steffi Piackova, Johann-von-Saaz-Gasse 22, Prag 7. Sie hat Platz.

In Büchern schreibe Nachrichten, die Du nicht sagen kannst. Alles erlaubt, was Du mitbringst. Vor dem Tod ist man großzügig. Steffi soll es zusammentragen. Hier gebe ich Dir verschiedenes mit.

Bitte, bring ein gutes Mittel von Deinem Schwager. Ich bin ja ohnedies krank, und es kommt niemand drauf. Es ist ja überhaupt eigenartig.

Ungefähr 100 Menschen warten auf den Tod. Wir wissen alles. Fünf Frauen sind, seitdem ich hier bin, schon gegangen. Ich kenne genau den Vorgang, und das mußt Du mir ersparen. Todesangst habe ich ja keine, aber die Axt ist meiner unwürdig. Wenn Du mich lieb hast, hilfst Du mir. Nebenan wird eine Frau langsam wahnsinnig! Die Zeit naht, furchtbar!

Schreibe ruhig öfter, ich bekomme die Post. [...]

Eine langjährige Freundin hat mich auf dem Gewissen. Evy Synkova, der Mann arbeitet in England für Deutschland. Sie ist Jüdin. Damit sie sich und ihre Familie rettet, rollen 30 Köpfe!

Röllich kann alles. Mimi soll ihn sehr bitten und bei Hans anrufen oder Du. Aber er ist sehr gerissen, man muß auf Nummer sicher gehen. Mich hat er in Sicherheit gewiegt, sonst hätte ich Dich vorher gebeten. Er rechnet damit. Geld interessiert nicht, nur das Haus.

Hellmuth muß für mich ein Gnadengesuch machen, muß sagen, daß es für ihn unmöglich ist, daß in seiner Familie so ein Tod vorkommt, daß nur meine Gutmütigkeit ausgenutzt wurde. Er kann mich retten, an eine vorgesetzte Behörde wenden, Berlin, Führerkanzlei. Hat er keine Beziehung?

Die Anwältin ist gut. Schreib doch öfter an sie. Ahne ist Richter, er kann raten. Aber mein Urteil lag schon am 18.V. fest. Richter sind für die Katz. Gnadengesuche nur an richtiger Stelle. Und Mimi als hübsches Mädel muß sich einsetzen. Sie muß hinfahren. Ich könnte alles draußen organisieren, hier ist es schwer. Ich hoffe sehr auf Dich. Besuchszettel verlangen für eine halbe Stunde. Laß Dich nicht abspeisen, geh auch zum Staatsanwalt. Besprich Dich mit Schramek. Sie muß auch etwas erreichen. In vier Wochen ist alles zu spät! Rosel, es sind nurmehr vier Wochen!! Ich bin auch zum Sterben bereit, aber bring in Haarpulver-Shampoon das Mittel. Ich nehm es ganz zum Schluß. Aber hilf, so oder so!

Kuß

Marianne

# 12. JULI

*Am 12. Juli 1922 schreibt der Dichter und Anarchist **Erich Mühsam** an den **Karl-May-Verlag**. Mühsam ist 1919 zu 15 Jahren Festungshaft verurteilt worden – sein streitbarer Geist scheint davon unbeeindruckt.*

Festung Niederschönenfeld, 12. Juli 1922

Sehr geehrter Herr!

Ihre Absicht, mein vor 10 Jahren für Karl May abgelegtes Bekenntnis im Karl-May-Jahrbuch zu wiederholen, ist mir durchaus recht. Ich verantworte und vertrete noch heute jedes Wort, das ich damals in meiner Empörung über die pharisäische Modeentrüstung schrieb. Daß der Schriftsteller May verderblich auf die Jugend eingewirkt haben soll, ist eine dummdreiste Lüge, erfunden um das bißchen romantische Phantasie, das der Philister in anklägerischer Reumütigkeit in seinen Kindheitserinnerungen aufgestöbert hat, auf seinen Erreger abzuwälzen. Es ist nur zu bedauern, daß Mays Schriften seinerzeit der proletarischen Jugend gar nicht zugänglich waren, sondern nur den Söhnen begüterter Bürger, aus denen dann trotz der abscheulichen Seelenvergiftung ganz leidlich brave Amtsrichter und Oberlehrer, Pastoren und Hausbesitzer geworden sind.

Ich persönlich bin ja wohl eine Ausnahme von dieser Regel – wie die Adresse, unter der ich schreiben muß, ausweist. Aber ich kann mit Bestimmtheit versichern, daß an mir auch dann nichts zu retten gewesen wäre, wenn meine Lektüre vor 30 Jahren sich ganz auf Traktätchen der inneren Mission beschränkt hätte. Der bewegliche Geist eines erlebnishungrigen Bengels schafft sich seine Erregungen, wenn sie ihm nicht in Lesestoff geboten werden, in selbständigen Unternehmungen, die auch dann noch nicht tragisch aufgefaßt zu werden brauchen, wenn sie aus den Bezirken der üblichen Max- und Moritzstreiche heraustreten. Karl May selbst ist ja Beweis dafür, daß aus gärendem Most guter Wein werden kann. Das Ausleben abenteuerlicher Lüste im Nachempfinden einer literarischen Darstellung wird eher zum inneren Abreagieren der Erlebnissucht bei den Buben führen als zur Initiative, das Gelesene nachzuahmen, was ja praktisch immer schon an der technischen Unmöglichkeit scheitern wird.

Was mich betrifft, so werde ich Karl May für die Belebung meiner Gymnasiastenjahre treue Dankbarkeit bewahren, was alle Welt wissen darf.

[Erich Mühsam]

*Am 13. Juli 1957 schreibt die Schauspielerin **Marlene Dietrich** diesen Brief an ihre **Tochter Maria Riva**. Er wird zu einem detaillierten Bericht über die Arbeit am – später weltberühmten – Billy-Wilder-Film „Zeugin der Anklage“, in dem die Dietrich eine Doppelrolle spielt.*

Samstag, 13. Juli 1957

Ach, Liebes,

[...]
Dies ist mein erster Morgen zu Hause, und er ist einfach zu schön, um ihn ganz für mich allein zu haben. Aber in dem Wissen, daß du am Meer bist, läßt er sich leichter ertragen.

Hier passiert zur Zeit alles mögliche. Inzwischen spielt Laughton den Co-Regisseur von Billy und gibt mir ebenfalls Regieanweisungen. Er ist ein schlauer Fuchs, und Billy, der ganz „verliebt“ in ihn ist, merkt gar nicht, was er da tut. Auf seinen Rat hin mußte ich meinen Text in der ersten Szene im Gerichtssaal schreien; ich halte das für eine Katastrophe, da ich ja nirgendwo hingehen kann.

Aber mein Geschrei war ein guter Hintergrund für Laughtons langes Verhör. Er spielte es mit zynischer Freundlichkeit, und dann am Ende der Szene, nachdem er mit so sanfter Stimme all meine Lügen widerlegt hatte, brüllte er plötzlich das Wort „Lügnerin“. Dadurch, daß ich meine Antworten schrie, kam seine sanfte, zynische Haltung viel besser zur Geltung, als wenn ich so gesprochen hätte, wie ich es eigentlich vorgehabt hatte. Ich wollte mit: „Nein, ich habe ihn nie geliebt...“ ganz kalt sagen, was emotional ist, und das hätte bei den Zuschauern eine heftige, emotionale Gegenreaktion ausgelöst, denn sie sollen ja gegen mich sein. Ich habe immer das Gefühl, daß die Menschen auf kalte und gehässige Leute feindseliger reagieren als auf jemanden, der Gefühle zeigt.

Aber nach jeder meiner Szenen besprachen sich Laughton und Billy ausgiebig, und ich stand nur da und hörte mir alles an. Ich weiß, daß ich diese schreckliche Legende widerlegen muß: daß ich nur an meinem Aussehen interessiert und nie Schauspielerin gewesen sei und daß ich jeden Text so sprechen würde, als wolle ich mein Gesicht nicht bewegen oder als wüßte ich, daß ich Gefühlsausbrüche nicht spielen kann.
[...]

Dann sagte Laughton, ich solle, da ich im Gerichtssaal als Mrs. Vole so militant sei, die Cockneyfrau genau entgegengesetzt spielen: als struppiges Weibchen mit einer Schnute, das ständig neckisch mit den Händen an den Kleidern herumspielt. Als er es mir vormachte und dabei mit seinen kleinen Augen blinzelte und an seinem Hemd herumfummelte, mußte ich an den Witz von dem Analytiker denken, der die Schmetterlinge von sich abzuschütteln versucht, die angeblich auf dem Körper seines Patienten sitzen.

[...]

Wie von mir befürchtet, hat Billy große Schwierigkeiten mit dem Set. Das Old Bailey wird aus massivem Holz geschreinert. Wie du weißt, haben genaue Maße beim Fotografieren keine große Bedeutung; durch eine entsprechende Beleuchtung kann man eine nicht vorhandene Tiefe und Räumlichkeit vortäuschen oder Dinge kleiner und kompakter wirken lassen. Aber im Studio sind sie ganz stolz auf ihre absolut maßstabgetreue Nachbildung; mit dem einen Unterschied, daß eben alles ganz neu ist, aber das haben sie vergessen.

[...]

Auf diesen Bänken sitzen die Hollywoodstatisten. In ihren eigenen Kleidern. Moderne Frisuren, Hüte und Schmuck à la Hollywood. Hübsche Gesichter. Hinter den großen, bedruckten Krawatten der Schauspieler leuchten ihre aufdringlich weißen Hemden. Keine kleinen, engen Krawattenknoten wie die Engländer sie tragen, keine englischen Mittelklassegesichter, sondern ausschließlich amerikanische; alles ist so unpassend, daß man nicht glauben kann, daß niemand es bemerken und sich daran stoßen wird. So sieht also das „wirlichkeitstreu“ nachgebaute Old Bailey aus. Keine Persönlichkeiten, die zu Mordprozessen gehen, sondern nette, gutaussehende, kalifornische Ladys.

Es geht mich zwar nichts an, aber genau diese Leute fällen dann ihr Urteil über mich!

[...]

Was kann ich dir sonst noch erzählen? Ich habe mein ganzes Leben lang Huren gespielt. Und hier kommen sie nicht einmal auf die Idee, daß ich dazu etwas beisteuern kann.

Nicht daß ich das Gefühl hätte, sie würden meine Darstellung ganz und gar verderben. Ich werde diese Mrs. Vole schon auf die Leinwand bringen, vielleicht nicht ganz so perfekt, wie ich sie hätte spielen können, aber gut genug.

Da im Moment kein weiterer Film geplant ist, komme ich bei Interviews stets in eine schreckliche Lage. „Was werden Sie danach machen?" Alles, was ich dann sagen kann, ist: „Ich gehe nach Hause."

Ich küsse dich von ganzem Herzen,

Massy

# 14. JULI

*Am 24. Juli 1907 schreibt* ***Michael Bauer****, Schriftsteller und Redner und außerdem Generalsekretär der deutschen Sektion der Theosophischen Gesellschaft in Nürnberg, an die Pfarrerin* ***Emma Klein*** *in Mannheim.*

Nürnberg, 24. Juli 1907

Sehr verehrte Frau Pfarrer!

[...] Mit jedem Jahr, das ich älter wurde, ist in mir der Wunsch stärker geworden, niemandem wehe zu tun. Und mit jedem Jahr, das ich älter wurde, ist mir das Leben im Sinne dieses Wunsches schwieriger erschienen. Die buddhistischen Mönche müssen bekanntlich unter den ganz wenigen Dingen, die sie überhaupt besitzen dürfen, einen Seiher haben, mit dem sie ihr Trinkwasser seihen; und sie müssen es seihen nicht etwa in Rücksicht auf sich, sondern in Rücksicht der Tiere, der Insekten, die etwa im Wasser sein könnten, die sie durchs Verschlucken töten würden. Einmal hat mir dieses subtile Mitleid sehr imponiert. Ich lache auch heute noch nicht darüber, aber ich habe mit der Zeit eingesehen, daß uns gar vieles, vieles weit notwendiger ist als dieser Mückenseiher; und daß es uns häufig ganz unmöglich ist, das Wehtun zu verhindern, zu vermeiden. Wenn man ein Auge dafür hat, die Steine zu sehen, die jeder unsrer Schritte ins Rollen bringt, und die – einmal im Rollen – leicht einen andern treffen oder doch wenigstens ihm in den Weg sich legen können; wenn man sich hineindenken kann in einen armen Teufel, den unser besseres Kleid, das wir vielleicht tragen müssen, oder den ein Einkauf, den wir eben machen, schon schmerzlich berührt; oder wenn man gar seine Ohnmacht erkennt, immer freundlich zu blicken, immer richtig zu reden, immer recht zu tun – dann hat man wahrlich nicht den Mut, selbstzufrieden auf sich zu sehen, dann hat man vielmehr alle Ursache, sich der Milde und des Wohlwollens der anderen zu versichern.

In gewissem Sinn möcht ich dieses Ihnen gegenüber mit diesem Briefe tun.

Sie könnten nun fragen: „Ich bin in Teplitz oder in Mannheim und Sie sind in Nürnberg; was haben wir beide miteinander zu tun?“ Darauf müßte ich sagen: „O, sehr viel! Ich bin zwar nicht bei Ihnen, aber meine Tochter; und sie ist eben ein Stück von mir.“ Sehen Sie, wenn ein Klavierbauer mir ein Instrument verkauft, das er unsolid gearbeitet hat, so schädigt er mich, obwohl er selbst nicht bei mir ist. Aber ein Klavier, ein Stück von ihm, ist bei mir. Und so fühle ich nun, daß ein Menschenkind, dem ich zehn Jahre lang Vater und Erzieher sein sollte, mehr ein Stück von mir ist, als irgendein totes Ding zum Handwerker gehört, der es machte. Ich bin also wohl bei Ihnen mit allen meinen Dummheiten, die ich in der Erziehung machte, und mit alledem, was ich zu unrecht versäumte. Wenn darum meine Mathilde irgend einmal etwas tut, was Ihnen weh tut, und wenn sie gleichwohl nachher versäumt, es wieder gutzumachen oder Sie um Verzeihung zu bitten, so seien Sie bitte ihr nicht allzu gram; einer, der an allen ihren Versehen und Versäumnissen mitschuldig ist und sich mitschuldig fühlt, bittet Sie sicher um Verzeihung, und stets wird bestrebt sein, gutzumachen

Ihr herzlich ergebener Michael Bauer

# 15. JULI

*Am 15. Juli 1977 schreibt der 48jährige* ***Peter Rühmkorf*** *an seinen sehr viel älteren Schriftsteller-Kollegen* ***Martin Beheim-Schwarzbach****. Mit Nachdruck nimmt Rühmkorf in diesem Brief den Gedichteschreiber Erich Fried gegen eine rüde Bezeichnung in Schutz – eine Bezeichnung übrigens, mit der Jahre später auch Wolf Biermann einen Dichter-Kollegen attackiert ...*

den 15. Juli 1977

Lieber Herr Beheim-Schwarzbach,

entschuldigen Sie die kurze Verzögerung, ich war für zwei Wochen auf Tingeltour und komme erst heute in Besitz der Juni-Post. Was nun gleich die Frage Fried betrifft: der Mann hat seine Ecken und Kanten und Ausbuchtungen und Einkerbungen, aber ich bin seit Jahren, beinah Jahrzehnten jetzt schon mit ihm befreundet (oder doch freundschaftlich bekannt), und dies nackte „Arschloch" kann ich Ihnen nicht so einfach durchgehen lassen, obwohl mir das Buback-Gedicht auch irgendwie nicht behagt. Es liegt mir nun zwar nicht gedruckt vor wie Ihnen, ich habe es Fried nur zweimal lesen hören, und das erste Mal war mir unwohl dabei und beim zweiten hörte ich dann erst die feineren Regungen darin und dahinter heraus, und ich merkte: das sind doch Gedanken, die (abzüglich aller bleibenden Bedenken) ernst zu nehmen sind. Ich nehme, nebenbei, sehr viele Dinge ernst, die mir unangenehm sind, ja ablehnenswert erscheinen, *weil* – ja, wie soll ich mich Ihnen hier auf diesem Gebiet verständlich machen und in dieser brieflich gebotenen Kürze? – also sagen wir mal, weil die politischen Dinge mich im Augenblick so finster bedünken, so reformfern, so hoffnungslos-katastrophennah, daß ich gewisse terroristische Regungen in gewissen prädisponierten Seelen schon verstehen kann - und sei es als gleichzeitig erkennender und entsetzter Irrenarzt. Ich habe mich jüngsterdings gerade mal wieder mit Expressionismus beschäftigt, und nicht bloß mit der rein formalen Seite der Bewegung, und viel Verwandtschaft mit im Augenblick herrschenden Zerrüttungen gefunden. Da stoßen Sie auf Vaterhaß und Obrigkeitsverachtung, die schlechterdings mörderisch sind. Selbst der schrecklichste der Schrecken, der Krieg, fungiert noch als Erlösungsmotiv. Im tiefsten Wilhelmsfrieden und trotz allem Voran der Maschinen und Instrumente drückt sich eine Literatur in nichts als Hiobsbotschaften und Suizidbekundungen aus. Nein-nein, die Literatur ist nicht dies reibungslos florierende Reformhaus mit glatten Umsätzen in Weizenkeimen und Weleda-Säften, als das es Ihnen womöglich vorkommt; und sie kann es auch gar nicht sein, weil der Neutronenbomben-Friede relativ und absolut trügerisch ist und das, was, z.B., die Springer-Presse daraus macht, der übelste Menschenbetrug aller Zeiten. Wenn Sie die im Augenblick mal wieder so gebläht die „Welt" umsegelnden Befriedungs-, Gleichgewichts- und Harmonie-Ideen ins Auge fassen und ihre fundamentale Lebensverachtung, muß Ihnen doch ein Gedicht wie das von Erich Fried als gleichzeitig unverhohlen und abgewogen, unerbittlich im Blick und besonnen/bedenkenreich im Schluß erscheinen – aber *Sie* haben es wortwörtlich vor sich, nicht ich. – Damit *wir* uns bitte nicht mißverstehen. Der aufklärerische Teil meines Kopfes steht allem Terrorismus entschieden feindlich gegenüber. Der andere, kontemplativ-apokalyptische sieht nur noch schwarz. Und warum? Weil in dieser Schere, dieser Klammer von einerseits Massenarbeitslosigkeit und Radikalenerlassen zum anderen alle politischen Gegenenergien zwangsläufig in den Untergrund verdrängt werden, was den latenten Dreggerismus sehr bald manifest werden läßt, was wiederum neuen und schlimmsten Terror herausfordert, was schließlich (und das ist bald) die Arbeiterschaft ganz nach rechts driften läßt, was dann auf einen geradezu klassischen Faschismus neu hinausläuft – na, und am Ende sehen wir dann unsere Fichten und Kiefern brennen wie die Zedern im Libanon.

Herzlich Ihr nicht Recht haben wollender

[Peter Rühmkorf]

P.S. Erich Fried ist ein sehr bedeutender Dichter und großartiger Shakespeare- und Dylan-Thomas-Übersetzer, vergessen Sie das doch bitte nicht. – Und: sehen Sie vielleicht auch dies: einen Menschen, den gerade das „Prinzip Hoffnung" in aussichtsarmen Zeiten in die Nähe der Hoffnungslosen-bis-Heillosen treibt.

*Am 24. Juli 1913 schreibt **Gerhart Hauptmann** an seinen langjährigen Freund, den Maler **Ludwig von Hofmann**. Hauptmann hatte eben eine bittere Erfahrung machen müssen. Im Mai 1913 war in der Breslauer Jahrhunderthalle sein „Festspiel in deutschen Reimen zur Erinnerung an den Geist der Befreiungskriege" aufgeführt worden. Die Aufführung stieß bei preußisch-militaristischen Kreisen auf heftigen Widerspruch und wurde nach der elften Vorstellung vom deutschen Kronprinzen verboten. – Nicht persönliche Betroffenheit, sondern – prophetische! – Sorge um Deutschlands Zukunft bestimmt Hauptmanns Brief.*

Agnetendorf, den 24.7.1913

Mein lieber Hofmann

Habt herzlichen Dank für Eure Freundschaft und jeden freundschaftlichen Gruß. Der Wettersturz, dem ich hier ausgesetzt war, hat mir bis jetzt nichts geschadet: ich bin zwar keineswegs abgebrüht, aber Gott sei Dank durch die besondere Lebensweise in meinem wunderlichen Beruf abgehärtet. Gewisse Illusionen meines Daseins wachsen doch immer wie Pilze nach, dagegen bin ich in bezug auf das allgemeindeutsche, neudeutsche, öffentliche Geistesleben seit zwanzig und mehr Jahren illusionslos gewesen. Du weißt es, lieber Freund, auch ohne daß ich Dir die Blätter meines Tagebuchs als Belege aufweise.

Woher wir das Leben empfangen, dort wird uns der Quell reichlich weiterfließen. Hingegen der Quell, den man uns abspundet, hat mit dem Wasser des Lebens nichts gemein. Die Menschenwürde hat einen Schlag ins Gesicht bekommen, nicht ich. Indem man sich an einige Lebemänner wendet, ist es eben 1913 möglich, den mündigen deutschen Geist, den Exponenten der bewußten Volksseele, mit dem Handrücken oder dem Spazierstock beiseite schieben zu lassen. Das mag die Patrioten schmerzen, aber wer wie ich, immer dicht am Rande der Verzweiflung, an den deutschen Fortschritt geglaubt hat, wird nicht erstaunen, wenn sich ihm der böseste Rückschritt plötzlich enthüllt.

Also, mein Lieber, wir werden weiter unsrer Kunst leben, wie wir weiter atmen werden. Aber wir atmen, weil wir Lebensluft brauchen, nicht um uns an irgendeiner Stelle beliebt zu machen. Vielleicht bedarf die deutsche Kunst sogar, um Körner zu liefern, dieser zahllosen blödsinnigen und nimmermüden Dreschflegel, die von Alters her auf sie niedersausen. Jedenfalls lebt sie noch, und wir leben noch und wollen ihr dienen.

Doch dieses, Lieber, noch nebenbei: wir stecken recht tief in der Tinte, wir sind hier sehr russisch, in einem Sinne, den Goethe fürchtete. Etwas wie Totenstarre kommt über uns von Osten her. Mit dem lichten, geistigen Wesen sind wir feind. Mit den vorbildlich aufrechten Insulanern nicht minder. Wir werden bald ein Volk von Bajonetten und Kanonen sein, das losgeht wie eine Höllenmaschine, wenn man draufdrückt. Was aber im übrigen noch Menschenwertes geblieben sein wird, das weiß Gott. Es wird wahrscheinlich ebenfalls zur Hälfte mit Kutte, zur Hälfte mit Uniform mechanisiert werden. Das würde heißen, in Kutte und Uniform eingesargt. – Aber Deutschland ist reich geworden! – „Essen und Trinken tut's freilich nicht!"

Du kannst Dir denken, lieber Hofmann, wie ich mich diesmal auf Italien freue.

Wir grüßen Euch herzlichst, und ich bitte Dich noch besonders, Frau Gräfin Gravina aufrichtigen Dank für die Karte zu sagen, die mir den Durchblick in die einzig lebensmöglichen Regionen „fern vom Zeitungslärm" eröffnete. Zu Dir im Vertrauen: ich hege für die Schreiberin einen stetig wachsenden, mir im höchsten Grade wohltuenden Respekt.

Wo trifft man Euch zunächst wieder? in Weimar oder noch in Italien? Diesmal hast *Du* die Reise getan und ich kann was erzählen, wenn wir uns wiedersehen.

Dein Gerhart Hauptmann

*Am 20. Juli 1976 schreibt der Chemiker* ***Fritz Straßmann*** *an das* ***Kultusministerium des Landes Rheinland-Pfalz****. Das Ministerium hatte angefragt, ob Straßmann die Ehrung mit dem Bundesverdienstkreuz annehmen würde.*

*Fritz Straßmann, der neben Otto Hahn und Lise Meitner als Entdecker der Kernspaltung in die Wissenschaftsgeschichte eingegangen ist, antwortet freundlich und gelassen. Er legt seinem Brief eine „Erklärung" bei, die freilich auch verrät, wie sehr eine nicht-erhaltene Auszeichnung schmerzen kann.*

20. VII. 1976

Vor 30 Jahren kam ich nach Mainz. Am 1. Juli 1946 wurde ich zum Professor der Johannes-Gutenberg-Universität ernannt, mit 68 Jahren, 1970, emeritiert. In dieser Zeit hatte ich mein Werk vollbracht: den Aufbau des Instituts für Anorganische Chemie und Kernchemie mit Kernreaktor. In keiner anderen Stadt vorher hatte ich so lange gelebt. Darum war es eine wirkliche Freude, als die Stadt Mainz mich 1972, zu meinem 70. Geburtstag, zum Ehrenbürger ernannte! Damit genug der Ehre! Das wünscht sich, mit freundlichen Grüßen,
Fritz Straßmann

Dekoration?

Ich bin kein Würden-träger, habe genug an meinem eigenen Gewicht zu tragen. „Dekoration" will nicht recht zu mir passen ...

Wenn der Nobelpreis 1944 im Jahre 1946 von Otto Hahn unter der Bedingung angenommen worden wäre, daß er gleichzeitig an Lise Meitner und mich vergeben würde - ich hätte nicht abgelehnt.

Als der Enrico-Fermi-Preis 1966 uns dreien gemeinsam verliehen wurde, habe ich mich gefreut und angenommen.

Einige Medaillen, die ich erhalten habe, betrachte ich gelegentlich und erinnere mich an Ort und Umstände ihrer Übergabe. [...]

Bundesverdienstkreuz? Das sollten die Menschen bekommen, deren Arbeit sonst vielleicht nie der Öffentlichkeit bekannt würde. Beispiel: Arnulf Stapf, Nierstein, ist Fossiliensammler von Kindheit an. *Neben* seiner technischen Berufsarbeit. Ohne akademische Bildung hat er ein beachtliches kleines Museum geschaffen. Das BVK wurde ihm im „Mittelalter" verliehen, so wird es Ansporn sein!

Mein Anteil an der Entdeckung von 1938 ist das Resultat langjähriger wissenschaftlicher Arbeit, über die in Fachzeitschriften berichtet wurde. Der Fermi-Preis brachte die Anerkennung, ist allerdings in Deutschland kaum bekannt ...

Wenn man meinen Einsatz für die Jugend, meinen Verzicht auf die Fortsetzung der eigenen Forschung ab 1946, anerkennen möchte, so könnte man die Stätte meines 24jährigen Aufbaus und Wirkens, das

Institut für Anorganische Chemie und Kernchemie
mit Kernreaktor

mit meinem Namen verbinden, bevor er in der Nichtfachwelt *ganz* in Vergessenheit gerät.

Mainz, 6.7.1976

Fritz Straßmann

# 18. JULI

*Am 18. Juli 1941 schreibt der einst gefürchtete Theaterkritiker **Alfred Kerr** an **Professor Jethro Bithell** im südenglischen Pensance. Bithell hat offenbar ein Buch über 60 Jahre Goethe-Forschung veröffentlicht, und Kerr, 1933 aus Deutschland vertrieben, gibt dazu einen sarkastisch-melancholischen Kommentar ab.*

49, Putney Hill. S.W. 15. [...]
18.7.41

Dear Professor Bithell,

Danke sehr für „Sixty Years of Goethe". Die kenntnisreiche Schrift hat mich bis zum Ende gefesselt.

Es widerfährt mir jetzt oft etwas beinah Traumhaft-Sonderbares: ich sehe Schriftsteller, tote, lebende, nachdem sie ihren Spruch meistens zu ernst gesonnen (und viel zu pathetisch gesagt) haben, in der Gestalt von Kindern – denen ich hier ein schlechter Spielkamerad bin: weil das nicht unheitere Bewußtsein: "Es ist ein Spiel in der Kinderstube" heut zu sehr in mir überwiegt.

Dies Empfinden wird jeden Tag stärker. Vielleicht, weil man in einer Bubenwelt lebt, die grauenhaft, aber auch grauenhaft kindisch ist. Dies färbt wohl auch auf die Literatur ab. Die Leidenschaften (auch die eigenen) bekommen etwas Komisches; man denkt: „Die Meinungskünder machen sich zu wichtig; sind liebe Jungens – die meistens schon im Sarg liegen oder morgen drin sein werden, und wenn Goethe für sie der Streitpunkt ist, hat auch er, die Zentralgestalt in der Kinderstube, nur ein zierlich-handliches Format; er ist ein Ueber-Kind."

Für diese Zwangsform des inneren Sehens kann ich nicht. Sie mag so töricht sein wie die Zeit selber. Jedenfalls ist sie von der geschilderten Art. Und sie trat bei der Wahrnehmung dieser widersprechenden Geistesstimmen in Ihrer Schrift, Kinderstimmen toller Schreihälse, wiederum in Kraft.

II

Mein Standpunkt (der Standpunkt einer nicht anmaßenden, sondern anteilsvoll-lächelnden Entferntheit von den Verkündern) erklärt sich auch dadurch, dass viele davon in Deutschland schon vergessen sind ... und sie haben doch so gestrampelt! Arme Kerle; drollige Kerle; sie strampeln vielleicht noch manchmal im Sarg; versunkene Wichtigmacherle. In summa: „Eure Sorgen möcht' man haben!"

III

Mir selber steht Goethe seelisch dann am nächsten, wenn ich ihn kurzhin Wolfgang nennen kann.

Yours sincerely
[Kerr]

Etliche postscripta:

1) Eine, soviel ich weiss, kaum bekannt gewordene Kritik des „Faust" durch Dumas fils ist sehr ulkig, aber nicht ganz unwahr. Manchmal zum Brüllen – für Deutsche mit verecundia, sive: Ehrerbietung.

2) Meine letzte Faust-Zwei-Besprechung in Berlin (vor der Flucht), unpathetisch, bewusst gewichtlos, dennoch von Naziblättern umheult, steht auf einem der Druckblätter, die meine Frau gerettet hat; ziemlich das Einzige, was mitkam. Diese Blätter (für die heut einen Verleger zu finden unvorstellbar ist) spiegeln einen merkwürdigen Geistesabschnitt: die Hungerzeit und Laboratoriumszeit der deutschen Bühnen zwischen zwei Kriegen: vielmehr: zwischen einem Krieg und dem Ratteneinfall.

3) S. 228, letzte Zeile: – Nach meiner Erinnerung (ich glaube nicht zu irren, obgleich ich „ex koppo" zitiere) heisst das Wort bei Beaumarchais: „Qu'avez-vous fait pour tant du bien? Vous vous êtes donné la pein de naître." (Gemeint gegen die Aristokratie).

# 19. JULI

*Im Juli 1928 schreibt der Komponist* ***Paul Hindemith*** *an den Kritiker und Musikschriftsteller* ***Adolf Weissmann.***

*Hindemith gehörte zu den wichtigen Anregern der „Donaueschinger Kammermusikaufführungen zur Förderung der zeitgenössischen Tonkunst". Viele seiner Werke erlebten hier ihre Uraufführung. 1927 hatte dieses Festival seinen Spielort nach Baden-Baden verlegt, wo eine Ausweitung des ambitionierten Projektes möglich war.*

Berlin, im Juli. [1928]

Sehr geehrter Herr Weissmann,

Wir hatten bis jetzt nicht das Vergnügen, uns brieflich miteinander zu unterhalten. Wenn ich heute auf Ihren an mich gerichteten offenen Brief antworte, geschieht es, um eine von Ihnen geschmähte gute Sache zu verteidigen.

Ihr Artikel mutet an wie eines jener Pamphlete, mit denen man zur Zeit des jungen Strauss (einer Zeit, zu der nicht schlechter und nicht besser musiziert wurde als heute) der Musik bestimmte Wege weisen zu können glaubte. Sind wir heute noch keinen Schritt weiter gekommen?

Ich halte Ihren Brief für ein zweckloses Unternehmen. Sie nützen damit nicht der Musik, auch schaden Sie weder der Badener Sache noch mir persönlich. Warum also haben Sie ihn veröffentlicht? Sie könnten das Verlangen gehabt haben, eine „aktuelle" Kritik zu schreiben. Dafür hätten Sie wahrhaftig einen geeigneteren Vorwurf finden können als die diesjährige „Deutsche Kammermusik Baden Baden". Fast jeder Satz, den Sie außerhalb der eigentlichen Werkkritik schreiben, ist anfechtbar. Sie bemühen sich nirgends, Ihre im höchsten Maße subjektive Anschauungsweise zu Gunsten gerechter Betrachtung zurückzusetzen. [...] Sind Sie nicht einmal auch nur einen Augenblick lang auf die Idee gekommen, daß Ihr Standpunkt nicht der richtige sein könnte? Es ist für mich eigentlich selbstverständlich, daß ein Mann, für den die Musik lediglich ein Vorwand ist, darüber zu schreiben [...] nicht recht verstehen kann, was die Musik für den Musiker ist. Daß er auch einer zu rein musikalischen Versuchszwecken geschaffenen Veranstaltung, die sich nur notgedrungen der heute gebräuchlichen Konzertform bedient (da wir einstweilen andere Arten der direkten Musikübermittlung kaum kennen) seine Zustimmung versagen muß, weil sie in sein System des öffentlichen Musikwesens nicht heineinpaßt, ist ebenso klar.

Wir haben in Baden versucht, zur Komposition von Orgelmusik und Kantaten anzuregen. Wäre eine heutige Literatur dieser Gattung vorhanden, hätte der Versuch unterbleiben können. Er ist, Ihrer Ansicht nach, fehlgeschlagen. Ist er deshalb unnötig gewesen? Es ist denkbar, daß bei einer Experimentalaufführung sämtliche Versuche mißlingen und trotzdem könnte diese Aufführung für die heutige Musik wertvoller sein als einige noch so schöne „Musikfeste". (Ist Ihnen aufgefallen, daß das Wort „Fest" von uns noch nie im Zusammenhang mit den Donaueschinger oder Badener Veranstalten gebraucht worden ist?) Sie reden in Tönen hohen Lobes von Hauers „Wandlungen", der „hochbegabte" Gronostay ist Ihnen ein „Tausendsassa", Jarnachs Orgelstück „trägt den Stempel der Meisterschaft", Humpert „ist mit Ehren zu nennen", Reuters „Saul" ist „öffentlicher Aufführung wert". Einige Zeilen vorher sprechen Sie von „Verwässerung", „Verflachung", „ungenügender Urteilskraft", von „Belanglosem" und „Halbgarem". Wie paßt das zusammen? Sind Sie so wenig über die heutige Musikproduktion unterrichtet, um nicht zu wissen, daß ein gutes Stück unter acht Uraufführungen schon ein sehr hoher Prozentsatz ist? [...] In Ihrer Aufzählung der Badener Ereignisse vermisse ich die Besprechung der Filmmusik-Matinee [...]. Ging Sie diese Vorführung nichts an? Noch weniger als die offene Singstunde unter Fritz Jöde, die zum ersten Male Auswege aus unserem heutigen Meisterbetrieb ahnen ließ? Zu solcher Veranstaltung kann man nicht kommen, einen Kanon „schön" finden und nach einer Viertelstunde wieder verschwinden.

Nur nebenbei bemerke ich, daß Sie im letzten Jahr dieselbe Musik abgelehnt haben. Für Ihre aufmerksame Teilnahme an unserer Veranstaltung spricht ferner nicht, daß Sie den von Ihnen als „trefflich" bezeichneten Herrn Osterkamp [...] mit dem allerdings trefflichen Herrn Witt verwechselt haben.

Warum kommen Sie eigentlich immer noch nach Baden?

Ihr ergebener Paul Hindemith

# 20. JULI

*Am 20. Juli 1960 schreibt der Lyriker* ***Paul Celan*** *an seine sehr viel ältere Dichterkollegin* ***Nelly Sachs*** *in Stockholm, mit der ihn eine von gegenseitiger Bewunderung geprägte Freundschaft verbindet. Celan begeht im April 1970 Selbstmord; Nelly Sachs stirbt im Mai desselben Jahres.*

„Kermorvan", Trebabu par Le Conquet (Finistère)
[...] Am 20. Juli 1960

Liebe Nelly! Liebe, gute Nelly!

Wir sind seit acht Tagen in der Bretagne, unter heiteren Himmeln, in einem kleinen Häuschen am Rande eines riesigen und auf das menschenweil hasenfreundlichste verwilderten Parks. Das Meer ist nahe, die Menschen, denen wir begegnen, einfach und freundlich. Wir denken, wie jeden Tag, zu Dir hinüber.

Und Du? Du kannst sicher nicht so gut radfahren wie [unser Sohn] Eric – das können nur wenige! –, also mußt Du wohl Gedichte schreiben. Was, wie ich Dir nicht verschweigen kann, bei weitem nicht so schwer ist. Weil man dabei bekanntlich nicht selbst fährt, weil da immer irgendeiner mithilft, besonders wenn's bergauf geht, und weil's da ja auch nicht zwei, sondern gleich mehrere Räder – für gewöhnlich fünf – gibt. Ob man dabei auch in entlegene Gehöfte gelangt, wo's soeben zur Welt gekommene Ferkelchen zu sehen gibt? – Manchmal, sagst Du? Aber doch wohl nur ausnahmsweise – in Schaltjahren zum Beispiel ... Wie? Wir haben gerade ein solches? Nun ja, dann - laß es eben dauern, schalte da nicht um! Wir tun dann dasselbe bzw. wir verlassen uns auf Dich! Denn daß wir uns auf Dich verlassen können und dürfen, das wissen wir.

Mit Heidekraut und Tausendgüldenkraut, mit Geißblatt und Fingerhut sowie einigem noch blühenden (Besen-, nicht Stech-)Ginster.

Dein Paul / Avec Eric et de tout coeur/ Gisèle

*Am 21. Juli 1980 schreibt die junge* ***Realschullehrerin Judith*** *ihrer* ***Mutter*** *aus einem Gefühl der Ohnmacht heraus diesen Brief. Sie redet sich damit die angestaute Verzweiflung von der Seele – abgeschickt hat sie diese Zeilen nicht.*

Trier, den 21. Juli 1980

Liebe Mama!

Nun muß ich Dir noch einen Brief schreiben, nach diesem ereignisreichen Tag. Entschuldige bitte, daß ich heute mittag so Hals über Kopf wieder nach Trier gefahren bin, aber ich war einfach unfähig, einfach zu wütend und irgendwie enttäuscht, um mich mit Dir auseinanderzusetzen. Okay, es war vielleicht nicht richtig, daß ich letzte Nacht nicht nach Hause gekommen bin, ohne Euch vorher telefonisch davon zu informieren. Aber Barbara und ich hatten so viel miteinander zu bereden, daß die Zeit nur so dahinstrich, außerdem hatten wir etwas getrunken, und ehe ich mich versah, war es Mitternacht, und ich habe nur deshalb nicht angerufen, weil ich Euch in Eurem Schlaf nicht stören wollte. Und heute morgen, als ich nach Hause fuhr, war ich so froh, so beschwingt. Ich wollte Dir von unserem Gespräch erzählen ... Und da, ein Blick in Dein Gesicht hat mir die Kehle zugeschnürt. Du hast nur da gesessen, hast gethront auf Deiner selbstgerechten Redlichkeit, und bevor ich überhaupt den Mund auftun konnte, kam schneidend Deine Stimme: „Bevor Du Lügenmärchen erzählst über Deine nächtliche Herumtreiberei, halte lieber gleich Deinen Mund!" Lügenmärchen! Ich wollte Dir keine Lügenmärchen erzählen. Du hast mir einfach Dinge untergeschoben, ohne daß Du mir Zeit für Erklärungen gabst. Weißt Du, ich hatte in diesem Moment einfach keinen Bock, irgendwelche Rechtfertigungsversuche zu starten, Du hättest mir ja doch nicht geglaubt; es hätte Dich ja gar nicht interessiert, Du hättest ja gar nicht wahrgenommen, was ich Dir vermitteln wollte, weil Du nur die „Fakten" gesehen hast: Deine Tochter kommt morgens mit dem Auto von irgendwoher, wo sie sich in der Nacht herumgetrieben hatte, und jeder konnte es sehen. Jeder aus der Nachbarschaft. [...] Als ich mich dann lieber schweigend zurückzog, habe ich gehört, wie du mit Papa über Deine Eigenkonstruktion diskutiert hast, in immer zirkulierender Selbstbestätigung. Das Wort „Moral" ist an mein Ohr gedrungen. Mam, kannst Du „Moral" definieren? Objektiv meine ich? Und ich höre Dich schon sagen: „An meinem Moralbegriff gibts nix zu rütteln!" Dein Moralbegriff! An ihm mißt Du das Handeln des Restes der Welt. Was kann ich Dir schon erzählen!? Du, die Du Deine Ohren mit *Deiner* Moral, *Deiner* Einstellung verstopft hast. Du hast mich erzogen, Mama, aber Du bist nicht mein einziger Erzieher, Du nicht und Papa nicht. Du siehst manche Dinge einfach anders, weil Du andere Blickrichtungen hast als ich. Ich sehe diese Dinge mit meinen Augen, weil andere Erfahrungen auf mich einwirken. Erfahrungen, die ich gemacht habe und nicht Du.

Du hast mir eine Richtung gezeigt, zu leben, meinen Weg aber muß ich selber finden. Du kannst mich nicht auf den Weg zwingen, den Du Dir ausgesucht hast und gehst. Ich muß meinen für mich selber gehen. Ich muß *mein* Leben leben und nicht das, das Du mir ausgewählt hast und in dem ich drinhängen würde wie in einem Anzug, der mir nicht paßt, der mich hinten und vorne zwickt, weil er mir zu eng ist. Du brichst Stab über das, *was* ich tue, *wie* ich es tue, ohne daß Du Dich fragst, *warum* ich es tue. Du setzt Normen, die ich einhalten soll. Wie könnte ich? Ich bin eine eigene Person, die nicht unbedingt Deine Normen trinken muß. Nicht alle Dinge, die Du sagst, die Du lebst, finde ich optimal.

Du hilfst mir mit Rat und Tat, Du „fütterst" mich, und solange ich so gehe, wie Du es willst, ist Frieden. Aber ich bin nun einmal nicht aus Knetgummi, den man zurechtdrücken kann, wie man will! Du und Papa, Ihr habt mich, wohlmeinend vielleicht, in Unmündigkeit gehalten. Die Nabelschnur von mir zu Dir ist immer noch da. Nur zu gut bin ich mir meiner „Abhängigkeit" bewußt. Und Du weißt genau, daß ich nicht sagen kann, nicht sagen werde: „Ich scheiß auf Euch!" Immer warst Du fähig, mir Schuldgefühle einzuimpfen. [...]

Und heute morgen hast Du es mal wieder geschafft, Mama! Als ob ich die ekelhafteste Nutte wäre, hast Du mich behandelt. Ich habe mir geschworen, Konflikten nicht mehr aus dem Wege zu gehen durch Lügen, aber Du glaubst mir ja nicht. Warum sollte ich auf einmal nicht mehr lügen, gell? Mensch, was ist das für eine Art „Liebe", die uns verbindet? Woher weißt Du, daß das, was gut für Dich war, „das Beste" für mich ist? Woher glaubst Du wohl, kommt mein Mangel an Selbstvertrauen? Er entspringt dem ständigen Druck der Angst, aus dem Wissen, daß ich Deine Erwartungen im Hinblick auf „Perfektion", so wie Du sie Dir vorstellst, nicht erfüllen kann. Nicht will! Merkst Du nicht, wie schizophren das alles ist? Mir bleibt ja fast nichts anderes übrig, als Dir das vorzuspielen, was Du sehen willst, und in meinen vier Wänden, in Trier, an der Uni, bin ich es dann selbst, die da lebt. Liebe Mama, warum versuchst Du nicht einmal, mir zuzuhören und das, was ich leben möchte zu akzeptieren?

Vielleicht bist Du über das eine oder andere gekränkt, aber wie anders kann ich Dir sagen, was in mir vorgeht. Und vielleicht finden wir bald die Möglichkeit, miteinander zu reden.

Alles Liebe

Deine Judith

# 22. JULI

*Am 21. Juli 1921 schreibt der fast 74jährige Maler **Max Liebermann** an Geheimrat **Max Lehrs**. Entschieden vertritt er seine Kunstauffassung, die stets – im wortwörtlichen Sinne – Ergebnis seiner ebenso entschiedenen Welt-Anschauung war.*

Wannsee, 24 Große Seestraße
21.7.1921

Sehr verehrter Herr Geheimrat,

herzlichen Dank für Ihre Strophen, in denen Sie die Grundlage aller bildenden Kunst niedergelegt haben.

Ich bin immer noch der Meinung, daß Kunst von Können herkömmt: käme sie von Wollen, so hieße sie Wulst. Doch darin würden mir auch die Jüngsten beistimmen, nur verstehen sie unter Können etwas anderes als ich, der ich überzeugt bin, daß das Können eine Phantasiethätigkeit ist, wobei die Technik die Handlangerin ist: sie projiziert die Phantasie auf die Fläche (wobei es ganz gleichgiltig, in welchem Material). Darin besteht eben das Talent, daß der Gedanke in der Ausführung beruht und - die Ausführung im Gedanken, nicht wie Idioten glauben in der manuellen Geschicklichkeit (die bei jedem Künstler die conditio sine qua non ist).

Ich glaube, diese Binsenwahrheiten wissen die Jüngsten gerade so gut wie wir, es fehlt ihnen nur eins: das Talent, und diesen Mangel zu cachieren, führen sie ihre Negertänze auf. Vielleicht ist es auch die Reaktion auf die Verflachung, die fraglos die Errungenschaften des Impressionismus ausbeutete und damit dem Expressionismus den Weg bahnte. Auch in der Kunst folgt nur zu häufig, ja sogar fast immer, wie in der Politik, auf den Sieg die Niederlage, aber ich hoffe, daß wir sowohl in der Kunst wie in der Politik doch als Sieger hervorgehen werden.

Das walte Gott!

Mit nochmaligem Dank und freundlichen Grüßen auch an Ihre Frau Gemahlin

Ihr sehr ergebener

Max Liebermann

*Am 23. Juli 1909 schreibt die blutjunge* ***Helene Nahowski*** *an ihren Bräutigam* ***Alban Berg*** *nach Berghof diesen eindringlichen Brief. Das Paar heiratete im Mai 1911.*

Trahütten, 23. Juli 1909

Alban, Lieber!

Als mein Brief an Dich gestern weg war, hat es mir leid getan, denn er war nicht ganz aufrichtig. Ich wollte Dich mit radikalen Mitteln zum Nachdenken bringen, was auf dem Spiel steht, wenn Du nicht schleunigst dazu schaust, Deine durch unvernünftige Lebensweise bedenklich geschwächte Gesundheit zu reparieren. Schau, wenn Smaragda Dich zu ihren nächtlichen Drahrereien (auch Hermann macht dasselbe, wenn er in Europa ist) mitschleppt, so schläft sie sich am anderen Tag gründlich aus. – Du aber stehst – ohne genügend Schlaf – auf, suchst mit vielen Schalen schwärzesten Tees Deine Müdigkeit zu bekämpfen, um arbeiten zu können. Dann nachts in rauchigen Lokalen, Alkohol, damit hast Du's ja so weit gebracht, daß Du bei Deiner Größe von 1,78 Meter das lächerliche Gewicht von kaum 60 kg hast! Ich verstehe ja, daß Du verzagt bist und Dir der „Mastfraß" verhaßt und fürchterlich ist – aber es ist noch das harmloseste Mittel, sich zu kräftigen, statt immer wieder zu Medikamenten Zuflucht zu nehmen und dabei doch nicht vorwärts zu kommen. Ich war schon die letzten Tage sehr, sehr unglücklich über die ganze Situation! Ich mußte immer daran denken, daß Du stets von Deiner großen Liebe zu mir schreibst; bedenkst Du denn nicht, daß unsere Zukunft davon abhängt, ob sich Deine Gesundheit bessert oder nicht? Meine Eltern haben ja von ihrem Standpunkt aus nicht ganz unrecht, wenn sie Dich ablehnen, da sie fürchten, ich käme nie aus den Sorgen um Dich heraus und werde mit Dir unglücklich werden. Nun frägt ein Mensch, der liebt (in diesem Fall – ich) nicht danach, ob ihm diese Liebe Leid und Leiden bringt, sie ist wahrscheinlich schicksalhaft! – Doch Du, Alban, willst Du nicht doch noch einmal versuchen, gesund zu werden? Es ist ein Opfer, das geb' ich zu, aber willst Du es mir – nein, uns – nicht bringen?

## 23. JULI

Ich hatte heute eine böse Nacht, weil ich wußte, daß Dich mein Brief schmerzen wird, in dem ich Dir harte Worte sagte, wie wenn ich nicht mehr an Dir und Deiner Gesundheit interessiert wäre – nein, Alban, nein, ich geb' Dich nicht auf! Vielleicht wirst Du doch noch einmal was „Großes“ leisten, und ich will Dir dabei doch nur helfen, daß Du, ohne von körperlicher Schwäche beschwert, arbeiten und Dich auch Deines Lebens freuen kannst, ohne gleich Herzbeschwerden und Asthmaanfälle zu kriegen. Das war jetzt eine Riesenpredigt und Beichte zugleich – nimm's so auf, wie's gemeint ist, und bitte: hab Geduld!

Deine Helene

*Am 24. Juli 1946 schreibt der Maler* ***Hans Grundig*** *an seine Frau.* ***Lea Grundig*** *kehrt erst 1949 aus der Emigration nach Deutschland zurück.*

Dresden, am 24.7.46

Meine geliebte Lea!

Nun bin ich schon über ein halbes Jahr zu Hause und noch immer ohne Dich. Die Zeit wird mir lang und schwer, hoffte ich doch, endlich nach den vielen Jahren bald wieder mit Dir zusammenzusein. Wie lange noch wird dieser Zustand andauern? [...] Tag für Tag warte ich auf Dich, und mein Herz ist schwer von Trauer und Sehnsucht. Wie oft, wenn ich des Nachts allein für mich nach Hause gehe, von Freunden oder einer Sitzung kommend, dann ist in mir ein bitteres Gefühl des Alleinseins. Du bist so weit von mir. So wandre ich für mich stundenlang, ehe ich nach Hause gehe, durch die sommerlichen Nächte, ich liebe sie. Ich liebe die Süßigkeit dieser Sommernächte, die Düfte der Bäume, die schwarz bizarr gegen den Himmel stehen - so bin ich eins mit der großen Natur und bei Dir. Manchmal habe ich Angst im Herzen, die Zeit verstreicht so schnell. Tue alles, mein Geliebtes, daß Du so schnell, als es Dir möglich ist, zu mir kommst. Es ist so vieles, was hier auf Dich wartet. Ich freue mich, mit Dir gemeinsam zu arbeiten, über alles mit Dir zu beraten; endlich ist es soweit, daß wir ruhiger, friedlicher leben könnten. Ich habe ein so schönes Atelier, viel Platz für Dich und mich. Blumen stehen überall herum, und unsere Arbeit an den Wänden schafft eine Atmosphäre, in der ich mich so wohl fühle. Einige neue Bilder sind schon entstanden, an denen ich wie immer lange und intensiv gemalt habe. Sie sind festlicher geworden und befreit von dem furchtbaren Druck der vergangenen Zeit. Schwer ist es, aus der Negation zur positiven Bejahung des Lebens zu kommen, da ja unser Dasein bisher nur Kampf war, geführt unter den schrecklichsten Bedingungen. Dieselben Aufgaben werden künftig auch vor Dir stehen, gemeinsam wollen wir daran arbeiten. Verrückt ist es, beinahe wie ein Anfänger stehe ich vor den heutigen Problemen, will und muß sie lösen. Einen sehr schönen Aufsatz von Rolf Hausmann las ich vor kurzem, über das Problem der Kunst. Er nannte es „Trauer im Kunstwerk". Das Unnennbare, Unwägbare, das den Menschen zwingt nachzudenken, ihn bereit macht, seine Seele zu öffnen dem Geheimnis der großen Natur, ohne doch bis in das Letzte dringen zu können, mögen unsere Erkenntnisse noch so umfassend sein. Das zwingt zur Bescheidenheit, macht uns unsere Schwäche bewußt. Aber auch in dieser Begrenzung liegt Freude, Spiegel zu sein des großen, tiefen Stromes, von dem wir ein Teil sind. [...]

Dein Hans

*Am 25. Juli 1910 (und damit nur 4 Monate vor seinem Tode) schreibt der 78jährige Schriftsteller* ***Wilhelm Raabe*** *an einen* ***Journalisten*** *– einen von der üblen Sorte.*

Braunschweig, 25 Juli 1910

Sehr geehrter Herr Buchmann!

Nicht über Sie, denn ich weiß ja eigentlich garnichts von Ihnen, sondern über Ihre Pseudo-Interview-Feuilleton-Schriftstellerei in den hiesigen, den Berliner und sogar amerikanischen Blättern habe ich mich „ungünstig" ausgesprochen. Und das mit vollem Recht! Sie reden da über mich, meine Frau, meine Kinder und meine häusliche Umgebung, als ob Sie jeden Tag als Hausfreund meine Thürklingel zögen. Dazu haben Sie nicht das Recht, und fast gegen Alles, was Sie für Ihr Massenpublikum vorbringen, hätte ich meine Einwendungen zu machen.

Die Verwerthung meiner Persönlichkeit als „aktuelles Objekt" mag ja wohl einiges Geld eintragen; aber eine Ehre ist nicht dabei, einen alten seit lange kranken Mann zu ärgern und ihn bei seinen wirklichen Freunden und berufenen Beurtheilern lächerlich zu machen.

Sie schreiben mir, Sie würden trotz Allem auch fernerhin in Wort und Schrift für mich *wirken*: das ist sehr liebenswürdig von Ihnen und ich nehme es an.

Meine Lebensarbeit liegt ja seit zehn Jahren abgeschlossen da zu Jedermanns Begutachtung und Kritik, also auch zu der Ihrigen. Benutzen Sie das, wie es Ihnen gefällt; aber meine häuslichen Zustände, meine Familie und mich lassen Sie doch besser ganz zur Seite.

Mit den besten Wünschen für Ihren litterarischen Lebensweg

Ihr sehr ergebener
WilhRaabe.

*Am 26. Juli 1920 schreibt der 51jährige* ***Hans Pfitzner****, Komponist und Leiter einer Meisterklasse an der Berliner Akademie der Künste, dem* ***Verband der deutschen Musik-Kritiker*** *in Berlin diesen Brief. Der Herr Professor fühlt sich ungerecht behandelt ...*

Unterschondorf a. Ammersee, 26.7.1920

Sehr geehrte Herren,

die der Arbeit gewidmete Ruhe, die ich seit kaum 8 Wochen zum ersten Male genieße, muß ich unterbrechen, um Ihnen eine Angelegenheit vorzutragen, die Sie genau so viel angeht wie mich. Ich darf wohl annehmen, daß Sie alle mein Buch „Die neue Ästhetik der musikalischen Impotenz" kennen; jedenfalls ist es Ihnen zugänglich. Das Buch ist sehr deutlich geschrieben. Am deutlichsten aber darin ist meine Stellung zu Beethoven. Der ganze 2. Abschnitt ist nichts weiter als eine Verteidigung Beethovens gegenüber Anschauungen und Auslegungen, die Beethoven gegenüber Mahler, Bruckner u.a. verkleinern und gewissermaßen „von seinem Thron hinunterstoßen" wollen. Meine persönliche Liebe zu Beethoven spricht unzweideutig aus jeder Zeile, im besonderen aus dem ganzen Exkurs, den ich der Pastoralsymphonie gewidmet habe. Auf S. 36 sage ich: „Dem gewaltigen Musikerphänomen, welches wir unter dem Namen Beethoven verehren, seinem Lebenswerke, das für uns der Inbegriff dessen ist, was wir unter Musik verstehen", ferner auf derselben Seite: „Was Beethoven geschieht, geschieht der Musik überhaupt." [...]

Nun schreibt in den Leipziger Neuesten Nachrichten vom Freitag dem 5. März Herr Dr. Adolf Aber gelegentlich des 19. Gewandhauskonzertes mit der Aufführung der Eroica folgendes: „An einem solchen Abend, an dem sich die ungeschwächte Wirkungskraft dieser Werke auf die Hörer immer wieder offenbart, empfindet man doppelt die Kläglichkeit unserer modernen Tempelschänder, die Beethoven von seinem Thron mit schnodderigen Redensarten herunterstürzen wollen. (Wer's nicht glaubt: Pfitzner behauptet: Beethoven habe aus dem Thema des 1. Eroicasatzes „gar nichts" zu machen verstanden)."

Ebenfalls ein Leipziger Kritiker, Adolf Heuss (Leipziger Zeitung), hat neuerdings in der Neuen Zürcher Zeitung eine Artikelserie veröffentlicht: „Pfitzner gegen Beethoven".

Daß hier etwas am Werk ist, welches zu bezeichnen der Ausdruck „wissentliche Verleumdung" nicht ausreicht, will ich im folgenden kurz und einwandfrei dartun. Die einzig dem Vorgehen dieser Menschen entsprechende Bezeichnung will ich vorderhand und an dieser Stelle noch nicht gebrauchen. Eine Verleumdung z.B. ist auch, daß ich auf Grund meines in Rede stehenden Buches als Antisemit schlechthin denunziert werde, trotzdem ich auf S. 124 (der einzigen, die von der Judenfrage handelt) meinen Standpunkt sehr präzisiert und unmißverständlich dargetan habe. Eine Verleumdung ist ferner, daß ich ebenfalls auf Grund dieses Buches als reaktionär und Feind des Fortschritts bezeichnet werde, weil ich das nicht als Fortschritt betrachten kann, was seit vorgestern als solcher gilt. [...]

Angenommen, daß jemand wirklich und wahrhaftig eine Stelle in meinem ganzen Buch finden würde, die ernstlich gegen Beethoven zu sprechen schiene [...], so müßte mir, der ich im selben Buch an mehreren Stellen Beethoven als Inbegriff aller Musik und als den größten aller Komponisten bezeichnet habe, der Vorwurf der Geisteskrankheit und nicht der der Beethovenfeindschaft gemacht werden. [...] Es handelt sich nicht um eine einmalige boshafte und in irgendwelchem Ärger oder Zorn geschriebene böswillige Verleumdung, sondern die immer wieder auftauchende, von Leipzig ausgehende, Beschuldigung meiner „Beethovenfeindschaft" deutet auf eine planmäßig durchgeführte Absicht, und diese ist folgende: eine gewisse große Partei in Deutschland, einerseits die Juden und Judenfreunde, andrerseits die futuristischen Fortschrittler, habe ich mir - so nehmen die Herren an - durch mein Buch zum Feinde gemacht. Bleibt mir also noch die andere Partei, nämlich die, die mit mir die Größe Beethovens und speziell seiner Symphonik hochhalten gegenüber den Umsturzversuchen zugunsten der Symphonik etwa eines Mahler. [...]

Man kann über mein Buch denken, mich bekämpfen, totschweigen, hassen oder, was man will, – all solches nehme ich ruhig als die natürliche Folge einer unzweideutig ausgesprochenen Meinung hin, die sich in schroffen Gegensatz zu mancherlei Bestrebungen und Strömungen setzt, die jetzt die Menschen bewegen. Aber der Fall, den ich Ihnen vorgetragen habe, übersteigt alles Maß und hat nichts mehr zu tun mit der letzten Spur des menschlichen Anstandes und der Ehrenhaftigkeit.

Ich erwarte von dem Gefühl für die Ehre Ihres Standes, daß Sie selbst sich gegen solche Elemente wehren und die vorgetragene Angelegenheit mit dem ihr zukommenden Ernst zu der Ihrigen machen. [...]

Mit vorzüglicher Hochachtung
Prof. Dr. Hans Pfitzner

# 27. JULI

*Am 27. Juli 1926 (einen Tag nach seinem 33. Geburtstag) karikiert* ***George Grosz*** *gegenüber dem Malerkollegen, intimen Freund und Schwager* ***Otto Schmalhausen*** *und seiner Frau die Situation an der pommerschen Ostseeküste, wo er mit Frau, zwei Monate altem Söhnchen und Malerfreund Max Pechstein Urlaub macht.*

Ostseebad Leba, Möllers Hotel
27. 7. 1926

Lieber Atz nebst Ettol!

[...] Die Pommern unterscheiden sich in zwei Serientypen, in die ausgetrockneten hageren sonnengebräunten Fischer und Bauern und in die dikken Hinterländer (meist Kaufleute, Beamte, kleinere Gutsbesitzer usw.), ganz ostasiatische Typen, flache Gesichter, Mordswaden, wahre Boulettenärsche und hinten der dicke Hals, geräucherten Zervelatwürsten gleich. So kommen sie mit Gefährtinnen zusammen sonntags aus Lanenburg und Umgebung. Zum Baden. Hinterher zu kräftigem Essen und Trinken. Norddeutsche Kost mit Einheitssoße – 1 Teil Fleischsaft oder Kirschsaft (bei Griesspeisen), 100 Teile Kartoffelmehl. Des Pommers Naturell ist konservativ bis auf seine dicken Knochen. Er ist abhold den modernen Neuerungen - dem Bubikopf und der Republik. Das steht bombenfest. Gibt natürlich auch „rote Gesellen", aber man wenig. Vielleicht auch „rot-goldene", aber die verbergen's ängstlich. Die Flaggerei am Strande durchweg in den alten Reichsfarben, ab und zu hakenkreuzgeschmückt, da und dort die blauweiße Pommernfahne. Raus ist auch, das eine nationale Pommernfrisur da ist – Köpfe oben hier alle gleich geschoren, Mitte kleines Haarinselchen vorne überm Gehirntopf, dies mit Sorgfalt gescheitelt. Fällt in der Großstadt lange nicht so auf. Juden liebt man hier absolut nicht. Man ist national und verachtet sie sehr. Deshalb sind auch, bis auf den tolerierten eingesessenen Bändeljuden, reine semitische Exemplare selten wie Bernstein an der Küste. Spielten zweie mal deutlich im Familienbad Ball, ein dicker mit Kartoffelbauch und ein hagerer – spielten Wasserball. Maxe und ich mit - warf einer dem anderen zu - hätt'st mal sehen müssen, wie die Wellen einer spürbaren Verachtung auch uns umrauschten ...

Ich würde als Jude hier nicht hergehen – weiß der Deibel, wo ab und zu dann doch wieder einige von ihnen die Kühnheit hernehmen, der allgemeinen mittelalterlichen Ächtung zu trotzen ... Wunderbare Seeluft – herrliche Wellen, würziger Tann – genügen, nach dem Asphaltdunst der Großstadt.

Als Schächer fehlst Du mir sehr – als Hypochonder und menschliches Bitterwasser nicht (verzeihe mir Unterdrücktem, oh großmächtige Atzmajestät, diese frivolen Sätze). Maxe geht malend (de facto) seine eigenen Wege. Wir aalen uns noch – hab aber schon Lust, dem Maxe es gleich zu tun. Pedropips gedeiht [...]

1000 Grüße Euch beiden, Dein alter treuer Föbb

N.B. Was hörst Du über fremdenfeindliche Unruhen in Paris? Drucksachen nur verschlossen. Vor 1 Woche war hier Stahlhelmversammlung – unten bei Möllers, hochinteressant!!!

# 28. JULI

*Am 25. Juli 1914 – und damit genau eine Woche vor Ausbruch des Ersten Weltkriegs – schreibt der 34jährige Literaturhistoriker* ***Friedrich Gundolf*** *an seinen bewunderten und hochverehrten Freund, den Dichter* ***Stefan George****. George, 12 Jahre älter als Gundolf, befindet sich gerade im Berner Oberland. Von hier aus sieht er die patriotische Begeisterung der Deutschen viel nüchterner als sein Freund. Am 26. August schreibt er ihm: „ich rufe euch allen zu: ob es gut oder schlecht ausgeht: – das schwierigste kommt ERST HINTENNACH!!"*

Heidelberg, 25. Juli 1914

Teuerster!

Ich weiss nicht ob Ihr in Saanenmöser Zeitung lest – hier liest man überhaupt nichts mehr als Extrablätter die alle Stunden ausgegeben werden, alles ist in Fieber Erwartung Begeisterung und Angst des nahen Kriegs, und kein Mensch glaubt mehr an den Frieden – von meinen hiesigen Freunden kommen die Heyers, Salin und Liegle als Soldaten in Betracht - und Percy müsste sich jedenfalls gleich stellen: überhaupt greift diesmal die Weltgeschichte in jedes noch so stille Dasein ein und ich bekomme eine Vorstellung davon was dies vague Wort Krieg mit dem man so lang spielte wirklich werden kann... In den Massen ist ein ganz andrer Elan als man je an ihnen zu sehen gewohnt war, sie ziehen auf und ab, demonstrieren, singen, demolieren, und die ältern Leute meinen, seit 70 wärs nimmer so gewesen. Gewiss war unter allen Kriegsanlässen der letzten Jahre kein so relativ würdiger, und kein für Deutschland und Oesterreich so günstiger Moment.

Falls übrigens sich in dieser Woche entscheidet, ob es zum Krieg zwischen Deutschland und Russland kommt, werd ich gar nicht über die Grenze gelassen, da ich Landstürmer, also Militärperson bin. Auch würde ich, falls es wirklich Krieg gibt, nicht gern ausser Landes gehn. Salzens Bruder, junger Ehemann mit einem Kind, ist schon gegen Serbien eingerückt, und Soscha hat immer ein wenig Angst, Salz rücke auch noch aus, um Oesterreich zu verteidigen. Kurz, hier, wo man hinsieht, verschwinden alle andren Dinge vor der Krise, die auch für unsern „Staat" von umfassender Bedeutung werden kann: all das hört auf einmal auf, blosse „Politik", zielloses Rasen und Mächeln zu sein, und der Moment ist so ungeheuer dass die Menschen zunächst verschwinden die sich sonst immer mit ihrer Kleinheit vor das Geschehen gedrängt haben. Zum erstenmal seit ich denken kann, seh ich europäische Menschheit und Massen nicht mehr um Gewinn oder Verlust, Geschäft und Geschwätz, sondern Sein oder Nichtsein erregt, zum erstenmal wohl mit Recht. Auf baldiges Wiedersehn, Grüsse die Freunde es umarmt Dich

Dein G.

# 29. JULI

*Am 29. Juli 1909 schreibt der Schauspieler* ***Josef Kainz*** *an den befreundeten Schriftsteller und Theaterkritiker Dr.* ***Arthur Eloesser****. Kainz – so zeigt der Brief – war nicht nur auf der Bühne ein mitreißender Darsteller. Seine Zukunftspläne aber konnte er nicht verwirklichen: Er starb, erst 52jährig, im März 1910.*

Grandhotel Rigi-Kaltbad, den 29.7.1909

In der „Ilias", in der „Odyssee" und in der „Äneis" zusammen passiert nicht soviel, wie mir passiert ist, seit wir uns nicht mehr gesehen haben.

Wie könnte ich Dir das schildern! Allein die Verhandlungen wegen meines neuen Kontraktes, besonders die letzte Phase, ein ganzes Heldengedicht. Der letzte Kampf der Nibelungen mit den Hunnen ist eine reine Tarockpartie dagegen. Ich teile Dir nur das Resultat mit:

Verlängerung meines alten Vertrages in allen seinen Punkten bis zum Jahre 1921. Also beide Pensionen aufrecht. Die meinige steigert sich nach zwei Jahren auf 12 000 K.[ronen] jährlich. Dazu für die kommenden sechs Jahre einen außerordentlichen Urlaub von acht Monaten in jedem Jahr; so zwar, daß ich am Burgtheater nur die Monate Dezember, Jänner und Mai und Juni tätig sein werde. [...]

Ist das nicht vornehm von meinen Behörden? Denn, lieber Freund, wie es nach sechs Jahren aussieht, das ist nun augenblicklich uninteressant, und ich bin dann achtundfünfzig Jahre alt. Wer dann Burgtheaterdirektor sein wird?

Berliner werden wir nicht. Wir wollen mal zunächst zigeunern. Sieh mal, in diesem Winter bin ich kaum vierzehn Tage in Berlin, [...] In München waren wir drei Tage. Am 12. nachts fuhren wir nach Luzern, und seit dem 21. sind wir bei meist herrlichem Wetter hier auf dem Rigi, 1450 Meter über der Mark Brandenburg. Könnt Ihr überhaupt so hoch sehen?

Nun aber! Was ist alles geschehen!

Also das erschütterndste Ereignis der Luzerner Saison: Friedl hatte sich verlaufen, war eine Nacht und einen Tag davon. Gretel - erlaß es mir, ihren Zustand zu schildern! Das kann ich eines Tages mündlich tun. [...]

Ich hatte den Hund, Friedln nämlich, annoncieren lassen, fünfzig Frs. Belohnung. Reitende Boten durch die ganze Stadt. Im Hotel kein Hallboy mehr, der nicht auf der Suche war. [...] Gretel wollte der Welt entsagen und den Schleier nehmen, jedenfalls aber die Schweiz auf ewig meiden. Den Nachmittag, als die Plakate erschienen waren, erschien auch eine schwarz gekleidete, ganz vornehme Dame älteren Jahrgangs in unserem Salon. Sie hatte gelesen, was geschehen, und da sie vor kurzem ihren Leibhund durch den Tod verloren, so trieb sie ihr kynophiles Herz zu der Leidenschwester, um zu kondolieren. Lieber Elo! Das war ein Moment! Mich trieb es aus dem Zimmer. Als sich die beiden Trauernden in die Arme sanken und weinten, das heißt, vorher reichte ich der Dame die Hand, todernst, und sagte mit männlicher Fassung: „Ich danke Ihnen! Danke für Ihr Mitgefühl!" Aber ich hatte mit zuviel zugemutet und mußte schnell den Rückzug antreten, denn sonst gälte ich heute als der herzensroheste Mensch; denn in der nächsten Sekunde hätte ich ihr ins Gesicht geprustet. [...]

Drei Stunden nach dieser Szene erscholl durch die vornehmen Räume des „Palace"-Hotel ein Gezeter wie von dreizehn Papageien. [...] Das ganze Haus sank in Rührung zusammen, [...] Ach! Friedel war gebracht worden. Ein armes Mädel hatte das große Los im Werte von 50 Frs. gezogen. Der Concierge weinte auch für den Preis von zehn Frs. Bemühungsentschädigung. Mir fielen Zentnerlasten vom Busen, Herz und Portemonnaie waren erleichtert und die Schweiz so herrlich wie zuvor.

Sie wird es bleiben, auch ohne daß sich verlaufene Hunde wiederfinden. Es ist blödsinnig schön hier oben. Warum seid Ihr nicht hier? Was wäre das den Kindern gesund, mit den Kühen auf der Alpenweide zu grasen! Hier ist des Volkes wahrer Himmel. [...] Wir schlafen bei offenen Terrassentüren, [...] Nächstens wird eine Kuh ihr gehörntes Haupt zur Türe hereinstecken. Also, lieber Elo, auf Wiederschreiben! ...

* *Am 30. Juli 1952 schreibt* ***Stefan Heym*** *einen langen Brief an den 23jährigen Germanisten* ***Gerhard Wolf****. Wolf hat in Jena einen Vortrag über Heyms „Kreuzfahrer von heute" gehalten und dem Autor seinen Vortragstext zugeschickt. Heym antwortet ausführlich – Punkt für Punkt ...*

30. Juli 1962

Sehr geehrter Herr Wolf,

[...] Und schliesslich; Pornographie. Ach, du lieber Gott - in ein paar Jahren wird man hier und anderswo, wo man ploetzlich so pruede ist, ueber die Reaktion lachen, die auf die wirklich zersetzende Pornographie, die Pornographie um der Pornographie willen, eingetreten ist. Man soll doch das Kind nicht mit dem Bade ausschuetten, und jedes huebsche Bein und jede Szene, in der ein paar Brueste, duenne oder dicke, spitze oder runde, vorkommen, als Pornographie bezeichnen. Sie werden noch herausfinden, lieber Herr Wolf, dass ein verhaeltnismaessig grosser Teil des menschlichen Lebens in der horizontalen Lage vor sich geht, und dass alle die Autoren, die das jetzt nicht wahrhaben moechten (moechten moechten sie schon, aber sie glauben, sie duerfen nicht) im wahrsten Sinne des Wortes unrealistisch sind. Merkt man denn nicht, dass ein grosser Teil der letzten Produktion dadurch verarmt ist und eigentlich in die Klasse der Kinderbuecher gehoert? Und glauben Sie, dass die Leser das nicht spueren?

Nun kommen wir zu einem letzten wichtigen Punkt. Die Waffe der Kunst wird zum stumpfen Schwert, wenn der Autor nicht weiss, fuer wen er letzten Endes streiten soll. So schreiben Sie. Und Sie haben recht - wenn der Autor nicht weiss. Wenn er aber nicht weiss, kann er erst einmal gar nicht richtig sehen. Die Frage ist, ob er alles sagen und seinem Leser auf die Nase binden soll. Das halte ich fuer falsch. Der Leser wird verstimmt, wenn man ihn fuer duemmer haelt als er ist, und ihm ans Ende der Geschichte schreibt: Yates, oder Hans, oder Gretchen – jetzt aber rin in die Kommunistische Partei! Es hat mich (Sie werden mir hoffentlich verzeihen) amuesiert, wenn Sie auf Seite 15 schreiben, dass „die Wirkung fast ganz in der Kritik stekkenbleibt," und dass „Heyms Absicht in buergerlichen Ressentiments stekken geblieben ist" – und auf Seite 16, „Die Menschen, wie Yates oder Troy, werden ihren Weg gehen, sie werden auch eines Tages den Weg zu den Menschen finden, die den Farrish und Willoughbys und ihrer Clique das

Handwerk legen werden." Tja, woher wissen Sie denn, was Troy und Yates tun werden, wenn nicht von mir? Kannten Sie etwa die beiden Herren, bevor Sie mein Buch gelesen hatten? Also steht doch offensichtlich in meinem Buch, was Yates und Troy tun werden. Wenn es aber drin steht, dann haben Sie auf Seite 15 Ihres Referats Unsinn geschrieben.

Aber troesten Sie sich – das ist auch einigen Sowjetkritikern passiert, u.a. der Dame, die das Vorwort zur russischen Ausgabe des Buches verzapft hat. Zur ersten Ausgabe, moechte ich sagen. Denn bei der zweiten Ausgabe hat man dort herausgefunden, dass etwas mit dieser Kritik nicht stimmte [...]

Das kommt davon, wenn man zu sehr ins Fahrwasser der primitiven Schule geraet, die alles gleich gesagt und deutlich und mit Unterstreichungen und Zitaten hingeschrieben haben moechte. Leider werden dann aber die Romane so hoelzern, dass man sie nicht gerne liest, und sie entsprechen auch dem Leben und der Entwicklung des Lebens nicht – und das Leben der Menschen und ihre Entwicklung zu zeigen, das ist doch wohl sozialistischer Realismus?

Aber alles andere in Ihrem Referat hat mir grossartig gefallen, und ich bin mir beinahe vorgekommen, als ob ich schon tot waere. Meistens ist man ja schon tot, wenn die Literaturhistoriker sich an einen heranmachen. Da ich aber noch lebe und noch lange zu leben hoffe, so habe ich mich ueber Ihr Referat wirklich gefreut, und ich bin Ihnen dankbar, dass Sie es mir geschickt haben, und ich hoffe, dass meine Bemerkungen Sie nicht nur vor den Kopf stossen sondern Ihnen bei Ihrer Arbeit auch helfen werden – wie mir Ihre Bemerkungen auch geholfen haben.

Ihr,
Stefan Heym

# 31. JULI

*Am 31. Juli 1936 schreibt der Dichter* ***Iwan Goll*** *an seine Frau* ***Claire*** *in Paris den folgenden Brief.*

Nancy, 31. Juli 1936

Liebes Susulein

Verschüttet und ganz ergraut vom Schutt, vom Staub, vom Gerümpel eines halben Jahrhunderts bürgerlicher Unordnung, von Grind und Rost angefressen, blicke ich überhaupt nicht mehr hinaus, bevor alles hier erfüllt ist. Man kann sich nicht vorstellen, was ein Haushalt mittelalterlicher Urmenschen an trostlosem Unrat hervorbringen kann, an unmenschlichem Dreck: die Beschreibung der Schublade im „Microbe de l'Or" ist noch ein goldenes Märchen gegen diese Realität, in meiner Mutter Wohnung.

Dazu der Lothringer Regen, Regen fünf Tage lang: so grau und herbstlich, wie es ihn nur in diesen Gegenden gibt. Aber er tat wohl und wusch mich zuweilen rein. Was wäre es gewesen, wenn eine südlich schöne Sonne geschienen hätte!

Jedoch ach, sie scheint heute Freitag früh, und sie macht mich ganz traurig. Nicht nur wegen meiner Bergmannseele: aber auch weil morgen zur Eröffnung der Olympischen Spiele alle Welt wieder rufen wird: ein Hitlerwetter! Sechs Wochen lang ein Trauerhimmel über Europa: aber zu jedem Datum eines Nazi-Triumphs lächelt Gott über Deutschland. Drei Jahre geht das schon so. Muß man darin nicht wirklich etwas Schicksalhaftes erblicken?

Und in der Welt geht es zu! Immer schlechter, immer schlimmer für uns! Wird da unten in Spanien jetzt nicht eine dritte fascistische Front gegen Frankreich und Freiheit entstehen? Wir werden bald wie Mäuse in dieser schönen Kornkammer gefangen sein.

Morgen und Sonntag fahren wir, wie schon gemeldet, nach Metz: 5 rue Dupont des Loges: aber ich habe Deinen gestrigen Brief mit der kargen Post noch hier erhalten. Dank. Beruhige Dich übrigens: ich hatte dem Argus am Tag meiner Abfahrt das Geld bereits eingeschickt, sein Brief ist also überflüssig.

Am Dienstag geht dann der wahre Umzug vor sich. Du weißt, was das bedeutet.

Ich freue mich, daß Dir die Candide-Ausgabe gefallen hat. Lies und werde weise: lerne dort, wie Voltaire mit einer grandiosen Einfachheit, beinahe simpel zuweilen, die tiefsten und für alle Zeiten gültigen Wahrheiten behandelt. Der Candide bleibt für mich *das* Kunstwerk der franz. Literatur.

Ein Berg klassischer Literatur stürzte hier über mich ein. Ich bin ganz erschlagen. Ich las diese Nacht Boileau und Lamartine durcheinander: es bleibt steife Leinwand. Und doch will ich mich jetzt mehr mit Studien über die alten Meister beschäftigen: ich kenne Rabelais, Chamfort, Vigny noch viel zuwenig.

Ein kleiner Teil der Daniel-Bibliothek konnte verkauft werden. Ein junger Lehrer wird an den Quellen des Vorläufers gierig trinken. Es war lauter grammatikalischer Unrat für uns. Aber vieles schleppe ich heim.

Gestern packten wir Mamas Wäsche: was für herrliche alte Leinwand zuweilen: viele nie angerührte Stücke, seit 50 Jahren ungewaschen.

Sie wird uns etliche Bettücher, Torchons etc. abgeben. Auch die berühmte Teekanne. Und Geschirr.

Wie geht es Dir gesundheitlich? In Deiner hohen himmelsnahen Kemenate atmest Du Landluft. Sehne Dich noch nicht zu früh hierher: Du würdest in eine scheußliche Atmosphäre hereinfallen.

Ich denke viel an Dich und würde viel viel lieber wie in den anderen Jahren mit Dir durch eine italienische Landschaft streifen: aber Tod und Schicksal ketten mich bedingungslos mehr an dieses seelenlose Land. Um so stärker aber revoltiert sich und flattert meine Seele Dir zu

Iwan

# 1. AUGUST

*Am 1. August 1913 schreibt die Putzmacherin **Maria Gröber** an den badischen Priester **Heinrich Hansjakob**. 50 Jahre lang hat er „in Wort und Schrift" den Glauben an die gottgewollte Ordnung vermittelt, aber genau ein Jahr später beginnt der I. Weltkrieg und zerstört auch sein Lebenswerk.*

Hochwürdiger Herr Jubilar!

Lange vor Ihrem 75. Geburtstage ging ich mit dem Gedanken um, Ihnen, Hochwürden, zu jenem Tage zu gratulieren. Getraute mich aber schließlich doch nicht, weil ich eben nicht studiert bin. Aber ich bin eine eifrige Leserin Ihrer schönen Bücher und überhaupt eine stille Verehrerin und auch eine Leidensgenossin, da ich meine Nerven vollkommen zusammengeschafft habe. Ich machte nämlich 42 Jahre Damenhüte; und was ich alles in diesen vielen Jahren als Putzmacherin durch die Launen und Schikanen der Damen erdulden mußte, begreifen nach dem Urteil Ihrer mir so hochgeschätzten Bücher auch Sie, Hochwürden. Weiberhüte zu machen machte mir wenig Verdruß. Aber Damenhüte! Die Damen sollte der Hut schöner machen. Keine andere sollte den gleichen Hut haben. Und so weiter und so weiter. Ja, ich könnte ein dickes Buch darüber schreiben. Allein ich lasse es lieber bleiben. Denn ich brächte es nicht so geschickt hin wie Sie, Hochwürden, und vielleicht käme ich noch in Arrest wegen Beleidigung der Damenwelt. Nun ja! Ich will damit aufhören, da ich mir sage, daß Hochwürden genug mit Briefen und Karten in diesen Tagen überhäuft werden, und fange nun zu gratulieren an, was ja eigentlich der Zweck dieses Briefes ist.

Von Herzen gratuliere ich Ihnen, Hochwürden, zu Ihrem goldenen Priesterjubiläum. Mögen Ihnen vom lieben Gott noch viele ungetrübte Jahre beschieden sein in Ihrer lieben Heimat Hasle, wo Sie ja den Rest Ihres Lebens zubringen wollen. Auch ich liebe meine Heimat eben wie Sie, Hochwürden. Meine Heimat ist Buchau am Federsee in Württemberg. Ich bringe meine Sommerfrische, die meine zusammengeschafften Nerven notwendig haben, bei meinem Hochwürden Herrn Neffen, der Benefiziat ist, in Pobenhausen bei Ingolstadt in Bayern zu.

Nochmals meine herzlichen Glück- und Segenswünsche zu Ihrem goldenen Priesterjubiläum.

Grüßt mit vorzüglicher Verehrung<br>
Maria Gröber, Modistin<br>
Pobenhausen bei Ingolstadt, Bayern, den 1. August 1913

*Am 2. August 1917 schreibt der 25jährige **Richard Huelsenbeck**, der sich in dieser Zeit selbst als „Ordentlicher Weltdada“ bezeichnet, an den Schriftsteller **Tristan Tzara** in Zürich. Die Begeisterung ist groß; die Ergebnisse sind bescheiden: Keines der angekündigten Vorhaben wird verwirklicht.*

Berlin NW6 Luisenstr. 25 I
Berlin 2. August 1917

Lieber Herr Tzara

Ich habe mich sehr gefreut wieder etwas von Ihnen zu hören. Ueber die grossen Erfolge des „mouvement Dada“ war ich schon durch die Neue Zürcher Zeitung unterrichtet. Es ist sehr schade, dass Sie sich mit Ball verkracht haben, war aber unter diesen Umständen wohl kaum zu vermeiden. Ich habe Ihnen nun auf Ihre Vorschläge sehr ernsthaft Folgendes zu antworten. Wie Sie aus der Verbreitung und dem Erfolg der Neuen Jugend gesehen haben, haben wir hier in Berlin eine Bewegung geschaffen, die in ihrer Grösse ganz der Bewegung Dada in Zürich entspricht. Die gesammte Presse von Grossberlin und auch die Zeitungen der wichtigeren Provinzstädte stehen uns zur Verfügung. Wenn Sie wollen, werden wir nun eng zusammenarbeiten. In zwei bis drei Wochen veranstalten wir hier in einem der ersten Sääle Berlins einen Propagandaabend Dada. Wir haben Musiker, Maler und Literaten genug, um die buntesten dadaistischen Tänze aufführen zu können. Ich bitte Sie dringend, mir sogleich das gesammte Prospekt-Material über Dada zu schicken, ferner wenn möglich von Ihnen Verse, die ich persönlich vortragen werde. In drei bis vier Wochen bringen wir dann eine neue Nummer unserer Zeitschrift in Broschürenform heraus und zwar auch ein Propagandaheft Dada. Für diese Nummer, die 32 Seiten stark wird, bitte ich Sie, mir sogleich ein grösseres principielles Manuskript über den Dadaismus, vielleicht Ihre Schrift über die activité dadaiste zu schicken, die Sie in Zürich vorgelesen haben. Wir bringen das zum abdruck. Arp wird gebeten, Holzschnitte einzusenden. Wir haben immer Verwendung dafür. Sie müssen dann, wenn es soweit ist, die librairie Coray veranlassen, dass sie Hundert Exemplare in Kommission nimmt. Der Preis der Broschüre wird voraussichtlich zwei Mark betragen. Schicken Sie mir bitte ferner sogleich fünf Exemplare der Mappe von Janko in Kommission (nach Luisenstrasse 25) Ich kann sie bestimmt vertreiben. Schliesslich machen wir hier in vier bis sechs Wochen eine Ausstellung, die sich in ihren Leistungen auch direkt an das anschliessen wird, was der Dadaismus wollte. Es werden in der Ausstellung Vorträge über den Dadaismus gehalten werden. Ich bitte Sie, che[r] maitre Tzara, mir sogleich mitzuteilen, ob Sie uns Bilder (graphik und Oel – möglichst viel von Janko, Arp und wenn möglich Franzosen und Italiener) schicken können. Sie müssen Ihre ganze Kraft daran setzen uns hierbei zu unterstützen, da wir Ihnen hier eine Propaganda machen, die Ihnen geschäftlich und ideell von allergrösstem Nutzen sein kann. Zum Schluss bitte ich Sie, mir die Adressen, von denen Sie in Ihrem Brief sprechen, mitzuteilen. Wir haben dann für alle Fälle einen Anhalt in der Schweiz und können leichter arbeiten.

Lieber Herr Tzara haben Sie die Güte und handeln Sie möglichst schnell, da jetzt und besonders hier in Berlin alles auf schnelles Handeln ankommt. Ich fasse alles noch einmal zusammen. Wir machen, wenn Sie uns unterstützen

I) einen Propagandaabend Dada

II) ein Propagandaheft Dada unserer Zeitschrift

III) eine dadaistische Ausstellung, die in Reden und Bildern direkt auf Ihre Bewegung zurückgehen soll.

Herzlichst (mit vielen Grüssen an Janko Arp etc.)

Huelsenbeck

Franz Jung G Schrimpf

*Am 3. August 1920 schreibt* ***Ludwig von Ficker****, Herausgeber der Innsbrucker Zeitschrift „Der Brenner", an* ***Karl Kraus****, den Herausgeber der Wiener Zeitschrift „Die Fackel".*

Innsbruck-Mühlau Nr. 102
3. VIII. 1920

Lieber, verehrter Herr Kraus!

Entschuldigen Sie, daß ich Ihnen erst heute den Empfang der 500 Kronen zugunsten des tuberkulösen Mittelschülers Eduard Thöny bestätige! Ich bin der Sache unverzüglich nachgegangen und habe mich zuerst bei dem Vorstand der Tuberkulose-Fürsorge D[r] Hajek erkundigt, mit dem ich gut bekannt bin. D[r] Hajek eröffnete mir, daß der Fall leider hoffnungslos sei, das Leben des armen Burschen zähle nur noch nach Monaten. Es sei ursprünglich in Aussicht genommen gewesen, ihm einen Freiplatz in einem Sanatorium in Lesin zu verschaffen; da aber keine Heilung mehr zu gegenwärtigen ist, hat man ihn dort abgewiesen. Jedenfalls, meinte D[r] H., sei Ihre Spende im Verein mit einer Sammlung, die man inzwischen in die Wege geleitet hat, in willkommenster Weise geeignet, das bedauernswerte Los des jungen Mannes zu lindern, weil damit die Möglichkeit geboten sei, ihn über den Rest des Sommers hier auf dem Lande unterzubringen. Ich begab mich darauf zur Familie des jungen Mannes, wo ich zunächst – der Mann ist Militärbeamter mit mehreren Kindern – die Frau antraf, eine sehr sympathische, fast vornehme Erscheinung, der die Thränen in die Augen traten, als sie vernahm, welches Auftrags ich mich zu entledigen hätte. Sie führte mich an das Krankenlager ihres Sohnes, der – als ich ihm in Ihrem Namen die Spende übergab – sich mühsam, mit einem hellen Lächeln, in den Kissen aufstützte und seiner Mutter ganz beglückt zunickte: „Siehst du, Mutter, ich habe recht gehabt; ich hab es ja gewußt: der Herr Kraus ist ein Menschenfreund!" Fast triumphierend sagte er das Letzte mehr vor sich hin, und ich hatte den Eindruck, daß ihn weniger die Spende an sich als die Tatsache beglückte, sein Vertrauen in Ihre Hochherzigkeit nicht enttäuscht zu sehen. Jedenfalls, Herr Kraus, haben Sie hier im doppelten Sinne (eben nicht nur in materieller Hinsicht) ein gutes Werk getan; denn ich empfand an der Haltung von Mutter und Sohn, welch eine menschliche Stärkung zugleich für die beiden in Ihrer Wohltat beschlossen lag. Sie baten mich beide, Ihnen ihren herzlichsten Dank zum Ausdruck zu bringen.

Die Mutter hat nun einen Kostplatz bei einem Bauern in Hippach im Zillertal für ihren Sohn ausfindig gemacht und will ihn demnächst zu Milch- und frischem Luftgenuß dort unterbringen. Ich will gelegentlich bei der Familie weiterhin vorsprechen und mich, Ihrem Wunsch entsprechend, umsehen, was sich sonst allenfalls für diesen armen jungen Menschen, dem ein so frühes Sterben bevorsteht, noch tun läßt.

Ich kann die Gelegenheit dieses Briefes nicht vorübergehen lassen, ohne Ihnen meinerseits, sehr verehrter Herr Kraus, ergebensten Dank zu sagen für die immer wieder jede Dumpfheit und Verzagtheit bannende geistige Wohltat, die jedes Fackelheft für mich, der ich mich immer schwerer im geistigen Labyrinth der Zeit zurecht finde, bedeutet. Die unbeirrbare Konsequenz Ihrer geistigen Haltung berührt mich immer wieder wie ein helles Wunder der Natur, an dessen dunkle Gründe letzten Endes keine Reflexion – vermöchte sie im übrigen auch in manche Tiefe ihres rätselvollen Wesens zu leuchten – mit keinem noch so lauter brennenden Zweifel heranreicht! Man muß das hinnehmen wie ein geistiges Schicksal, das in die Welt gesandt ist, ihr die Augen zu öffnen. Ich kann mir keinen geistig bewegten Menschen vorstellen, der das nicht wahrhaben wollte. [...]

Es grüßt Sie, neuerdings voll banger Zweifel, in alter Ergebenheit

Ihr Ludwig Ficker

*Am 4. August 1902 schreibt der Komponist* ***Max Reger*** *an* ***Elsa von Bagenski****, seine künftige Frau, den folgenden Brief.*

München, 4.8.1902

Sehr geehrte gnädige Frau!

Darf ich Sie bitten, mir einige Augenblicke Gehör zu schenken und meine Worte ebenso ernst entgegenzunehmen, als ebenso wahr und aufrichtig dieselben gemeint sind. Sie werden es bei Ihrem letzten Aufenthalt in München doch wohl gemerkt haben, daß ich stets suchte, Ihre Gesellschaft genießen zu können, daß ich Mühe genug hatte, das in mir zu verbergen, was in mir für Sie wohnt! Da sich letztere Gefühle in mir nun absolut nicht mehr zurückhalten lassen, gestatte ich mir hiermit, ergebenst um Ihre Hand anzuhalten! Ich glaube Ihnen nicht extra versichern zu müssen, daß ich nur nach genauester Prüfung meiner persönlichen und pekuniären Verhältnisse, welche mir gestatten, mich zu vermählen, um Sie werbe, daß nur wahrste und innigste Neigung mich so schreiben heißt. Ich bitte Sie so herzlichst, werden Sie die Meine; ich habe es einsehen gelernt, welch unendlichen Wert Sie haben, und ich wäre der glücklichste Mann, wenn Sie mir recht bald ein „Ja" senden würden. Sie werden mich wohl soweit kennen, und nachdem Sie alle jene Eigenschaften, die meine Frau haben muß, in solch' selten reichem Maße haben, weiß ich felsenfest, daß unsre Ehe eine nur glücklichste sein wird. Und selbst wenn Sie nein sagen würden, ich würde nicht aufhören, mich um Sie zu bewerben; ich weiß, wie sehr Sie sich nach guter, schöner Musik sehnen, wie sehr Sie begeistert sind für gute, schöne Lektüre, Sie entzückt sind von Schönheit und Kunst im Leben – und alles das vermag ich Ihnen in reichstem Maße zu bieten. Sie wissen ferner, daß ich in pekuniären Verhältnissen jetzt ganz ausgezeichnet gestellt bin, daß ich ohne Privatstunden mindestens 6000 Mark jährlich allein durch Konzertieren verdiene, ebenso außerdem noch 1200 Mark mindestens an Privatstunden, 400 Mark durch Musikzeitungen, kurzum, daß Sie an meiner Seite ein von pekuniären Sorgen völligst freies Leben hätten, und da Sie ja selbst gar keine Ansprüche machen, wir also jedes Jahr auch noch schönes Geld zurücklegen können. Ich würde Ihnen ein Leben bieten, voll des herrlichsten Glückes, was herzlichste, treueste Liebe nur erfinden kann! Und wenn es auch für Sie schmerzlich sein mag, Ihren adligen Namen einzubüßen, so wird vielleicht mein Name als Künstler imstande sein, Sie über den

Verlust ihres Adels wenigstens ein wenig zu trösten. Wie Sie wissen, wird mein Name mit jedem Jahre größer und bekannter!

Werden Sie die Meine, meine unendlich geliebte Frau. Ich weiß es und fühle es so sehr tief, daß ich erst dann das werde, was ich kraft meiner Anlagen werden kann, wenn Sie die Meine geworden sind, erst dann kann ich das schaffen, wozu ich berufen bin!

Meine Eltern und Schwester wissen von meiner Werbung und wünschen nichts sehnlicher, als Sie als ihre Tochter begrüßen zu können. Mit diesem Briefe sende ich einen Brief an Ihre Frau Mama, worin ich mir gestatte, bei Ihrer Frau Mama um Ihre Hand anzuhalten. Und nun zum Schluß meine so herzlichste, tiefherzlichste , heißeste Bitte: Machen Sie mich zum glücklichsten aller Sterblichen, indem Sie mir ein „Ja" senden. Ich bitte Sie so inständig; für das ganze Leben würde es Ihnen in herzlichster, liebevollster Weise danken Ihr mit ausgezeichnetster Verehrung ergebenster

Max Reger

*Anfang August 1934 schreibt der Schriftsteller* ***Ulrich Becher*** *aus der Schweiz an den befreundeten Maler und Graphiker* ***George Grosz*** *noch New York. Beide hatten sich 1927 kennengelernt, als der gerade 17jährige Becher sich als Zeichenschüler bei Grosz bewarb und bald als jüngstes Mitglied in dessen Berliner Kreis aufgenommen wurde. Bis zum Tode Grosz' 1959 dauert der intensive briefliche Austausch an.*

Ulrich Becher
Villa Collina
St. Moritz

Anfang August 1934

Freund Böff!

Heissen Dank für Deinen Brief. Siehst Du, das ist es ja gerade, was falsch ist und garnicht vonnöten und deshalb bekämpfenswert: dass die, die ein einiges menschliches Europa wollen, immer nur und immer weiter die Fresse hinhalten und hineinkriegen von denen von rechts und links. Darum haben ihre Namen „Pazifisten" und „Sozialisten" ja einen so läppischen Klang bekommen, darum kann man mit diesen und ihren Namen auch nichts anfangen, müsste sie seinlassen und etwas Neues mit Unerbittlichkeit, Starrsinn und der notwendigen Portion von Draufgängertum und unsentimentaler, landsknechtshafter, ja kriegslustiger Männlichkeit beginnen. Warum sollte es nicht wieder rauhbeinige, auf ihr eigenes Leben pfeifende Kämpfer geben können für das Leben der Menschheit (auch das schon ein Wort mit peinlichem Nachgeschmack – soweit sind wir gekommen) wie die ersten Christen es waren und selbst die ersten Kommunisten, warum sollte man nicht heute noch zum Schutz des vermeintlichen Guten zu Felde ziehen können mit Pauken und Trompeten wie die Kreuzritter, warum sollte nicht ein anderes, nicht so weinerliches Wort wie Pazifiste, sagen wir, es fliegt mir gerade zu: „Paxiste" einen ebenso gefährlichen, wenn es sein muss gangsterhaften Klang bekommen wie Nazi, brauner oder roter Terrorist, warum sollte es nicht schneeweisse Terroristen geben, die endlich endlich einmal einen lähmenden Schrecken verbreiten bei allem Schlechten, das heute regiert und unsere Zeit zu einem Bombenfass macht, bei allen Partei-, Staats-, Klassenegoisten, bei allen Bonzen, Nationalhysterikern, Rüstungsindustriellen, Nurmilitaristen und Friedensheuchlern, warum kann „Friedenshauptmann in der Friedensarmee (ohne Palmwedel und Engelnachthemd)" nicht einmal ebenso ängstlich, empört oder ehrfurchtszitternd in der Welt beraunt werden wie „Gruppenführer der SS“ – und das tausendmal wohlverdienter? Meiner Ansicht nach nicht deshalb nicht, weils unmöglich und naturgesetzwidrig ist, sondern weil vorläufig noch keine Leute dasind, die kraftvoll genug dazu aufrufen. Die alte Kämpfergeneration, zu der Du ja selber mächtig aktiv gehörtest, als Du noch, wie Du sagst, Deinen „Glauben“ hattest, hat die Nase voll und kehrt sich ab, vollkommen verständlicherweise – die übriggeblieben auf verlorenen Posten weiterkämpfen wie z.B. Mannheinrich oder Barbussehenri kommen mir vor wie Donquichotes. Und die junge Kämpfergeneration, die jungen Geissler, Verspötter und Abschlachter des Weltschlamassels, sind noch garnicht da, unter den heutigen Umständen haben sie sich nicht getraut, geboren zu werden. Aber die Weltgeschichte ist eine Meereswelle, ein ewiges Raufundrunter. Die die ersten sind, werden die letzten sein, und umgekehrt. Und erst, wenn die letzten von heute, die Freunde der Welt, der Wesen und des Lebens, die Feinde der Borniertheit, Beschränktheit, jeglicher Grenzen, die Übermacht gewonnen haben werden – eine wirkliche, nicht eine scheinbare wie in Deutschland nach dem Krieg - wird es heller werden, wird die Arbeitslosigkeit in Wahrheit am Kragen gepackt werden können, wird man auf eine weitere Sicht hin weiterleben können, wird eine Frau wieder absehen können, was morgen aus ihrem Manne wird, und Du, was später mal aus Deinen Söhnen – heute kannst Du's kaum ahnen. Glaube nicht, dass ich dächte, es könnte wer ein Paradies auf Erden stiften, es ist ja mit jeder menschheitsfreundlichen Idee so, dass wenn sie schon einmal – selten genug - in die Tat umgesetzt wird, sie später ins unmenschliche Gegenteil verkehrt wird und daran zugrundegeht, siehe Christentum und Inquisition – aber soweit denke ich nicht –, wir leben in keiner Zeit für Philosophen, braucht kein Mann heute zu denken, nur daran, dass er als zwar winzige aber emsige Ameise die Welt mitherausziehen hilft aus der Scheisse, in der sie steht bis zum Kinn.

In diesem Sinne

Dein alter Ulrich

P.P. [...]

*Am 6. August 1987 schreibt der österreichische Dramatiker* ***Thomas Bernhard*** *an den Direktor des Wiener Burgtheaters,* ***Claus Peymann.***

*Die Presse:* 6.8.1987

Lieber Claus Peymann,

für September planen Sie mit meinem „Theatermacher" zur sogenannten „Europalia" eine Reise nach Brüssel, wogegen ich *bis heute* nichts gehabt habe, wogegen ich aber *jetzt* heftig zu protestieren gezwungen bin und ich bitte Sie, dieses Burggastspiel unter keinen Umständen durchzuführen und schnellstmöglich abzusagen, denn entgegen meiner bisherigen Annahme und in bestem Glauben, die Europalia in Brüssel (in welchem ich oft und lange mit dem größten Gewinn gelebt habe!) sei eine *ausschließlich belgische Angelegenheit*, lese ich heute im „Bräunerhof", daß die Europalia 1987 nichts anderes ist, als eine kulturelle Selbstdarstellung als Selbstaufblähung des mir in allem und jedem widerwärtigen gegenwärtigen österreichischen Staates.

Herr Walter Zettel [recte: Zettl] als *„für die Ausstellungen auf der Europalia zuständig"*, schreibt im „Wiener Journal" in seiner Sprache, daß *„für die einzelnen Kulturbereiche der Europalia vier Exekutivsekretäre eingesetzt"* sind; also Herr Zettel selbst ist für Ausstellungen, Herr Wolfgang Kraus für Literatur, Herr Urbach für Theater *„eingesetzt"* etcetera ... Gerade die verheuchelten und inkompetenten seit eh und je als approbierte und pragmatisierte Nationalblutegel in den österreichischen Staat verbissenen Schauergestalten der österreichischen Kulturbürokratie hasse ich seit Jahrzehnten wie die berühmtberüchtigte Pest und ich habe sie, solange ich zurückdenken kann, gemieden wo immer.

Seit Jahrzehnten will ich ja mit dem österreichischen Staat, außer daß ich in krankhafter Selbstverleugnung an meine Wohnadressen gebunden und in dieses Volk und in dieses Land verliebt und vernarrt bin, nichts zu tun haben, wie ich Ihnen so oft zu erklären versucht habe und meine Arbeit habe ich in diesen Jahrzehnten ununterbrochen mit schon an Wahnsinn grenzender Intensität *gegen diesen Unstaat* zu verteidigen gehabt, was mich einen Großteil meiner Kräfte gekostet hat, genau gegen diesen Geist und Kunst in jeder Beziehung verachtenden und mit Füßen tretenden Staat, der sich, wie ich jetzt sehe, mit der größten Schamlosigkeit, Plumpheit, und Dummheit unter Mithilfe eines Heeres von betulichen Ministerialbeamten erster und übelster Klasse in diese Europalia 1987 hineingestopft hat. Mit diesem Staat, der mir mit seiner galoppierenden Schwindsucht und in seinem heutigen alles vergrausenden perversen und schäbigen Zustand an jedem Tag schon in der Frühe ein Alptraum ist und der an jedem neuen Tag eine ganze Serie von Lächerlichkeiten und Gemeinheiten als politische Verbrechen gebiert, fahre ich nicht nach Brüssel und lasse ich auch meinen Theatermacher nicht nach Brüssel fahren. Ich bin immer allein und immer gegen diesen geist- und kunstfeindlichen Staat meinen Weg gegangen und *vor*gegangen und ich werde mit diesem geist und kunstfeindlichen Staat auch in Zukunft nicht einen einzigen Schritt gemeinsam gehen.

Lieber Claus Peymann, ich kann es nur immer wieder sagen, dieser Staat ist heute schon in allen seinen Gliedern zur nationalen Katastrophe verkommen und geradezu bis zu Unkenntlichkeit verstümmelt und auf tatsächlich unabsehbare Zeit ruiniert und eine lächerliche und verlogene Farce dazu. Ich darf mich in Brüssel nicht von den österreichischen Ministerialbeamten als Kulturpolizisten mißbrauchen und *exekutieren* lassen. Meinen Theatermacher auf dieser durch und durch von nichts anderem, als von unserem tödlichen katholisch-nationalsozialistischen Ungeist zusammengerotteten Europalia zu spielen, ist für mich absolut unzumutbar. Entlassen Sie mich (und sich!) aus diesem Europalia-Alptraum und gehen Sie mit meinem Theatermacher überall hin und sei es in die Hölle, aber nicht in diesem September nach Brüssel.

Thomas Bernhard

*Am 19. August 1972 schreibt der 80jährige Schweizer Historiker, Essayist und Diplomat* ***Carl Jacob Burckhardt*** *an den drei Jahre älteren Bildhauer und Graphiker* ***Gerhard Marcks*** *in die Eifel.*

Vinzel, La Bâtie, 19. August 1972

Lieber, verehrter Freund,

Was sind Sie für ein wunderbar jugendlicher Mensch! Mein Zustand, nach dem Sie fragen, ist immer derselbe, seit Jahren jetzt. Ich kann das Haus kaum verlassen, weil mir ständig Spritzen verabreicht werden. Diese Krankheit hat etwas Schleichendes, sie treibt einen in ungeheure Ermattungszustände, in denen man kaum mehr rezeptiv existieren kann, geschweige denn produktiv.

Der Tod? Ja, jeder hat seinen eigenen Tod; auch Rilke erlebte ihn, Beethoven siechte taub dahin, mit jahrelangem Leberleiden, Wassersucht, Herr Adorno durfte in Zermatt umfallen und alles war aus in einem Augenblick.

Ich will auf keinen Fall klagen, denn eine Stunde heller Kopf läßt mich dankbar aufatmen, tritt sie ein, kann ich, bisweilen eine, zwei Seiten schreiben, nicht mehr, über Gegenstände europäischer Politik, über seltsame Schicksalsfügungen, über hintergründig-Übermächtiges, dessen Auswirkung ich miterlebt habe, über Prädestination, im Sinne von Dantes

O predestinazion, quanto remota
È la radice tua.

Die ewige Frage: Woher, wohin, wo liegt der Sinn? Sie durften, ein Leben lang, als Künstler schaffen und wirken. Ein großes bleibendes Werk schufen Sie und schaffen Sie. Sie halten der pseudowissenschaftlichen Methode stand, die in die Kunst eindrang und sie auszehrte. Sie blieben stets kämpferisch heiter. Über Ihnen stand das Shakespearsche

„Solange Menschen atmen, Augen sehn,
Lebt das Gedicht und läßt dich fortbestehn"

Heute, 19. August, bei uns, so nahe dem Mittelmeer, 9° über Null, und es herrscht Finsternis, man muß Licht brennen lassen.

Wie schön, daß Sie die Tage in der Natur mit Ihrer sehr verehrten Gattin verbringen konnten, welch glückliche Gemeinschaft, ich lasse mich bestens empfehlen und bin in alter Bewunderung aufs herzlichste Ihr

Carl J. Burckhardt

# 8. AUGUST

*Am 8. August 1921 schreibt der Dichter* ***Max Herrmann****, der sich nach seiner schlesischen Heimatstadt* ***Herrmann-Neiße*** *nennt, einen dringlichen Brief an* ***Alfred Kerr****. Einen Notruf. Am 3. September schickt er einen zweiten Brief hinterher. Kerr kommt dem angeklagten Poeten mit einem Gutachten zu Hilfe: Er wird im November freigesprochen.*

Obergiesdorf, 8. Aug. 1921

Lieber, sehr verehrter Herr Dr. Alfred Kerr, endlich bin ich wieder einmal im sehr geliebten Riesengebirge, leider nur auf kurze Zeit und ohne rechte Ruhe, weil immer noch meine Existenzfrage unerledigt in Sorgen hält. Hier in Obergiesdorf ausgerechnet wurde ich am Sonnabend vor den Amtsvorsteher geladen zur Vernehmung. Dort erfuhr ich zu meinem Erstaunen:

Der Staatsanwalt in Berlin hat mein Gedicht „Notturno" als grob unzüchtig beanstandet. Voriges Jahr wandte sich nämlich ein mir bis dahin unbekannter Herr Worm schriftlich an mich mit der Bitte, für ein Sammelheft „Bordell" ihm ein paar Beiträge zum Abdruck zur Verfügung zu stellen. Ich schickte ihm für diesen Zweck einige Gedichte, die etwa in ein derartiges Heft passen könnten, und er wählte drei zum Abdruck: „Notturno", „Mitternächtig" und „Die Animierbaracke". Später bekam ich die Beiträge honoriert und ein Belegexemplar des Heftes, das mir nicht sonderlich gefiel, weil es sehr wenig dem Titel entsprach, neben den Beiträgen von Hugo Kersten etc. belanglose Dadaismen enthielt und ziemlich direktionslos war, das ich aber keineswegs für irgendwie polizeiwidrig hielt. Nun ist das Heft beschlagnahmt worden und unter anderem ausgerechnet mein Gedicht „Notturno" beanstandet. Es ist jenes Gedicht, das zuerst in Ihrem „Pan" stehen durfte und eine reine Aufzählung von Impressionen des großstädtischen Nachtlebens enthält: „Schweinkerle, die mit Bügelfalten prunken, Zuhälter nach dem Schnitt der neusten Mode ..." etc. Was daran, selbst vom Standpunkt der Beanstander aus, unzüchtig sein soll, ist mir unerfindlich. Und am kuriosesten ist es doch, daß ein Gedicht, daß 1913 oder 14 unbeanstandet in einer verbreiteten Zeitschrift stehen durfte, 1921 in einem fast unter Ausschluß der Öffentlichkeit erscheinenden Heftchen, Winkelblättchen, beschlagnahmt wird. Vielleicht haben Sie Gelegenheit, diese Angelegenheit, die ja auch ein bißchen, und das ehrt mich, die Ihre ist, als Wurfstab für den Freiheitszug deutscher politischer Gestaltung festzunageln. [...]

Friedenau, 3. Sept. 1921

Lieber Herr Dr. Alfred Kerr, eben erhalte ich die Anklage zugestellt, [...] senden Sie mir doch, bitte, baldmöglichst ein Gutachten über das Gedicht „Notturno" und über meine ganze künstlerische Persönlichkeit und Leistung! Senden Sie mir es aber, bitte, rasch, damit ich es noch rechtzeitig dem Gericht einreichen kann! Und erlauben Sie mir, Sie als Sachverständigen laden zu lassen! Haben Sie im voraus herzlichen Dank für alle Hilfe!

Ich bin aufrichtig empört und finde es unqualifizierbar, daß man ausgerechnet heut, wo das ganze bißchen Errungenschaft politischer Freiheit auf dem Spiel steht, juristische Organe auch noch die Freiheit der Kunst in der plumpesten Weise antasten läßt. Es ist ja eine Schande, wenn man 1912 mit 1921 vergleicht! Die übelste pikante Ware (siehe Zeitungskioske) ist geduldet, ernsthaft bemühte Dichtung hetzt man. Es ist schon eine Lust, in Deutschland zu leben! Ich bitte Sie nochmals um Ihre *rasche Unterstützung.*

Mit Grüßen herzlicher Verehrung Ihr Max Herrmann (Neiße),
Friedenau, Stierstr. 14/15

[...]

# 9. AUGUST

*Am 9. August 1945 schreibt der 59jährige österreichische Schriftsteller* ***Hermann Broch*** *an seinen sehr viel jüngeren Freund* ***Volkmar von Zühlsdorff****.*

*Beide haben sich im amerikanischen Exil kennengelernt, wo Zühlsdorff Mitarbeiter einer Hilfsorganisation für deutsche Flüchtlinge war. Jetzt will er nach Deutschland zurückkehren – für den Juden Broch ist das eine undenkbare Vorstellung.*

Princeton, N.[ew] J.[ersey], 9.8.45

Liebster Volkmar,

nein, Sie haben mich mißverstanden: ich werde mich persönlich doch nicht als „Opfer" bezeichnen; im Gegenteil, ich bin dem Hitler für meine Austreibung (ja sogar für die vorangegangene Einkerkerung) höchlich dankbar, denn es heißt etwas, in meinem Alter ein im wahrsten Sinn des Wortes „neues" Leben beginnen zu dürfen. Ich möchte für mich nichts davon missen.

Aber unpersönlich bin ich ein Opfer. U. z. als Jude. Es wird Sie vielleicht wundern, daß ich das Judenproblem so herausstelle [...], aber ich tue es nicht aus Ressentiment, sondern nach sehr reiflicher Überlegung.

Am Judenproblem zeigt sich nämlich die „Schuld" des deutschen Volkes: durch volle 20 Jahre hat der Deutsche die tollidiotischeste Judenhetze mit völliger Gleichgültigkeit betrachtet, und kraft dieser bestialischen Gleichgültigkeit ist er zum Helfershelfer eines bestialisch-systematischen Massenmordes geworden. Sie sehen, ich spreche nicht von Politik (obwohl man an Ludendorff sehen kann, wie Kriegsverbrechen und gemeines Verbrechen zusammenhängen), ich spreche von gemeinem Verbrechen, nämlich von jenem, das in den Ghettos verübt worden ist. Jeder Deutsche, der nicht im Konzentrationslager gewesen ist - und sogar mancher Lagerinsasse - ist dieser Beihilfe zum Mord kraft Gleichgültigkeit zumindest verdächtig.

Das soll die übrige Welt nicht reinwaschen. Gleichgültigkeit (und erst recht dem Juden gegenüber) ist eine allgemeine menschliche Eigenschaft. Aber das deutsche Volk – und hier denke ich äußerst rassisch –, dieses im Guten wie im Bösen extremste Volk des Abendlandes, hat sich wiederum als der Brennspiegel des Weltgeistes erwiesen: es hat, wie ich in einem Nazi-Radio gehört habe, den andern Völkern „den Adlerflug gelehrt".

Auch in der Kriegsführung hat Deutschland die andern Völker den „Adlerflug“ gelehrt. Deutschland war gerüstet, der Westen ungerüstet; das war vielleicht eine Schlamperei der Demokratien, heute ist es ihr stärkstes Argument. Daß die englischen Städte weniger als die deutschen verwüstet worden sind, ist kein Argument für deutschen Edelmut, sondern Ergebnis der überraschenden westlichen Rüstungsaufholung. Wäre Deutschland dem Westen in der Konstruktion der Atombombe zuvorgekommen, so würde New York heute das Schicksal Nagasakis teilen. [...]

Meine gesamte Arbeit und mein gesamtes Denken ist nun seit vielen Jahren mit diesem einzigen Problem beschäftigt: wie kann der Mensch (also keineswegs nur der Deutsche) wieder auf die Bahn zunehmender Humanisierung gebracht werden? Die eigentliche praktische Lösung wird – dessen bin ich sogar überzeugt – von Deutschland ausgehen, *weil dort die Schuld am akzentuiertesten gewesen ist* und weil dort der mystische Zusammenhang von Schuld und Sühne am handgreiflichsten zutagetritt. In der Regeneration der Welt wird Deutschland die führende Rolle spielen, sobald der Deutsche erfaßt haben wird, was Schuld durch Gleichgültigkeit bedeutet. [...]

Und darum bin ich auch der Ansicht, daß jeder, der guten Willens ist, nach Deutschland zurückkehren kann und soll, jeder und doch kein Jude; denn der Täter wird beim Anblick des Opfers verstockt, und außerdem würden ja nicht die Toten, sondern die Lebenden heimkehren, die sich überdies noch vielfach als „Sieger“ benehmen und damit den Hitlergeist nur wieder frisch anfachen würden.

Ich persönlich will außerdem nicht zurückkehren, weil ich nicht wieder in die Zwangslage geraten will, verachten zu müssen. Von allem, was ich im Hitlerdeutschland erlebte, war der Ekel vor dem Menschen und seiner Sturheit das Furchtbarste; [...]

Ich hoffe, daß ich mich diesmal klarer ausgedrückt habe. [...]

Grüßen Sie Prinz und Prinzessin in Freundschaft und nehmen Sie sehr herzliche Gedanken ihres

Hermann

# 10. AUGUST

*Am 10. August 1957 antwortet der 66jährige* ***Adolf Grimme*** *mit dem folgenden Brief auf eine Umfrage von* ***Werner Garms****, der als Werkstudent an der Universität Graz Persönlichkeiten des öffentlichen Lebens nach ihrer Einstellung zum Krieg befragt hat. Grimme war bereits 1930 preußischer Minister für Wissenschaft, Kunst und Volksbildung, saß unter Hitler drei Jahre im Zuchthaus und war seit 1948 acht Jahre lang Generaldirektor des Nordwestdeutschen Rundfunks.*

*Übrigens: von den 4.720 Fragebogen, die Garms verschickt hatte, wurden nur 96 beantwortet ...*

Degerndorf, 10. August 1957

Sehr geehrter Herr Dr. Garms!

Wenn ich Ihre Fragen auch nicht erschöpfend beantworten kann, was schließlich einer Abhandlung gleichkäme, so möchte ich doch zusammengefaßt sagen:

Als Gegner des Nationalsozialismus und des Militarismus bejahe ich aus religiösen, sittlichen und politischen Gründen die Arbeit für den Frieden und verneine den Krieg bis zur letzten Konsequenz. Wie ich denn z.B. keinen Unterschied zu empfinden vermag zwischen einem sogenannten gerechten und ungerechten Krieg. Denn „gerecht" ist ein ethischer Terminus; Kriege aber stehen grundsätzlich außerhalb der Ethik. Ich vermag auch keinen Krieg anzuerkennen, der nach der Lehre Jesu erlaubt wäre: Es gibt keinen christlichen Krieg. Beschämend vielmehr, wie von außerreligiösen Parolen eingefangene und verblendete „Christen" das neutestamentalische Wort, durchs Schwert werde umkommen, wer zum Schwert greife, entweder verdrängen oder als etwas ausgeben, was wie schließlich die ganze Rigorosität der Bergpredigt nicht so wörtlich genommen werden dürfe, wenn man inmitten einer ihren eigenen, für souverän gehaltenen Gesetzen folgenden Welt „leben" wolle (eben, wenn man „leben" wolle – womit sich dann die ewige Diskrepanz zwischen dem Sonntagsevangelium und dem Alltag noch allemal hat „rechtfertigen" lassen). Ohne dies gutheißende Schielen nach der angeblich unaufhebbaren Diskrepanz zwischen religiöser Forderung und den „Gesetzen" der Umwelt wäre ja auch nicht zu verstehen, daß neuerdings zwar gegenüber der Anwendung von Atomwaffen Bedenken geltend gemacht werden, daß man aber nicht den Schritt tut, grundsätzlich *jede* auf die Vernichtung von Menschenleben abzielende Waffe zu verwerfen, als wenn es sich um ein Problem der bloßen Zahl handele, des Umfangs der Vernichtung also.

Und was den „ewigen Frieden“ betrifft, so halte ich's auch darin mit der Tatsache, daß die Utopien von heute die Selbstverständlichkeiten von morgen sind. Ich wüßte jedenfalls nicht, welcher Sinn all unserer menschlichen Arbeit innewohnte, wenn nicht ihr Ziel die Vollendung der Schöpfung in freier und friedlicher Zusammenarbeit aller Menschen wäre. Ob dabei ein Weltbundesstaat dieses friedliche Miteinander gewährleisten kann? Ich finde, das ist keine Frage der Überzeugung, sondern eine zunächst organisatorisch-zweckmäßige. Organisationsformen aber sind stets nur Mittel und veränderbar je in Richtung der zweckvollsten Anpassung an das Ziel.

Da mich schon interessieren würde, was bei Ihrer schätzenswerten Umfrage „rauskommt“, wäre ich dankbar, ich könnte das seinerzeit erfahren.

Mit bestem Wunsch für Ihr Vorhaben!

Adolf Grimme

# 11. AUGUST

*Am 9. August 1954 schreibt sie 32jährige Dresdner Schauspielerin* ***Traute Richter*** *an* ***Otto Grotewohl****, den Ministerpräsidenten der DDR. Was heute unfreiwillig komisch klingt, war damals nicht nur ernst gemeint, es wurde auch ernst genommen: „Die Freiheit des Badestrands blieb erhalten."*

Ostseebad Baabe/Rügen, 9.8.1954

Hochverehrter Genosse Ministerpräsident!

Ist Ihnen bekannt, daß augenblicklich im Strandgebiet von Rügen [...] ein polizeiliches Verbot und eine ausgesprochene Verfolgung der Freikörperkultur stattfindet?

Die Aktion hat solche Formen angenommen, daß Tausenden von schaffenden Menschen die Erholung vergällt wird, die sie zur Auffrischung ihrer körperlichen und geistigen Reserven dringend nötig haben.

Die Freikörperkultur hat sich in den letzten Jahren auch bei uns mehr und mehr gegen alle spießbürgerlich-kapitalistischen und religiösen Vorurteile durchgesetzt. Wenn man überblickt, in welchen Ländern Freikörperkultur betrieben wird und wo sie verboten ist, dann stößt man – wie bei allem und jedem – auf Politik. In Amerika, wo man dem kranken Gemüt mit Reizmitteln nachhelfen muß, verpackt man die einfache Natur in verwegene Bademoden, die einerseits als erotisches Stimulans dienen, andererseits den Textilkonzernen beträchtliche Summen einbringen. In anderen Ländern wieder, wo die Kirche das entscheidende Wort in solchen Dingen zu sprechen hat, befiehlt man, die Natur zu verleugnen; so ist es im faschistischen Spanien unerlaubt, den Badestrand ohne Strümpfe zu betreten. Dort jedoch, wo die Gesundheit des Menschen im Vordergrund steht, und damit auch in der Sowjetunion, wurde der Freikörperkultur Recht gesprochen. Die Gemeinden der Ostseebäder haben dem Wunsche vieler Menschen nach vollem Genuß von Sonne, Luft und Wasser Rechnung getragen und dafür besonders geeignete Küstenstreifen angewiesen und gekennzeichnet. So weist z.B. Baabe ein durch kein Gebäude umsäumtes, durch Dünen gegen die Einsicht von der Strandpromenade her geschütztes Gelände auf, das seit Jahren als Freikörperkulturgelände bekannt ist.

Wenn man die gesamte gegenwärtig laufende Polizeiaktion überblickt, wird man das Gefühl nicht los, daß Zusammenstöße zwischen Bekleideten und Unbekleideten provoziert und inszeniert worden sind, um einen Ansatzpunkt zu dieser Aktion zu finden, die vor vier Tagen mit der plötzlichen Fortnahme der offiziellen Markierungstafeln begann.

Unter den Freibadenden befinden sich vorwiegend Wissenschaftler, Ärzte, Künstler und Erzieher (davon zahlreiche Aktivisten), Menschen, die zugunsten Wenigerverdienender auf Ferienplätze verzichtet haben und deshalb auf Zelt und damit nichtöffentliche Badeplätze angewiesen sind. Es kommen aber auch viele Werktätige, Kumpel und Angehörige der VP in das Freibadegelände, und es ergeben sich vielfach interessante, fruchtbare, positive Diskussionen.

Es kann unmöglich im Sinne unserer Regierung und unserer Partei liegen, daß Tausende schaffende Menschen einer Belanglosigkeit wegen beleidigt und wie Verbrecher behandelt und dadurch bis zum äußersten aufgebracht werden in einer Zeit und Situation, wo wir zur Vorbereitung der Volkswahlen und der einheitlichen Aktionen gegen die westlichen Kriegsprovokationen jeden einzelnen Bürger unserer Republik, jede Stimme benötigen. Elf Monate kämpft man besessen um jede positive Stimme für unsere Politik und setzt diesen Kampf auch im Urlaub unter Strandnachbarn fort und muß dann erleben, wie eine unbegründete, harte Aktion alle mühselige Überzeugungsarbeit wieder über den Haufen wirft.

Hochverehrter Genosse Ministerpräsident, die Auswirkungen der besagten Polizeiaktion können viel größer sein, als man annimmt, denn die Kunde davon wird nicht auf die Urlauber beschränkt bleiben. Wir wären Ihnen im Interesse unserer Partei und unserer Politik dankbar, wenn Sie uns unterstützen könnten und schnellstens eine Regelung treffen könnten, welche die aufgebrachten Gemüter wieder besänftigt. [...]

Mit hochachtungsvollen Grüßen

Traute Richter und Gerhard Vogt
vom Staatstheater Dresden
im Namen zahlreicher Genossen
vom Freibadestrand Baabe

# 12. AUGUST

*Am 12. August 1914, zwölf Tage nach Beginn des I. Weltkriegs, schreibt der 66jährige* ***Paul von Beneckendorff und von Hindenburg*** *an Generalquartiermeister* ***Hermann von Stein****. Hindenburgs Bitte wird erhört: Bereits am 22. August wird er zum Führer der 8. Armee ernannt. Im Laufe des Krieges, von dem er später sagen wird, er bekomme ihm „wie eine Badekur", steigt Hindenburg bis zum Oberbefehlshaber des Heeres auf.*

Hannover, Wedekindstraße 15, den 12. August 1914

Sehr verehrter Herr von Stein!

Im Vertrauen auf unsere alte Bekanntschaft kurz eine Bitte:

Denken Sie meiner, wenn noch im Laufe der Dinge irgendwo ein höherer Führer gebraucht wird!

Ich bin körperlich und geistig durchaus frisch und war daher auch bis vorigen Herbst trotz meiner Verabschiedung designiert. Fabeck kann Ihnen darüber Näheres berichten.

Mit welchen Gefühlen ich jetzt meine Altersgenossen ins Feld ziehen sehe, während ich unverschuldet zu Hause sitzen muß, können Sie sich denken. Ich schäme mich, über die Straße zu gehen.

Antwort auf diese Zeilen erwarte ich nicht. Sie haben Wichtigeres zu tun. Ihre Rückkehr in den Generalstab hab ich mit aufrichtiger Freude begrüßt.

Gott sei mit Ihnen!

Stets in alter treuer Kameradschaft

Euer Exzellenz sehr ergebener
v. Beneckendorff u. v. Hindenburg
General der Infanterie à la suite des 3. Garde-Rgts. z.[u] F.[uß]

*Am 13. August 1957 schreibt der fast 75jährige Schriftsteller* ***Leonhard Frank*** *an* ***Katia Mann****, die Witwe Thomas Manns. Beigefügt ist der Entwurf eines „Gnadengesuchs", das Frank erst im November 1958 an Walter Ulbricht überreichen kann. Katia Mann, Hesse, Frank und Feuchtwanger haben unterschrieben. Es ist ein vergeblicher Versuch – Janka bleibt bis zum Dezember 1960 in Haft.*

München, den 13. August 1957

Liebe, verehrte Frau Katia Mann!

Ich habe mich in der D.D.R. von einem gutgesinnten Rechtsanwalt beraten lassen, in welcher Weise für Walter Jankas Befreiung etwas versucht werden kann, mit einiger Aussicht auf Erfolg – vielleicht.

Eine Revision des Prozesses gibt es nicht, und gegen die *Verurteilung* Walter Jankas darf *nicht protestiert* werden. Das würde ihm gewiss nicht nützen – aber vielleicht schaden. Kurzum die Verurteilung muß *stillschweigend* als zu Recht ergangen anerkannt werden.

Nur ein vorsichtig formuliertes Gnadengesuch ist möglich. Da Walter Janka, wie ich ihn kenne, niemals ein *Gnadengesuch* einreichen wird, müssen seine Freunde es für ihn tun, ohne sein Wissen.

Ich habe das beiliegende Gnadengesuch nach den Stichworten des erwähnten D.D.R.-Anwaltes geschrieben und bitte Sie, es zu unterschreiben und Hermann Hesse zu bitten, es ebenfalls zu unterschreiben. Unter diesen beiden Unterschriften werde ich unterschreiben und dann die Verleger Rowohlt und Suhrkamp um ihre Unterschriften bitten.

Nach dem Rat des D.D.R.-Anwaltes werde ich das Gnadengesuch erst nach einigen Monaten, im November, dem Präsidenten Piek, der dafür zuständig ist, persönlich überreichen und (vielleicht) auch Ulbricht eine Abschrift senden.

Es ist von *allergrößter Wichtigkeit*, daß von diesem Versuch nicht das Geringste in die Öffentlichkeit dringt. Denn wenn die westdeutsche Presse vor der Überreichung des Gnadengesuches und auch nachher davon etwas erfahren und veröffentlichen würde, wäre alles verloren und ein nie wieder gutzumachender Schaden angerichtet. Die Unterschreibenden dürfen also zu *niemand* davon sprechen. (Bitte entschuldigen Sie, daß ich diese Selbstverständlichkeit so dringend erwähne).

Bitte, lassen Sie mich wissen, ob Sie meine Formulierung des Gnadengesuches für angemessen halten (es war eine harte Arbeit) und ob Sie und Hermann Hesse es unterschreiben werden. Wenn ja – senden Sie es mir bitte *eingeschrieben* zurück.

Mit dem herzlichen Wunsche für Ihr Wohlergehen
Ihr

[Leonhard Frank]

[Gnadengesuch]

Hochverehrter Herr Präsident!

Wir haben mit großer Bestürzung erfahren, daß Walter Janka zu fünf Jahren Zuchthaus verurteilt wurde. Da wir keine Einzelheiten wissen, können wir uns nicht zu den Vorwürfen äussern, die Walter Janka gemacht wurden. Aber durch unsere Zusammenarbeit kennen wir ihn nicht nur als einen überaus tüchtigen Verleger, sondern auch als eine starke und geradlinige Persönlichkeit. Wir halten Janka für einen untadeligen Menschen.

Wir bitten deshalb, auch weil er unter einer schwierig zu behandelnden Lymphdrüsentuberkulose leidet, um einen Gnadenerweis für Walter Janka, sobald es möglich ist.

Für die Unterzeichneten ist es eine selbstverständliche Gewissenspflicht, niemals auch nur das Geringste in die Öffentlichkeit dringen zu lassen von dem Gnadengesuch, wie immer es aufgenommen und beurteilt werden möge.

*Am 14. August 1991 schreibt der 86jährige **Hermann Henselmann** an seinen Architektur-Kollegen **Vittorio Magnago Lampugnani**. Lampugnani hat Henselmann einen „eigenwilligen, unbequemen und wunderbaren Freund“ genannt.*

Mein lieber Vittorio Magnago Lampugnani,

[...] Das Verhältnis von Bauherr und Architekt ist, wie Du weißt, sehr dialektisch. Meine Generation war in den zwanziger Jahren beeindruckt von Werner Hegemanns „Berlin, die größte Mietskasernenstadt der Welt“ und von Widersprüchen wie das Bauhaus, Oud und Le Corbusier, Thomas Mann mit seinen Warnrufen vor dem Faschismus und Bert Brechts „Einzug der Menschheit in die Städte des 3. Jahrtausends“. Dieses Berlin, in dem ich meine ersten prägenden Eindrücke erhielt, war ein Mischkessel von Gedanken. In der Nazizeit lernte ich aus sehr konkreten Drohungen das Hakenschlagen vor dem Gefressenwerden. Dann kam die Befreiung. Sie erfolgte aus der Luft durch die Amerikaner und Engländer und auf der Erde durch die Russen. Als damals die Utopie verwirklicht werden sollte, die Hinterhöfe Berlins verschwinden zu lassen und statt ihrer die gesamte Bevölkerung, vom Arbeiter bis zum Intellektuellen, schöne und mit der Zeit immer geräumigere Wohnmöglichkeiten erhalten sollte, konnte und sollte man sich als Architekt auch nach meiner heutigen Auffassung nicht entziehen.

Ich hatte auch die Vorstellung, durch die Kraft meiner Arbeit meinen Auftraggeber umzuprägen. Als ich meinen ersten Entwurf vorlegte, stieß ich auf Ablehnung. Man wollte eine Architektur, die auch die einfachen Menschen beeindruckt, die, wie man mir erklärte, „von Kunst“ nichts verstehen. Ich sagte zu meinen Mitarbeitern: „Wenn wir am Alexanderplatz angekommen sind, werden wir modern bauen können.“ Das gelang mir auch. Doch indessen war die Utopie des Sozialismus bereits zerstört durch die mechanistische und dumme Handhabung der Grundideen der sozialistischen Gedankenwelt. [...]

Doch ich war ja kein Politiker. Ich bin ein Architekt, der aufgrund der Langlebigkeit unserer Produkte die Utopie benötigt. Die bedeutenden Architekten gehen alle von diesem utopischen Element aus. Unter dem Einfluß von Brecht und auch von Thomas Mann streifte ich das „kulinarische“

Element in meinen Entwürfen ab und tauschte dafür die Popularität ein. Später wollte ich Hoffnungszeichen setzen. Ich machte viele Entwürfe. Jedoch im Grunde sind alle an der geradezu kriminellen Haltung meiner Auftraggeber gescheitert oder auf eine widerliche Weise verbogen worden. Am schlimmsten in Leipzig und Jena. Es war ein einsamer und bitterer Weg. Jedoch die Perspektive macht mir Sorgen.

[...] Übrigens hat mich vor kurzem mein Kollege Ginelli besucht und mir erzählt, daß er Dir einen Studenten-Wettbewerb für irgendeine Aufgabe vorgeschlagen hat. Ich finde diesen Vorschlag nicht gut. Es steht jedem Studenten sowieso frei, sich an Wettbewerben zu beteiligen, und diese Möglichkeit wird auch oft genug benutzt. So war das auch in meiner Jugend. Es war die beste Schule. Ich dachte immer, ich bekomme einen Preis, doch ich lernte, daß die preisgekrönten Entwürfe immer besser waren als die meinigen. Die Musenkuß-Ideologie für Jugendliche halte ich für falsch. Die künstlerische Leistung ist sehr schwer. Du wirst zum Beispiel den Entwurf für einen Kindergarten von meinem seinerzeitigen Verleumder vom Dienst in Dresden kennen. Das ist der geschmäcklerische Versuch, der Omni-Potenz des kleinen Kindes eine künstlerische Form zu geben. Ich verstehe diese Absicht. Jedoch ist das eine Opa-Ideologie. In diesen ersten Kinderjahren können Kinder alles, was ich von meinen vielen Enkelkindern weiß. Doch gerade, weil sie alles können, haben sie auch einen ungeheuren Spaß am Bauen und an der Zerstörung. Was der Kollege da gemacht hat, ist altmodisch und unerlaubt naiv. Wir brauchen viele solcher Kindergärten und -krippen, um unsere Frauen in der Arbeitswelt nicht zu benachteiligen. Das andere ist Eitelkeit. [...]

Doch das schreibe ich Dir als meinem Freund. Ich bin kein Missionar und auch nicht zum Haß geboren. [...] Deine Arbeit verfolge ich mit Sympathie und Zustimmung.

Ich umarme Dich und grüße Dich, auch Marlene und die Kinder; ich nehme an, daß sie Dir Freude machen. Eine glückliche Ehe ist ein fester Untergrund für Deine wichtige Aufgabe. Immer

Dein Hermann

Berlin, 14. August 1991

*Am 15. August 1965 schreibt der Schriftsteller und Privatgelehrte* ***Ludwig Marcuse*** *an die befreundete* ***Erika Mann****. Es ist ein Antwortbrief mit einer langen Vorgeschichte: Marcuse hatte die dubiose Schopenhauer-Stelle 1954 in einem Brief an Thomas Mann erwähnt (und damit den entschiedenen Widerspruch des „Zauberers" herausgefordert). Nun betreut Erika den brieflichen Nachlaß ihres Vaters und fragt an: „Wie, um Gott, lautet das betreffende Zitat? Und genau wo steht es?" Hier ist die Antwort:*

[Bad Wiessee], 15.8.1965

Erikissima, liebster aller Störenfriede:

als gelernter Defaitist, als ungelehrtester aller Gelehrten hast Du mich zunächst in tiefe Verzweiflung gestürzt – mitten in der Arbeit.

Nun habe ich glücklicherweise in meiner winzigen Bibliothek zwei Schopenhauer-Ausgaben, darunter die große mit meinen Strichen.

Also *Welt als Wille und Vorstellung. Band II: Ergänzungen zum Vierten Buch Kapitel 44: Metaphysik der Geschlechtsliebe.* Das ganze Citat:

„Die oberste, unsere Wahl und Neigung leitende Rücksicht ist das Alter. Im Ganzen lassen wir es gelten von den Jahren der eintretenden bis zu denen der aufhörenden Menstruation, geben jedoch der Periode vom achtzehnten bis achtundzwanzigsten Jahre entschieden den Vorzug. Außerhalb jener Jahre hingegen kann kein Weib uns reizen: ein altes, d.h. nicht mehr menstruiertes Weib erregt unsern Abscheu. Jugend ohne Schönheit hat immer noch Reiz; Schönheit ohne Jugend keinen". –

Ich habe mich totgelacht! Abgesehen davon, daß „der Alte" ein kauziger Pedant war, war er doch der Einzige. Der große Hegel und der kleine Schleppenträger Adorno sind dagegen doch nur feige Theologen. –

Wenn Du keine Zeit hast, und es ist auch nur eine leise Besserung da – bitte doch Deine liebe Mutter, mir eine Postkarte mit zwei Sätzen zu schreiben.

Alles Liebe von Sascha und Deinem, herzlich an Dich denkenden

Marcuse

# 16. AUGUST

*Am 16. August 1977 schreibt die Schriftstellerin* ***Maxi Wander*** *an ihre Freundin* ***Helga B.*** *den folgenden Brief. Nur drei Monate später, am 20. November 1977, ist Maxi Wander gestorben.*

[Kleinmachnow], 16. August 1977

Liebe Helga,

Deine Schrift hat mir heut zugesetzt, ich hoffe, ich habe sie enträtselt und nicht mißverstanden. Diese kleinen Karten peilen einen Menschen ja immer nur an, sie machen neugierig auf mehr, und dann sitzt man wieder auf dem trockenen. Mit den Besuchen ist es ähnlich, sie lassen mich durstig zurück. Man müßte wieder verreisen, sich unter die Menschen werfen, heraus aus diesem beschissen engen, idyllischen Kleinmachnow! Ob das Bauernhaus, das wir haben wollen, ein Ausweg sein wird? Ich glaub's nicht. Das geistige Leben wird nicht lebendiger, nicht interessanter, immer mehr verkriechen sich die Menschen in sich selber, in ihren vier Wänden, in ihre Autos. Und mich friert. Wenn der Jossl nicht wär und zwei, drei Freunde, aber das ist zu wenig! (Ach so, Du willst vielleicht wissen, wo's mich zwickt. Ich pflege meine dumme Leber, seit mehr als zwei Monaten, und muß „viel Geduld" haben. Zumindest weiß ich oder glaube zu wissen, daß es keine Metastasen sind, und das beruhigt ein wenig.)

Ja, Helga, das Buch über die Männer ist schon angefangen. Und Du hast natürlich recht, es ist verdammt schwer mit ihnen, obwohl ich vor Verallgemeinerungen zurückscheue. Schön wär's, wenn ich ein wenig bloßlegen (nicht bloßstellen) könnte von ihrer Angst, nicht zu genügen, von ihrem Konflikt zwischen dem (Omni-)Potenzzwang und ihrem Geborgenheitswunsch, ihrem sexuellen Verlangen und dem Bedürfnis nach Zärtlichkeit. Aber sie kennen ja ihre Bedürfnisse und Ängste viel weniger als wir Frauen. Sie haben wirklich geringere Ansprüche an ihre Persönlichkeit, zumindest andere als wir Frauen. Frauen wollen Menschen werden, Männer wollen was erreichen, wollen Erfolg haben oder glauben, es wollen zu müssen. Es wäre schön, könnte ich die Spuren in die Kindheit verfolgen, aber da ist ja auch vieles unbewußt und verschüttet. Ein Psychologe könnte das viel besser als ich. Die Helga Schubert müßte so etwas machen.

Ich hoffe, ich habe Dich richtig gelesen, Deine Schrift ist ja winzig klein. Du findest Dich wunderbar? Und es langweilt Dich, wenn ein anderer das auch findet? Hm. Ich kann von mir nur sagen, daß ich etwas in mir „wunderbar" finde oder sagen wir, einigermaßen menschlich und reif. Vieles andere ist mir noch so unausgegoren, sogar unangenehm, ich akzeptiere es überhaupt nicht, bin sehr ungeduldig mit mir, weil ich aus Erfahrungen und Einsichten so wenig mache, weil ich immer wieder vergesse und in alte Verhaltensweisen zurückfalle, die ich bei mir und anderen nicht ausstehen kann, und weil meine Familie es mit mir so schwer hat. Vielleicht ist der Anspruch an mich selber zu groß, nach wie vor. Im Grunde steh ich ja ziemlich allein mit meiner Verantwortung für die Familie da, vor allem für Daniel, meinen Legastheniker, der auch in diesen Ferien nicht richtig lesen gelernt hat.

Du sagst kein Wort, ob Du allein lebst. Bist Du geschieden? Wie gestaltet sich Euer tägliches Leben? Wenn's mir besser geht und Du Zeit hast, dann besuch mich mal. Im September müßte es soweit sein.

Herzliche Grüße

Maxi

# 17. AUGUST

*Am 14. August 1977 schreibt **Christa Wolf** zwei Briefe: den einen an das **Präsidium des Schriftstellerverbandes**, den anderen an **Erich Honecker**. Es sind Dokumente des Mutes und der Verzweiflung.*

14. August 1977

Werte Kollegen,

die Tatsache, daß Sarah Kirsch die DDR verläßt, ist für mich ein Vorgang von großer menschlicher, literarischer und politischer Tragweite. Ich sehe nicht, daß er im Schriftstellerverband so begriffen und behandelt werden wird; schon höre ich erste Stimmen, die die Integrität von Sarah Kirsch in Frage zu stellen suchen: Es werden die gleichen sein, die durch Diffamierungen und Demütigungen ihren Anteil daran haben, daß Sarah Kirsch nicht mehr hier bleiben will. Kein Vertreter einer Leitung des Schriftstellerverbandes, in dessen Vorstand Sarah Kirsch war, hat es für nötig gehalten, sich bei ihr nach den Gründen für ihren Entschluß zu erkundigen. –

Selbstverständlich bin ich dafür, daß Ausreisewillige ausreisen dürfen. Dem Schriftstellerverband und seinen leitenden Organen aber stünde es wohl an, sich über ihre Mitverantwortung an dieser katastrophalen Entwicklung Rechenschaft zu geben.

Allerdings entbehrt die Atmosphäre im Verband zur Zeit jeder Voraussetzung dafür, die tief beunruhigenden Fragen, die nicht nur dieser Verlust, er aber besonders aufwirft, in angemessener Weise aussprechen und diskutieren zu können. Aus Erfahrung weiß ich, daß ich diese Lage nicht verändern, die Atmosphäre nicht beeinflussen kann. Meine Hoffnung ist erschöpft. In Vorgänge, die ich nicht durchschaue und verstehe, kann ich mich nicht einmischen. Ich will auch nicht schweigend dabeisitzen, wenn taktische Varianten für diese oder jene Verfahrensweise ausgehandelt werden. Es bleibt mir also keine Wahl: Ich erkläre hiermit meinen Austritt aus dem Vorstand des Schriftstellerverbandes der DDR.

Christa Wolf

Eine Kopie dieses Briefes erhält der Generalsekretär der SED, Genosse Erich Honecker.

Sehr geehrter Genosse Honecker,

ich möchte Ihnen einen Brief zur Kenntnis bringen, den ich heute an das Präsidium des Schriftstellerverbandes der DDR geschickt habe. Sie entnehmen daraus meine Überzeugung, daß ich im Augenblick im Schriftstellerverband nicht wirksam werden kann. Sollte sich ein Ansatz für ein echtes Gespräch über die Probleme ergeben, die sicherlich nicht nur mich sehr stark beunruhigen, stehe ich dafür zur Verfügung.

Gestatten Sie mir, noch ein Anliegen vorzubringen: Seit Monaten quält mich der Gedanke, daß junge Leute, die sich im November vorigen Jahres für die Rückkehr Wolf Biermanns in die DDR eingesetzt haben – was ich, wie Sie wissen, auch tat – in Untersuchungshaft sitzen. Ich kenne sie nicht und kenne nicht die Einzelheiten, das Verfahren gegen sie betreffend. Aber ich bitte Sie herzlich und dringend: Erwirken Sie kraft Ihres Amtes ihre Freilassung. – Ich weiß, wie naiv diese Bitte in der politisch angespannten Atmosphäre dieser Monate wirken kann. Ich habe sie mir lange überlegt. Ich halte sie nicht nur für menschlich gerechtfertigt, sondern auch für politisch vertretbar. Ihre Erfüllung würde der Partei einen großen Zuwachs an Vertrauen bringen.

Ich verhehle nicht, was aus diesen Briefen sicherlich hervorgeht: Ich befinde mich in einem Zustand schwerer Trauer und Sorge. Die Hauptquelle für diesen Zustand ist die verheerende Erfahrung, daß die Partei und unser Staat Genossen und Kollegen von sich abstoßen, die niemals unsere Gegner waren oder sein wollten. Ich habe dafür keine Erklärung und auch keine Worte mehr.

Mit sozialistischem Gruß

# 18. AUGUST

*Am 19. August 1956 schreibt* ***Hilde Rubinstein*** *an ihren Schriftsteller-kollegen* ***Hans Werner Richter****. Richter, der Begründer der „Gruppe 47", hatte im März 1956 die selbständige redaktionelle Verantwortung für zwei Seiten in der Münchner Zeitschrift „Die Kultur" übernommen, trennte sich aber schon im September von der Zeitschrift, nachdem diese Selbständigkeit in Frage gestellt worden war.*

[Stockholm-Hägersten], 19/8 -56

Sehr geehrter Herr Richter!

Immer lese ich Ihre Doppelseite in der „Kultur" mit dem allergrössten Interesse, wenn nicht gar Enthusiasmus. Sie gehören, meiner Meinung nach, zum Wesentlichsten der heutigen deutschen Publizistik.

Einer Behauptung im Artikel von Schallück über den 20. Juli muss ich leider widersprechen. Leider, sage ich, denn ich wünschte, der Verfasser hätte recht, wenn er sagt: das deutsche Volk hat ein schlechtes Gewissen wegen der nazistischen Vergangenheit. Ein schlechtes Gewissen setzte voraus, dass man diese Vergangenheit kennt, sowie – wenn auch nur innerlich – verurteilt. Meinen Beobachtungen entsprechend ist das nicht der Fall. Leute, mit denen ich auf meinen Reisen in Deutschland sprach, glaubten entweder nicht, was geschehen ist, oder sie behaupteten, dass die Betroffenen ja alle Verbrecher gewesen wären, oder sie sagten, dass sie nichts damit zu tun hätten, da sie ja niemandem ein Haar gekrümmt hätten. Der Ausreden sind viele, und sie beweisen, dass die Deutschen im Grossen und Ganzen (man sagt zu 70%) weiterhin Nazis sind d.h. von Nazi-Ideologie und -mentalität durchtränkt. Wie könnte es auch anders sein? Es ist ja zur Umerziehung und wirklichen Desnazifizierung nichts oder verschwindend wenig getan worden, was in dic Brcitc gingc. (Wenigstens in Westdeutsch-land)

Wenn ich Ihre glänzenden Seiten lese, bin ich sehr traurig darüber, dass nur solche sie lesen, die sowieso Ihrer Meinung sind. So geht es auch mit anderen guten Zeitungen und Zeitschriften in Deutschland. Deswegen denke ich andauernd an ein simples Blatt von 2 Seiten, aufgemacht wie die Sensationspresse zu 10 Pfennigen, der Abend, oder wie diese Dinger heissen. Eine solche Zeitung könnte ja „Der Morgen" heissen und auf der ersten Seite genau so aussehen wie „Der Abend" (Nackttänzerin bittet den Papst um Audienz, Giftmörder und Giftmörderin heiraten in der Todeszelle, Du bist nicht meine Tochter, Amalia, schrie Frau Müller) und auf der Rückseite Sport, aber die beiden Mittelseiten müssten aussehen wie Ihre in der „Kultur". Aber vielleicht noch einfacher, leichter fasslich.

Das ist so eine Idee von mir, und sie ist nicht neu. Wenn es möglich wäre, würden Sie vielleicht schon längst eine solche Zeitung gestartet haben.

Und etwas anderes: Im erwähnten Artikel wird auch von den „Vergessenen" gesprochen. Ich gehöre zu ihnen. Bin 1935 (nach Hitler-Gefängnis) nach Schweden verschlagen worden, wo ich seitdem lebe, ohne mich zurechtfinden zu können und mit dem ewigen Wunsch, wieder nach Deutschland zurückkehren zu können, was ja nun mal meine Heimat ist. Als Schriftstellerin kann ich ohne meine Muttersprache nicht existieren. Mitarbeit wäre für mich wichtiger als Unterstützung. Ich sandte vor einigen Monaten zwei Gedichte an „Die Kultur" und vor einigen Wochen einen internationalen Antwortschein, ohne irgendwelchen Bescheid zu bekommen. Könnten Sie nicht so freundlich sein, für mich anzufragen? Wenn Sie wissen wollen, wie ich schreibe, lesen Sie bitte in der Juli-Nummer von „Texte und Zeichen" meine Erzählung „Der Brautschleier".

Mit ausgezeichneter Hochachtung

Hilde Rubinstein

# 19. AUGUST

*Am 19. August 1930 schreibt der* ***Oberstaatsanwalt beim Landgericht III*** *an den* ***preußischen Justizminister****. Zweifellos war dem diensteifrigen Beamten nicht bewußt, daß sein ernstgemeintes und besorgtes Schreiben auch durchaus komische Züge hatte ...*

*Goebbels übrigens war für einen Artikel unter der Überschrift „Lebt der Reichspräsident noch?" zu 800 Reichsmark Geldstrafe verurteilt, in der Revision aber freigesprochen worden.*

Der Oberstaatsanwalt beim Landgericht III an den preußischen Justizminister wegen Beleidigung des Reichspräsidenten, 19.8.1930

Die „Weltbühne" Nr. 30 vom 22.7.30 bringt einen Artikel mit der Überschrift „Die große alte Null". Mit dieser Überschrift ist der Herr Reichspräsident gemeint, der auch im Artikel selbst mehrfach als „Null" bezeichnet wird. Außerdem heißt es in dem Artikel: „Jeder Unterrichtete kennt die völlige Unzulänglichkeit dieses Reichspräsidenten, aber keiner spricht aus, daß auf diesem Platze ein politisches Analphabetentum auf die Dauer untragbar ist ... Aber dieser Präsident ist als Person kaum existent sondern eine glorreiche Attrappe, die von unverantwortlichen Fingern bewegt wird, ein vergöttlichtes Zéro ..."

Bestrafung wegen Beleidigung ist zu erwarten, falls der Herr Reichspräsident Strafantrag stellt. Nach den in der Strafsache gegen Dr. Goebbels (E 1 J 22/30) gemachten Erfahrungen ist jedoch der Verlauf und Ausgang eines solchen Prozesses nicht vorauszusehen, sodaß ich mich für verpflichtet halte, von der Stellung des Strafantrags abzuraten. Sonstige strafbare Handlungen liegen nicht vor.

Verfasser des Artikels ist der Schriftsteller Carl von Ossietzky in Berlin-Friedenau, geboren am 30.10.1889 zu Hamburg, der als Herausgeber der „Weltbühne" seit Jahren eine Rolle im öffentlichen Leben spielt. Er ist zweimal wegen Beleidigung, begangen durch die Presse, vorbestraft.

In Vertretung

gez. N.N.

Erster Staatsanwalt.

*Am 20. August 1918 schreibt der Maler **Oskar Kokoschka** an die Modistin, Malerin und Puppenmacherin **Hermine Moos**. Kokoschka hat der jungen Frau einen ungewöhnlichen Auftrag erteilt: Sie soll ihm eine lebensgroße, lebensechte Puppe der geliebten, der vielgeliebten Alma Mahler anfertigen. - Der Auftrag wird wunschgemäß ausgeführt, Kokoschka aber ist tief enttäuscht. Eine Puppe bleibt eine Puppe ...*

[Dresden/Weißer Hirsch,] 20.8.18.

Liebes Frl. Moos,

ich sandte Ihnen gestern durch meinen Freund Dr. Pagel eine lebensgroße Darstellung meiner Geliebten, welche ich Sie bitte recht getreu nachzuahmen und mit dem Aufgebot Ihrer ganzen Geduld und Sensualität in Realität umzuschaffen.

Geben Sie recht acht auf die Dimensionen des Kopfes zu denen des Halses, des Brustkorbs, des Rumpfes und der Gliedmaßen. Und nehmen Sie sich die Kontur des Körpers recht zu Herzen. Zum Beispiel die Linie des Halses zu dem Rücken, die Kurve des Bauches. Das zweite schräg gestellte Bein zeichnete ich nur ein, damit Sie die Formen desselben auch von innen sehen, sonst aber ist die ganze Figur rein im Profil gedacht, so daß die Schwergewichtslinie vom Kopf bis zum Rist des Fußes für Sie eine genaue Bestimmung der Profilierung des Körpers ermöglicht. Bitte machen Sie es dem Tastgefühl möglich, sich an den Stellen zu erfreuen, wo die Fett- und Muskelschichten plötzlich einer sehnigen Hautdecke weichen, aus denen dann irgendein Knochenstück an die Außenfläche kommt, zum Beispiel am Schienbein, die Becken-Knieknochen, die Schulterblatt-Schlüsselbein- und Armknochenenden. Die Streifung und Lagerung der Fett- und Muskelbündel ersehen Sie ziemlich aus der Lage der weißen Farbflecken, die ich der Natur gemäß anbrachte. Der Kopf ist recht genau zu treffen und ist ganz der Ausdruck des Gesichtes, das ich mir wünsche und das ich nie treffe. Daß der Bauch und das gröbere Muskelfleisch am Bein, Rücken usw. eine ziemliche Festigkeit und Körnigkeit besitzt!

Die Frau soll ungefähr 35-40 Jahre sein. Passen Sie auf die Schwingung der Arme und Beine auf! Die Beweglichkeit der Gelenke soll den Hauptbewegungen der Natur entsprechen. Stehen muß die Figur nicht! Als erste

Lage (innerlich) nehmen Sie bitte das fein gekräuselte Roßhaar, Sie müssen dazu ein altes Sofa oder dergleichen kaufen, das Roßhaar desinfizieren lassen. Darüber dann Säckchen mit Daunen gestopft, am Gesäß und der Brust, Watte (die Sie vielleicht durch Dr. Pagel bekommen werden) in zuerst größeren angenähten Bauschen, darüber aber in feineren und feinsten Lagerungen, bis das Relief der Oberfläche getreu nachgebildet ist. Vielleicht können Sie, wenn das Skelett fertig ist, mit diesem und der Skizze wieder einmal herkommen. Damit wir uns ganz verstehen!

Die Haut wird wohl aus dem dünnsten Stoff, den es gibt, entweder Flauschseide oder ganz dünnster Leinwand bestehen und in kleinen Fleckchen aufmodelliert werden müssen. Ich versuche jetzt durch einen Chemiker zu erfahren (vielleicht schreibt Dr. Pagel an: Geheimrat Ostwald, Prof. Dr. Wilhelm, Großbothen bei Leipzig), ob man Seide so chemisch beeinflussen kann, daß sie auf Watte klebt, ohne daß die Struktur und das Aussehen der Seide verändert wird. Bitte nehmen Sie sich recht zusammen und lassen Sie nicht nach, liebes Frl. Moos. Es handelt sich mir um ein Erlebnis, das ich umarmen muß! Wenn Sie nach der Zeichnung hie und da im Unklaren sind, wie ein Muskel, eine Spannung oder ein Knochen sitzt, so ist es besser, nicht in einem Atlas nachzusehen, sondern mit der Hand an Ihrem bloßen Körper die Stelle, die Sie bewegen müssen, so lange zu untersuchen, bis Sie das Gefühl davon warm und lebendig klar in sich haben. Oft sehen die Hände und Fingerspitzen mehr wie die Augen.

Ich bitte Sie, Tag und Nacht dabei zu sein, und grüße Sie herzlichst

Ihr ergebener O. Kokoschka

*Am 14. August 1904 beantwortet der Theosoph (und spätere Anthroposoph)* ***Rudolf Steiner*** *eine Anfrage von* ***Michael Bauer****, der sich der von Steiner vertretenen Richtung anschließen will. Gründlich, aber ohne Bekehrungseifer informiert Steiner seinen Briefpartner über alles Notwendige.*

Berlin, 14. August 1904

Sehr verehrter, lieber Herr Bauer!

Auf Ihre lieben Zeilen darf ich Ihnen folgendes erwidern. Ihr Verhältnis zur theosophischen Bewegung ist ein so intimes, daß Sie in Ihrem esoterischen Leben am besten Befriedigung finden werden, wenn Sie sich der sogenannten „Esoterischen Schule" anschließen. Ich bitte Sie aber, die Mitteilungen, die ich Ihnen *darüber* mache, als nur für Sie bestimmt und ganz vertraulich zu betrachten. Es wird *niemand* aufgefordert, dieser occulten Schule beizutreten. Aber wir dürfen dem, bei dem wir es möglich finden, *Mitteilung* von ihrem Bestehen machen. Und eine solche Mitteilung will ich Ihnen machen. Finden Sie es nicht angemessen für sich, beizutreten, dann betrachten Sie die Mitteilungen als nicht gemacht und schreiben mir dies. Ich werde Ihnen dann auch sofort, ohne daß Sie Mitglied der Schule sind, das Nötige für einen esoterischen Entwickelungsgang angeben und allen Ihren Wünschen entsprechen.

Zunächst finden Sie beiliegend die Regeln des sogenannten Shravana-Ordens. Man muß erst Shravana (d.i. Zuhörer wörtlich) werden und den vorgeschriebenen Regeln folgen, dann wird man zu den höheren Graden befördert.

Sie werden ersehen, daß die Einhaltung der „Regeln" für den Anfang ganz leicht ist. Allerdings die *genaue* Einhaltung ist erforderlich, weil nur unter dieser Voraussetzung ein wirklicher Fortschritt im spirituellen Leben möglich ist.

Sind Sie bereit, einzutreten, so bitte, schreiben Sie mir dies. Ich sende Ihnen dann ein kurzes „Versprechen", durch das Sie Mitglied werden, und gebe Ihnen dann, etwa am 22. oder 23. Sept. alles weitere an.

Ich möchte Ihnen nur noch Einiges über die Natur der Schule schreiben. Sie wissen, daß die „Theosophische Gesellschaft" in dem Verhältnisse zu unseren erhabenen Meistern steht, daß diese die theosophischen Impulse an H.P.B. gegeben haben, es ihr dann überlassend, wie sie auf dem physischen Plane die Bewegung gestalten will. Die „Theosophische Gesellschaft" wurde deswegen von H.P. Blavatzky und Olcott 1875 gegründet. Mit dieser hat nun unsere occulte Schule nichts offiziell zu thun. Denn sie ist eben eine „occulte". Sie ist direct von den Meistern gegründet und steht unter der Führung dieser Meister. Und der Theosophischen Gesellschaft fließt daher fortwährend das wirklich lebendige Erkennen aus dieser occulten Schule zu. Nach und nach führen die Übungen, welche die Schule vorschreibt, zu der Erkenntnis der Meister. Das Haupt der Schule war, solange sie auf Erden weilte, H.P. Blavatzky. Jetzt ist es Annie Besant. Innerhalb Deutschlands, Österreichs und der deutschsprechenden Schweiz ist mir die Führung der Schule übertragen.

Das alles soll, wie gesagt, kein Drängen sein, sondern nur eine auf Vertrauen sich stützende Mitteilung. Treten Sie bei, so erwächst Ihnen *keine* Verpflichtung außer der Einhaltung der Regeln. Können Sie es nicht, dann schicken Sie mir die Regeln wieder zurück. Und ich beantworte Ihnen dann Ihren Brief in anderer Form, so daß Ihre Wünsche auch außer der Schule befriedigt werden. Doch hat man *innerhalb* der Schule ja die so notwendige Unterstützung von den höheren Planen aus.

Wer in Deutschland Mitglied ist, schreibe ich Ihnen sofort, wenn Sie mir Ihre Geneigtheit kundgeben. Ebenso alle Anweisungen zu einer regelrechten Meditation, die occultes Wissen vermittelt.

Annie Besant kann es möglich machen, im September in Deutschland einige Vorträge zu halten. Da sie aber nur einige Tage sich in Deutschland aufhalten kann, wird sie nur in München für Bayern vortragen können. Glauben Sie es mir, lieber Herr Bauer, wenn es möglich gewesen wäre, hätte ich auch in Nürnberg an einen Vortrag Annie Besants gedacht. Es geht aber wegen der beschränkten Zeit Frau Besants absolut nicht. Sie wird am 18. Sept. in Weimar, am 20. Sept. in München sprechen; und ich gebe mich der Hoffnung hin, daß Sie und Ihre Frau Gemahlin an einem der Orte den Vortrag anhören können.

Grüßen Sie Frau und Familie. Herzlichst ganz Ihr

Dr. Rudolf Steiner

*Im August 1992 schreibt eine* ***Frau aus Ost-Berlin****, deren Namen wir nicht kennen, an* ***Erich Honecker****. Honecker ist – nach der erzwungenen Rückkehr aus Moskau – zu dieser Zeit Untersuchungsgefangener in Berlin-Moabit. Hier begeht er am 25. August seinen 80. Geburtstag.*

Aug. 92

Sehr geehrter Herr Honecker!

In der Hoffnung, daß nun jeder Brief an Sie eingeht, möchte ich einige Zeilen, die ich schon vor Jahren an Sie richten wollte, an Sie senden.

Ich bin 52 Jahre, Kindergärtnerin, und bin und war stets parteilos. Ich habe keine Verwandten im Westen und habe alles geglaubt und danach gelebt, was in der DDR-Zeitung stand und im DDR-Fernsehen gesagt wurde. Ich war eine DDR-Bürgerin, wie Sie sich sie gewünscht haben.

Meine drei Kinder konnten in Ruhe und Frieden aufwachsen und einen guten Beruf ergreifen. Für wenige Mark besuchten sie die Ferienlager. Wir hatten keine Angst um den Arbeitsplatz, um hohe Mieten und Strom, um das Portemonnaie in der Tasche sowie vor Überfällen und Einbrüchen.

Zur Zeit der Wende war ich krank. Die DDR-Bürger enttäuschten mich. Sie schienen mir unbescheiden. Aber mir wurden die Augen geöffnet. Die Bürger wollten ja nur so leben, wie Sie. Ich mache Ihnen den Vorwurf, daß überzeugte DDR-Bürger durch Ihre falsche Führung und vor allem durch mangelnde Kontrolle der verschiedensten Ressorts betrogen wurden. Mit dem Volkseigentum wurde Schindluder getrieben und nun wird unser Volkseigentum billig an Piraten verkauft.

Ich verurteile die vielen kleinen „Honeckers" in jedem Ort der DDR, die wie die Made im Speck alles zu ihrem eigenen Nutzen entschieden haben.

Sie, Herr Honecker, hatten Ihre eigenen Privilegien und haben sich vom Westen viel abgesehen. Hätten Sie wie ein echter Führer der Arbeiterklasse, wie z.B. Ho Tschi Minh, entschieden? Der sagte: „Wenn ich sterbe, baut mir kein Denkmal, sondern erlaßt den Bauern für ein Jahr die Steuern."

Ihre Mitarbeiter in Stadt und Land haben Sie hochgejubelt und Ihnen etwas vorgemacht und Ihnen hat das so gefallen. Sie hätten mehr unters Volk gehen sollen, ohne daß vorher alles organisiert wurde.

Zu DDR-Zeiten hat man sich bei Feiern in der Familie zunehmend mehr über die Unzulänglichkeiten in der Wirtschaft unterhalten, aber es wurde nicht besser.

Warum haben Sie uns so viel vorenthalten? Ich habe bitterlich geweint, als ich das erste Mal in unsere „neue" Kaufhalle ging.

Unsere Produkte waren gut. Mußten Besucher der DDR billig alles wegkaufen? Wie Theaterkarten, Federbetten, Topfsätze oder Bücher u.v.a. Sie nutzten unser billiges Fahrgeld, Porto, Mittagessen oder die billige Dauerwelle.

Ich lese auch die Berliner Zeitung. Es gibt zur Zeit viel Negatives, aber auch viel Positives zu erfahren, aber inzwischen bin ich optimistisch.

Ihnen, Herr Honecker, wünsche ich, daß Sie die Realität richtig einschätzen lernen und sich kritisch über Vergangenes auseinandersetzen.

In der Hoffnung, daß Sie nicht weiter in Ihren Sphären träumen und einmal in der Zeitung etwas von sich hören lassen, grüße ich Sie, wünsche Ihnen einen geruhsamen Lebensabend und einen besinnlichen 80. Geburtstag.

*Am 2. August 1954 wendet sich der 40jährige Schriftsteller* ***Alfred Andersch*** *mit dem nachfolgenden Brief an seinen Kollegen* ***Hans Bender****, der auch Herausgeber der Literaturzeitschrift „Akzente“ ist.*

2.8.54

Lieber Hans,

Dank für Deinen ausführlichen Brief. Zunächst zur Geldangelegenheit: schick' mir bitte einstweilen die DM 100.-, diese aber postwendend, weil ich wirklich auf dem letzten Loch pfeife. Wegen des Restes korrespondieren wir dann von Fall zu Fall, d.h. ich schreibe Dir jeweils, wenn meine Kinder nach Brot schreien. [...]

Dein Brief wirft Probleme auf. Es steht natürlich fest, dass wir alle uns auf einen viel zu hohen Standard des Lebens gesetzt haben. Daher rühren 50 Prozent unserer Finanzprobleme. Andererseits ist unser Standard wiederum nicht höher als der eines mittelgut verdienenden Schlachtermeisters, und den sollte ein Volk seinen Dichtern und Denkern eigentlich zubilligen. Jedoch bewahrt es für uns mit rührender Sorge das Bild der Dachkammer. Auch weiss es mit sicherem Instinkt, dass der Besitz eines Gestells auf vier Rädern, das durch einen Verbrennungsmotor angetrieben wird, unsere Seelen gefährdet. [...]

Innerhalb der bestehenden Gesellschaftsordnung gibt es nun einmal nichts anderes als den Lebenskampf, der, nach den Individualitäten, ganz verschieden und mit verschiedenem Ausgang geführt wird. Hildesheimer wird sich den facts anders stellen als Du, ich wieder anders als Günter Eich. Eines aber muss ich Dir ganz offen sagen: wenn Du die Arbeit des Hörspiel-Schreibens, des Nachtstudio- und Filmexposé-Schreibens als pure Neben- und Geldverdien-Arbeit neben Deiner eigentlichen Arbeit siehst, dann hör sofort damit auf! Eine solche Einstellung ist einfach falsch und verdirbt auf die Dauer den Charakter und das Talent. Für mich ist ein Hörspiel oder ein Feature oder ein Zeitungsartikel als Kunstwerk einem Roman völlig gleichwertig, d.h. ich werde in jedem Fall versuchen, so genau wie möglich zu schreiben. Entschuldige, wenn ich so pädagogisch daherrede, ich weiss ja, dass Du die Dinge genau so siehst wie ich. Wenn es Dich aber zum Roman und nur zum Roman drängt, dann gibt es tatsächlich für Dich eben im Moment und in dieser Gesellschaftsordnung nichts anderes als die Askese.

Es ist natürlich ein grosser Unterschied, ob ein Künstler seine Arbeit unter dem Gesichtspunkt des Erfolgs sieht, oder unter dem des Kunstwerks, d.h. ob er Erfolg haben oder seine Vision verwirklichen will. Der Anblick eines um den Erfolg ringenden Kollegen stimmt mich immer zum Hohngelächter.

Neben unserer künstlerischen Arbeit sollten wir natürlich für eine Gesellschaftsordnung kämpfen, die uns aus dem gegenwärtigen unwürdigen Zustand befreit. Aber die Arbeit geht vor. Wenn sie „ankommt", haben wir Glück gehabt, wenn nicht, so fühlen wir uns wenigstens glücklich, sobald wir uns vom Fetisch des Erfolgs befreit haben. Wir wissen doch sehr genau, wann uns ein Satz gelungen ist, und dieses Gefühl ist die Hauptsache. Scheiss' auf das Publikum! [...] Was Deine Erfahrungen mit Freunden betrifft – mein Lieber, Du solltest mal meine Erfahrungen haben! Seitdem ich aus meinen redaktionellen Ämtern ausgeschieden bin: tiefes Schweigen im Walde. Mir ist das nur recht, denn im Augenblick hängt mir der ganze literarische Betrieb derart zum Halse heraus, dass ich froh bin, nichts mehr zu hören. All diese Leute, die buchstäblich kein anderes Gesprächsthema haben, als ihre eigenen Arbeiten. [...] Sie laufen alle herum und wollen Kunstwerke vollbringen, aber sie haben kein einziges echtes Interesse an irgendetwas anderem auf der Welt, und deswegen werden sie es nie schaffen. Ich finde das zum Kotzen. Da verkehre ich lieber mit Leuten, die von Kunst garnichts verstehen, sich aber in einer lebendigen Auseinandersetzung mit der Realität befinden.

Ich hoffe, ich höre bald Günstigeres von Dir. Mach doch mal wieder eine kleine Deutschland-Rundreise, denn brieflich kann man fast nichts klären – ich merke das wieder an diesem Brief. – [...]

Für heute herzliche Grüsse und alles Gute von uns beiden an Euch beide!

Dein Fred.

*Im Jahre 1902 schreibt der 19jährige **Schmuel Hugo Bergman** an den gleichaltrigen **Franz Kafka**, mit dem er zwölf Jahre lang die deutsche Schule in Prag besucht hat. Beide waren bis zu Kafkas Tod befreundet.*

*Nicht militanten Glaubenseifer, sondern die Suche und die innere Unsicherheit eines jungen Mannes verrät Bergmans Brief. Überliefert ist nur der Text, ohne Anrede, ohne Gruß, ohne ein genaues Datum. Bergman wurde später Leiter der Nationalbibliothek in Jerusalem, Professor für Philosophie an der Hebräischen Universität und Gründungs-Mitglied der Israel Academy of Science and Humanities.*

Warum ich Zionist geworden bin? In Deinem Brief fehlt natürlich wieder nicht der obligate Spott über meinen Zionismus. Fast sollte ich schon aufhören, mich darüber zu wundern, und doch immer und immer wieder muß ich mich darüber wundern, warum Du, der Du, wenn nicht mehr, doch lange mein Schulkamerad warst, meinen Zionismus nicht verstehst. Wenn ich einen Irren vor mir sähe und er hätte eine fixe Idee, ich würde nicht lachen über ihn, denn ihm ist seine Idee ein Stück Leben. Mein Zionismus ist für Dich auch nur eine „fixe Idee" von mir. Daß sie vielleicht auch ein Stück meines Lebens ist, das weißt Du gewiß nicht, und doch ist es so. Er ist mir vielleicht noch mehr. Zusammengestückt und zusammengeflickt ist er aus den Fetzen meines Ichs. Ich sehe Dein Lächeln. Du würdest es begreifen, verstündest Du nur Dich und mich. Du suchtest unbewußt seit Deiner Kindheit nach einem Inhalt fürs leben. Und auch ich tat das. Doch Du warst anders gewachsen als ich. Du konntest Dich in Sonnenhöhe schwingen und Deine Träume bis hinauf an den Himmel spannen. Was lähmte Deine Kraft? Und Du warst seit je auf Dich allein angewiesen und bekamst so auch die Kraft, allein zu sein. Und ich? Ich habe nie allzuviel geträumt, und wenn ich es tat, dann konnten meine Träume nicht weit reichen, denn heran drängte sich in sie die rauhe Wirklichkeit und nur allzu gut sorgte sie dafür, mich nicht übers Ziel schießen zu lassen. Ich suchte und suchte ... und allein wie Du zu stehen, dazu hatte ich die Kraft nicht. Es war mein Erbteil, daß ich mich nach andern sehnte, daß mein Herz liebewarm schlug. Glaube ja nicht, es wäre Mitleid, das mich zum Zionisten gemacht hat. Mein Zion ist ein gutes Stück Egoismus. Ich fühle, wie ich fliegen möchte, wie ich schaffen möchte und nicht kann, nicht mehr die Kraft habe, und doch fühle ich auch, daß ich in andern Verhältnissen vielleicht die Kraft hätte, daß mir die angeborene Fähigkeit gar nicht abgeht. Nur die Kraft habe ich nicht. Und so ist mir der Zionismus der Ausdruck für meine Sehnsucht nach Liebe, weil ich mir bewußt bin, daß andere Tausende so leiden wie ich, ich will mit ihnen gehen, mit ihnen arbeiten – ach könnte ich es nur – doch wenigstens mitfühlen. Vielleicht überwinden wir doch noch einmal die Schwäche, stehen noch einmal stämmig auf eigenem Boden und nicht entwurzelt schwankend wie ein Rohr, vielleicht, vielleicht finde ich einmal auch noch meine Kraft wieder – Manchmal scheint es mir, ich könnte fliegen, aber dann ist meine Kraft gebrochen und meine Flügel sind lahm. Ich möchte einmal auf unserem Boden stehen und nicht wurzellos sein. Vielleicht wird dann auch meine Kraft mir zurückkehren.

*Am 25. August 1981 schreibt **Eva S.** aus Jerusalem an die Gymnasiastin **Marike Alberts** in Hochdahl bei Düsseldorf den folgenden Brief. Es ist eine von 34 Antworten, die die Gymnasiasten der 10e auf ihre Fragen erhalten: Was können wir tun, um den Haß auf 'die Deutschen' zu überwinden, den es in Israel noch immer gibt.*

Jerusalem, 25.8.81

Liebe Marike Alberts,

ich habe Deinen Brief in der Jerusalem Post gelesen und es war gut, daß Du ihn geschrieben hast, denn der Austausch von Gedanken ist eine kleine Oeffnung zum Verstaendnis. Die Bemerkung von Dessaur, dass er die Deutschen noch immer hasst und auch alle, die mit ihnen Beziehungen haben, sind auch mir in Erinnerung, und auch ich identifiziere mich nicht mit seiner Meinung wie auch viele andere gleich mir.

Wie viele tausende, die ihre Jugend und die Zukunft, die sie sich damals erhofften durch die Auswanderung aus Deutschland verloren haben, versuchen viele von uns im Laufe der Jahre sich mit der Frage auseinander zu setzen: wer traegt die Schuld und wie kann man heute eine normale menschliche Beziehung zu Deutschen finden. Ich persoenlich bin der Meinung jeder Mensch ist frei geboren und frei von der Schuld, die auf den Schultern seiner Eltern lastet. [...] Natuerlich gibt es auch hier Menschen, die mit dem Problem der durch die Deutschen begangenen Verbrechen nicht fertig geworden sind. Wie viele Jugendliche in Eurem Alter haben von ihren Eltern und Grosseltern gehoert was sie erlebt und durchgemacht haben. Ich weiss, dass in Deutschland viele Eltern nicht den Mut gehabt haben ihren Kindern zu erzaehlen, welchen Anteil sie selber an den Verbrechen hatten. Aber glaubt Ihr wirklich, dass von den tausenden, die jahrelang sich in Waeldern versteckt und gehungert haben, die ihre Geschwister und Eltern vor ihren Augen erschlagen sahen, dass es nicht manche von ihnen gibt, die nur hassen koennen? Ist denn der Hass von einem einzigen Juden, der sich dummerweise damit in der Zeitung verewigt hat so etwas einzigartiges und empoerendes? Gibt es nicht Hass bei Euch zwischen Nachbarn, Eltern und Kindern, Gastarbeitern und Herrenvolk, und gegenüber Fremden schlechthin?

Die Erlebnisse des Holocaust sind ca. 35 Jahre her und viele Menschen die davon betroffen waren leben heute noch, und selbst ihr Leben in Freiheit ist vielfach überschattet von den Erlebnissen, Krankheiten und Traeumen, die sie erlitten haben. [...] Ihr seid eine Gruppe von Jugendlichen, die nicht verstehen koennen und entruestet sind, dass ein Jude seinen Hass auf die Deutschen ausdrueckt. Ich versuchte vorher zu erklaeren, dass es Hass überall auf der Welt gibt. Nicht, dass man es verteidigen oder gar gut heissen sollte, aber Hass ist ein menschlicher Zug basiert auf Aggression und Frustration. Warum erwartet man grade von uns die uebermenschliche Groesse nicht zu hassen, zu vergessen und zu verzeihen? Warum legt die Welt so voellig andere moralische Ansprueche an die Juden wie an alle anderen? Z.B. die Frage der Palaestinensischen Fluechtlinge: Durch Hitler haben millionen Menschen ihre Heimat verloren [...]. Wer spricht ueber diese Fluechtlinge? Wer weiss oder spricht von den tausenden von Juden aus Arabischen Laendern, die fliehen mussten und von denen viele heute hier ein Heim gefunden haben. Wie viele Fluechtlinge gibt es heute im fernen Osten und in den Africanischen Staaten. Von ihnen spricht man nicht, denn sie haben nichts mit den Juden zu tun. Nur die Menschen, die aus dem drittel von Palaestina heraus gegangen sind, dem drittel, was man heute Israel nennt, und was der einzige Platz in der Welt ist, wo ein Jude leben kann ohne sich als Aussenseiter zu fuehlen; über diese Fluechtlinge sind die Zeitungen voll, obgleich es mindestens 10 Arabische selbständige und reiche Staaten gibt, die sie haetten aufnehmen koennen. [...]

Wir Israelis sind Menschen wie alle anderen, mit Eigenarten und Fehlern mit einer Faehigkeit zu leiden und zu ueberleben. Auch hier gibt es Menschen, die mit den Geschehnissen in Deutschland nicht fertig werden konnten und die nur hassen koennen. Heute gibt es in Deutschland viel junge Menschen, die wieder von neuem den Hass auf die Juden aufgenommen haben und Ihr werdet sie besser kennen als ich. Die Antwort scheint mir zu sein, dass wir alle daran arbeiten muessen, uns gegenseitig zu verstehen, uns Rechenschaft zu geben ueber unsere Vorurteile, Neigungen und Abneigungen um zu dem zu kommen, was ein jahrtausende altes juedisches und auch christliches Gebot ist: liebe Deinen Naechsten ...

Die Welt macht wenig Fortschritte auf diesem Gebiet. Aber wenn dieser Brief auch nur einige von Euch zum Nachdenken angeregt hat, so sind wir vielleicht einen kleinen Schritt voran gekommen.

Ich gruesse Euch mit Liebe und Achtung, weil Ihr jung seid und wissen wollt

Eva S.

*Am 26. August 1901 schreibt der böhmische Großgrundbesitzer **Johann Freiherr von Chlumecký** in wichtiger Angelegenheit an **Max Egon Fürst zu Fürstenberg**. Es sollte noch bis 1917 dauern, ehe sich die „Bewegung" allgemein durchsetzte, obwohl die Rechtslage längst auf ihrer Seite war.*

Aussee, Steiermark, 26.8.1901

Hochverehrter Fürst,

ich wurde von mehreren Seiten ersucht, mich der Bewegung wegen vernünftiger Regelung der Duellfrage anzuschließen und einen dahin zielenden Aufruf mit zu unterzeichnen.

Ich bin ganz der Meinung derjenigen, welche in dem Duelle ein Vorurteil, ein ererbtes Übel erkennen, dessen tunlichste Eindämmung und *allmähliche* Beseitigung von jedem unbefangen Denkenden angestrebt werden muß. Daß dies nicht durch drakonische Gesetze und noch weniger durch Hinweis auf kirchliche Verordnungen erzielt werden kann, ist klar. - Einige markante und ungeschickte Fälle der Verfolgung von Duell-Gegnern haben auch bei uns die Gegenbewegung in Fluß gebracht, und selbst die österreichische Delegation hat - allerdings nach recht anfechtbarem Vorgange - einen rein klerikal gefärbten Anti-Duell-Antrag fast einhellig zum Beschluß erhoben.

Es schiene mir ein Fehler, wenn *wir* die entstandene Bewegung den Händen der Klerikalen überlassen würden. In der Tat haben sich schon mehrere dieser Partei *nicht* Angehörige der Bewegung angeschlossen und sich bereit erklärt, ihren Namen unter den diesfälligen Aufruf, den ich in Abschrift beischließe, zu setzen.

Ich habe eine an mich in diesem Sinne gerichtete Aufforderung dahin beantwortet, daß ich nur dann einen solchen Schritt tun kann, wenn einige hervorragende Partei- und Standesgenossen das gleiche tun.

Ich bitte daher Euere Durchlaucht, diese Frage, sowie den übersandten Aufruf einer eingehenden Prüfung zu unterziehen und mir gütigst mitteilen zu wollen, ob Euere Durchlaucht wenigstens für den Fall, als mehrere andere von mir gleichfalls angegangene Parteigenossen des Herrenhauses bereit wären, den Aufruf zu fertigen, die Güte hätten, dasselbe zu tun und dadurch entscheidend mitzuwirken, daß die Bewegung in die richtigen Bahnen gelenkt werde.

Es wurde mir versichert, daß in Deutschland von hervorragenden Männern, Katholiken und Protestanten, die Bewegung erfolgreich in die Hand genommen wurde und daß der deutsche Kaiser sich für dieselbe lebhaft interessiere.

Einer baldigen geneigten Antwort entgegensehend verharre ich
Euer Durchlaucht ganz ergebenster

Chlumecký

*Am 27. August 1933, sieben Monate nach Hitlers Machtergreifung, schreibt der Maler* ***Ludwig von Hofmann*** *an seinen langjährigen Freund* ***Gerhart Hauptmann*** *den folgenden Brief.*

Pillnitz, 27.8.1933

Lieber Hauptmann,

aus dem Abgrund des Verstummens kam wie ein liebliches „kleenes Funkla" Euer Glückwunschtelegramm hergeweht. Gern mache ich meine Verbeugung und danke herzlichst für dieses kleine, aber vielsagende Zeichen Eures Daseins und Gedenkens. Alte gute starke Bande machen sich wohltuend bemerkbar; während die junge Menschheit alles von Grund aus ändern will, können wir nichts Besseres tun, als an dem Errungenen und früher Geschätzten festhalten. Man versucht, uns die siebzig Jahre, die wir ausgedauert haben, wie eine Haut über den Kopf zu ziehen. „Da seht, ihr geschundenen Marsyasse, da liegt Euer Humanismus, Euer Liberalismus, Euer Eigennutz, Euere Menschheitsideale – was ist das alles für uns – wir tanzen mit Füßen darauf herum! Wir wollen das grundsätzlich Neue" usw. Du kennst die Töne, wie der Chor der Zeitungen sie uns unisono jeden Tag vorsingt. Eine erstaunliche Melodie! soviel rot angestrichen und ausgeschnitten habe ich in meinem Leben nicht, wie seit drei Monaten. So erregend wirkt die Gewalt der Bewegung. Und soweit es gelingt, weltanschauliche Beklemmungen zu vergessen, tut sich ein weites Feld auf für die Bewunderung der ganz außerordentlichen Genialität und Kraft des Führers.

Von der uferlosen Diskussion über deutsch und undeutsch auf dem unseligen Gebiet der bildenden Kunst wirst Du wohl auch Notiz genommen haben. Hier wird nun das „grundsätzlich Neue" in der Anknüpfung an Karl den Großen und romanische Kirchenportale gefunden, während man mit einer Indiosynkrasie, wie sie tatsächlich noch nie da war, schon die Naumburger Domfiguren (wegen der Einflüsse französischer Gotik) als artfremd anzutasten wagt!

Holbein verliert seine Geltung als ein Juwel deutscher Kunst, da er von der welschen Renaissance infiziert ist, und von Dürers großer Figur dürfen wir nur noch die untere Hälfte, oder weniger, bewundern. Der Rest ist durch die Reisen nach Italien „überfremdet". – Ich reiße mich von dem hinreißenden Thema los, um Dich nicht mit lauter bekannten Dingen zu ermüden.

Bei einem Plauderstündchen wäre es leichter, diese Klippe zu vermeiden! Dringend hoffen wir, daß es bald einmal dazu kommen wird.

[...]

Vor längerer Zeit, April/Mai, schickte ich Dir eine Gedächtnisrede für den Maler Richard Dreher. Ein Wort von Dir wäre mir willkommen und – auch ablehnend – wertvoll gewesen. Vielleicht läßt es sich nachholen.

Tausend herzlichste Grüße von Haus zu Haus!

Dein Ludwig v. Hofmann

*Im August 1906 schreibt der fast 50jährige Dichter* ***Peter Altenberg*** *an die* ***Mutter der*** *24jährigen Schauspielanfängerin* ***Lina Loos*** *– umschwärmte Wiener Schönheit – den folgenden Brief. Seine Eifersucht ist eher zum Schmunzeln als besorgniserregend, und weder F. – Egon Fridell – noch P. – Alfred Polgar – waren seine Feinde, sondern lediglich Kollegen im Schreiben und in der Anbetung der faszinierenden Lina.*

[August 1906]

Liebe Frau Obertimpfler!

Helfen Sie mir in meiner Verzweiflung!

Lina ist, nach allen merkwürdigen Erlebnissen, nach Wien zurückgekommen und mit freundschaftlichstem Herzen bin ich wieder in die Nähe der schönen süßen Frau gekommen.

Sogleich erhoben sich böse, mißmutige Stimmen, diesen edlen freundschaftlichen Verkehr zu untergraben, zunichte zu machen.

Auch F., mein angeblicher Freund, versuchte es, meinen *Feind* P. absichtlich in die Gesellschaft der berückenden Lina zu bringen und auf diese Weise mich in einen Zustand der Verzweiflung zu versetzen! Ich bin sehr unglücklich über das alles.

Aber da kann man nichts machen –.

Es gibt keine „Gerechtigkeit" auf der Erde.

Glauben Sie es mir, gnädige Frau, Lina hat ernstliche, tiefe Freunde. Ich selbst hänge an dieser merkwürdigen und wunderschönen Frau, in immer wachsender Freundschaft.

Sie, die zartfühlende Mutter, sollten diese Freundschaft *eines unglückseligen Dichters* zu Ihrer Tochter achten und begünstigen.

Lina ist ein „kleines Wunderwerk der Natur".

Da müssen alle zusammen ihre Freundschaft bethätigen, daß es ihr gutgehe.

Das Besondere an ihr ist das „Besondere"!

Deshalb hat sie den Muth, so ganz ihr eigenes Leben zu leben, weil sie fühlt, daß sie besondere Kräfte dazu hat – daß sie *besonders* ausgestattet ist!!

Möge sie Schutz und Schirmung finden!

Amen.

Peter Altenberg

# 29. AUGUST

*Am 29. August 1968 schreibt die Schauspielerin* ***Eva-Maria Hagen*** *diesen Brief – voll von Angst und von Hoffnung – an ihren Lebensgefährten, den Liedermacher* ***Wolf Biermann****.*

29. August 68

Wolf, ich bin in Berlin. Ich war bei den unerschrockenen Freunden und konnte erfahren, daß es Dir gut geht. Sie waren aber doch mächtig verschreckt und bleichgesichtig über meinen nächtlichen Besuch: Es war auch schon 23 Uhr 30 als ich vor ihrer Tür stand, früher ging nicht. Sie wirkten auf mich wie Verfolgte, als müßten sie die Gestapo fürchten, Orwells 1984-ziger Spähertrupp. – Die Leute wissen eben nicht, wer ich bin, sehen in mir die einst beliebte Filmschauspielerin aus Defa-Produktionen, in mehr oder weniger oberflächlichen Rollen, inhaltsloser Figuren, identifizieren mich damit; Künstlerpech.

Vielleicht seh ich Dich heut, wenn alles klappt. Gestern hatt ich einen traurigen Moment, als man mir sagte, es wär besser, wenn ich nicht wüßte, wo Du bist. Ich fühlte mich plötzlich einsam ...

Ich war in Deiner Wohnung, die Zimmer hat niemand betreten. Ich hatte unsichtbare „Siegel“ angebracht. Post ist keine gekommen, bis auf eine Ansichtskarte, Zeitungen; Briefe werden wohl zurückgehalten. Mein Instinkt sagt mir, Du solltest langsam wieder auf der Bildfläche erscheinen. Es gibt wichtige Dinge zu tun. Ich werde Dir helfen, weil ich überzeugt bin, daß Deine Lieder und Gedichte unbedingt verbreitet werden müssen, damit der revolutionäre Funke, der aufglühte in unserm Land, nicht wieder erlischt bzw. erstickt wird. Es ist eine günstige Zeit für Lieder. Mehr als zuvor werden die Menschen dafür aufnahmebereit sein. Die Tschechen haben uns den Boden bereitet. Alle sehnen sich nach Offenheit und danach, mehr zu wagen ... Das kannst Du mit Deinen Liedern wirksam unterstützen – und dadurch wieder neu Bewegung in Gang setzen. Ich bekomme das ganz stark zu spüren überall, werde aufgefordert, gebeten, Deine Lieder zu singen. Falls Du nicht da sein wirst am andern Ufer, im Schatten der Platanen, hinter Gebüsch, als unauffälliger Waldläufer getarnt aufm Weg zum Tunnel – hoffe ich, Dich auf jeden Fall Sonntag zu treffen. Ich hab zwei Exemplare (dem höchstpersönlichen zum Verwechseln ähnlich) besorgt, welche eventuelle Beobachter garantiert täuschen würden. Und wenn ich die Bibel umsetzen darf: So wächst Dir im geheimen Kraft und Stärke neu. Ich möcht Dich in Zukunft aber lieber – was diese „Nebensächlichkeit“ betrifft – wie Du warst ... Eva

* *Am 7. August 1987 erscheint im ZEIT-Magazin der folgende Brief, den* ***Monika Maron*** *an ihren westdeutschen Schriftstellerkollegen* ***Joseph von Westphalen*** *in München geschrieben hat. Es ist ihr dritter Brief in einer halböffentlichen Korrespondenz, die sich jetzt wie eine Chronik deutsch-deutscher Einverständnisse und Mißverständnisse der Vorwendejahre liest.*

Berlin-Pankow,
den 7. August 1987

Lieber Joseph von Westphalen,

da gebe ich mir alle Mühe, Ihnen etwas besonders Freundliches zu schreiben, und Sie behaupten, ich wolle Sie zu einem typischen Westmenschen machen. Eben nicht, und das hätten Sie, soviel ich nach der Lektüre Ihrer Werke über Sie weiß, auch wirklich nicht verdient. Also noch einmal: Ihnen schreibe ich gern; auf die stereotypen Fragen der sogenannten Westmenschen hingegen antworte ich oft nur noch mit freundlichem Zähneknirschen. Ist es jetzt gut?

Ihr Brief erreicht mich in mildester Stimmung, weit entfernt von der westöstlichen Grenze, dafür sehr nahe an der ostöstlichen und ebenso undurchlässigen. Wenn ich abends vors Haus trete, sehe ich einen Heiligenschein über Szczecin, so flach ist die Landschaft und so nah die Stadt. In einer halben Stunde könnte man am Stettiner Marktplatz Kaffee trinken, wenn man dürfte. Sie sehen, dem Thema Grenze entkomme ich nie, selbst wenn ich mich hierher ins Vorpommersche flüchte, wo wir vor ein paar Jahren ein altes Bauernhaus erstanden haben. Und damit Sie mich nicht für Krösus halten, sage ich Ihnen, daß so ein Haus etwas über dreitausend Mark kostet.

Ich unterdrücke meine Lust, Ihnen den melancholischen Reiz dieser norddeutschen Landschaft zu preisen [...] Daß es eine überzeugte Städterin wie mich, deren Beziehung zur Natur sich am ehesten als hilflos bezeichnen ließe, je aufs Land verschlagen konnte, verwundert mich selbst. Aber wenn ich den Wolken zusehe oder in den Regen starre, wie er, kilometerweit sichtbar, aus dem Himmel in die Erde fällt, beruhigt mich der Gedanke, daß die Elemente walten, ohne daß irgendeine Staats- oder andere Macht sie dazu veranlaßt hat. [...] Es bleibt ein Trost, daß auf dem Land das Wetter zwingender ist als die Obrigkeit, die sich, wie der kluge König bei Saint-Exupéry, dem Unabänderlichen auch fügt und nur beschließt, was ohnehin zu geschehen hat. [...]

# 30. AUGUST

Ich wollte Ihnen heute einen ganz anderen, weniger politischen Brief schreiben. Es gelingt mir nicht, obwohl ich mich hier, in unserem Nest mit insgesamt vierzehn Häusern, dem tagespolitischen Wirrwarr am ehesten entziehen kann und versuche, den Ereignissen, in die ich mich oft über Gebühr verstricken lasse, nachträglich die ihnen zustehende Wertigkeit zu geben und die zuweilen bröckelnde Gefaßtheit, nach der Sie mich so mißtrauisch befragen, zu restaurieren.

Ob meine Gefaßtheit übertrieben ist, fragen Sie. Ich sage mir, daß die Behörde, ob sie will oder nicht, mir in jedem Fall Gutes tut. Läßt sie mich reisen, freue ich mich, kann in öffentlichen Lesungen um Gunst der Leser buhlen, treffe Kollegen und sehe die Welt. Läßt sie mich nicht, zwingt sie mich, die ich zur Faulheit neige, zu kontinuierlicher Arbeit, so daß ich zum höheren Ruhme meines Landes ein neues Buch schreiben kann, das der gleichen Behörde um so schneller zur Begutachtung (die bisher immer als Mißachtung ausfiel) vorliegt, je seltener sie mich reisen läßt. [...] Sie wollen mit mir Mitleid haben? Bedauern Sie die Behörde.

So denke ich, wenn ich gefaßt bin. Manchmal aber bin ich ganz ungefaßt, fassungslos und muß mich erst fassen und versuche, es zu fassen: Daß es Menschen gibt, die, geboren wie ich und alle anderen, von sich glauben, sie hätten das Recht, den übrigen vorzuschreiben, was sie zu lesen, zu denken, zu sagen, zu schreiben und auch, ob und wohin sie zu reisen haben. Und sie glauben so tief an ihr Recht, daß sie nicht begreifen können, warum ich es für mein Recht halte, das ihre nicht zu akzeptieren.

[...]

Herzliche Grüße, Ihre Monika Maron

*Ohne Anrede und ohne Datum setzt der Brief ein, den der Leipziger Schriftsteller* ***Horst Drescher*** *1995 an den Berliner Schriftsteller* ***Friedrich Dieckmann*** *schreibt. Was als Reminiszenz an Uwe Johnson beginnt (mit dem Drescher zeitweise gleichzeitig in Leipzig studiert hat), wird zum kritischen Ausblick auf die Literatur und Kunst jenseits der vielzitierten „Postmoderne“.*

eben las ich noch mal den Artikel Ein Mecklenburger in New York

Ich habe dazu schon alles gesagt 1985/86 in S.[inn] und F.[orm] Anfang 90 (entsprechend wurde es bei Unseld/Mayer aufgenommen.) Johnson hätte besser das Hamsun-Leben gehabt: Reisen und schreiben zuhause. So ein Unfug, sein zweiter Roman – der erste gedruckte – hätte dem Mitteldeutschen [Verlag] vorgelegen, das war Geheimarbeit und bestellte! (Weg vom ersten Roman) In die Postmoderne! (unter uns: So wurde ihm der Rückweg abgeschnitten. Pfiffig)

Johnson war (was immer er noch war) ein armes Schwein, genauer ein Märtyrer, das ist einer, ein Hilfloser, in den alle ihre Pfeile hineinschießen. Ein Starrer, bis er umfällt; mit 49 Jahren. Im Osten haßten sie ihn wegen seines Talentes, zudem war er den Angepaßten ein schlechtes Gewissen. Im Westen war er ein Fremder. Er hing wirklich auf der Mauer, Biermann besang es. Das Abseits als Sichverkriechen war vorauszusehen. Man erinnere die Häme allseits als er mit letzter Kraft seine Arbeit zu Ende brachte. – Nu is er unser Uwe! Und nun beginnt das große Turnen in den JAHRESTAGEN, ganze Professoren-Riegen turnen schon drin rum ... (Pardon) Und auf höchstem Niveau!

Nun, es wird die Verarmung kommen, viele Regimenter an Theorie-Köppen der Postmoderne-Armeen werden sich eine praktische und sinnvolle Beschäftigung suchen müssen. Und die Maler wieder malen wie zur großen Zeit der Niederländer. Für den Bedarf. Für die Leute. Wie ja heute die Dichter nicht für die Leser schreiben, sie schreiben fürs nächste Kolloqium im LCB. Für Höllerer. Na, ein künftiger Kafka wird uns den Groteskroman schreiben, über die Postmoderne. Als die Maler malten, auf daß gemalt werde, was die Theoretiker theoretisieren, auf daß sich erfülle, was die Kunstwissenschaftler schreiben. Eine nur noch mühsam stabilisierte Irrsinnswelt. Wartet nur balde, im LCB geistert die Flammenschrift schon als Risse in den Mauern, in der roten Villa am blauen See. Die Immobilie ist nur die äußere Haut ... Die Bedürfnisse des Lebens, nicht die Bedürfnisse des Pseudolebens. Wie man einstens staunen wird, wie sich eine winzige Minderheit mit sich selbst unterhalten hat. Und überall so. Wer redet von den 98% Genossen – 2 650 901, die den Sozialismus aufgebaut haben? Es gibt sie nicht. Drei Dutzend Dissidenten und drei Dutzend Theoretiker der Sache und 5 oder 6 SED-Oberhansel spielen das Theater „DDR" – „Stasi".

Herzlich!

Horst

* *Im September 1961 schreibt der Regisseur **Peter Palitzsch** diesen schonungslosen und verzweifelten Brief an seinen Kollegen **Manfred Wekwerth**. Palitzsch erlebte den Bau der Berliner Mauer während einer Inszenierung in Ulm und kehrte nicht nach Berlin zurück.*

Ulm

Lieber Manfred,

ich sitze seit dem Tag der Premiere an diesem Brief, der mir unendlich schwerfällt, um so mehr, weil ich weiß, daß Du die Gründe meines Entschlusses, nicht in die DDR zurückzukehren, nicht anerkennen, nicht einmal verstehen wirst.

Manfred, ich schäme mich heute zutiefst, daß ich nicht eher darüber nachgedacht habe, was ein Mensch alles verliert, der in die Emigration geht, was es bedeutet, im Wortsinne „alles" aufzugeben. Nicht nur die Gegenstände, die Faschismus und Bombenangriff überlebt haben und mit denen sich ein Lebensabschnitt verbindet. Alle Freunde, Erre, Du, Jochen, Paul, Karl, Wölfchen, Martin, Hans-Dieter, Helli ... Berlin ... Die vergangene und zukünftige Arbeit beim und mit dem BE. Unwiderruflich dahin sind Sinn meiner Arbeit und damit der wesentlichste Teil meines Lebens, die Hoffnung, in bescheidenster Weise bei der Gründung einer humanistischeren Welt helfen zu können. Es klingt dumm, aber ich stehe buchstäblich vor dem Nichts. Und jedes Geschehen wird neu die Frage stellen, ob ich in diesem Augenblick richtig gehandelt habe. Natürlich werde ich weiterarbeiten, so gründlich und so gut es die Verhältnisse zulassen, aber diese Arbeiten werden schlechter sein als die bisherigen in unserem Team, ohne die Freude, das Wissen und die Grundsätzlichkeit. So oft ich daran denke, packt mich die nackte Verzweiflung.

Wir leben in einem Lande, dessen unselige Geschichte uns bis in die Gegenwart hinein mit Blut und Schande so eingehämmert hat, daß es ohne strengstes Verantwortungsbewußtsein nicht geht. Und wir üben dazu einen Beruf aus, der ohne dieses Verantwortungsbewußtsein zum Betrug, zu einer schauerlichen Farce wird. Manfred, die jüngsten Ereignisse kann ich nicht verantworten, so wenig, wie ich je die Ereignisse des 17. Juni verkraftet habe, wie ich bestimmte Abschnitte in der Entwicklung in der SU und in Ungarn verstehe. Ich bin nicht ihr Richter, ich fühle mich zutiefst mit dem Sozialismus verbunden und bin zu unwissend, um Antwort geben zu können und bitte Dich, jeden Satz als eine Frage zu verstehen, gestellt aus Gewissensnot - aber all dieses Elend und diese Angst zu vertreten, dazu fühle ich mich außerstande.

[...] Für mich ist der Sozialismus die einzige Möglichkeit, zu einer grundsätzlich menschlichen Form des menschlichen Zusammenlebens zu kommen, Humanismus und Frieden sind ihm immanent. Unter großen Schmerzen versuche ich zu verstehen, daß Gewalt notwendig sein kann, ihn durchzusetzen. Aber, Manfred, nur die unvermeidbar notwendige Gewalt! [...] Jede Gewaltanwendung diskriminiert unsere Sache, sie kann - gerade für uns - kein Anlaß zur Freude, zum Triumph sein. Die letzten Maßnahmen haben dem friedlichen Weg zum Sozialismus in Deutschland auf das entsetzlichste geschadet. Das ist keine Anklage, es ist eine schmerzvolle Tatsache.

Du wirst sagen, die Maßnahmen des 13. August waren unvermeidlich, unvermeidlich wie die des 17. Juni. Auch die weiteren? Auch die Art und Weise, wie sie durchgeführt wurden? Waren wirklich nur die Bestraften schuldig, nicht auch die Strafenden (gerade für einen Marxisten)? Können Rias-Agenten und Kriegsbrandstifter, Abwerber und Spione so viele Menschen zu einem so weittragenden Schritt veranlassen, wenn nicht auch anderswo etwas nicht stimmt? [...] Wir vertreten die bessere Sache, nicht wahr, warum ist sie in den Augen so vieler Menschen nicht die bessere? [...]

Du verweist mich an die „Tage der Kommune". Aber diesmal verlassen Arbeiter den Staat der Arbeiter. [...] Ist es nicht tragisch, daß sich die Diktatur des Proletariats gegen große Teile des Proletariats richtet?

Manfred, ich wollte Dir zu vieles wenigstens sagen, all das, was sich seit dem 13. an Fragen aufgedrängt hat, und jetzt sage ich weniges schlecht. Aber vielleicht siehst Du, daß ich vollkommen fertig bin. Völlig unwissend, nur nicht in der Lage, diese letzte Maßnahme mitzuverantworten. Aber auch nicht in der Lage und willens, sie zu kritisieren. Vielleicht ermöglicht Dir das, mich nicht als Verräter zu sehen, sondern als ein armes Schwein. Aufrichtig wünsche ich Dir, Erre, und dem BE alles erdenklich Gute.

Lebt wohl.

Peter Palitzsch

* *Im September 1941 schreibt der geistvoll-skurrile Schriftsteller* ***Fritz Ritter von Herzmanovsky-Orlando*** *aus seinem Zufluchtsort in Malcesine an den Münchner Verleger* ***Ernst Heimeran****. Die gewünschte Zusammenarbeit ist nicht zustande gekommen – der Krieg war stärker als alle Pläne.*

an den Heimeranverlag
München.

[Malcesine, Sept. 1941]

sehr geehrter Herr!

vor einigen Tagen wurde mir von befreundeter Seite Ihr reizendes Buch D Graf Bobby zugesendet. Ich freute mich sehr darüber, da ich eine ganze Reihe Grafen Bobbys persönlich zu kennen das Vergnügen habe. So wurde ich Forscher auf diesem Gebiet des Wunderlichen. Es gab einen literarischen Niederschlag in Form eines komischen Buches: „Der Gaulschreck im Rosennetz", Artur Wolfverlag, Wien, 1928. Von mir reich illustriert.

Dieses Werk wurde später vom Amonesta Verlag Wien unter dem Titel: Der letzte Hofzwerg neu verlegt und ist heute vollständig vergriffen und sehr gesucht. Ich hatte durchwegs vorzügliche Kritiken der führenden österr. und deutschen Presse. Auch wurde von verschiedenen Schauspielern aus dem Buch vorgetragen.

Ohne von Ihrer Bobbyproduktion zu wissen, schrieb ich dieses Frühjahr das Libretto für eine Ballettpantomime: *Youghiogheny*: in der Graf Bobby und Altgraf Bubi eine grosse Rolle spielen. Schauplatz: Bühne der Wiener Staatsoper knapp vor Beginn eines Ballettes und der Wiener Prater. Damit nehme ich neuerdings meine literarische, lang unterbrochene Tätigkeit wieder auf und bin gerade daran zu schreiben:

Gibt es Wassertrompeter?

Wissenschaftlich einwandfrei konnte ich mit Stichtag Januar 1915 Stück 186 nachweisen, darunter auch Säuglinge, Greise und etliche staatliche Funktionäre. Zu bemerken ist, dass es sich dabei keineswegs um Artisten, Degenerierte oder geschmacklose Blaguere handelt.

Wollen Sie mir mitteilen, ob Sie für so eine kuriose Geschichte Interesse haben?

Ich bemerke dass ich Vollarier bin. Auslandsdeutscher.

Ich kenne aus vergangenen Tagen eine Menge merkwürdiger ja wunderlicher Geschichten aus Kreisen der Bobbys harmloser und sanfter, durch ehernen Blödsinn unnahbarer Art. Es gab aber auch weniger harmlose, immerhin noch Halb-bobbys. Ich will da gar nicht von den Ur-Bobbys reden, die in den Kreuzzügen schreckliche und noch langnachwirkende Stückeln aufgeführt haben. Ich will nur andeuten, dass die königliche Geliebte eines solchen Exemplares einen ganzen Kreuzzug ruiniert hat, was die Berufshistoriker seit etwa 250 Jahren vertuschen.

Aber es genügt wohl, wenn ich Ihnen sage, dass ein bösartiger Bobby den alten Kaiser Franz Josef von einer Denkmalenthüllung nach einem Manöver verscheucht hat.

Darauf hat ihn sein Familientag davongejagt und ihm gnadenweise noch 100 Gulden gegeben. Damit bezahlte er einen Extrazug für ein paar Stationen und verschwand. Er wurde kurz darauf heulender Derwisch, brach Jahre später, ein Kameel führend, dass seine drei Frauen trug, in einem Schlosspark in Krain in ein Kaffeekränzchen alter Stiftsdamen ein und wurde schliesslich der Stabschef des Abd el Krim. Er fiel im Kampf.

Der Roman: Der letzte Hofzwerg ist der erste Teil einer Trilogie, die ich im Manuskript besitze. Der zweite Teil hat den Titel: *Rout am Fliegenden Holländer.*

Auch dort ist eine der Hauptfiguren ein – geradezu – Überbobby, Prinz Max Hohenlohe, mit vollem Namen genannt.

Ich verbleibe hochachtungsvoll Ihr ergebener

FHO

*Am 3. September 1953 schreibt der 75jährige Schriftsteller **Alfred Döblin** an die befreundete **Familie Marcuse** in Los Angeles, wo der Literaturkritiker und Philosoph Ludwig Marcuse eine Professur hat, diesen Brief. Enttäuscht von Nachkriegsdeutschland, war Döblin endgültig nach Frankreich gegangen.*

31, Bvd de Grenelle
Paris 15e, 3.9.53

Liebe Marcusens, lieber Marcuse, liebe Sascha,

ja, ich erinnere mich noch gut unserer vergnügten Geburtstagsfeier damals bei Pign Wistl, wir lachten enorm. Jetzt gibts nichts zu lachen. Erstens beachtet unsere neue Adresse: wir sind am 29. April wieder nach Paris übergesiedelt und haben hier eine kleine Wohnung gefunden, die wir mit den alten Möbeln, welche noch auf dem Speicher standen, möbliert haben. Wir wohnen diesmal dicht am Eiffelturm, am Champ de Mars, welches einen schönen Park hat. Warum ich herausgegangen bin? Ich hatte mich damals in Oberstdorf noch leidlich gut gefühlt, auch bei der Rückkehr nach Mainz, dann kam ich ins Krankenhaus und Erna sagt eben, wovon ich nichts in Erinnerung habe, daß Ihr mich da oben besucht habt. Ich lag noch bis Ende Januar 53, und dann zu Hause ging es auch noch ziemlich mäßig. Es war, wie Ihr wißt, diesmal das Herz. Jetzt geht es damit leidlich. Aber das Laufen und Greifen ist wahrhaftig nicht besser geworden und ich schleiche mühsam nur kurze Zeit, um mich überhaupt zu bewegen.

Ja, ich mochte schließlich nicht mehr in Old Germany bleiben. Was ich neu geschrieben habe, den großen Roman „Hamlet“, ein zweites Religionsgespräch, nahm kein Verleger an. Mein „November 1918“, kaum besprochen, wurde quasi boykottiert. Die Stimmung im Lande, stark zum Neonazismus neigend, kennt Ihr ja. Von Wiedergutmachung, auch z.B. in meinem Fall, keine Rede. Was sollten wir also drüben? Man saß völlig isoliert, auch der Rundfunk wußte nichts mehr von mir. Lieber Marcuse, es ist eine großartige Idee von Dir, wenn sie mir auch fantastisch klingt und zwar grade heute, mich zum Nobelpreis vorzuschlagen. Das Geld jedenfalls könnten wir ganz dringend brauchen, denn das bißchen, was man hat, schmilzt natürlich hier rasch zusammen, und in Frankreich verdiene ich natürlich auch nichts. Ich sage entschlossen, mir hilft nur der Nobelpreis, und so viel wie die langweilige Limonade Hermann Hesse bin ich schon lange. Marcuse, ich sichere Dir Prozente zu, auf in den Kampf.

Was soll ich Dir sonst erzählen? Ich schreibe ein kleines Journal 1952/53 für mich, zum Druck schicken kann ichs natürlich an niemand. Dabei habe ich zu meinem Geburtstag jetzt massenhaft Briefe und Telegramme bekommen von drüben, aber die Presse und die Öffentlichkeit bilden ja ein anderes Kapitel. Ihr habt schon recht gesehen, daß Ihr nach Amerika gingt und bliebt. Liebe Sascha, ich habe mich herzlich über Deinen Glückwunsch gefreut, und wir bleiben ja in den alten guten Beziehungen, solange ich noch da bin.

Ich umarme Euch auf französisch alle beide.

[gez.] Döblin

* *Am 4. September 1987 veröffentlicht DIE ZEIT einen Offenen Brief, den der Liedermacher* ***Wolf Biermann*** *an den Staatsratsvorsitzenden* ***Erich Honecker*** *geschrieben hat. Honecker reist in diesen Tagen zu einem heftig umstrittenen „Arbeitsbesuch" in die Bundesrepublik.*

September 1987
[am 4.9.87 in der ZEIT]

Lieber Erich Honecker!

Mit der vorgezogenen Amnestie haben Sie gute Luft für Ihren Besuch gemacht, und hier drüben wird kein Aas Sie peinlich mit der Frage behelligen, ob die Amnestierten ihrerseits Ihnen eine Amnestie gewähren.

Sie werden hier mit würdigen Leuten reden, und der Ernst dieser Gespräche wird albern sein wie eh und je und blutig. Also heiße ich Sie willkommen im Westen, mit einem bösen Lächeln und ganz ohne Absicht.

Ihrem verhaßten Vorgänger war eine solche Reise nicht vergönnt. Auch Sie galten hier bis grad vorgestern noch als Krimineller. Nun aber wird man Ihnen in der Bundesrepublik einen großen Bahnhof machen. Und die Massenmedien werden mit hektischem Desinteresse jeden Furz als neuen Ton feiern. Sie werden's ja erleben: den ekelhaften Hochnäsigkeiten von gestern wird der Gestank einer Tiefnäsigkeit folgen, den Sie ja bestens kennen.

Wir aber, Sie und ich, sind treue alte Feinde. Unsere Sprache miteinander war immer ohne Verrenkungen. Meine Ausbürgerung im November 76 war ein klares ehrliches Wort. Und meine Lieder sind auch deutlich genug – unser Streit beruht nicht auf Mißverständnissen.

Wenn ich daran denke, daß jetzt auch Sie in den Westen kommen, kocht in mir ein kühler Tagtraum. Eine Vision, so absurd wie die Realität.

Das stelle ich mir vor: Sie. Mein einstmaliger Fürst wie er grad hockt in der kugelsicheren Staatskarosse. [...] Die Fahrt geht von Saarbrücken nach Wiebelskirchen. [...] Es ist grad die volle Stunde, und aus dem Autoradio kommen die Nachrichten. Gleich die erste Meldung:

„Politbüro der SED, sowie Staatsrat und Volkskammer der DDR haben in einer gemeinsamen Sondersitzung folgendes beschlossen: Erich Honekker wird die Staatsbürgerschaft der Deutschen Demokratischen Republik entzogen. Erich Honecker hat das Recht verwirkt, in die DDR wiedereinzureisen. Er muß im Westen bleiben und kehrt zurück, woher er kam, ins

Saarland. Gemäß geltendem Unrecht wird Erich Honecker automatisch Bürger der Bundesrepublik Deutschland.“

Dann kommt ein Kommentar, in welchem diese offizielle Meldung in sieben Punkten erläutert wird.

[...] Das Aussperren eines Staatsbürgers ist eine noch schlimmere Willkür als das Einsperren. Es ist verbrecherisch genug, wenn ein Staat seine andersdenkenden Landeskinder ins Gefängnis wirft. Aber einen Menschen gegen seinen Willen aus dem ganzen System auszustoßen, ihn also nicht einmal ungerecht strafen – das ist eine noch härtere Strafe. Eine miese Methode – und Sie wissen, wer die in Deutschland vor Ihnen strapazierte. – Aber diese drollige Wendung wird es für Sie wohl nicht geben.

[...] Damals, 1976, im traurigen November war's, da konnte ich nicht wissen, was inzwischen durchgesickert ist. Sie mit Ihrem Politbüro hatten in einer Sitzung über meinen Fall diskutiert. Mit nur zwei Stimmen Mehrheit (mit Ihrer Stimme und ausgerechnet mit der Stimme des anderen Erich im Politbüro – Stasichef Erich Mielke) war beschlossen worden, mich nicht ein- sondern lieber auszusperren. Also verschafften Sie mir ein Visum für diese 10-Tage-Tournee, die immer noch dauert.

Daß Sie mich damals lieber nicht einsperrten, war gewiß keine humane Schrulle. Sie hatten sich ausgerechnet, daß Sie so billiger davonkämen. Wer will je wissen, ob diese Rechnung aufging. [...]

Ich weiß ja: Sie sind ein hilfloser mächtiger Mann. Und Sie wissen es auch: ich von einer mächtigen Hilflosigkeit wie immer. Und mir hat's weh getan. Ihnen auch? Wir haben es beide überlebt und sind vertraute Feinde geblieben. Und wir hassen einander mit einem Augenzwinkern. Sie haben mich immerhin für drei traurigschöne Tage zu meinem sterbenden Freund Robert Havemann nach Grünheide gelassen. Ich habe mit ihm bei dieser letzten Gelegenheit noch mal sämtliche Probleme der Menschheit endgültig geklärt. Das war gut, abseits von allem ideologischen Geifer. Und Ihnen, lieber Honecker, wird diese Geste demnächst im Kommunistenhimmel angerechnet werden.

*Am 5. September 1953 schreibt der Dichter und künftige Kulturminister* ***Johannes R. Becher*** *an den Geschäftsführenden Redakteur der Zeitschrift* ***„Deutschunterricht"****: ein Dokument verletzter Eitelkeit, gewiß, aber auch eine „Verteidigung der Poesie"...*

Berlin, den 5. September 1953

Lieber Genosse Stein!

Sie wissen, wie sehr ich dem „Deutschunterricht" zugetan bin, und ich möchte sagen, auch aus diesem Grunde habe ich die Seite 504, „Johannes R. Becher (147 Wörter)", nicht verdient. Es beginnt schon mit „Nationalpreisträger", warum denn nicht eigentlich mit „Stalinfriedenspreisträger"? Aber es hat überhaupt nicht mit Preisträgern zu beginnen, sondern mit dem Namen etc., und daß ich *auch* mit meinem literarischen Schaffen dem deutschen Volke Großes gegeben habe, das allerdings ist ein wenig zuviel, nämlich dieses „auch" hat es in sich. So erfährt eben der Schüler, daß ich als Auch-Schriftsteller im wesentlichen für die deutsche Nationalhymne und die Neuen Deutschen Volkslieder zweimal den Nationalpreis erhalten und gar mit dem Stalinfriedenspreis ausgezeichnet wurde – niemand wird solch eine Überehrung verstehen.

Aber es müßte doch eigentlich folgendes dabei herauskommen: „Johannes R. Becher hat mit seinem Werk die deutsche Dichtung wesentlich bereichert. Sein Werk behandelt nicht nur die verschiedenartigsten Themen, sondern er verwendet dabei auch die verschiedenartigsten Formen, wie sie die deutsche Lyrik entwickelt hat, und darüber hinaus hat er der Dichtung auch ein neues poetisches Gesicht gegeben." So ungefähr meine ich, nicht? Und man müßte davon sprechen, daß Sonett, Ballade, lyrisches Gedicht bis zum Epos in meiner Poesie enthalten sind, nicht zu reden von der Sprechdichtung und den sogenannten kleinen Formen. Dann hat Johannes R. Becher Prosa geschrieben bekanntlich und war auch bemüht, die Rede wieder zu einer literarischen Kunstform zu entwickeln. Auch wäre einiges über „Verteidigung der Poesie" etc. zu sprechen. Nur dann im Zusammenhang mit dem Politischen ist einem Menschen klarzumachen, warum ich als Dichter eine gewisse Bedeutung erlangt habe, wobei meines Erachtens der Eintritt in die Kommunistische Partei Deutschlands nicht unbedingt berichtet werden muß, und was die Tatsache anbelangt, daß ich „zeitlebens" ein Kämpfer für den Frieden war, so ist das ziemlich übertrieben. Auch ich habe eine Entwicklung und habe mich zu einem Kämpfer für den Frieden erst entwickelt, und vor allem habe ich mich nicht jederzeit für das deutsche Kulturerbe eingesetzt, in meiner dichterischen Jugend schon ganz gewiß nicht, in der ich eben, wie viele andere, Goethe für einen stupiden Trottel gehalten habe.

Mit den allerbesten Grüßen

Ihr
[Johannes R. Becher]

*Am 16. September 1942 schreibt der spätere Publizist **Friedrich Wilhelm Hymmen** an die **Frau eines Kriegskameraden.***

Im Felde, am 16. September [1942]

Verehrte, liebe Frau Lena!

Seit bald einer Stunde sitze ich bei der kostbaren Flamme meiner letzten Kerze vor diesem Blatt Papier. Es ist aus einem russischen Schreibheft gerissen, das ich in einer Kate fand. Nun zwingt mich das langsam verflakkernde Kerzenstümpfchen dazu, die Minuten zu nützen. Wie soll ich es Ihnen schreiben –

Doch ich habe es ihm versprochen, gestern mittag, wenige Kilometer vor diesem Dorf, aus dem wir in vier Stunden ausrücken werden, mit unbekanntem Auftrag. Wir?

Gestern mittag lagen wir am Rande eines Gehölzes und es galt über einen uns sehr breit scheinenden Weg zu springen, der unter russischem MG.-Feuer aus der Flanke her lag. Noch geborgen kauerten wir nebeneinander in einer Rinne und, ich muß es gestehen, mich hatte wie selten sonst die graue Angst gepackt vor den unregelmäßig vorbeipfeifenden Geschossen. Unentschlossen sah ich zu Gerhard hin, dessen Ernst und Festigkeit mir in solchen Minuten oft Kraft gegeben hat. „Der Leutnant ist schon drüben", sagte er, aber er sagte es nicht zu mir. Voller Sammlung und ohne Zaudern machte er sich dann bereit mit einem verbissen gespannten Gesicht, wie Sie es an ihm nicht kennen werden, und kraftvoll schnellte er plötzlich hoch, hetzte in wenigen rasenden Sprüngen geduckt über den höllischen Weg und war drüben. Beschämt raffte auch ich mich nun zusammen und sprang ihm nach, keuchend warf ich mich drüben nieder, ich war unversehrt. Es war eine Mulde, die uns wieder gute Deckung bot. Neben mir lag Gerhard –

Ach, was soll ich Sie länger quälen, als ob ich mit Vorreden das Schreckliche aufschieben oder auch nur ertäglicher machen könnte. Wappnen auch Sie Ihr Herz zu einem höllischen Sprunge, so wie es Gerhard gestern mittag tat. Er steht jetzt neben Ihnen, und Sie müssen seine Nähe spüren, wie er liebend besorgt Ihnen helfen will, das Schwere zu tragen. Sie wissen es: ja, er ist gefallen.

Hören Sie, Frau Lena, vergessen Sie es nicht: er ist in dieser bösen Stunde bei Ihnen, er ist um Sie, so wie er jetzt mir die Feder führt. Sie verjagen sein zuversichtliches Lächeln, Sie erschrecken und enttäuschen ihn, wenn Sie jetzt haltlos zusammenbrechen. [...]

Gerhard hat im Kriege nur eine einzige Furcht gekannt, die Furcht vor der Stunde, in der Sie diesen Brief lesen müssen. Über das Grauen, das mir noch oft das Herz beklemmt, war er längst hinausgewachsen, und den Soldatentod sah er eher als eine Aufgabe denn als Schrecknis vor sich. Mit königlicher Gelassenheit und Würde ertrug er ihn wie eine Ehrung. Nein, Furcht hatte er auch vor dem Tode nie, aber immer wieder vor diesem Brief. [...]

Sie werden wissen wollen, wie er starb, aber klammern Sie sich nicht an die Vorstellung dieser Stunde, als ob das Maß seines Schmerzes das Maß Ihrer Trauer bestimmen könnte. Der Schmerz ist wie ein Gluthauch vergangen, geblieben ist dies Geheimnisvolle: er ist gefallen.

Als ich mich neben ihm niederwarf, wußte ich sogleich, daß er getroffen war, und ich kroch zu ihm hinüber, um ihn zu verbinden. Der Schuß hatte von links Arm und Brust durchschlagen. Er sagte nichts, als nach einer Weile dies: „Schreib Du es ihr, sie soll tapfer sein und leben." Dann wurde es bald still. [...]

Ich hoffe sehr, daß Sie diesen Brief in einer guten und einsamen Stunde erhalten haben und ihn nicht in der Hast des Tages oder gar vor fremden Augen lasen. Vieles möchte ich noch schreiben, doch ich vermag es nicht jetzt zu tun, da ich auch selbst noch von dem Ereignis zu betroffen und erregt bin. Daß Sie meine Freundesdienste auch in allen praktischen Dingen in Anspruch nehmen können, wissen Sie.

Ich neige mich tief vor Ihrem Leid.

Ihr ergebener F.[riedrich] W.[ilhelm] H.[ymmen]

*Am 7. September 1944 schreibt der Physiker* ***Albert Einstein*** *an seinen Freund und Kollegen* ***Max Born****. Vor 1933 haben beide in Deutschland gemeinsam gearbeitet. Nun sind sie beide Emigranten: Born ist englischer Staatsbürger geworden, Einstein lebt in den USA.*

7.9.44

Lieber Born,

Ich war so erfreut über Deinen Brief, daß es mich zu meiner eigenen Überraschung drängt, Dir zu schreiben, ohne daß mich jemand mit erhobenem Zeigefinger dazu drängt. Englisch aber kann ich nicht schreiben von wegen der hinterhältigen Orthographie. Wenn ich lese, höre ich es vor mir und erinnere mich nicht, wie das Wortbild aussieht.

Erinnerst Du Dich noch daran, wie wir vor etwas unter 25 Jahren zusammen in einem Tram nach dem Reichstagsgebäude fuhren, überzeugt, daß wir wirksam helfen könnten, aus den Kerlen dort ehrliche Demokraten zu machen? Wie naiv wir doch gewesen sind als Männer von 40 Jahren. Ich kann nur lachen, wenn ich daran denke. Wir empfanden beide nicht, wieviel mehr im Rückenmark sitzt als im Großhirn und wieviel fester es sitzt. Daran muß ich jetzt denken, wenn sich die tragischen Fehler von dazumal nicht wiederholen sollen. Da dürfen wir uns nicht wundern, wenn die scientists keine Ausnahme bilden (in der großen Mehrzahl), und *wenn* sie anders sind, so ist es nicht auf die Verstandesfähigkeit, sondern auf das menschliche Format zurückzuführen, wie bei Laue. Bei ihm war es interessant zu beobachten, wie er sich schrittweise von den Traditionen der Herde losgerissen hat unter der Wirkung eines starken Rechtsgefühls. Mit einem ethical code haben die Mediziner erstaunlich wenig ausgerichtet, und bei den eigentlichen Wissenschaftlern mit ihrem mechanisierten und spezialisierten Denken dürfte noch weniger eine ethische Wirkung zu erwarten sein. Es ist eigentlich ganz richtig, daß Du Bohr das diesbezügliche Priesteramt zugedacht hast. Denn es besteht Hoffnung, daß er auf diese Weise die priesterliche Seite von der Physik abziehen und anderweitig verwenden wird. Sonst aber erwarte ich mir nichts von solchem Unterfangen. Das Gefühl für das, was sein soll und was nicht sein soll, wächst und stirbt wie ein Baum, und keine Art Dünger wird sehr viel dabei ausrichten. Was der Einzelne tun kann ist nur ein sauberes Beispiel geben und den Mut zu haben, ethische Überzeugungen in der Welt von Cynikern ernsthaft zu vertreten. Seit langem habe ich danach gestrebt, mich demgemäß zu verhalten (mit wechselndem Erfolg).

Dein „ich fühle mich zu alt ..." nehme ich nicht allzu ernst, weil ich es von mir kenne. Es spitzt manchmal oben heraus (mit wachsender Häufigkeit) und taucht dann wieder unter. Wir können es ja ruhig der Natur überlassen, uns allmählich zu Staub zu machen, wenn sie nicht einen rascheren Weg bevorzugt.

Ich habe mit viel Interesse Deinen Vortrag gegen die Hegelei gelesen, welche bei uns Theoretikern das Don Quijote'sche Element ausmacht oder soll ich sagen, den Verführer? Wo dies Übel oder Laster aber gründlich fehlt, ist der hoffnungslose Philister auf dem Plan. Deshalb vertraue ich darauf, daß die „jüdische Physik" nicht umzubringen ist. Ich muß sogar gestehen, daß Deine Ausführungen, besonders wenn ich mir den Max Born lebhaft vorstelle, mich an das schöne Sprichwort „Junge Huren, alte Betschwestern" erinnern, nur daß ich nicht recht glaube, daß Du Dich ehrlich und vollständig zur letzteren Kategorie durchgerungen hast. –

In unserer wissenschaftlichen Erwartung haben wir uns zu Antipoden entwickelt. Du glaubst an den würfelnden Gott und ich an die volle Gesetzlichkeit in einer Welt von etwas objektiv Seiendem, das ich auf wild spekulativem Weg zu erhaschen suche. Ich *glaube* fest, aber ich hoffe, daß einer einen mehr realistischen Weg, bezw. eine mehr greifbare Unterlage finden wird, als es mir gegeben ist. Der große anfängliche Erfolg der Quantentheorie kann mich doch nicht zum Glauben an das fundamentale Würfelspiel bringen, wenn ich auch wohl weiß, daß die jüngeren Kollegen das als Folge der Verkalkung auslegen. Einmal wirds sich ja herausstellen, welche instinktive Haltung die richtige gewesen ist.

Mit herzlichen Grüßen an Dich und die Deinen

Dein Albert

*Am 5. September 1969 schreibt der 39jährige „zeichnende Schriftsteller" **Carlfriedrich Claus** an den 40 Jahre älteren Dresdner Maler **Albert Wigand**. Beide verbindet eine Freundschaft, die von der Achtung und dem Verständnis für das Werk des jeweils anderen getragen ist: Beide arbeiten abseits von der herrschenden Kulturpolitik, die Claus einmal bescheinigt hat, seine Werke seien „mit dem realistischen Wesen der Kunst nicht zu vereinbaren".*

*Dem Brief ist ein Besuch in der Nervenklinik Dösen vorausgegangen, in der Wigand wegen einer psychotischen Erkrankung liegt. Er teilt ein Dreibettzimmer mit den im Brief erwähnten Stefan V. und Hartmut K.*

Annaberg-Buchholz, 5.9.[19]69

Lieber, sehr verehrter Albert Wigand, lieber Freund,

wie schön waren die Stunden, die wir zusammen durchsprachen. Ich denke viel daran. An wievieles rührten unsere Worte. Erinnern Sie sich? Wir sahen die Schönheit des hässlichen Wasserturms mit dem Mond, mit den Pappeln, hörten die Käuzchen nächtlich aus unseren Fingern rufen. Über uns den Abendwind. Haar, silbernes, unter der Erde.

Als Sie den Bann, unter dem Herr K. steht, partiell lösten, Sie in Kontakt mit ihm traten, löste sich aus seinem Lächeln ein blühender Garten, in den wir mit Albrecht für Momente eintraten und spielten.

Wenn Sie wachliegen, Ihre Zimmergenossen schlafen hören, werden Sie Sätze bilden, auf das Dunkel projizieren. Verbale Gestirne durch das Zimmer ziehen lassen, ruhig. Eben, dies sehen: dass das schlaflose Rinnen der Nächte eine ungeheure Klarheit rechts und links als Ufer hat.

Lieber, verehrter Freund, ich drücke Ihnen in herzlicher Verbundenheit die Hand

Ihr Carlfriedrich Claus

Bitte grüßen Sie Herrn Stefan V. und Herrn Hartmut K. vielmals von mir.

*Am 9. September 1968 wendet sich der Kölner Schriftsteller* ***Jürgen Becker*** *mit dem folgenden Brief an* ***Hans Werner Richter****, den „Vater" der Gruppe 47. Übrigens hat das Treffen, um das es in diesem Brief geht, 22 Jahre später doch noch stattgefunden: 1990 traf sich die Gruppe 47 in Prag.*

[Köln-Brück], 9.9.68

Lieber Hans Werner,

gestern höre ich es und heute lese ich es in der Zeitung, daß Du vorhast die Tagung der Gruppe 47 in die Schweiz zu „verlegen". Die Nachricht hat mich etwas überrascht; bitte erlaube mir Dir zu sagen, wie ich darüber denke.

Die Besetzung der Tschechoslowakei hat unsere Tagung vereitelt. Die Leute dort, unsere Kollegen dort, sie sind gezwungen, sich mit ihren verloren gegangenen Möglichkeiten, Hoffnungen und Freiheiten abzufinden. Was wir, die Schriftsteller der Gruppe 47, verloren haben: nämlich die Möglichkeit, ein paar Tage lang in diesem Land zu lesen, zu diskutieren, unser Fest zu feiern und darüberhinaus mit unseren Kollegen in Kontakt zu kommen, das ist vergleichsweise so geringfügig, daß kein Wort darüber zu verlieren ist. Aber dennoch, abzufinden haben wir uns auch, und in diesem Sinne hätte ich es eine Konsequenz genannt, wenn Du unsere diesjährige, durch die sowjetische Intervention ohnehin vereitelte Tagung demonstrativ hättest ausfallen lassen.

Stattdessen wollen wir nun in die Schweiz gehen, ausgerechnet in die Schweiz, als wären wir zur Emigration gezwungen. Und alles soll dort stattfinden wie immer, das Vorlesen, das Kritisieren, die Verbrüderungen, die Zankereien, die Schnäpse und das Fest, alles, als wäre nichts geschehen. Du weißt, ich bin kein „politischer" Schriftsteller, aber meine Empfindungen wären durch die politischen Ereignisse so bestimmt, daß ich keine Freude haben könnte an einer Tagung, die sich durch eine Verlegung so einfach retten ließ.

Erlaube mir einen Vorschlag: laß diese Tagung ausfallen; im Sinne der Verluste, die unsere Kollegen erlitten haben, und erkläre das auch öffentlich. Aber dann, im Winter vielleicht, veranstalte dann eine Tagung, die der im letzten Dezember vergleichbar wäre, eine Tagung mit und für jene tschechoslowakischen Schriftsteller, die haben fliehen müssen. [...]

Ich kenne Deine Überlegungen nicht; die meinen wollte ich Dir nicht vorenthalten. Mit einem Gruß an Toni

ganz herzlich
Dein Jürgen

# 10. SEPTEMBER

*Am 10. September 1952 schreibt* ***Bertolt Brecht*** *an die* ***Hauptverwaltung der Deutschen Grenzpolizei*** *in Berlin. „Werte Genossen" schreibt er – obwohl er selbst nie Mitglied einer Partei war.*

Berlin, den 10. September 1952

Werte Genossen,

ich hab ein Haus in Buckow, wohin ich mich für schriftstellerische Arbeiten zurückziehe, und muß ziemlich häufig nach Berlin herein. Ich passiere dabei den Kontrollpunkt Hoppegarten. Schon seit einiger Zeit bekümmerte mich der grobe Ton der Polizei, der dort herrscht. Vorgestern, am 8.9.52, 13 Uhr 25 auf der Fahrt nach Berlin kontrollierte eine Angestellte des Amts für Warenkontrolle meine Schreibmaschine, für die ich eine laufende Sondergenehmigung habe, und da sie nicht gleich die Nummer fand, zog sie einen Kollegen zu Rat. Als ich dagegen protestierte, daß man den Wagen der Maschine abnahm, mischte sich ein Volkspolizist, Dienstausweis Nr. 4123, ein, obwohl ich ihm meine Papiere, darunter meinen Ausweis als Nationalpreisträger I. Klasse, gezeigt hatte, wies mich grob zurecht, indem er mich ständig „junger Mann" titulierte. Meine Mitarbeiterin Ruth Berlau, Leiterin des Archivs des Berliner Ensembles, verwies ihm seinen frechen Ton, worauf er uns die Papiere, (Personalausweis und Wagenpapiere) abnahm und damit wegging. Als nach zehn Minuten meine Assistentin, Käthe Rülicke, fragte, wie lange ich noch zu warten hätte (ich hatte eine Sitzung in der Akademie der Künste), gab er zur Antwort: „Sie haben in Ihrem Wagen zu warten, bis Sie abgeholt werden." Nach etwa zehn Minuten kam ein Vorgesetzter, der sich den Vorgang erzählen ließ und uns dann die Papiere in durchaus höflicher Weise zurückgab. Der Vorfall nahm 45 Minuten in Anspruch.

Am Tage vorher hatte mich der Komponist Paul Dessau besucht, der übrigens herzleidend ist; zitternd vor Zorn, kam er in Buckow an, weil er an derselben Stelle (Sonntag, den 7.9.52, 13 Uhr 10) ebenfalls grob behandelt wurde, als er auf den Befehl, seine Scheinwerfer abzumontieren, sagte, er kenne sich in technischen Dingen nicht aus und man möchte ihm helfen.

Verstehen Sie mich recht: Ich bin ganz überzeugt von der Notwendigkeit der Kontrolle, worüber ich mich beschwere, ist der herrische befehlshaberische und rüde Ton, in dem ich an dieser Stelle auch schon einmal denselben jungen Polizisten mit einem Arbeiter sprechen hörte, der seine schmutzige Wäsche zum Waschen nach Berlin zurückbrachte und nicht gewußt hatte, daß er dafür eine Bescheinigung brauchte. Auch der Vorgesetzte, der in meiner Angelegenheit eingriff, schien meine Kritik übel zu vermerken und sagte mir, ich solle jedes Wort überlegen, wenn ich die Polizei kritisiere.

Ich bitte Sie, den jungen Menschen, die dort Dienst tun, einzuschärfen, daß sie das in der Sache fest und zugleich in einem menschlichen Ton tun.

Bitte teilen Sie mir auch mit, was Sie in dieser Angelegenheit tun können.

Mit sozialistischem Gruß

[Bertolt Brecht]

## 11. SEPTEMBER

*Am 11. September 1933 schreibt die junge Jüdin* ***Betty A.*** *an den Reichskanzler* ***Adolf Hitler*** *in Berlin den folgenden erschütternden Brief.*

Dortmund, 11. September 1933

Sehr geehrter Herr Reichskanzler!

In meiner großen Not wende ich mich an Sie. In der Hoffnung, daß Sie mir und vielen anderen helfen können. Ich bin 22 Jahre alt. Meine Mutter ist Christin, mein Vater Jude, hat aber den Krieg mitgemacht und vor Mazedonien Malaria bekommen, außerdem ist er einmal verschüttet gewesen, deshalb ist er mit den Nerven sehr herunter und leidet sehr, wenn er sieht, wie wir Kinder haltlos zwischen zwei Parteien schweben, von der einen ausgestoßen, von der anderen nicht beachtet, da mein Vater seit 28 Jahren aus der Kirche gestrichen ist und wir evangelisch erzogen sind.

Mir ist dadurch alles genommen worden. Aus dem Sportverein mußte ich austreten. Seit drei Jahren verkehre ich mit einem christlichen Herrn, von dem ich mich jetzt trennen mußte, da ich Angst habe, daß er durch mich berufliche Schwierigkeiten hat. Wir haben uns sehr gern und sind sehr unglücklich darüber.

Außerdem hat ja das Heiraten für mich keinen Zweck, da es gewissenlos wäre, meinen Kindern dasselbe Leid zu schaffen, wie ich es jetzt habe.

Ich kann mir nicht denken, daß Sie, der sonst für alles Zeit und Verständnis hat, so etwas gewollt hat. Wir sind doch auch Menschen und haben Lebensberechtigung, und unbescheiden waren meine Wünsche nicht. Nur die Hoffnung eines jeden Menschen auf ein bißchen Glück.

Ich wende mich an Sie, da Sie der einzige sind, der helfen kann. Sie geben doch die Gesetze, und es ist doch ein Leichtes für Sie, einige Änderungen zu schaffen.

Ich hoffe, daß Sie mich verstehen, und wenn Sie nicht helfen, so vernichten Sie den Brief, vor allem geben Sie ihn nicht der Öffentlichkeit, die sich doch nur über mich lustig macht.

Hoffentlich nehmen Sie mir meine Frechheit, Ihnen zu schreiben, nicht übel, ich weiß aber keinen Ausweg mehr.

In der Hoffnung, daß Sie helfen, bleibe ich mit festem Vertrauen

Ihre Betty A., Dortmund, Hansastr. 10.

*Am 12. September 1962 gratuliert der 87jährige Theologe, Musiker und Arzt **Albert Schweitzer** der berühmten Pianistin **Elly Ney** mit dem folgenden Brief.*

Lambarene, 12. September 1962

Liebe Elly.

Es geht das Gerücht, dass du geruhst 80 Jahre alt zu werden, am 27. September dieses Jahres. Da komme ich dir gratulieren. Denn es ist doch ein grosses und schönes Erlebnis, auf so viele Jahrzehnte zurückblicken zu können, so viel Weltgeschichte erlebt zu haben und noch leistungsfähig zu sein. So empfinde ich. Ich denke, dass du es auch tust, so wie ich dich kenne. Und wie schön, so viele bedeutende Menschen der Vergangenheit gekannt zu haben. Das heisst seine Zeit wirklich erlebt zu haben. Das haben du und ich gemein. Wie oft muss ich an Gespräche mit Cosima Wagner zurückdenken, und an solche mit Künstlern und Gelehrten, die schon längst entschlafen sind, aber ihre Bedeutung in ihrer Zeit hatten und auch uns, die wir sie kannten, etwas bedeutet haben in ihrem Dasein und noch bedeuten. Das sind Sachen, die du und ich gemein haben, beglückende Sachen. Ich schreibe dir im Scheine der Petroleumlampe, und bald wird eine der in meinem Zimmer heimischen braven Katzen auf meinen Tisch kommen und sich hinlegen, um die milde Wärme der Lampe zu geniessen. In diesen Wochen bin ich ganz Baumeister. Ich musste wieder neue Räume für das Spital und einen auch für das immer zahlreichere Personal bauen. Und das alles muss vor der Regenzeit, die vom 15. September an anbrechen kann, fertig werden, denn in dieser kann von Bauen nicht mehr die Rede sein. Ich hoffe, rechtzeitig fertig zu werden.

Herzlich, mit besten Geburtstagswünschen

dein Albert Schweitzer

Ich plante diesen Spätherbst für einige Wochen nach Europa zu kommen. Aber die Arbeit, die wissenschaftliche und die baumeisterliche, lässt es nicht zu ... Auf nächstes Jahr ...

# 13. SEPTEMBER

*Am 11. September 1949 schreibt die Berliner Hure* **Margot Voß** *an* **Heinrich Mann** *in den USA. Es ist der vermutlich letzte Brief einer Korrespondenz, in der „die Vossen" anschaulich und sehr zupackend vom Nachkriegsberlin berichtet. Zu einem Wiedersehen der ungleichen Briefpartner ist es nicht gekommen: Heinrich Mann starb im März 1950, fast 79jährig, in Santa Monica.*

11. Sep 49

Lieber Herr Mann!

Sind Sie krank? böse? oder warum schreiben Sie nicht mehr, haben Sie die Vossen aus Berlin vergessen? Ich hatte mich immer gefreut von Ihnen Post zu erhalten. Hier in Berlin sieht es nicht besonders aus, Der Staat ist pleite im Westen von Berlin 60% arbeitslos. Sie können sich denken daß auch mein Beruf drunter leidet. Die Läden platzen von Ware aber es kann keiner was kaufen, da war es vor der Währung noch besser wo ein Pfund Butter 300 M kostete, und eine schöne Nacht 500 Mk. Heute ist der gute Freier für 20 Mk mit der Lupe zu suchen, ich glaube ich werde meinen Beruf an den Nagel hängen und mir eine Arbeit als Garderobenfrau suchen, Wie in einem Roman oder als „letzte Frau". Ich dachte immer Sie kommen mal nach Berlin, ich hätte Ihnen dann den Haushalt geführt, und dabei den Spitzenmorgenrock von Nelli angezogen. Aber in der Zeitung lese ich auch nicht mehr von Ihren Plänen. Trotzdem Ihr Bruder in Weimar sagte er wolle Ihnen zureden nach Deutschland zu gehen denn Sie lebten ganz einsam in Amerika. Ist das wahr? Nach Ihren Briefen sind Sie doch ganz auf der Höhe und lebenslustig. Lieber Herr Mann schreiben Sie mal bald wieder wenn Sie 5 Minuten Zeit haben denken Sie mal an die Vossen in Berlin. Viele Grüße

Margot

Haben Sie meinen letzten Brief nicht erhalten?

*Am 11. September 1942 – dem jüdischen Neujahrsfest – schreibt die 66jährige **Selma Fleischer** an ihre **Schwägerin Hedwig** und deren Familie. Die Hoffnung, die in dem Brief anklingt, ist nicht in Erfüllung gegangen: 1943 wurde Selma Fleischer nach Theresienstadt gebracht. Dort ist sie gestorben.*

Berlin, den 11.9.42

Meine sehr Lieben!

Seid nicht böse, daß ich so unaufmerksam und erst heut 2 Pakete dankend bestätige. Du kannst mir glauben, l. Hedel, ich hätte manchmal nichts zu kochen, wenn nicht Deine Güte. Es ist alles so furchtbar - ich weiß nicht, was ich machen soll. Die Zeit rückt immer näher - bald bin ich an der Reihe. Ich habe hier sehr gute arische Bekannte, die lassen mich nicht weg, wenn also das Schlimmste eintrifft, gehe ich höchstwahrscheinlich dort hin, denn doch vielleicht immer noch besser als in den Tod, denn etwas anderes ist es doch nicht. Dann kann ich Euch auf 8 - 14 Tage besuchen, wenn es gehen wird. Soll ich das machen? Oder soll ich das Schicksal aller anderen teilen? Es geht mir dauernd im Kopfe herum - man weiß nicht ein noch aus. Also seid mir deshalb nicht böse. Wir sind ja für alles dankbar - gleich, was es ist. Anbei 10 Mark für Auslagen. Also seid mir nicht böse. Heute abend ist Neujahr, solche Feiertage habe ich noch nicht erlebt - keine Andacht, es wird sogar in den Gemeinden gearbeitet. Hoffen wir auf bessere Zeiten. Also nochmals recht vielen Dank, grüßt Euch beide recht, recht herzlich

Schwägerin Selma

Ernst dankt bestens, und beide grüßen Euch herzlich.

# 15. SEPTEMBER

*Ein Brief wider die Zensur. Am 15. September 1947 schreibt der Schriftsteller und Politiker* ***Ernst Niekisch*** *an den Leiter des Berliner Aufbau-Verlags,* ***Erich Wendt****. Niekisch, unter Hitler zu lebenslänglichem Zuchthaus verurteilt, wurde 1945 leitender Mitarbeiter des Kulturbunds zur demokratischen Erneuerung Deutschlands und später Professor an der Humboldt-Universität. Enttäuscht und desillusioniert verläßt er 1954 die DDR und geht nach Westberlin.*

Koblenzerstr. 8
Berlin-Wilmersdorf
den 15.9.1947

Lieber Herr Wendt!

Ich habe nunmehr das von Ihnen durchgearbeitete Manuskript überprüft und dabei gefunden, daß die Eingriffe, welche vorgenommen wurden, doch weitgehend den Rahmen dessen übersteigen, was ich auf Grund Ihrer Äußerungen hatte erwarten dürfen. Gewiß sind manche Streichungen durchaus zu rechtfertigen, insbesondere trifft dies auf das Kapitel zu, in welchem ich Hitlers Buch „Mein Kampf" behandele. Indes zeigt es sich, daß die Streichung von Zitaten nicht geschehen ist, um Längen zu beseitigen, sondern um einem Prinzip Rechnung zu tragen; das Prinzip ist, Naziführer überhaupt nicht zu Wort kommen zu lassen. Es wird übersehen, wie doch die Zitate zur Begründung allgemeiner Feststellungen über Wesen und Natur des Nazismus herangezogen sind. Damit sind sie von vorneherein jeweils in eine solche Beleuchtung gerückt, daß sie sich nicht, wie Sie fürchten, als Bestandteile eines Kompendiums für ehemalige Nazisten gebrauchen lassen. Infolgedessen kann ich der Anwendung des von Ihnen hier gehandhabten Streichungssystems nicht beipflichten.

Mein Buch ist ein Buch äußerster Wahrhaftigkeit; es schöpft aus den unmittelbaren Erlebnissen und Erfahrungen und hält sich ausschließlich an das, was im Erleben jener Zeit beobachtet wurde. Eben in der Frische dieses Erlebnisses liegt sein Reiz. Die von Ihnen vorgenommenen Abänderungen sind Verwässerungen, die diesem Reiz weitgehend Eintrag tun. Aber nicht nur darum geht es. Die von Ihnen vorgenommenen Abänderungen zielen darauf ab, das Buch in den Dienst einer Geschichtslegende, ja – verzeihen Sie mir diesen Ausdruck - einer Geschichtsverfälschung zu stellen. Es ist nun einmal Tatsache, daß Millionen deutscher Arbeiter hinter

Hitler hergelaufen sind. Ich habe in dieser Hinsicht böseste Erfahrungen gemacht. Es ist ferner Tatsache, daß in den ersten Jahren die katholische Kirche Hitler Vorschub leistete. Endlich ist es auch Tatsache, daß die Politik der auswärtigen Mächte Hitler in die Hände spielte. Würden diese Tatsachen verschleiert oder gar in ihr Gegenteil verkehrt, würde der ganze Charakter meines Buches eine Veränderung erfahren.

Etwas erstaunt hat mich das Bestreben, die Worte „Kommunismus", „kommunistisch", „Bolschewismus", ja „Marxismus" völlig auszumerzen. Ich bin seit 1917 in der Sozialdemokratie, schätze die marxistische Schulung, die ich hinter mir habe, und bin weit davon entfernt, den Zusammenhang mit dem Marxismus verbergen zu wollen.

Beiläufig erwähnen möchte ich, daß manche Korrekturen sich gegen die besonderen stilistischen Eigenheiten wenden, die für mich nun einmal charakteristisch sind. Eine sachliche Notwendigkeit lag hierfür nicht vor.

Nach meiner Ansicht lohnt sich die Veröffentlichung nur, wenn der Dokument-Charakter des Manuskripts nicht verwischt wird. Es erscheint mir völlig unmöglich, dies Buch auf die Bedürfnisse der augenblicklichen Situation und Taktik der Partei zuzuschneiden. Sein ganzer Wert würde zerstört werden.

Für den Fall, daß ich zu wählen habe zwischen der Veröffentlichung meines verstümmelten Manuskripts oder der Nichtveröffentlichung, würde ich mich ohne Besinnen für das letztere entscheiden. Ich kann es nicht verantworten, das Buch in der Form herauszubringen, in die es inzwischen vom Verlag gegossen worden ist.

Indem ich Sie um Ihre weitere Stellungnahme bitte, bin ich mit bestem Gruß

Ihr

Ernst Niekisch

# 16. SEPTEMBER

*Am 16. September 1976 schreibt der Dichter* ***Franz Fühmann*** *aus seiner Einsiedelei in Märkisch-Buchholz an den befreundeten Bildhauer* ***Wieland Förster****.*

1605 Märk. Buchholz 85

16.9.76

Lieber Wieland,

schönen Dank für Deinen Brief. Unterdessen wirst Du meine Geschichte bekommen haben - schmeiß sie weg. Ich hab sie noch einmal überarbeitet, und etwa 1 1/2 Seiten Wasser und Fett rausgedrückt. Wenn sie abgeschrieben worden ist, bekommst Du sie neu und eine zweite dazu. Eine dritte zeige ich vorläufig niemandem, vielleicht einmal später Dir, als einzigem.

Und dennoch, Wieland, werde ich meiner Freiheit nicht froh. - Ich beneide Dich und Euch, die Ihr im Stein, in der Bronze, im Graphitstrich unmittelbar das Menschliche ausdrücken könnt. Durch die Sprache ist es schon vermittelt, schon historisch, ans Historisch-Konkrete gebunden. Das Unmittelbare ist wohl in der Lit. nicht mehr möglich, oder aber meine Kräfte sind zu schwach dazu. Über die Götter schreiben und auf alles sonst pfeifen, schön – aber ich höre jeden Tag die Nachrichten, und jeden Tag etwas aus den Lagern, und wir stehen davor, und werden hofiert, und haben gut zu essen, und dürfen sogar nach Italien oder Westberlin fahren und liefern damit das Alibi. – Ich kann nicht mehr sagen, daß ich es nicht weiß. Das Furchtbare ist die Frage: Was tun? – Es ist so leicht, zu sagen, der Dichter soll dichten. Es stimmt sogar. Natürlich soll er, und dennoch, und gerade, und so. Und was? Natürlich das, was noch wirken kann, was anders, nicht wahr? Warum sich zu freiwilliger Unwirksamkeit, zur Schublade, verurteilen? Einleuchtend, nicht? Und so herrlich bequem, nicht? Und so schrecklich praktikabel, nicht? Aber was soll man denn sonst tun? Sich totsaufen? Ich bin tatsächlich noch einmal nach 8 Jahren (acht Jahren) völliger Enthaltsamkeit in den Alkohol reingerutscht, und weißt Du, wodurch? Durch Hustentropfen mit Alkohol, ein lächerliches Hausmittel aus der Drogerie. Dann verfiel ich rapid, und ich glaube, ich bin noch einmal rausgekrochen, ich weiß noch nicht genau, aber ich hoffe. Und sonst? Ich dreh mich im Kreis herum. Ich weiß nur, daß es nicht weitergeht so, und daß es so weitergehn wird. Ich stoße überall auf meine Grenzen, in der Sprache, in der Wirksamkeit (gesellschaftlich/politisch), in der Erfahrungsmöglichkeit. Wäre ich in einem andern Land, würde ich von Bordell zu Bordell ziehn. Dein Paar draußen vor dem toten Flieder macht mich auch verrückt, das zeigt ja, daß das auch kein Weg ist, und so trostlos bleibt, wenigstens beim Mann. Es ist furchtbar, was Bronze sagen kann, ein Stück geformtes Metall, und Sprache nicht.

Entschuldige, das wird eine Jammerei.

Wieland, danke für Dein Hilfsangebot, aber nur, wenn es Dir keine Umstände macht. Denk an Deinen Stein. Was Michelangelo konnte, kannst Du auch. Bloß daß unser Petersdom der Palazzo ist, das ist so trostlos, und daß der Papst Erich I. heißt (oder der Bischof, das ist genauer).

Ich bin bis Ende September hier in MB, dann ist in Rostock eine Autorenkonferenz, [...] dann bin ich den Oktober durch auf Lesereise, im Norden und Süden, mit Ausnahme vom 21. - 23. Oktober, da bin ich mal in Berlin bei Weib und Enkelkind. Im November dann je nach Wetter, wahrscheinlich hier draußen in MB, aber wenn Du in Berlin bist, käme ich einmal rein.

Auf dem Schild oder mit dem Schild – ich studiere jetzt ein bißchen griechische Lyrik, gleich der erste dort, Archilochos, (zeitlich der 1. individuelle), Berufssoldat und Kolonist, erregte einen ungeheuren Skandal, weil er zu dichten wagte (sinngemäß, ich habs jetzt gerade nicht da): Warum soll ich nicht ohne Schild zurückkommen? Ich kaufe für ein paar Mark einen neuen, aber das Leben kauf ich nicht mehr. – Siehst Du, der war der Ahnherr der Dichter, der hatte die pragmatische Philosophie, aber die war damals ein Wagnis, er wäre dafür fast gesteinigt worden und galt lange als Inbegriff der Verworfenheit.

Entschuldige. – Glück zu Deinen beiden Vorhaben. Was die Wissenschaft angeht, kennst Du Flauberts letzten Roman (Fragment) Bouvard und Pécuchet? (Oder so ähnlich). Das ist auch eine wüste Persiflage auf die Wissenschaft. Mit dem Fl. fängt eigentlich viel an, ich habe jetzt seinen „November" gelesen, das Werk eines 20jährigen, und vollendet. – Und der kriegte dann auch seinen Prozeß.

Auch die Freiheit ist Scheiße.
Bitte zeig diesen Brief keinem.

Leb wohl.

# 17. SEPTEMBER

*Am 17. September 1942 schreibt der Verleger **Wieland Herzfelde** an **Hermann Kesten**, seinen ehemaligen Verlegerkollegen aus Deutschland. Es geht um die Gründung eines deutschsprachigen Verlages in den USA – ein riskantes Unternehmen zu einer Zeit, wo deutsche Sprache diejenige ist, in der auf der ganzen Welt Menschen verfolgt und gemordet werden. Diskussionen um das konkrete Verlagsprogramm – besonders mit dem Schriftsteller Berthold Viertel – ziehen sich hin. Ende 1944 wird der Verlag dann tatsächlich gegründet – unter dem von Brecht eingebrachten Namen „Aurora".*

New York, N. Y., 17. Sept. 1942

Lieber Herr Kesten,

Sie werden wahrscheinlich schon von der Tätigkeit der „Tribüne" im letzten Winter und Frühjahr gehört haben, und von unseren (insgesamt fünfzehn) sehr erfolgreichen Veranstaltungen in deutscher Sprache. Tausende, die unter Hitler, oder schon früher, Deutschland verlassen haben, bekundeten ein an Begeisterung grenzendes Interesse für unsere künstlerisch-literarischen Darbietungen.

Dieser unerwartete Erfolg hat uns davon überzeugt, daß es möglich und an der Zeit ist, den Kulturkampf gegen den Nationalsozialismus durch die Gründung eines deutschen Verlags zu verbreitern und zu vertiefen. Wir wollen ihn nennen:

DIE TRIBÜNE
Gemeinschaftsverlag für freie deutsche Literatur.

Der Verlag soll ein Non-Profit Unternehmen sein und den entsprechenden gesetzlichen Vorschriften gemäß geführt werden.

Die Mittel wollen wir durch den Verkauf von 1000 Anteilen à 10,- Dollar beschaffen, wobei wir erwarten, mancher Freund unseres Plans wird mehr als einen Anteil zeichnen. Außerdem wollen wir die Besucher unserer Veranstaltungen (von mehr als 2000 haben wir die Adressen) als Leser-Gemeinschaft zusammenfassen, um die Produktion und den Absatz zu erleichtern.

Ich werde für den Verlag verantwortlich zeichnen, die Auswahl der Manuskripte aber nicht allein vornehmen, sondern im Einvernehmen mit hier lebenden Kollegen, wie Viertel, Graf, Bruckner, Alexan. Meine und der Kollegen Arbeit wird ehrenamtlich erfolgen.

Das erste Tausend jeder Veröffentlichung werden wir vorläufig nicht honorieren können, dafür aber dem Autor dreißig Freiexemplare geben. Alle weiteren verkauften Exemplare wollen wir mit 10% vom Verkaufspreis honorieren.

Vorläufig beabsichtigen wir noch keine Bücher herauszubringen, sondern eine Schriftenreihe; jedes Bändchen soll 32 oder 64 Seiten stark sein. Eröffnen wollen wir die Schriftenreihe mit einem Bändchen: „Freiheitsstimmen der Völker". Darin sollen nicht individuelle Dokumente, sondern gemeinsame Erklärungen von Menschen, die eine Freiheitsbewegung repräsentieren, vereinigt werden, die „Bill of Rights", die „Erklärung der Menschenrechte" und Ähnliches. Das Bändchen soll programmatisch für den Verlag sein.

Lieber Herr Kesten, ich bitte Sie um viererlei:

1) um ein Manuskript, das Ihnen für die Schriftenreihe geeignet erscheint,
2) um Anregungen zum Verlagsprogramm, besonders auch zum Inhalt des ersten Bändchens,
3) um Zeichnung eines oder einiger Verlagsanteile,
4) um Adressen, an die wir uns unter Berufung auf Sie wegen Anteilzeichnungen wenden dürfen.

Genauere Mitteilungen erhalten Sie, sobald die Gründung durchgeführt und das Verlagsprogramm ausgearbeitet ist.

Besonders dankbar wäre ich, wenn Ihre Antwort recht bald einträfe, da wir schon im Herbst mit den ersten Veröffentlichungen herauskommen möchten.

Mit besten Grüßen Ihr

Herzfelde

# 18. SEPTEMBER

*Am 17. September 1996 schreibt* ***Ina Podder-Theising*** *an den amerikanischen Historiker* ***Daniel Jonah Goldhagen****, dessen Buch über „Hitlers willige Vollstrecker" in diesem Sommer heftig diskutiert wird. Frau Podder-Theising will weder loben noch verdammen: Präzise und schonungslos schildert sie eigene Erfahrungen ...*

Dormagen, den 17. September 1996

Sehr geehrter Herr Goldhagen,

[...] Ich war bei Kriegsende genau vierzehn Jahre alt, Sproß einer im katholischen Emsland eingesessenen Familie, deren politische Heimat der linke Flügel der Zentrumspartei war. Meine Wahrnehmung der jüdischen Religionsgemeinschaft fiel zusammen mit ihrer Verfolgung. Es gab in Lingen (ca. 17 000 Einwohner) eine lebendige jüdische Gemeinde mit Synagoge und einem Friedhof, der vom christlichen durch eine Mauer getrennt war. Mein Vater berichtete: Ich habe Max Cohn dringend zum Auswandern geraten; die Juden hätten von den Nazis das Schlimmste zu gewärtigen. Cohn dagegen: Ich zahle meine Steuern, tue niemandem etwas zuleide und bin auch noch mit einer Christin verheiratet.

Kristallnacht: Wir Kinder kamen auf dem Schulweg am Textilgeschäft Markreich vorbei; die Schaufensterscheiben waren eingeschlagen. Mittags erzählte mein Vater, er habe morgens die Synagoge als glimmenden Trümmerhaufen vorgefunden, umringt von besoffenen SA-Männern [...]. Er führte mich auf die Straße und wies auf eine dünne Rauchfahne, die immer noch über dem Gertrudenweg (heute Synagogenweg) stand.

Eine ältere Freundin hörte von ihrem Vater: Ein Verbrechen, die Synagoge anzustecken; mancher Handwerker hätte sich darin gern eingerichtet.

Verwandtenbesuch aus dem oldenburgischen Löningen. Meinem Vater, der sich erregt über die Judenverfolgung äußert, wurde entgegengehalten: Die Juden haben schon unseren Herrn Jesus Christus gekreuzigt. [...]

Ein Nachbar auf Heimaturlaub nahm meinen Vater beiseite: In Rußland werden die Juden zusammengetrieben, müssen ihr eigenes Massengrab ausheben, sich am Rande aufstellen und werden dann niedergemäht. Zum Schluß eine Lage Chlorkalk ...

Deportationen habe ich selbst nicht gesehen (wahrscheinlich nachts). Aber auch mir fiel auf, daß die gelben Judensterne nach und nach verschwanden. Meine Eltern und wohl die meisten Lingener vermuteten, daß die Juden nach Osten verschleppt würden und dort auf die eine oder andere Weise zu Tode kämen. [...]

Summa: Ich kenne außerhalb meiner (erweiterten) Familie niemanden, dem die vor aller Augen stattfindenden Verbrechen an den Juden den Schlaf geraubt hätten. Die Juden, das waren die anderen, und ihrem Schicksal gegenüber war man indifferent. Eliminatorischem Antisemitismus bin ich nicht begegnet. Die Existenz von Todesfabriken wurde auch meiner Familie erst nach Kriegsende bekannt. Ich möchte unterstellen, daß diese Tatsache auch während der Nazi-Zeit bei der Mehrheit der Deutschen Entsetzen ausgelöst haben würde. Wie dieselben Menschen sich im Fall eines angenommenen Befehlsnotstandes entschieden hätten, wage ich nicht zu entscheiden. Sicher ist, daß generell die vorhandenen Freiräume des Sehens, Reflektierens, Sprechens und Handelns nicht ausgenutzt wurden.

Seit meinem Studium in Göttingen in den Fünfzigern bis heute wird mir von ganz normalen Bürgern vorgehalten, die jüdische Hochfinanz habe Deutschland den Verlust zweier Kriege eingebracht. Und „Vergasen" ist eine nicht ganz ungewöhnliche Verwünschung für Mißliebige.

[...] So widerlich der dumpfe Antisemitismus unserer Gesellschaft (etwa eines Drittels) ist, für gefährlich halte ich ihn nicht. Es bedurfte des Massenelends, die Nazis an die Macht zu bringen, und einer grenzenlosen, einschüchternden Volksverhetzung, die die Juden als Verderber des Vaterlandes aufbaute, der Bevölkerung die Ausschreitungen hinnehmbar erscheinen zu lassen. Die trübe Mischung aus christlicher Judenfeindschaft und im vorigen Jahrhundert entwickelter Rassenideologie, instrumentalisiert von einem verbrecherischen Gewaltregime, hat das Unvorstellbare, die Shoa, möglich gemacht.

Ich wünsche Ihnen alles Gute [...]

Ina Podder-Theising

# 19. SEPTEMBER

*Am 19. September 1945 schreibt **Erich Nossack** aus dem kriegszerstörten Hamburg an seinen Lektor und Schriftstellerkollegen **Hermann Kasack**.*

Hamburg, den 19. September 1945

Lieber Freund [...], ich möchte Ihnen heute einiges über das hiesige geistige Leben nach dem Zusammenbruch berichten; ich halte es für notwendig, daß wir uns so schnell wie möglich auf unsern eigentlichen Beruf besinnen und den alltäglichen Nöten wie Hunger und Kälte etc. nicht zu großes Übergewicht zubilligen. Allerdings ist das leicht gesagt, und wenn ich mich selber ansehe, so bin ich ein schlechtes Vorbild. Erschöpfung durch Unterernährung verbietet die Nachtarbeit, es fehlt an Büchern und an einem eigenen Zimmer vor allem, in dem man allein sein kann. Tägliche neue Enttäuschungen und Aufregungen stumpfen das Gehirn ab, und man läuft in einem schmerzlich beschämenden Zustand von Dumpfheit umher. Glücklicher sind die Menschen, die sich um ein geistiges Ergebnis unsres Schicksals keine Gedanken machen, sondern einfach darauflos räubern, wo es etwas zu räubern gibt. [...]

Doch nun zu Hamburg im Allgemeinen, soweit man hier von einem geistigen Leben reden darf. Um damit zu beginnen: So sollen die Kirchen gut besucht sein. Ich selbst kann darüber nicht urteilen und lege dem auch kein allzugroßes Gewicht bei. Ich zweifle daran, daß von der protestantischen Kirche noch irgend etwas Nennenswertes zu erwarten ist. [...]

Das Theater begann mit „Jedermann", in einer kleinen Kirche gespielt. Kein schlechter Griff. Ich habe es nicht selbst gesehn, was ich auszugsweise davon über den Rundfunk hörte, war gut gesprochen und gefiel mir. Leute, die die Aufführung mit ehemaligen Reinhardtschen Inszenierungen in Salzburg verglichen, äußerten sich abfällig über das hiesige Niveau. Ich möchte aber doch sagen, daß der Maßstab für diesen Augenblick zu hoch gegriffen ist. [...]

Wir haben hier eine Zeitung, über die bislang nichts zu berichten wäre. Ferner seit August monatlich je eine englische und eine amerikanische Rundschau [...]. Die letztere befaßt sich mit rein amerikanischen Problemen, [...]. Die englische Rundschau hat mehr erzieherische Tendenz für Deutschland. Sie begann mit einem Auszug aus Schillers Abhandlung über Lykurg, brachte das Gedicht von Kästner „Wenn wir den Krieg gewonnen hätten" usf. Ein Interview mit Prof. Jung über Deutschland, vom psychoanalytischen Gesichtspunkte aus gesehn, gab zu denken. Ich habe nichts für die Psychoanalyse übrig, aber wenn gesagt wird, daß es darauf ankäme, sich frei und mutig schuldig zu bekennen, um die Krankheit zu überwinden, so ist das wahr. Aber wie weit sind wir davon entfernt. Statt dessen versucht nur Jeder in schäbigster Weise sein Alibi nachzuweisen und gerade sich von der Schuld auszunehmen. Von irgendeiner Verantwortlichkeit für das Ganze spürt man nichts. Vielleicht werden Sie mich wegen dieser Worte wieder einen Moralisten schelten.

Bleibt als Wichtigstes zu erwähnen, was der Rundfunk bietet. Über Musik nur soviel, daß sich der Wasserspiegel entschieden gehoben hat. [...] Was uns vor allem interessiert, ist: Was wird getan und versucht, um den geistigen Horizont der Deutschen wieder aufzulichten, und um es gleich vorauszuschicken: die Bemühungen der BBC London auf diesem Gebiete können nur dankbar anerkannt werden. Es wäre zu billig, an einzelnem herumzukritteln. [...] : es wird eine Unzahl von Anregungen gegeben, so in Buchbesprechungen und Vorträgen über geistige Probleme, und das aus der Fülle heraus. Eine verärgernde pädagogische Tendenz wird dabei neuerdings tunlichst vermieden, sondern das Urteil dem Hörer überlassen. [...]

Wie verhält sich nun der Durchschnitt des Publikums dazu? Leider durchaus ablehnend und mißtrauisch. Beginnt so eine Sendung, stellen diese Leute den Apparat ab mit den Worten: Wozu sollen wir uns von denen da schlecht machen lassen? [...] Sie verharren ganz einfach im Bisherigen und warten zu gleicher Zeit, daß ihnen geholfen wird, und schimpfen, wenn sich die Lage nicht von heute auf morgen bessert, ohne an die zwölf Jahre Mißwirtschaft, an der sie zum mindesten als Opportunisten mitschuldig sind, zu denken. [...] Sie sagen alle: Wir sind betrogen worden, und glauben auch weiter betrogen zu werden, wie sie es gewohnt waren; ich habe noch nicht einen sagen hören: Ich habe mich betrügen lassen.

Genug für heute. Möge Ihnen mit diesem oberflächlichen Bericht gedient sein. Möge er vor allem in Ihnen den Eindruck hervorrufen, daß es möglich ist, sich positiv zur Entwicklung der Dinge einzustellen. [...] Meine Frau und ich sind oft in Gedanken bei Ihnen Beiden und grüßen Sie in herzlicher Treue.

Ihr

[Hans Erich Nossack]

* *Am 22. September 1977 schreibt der evangelische Theologe und Hochschullehrer* ***Helmut Gollwitzer*** *einen langen Brief an seinen Patensohn* ***Lukas Ohnesorg****. Das Datum ist bedeutungsvoll: Lukas wurde 1967 geboren. Er wird im November 10 Jahre alt; 5 Monate vor seiner Geburt, am 2. Juni 1967, wurde sein Vater, der Student Benno Ohnesorg, beim Besuch des Schahs von einem Polizisten erschossen.*

*Gollwitzer rekapituliert die damaligen Ereignisse und ihre Folgen: den „Schrei von Protest und Hoffnung", dem Ohnesorgs Tod „eine solche Unwiderstehlichkeit gegeben hatte, daß die Kehlen ihn nicht mehr zurückhalten konnten", den Gegenschlag der „Reformverhinderer", aber auch den „Wahnsinn der Terroristen", die den Staat gewaltsam verändern wollten. – Gollwitzer hat aus den Ereignissen gelernt, „daß ein demokratischer Rechtsstaat immer nur offensiv verteidigt und das Ziel des demokratischen Sozialismus nur offensiv verfochten werden kann". Lesen Sie den Schlußteil des Briefes.*

20.9.1977

Mein lieber Lukas!
[...]
Wenn Du diesen Brief in einigen Jahren liest, dann wirst Du wissen, was wir heute noch nicht wissen: wie's weitergegangen ist und wer sich schließlich durchgesetzt hat. Ein französischer Beobachter, der Professor Alfred Grosser, hat soeben gesagt, dies sei „die erste große Probe der Bundesrepublik", die Probe auf die Haltbarkeit und Entwicklungsfähigkeit des zweiten Versuchs einer deutschen Demokratie. Für Dein Leben wird entscheidend sein, wie es jetzt bei uns weitergeht. Ich will dafür keine Voraussagen wagen, sondern Dir nur das sagen, worauf es jetzt für uns und eines Tages ebenso für Dich ankommt:

Zum ersten: Man darf nie resignieren. Dum spiro, spero – das heißt, solange ich atme, hoffe ich. Und hoffen heißt natürlich nicht nur, ein paar Wünsche heimlich im Busen hegen, sondern hoffend dafür tätig sein. Solange diese zweite deutsche Demokratie noch einigermaßen vorhanden ist, wollen wir uns einsetzen für ihre Erhaltung und ihre Entwicklung, und zwar für die Entwicklung nach vorn und nicht nach rückwärts. Und sollte sie uns genommen werden durch das Zusammenwirken von Reaktion und Terrorismus, dann werden wir neu, wie vor einigen Jahrzehnten schon, für ihre Wiedergewinnung kämpfen müssen.

Und zweitens: Die Umstände und die Propaganda und die zurückentwickelten Erziehungseinrichtungen werden Dir alle predigen: Kümmere Dich um nichts als um Deine eigene Haut und Dein eigenes Fortkommen! Wenn aber Dein Leben reich und sinnvoll werden soll, dann mußt Du das Gegenteil tun: Dich kümmern um die anderen, die Verkümmerten und Benachteiligten, und Dich kümmern ums Ganze, um das, was wir die gesellschaftlichen Verhältnisse nennen: daß diese Erde bewohnbar bleibt für Menschen und Tiere und Pflanzen und daß durch die Verhältnisse das Entstehen von freien, aufrechten und gemeinschaftlichen Menschen nicht verhindert, sondern gefördert wird.

Es ist ein riskanter Weg, auf den ich Dich verlocken möchte – das wirst Du in diesem Lande gründlich zu spüren bekommen. Aber es ist der einzige Weg, der sich lohnt. Deine Mutter und wir haben, als Du Säugling warst, bewußt unterlassen, Dich zu taufen. Worum es aber bei der Taufe, beim Christsein geht, das hängt eng mit diesem Weg zusammen: mit der Inspiration, mit dem langen Atem und mit der Zufuhr von Kraft, höchst nötig, wie Du vielleicht entdecken wirst, für einen so riskanten Weg.

Deine klugen Augen schauen mich mit vertrauensvoller Zuneigung an. Ich denke auch an Dich bei unserem heutigen Kampf um diese zweite deutsche Demokratie.

Dein Helmut Gollwitzer

# 21. SEPTEMBER

*Am 19. September 1972 schreibt der Schriftsteller **Heinz Knobloch** an den Keramiker und Maler **Eberhard Heiland** einen Brief, auf den Heiland umgehend antwortet. Aus diesem ersten Briefwechsel entwickelt sich eine durchaus kurzweilige Korrespondenz, die bis zum April 1974 fortgeführt wird. Es geht darin um eine Plastik, die Knobloch wie folgt beschreibt: „Der Blumenschwejk [...] ist ein dem braven Soldaten nachempfundener Mann in phantastischer Uniform. Die Jackentaschen können bepflanzt werden, ebenso das Innere der Mütze auf seinem Kopf. Das runde Koppelschloß ist mit Blattgold belegt. Er steht mit erhobenen Armen wie weiland in der Normandie, nur daß er Schalen in den Händen hält, die ebenfalls bepflanzt werden können. Kann auch sein, daß es die Brüste von unser aller Muse sind, die er packt und gegen den Himmel stemmt. Wenn er so dasteht, ist er so groß wie ich."*

[Berlin], 19. Sep. 1972

Sehr geehrter Herr Heiland,

ich habe auf dem Umweg über die IGA Ihre Anschrift bekommen und will Ihnen sagen, daß Ihr „Blumenschwejk" für mich DAS Erlebnis auf der Rosenausstellung war. Das mag mit meiner Liebe zu Schwejk zusammenhängen und meiner tschechischen Urgroßmutter – nochmals: Sie haben etwas ganz Großartiges geschaffen, und ich wünschte bloß, dieser Blumenschwejk stünde in jeder Stadt.

Hašek hat nächstes Jahr 50. Todestag. Ich weiß noch nicht genau, ob ich dazu etwas schreiben werde oder über die Schwejk-Begegnungen meines Lebens, wahrscheinlich mache ich beides.

Ich muß Ihren Blumenschwejk unbedingt erwähnen. Wo steht er? Wo kommt er hin? Ist er in Dresden zu sehen?

Und könnten Sie mir vielleicht ein paar Gedanken und Motive sagen, warum Sie ihn machten? Und warum gerade so?

Mein Garten ist zu klein (225 $m^2$), und ich habe Angst, man könnte die Figur leicht kaputtwerfen, sonst würde ich Sie fragen, ob sie noch zu haben ist, wieviel sie kostet und wie man sie hierher befördert. Oder haben Sie ihn auch ein bißchen kleiner? Oder kann man sich den Schwejk auch mit Grünpflanzen ins Zimmer stellen? In der IGA war er schließlich auch in der Halle.

Sie merken, wie sich hier beim Anfertigen eines Briefes die Gedanken festigen und der Wunsch, den Blumenschwejk dauernd zu sehen.

Schönen Gruß

Heinz Knobloch

Weimar, am 22.9.72

Werter Herr Heinz Knobloch,

bewegt las ich Ihre Zeilen und verhehle nicht die angenehme Wirkung der ersten positiven Reaktion auf den „Blumenschwejk". Auch ich schätze Schwejkiaden bis in alle Gegenwart und bin als Keramiker in die Lage versetzt, sich bildplastisch auch entsprechend skurril ausdrücken zu dürfen – und, gewissermaßen obendrein, noch einen nicht ganz sinnlos erscheinenden Gebrauchswert aufzupfropfen. Dies schmeichelt der einen Seite meines Wollens – Anderes anderen.

Ursprünglich wurde der Blumenschwejk für eine DDR-Keramikschau im Frühjahr 72 in Warschau (an der ich mich zu beteiligen aufgefordert war) konzipiert. „Er" gelangte jedoch nicht dorthin - fiel durch! Später bot ich ihn einfach der IGA an, [...]

Zwischenzeitlich jedoch befindet er sich wieder zu Hause im Atelier, ist noch zu haben und war ohnehin nicht für den Frei- sondern Innenraum gedacht. Deshalb auch steht er auf eigenen Füßen und nicht auf einem Sockel. Im Freien müßte er auf einem solchen verankert werden, sonst bestünde Gefahr, bei der erstbesten Böe, die daher gegangen kömmt, umzufallen [...].

Im Innern jedoch (Foyer, Zimmer, Bad, Nebengelaß usw.) hält er sich wacker - unvorhersehbare Umstände selbstredend in Abzug gebracht. Überschüssiges Gießwasser z.B. sammelt sich selbsttätig nicht etwa auf dem Teppich, Diele, Erdboden etc., sondern in den mit Beton bewehrten, beschwerten und verschlossenen Füßen („Schwejk" ist stubenrein).

Ihre Frage nach einer Sandmännchengröße für den Fernseher muß ich verneinen: ich möchte ihm seine „Originalität" bewahren, weshalb er gar nicht billig ist ...

Die Transportfrage ließe sich so lösen: Sie wenden sich an Ihren hiesigen VEB Gütertaxi mit der Bitte, Ihnen als Rück- oder Mitfracht aus Weimar, Erfurt oder anderer näherer Umgebung, die „Plastik" mitzubringen. Gewicht: ca. 80,0 kp. [...]

Hoffend, daß Ihnen meine Krämerseele die Ware gut genug pries,
begrüße ich Sie mit Freude
und höre gern wieder von I H N E N !

Eberhard Heiland

# 22. SEPTEMBER

*Am 22. September 1958 schreibt der Journalist und Schriftsteller **Ralph Giordano** an **Hans Werner Richter**, den Begründer der berühmten „Gruppe 47". Giordano, der den Faschismus in der Illegalität überlebt hatte, arbeitete bereits damals an seiner autobiographischen Familiensaga, die erst 1982 unter dem Titel „Die Bertinis" veröffentlicht wurde.*

[Hamburg-Altona], 22.9.58

Sehr geehrter Herr Richter,

ich danke Ihnen sehr für Ihren freundlichen Brief. [...] Mit dem Vorschlag, an der Tagung der Gruppe 47 teilzunehmen, machten Sie mir eine grosse Freude, und er ermutigt mich, Ihnen ein bißchen zu sagen, warum: Ich bin 1946 der Kommunistischen Partei Deutschlands in Hamburg beigetreten. Damals beherrschte mich nur ein Gedanke: mich denen anzuschliessen, die mir als die erbittertsten und konsequentesten Gegner des Faschismus ausgewiesen galten – meine jüdische Mutter sollte nicht abermals von Gaskammern bedroht sein.

Ich habe die Partei geliebt. Ich hatte, bei meiner nichtproletarischen Herkunft und als „Intellektueller", einen schweren Stand und Weg in ihr, aber ich habe sie geliebt. Es ist zehn Jahre ein Leben gewesen ohne Familie, ohne jede soziale Sicherheit, diese Jahre bedeuteten politische Verfemung, politische Prozesse, Untersuchungshaft, Strafhaft. In all dieser Zeit schien mir meine Existenz ausserhalb ihrer Reihen völlig undenkbar.

Die Emanzipierung vom Stalinismus begann zunächst bei der Auseinandersetzung mit der Kunstphilosophie des Sozialistischen Realismus. Ich war damals, 1955/56, an Alfred Kurellas Literaturinstitut in Leipzig, als einer der beiden westdeutschen Teilnehmer des ersten Lehrgangs (Gotthold Gloger war der andere). [...]

Dann kamen die Eröffnungen des XX. Parteitages. Ich denke mit Grausen daran zurück. Ich war schwer getroffen worden. Die Erkenntnis, dass hier nicht das Versagen einzelner Individuen vorlag, sondern ein System am Wirken war, das den Namen des Sozialismus und seine Praxis viel gründlicher diskreditierte als es je von aussen möglich gewesen wäre, brachte für viele von uns auf dem Institut für Literatur eine verzweifelte Lage mit sich, die nach Entscheidungen drängte.

Bei mir setzte die Gewissensnot ein auf die Frage nach der humanistischen Ehrlichkeit. Ich hasse den Faschismus, weil er unmenschlich ist. Konnte ich die Augen verschliessen vor dem, was da eröffnet worden war, ohne dass ich dann nicht auch mein Gesicht vor mir selber verloren hätte? Musste ich meinen Antifaschismus nicht zu einer Lüge degradieren, wenn ich jetzt so täte, als wären die Verbrechen unter Stalin ein Pappenstiel, „Fehler"?

Es folgten bittere Monate, Monate, in denen ich auf die grosse innere Wende in der Partei, ihre notwendige Regeneration gewartet habe.

Mitte 1957, als alle Hoffnungen begraben werden konnten, habe ich sie verlassen. Ohne jeden Lärm, ohne Aufwand. Es war ein Sprung ins Nichts, ich wusste es vorher. [...] Seither ist mein Leben nicht leichter geworden, ja manchmal sogar noch kälter (denn auch der Dogmatismus hält ein Minimum an Wärme bereit - für jene, die sich ihm unterordnen). Die Isolierung ist fast perfekt. Ich bin ohne Freunde - die langjährigen hatten die Wahl zwischen der Partei und mir. Ich bin als Journalist nie wieder zu einem festen Einkommen gelangt, ich kenne tatsächlich fast nichts anderes als die Sorgen um die Befriedigung der primitivsten menschlichen und sozialen Notdurft.

Aufgerichtet in all dieser Zeit hat mich eigentlich der Gedanke an das Buch, sonst hatte ich nichts. Aber unter solchen Bedingungen zu arbeiten, ist höllisch. [...]

Ich habe zuviel geschrieben, aber vielleicht verstehen Sie jetzt, warum ich mich zu Ihrem Brief so gefreut habe. Muss jemand, der schreibt, nicht Kontakt haben mit Menschen, die auch schreiben? Ist es für ihn nicht einfach lebensnotwendig, über die Fragen der Literatur und der eigenen Arbeit zu sprechen? Muss man nicht verkümmern, wenn man sich aus einem Kreis freiwillig begeben hat, ohne einen neuen zu finden? [...]

Bitte nicht böse sein, dass ich Ihnen aufgegeben habe, zweieinhalb Seiten von mir zu lesen. Es erklärt sich aus dieser Lage. Ich danke Ihnen für Ihre Freundlichkeit.

Mit bestem Gruß!

Ralph Giordano

# 23. SEPTEMBER

*Am 23. September 1925 schreibt der damals bereits weltberühmte Physiker und Nobelpreisträger **Max Planck** an seinen Kollegen **Wilhelm Wien** in München. Übrigens: Die im Brief angeführten Einwände gegen die Relativitätstheorie halten der nachfolgenden Überprüfung nicht stand.*

Berlin-Grunewald, 23.9.25

Lieber Kollege!

Bei meiner Rückkehr aus Rußland finde ich Ihren werten Brief vom 7. d. M., der mich natürlich lebhaft interessiert. Denn ich stimme Ihnen darin ganz bei, daß, falls die Ergebnisse der Versuche von Miller sich bestätigen, die ganze Relativitätstheorie, auch die „spezielle", erledigt ist und das Aetherproblem von Neuem in Angriff genommen werden muß.

Aber gerade deshalb stehe ich dieser Sache mit dem äußersten Skeptizismus gegenüber. Zwar: unmöglich ist ja schließlich nichts in dieser rätselvollen Welt, aber einen gewissen Glauben an eine für uns faßbare Harmonie ihrer Gesetze habe ich mir doch bewahrt, und der würde jedenfalls stark erschüttert, wenn alle neuen Zusammenhänge, die uns durch die Relativitätstheorie erschlossen worden sind, nun wieder preisgegeben werden müßten. Meine hiesigen näheren Kollegen, mit denen ich gestern über die Sache sprach: Laue, Einstein, Paschen, sind derselben Ansicht, sie vermuten, daß die Resultate von Miller durch irgendwelche systematische Fehlerquellen beeinflußt worden sind.

Immerhin ist die Entscheidung der ganzen Frage von größter Wichtigkeit, und wir haben daher im Direktorium des Kaiser W. Instituts für Physik den Beschluß gefaßt, einen von Edgar Meyer entworfenen Plan zu unterstützen, wonach die Miller'schen Messungen auf dem Jungfraujoch wiederholt werden sollen. Es wird sehr viel Geld kosten, aber die Sache ist wohl ein großes Opfer wert, und es wäre schön, wenn deutsche Gelehrte zu der Klärung der Frage beitragen könnten.

Aus Rußland haben wir zahlreiche starke Eindrücke mitgebracht. Neben den schrecklichen Verwüstungen, welche der Krieg und besonders die Revolution zurückgelassen hat, bemerkt man überall das starke Bestreben, wieder Ordnung zu schaffen, und zwar mit sehr energischen Mitteln, und die noch übrig gebliebenen Werte möglichst zu konservieren. Dabei ist die russische Regierung neuerdings auch zu der Einsicht gekommen, daß die Beschäftigung mit der reinen Wissenschaft auch zu den „nützlichen" Tätigkeiten gehört, die vom Staate unterstützt zu werden verdient. Und die ganze große Aufmachung der Akademiefeier diente mit dem Zweck, die Wissenschaft beim Volke populär zu machen. Davon hatten wir ausländische Gelehrte natürlich den nächsten Vorteil. Man bewillkommnete uns mit einer großartigen Gastfreundschaft, sowohl in Petersburg als auch in Moskau. Die Reise machten wir zur See, hin und zurück, und hatten auch eine ganz gute Fahrt. Näheres vielleicht einmal mündlich. Hoffentlich kommen Sie nun recht bald mit Ihrer Frau nach Berlin. Mit herzl. Gruß Ihr

Planck

# 24. SEPTEMBER

*Am 24. September 1953 wendet sich der Dichter* ***Georg Maurer*** *mit einem eindringlichen Brief an* ***Kuba*** *(Kurt Barthel), damals Generalsekretär des Deutschen Schriftstellerverbandes in Berlin. Erich Loest, um den es in Maurers Brief geht, kommt diesmal noch mit einer „Parteirüge" davon. 1957 wird er zu sieben Jahren Zuchthaus verurteilt.*

24.9.53 Krankenhaus St. Georg

Lieber Kollege Kuba!

Ich liege seit drei Wochen im Krankenhaus. Wegen einer Tbc musste ich operiert werden. Am Tag vor meiner Operation, am 16. Sept. erschien in der Leipziger Volkszeitung, dem Organ der Leipziger Bezirksleitung der SED, ein Artikel Der Fall Loest, darin unser Kollege Loest, der seit Wochen als Vertreter des D[eutschen] S[chriftsteller] V[erbandes] in Ungarn weilt, beschuldigt wird, „offen die Positionen der Feinde des Volkes und unseres demokratischen Staates bezogen zu haben". Weiter heisst es: „Indem er für die faschistischen Provokateure Partei nimmt, redet er zugleich hasserfüllt und mit Schaum vor dem Munde von der 'Schuld der Partei und der Regierung'." Diesen Vorwurf erhebt die Volkszeitung am 16. Sept. gegen Loest, weil er am 4. Juli einen Artikel „Elfenbeinturm und rote Fahne" im Börsenblatt für den deutschen Buchhandel veröffentlicht hatte. Dieser Artikel, obwohl er allgemein auf Fehler weist, richtet sich speziell gegen die bisherige Arbeit der Redaktionen der Bezirksorgane der SED, vermutlich vor allem gegen die Leipziger Volkszeitung, deren Redaktion Loest selbst jahrelang angehört hat. [...]

Am Tag vor der Veröffentlichung rief wohl die Redaktion der LVZ unsere DSV-Bezirksleitung an, sie würde Vertreter in unsere Mittwoch-Mitgliederversammlung (also am nächsten Tag) schicken, um über Loest zu sprechen. Sie hatte, soweit ich informiert bin, nicht gesagt, dass der Artikel Der Fall Loest an diesem Tag erscheinen würde. Am besagten Mittwoch las ich im Krankenhaus den Artikel. Ich rief Kollegen Wieland Herzfelde, unseren Kreisleiter an, dass ich in gar keinem Fall aufgrund von Loests Artikel, den ich vor Monaten gelesen hatte, der Ansicht bin, dass der Autor ein Feind des Volkes und unseres demokratischen Staates sei. [...]

Ich hörte dann, dass in unserer Mitgliederversammlung nicht nur Vertreter der Redaktion der LVZ, sondern auch der Bezirksleitung der SED, ebenso die Vorsitzende unserer Stadtverordneten, gekommen waren. Ein Vertreter der Bezirksleitung der SED, soweit ich informiert bin, habe verlangt, nachdem gegen den abwesenden Loest immer wieder Beschuldigungen (teils vom Hörensagen) erhoben wurden, dass unsere Mitgliederversammlung über den Ausschluss des Kollegen Loest aus dem DSV abstimmen solle, gleichsam als Vorentscheidung. Denn es wurde gesagt, dass hierüber die Zentralleitung zu befinden habe. Es waren, soviel ich weiss, 14 Stimmen für Ausschluss und 8 Stimmenthaltungen. Es muss aber untersucht werden, inwieweit eine Person, die nicht Mitglied des DSV ist, eine solche Abstimmung herbeiführen kann und darf, inwieweit Nicht-Stimmberechtigte abgestimmt haben usw. [...]

Ich habe Loests Aufsatz jetzt noch einmal gelesen. Ich kann ihn nicht vom Standpunkt eines Genossen beurteilen, denn ich gehöre nicht der SED an. Doch ich bejahe mit Verstand und Herzen unsere DDR als Staat der Werktätigen, bin also als parteiloser Schriftsteller parteiisch genug. Ich bin Dichter, es geht mir also um das Wort, wenn es aber um Entscheidungen geht, die den ganzen Menschen betreffen, bin ich gegen Wortklauberei. [...] Vielleicht hätte ein präziserer Schriftsteller als es Loest ist, dem die Treffsicherheit des Wortes Leidenschaft ist („ein Ziel, aufs innigste zu wünschen ...") manches präziser umrissen. Das ist aber eine Frage des Talentes und nicht der Gesinnung. Ich kann in keiner Weise finden, daß der Autor des Aufsatzes Elfenbeinturm und rote Fahne ein Agent ist, der unsere DDR den Junkern und Monopolherren wieder ausliefern möchte, oder solchen Agenten das Wort redet. Bei einer Abstimmung würde ich also aufgrund der vorliegenden Bücher Loests, aufgrund meiner persönlichen Kenntnisse von Loest, aufgrund des in Frage stehenden Artikels gegen den Ausschluss Loests stimmen.

Dieses wollte ich Dir mitteilen, lieber Kollege Kuba.

Ich grüße Dich aufs herzlichste
Dein Georg Maurer

## 25. SEPTEMBER

*Vom 17. bis 29. September 1941 schreibt der knapp 34jährige Geologe* ***Hermann Korn*** *aus seinem Wüstenversteck am Nausgomab/Kuisebregion einen Brief in mehreren Fortsetzungen. Er schreibt an die 14 Jahre ältere* ***Gertrud Cloos****, mit der er in seiner Bonner Universitätszeit befreundet war. 1935 hat Korn mit seinem Freund Henno einen Forschungsauftrag nach Südafrika angenommen, um aus dem faschistischen Deutschland herauszukommen. Nun hat sie der Krieg zu unerwünschten Ausländern gemacht. – 1945 ist Korn gerettet, aber innerlich zerbrochen. Er stirbt 1946 – noch in Südafrika. Hier der Brief vom ersten Tag; Gertrud Cloos hat ihn nie erhalten.*

Liebe Gertrud, wir leben jetzt seit 1 1/2 Jahren als Flüchtlinge in der Wüste, um nicht in Südafrika interniert zu werden. Es ist ein Kopfpreis auf uns ausgeschrieben – aber wer könnte uns, die wir besser als alle anderen die Wüste kennen – fangen. Seit nahezu zwei Jahren habe ich nichts geschrieben – ein Wunder, daß meine groben, verarbeiteten Hände noch schreiben können. Ob Du noch lebst? Ich male mir schon seit langem den Moment aus, an dem ich Dich wiedersehen werde, und ich freue mich sehr darauf. [...] Laß mich schreiben, was mir gerade in den Sinn kommt – ich habe keine Übung mehr in konzentrierten Phrasen und will ein bißchen mit Dir reden – ich habe ja jetzt auch nahezu 6 Jahre mit niemandem reden können. Sobald ich es einmal versuchte, schauten mich entsetzte oder ängstlich-mitleidige Augen an. Keiner will einsehen, daß Gedanken fordern, in der allerklarsten und oft auch ätzendsten Fassung gedacht zu werden und daß die warme Tiefe unserer Gefühle im weichen Dunkel leben will; daß man keinen Kuddelmuddel machen darf; daß man seinen Freund einen Idioten nennen muß, wenn er sich blöde benimmt, und daß das das feine Gewebe unserer Zuneigung nicht stören kann, weil es einer anderen Sphäre angehört. Daß man planen, sorgen und verantworten muß für alle Schwachen und daß Troddligkeit Mord ist und Gleichgültigkeit das allergrößte und feigste Laster – das demokratische Laster par excellence. Ich habe einen wahren Menschenfeind kennengelernt in diesen Jahren; das ist der „Standard", der in geradezu tödlich-lähmendem Maß besonders die englische Welt beherrscht. Das ist die Seelen-Kleiderpuppe und Zuschneiderpuppe für die psychoanalytisch gebildeten Klugen; was über dieses Maß geht, ist einfach krank. – Ach, es ist schlimm mit mir, anstatt Dir von den blauen Bergen, den Antilopen und Schakalen zu schreiben, fange ich gleich zum Anfang wie ein verbitterter egozentrischer Monomane an zu schimpfen. Aber Du brauchst keine Angst deswegen zu haben. Es ist zwar symptomatisch, aber nicht typisch. Es ist die Verbitterung des echten Mannes, der nichts schaffen kann.

Wir sitzen in unserem Steinhaus. Henno stopft Strümpfe. Es ist relativ kühl und angenehm. 34° im Haus. Ich komme eben aus dem Revier zurück, wo wir gerade einen Gemsbockriemen zurechtmachen. Die Haut wird zu einem 5 cm breiten Streifen geschnitten und in einem Bündel an einem Baumast aufgehängt, unten mit ca. 1,5 Zentner schwerem Stein beschwert. Mit einer starken durchgesteckten Stange drellt man die Haut zusammen, bis aller Saft ausgequetscht ist und alle Fasern elastisch sind, ab und zu dick einölen und drei Tage lang mit geringen Unterbrechungen im Kreise herumlaufen und drellen. Das gibt 60 Meter eisenfesten Riemen, mit dem man jedes Auto ziehen kann. Derart sind unsere Tage ausgefüllt: Wasser schleppen, jagen, Fleisch heranschleppen, bauen und das morsche Inventar zusammenflicken. [...] Der dritte mit uns ist Herr Prälat Otto Käse, meine Liebe und meine Sorge. Er ist Minkas Sohn und er stammt aus der Schar Minkakinder, die während meines schweren Fiebers in den Chowachasib-Bergen zur Welt kamen, wie ich sie Dir im vorletzten Brief von 1938 schilderte. Otto Käse ist der Herr der unteren Gemsbockknochen, reicher an Fleisch und Knochen als je ein Hund auf dieser Erde. Er teilt mein Bett und führt einen dauernden Kampf gegen die uns ständig belagernden Schakale und Hyänen. In einer schlimmen Nacht ist er von einem Gemsbock aufgespießt worden. Wir mußten ihn viele, viele Kilometer im Rucksack tragen. Seinetwegen leben wir (zum Teil wenigstens) dieses harte Wüstenleben, denn ich hätte ihn nicht verlassen und verraten können, um im Camp zu leben. Ich werde mir nie wieder ein Tier anschaffen, ich bin viel zu treu.

# 26. SEPTEMBER

*Im September 1946 schreibt* ***Erich Maria Remarque*** *zwei kurze Briefe an die schwedische Schauspielerin* ***Ingrid Bergman****. Ingrid Bergman hatte im Sommer 1946 die Hauptrolle der Joan Madou in der Verfilmung seines Romans „Arc de Triomphe" gespielt.*

*Habent sua fata epistolae: Die Originale der beiden Briefe sind verloren gegangen, aber Ingrid Bergman zitiert sie in ihrer – englischsprachigen – Autobiographie „My Story". Von dort wurden sie (wieder?) ins Deutsche übersetzt.*

September 1946

Diese Septembertage. Sie gehen einem wie Pfeile durchs Herz. Fließend, voll namenloser Abschiede, getragener Hoffnungen und Versprechungen, golden und still ohne Bedauern. Um die Intensität der Jugend durch Erfahrung klarer zu bewahren, kommt der mythische neunte Monat des Jahres: Der Beginn des zweiten Lebens – bewußt aber ohne Resignation. Es gibt einen gleichen Wein. Ein 1937er Oppenheimer, von dem ich in einer glücklichen Stunde einige wenige Flaschen geschnappt habe. Ich habe sie hier. Ruf mich bitte an, wenn Du hier bist, und sag mir, daß Du bleiben wirst – und laß uns einen von diesen Septemberweinen trinken.

Aber tue es nicht zu spät - Leben und Wein warten nicht – Oktober ist noch ein anderer wundervoller Monat. Danach die nackten Tatsachen und die endlosen Novemberregen.

Nach dem 25.9.1946

Seltsam, ich weiß, nachdem ich Joan auf der Leinwand gesehen habe, daß ich ihr Gesicht in meiner Vorstellung nicht mehr zurückrufen kann. Von nun an wird es immer Dein Gesicht sein. Wenn ich Dein [...] Photo in Deinem Brief sehe, glaube ich schon, daß sie wie Du aussah. Das ist keine Anklage wegen geistigen Mordes; es ist die Geschichte von Tod und Auferstehung.

Von nun an wird niemand anders an sie denken als in Sturm, Blitz und Landschaften Deines Gesichtes, und ich, ob ich es will oder nicht, werde in diese magische[n] Wandlungen einbezogen sein. So Heil und Lebwohl. Sie starb einen schönen Tod in Deinen Armen.

# 27. SEPTEMBER

*Am 27. September 1990 schreibt der Filmemacher* ***Rosa von Praunheim*** *an den Schauspieler, Schriftsteller und Regisseur* ***Mario Wirz****. Beide leben zu dieser Zeit in Berlin. Beide verbindet eine „platonische Freundschaft“. Zwischen September 1990 und Januar 1991 führen sie einen exzessiven Briefwechsel. „Das Schreiben wurde zur Sucht“, hat Rosa von Praunheim später gesagt.*

Berlin, den 27. September 1990

Lieber Mario

warum habe ich nie einen zärtlichen, liebevollen Schwulenfilm gemacht - Du sprichst wieder von Dir – ich bin nicht liebevoll so wie Du – die Aggression auf die spießige bürgerliche unpolitische Schwulenszene hat mich „Nicht der Homosexuelle ist pervers ...“ machen lassen, ein liebevoller Film ist „Armee der Liebenden“, der die Schwulenbewegung in den USA bewundernd darstellt – der ist relativ unkritisch und wurde deshalb auch hier kritisiert – ich glaube, daß ich in „Positiv“ liebevoll den Kampf der Schwulen in den USA gegen Aids darstelle – ich will die Kraft zum Widerstand zeigen, in allen Filmen.

Filme wie „Coming out“ oder „Konsequenz“ kann und will ich nicht machen, für mich muß ein Schwulenfilm auch immer ein politischer Film sein, ich habe ja ein schwules Paar in „Horror vacui“, wo die Jungens selbstverständlich schwul sind, oder „Stadt der verlorenen Seelen“ zeigt die Problematik von Transis ... in meinem neuen Portrait erzählen drei alte, schwule Männer aus ihrem Leben, keiner hat eine Liebesgeschichte – Wahnsinn, warum es Schwule so schwer haben, eine Beziehung durchzuhalten – sei gespannt auf meinen autobiographischen Film, der nun wieder alle Vorurteile bestätigen wird – rumfickender Schwuler, der keine Beziehung eingehen kann – ich würde gerne einen zärtlichen Pornofilm machen – gerade rief ich Alexander Kluge an, bat um Rat wegen meines Plans, schwules Fernsehen zu machen – er gab mir Namen bei RTL plus, wo er auch eine Sendung hat – [...] – ja, das bringt der Erfolg so mit sich, daß man Leute einfach anrufen kann und gleich durchkommt und erst einmal Interesse da ist – ich habe bei vielen gemerkt, daß sie gar nicht den Mut haben, was zu verlangen – oder nur die dummen, penetranten, die einem auf die Nerven fallen –

Erfolg – ich habe ja auch nur bedingt Erfolg – bei einem Insider-Publikum in Deutschland – den Sprung ins große Kino habe ich nicht geschafft und werde ihn vielleicht auch nie schaffen – ich beneide Derek Jarman oder Pedro Almodovar, die sich international als schwule, schrille Regisseure durchsetzen – bei mir heißt es: wie gehe ich einen Schritt weiter? – vielleicht mit einem sensiblen unterhaltsamen leichten seichten Schwulenfilm – aber Spekulation klappt nie - man muß das machen, was man wirklich will, vor allem, was man kennt und kann – die Suche nach Geschichten – ich hätte Spaß, mit einem guten Drehbuchautor zusammenzuarbeiten – jemand, der Spannung erzeugen kann – aber dann muß ich ja auch lernen, konventionell mit Schauspielern umzugehen – kann ich das? – mir fehlen die leisen Töne – die Ruhepausen - mein Temperament ist nervös und hektisch – meine Welt ist zu grotesk und exotisch – unterscheidet sich zu sehr von der Weltsicht der meisten - und die kurze Zeit, die ich noch habe, will ich mich ausdrücken, mich konzentrieren auf das Wichtigste – es ist nicht der Erfolg, der wichtig ist, es ist die Intensität, es ist wichtig, daß ich weitermache – wer ist nicht einsam? Einsamkeit ist wichtig – Alleinsein – ich sehe Einsamkeit nicht negativ, ich sehe es positiv – zu lernen, allein zu sein.

Ich finde es gut, wenn Du mich immer wieder angreifst, analysierst, so wie Du das auch wunderbar in unseren Psychospielen tust – da bist Du fabelhaft, wie nahe Du an Leute rankommst, beschreibst.

Ach, wir werden sprühen – ich fühle mich etwas fröstelig – habe panische Angst vor einer Erkältung (Mama bringt eine heiße Zitrone), verkühlte mich die Sauna gestern abend? Um 18 Uhr kommt Eva Kurz, ich will sie mit Recherchen zu Piscator betrauen und dann vielleicht ins Kino – muß Dick Tracy sehen von W. Beatty und die Kay Brothers und den neuen deutschen Film „Der achte Tag“ – sicher schrecklich, aber mit der Thalbach – schreib doch einen Psychothriller für mich – Dein schwules Jugendbuch als Film – das meine ich ernst – eine Coming-out-Geschichte fände ich wichtig -

bis bald – irgendwie bist Du mein Großvater, verstehend, verzeihend – was sagst Du –

love Rosa

*Im September 1976 schreibt der Bildhauer, Maler und Schriftsteller* ***Wieland Förster*** *an* ***Dr. Zacharias,*** *Mitarbeiter der Akademie der Wissenschaften der DDR am Zentralinstitut für Genetik und Kulturpflanzenforschung in Gatersleben.*

Berlin, September 1976

Sehr geehrter Herr Dr. Zacharias!

Es ist nun die zweite Ausstellung, die von mir in einem Institut der Akademie der Wissenschaften veranstaltet wird. Ich nehme das als ein Zeichen und erlaube mir, Ihnen und allen Beteiligten herzlich für diese Möglichkeit des Kontakts und eines entstehenden Dialogs zu danken. Leider, ich bedauere es außerordentlich, erlaubt mir meine augenblickliche Lage nicht, zu Ihnen zu einem Gespräch zu kommen.

Wissenschaft und Kunst haben gewiß verschiedene Ausgangspunkte und Ziele – die eine ist bemüht um Erkenntnis durch Experiment am Vorhandenen, die andere lebt vom Erlebnis und schafft Bilder des so noch nicht Dagewesenen, genau definieren kann ich es nicht – dennoch, so fern sind die Positionen nicht, daß sie nicht auch Gemeinsames hätten: nur, der Künstler kann niemals sofort den Beweis für die „Richtigkeit" seiner Bilder antreten, er ist abhängig von der Freiheit des Denkens, Sehens und Fühlens seiner Partner

Aus Erfahrungen konnte ich den Schluß ziehen, daß Teile meiner Arbeit bei erster Begegnung schwer verstanden und mißdeutet werden, ich halte das für völlig normal, wäre es anders, dann hätte ich nur das reproduziert, was längst bekannt ist. Gewiß, man würde es mit solchen Werken leichter haben; aber darf es denn in der Kunst um glättende Widerspruchslosigkeit gehen?

Eine der kräftigsten Tangenten, die Forschung und Kunst verbinden, zeigt sich, so glaube ich, in der Kraft, Fragen zu stellen und Erreichtes und Gesichertes zu überprüfen, um weitere Räume zu erschließen, und das gelingt nur einer Forschung und einer Kunst, die *schöpferisch* ist, also tiefer ins Unbekannte einzudringen sucht.

Stellvertretend für ein Gespräch bitte ich Sie, meine Arbeiten ohne allzu vorgeprägte Ansichten und Meinungen zu betrachten, sie nicht von vornherein an bereits Bekanntem zu messen, sondern den Weg des *Erlebnisses* zu wählen. Befragen Sie jedes Blatt und jede Skulptur so lange, bis sie ihnen antwortet.

# 28. SEPTEMBER

Es gibt eine sehr einfache Methode, sich von Vorurteilen beim Betrachten zu befreien, die ich jedem anempfehlen möchte: betrachten Sie einen Baum, eine Wolke, ein Gesicht, eine Plastik oder eine Zeichnung, und versuchen Sie das, was Sie sehen, auch und gerade im Detail, mit dem genauesten Wort zu *bezeichnen*, und aus Ihrer Bemühung wird sich eine vorurteilsfreiere Deutung ergeben, als es dem Auge allein möglich ist. Benennen Sie die Formen eines Armes, eines Schenkels straff oder füllig, schlaff oder faltig, wie auch immer, und es wird Ihnen langsam, durch forschendes Belegen mit dem Wort, der Sinn und ein neues Bild entstehen. Es ist mühevoll, aber bedenken Sie: Wie sollte mit einem Blick begriffen werden, was viele Jahre brauchte, um entstehen zu können. Und, in der Kunst wird auch immer ein nicht bestimmbarer Rest bleiben, sicher das Entscheidende, was ein Kunstwerk in der Zeit und vor allem aber in der Zukunft als solches ausweist, etwas, was nicht aussprechbar ist, was man fühlt und mitnehmen muß als einen Stachel, der uns berührt hat.

Mit Dank

Ihr Wieland Förster

*Am 29. September 1908 schreibt **Kaiser Franz Joseph von Österreich** an seinen „teueren Freund", den deutschen **Kaiser Wilhelm II.** Es ist ein erschreckendes Dokument vom Anfang des Jahrhunderts: Sind da nicht Absichten und Beteuerungen, die uns – bis in die Formulierung hinein! – noch am Ende des Jahrhunderts wohlvertraut sind?*

Budapest, den 29. September 1908

Mein teuerer Freund!

Die jüngsten Ereignisse in der Türkei, die dort zur Herstellung verfassungsmäßiger Zustände führten, sind nicht ohne Rückwirkung auf die von meiner Regierung verwalteten Länder, Bosnien und Herzegowina, geblieben.

Haben diese Provinzen, die sich kulturell und materiell in erfreulicher Weise entwickelten, schon seit geraumer Zeit ihrem Wunsche nach konstitutionellen Einrichtungen Ausdruck gegeben, so haben sich diese Bestrebungen angesichts der veränderten Sachlage im Osmanischen Reiche so nachdrücklich geltend gemacht, daß meine Regierung nicht glaubt, ihnen länger entgegentreten zu können, soll die friedliche Entwicklung der Dinge an der Südgrenze der Monarchie vor einer Störung bewahrt bleiben.

Da nur die souveräne Gewalt die Verleihung einer Verfassung vorzunehmen vermag, werde ich mich gezwungen sehen, die Annexion von Bosnien und der Herzegowina auszusprechen.

Wir verständigen von dieser Sachlage die Kaiserlich Ottomanische Regierung und eröffnen ihr gleichzeitig, daß wir zum Beweise unserer eminent friedlichen und jeden Gedanken einer territorialen Erwerbung am Balkan abweisenden Politik die im Sandschak garnisonierenden Truppen zurückziehen und für die Zukunft auf die Ausübung der Vorrechte verzichten, die uns der Berliner Vertrag bezüglich des Sandschaks von Novipasar eingeräumt hat.

Ich erachte es für eine Pflicht der innigen persönlichen und Bundesfreundschaft, die Uns verbindet, Dir von diesem Geschehnisse ohne Verzug Mitteilung zu machen. Du wirst dasselbe – ich bin dessen sicher – mit freundschaftlichem Wohlwollen beurteilen und uns die Würdigung nicht versagen, daß wir nur unter dem Drucke der unabweislichen Notwendigkeit gehandelt haben.

Dein treuer Freund Franz Joseph

# 30. SEPTEMBER

*Vom März bis zum Dezember 1997 führen 23 Schülerinnen und Schüler der Kantonsschule Hohe Promenade in Zürich einen Briefwechsel mit ihrem Lehrer. Sie sind Angehörige des Abiturlehrgangs, und ihr Lehrer, Dr. Christoph Dejung, ist Lehrbeauftragter für Philosophie. Er hat seine Schüler aufgefordert, „philosophische Briefe“ zu schreiben, die er individuell beantwortet. – Lesen Sie im folgenden einen Brief von* ***Laura*** *an* ***Dr. Dejung****, genannt Philaleth, das bedeutet: der Wahrheitsliebende.*

Lieber Philaleth

Als erstes möchte ich sagen, daß ich diese Idee des Briefkontakts sehr spannend finde, daß sie für mich aber eine ungewohnte und neue Situation darstellt. Es ist schließlich unumgänglich, in einem Brief, in dem man eine philosophische Frage diskutiert, sehr persönliche Meinungen oder Lebensanschauungen, eventuell sogar den eigenen Lebensstil geheimzuhalten. Spannend und interessant ist für mich dieser Briefwechsel, da ich Sie nicht oder „nur“ als meinen Lehrer kenne und ich mit diesem Brief, so scheint es mir, einen Schritt ins Unbekannte wage, gleichzeitig eine Art Grundlage für unsere weitere Kommunikation schaffe. [...] Meistens schreibe ich Freunden oder mir selbst, also Menschen, denen ich vertraue und die ich kenne (oder zu kennen glaube). Auf jeden Fall bin ich gespannt.

Kürzlich habe ich ein Buch gelesen, das mir sehr gefallen hat, da es mich berührte, und das diverse Fragen aufwarf, obwohl (oder gerade weil) ich mich mit verschiedenen Charakteren darin identifizieren konnte. Der Titel des Buches: *Die unerträgliche Leichtigkeit des Seins* von Milan Kundera. [...] Der zweite Teil des Buches, der die Überschrift „Körper und Seele“ trägt, hat mich am meisten beschäftigt. Wie viele Male schon habe ich mich im Spiegel betrachtet, wie es auch Theresa im Buch tut, um mein eigenes Ich zu sehen! Aber zeigt nicht schon dieser Satz eine vorhandene Dualität von Seele und Körper auf? Ich hoffe, in meinem Spiegelbild meinen Charakter oder zumindest Züge davon wiederzuerkennen. Dabei dient mein Körper als Mittel zum Zweck. Aber ist mein Körper nicht auch Teil meines Ichs? Es ist schließlich nicht so, daß meinem Körper (im medizinischen Sinn) erst durch den Besitz meiner Seele oder meines Charakters Leben eingehaucht würde. Ein Mensch, der im Koma liegt, lebt, obwohl die Seele tot zu sein scheint. (Oder ist sie es nicht? Erneut eine Streitfrage.)

Und der Begriff Seele (der heute wahrscheinlich nicht mehr ganz modern ist) – ist sie nicht nur die Tätigkeit der grauen Hirnmasse, wie Kundera schreibt? In dem Fall wäre ich nur Körper.

Neben der Schule tanze ich regelmäßig (so viel es mir die Schule erlaubt): Modern Dance, Jazz, Ballett. Ich habe auch vor, nach dem Abitur eine Tanzausbildung zu absolvieren. Immer wieder geschieht es, daß ich während des Tanzunterrichts verwundert feststelle, daß dieser Körper, den ich im Spiegel betrachte und in diesem Fall auch spüre (fühle, wirklich wahrnehme), mein eigener ist, daß ich es bin. Diese Vereinigung von meiner Seele (Gedanken, Gefühlen, Wahrnehmungen) und meinem Körper ist wahnsinnig befriedigend, befreiend, wunderschön. (Ist dieses Erlebnis, der Betrachtung und Erkennung meiner selbst im Spiegel, nicht auch ein Fund der „mémoire involontaire", indem ich meine eigene Aura wahrnehme und in ihr eine „einmalige Erscheinung einer Ferne" und gleichzeitig eine unglaubliche Nähe begreife?)

Warum habe ich (und andere Menschen) Mühe, meinen (ihren) Körper und meinen (ihren) Geist als Einheit zu betrachten. Ist es, weil früher gelehrt wurde, daß der Körper erdenähnlich, schwach, also teuflisch sei und die Seele, die unterscheidet, was recht und unrecht ist, den göttlichen Verstand symbolisiere? Ich weiß nicht, ob diese Tatsache mein Denken heute noch beeinflußt. Viele Menschen klassifizieren einen andern aufgrund seines Erscheinungsbildes, also auch aufgrund seines Körpers. Berücksichtigt man in diesem Moment auch seinen Geist, seine inneren Werte? Wohl kaum. Hängt diese Klassifikation nicht auch zusammen mit der Dualität von Körper und Seele?

Mit dieser Frage beende ich meinen Brief und freue mich auf Ihre Antwort.

Mit freundlichen Grüßen

Laura

# 1. OKTOBER

*An einem Dienstag im Oktober 1936 schreibt* ***Fritz H. Landshoff*** *an* ***Klaus Mann:*** *taktvoll, einfühlsam, und doch mit kritischer Distanz. Beide, Absender und Empfänger, der Verleger und sein Autor, sind Emigranten. Landshoff leitet seit 1933 den Amsterdamer Querido-Verlag; Klaus Mann ist in diesen Jahren fast ständig auf Reisen.*

Amsterdam, Dienstag [Oktober 1936]

Liebwerter Klaus Heinrich,

nun traf also der „Mephisto“ ein, und wenn ich den Beginn noch nicht wieder durchgesehen habe, so habe ich doch wenigstens die mir neuen Schluß-Kapitel sofort und mit großem Eifer gelesen. Sie enthalten SEHR viel Schönes – Melancholisches – Versöhnliches. Das Ende von Niklas ist rührend – das Verschwinden von Otto eindrucksvoll und grausig – die „fremden Städte“ stimmen wehmütig – der „gedämpfte“ Ausklang ist zweifellos gut und richtig. Wenn man sich nun – nach Vorliegen des ganzen Buches – die Frage stellt (ich stelle sie NUR Dir gegenüber, und auch das ist wahrscheinlich bereits sehr falsch), ob Deine ursprüngliche Intention GANZ erreicht ist, so bin ich der Antwort nicht 100%ig sicher. Trifft das Buch „ins Zentrum“?? Dazu müßte es zwei Voraussetzungen erfüllen. Einmal müßte die „herrschende Klasse“ dargestellt sein. Das mußte – und war von vornherein klar – an „Sachkenntnis“ bis zu einem gewissen Grade scheitern. Die Göring und Sonnemann (und ihr Verhältnis zueinander) – die Hitler und Goebbels usw. leiden nicht nur an äußerer, sondern auch an innerer Un-Wirklichkeit und ermangeln also der absoluten Schlagkraft. Dann aber sollte dieser „Karrierist“ ja mehr als eine Person sein – es sollte mit seiner Karriere eine ganze Kategorie von Menschen in ihrer Haltung im und zum „System“ getroffen werden. Dazu ist nun das Schicksal des Höfgen zu persönlich und er und seine Umgebung zu sehr vom persönlichen Erleben (des Autors) bestimmt. Das *amüsiert* (mich z.B. UNGEWÖHNLICH) – „trifft“ aber nicht *allgemein.* Es ist also doch ein sehr privates Buch – auf einem etwas anspruchsvoll-gefährlichen Hintergrund. Das ist mein erster Eindruck nach Kenntnis des *ganzen* Buches. Deshalb gefallen mir – auch in der Erinnerung – die Einzelheiten um NICHTS weniger. Das H[amburger] K[ünstlertheater] scheint mir nicht weniger ausgezeichnet als am Anfang – überhaupt: der Einwand (wenn es einer ist) richtet sich in nichts gegen das Detail – nur die Frage der ABSICHT des Buches stellt sich mir neu und etwas problematisch. Das zu schreiben ist SICHER falsch – bringt womöglich Verstimmung und Verwirrung. Andrerseits: *sagen* würde ich es Dir und – da ich Dich nicht sehe, besteht doch keine andre Möglichkeit als Schreiben. Also: ich hoffe, daß Du nicht *mehr* in diesem Einwand siehst, als er sein soll.

Was hörst Du sonst über das Buch?

Dein Freund Mendelssohn schimpfte ganz irrsinnig auf das Buch – auch Dir gegenüber?? Er tat es in Sanary, wo er WILLIGE Ohren fand. Das aber ist ja in solchem „Zentrum“ stets leicht.

Klaus – wann kommst Du? Ich habe SEHNSUCHT nach Dir. Graule mich auch ziemlich hier. Z. Z. sind die Jüngsten hier – fahren aber morgen fort, wohl nach der Bretagne.

Dein
F.

# 2. OKTOBER

*Im Revolutionsmonat Oktober, genau: am 28. Oktober 1918, schreibt* ***Ernestine Kisch*** *an ihren Lieblingssohn* ***Egon Erwin*** *in Wien; sein Bruder Paul setzt ein Postskriptum hinzu. Es ist der Brief einer besorgten Mutter. – Am selben Tag proklamiert der tschechische Nationalausschuß den tschechoslowakischen Staat, dem der slowakische Nationalrat zwei Tage später zustimmt...*

Prag, den 28. Oktober 1918

Mein lieber Egon!

Endlich kam heute Nachricht von Dir, u. ich beeile mich, Deinem Wunsche nachzukommen und Dir womöglich alles Wissenswerte und Geschehene mitzuteilen.

Ich schreibe diese Zeilen bei keiner freudigen Stimmung, im Gegenteil. Eben ziehen Menschenmassen zum Ring, jauchzend u. singend tschechische Lieder. Wie traurig ist einem zumute, was hat man alles hingegeben, sein ganzes Lebensglück, die wenigen Jahre, die man sorgenlos verbringen wollte, indem man in den jungen Jahren für Euch gelebt und gespart hat; und was ist das Ende. Mein braves Kind [Wolfgang] habe ich auf immer verloren, um Arnold bange ich noch, und er ist seit 14 Tagen an der Piave, um Fritzel habe ich 15 Monate geweint, u. Dich mußte ich 4 1/2 [Jahre] von mir ferne haben. Nun wünsche ich nichts mehr, ihr 4 Buben sollt mir gesund zurückkommen. Eben stand ich auf der Terrasse, da ging ein gewöhnlicher Soldat vorbei, u. es kam ein zweiter entgegen. Auf einmal packte er seine Mütze, riß ihm die Rosette mit dem Kaisernamen herunter, trat sie mit Füßen u. sagte to nemiš nosit (das darfst du nicht tragen). Was werden wir noch alles hier erleben müssen. Schrecklich traurig dies Ende. Arnold ist an der Piave, seine letzte Karte war vom 20.10., warte mit Sehnsucht auf weitere, Fritzl ist wieder kräftiger u. ist heute nach Wotitz zu Pollak, Pauls Bundesbruder, um Kartoffeln gefahren. Paul geht gegen Mitte November nach Wien, bekommt 1 600 Monatsgehalt, ob es ihm nur dort beruflich u. gesundheitlich gut gehen wird. Was wird der liebe Egon machen, wenn Friede ist? Ich freue mich, Dich wiederzuhaben. Bei Pauls Vorlesung wurde von Dir nichts vorgelesen, warum, weiß ich nicht, ich war mit bei dem Vortrag. Journalistisches und Politisches kann ich Dir nicht berichten, wenn ich Paul frage, sagte er mir, es ist nichts Neues. Paul

hat noch drangeschrieben. Ich war jetzt auf den Straßen, schrecklich, sie reißen alle Adler herunter u. schreien u. singen, G[ott] w[eiß], was noch alles kommen wird. Mach Dir keine Sorgen, wir sind gewohnt an solchen Anblick. Was für ein Ende, ein Ende mit Schrecken. Für das ist unser guter, braver Wolfi gefallen. Gibt es einen Gott, ich zweifle selbst daran. Sonst ist alles beim alten, viele junge Leute sind gestorben.
Bleib gesund, schreibe bald.

Es küßt Dich innigst

Muttern

Lieber Egon!

Was soll ich Dir viel schreiben. Eben, Montag nachm., machen sich die ersten Widerhalle auf unsere Note kund. Die Menge, Offiziere mit gezogenen Säbeln und weißroten Quasten statt das Portepee ziehen über Wenzelsplatz, Graben, Ring, zwingen alle Offiziere und Mannschaften, die Kokarden herunterzureißen, schmeißen überall die österr. Adler herunter und bestätigen ihre Freude durch die lange schon gewohnten Rufe: Hoch Masaryk und Wilson etc. Was der Abend bringt, kann noch niemand wissen, Rufe uns vielleicht nach Empfang des Briefs an. – Ich gehe wahrscheinlich schon demnächst nach Wien.

Herzlichst
Paul

28.X.18

*Am 28. Oktober 1905 schreibt* ***Christian Morgenstern****, der hintersinnige Schöpfer von Palmström und Palma Kunkel, an den Publizisten* ***Maximilian Harden****, der in Berlin die Wochenzeitschrift „Die Zukunft" herausgibt.*

Berlin, 28. Oktober 1905

Es ist für einen unpolitischen Schriftsteller immer mißlich, sich in öffentliche Angelegenheiten zu mischen. Gleichwohl, meine ich, stellt auch der keiner Partei angehörige Privatmann einen Teil des Volkes dar, an das fortwährend von oben her appelliert wird, mit dem fortwährend wie mit einem völlig bekannten und sicheren Faktor gerechnet wird. Eine korrumpierte Presse, die ihre Freiheit nicht verdient, tut freilich wenig genug, diese Legende eines im Wesentlichen mit seinem Fürsten einigen Volkes zu zerstören. Nach ihr ist vielleicht nur der Sozialdemokrat ein eigentlicher Regierungsgegner. Alles andere wird, denkt man dort wie droben, im entscheidenden Moment solidarisch sein. Und es wird auch wohl so sein, im entscheidenden Moment; denn noch wurzeln alte Herdengefühle zu tief in uns, als daß wir schon unter allen Umständen Individuen zu bleiben vermöchten. Wir sind in praxi noch zu sehr Sklaven von Begriffen, die wir in der Theorie längst über Bord geworfen haben.

Trotzdem sollten wir wenigstens versuchen, unsere geistige Position zu bezeichnen und bis zum Äußersten zu halten.

Man kann von dem deutschen Kaiser die Befürwortung keiner anderen Politik verlangen als der seinigen und der seiner Ratgeber. Aber man kann ihm – auch von nicht sozialdemokratischer Seite - unzweideutige Klarheit darüber geben, daß ein erheblicher Bruchteil der Deutschen *nicht* hinter dieser Politik steht. Und man ist verpflichtet, ihn darauf aufmerksam zu machen, daß er durch seine Schlag auf Schlag folgenden öffentlichen Reden nachgerade nicht so sehr Deutschland – als sich selbst isoliert inmitten des von ihm beständig angerufenen Volkes, das den Wert seiner Reden nicht mehr so lebendig fühlt, seit es dieser Ehre zu oft teilhaftig geworden, seit es hat erkennen müssen, daß Wilhelm II. selbst den Blick dafür verloren hat, wie weit und unter welchen Bedingungen ein deutsches Kaiserwort, ein nationales oder internationales, zu bedeuten vermag.

Es ist – darüber hinaus – vielleicht nicht wertlos festzustellen, wie sich in all diesen letzten Jahren der Charakter unserer ganzen Politik – zum mindesten für die Augen eines Outsiders – enthüllt hat. Es scheint zugleich der

Charakter des neuen Reiches, soweit die überwiegende Majorität in Frage kommt, und lautet in zwei Worten, die – und wenn es noch so tiefschmerzlich ist – gesagt werden müssen: Servilismus und Grobheit.

Ich meine jedoch, von der Schmach einer solchen Charakteristik – und sie ist leider *wahr*, blutwahr bis zum letzten „Genossen" hinab – müßte unser Volk sich nun endlich nach und nach wieder frei zu machen suchen. Bedarf es dazu wirklich der Schule und Geißel erst eines neuen Krieges? – Indem ich Ihnen, sehr geehrter Herr, freistelle, diese Zeilen, wenn es Sie gutdünkt, zu veröffentlichen, zeichne ich

mit hochachtungsvoller Begrüßung

Chr. Morgenstern

# 4. OKTOBER

*Am 4. Oktober 1905 schreibt der 27jährige Dramatiker* ***Carl Sternheim*** *an* ***Thea Löwenstein****. Sie ist seine Geliebte (und seine spätere Frau). Sternheim ist – mit ihrer Unterstützung – nach Italien gereist: Hier studiert er die Kunstwerke der Vergangenheit und arbeitet an seinem Schauspiel „Don Juan“.*

Grand Hôtel – Gardone – Riviera
Gardasee – Italien

[4.10.05]

Hier bleibe ich auch nicht! Wie wunderschön es ist. In mein Zimmer strömt ein berauschender Orang[en]duft, ich sehe in lauter Blau, der Himmel, See und die weite Ferne, ein silberner Mond geht darüber auf –

Deutschland fehlt mir sehr. Alles, Kälte und sein harter Ernst, seltsam, soll ich froh sein, muß Ernst aus meiner ganzen Umgebung sprechen.

Ich bin immer in Versuchung, über die Berge zurück zu fahren, und doch muß ich die Bilder meiner Seele erweitern; darum gehe ich morgen oder übermorgen nach Florenz.

Wenn sich nur neue Bilder mir böten. Aber meine Seele hat scheints die ganze Welt vor ihrer Geburt schon einmal gesehen, schöner, und trägt dies Bild nun unauslöschlich in sich. Nichtgesehenes, Nieerhörtes kann mir nur ein Mensch zeigen, und so warst Du die Ergänzung meiner inneren Welt.

Hier macht mich der glatte Komfort tot, der in den Hotels von heute allem sein malerisches Gesicht nimmt. Hier lassen Kellner deutsche Hochzeitspaare den Wunsch zu sitzen nicht aufkommen. Hier kann doch kein Don Juan werden. Der muß aus den Stunden stiller Sammlung, die man sich mühsam aus dem Kampf mit der Welt, (das heißt für mich ja nur die inneren Erregungen, die ich aus dem Umgange mit Kunstwerken – toten oder lebendigen – ziehe) rettet, groß werden. Donnerwetter ist das ein Satzungeheuer geworden. Aber um mich sitzen lauter Leute im Frack!!

Bete, daß ich ein friedlich schönes Zimmerchen in Florenz bekomme zur Werkstatt.

## 4. OKTOBER

Wie ich das Bild vor Augen habe, daß Ihr beiden Euch trefft. Nein Frau, aus Deiner Seele quillt doch auch immer immer Neues, wie aus der Quelle ewigen Lebens selbst. Deine nächste Nachricht trifft mich in Florenz, *doch muß der Brief so aussehen*

Al signore Carl Sternheim
*Firenze*
*Italien*  Ferma in posta.

Der Anfangsbuchstabe des Namens muß unterstrichen sein. Ferma in posta ist postlagernd.

Carl

*Am 5. Oktober 1916 schreibt* ***Max Reinhardt****, Intendant des Berliner Deutschen Theaters, an* ***C. von Glasenapp****, Oberregierungsrat im Königlichen Polizeipräsidium. – Die Komödie „Die Soldaten" von Jakob Michael Reinhold Lenz erlebt am 13. Oktober 1916 in der Inszenierung Reinhardts ihre Premiere als erstes Stück im sog. „Deutschen Zyklus". Die Wahl des gegen die verlogene bürgerliche Moral gerichteten Werkes kommt einem Affront gleich, aber es gelingt Reinhardt, mit seinem scheinbaren Eingehen auf die Zensurmaßnahmen, die Bedenken zu zerstreuen. Allerdings antwortet das Präsidium bei generellem Einverständnis: „Es muß sich jedoch bei der Streichung des Wortes 'Pfaffenhure' auf S. 139 bewenden. Ferner ist die Freigabe der auf S. 165 gestrichenen Worte an die Bedingung geknüpft, daß dort an Stelle von 'Offiziere' und 'braver Soldat' die Worte 'Milizoffizier' und 'tüchtiger Soldat' gesetzt werden. Für den Fall der Einhaltung dieser Bedingungen wird auf den in Aussicht genommenen Besuch der Generalprobe verzichtet."*

An das Königl. Polizei-Präsidium, Abt. VIII
z. Hd. d. Herrn Oberregierungsrat
C. von Glasenapp
Berlin

Berlin, den 5. Oktober 1916

Sehr geehrter Herr Oberregierungsrat,

Herr Reiss hat mir diejenigen Stellen in den „Soldaten" von Lenz mitgeteilt, die von der Zensur beanstandet werden. Ich bin ohne Weiteres bereit, die nachstehenden Sätze und Worte abzuändern, trotzdem es mir schwer wird, auf manche Stellen, die wegen des Zeitcharakters des Stückes wichtig sind, zu verzichten, um Ihnen zu beweisen, daß ich jede Anregung der Zensur in Betracht ziehe, wenn es irgend möglich ist.
Es handelt sich um folgende Stellen:
S. 142 anstatt „Allerweltshure" „Allerweltsdirne"
S. 148 der Ausdruck „Arschgesichtern" fällt fort.
Die beanstandete Stelle auf S. 149 ist vollständig gestrichen, desgleichen die ganze erste Szene des 3. Aktes S. 152-153.
S. 167 statt „der Witwe Schlafzimmer" „der Witwe Zimmer".
S. 170 Nicht nur das beanstandete Wort, sondern die ganze 8. Szene ist gestrichen.

S. 171 alle beanstandeten Stellen sind gleichfalls gestrichen.
S. 174 die Worte: „Die Zeit wird ihnen schon lang werden auf einer Stube allein“ und „Ich habe ihnen unter der Hand zu verstehen gegeben, daß es mir nicht zuwider würde“ fallen fort. Ferner wird anstatt „Hure“ „Metze“ gesagt. Folgende Stellen jedoch, die die Zensur beanstandet, möchte ich aus gewichtigen künstlerischen Gründen nicht abändern:
1) Der Ausdruck „Hure“ auf S. 139 und 140, der in einer Trinkszene unter Soldaten fällt, und zwar im Rahmen einer sehr ernsthaften, durchaus moralischen Auseinandersetzung, kann durch keinen anderen Ausdruck ersetzt werden, der so vollkommen den Sinn und Zeitstil trifft.
2) Die auf S. 165 beanstandete Stelle bezieht sich weder auf deutsche Soldaten noch auf Soldaten unserer Zeit überhaupt, sondern auf französische Milizen, gegen die sich die Tendenz dieses Stückes richtet. Es besteht doch kein Grund, diese Soldaten in Schutz zu nehmen. Ich lege den größten Wert darauf, daß diese Stelle bestehen bleibt.
3) Die Stelle auf S. 175 scheint mir zur Charakterisierung der handelnden Personen sehr wichtig zu sein. Sie wird ohne jeden Zynismus gespielt und gesprochen, so daß nicht anzunehmen ist, daß ihre Wirkung irgendwie anstößig sein wird.
4) Ebenso erscheint mir das Wort „Hure“ auf S. 176 für die ganze Situation von großer Wichtigkeit. Ich weise darauf hin, daß in Goethes „Faust“ in einer ähnlichen Situation der gleiche Ausdruck anstandslos gesprochen wird (Valentins-Szene).
Ich habe also in fast allen Punkten der Zensur nachgegeben, bitte aber, die oben angeführten wenigen Stellen bestehen zu lassen. Man könnte es literarhistorisch nicht verantworten, das Werk eines Dichters, das für den Sturm- und Drang-Kreis repräsentativ sein soll, jeder sprachlichen Kühnheit und charakteristischen Färbung zu entkleiden.
Ich möchte noch hinzufügen, daß es sich hier um eine wertvolle deutsche Dichtung handelt, die das erste Werk eines Zyklusses der besten deutschen Dramen bilden wird, der unter anderen auch die Aufführungen von Goethes „Götz von Berlichingen“, Lessings „Minna von Barnhelm“, Kleists „Prinz Friedrich von Homburg“, Hebbels „Nibelungen“ und ähnlicher dieser Art angehörenden Dramen umfaßt. Das Werk hat wie diese anderen eine durchaus moralische Tendenz.

Mit vorzüglicher Hochachtung
Max Reinhardt

# 6. OKTOBER

*Am 6. Oktober 1930 schreibt **Betty Scholem** an ihren Sohn, den jüdischen Religionshistoriker **Gershom Scholem**. Gershom Scholem hat Deutschland bereits 1923 verlassen und lebt in Jerusalem. Bei den im Brief zitierten Reichstagswahlen vom 14. September 1930 hatten die Nationalsozialisten ihren Stimmenanteil verneunfacht.*

Berlin, 6.10.1930

Mein liebes Kind!

Heute haben die beiden Erich-Kinder Geburtstag. Ich war jetzt oben, besah mir die Kindergesellschaft von 12 Gören, zählte dazu 16 Erwachsene u. flüchtete schleunigst wieder nach unten. Wenn der Tumult sich verzogen hat, werde ich wieder raufgehn. Martha macht schon seit 3 Uhr Brötchen zurecht! Bei mir ist es so schön still u. die Katze schnurrt, wie auf alten Großmutterbildern. Auch gießt es in Strömen, denn jüdische Feiertage sind vorbei.

Inzwischen erhielt ich am 2.10. Deinen Brief vom 25.9., also Eure Furünkelchen sind abgeheilt, na Gott sei Dank! Über Roderich schrieb ich Dir schon, es löst sich Alles sehr glücklich für ihn, denn er braucht nun weder zu akkordiren, noch Konkurs zu machen, da die Firma so ihn sich einverleibt, seine Schulden in Krefeld übernimmt. Also muß er u. sein Geschäft das doch den Leuten wert sein! [...] Nun möchte Roderich natürlich die teure Wohnung in der Stadt loswerden u. eine kleinere nehmen, aber so einfach ist das mit den Wohnungen bei uns nicht, wird ihm schwerlich glücken. Er soll 1500 M. Fixum kriegen, monatlich u. Tantiemen, es kommt nun darauf an, was er umsetzt. Aber es soll Leute geben, die mit weniger auskommen! Er hat großen Dusel in dieser Sache.

Daß „die Juden mit Sack und Pack in die Schweiz flüchten", ist natürlich eine fette Zeitungsente, es ist bestimmt noch *nicht ein einziger Jude* ausgerückt, warum denn auch? Nicht eine einzige Ausschreitung ist vorgekommen. Auch der neue Reichstag wird nur mit Wasser kochen. Wenn nur die Zeitungen mal ihre Lügen unterließen! Erich ist kurz vor den Wahlen 8 Tage im Rheinland u. in der Eifel gewesen, er hat noch nicht einmal besondere Wahlpropaganda bemerkt, höchstens ein paar zahme Plakate, das deutsche Volk ist ja so stur! Aber die Verhältnisse sind wirklich sehr schlecht, überall Sorgen!

Habt Ihr vielleicht gelesen, daß Herr Kareski, Vorsteher der Berliner Jüdischen Gemeinde, auf der Zentrumsliste für den Reichstag aufgestellt wurde? Ein Schachzug der Zentrumspartei, jüdische Wähler zu gewinnen. Wir fanden es nicht richtig von Kareski. Aber Theobald sagte schon immer, als Jude könne man nur noch Sozialdemokraten oder Zentrum wählen u. da man wiederum als Unternehmer (Ausbeuter u. Blutsauger) nicht sozialdemokratisch wählt, so bleibt nur das Zentrum! – Was Familie Werner betrifft, so durfte Edith zu ihrem 12. Geburtstag ins Theater gehen u. zwar mit Susanne Zucker. Werner u. Traude fanden es angebracht, die Kinder in ein revolutionäres Zeit- und Tendenzstück zu schicken, „Des Kaisers Kulis“, eine große Sache, ich weiß nicht, soll man so junge Kinder schon politisch verwirren? Ich wurde mit der vorgeschlagenen Braut von Messina natürlich ausgelacht. [...]

An Jom Kippur habe ich mittags nur Bratkartoffeln gegessen, u. Abends waren Reinholds u. Erich zum Anbeißen bei mir, mit dem dicken Licht, u. es war sehr schön.

Ediths Strandanzug ist in keiner Weise zu bemängeln, hier läuft doch am Badestrand Alles in Hosen, u. es ist durchaus dezent!

Die 1/2 Pfund-Note quittiere ich dankend, ich habe das Heft Winkler schon bestellt. Stelle Dich aber nicht tot, u. bezahle mir die 213 Mark! Mehr als ich tat, kann ich nicht tun!

Neuestens habe ich Gicht im linken kleinen Finger, bin sehr empört darob, es tut immerzu weh, ich seh mich noch im [Kurbad] Salzschiff enden, was mir garnicht paßt.

Für heute gut, nächste Woche mehr!

Kuß Mutt

# 7. OKTOBER

*Im Oktober 1986 berichtet der Schriftsteller und Kulturhistoriker* ***Friedrich Dieckmann*** *dem Philosophen* ***Gerd Irrlitz*** *in einem langen Brief über seine Erkundungen zu Brechts „Galilei". Die Galilei-Studien sind 1990 in dem Essayband „Hilfsmittel wider die alternde Zeit" erschienen.*

[...] Wie gründlich Goethe den Bacon studiert hat, geht aus der Geschichte der Farbenlehre hervor; er hebt – gegen Bacon und mit Akzenten, die über Brecht hinausgehen – die wissenschaftliche Bedeutung der praktischen Handwerkserfahrung hervor und bringt andererseits jenen Aspekt des Staunens vor der Schöpfung zur Geltung, der die Baconische Bemächtigungs-Idee überbietet und begrenzt. Es ist ja merkwürdig [...]: Bacon hat, wie Goethe, die instinktive Abneigung vor der mathematischen Abstraktion und andererseits gegenüber der Natur ein klares Bemächtigungskonzept, im Sinn des biblischen Imperativs „Macht euch die Erde untertan!" Dagegen die pythagoreisch-mathematische Linie, wie sie wohl Kepler am reinsten verkörpert: der Hang zur Abstraktion, aber nicht mit dem Ziel der Bemächtigung, sondern staunender Ergründung der Geheimnisse der Schöpfung; noch Einstein hat diesen Zug. Das geschichtliche Verhängnis liegt nun darin, daß die pythagoreische Methode zu Bacons Machtidee findet, anders gesagt: daß sich von Bacon nicht die Orientierung auf das „Mittlere" durchsetzt, sondern die auf regnum qua Herrschaft – und von der pythagoreisch-mathematischen Linie nicht die metaphysische Ehrfurcht [...], sondern die instrumentalisierte Methode. Am Ende von beidem steht [das amerikanische] S.D.I. [-Programm], ein Projekt, das ich [...] als die letzte Utopie charakterisiert habe („letzte" in diesem oder jenem Sinn), nämlich sowohl technische als gnostische Utopie und beides in katastrophischer Verknüpfung. Es ist schon merkwürdig, wie der Utopie-Gedanke dergestalt nach rechts gewandert ist, halb Unverwundbarkeits-Phantasmagorie, halb Zurüstung auf das „letzte Gefecht", auf Harmageddon; es gibt der Betrachtung utopischen Denkens eine neuartige kritische Dringlichkeit.

Merkwürdig war mir bei dieser kleinen Arbeit der in mir selbst ausgelöste Verfremdungseffekt betreffs des heliozentrischen Systems – Reflex des historisch erregten Befremdens, das, wie sich zeigt (Brecht vernachlässigt es mit jener spezifischen Überheblichkeit theoretischen Fragen gegenüber, in der sich sein agrarisch gespeister Simplifizierungsdrang gleichsam als klassenbewußte Position ausgab), quer durch alle Lager ging; [...] Was hat es für die Entwicklung der Menschheit bedeutet, daß sie sich plötzlich nicht mehr als Zentrum des Alls begreifen konnte, sondern nurmehr als Randerscheinung zugelassen fand? Hängt jene falsche Verbindung des abstrakten mit dem Bemächtigungsgedanken gegenüber der Natur mit dem Verlust an Selbstbewußtsein zusammen, der aus dieser sich allmählich durchsetzenden Einsicht folgte? Kopernikus' Vorsicht seinem Werk gegenüber kam schwerlich nur aus äußerer Furcht – sie mag mehr aus dem innerlichen Erschrecken über die Weiterungen des von ihm Gefundenen gekommen sein. Der Verlust der Zentralität mußte kompensiert werden, und ein Weg dazu war, alle Kräfte auf die Bemächtigung jener Natur zu werfen, in deren Mitte man sich nicht mehr fühlen durfte. Ist jene Feindseligkeit der Natur gegenüber, die ein Hauptzug moderner Wissenschaft ist, eine Spätfolge der Erdentthronung, eine Art Rache an der Allverstoßung, als Verstoßung ins All? Die kopernikanische Entdeckung hat etwas von Wiederholung der Paradiesvertreibung: die Menschheit ausgesetzt in die Leere des Kosmos, infolge eines erneuten Bisses in den verbotenen Apfel der All-Wissenheit; die Frage ist, ob das menschliche Bewußtsein das jemals wirklich bewältigt hat.

Das sind, so scheint es, sehr „katholische" Fragestellungen – Brecht, so zeigt sich, drängten sie sich auch auf, auf unlösbare Weise; so behalf er sich mit ethischem Rigorismus nach Fichteschem Modell – ein tragikomischer Anblick. [...] Er hätte ein neues Stück schreiben sollen, über Bacon oder Bruno. Das scheint mir noch heute wichtig (und erreichbarer als eins über Teller und Hagelstein, diese Epiphänomene der Fehlentwicklungen).

Ein langer Brief – ich komme zum Schluß und sage herzliche Sonntagsgrüße von Haus zu Haus!

Friedrich Dieckmann

# 8. OKTOBER

*Am 8. Oktober 1942 schreibt* ***Hans Scholl*** *an seinen Freund* ***Otto Aicher****. Aicher stimmte mit Hans Scholl auch im Widerstand gegen Hitler überein: Beide mußten bereits 1937 wegen „bündischer Umtriebe" eine Gestapo-Haft verbüßen.*

Rußland, 8.10.1942

Lieber Otl!

Da mir gegenwärtig ruhigere Tage vergönnt sind, als in den verflossenen Wochen, da ich Dir schon lange für Deine beiden Briefe, den einen schönen und den anderen minder schönen, danken wollte, und da insbesondere heute abend eine recht spätsommerliche Stimmung mein Gemüt durchleuchtet, will ich zur Feder greifen und Dir einen Brief schreiben, der Dich bald erreichen soll. Was ich Dir stets wünsche, brauche ich nicht auszudrücken. Du bist mir durch jene beiden Briefe so greifbar nahe gewesen; ich habe in aller Offenheit die beiden Seiten Deiner Knabenseele gesehen. Ich habe wiederum gesehen, wie ähnlich wir in unseren Ausbrüchen sein können.

Andererseits aber habe ich auch gesehen, wie verschiedene Wege unsere Gedanken gehen. Mir geht es gegenwärtig so, da ich mich von der Abstraktion wieder mehr und mehr dem Sinnlichen, dem Bild- und Körperhaften zuwende. Vielleicht tue ich dies aus einem inneren Notzustand heraus, und vielleicht werde ich diesen Weg eines Tages wieder verlassen. In manchen Augenblicken fühle ich ganz deutlich, daß ich das Jünglingsalter durchschritten habe, und daß ich nicht selten als Mann den Knaben wieder in mir entdecke. Fern allem politischen Denken (dem ich aber prinzipiell nicht fremd bin, sondern mehr verbunden denn je. Darüber später) bin ich Gott dafür dankbar, daß ich nach Rußland gehen mußte. Ich habe eine Ortsveränderung erfahren, die mich von allen blühenden Gärten der Vergangenheit getrennt und in die große Ebene gestellt hat, wo ich eine Einsamkeit gefunden habe, nach der ich gedurstet habe seit Jahren. Du wirst mich nicht falsch verstehen. Es gibt sicher nichts Größeres, als diese Einsamkeit. Sie widerspricht ja keineswegs dem Gebote, seinen Nächsten zu lieben. Hier erst habe ich endlich gelernt, mich selbst nicht mehr so unendlich wichtig zu nehmen, sondern die ziellose Reflexion umzustülpen und den Sinn nach außen, den Dingen zuzuwenden. Oft kriecht natürlich das alte

Leid in meiner Seele empor, ich möchte wieder zurück zu der verlorenen traumhaften Geliebten, die da alles war, aber Du kannst es mir glauben, das Beste wäre, jetzt zu brechen und immer weiter ganz allein und bar jeglicher Habe nach Osten zu wandern, immer weiter, über den Ural, quer durch Sibirien bis nach China, wenn, ja wenn ich nicht andererseits Europäer wäre und in dieser zwölften Stunde Europa nicht verlassen darf. Nur aus diesem Grund will ich wieder zurück nach Deutschland, auf daß ich dem Abendlande und das Abendland mir nicht verloren gehe.

Hoffentlich verstehst Du, was ich sagen wollte und nicht sagen kann.

Viele Grüße!

Dein Hans

[...]

* *Am 12. September 1997 antwortet* ***Friedrich Schorlemmer*** *ausführlich auf einen Brief von* ***Egon Krenz****, der ihm aus dem Gefängnis Moabit geschrieben hat.*

*Schorlemmers Brief ist eine sehr prinzipielle und gleichzeitig sehr persönliche Auseinandersetzung mit der Geschichte der DDR und mit der Rolle, die Egon Krenz in dieser DDR-Geschichte gespielt hat. Nicht Verurteilung, sondern „Prüfung dessen [...], was gewesen ist" ist Schorlemmers Anliegen. Das gilt auch für den letzten Teil des Briefes, den wir hier wiedergeben.*

*Obwohl vom September datiert, ist der Brief mit Blick auf den 9. Oktober geschrieben, den Tag, an dem sich in Leipzig die „friedliche Revolution" entschied ...*

[Wittenberg], 12.09.97

Lieber Herr Krenz,

[...]
Um es noch einmal klarzustellen: Sie sind nicht persönlich ein Totschläger. Dafür können Sie auch nicht verurteilt werden. Aber Sie sind moralisch und politisch einer der Hauptverantwortlichen für dieses System und auch an dem Zusammenbruch dieses System[s] durch eine chronische Wirklichkeitsallergie und durch eine Art der Machtausübung schuld, die den linken emanzipatorischen Gedanken einen dauerhaften Schaden zugefügt hat und die Kräfte, die im Menschen stecken, zum großen Teil geknebelt hat, statt sie produktiver herauszulocken.

Der Bundesjustizminister hat erklärt, daß sich in der Gesellschaft kein Konsens für Vergebung einstelle und deshalb das Reden von Amnestie nicht an der Zeit sei. Ich werde mich dennoch sooft und so gut ich kann, dafür einsetzen, daß wir zum 9. Oktober 1999 zu einem juristischen Schlußstrich kommen und eine Amnestie für alle Straftaten aussprechen, die mit dem politischen System der DDR zu tun hatten. Das entbindet uns nicht, sondern fordert geradezu dazu heraus, einer redlichen Prüfung dessen nachzugehen, was gewesen ist, und das gilt dann eben auch für die Bundesrepublik.

[...]

Am 9. Oktober 1989 ist es eben nicht zu dem befürchteten Blutbad gekommen, und dafür sind Sie angesichts des handlungsunfähigen Honecker schon – positiv ausgedrückt! – mitverantwortlich. Was auch immer Ihre Motive gewesen sein mögen und welche Selbstrettungsversuche das halbherzig erneuerte Politbüro auch gemacht hat und welche enttäuschende Rede Sie am 18. Oktober gehalten haben – Sie haben den Löffel der Macht friedlich abgegeben und nicht das Messer gezückt, um es in einem Bild auszudrücken. Und die Demonstranten waren weise genug, die noch vorhandenen Machtinstrumente und Personen nicht zu provozieren. Sie hatten insgesamt Glück und Sie haben den Übergang in diesen turbulenten Wochen auf eine Weise mitzuverantworten, die uns nicht dazu berechtigt, Sie nachträglich zum Sündenbock für all das zu machen, was Chris Gueffroy und all den anderen geschehen ist.

[...]

Ich möchte Sie – einfach nur menschlich – bitten, mit bestimmten pauschalierenden Begriffen, wie „Siegerjustiz" nicht umzugehen und sich selber davor zu bewahren, daß Sie Freunde haben, die in ihrem Denken keinen Schritt weitergekommen sind. Ich habe in den beiden Begegnungen mit Ihnen gespürt, daß Sie in Ihrem Denken Schritte weitergegangen sind, ohne daß Sie sich verleugnen, sich drehen oder winseln; aber dieser Prozeß und auch das Urteil gegen Sie eignet sich schlecht für einen Mythos, den andere gern daraus machen möchten.

In der Hoffnung, daß es uns gelingt: so zivilisiert wie möglich und menschlich so klar wie nötig, moralisch so wenig selbstgerecht wie nur irgend möglich und politisch so weitsichtig wie für die Zukunft erforderlich mit der gegebenen Situation im geeinten Deutschland umzugehen, das noch lang, lang von den Folgen der Teilung bestimmt sein wird, auch von den Folgen der Teilung in der Einheit ...

Da ich Ihnen deutlich sagen konnte, was ich denke, kann ich Sie auch freundlich grüßen und Ihnen wünschen, daß die Haftbedingungen so sind, daß Sie darin nicht verbittern und daß das Gespräch mit Ihnen über das, was war, außerhalb von Moabit bald möglich wird.

Mit einem freundlichen Gruß

Friedrich Schorlemmer, Studienleiter

# 10. OKTOBER

*Am 9. Oktober 1987 erscheint im „Magazin" der Hamburger ZEIT der folgende Brief, den* ***Joseph von Westphalen*** *aus München an seine Schriftstellerkollegin* ***Monika Maron*** *in Berlin (Ost) geschrieben hat. Er ist Teil einer halböffentlichen Korrespondenz, die von Juli 1987 bis März 1988 geführt und veröffentlicht wird.*

München, den 9. Oktober 1987

Liebe Monika Maron,

unsere Briefeschreiberei selbst wollte ich nie mehr zum Thema machen, es drückt mich aber doch noch etwas: Am Anfang unserer Korrespondenz habe ich den Mund vollgenommen und behauptet, ich würde mich einen Teufel darum scheren, ob wir Zuschauer hätten. Das widerrufe ich zerknirscht. Mittlerweile irritiert es mich heftig, daß uns beim Briefeschreiben zugesehen wird.

Sie sind auch in diesem Punkt in einer anderen Lage: DIE ZEIT dürfte in der DDR nicht gerade massenhaft verfügbar sein; Sie werden also eher unter mangelnder Resonanz leiden, während für mich das gelegentliche Fußscharren, Gähnen, Rausgehen, Türzuschlagen und die Zwischenrufe des Publikums unüberhörbar werden; Ihnen gegenüber ist der liebe Leser übrigens wohlwollend.

Da ich keine Lust habe, die Schuld gleich bei mir selbst zu suchen, stelle ich erst einmal fest: das Ost-West-Thema berührt viele Leute auch hier so empfindlich, daß sie meine gelegentlich saloppe Tonlage nicht angebracht finden. Deren Pfiffe halte ich allerdings noch aus. Denn entgegen Kohls leider längst mit Gras überwachsener Äußerung halte ich die DDR nicht für ein KZ; dann würde ich in der Tat nicht frozzeln. [...]

Ernst muß ich als Mensch, der vom Schreiben lebt, einen anderen Einwand nehmen, den nämlich, meine Briefe hätten nicht die begehrte Schärfe: Was das lasche Geplemper denn solle!?

Auch hier bin ich dickfellig und will nur ein bißchen Teilschuld auf mich nehmen. Denn Briefe sind nach meinem Geschmack nicht der Ort für geschliffene Pointen. Private Briefe leben vom Sichgehenlassen und von übler Nachrede; solche Briefe interessieren aber die Öffentlichkeit nur, wenn die Verfasser bedeutend waren und tot sind. Wir aber sind nicht tot und, was mich betrifft (beachten Sie, daß ich Sie diesmal höflich ausnehme!), auch nicht bedeutend.

Unsere Briefe sind keine *offenen Briefe*, die tönend die Finger auf allerlei Wunden legen, eine bessere Welt fordern und von zwei Dutzend Prominenten unterzeichnet wurden; sie können aber auch nicht den giftigen Reiz der privaten Enthüllung enthalten. Unsere Briefe sind von der Gattung her Zwitter, Bastarde, die wir an der Leine vorführen. [...]

Im Umkreis unserer heiligen Kuh, der „freiheitlich demokratischen Grundordnung“ (die Bezeichnung könnte ich mir auch hübsch von Honecker heruntergenuschelt vorstellen), werden die verschiedensten Rollen bereitgehalten, vom Grundstücksspekulanten bis zum Sozialarbeiter, vom Polizisten bis zum Demonstranten, vom Regierungssprecher bis zu dem, was für das Feindbild Stoltenbergs ein Schreiber in der linken Kampfpresse ist (er meint den *Spiegel*, dessen Herausgeber bekanntlich ein frommer Liberaler ist). Strauß hatte seinerzeit von „Schmeißfliegen“ gesprochen, ein Begriff, den die Intellektuellen empörend fanden. Ich aber habe nichts dagegen, eine Schmeißfliege zu sein. Lieber eine Schmeißfliege als der Ochse, der sich von ihr belästigt fühlt, oder als gar nur ein Kuhfladen. [...]

Manche Autoren hier kommen sich Gott weiß wie subversiv und anarchistisch vor oder werden von wohlmeinenden Kritikern entsprechend emporstilisiert, was ich als Heuchelei empfinde. Denn auch der angriffslustigste Literat kann nicht viel mehr tun, als die zu ärgern, die er nicht mag. [...]

Richtig ernst wird es im freien Westen erst, wenn solche Angriffe nicht in „seriösen“ Verlagen erscheinen. Wenn ich das Bild vom Ochsen und der Fliege in einer harmlosen Anti-Atomkraft-Zeitung deutlich ausführe, dann darf der Staatsanwalt terroristisches Umfeld wittern, und tatsächlich wird er mir schnell ein Verfahren wegen Beleidigung von Staatsorganen und Aufforderung zur Gewalt anhängen, und nach heute gängiger Rechtssprechung brummt mir der Richter in der ersten Instanz drei- bis viertausend Mark auf.

Blaugrün schillernd und gräßlich summend grüßt

Joseph Westphalen

# 11. OKTOBER

*Am 9. Oktober 1951 schreibt der Physiker* **Werner Heisenberg** *an den Kieler Philosophen und Psychiater* **Kurt Hildebrandt**. *Der kurze, aber aufschlußreiche Brief belegt, daß ihn das Problem der „Unbestimmtheit" auch außerhalb der Quantentheorie beschäftigt hat ...*

Göttingen, 9. Oktober 1951

Sehr geehrter Herr Kollege!

Haben Sie vielen Dank für die Übersendung Ihres Buches über Goethes Naturerkenntnis. Ich habe mit großem Interesse darin gelesen und mich über viele Formulierungen gefreut; auch in den Abschnitten, die über meine eigene Auffassung handeln. Trotzdem wird es mir nicht leicht, Ihre Frage zu beantworten, ob Sie meine Auffassung richtig wiedergegeben haben. So ungefähr natürlich: Ja; aber in diesem Gebiet kommt es so sehr auf Nuancen an, daß man im Grunde immer nur mit den eigenen Formulierungen (und oft nicht einmal mit denen!) genau das ausdrückt, was man meint. Andererseits scheint es mir auch nicht sehr wichtig, wie genau die Auffassungen des einen von dem anderen wiedergegeben werden; es handelt sich ja nicht um ein Wiederholen, sondern um ein Weiterspinnen von Gedankenreihen. Was wir schreiben, sind immer unsere eigenen Gedanken, die durch die Lektüre anderer angeregt sind. Jeder sieht an Goethe, was ihm an Goethes Werk wichtig ist, und jedes so entstehende Bild des großen Dichters ist notwendig einseitig. Das ist kein Unglück, sondern die natürliche Folge davon, daß Goethes Werk weiterwirkt. Die Frage, was Goethe zur modernen Naturwissenschaft gesagt hätte, und ob er einen Zugang zu der ihr eigenen Schönheit gefunden hätte, läßt sich nachträglich nicht mehr beantworten.

Also nochmals vielen Dank für die Übersendung Ihres Buches

Ihr sehr ergebener

Heisenberg

*Am 12. Oktober 1989 wenden sich die **Sänger und Sängerinnen des Chores der Berliner Humboldt-Universität** mit diesem Brief an die **Öffentlichkeit**. Der Verteiler des Schreibens nennt neben dem Politbüro des ZK der SED und den Ministerien der DDR auch wichtige Medien des Landes und den Zentralrat der FDJ.*

### Offener Brief des Chores der Humboldt-Universität

Die jetzt gesamtgesellschaftlich aufgebrochenen Widersprüche zeigen sich auch in der Arbeit unseres Chores durch die immer stärker werdende Diskrepanz zwischen unserem kulturellen Anspruch und den tatsächlichen Wirkungsmöglichkeiten im nationalen und internationalen Maßstab. Zunehmend sinkt die Bereitschaft der Menschen, offiziell propagierte politische Inhalte anzunehmen, die zu Realitäten im Widerspruch stehen (z.B. Festakte zum 40. Jahrestag). Die Gefahr einer resignativen unschöpferischen Situation, einer Verarmung der gesamtgesellschaftlichen Kultur durch Zensur und Selbstzensur, besteht. Deshalb melden wir uns zu Wort.

Die falsche und unehrliche Berichterstattung unserer Medien und die staatliche Ignoranz gegenüber dem Engagement vieler Menschen für die Entwicklung unserer Gesellschaft ist unerträglich. Verspätete und unzureichende Stellungnahmen der Parteiführung wirken in dem wiederum proklamierten Wahrheitsmonopol destabilisierend. Insofern halten wir die Formulierung „Das Politbüro weiß sich mit der übergroßen Mehrheit unseres Volkes in seinem Handeln einig“ (Erklärung des Politbüros des ZK der SED vom 12.10.1989) für Wunschdenken. Wir reihen uns ein in die so notwendige gesamtgesellschaftliche Diskussion, in der alle demokratisch denkenden Kräfte zu Wort kommen müssen. Für die Entwicklung einer sozialistischen Demokratie ist die Entkrustung und Profilierung der bestehenden gesellschaftlichen Organisationen (die wir in ihrer jetzigen Form im Ansehen vieler Menschen diskreditiert sehen) notwendig. Sozialistische Demokratie heißt auch: Durchsetzung der rechtlichen Grundlagen freier und geheimer Wahlen unter öffentlicher Kontrolle, sowie des Versammlungs- und Demonstrationsrechtes und des Rechtes auf Vereinigung.

• Deshalb fordern wir die Legalisierung aller demokratischen Gruppen, die sich aus Sorge um die Zukunft unseres sozialistischen Staates zusammengefunden haben. Zur Vertrauensbildung bedarf es dringend des gegenseitigen Kennenlernens. Es ist notwendig, daß auch diese Kräfte die Möglichkeit haben, ihre Ansichten öffentlich zu machen.

• Deshalb fordern wir die Demokratisierung und öffentliche Kontrolle der Medien. Es reicht nicht aus festzustellen, „es geht um lebensverbundene Medien“ (Erklärung des Politbüros dto.).
• Der breite Dialog erfordert Kompetenz, Kompetenz erfordert Zugang zu allen gesellschaftlich relevanten Informationen aus Geschichte und Gegenwart, sie erfordert Durchschaubarkeit von Machtstrukturen (z.B. öffentliche Übertragung von Ausschuß- und Plenarsitzungen der Volkskammer, ausführliche Berichterstattung zu Entscheidungsfindungen auf höchster Ebene und Stellungnahmen einzelner Politiker).
• Dialog setzt eine Kultur des Streites voraus, die die Anwendung von Gewalt grundsätzlich ausschließt.

Wir, als Berliner Chor, haben von den Vorgängen des letzten Wochenendes (7./8./9.10.89) in Berlin nicht in erster Linie durch die Medien Kenntnis, sondern unmittelbar. Empört durch die undifferenzierte Kriminalisierung von Beteiligten und Unbeteiligten durch Sicherheitskräfte und Medien und über Fälle von Willkür der Vollzugsorgane, fordern wir eine öffentliche Untersuchung (unter Mitwirkung aller beteiligten Seiten) und Bestrafung der für die eskalierende Gewalt Verantwortlichen auf beiden Seiten (d.h. auch der staatlichen Seite).

„Mehr denn je ist jetzt die vertrauensvolle Zusammenarbeit nötig, um auf die Fragen, die Viele beschäftigen und alle betreffen, gemeinsame Antworten zu finden. – Antworten, die uns allen nutzen.“ (Erklärung des Politbüros dto.)

In diesem Sinne wollen wir unsere Erklärung verstanden wissen und fordern eine Veröffentlichung!

12.10.1989

*Am 13. Oktober 1926 antwortet der Schriftsteller und Journalist* ***Kurt Tucholsky*** *mit dem folgenden Brief auf eine Leserzuschrift an „Die Weltbühne". Der Adressat ist Herr* ***A. Klemich****, Halle/Sa. Tucholsky schrieb seit 1913 für die „Weltbühne" (damals noch „Schaubühne") und war nach dem Tode Siegfried Jakobsohns bis zum Oktober 1927 auch ihr Herausgeber.*

13.10.26

Sehr geehrter Herr,

Siegfried Jakobsohn übergibt mir Ihren Brief vom 20. September, der sich mit meinen Ausführungen über das Reichsbanner befaßt. Ton und Takt dieses Schreibens bewegen mich, Ihnen zunächst für das Interesse zu danken, daß Sie an den Tag legen, um Ihnen zu antworten: wie ich hoffe, ebenso ritterlich und unpersönlich, wie Sie mich angegriffen haben. [...]

Sie schreiben, das Reichsbanner trage die Farben der Republik ins kleinste Dorf. Das ist richtig. Der Satz setzt aber stillschweigend voraus, als sei das bereits ein Verdienst - während doch Millionen von Arbeitern sich mit Recht fragen: „Was hat uns, den Unterdrückten, die Republik Besseres gebracht? –" Gerechtigkeit statt Justiz? Nein. Saubern Schulunterricht statt Verdummung? Nein. Änderung der Denkart? Nein. –

Erlauben Sie also bitte einem Zweifler, die „Farben der Republik" als eine oft begrüßenswerte Sache anzusehen, weil nämlich die Gegner mitunter schlimmer sind – aber nicht als mehr. Diese Republik ist nicht die meine.

Ich verachte die Verfassung dieser Republik nicht – ich verachte aber jene, die da glauben, dieser Lappen Papier würde irgendwo in Deutschland auch nur annähernd befolgt. In Wahrheit ist diese Verfassung weniger als eine Polizeiverordnung – sie hat den praktischen Wert einer moralischen rein abstrakt gebliebenen Vorschrift, durchdringt aber nirgends Judikatur, Verwaltung, Exekutive. Vielleicht lesen Sie einmal die Rechte der Deutschen daraufhin durch – können Sie das ohne bitteres Lächeln, wenn Sie das Leben um sich herum sehen? – Hat der Deutsche seine sogenannten verfassungsmäßig begründeten Rechte wirklich?

Und daß diese kümmerliche Republik nach dem Kriege auf das schwerste gefährdet war, wie Sie schreiben, ist leider nicht richtig. Von wem hätte sie das sein sollen? Sie war es leider nicht von den betrogenen Arbeitern, die von ihren Führern verraten worden sind – keine Geschichtsklitterung kann aus der Welt schaffen, daß Fritz Ebert mit den Generalen, Noske mit den

Offizieren, Heine mit den übelsten Reaktionären gemeinsame Sache gemacht haben, aus Angst, aus Charakterlosigkeit, aus Unfähigkeit, zu begreifen, was eigentlich „Revolution“ ist: Luftreinigung – ist: von vorn anfangen – ist: „Wohlerworbene Rechte“ über den Haufen werfen – ist genau das Gegenteil von dem, was diese Republik in der Nachkriegszeit hat tun lassen. Und gegen die paar Leute, die sich – oft mit falschen Mitteln – dagegen aufbäumten, hat sie Maschinengewehre auffahren lassen – und ich weiß, daß viele der SPD-Schlafmützen, die damals versagt haben, heute noch der Meinung sind, sie hätten den Staat gerettet. Das haben sie auch.

Für wen –? Für eine regierende Kaste, die längst begriffen hat, wie harmlos, wie artig, wie ungefährlich die Republik ist und daß es sich ganz gut mit ihr leben läßt.

Was „konstruktiver Pazifismus“ ist, ahne ich nicht. Vermutlich ein schönes deutsches Wort. Wenn er aber bedeutet, heute noch von ausgebeuteten und betrogenen Menschen, die für den Stumpfsinn von 1914 in Verderben getrieben worden sind, als von besondern Wesen, als von Frontsoldaten zu sprechen –: dann lehne ich ihn ab und bleibe bei meinem radikalen Pazifismus. [...]

Sie glauben an den Sieg des republikanischen Gedankens? Sagen Sie, was ist das eigentlich: der republikanische Gedanke? Daß es keinen König geben soll? Als ob es darauf ankäme! [...] Liegt die Republik nicht machtlos *unter* dem wirtschaftlichen Finanzkoloß, der sie bedrückt – kann sie denn überhaupt etwas tun? *Kann* sie denn Fürsorgeerziehung, Schule, die überflüssige Reichswehr, die Landgüter, die Schande der polnischen Saisonarbeiter, die Gefängnisse, die verbürgerten Amts- und Landrichter - *kann* sie das alles bessern? Ja, *will* sie denn überhaupt? Züchtet sie nicht neuen Gruppenstolz, nimmt sie nicht den Faden genau da auf, wo ihn der Ausreißer aus Doorn hat fallen lassen? Hat nicht nur das Vokabularium gewechselt?

Ich hoffe, daß ein so aufrechter und sachlich debattierender Mann das noch erleben wird – und ich hoffe es um so mehr, als sie ein uninteressierter Kämpfer sind, der ja nichts will, der wahrscheinlich nur Unbequemlichkeiten und Arbeit von seiner anständigen Gesinnung hat. Der aber zu viel erwartet, der optimistisch ist, und, halten zu Gnaden: kein Revolutionär.

Hochachtungsvoll
[Kurt Tucholsky]

*Am 13. Oktober 1989 schreibt der Bildhauer und Maler* ***Fritz Cremer****, Mitglied der Akademie der Künste der DDR, diesen mahnenden Brief an die* ***Plenartagung der Akademie****.*

13.10.1989

Als 83jähriger bin ich, biologisch bedingt, nicht mehr fähig, unmittelbar Brauchbares und Anwendbares zur Situation meines Landes, der DDR, zu sagen.

Ich halte mich aber für fähig, ehrlich, verantwortlich, als verpflichteter Kommunist, zu sagen, daß die Führung meiner Partei und ihre entsprechend hörige, angemaßte Regierung in ihrer Mehrzahl überaltert, entsprechend überfordert ist und Jüngeren, echt- und nicht nur scheindialogbereiten Köpfen, ihren Platz überlassen sollte. Ich weiß, daß letztere mitten unter uns vorhanden sind, weil ich sie kenne.

Einer der Gründe für diese meine Ansicht ist der fast tägliche innere Aufschrei, dem ich mich, aufgewühlt, den sogenannten Mitteilungen unserer Medien – abgrundfern jeglicher Psychologie – ohnmächtig gegenüber sehe.

Habt den Mut, meine Freunde und Genossen, den Ihr den Nazibarbaren in ihren Konzentrationslagern gegenüber aufzubringen hattet, heute nun auf Euch selbst anzuwenden.

Die heutige Geschichte braucht zu ihrer Menschwerdung nicht mehr den Schritt zum heldischen Opfer-Ende. Sie braucht, so meine ich, durchsichtige Vertrauenshaltung, die beweist, daß in der Tiefe sozialistischen Denkens trotz alledem das Gute liegt.

Fritz Cremer

# 15. OKTOBER

*Am 28. Oktober 1947 (und nur ein Vierteljahr vor seinem Tode) schreibt* ***Karl Valentin*** *an den bayrischen Volkssänger und Sammler* ***Kiem Pauli****. Valentin der Komiker? Es ist der Brief eines enttäuschten Künstlers ...*

Planegg b. München
Georgenstrasse: 2

28.X.47

Sehr geschätzter Herr Kiem Pauli,

heute habe ich in der „Süddeutschen Zeitung" Ihren Artikel gelesen. Gott sei Dank glaube ich nicht mehr, was in der Zeitung steht, am allerwenigsten an das, dass Sie schon 65 Jahre alt sind. Auf 64 habe ich Sie geschätzt, sollten Sie aber wirklich 65 sein, so brauchen Sie sich nicht so viel darauf einbilden, denn es sind schon „andere" 65 Jahre alt geworden als Sie; was müsste sich da erst ein 100jähriger einbilden, wenn Sie mit Ihren 65 lumpigen Jahren schon so ein Getue machen, und wenn es Sie interessiert, so kann ich Ihnen verraten, dass ich auch genau 65 Jahre alt bin. Ob Sie mir oder ich es Ihnen nachgemacht habe, weiss ich nicht. Aber trotzdem sende ich Ihnen einige Glückwünsche (ohne Geschenk), die Sie mir bitte durch eingeschriebenen Brief bestätigen möchten.

Herr Wilhelm Diess hat viel Schönes über Sie geschrieben, und doch fast zu wenig, sein Hauptsatz hätte heissen sollen:

Kiem Pauli, der bayrische Taucher hat einen längst versunkenen bayrischen Schatz wieder gehoben – die Nachwelt wird ihm das danken. – Nachwelt?? Glauben Sie noch an eine Nachwelt? Die Atombomben sind schon da: „Wehe, wenn sie losgelassen – wachsend ohne Widerstand – durch die volksbelebten Länder u.s.w." Aber zuvor droht Ihrer bayrischen Lie[d]ersammlung noch eine grosse Gefahr: werden sich die Bayern selbst dankbar zeigen? Ich habe meine lieben Bayern und speziell meine lieben Münchner genau kennen gelernt. Alle anderen mit Ausnahme der Eskimos und Indianer haben mehr Interesse an mir als meine „Landsleute".

Aus dem münchner Rundfunk wurde ich schon zweimal wegen Humorlosigkeit hinausgeschmissen. Nach der Besetzung, als das Theaterspielen in

München wieder erlaubt war, suchten wir uns wieder eine Singspielhalle in München; überall kamen wir zu „spät", weil alle noch bestehenden Lokalitäten bereits an norddeutsche und österreichische Künstler vergeben waren. – Meine 15 Kurztonfilme sind heute noch beschlagnahmt, Heinz Rühmann-Filme, der im 3. Reich sehr beliebt war, sind freigegeben. – Mein druckfertiges Buch, Valentin's Jugendstreiche mit 200 Illustrationen, liegt seit 22 Jahren (in Worten: zweiundzwanzig Jahren) mit Spinngewebe überzogen in meiner Schreibtischschublade. Alle Verlage in Deutschland haben daran kein Interesse, nur ein Prager Verleger hätte 1937 die Sache gedruckt, aber da kam der Krieg – nix war's.

Ein Oesterreicher, Herr Lorenz vom münchner Rundfunk, erhielt in München eine 4 Zimmerwohnung für 2 Personen, ich bekam als geborener Münchner nicht einmal ein Kämmerlein in meiner lieben Vaterstadt, obwohl ich bis zum Jahre 1930 in fast 200 Wohltätigkeitsvorstellungen mitgewirkt habe. – Meine grossen Kultursammlungen über München, ich habe die ganze Stadt München in Original-Fotos von 1850-1900, will ich lieber Sachsen, Württemberg oder Norddeutschland testamentarisch zum Geschenk machen, unter keinen Umständen aber meinem geliebten Heimatland Bayern, am allerwenigsten meiner Vaterstadt München.

Lieber Herr Kiem Pauli, schön wäre es, wenn Sie mich einmal besuchen würden in Planegg, ich hätte viele Sachen, die sie interessieren dürften. Ich würde Ihnen klaren Wein (nur sprichwörtlich) einschenken über die jetzige Lage in München, und Sie würden sagen: dem Menschen kann man's nicht verübeln, wenn er von seinen Landsleuten nix mehr wissen will.

Ich wünsche Ihnen alles Gute
Ihr

[Karl Valentin]

# 16. OKTOBER

*Am 16. Oktober 1960 schreibt* ***Walter Felsenstein*** *an* ***Irmgard Arnold****, die Violetta seiner „Traviata"-Inszenierung an der Komischen Oper Berlin. Es ist einer der „Kritikbriefe", die Felsenstein regelmäßig an die Sänger und Musiker seines Hauses schrieb.*

[Berlin,] 16. Oktober 1960

Liebe Frau Arnold!

Sie haben trotz Ihrer Überanstrengung in den letzten Tagen meine Kritik über die Generalprobe der „Traviata" so aufmerksam und konzentriert entgegengenommen, daß sich der übliche ausführliche Premieren-Brief erübrigt.

Wenn Sie diese Zeilen erhalten, sind zweifellos alle Ihre Gedanken und Erwartungen bereits auf das Fest gerichtet, das Sie heute nacht geben und das - nach einem ganzen Jahr Abwesenheit von Paris - über Ihren Rang in der Lebewelt und damit über Ihre Existenz überhaupt entscheidet. Es ist klar, daß alles von dem ersten Eindruck abhängt, den Ihre Freunde von der ersten Wiederbegegnung mit Ihnen haben. Ihren Gästen zu gefallen, würde Ihnen nicht genügen. Sie fordern, daß man Sie für gesünder und schöner hält als jemals. Und jeder Beifall – von wem immer er auch kommt - befriedigt Sie nicht, sondern stachelt Sie zu immer größerer Erfolgsgier auf. In diesem Fieber wachsen Sie von der Beherrscherin Ihres Salons zur Primadonna der gesamten Lebewelt und gelangen zu einer Selbstsicherheit, zu einer bisher ungeahnten Größe und überlegenen Ausstrahlung, die zu dem tollkühnen Hypnose-Experiment des Trinkliedes führen. Nur in diesem Rausch kann es geschehen, daß Sie, die *überlegenste* aller Liebes-Künstlerinnen, einem Mann und einem neuen Gefühl *unterliegen*, ohne es zu merken.

Ich bin sicher, daß Sie nach dem anschließenden Ball und einer herrlichen Nacht wieder zur Besinnung kämen, wenn Sie nicht völlig unerwartet die entsetzliche Herz-Attacke überfallen und Sie Alfreds Innigkeit und Leidenschaft gegenüber wehrlos machen würde. Die maßlose Bestürzung über Ihren Gesundheitszustand, die blitzartige Erkenntnis, daß die Genesung eine Täuschung war, erregen in Ihnen eine solche Lebensgier und einen solchen Glückshunger, daß Sie Alfreds Werbung und Beteuerungen unentrinnbar ausgeliefert sind.

Sie werden fragen: „Wozu erzählt er mir das alles noch einmal?" Weil ich Sie damit daran erinnern möchte, daß man weder Unbewußtes noch Überraschungen spielen kann, sondern – um glaubhaft zu sein – sich zu einer Selbstvergessenheit bringen muß, in der die geringste Pause, die geringste Unterbrechung tödliche Nüchternheit zur Folge hat. Deshalb der von mir immer wieder gepredigte Achtel-Rhythmus dieser Szene, die von Verdi mit Allegro brillantissimo e molto vivace betitelt ist.

Ich kenne keine Partie in der Literatur, die so pausenlos und so übergangslos Lebens- und Schicksalssituationen zu bestehen hat. Ich glaube, wenn es einer Violetta gelingt, den 1. Akt solcherart zu schaffen, gibt es in der ganzen weiteren Tragödie zwar übermenschliche Beanspruchungen, aber keine Gestaltungsprobleme mehr.

Ich wünsche Ihnen als Lohn für Ihre bewundernswerte Ausdauer in dieser besonders schweren (weil zu kurzen) Arbeitsperiode für heute abend die Tapferkeit und das Selbstvertrauen, die Sie für diese bangniserfüllte Schlacht brauchen.

Ihr

[Walter Felsenstein]

# 17. OKTOBER

*Am 17. Oktober 1932 schreibt der Schriftsteller* ***René Schickele*** *an seine Freundin und Kollegin* ***Annette Kolb****. Schickele hat Deutschland bereits 1932 verlassen: hellsichtig und dennoch ahnungslos.*

St. Cyr s/ Mer
„La Banette"
17.X.32

Liebe Annette,

vielen Dank für Deine Briefe! Von dem Paneuropa-Kongress hatte ich nichts andres erwartet. Ich finde derartige Veranstaltungen allmählich komisch. Dieweil die Geschäftshuber beisammen sitzen und schön reden, geht der Sensenmann um, und keiner will ihn sehn.

Ich möchte, ich könnte ewig hinter dem Vorhang bleiben, der in der Linie von Valence dieses elementare Sonnenland vom Reich der Nibelungen abschliesst. Sag mir nicht, es sei unsere Pflicht zu „helfen". So lange lebe ich nicht mehr, als dass ich es für meine Mission halten könnte, meine tiefsten Instinkte, meinen wirklichen Glauben (an Licht und Wärme und einfache Menschlichkeit) und meine höchste Lust (Natur und Menschen zu gestalten) zu verleugnen und mich mit der Dressur toller Hunde abzugeben – wofür ich ausserdem nur wenig Talent habe. Dieses Tollhaus geht mich nichts mehr an. Die Hälfte meines Lebens (und mehr) und den grössten Teil meiner Seelenkräfte habe ich vertan in einer Hoffnung, die sich als trügerisch erwiesen hat. Um wirklich helfen zu können, muss man dazugehören. Ich gehöre nicht dazu. Und ich lasse mir das Gegenteil nicht mehr einreden.

Wenn es hier windet, dann ist es Sturm. Ist es still und scheint die Sonne, dann glüht die Erde. Die Sprache der Menschen, ihr Wesen ist gewachsen wie der Olivenbaum und die Rebe, von einer grossartigen Demut, die aber gar nichts von sich weiß, als dass sie nichts andres ist als alles Leben unter der Sonne. Und wenn sie sich eitel geben, sind sie wiederum nicht anders als der Oleanderbaum, der sich mit seinen Blüten schmückt.

So kommt es, liebe Annette, dass ich Dir zwar stundenlang von dem erzählen könnte, was meine Augen sehn und mein Herz fühlt, aber auch von den Menschen nichts andres. Es ist gar nichts los hier. Ich lese längst nicht mehr, was Herr von Papen zu melden hat, selbst nicht in der simplen Verkürzung des „Petit Provençal". Ich habe den Hochmut des armen Mannes, um den sich im Ernst niemand kümmert, und der dafür die Genugtuung geniesst, ungestört zu bleiben. Ich arbeite, lese, denke vor mich hin, rolle durch das königliche Land, das so wenig im Stande ist, Snobs hervorzubringen, wie seine Olivenbäume Glasperlen, und fühle, wie ich langsam in seine Geduld und seinen anspruchslosen Überschwang eingehe. Und warte, glücklich wie eine Frau, die ein Kind ihres Geliebten unterm Herzen trägt, wie das Wunder der Neugeburt sich erfüllen wird.

Du siehst, ich bin mit mir eins. Wenn ich an Badenweiler denke, so verspüre ich zwar gelegentlich etwas wie Heimweh, aber der Gedanke an Telefon, Radio und zeitgemässe Gespräche verfinstert den herrlichen Waldrand bis zur Unkenntlichkeit. Genau betrachtet, ist unser Waldrand doch nur ein Sprungbrett in den Süden. Ich weiss, es kommt die Zeit, wo ich mich nach einem richtigen, grossen Wald sehnen werde, nach meinem Garten und dem Blick auf die Vogesen. Auch dies kann ich abwarten. Ich habe keine Eile. Und so blöd, wie es war, wird es unter keinen Umständen mehr sein. Ich habe dieser Tage den Mussolini von Emil Ludwig gelesen. Ich empfehle ihn Dir als Abführmittel. Wenn Matthias dabei nicht die letzten Bandwürmer verliert, so ist ihm nicht zu helfen. Bei was für feinen Herrschaften hat diese Köchin gedient! Was hilft Dir Dein Nuntius und Barrère, wo der Emil Päpste zitiert und mit Königen umgeht, als hätte er ihnen Geld gepumpt, und Mussolini in Person begegnet wie etwa Goethe dem Napoleon!

Lannatsch und Hans baden im Meer. Ich gehe jetzt die halbe Stunde zum Strand und fahre dann mit ihnen nach Hause. Leider haben wir in Sanary noch immer keine Wohnung gefunden. – Arbeite, liebe A., arbeite gut und zuversichtlich und lass es Dir gut gehn.

Herzlichst Dein

R.

# 18. OKTOBER

*Am 18. Oktober 1936 schreibt der Romanist* ***Viktor Klemperer*** *an das Ehepaar* ***Idy-Bussi und Fritz Landsberg*** *nach Berlin.*

Dresden A 27 – Dölzschen, am Kirschberg 19
18.X.36

Liebe alte Freunde –

(mit dem Du, liebe Bussi, liegt es unserer Erinnerung nach so, dass Sie und wir es eben mit dem Sie zu mischen begannen, als uns die Vita nach München verschlug. Und mit Ihrem verehrten Mann sind wir nicht sehr oft zusammen gewesen, Eva sagt, er habe einmal bei uns eine Stuhllehne zerbrochen, indem er sich temperamentvoll heraufsetzte – aber sie trägt es ihm nicht nach, da sie ihn im übrigen wie auch ich in sehr gutem Angedenken hat, und dann, nicht wahr? ist ja inzwischen so vielerlei anderes und Bedeutenderes zerbrochen worden, daß man sich nicht mehr mit Trauer über eine Stuhlllehne abgibt [...].

Im Ernst Du oder Sie, auf alle Fälle hat es uns herzlich gefreut, mit Ihnen auf so komische Art wieder in Verbindung gekommen zu sein, [...]. Der Inhalt Ihres Schreibens ist natürlich sehr wenig erfreulich, und wir möchten Ihnen und auch uns von Herzen wünschen, noch eine Besserung zu erleben, ich brauche Ihnen nicht im Einzelnen zu sagen, wie wir uns diese Besserung denken. Ist Ihr Mann noch genügend in der Sprache seiner Väter bewandert, um Ihnen die Zusammensetzung eines Serums zu erklären, das wir jedem und uns selber auch am liebsten dreimal täglich intravenös einspritzen möchten? Wir möchten es Dawkenacitin nennen.

Sie sehen, wir bemühen uns, die Dinge von der komischen Seite zu nehmen. Aber es fällt uns natürlich schwer, und in Wahrheit: es will gar nicht mehr gehen. Um Ihnen einen gedrängten Sachbericht zu geben, so wurde meine Frau in den letzten zehn Jahren um ihre Musik und einen grossen Teil ihrer Bewegungsfähigkeit gebracht. [...] Seitdem spielt sie fast gar nicht mehr und ist auch zu längeren Spaziergängen untauglich. Dagegen kann sie stundenlang schwere Gärtner- und Erd- und Maurerarbeit tun, und das ist ihr sehr lieb und sehr notwendig. Nun hatte ich selber es mit den Jahren zu einer ganz hübschen und passabel bezahlten Position gebracht: ich war ordentlicher Professor, sass im Senat, [...] hatte Verlagsverträge, die bis an mein Lebensende reichten, war Mitarbeiter unserer besten Fachschriften, eine ganze Reihe meiner eigenen Bücher stand in allen Bibliotheken – kurzum ich war schon beinahe ein kleines grosses Tier, von dem die neuesten Auflagen der Meyer und Brockhaus Notiz nahmen. Wir bauten uns hier hoch über der Stadt ein kleines Haus. [...] Und dann habe ich auf meine alten Tage Auto fahren gelernt, und wir haben manchen hübschen Ausflug gemacht. [...] Als 1933 der Umschwung kam, sollte ich als kriegsfreiwilliger Frontkämpfer im Amt bleiben. Im Frühling 35 bin ich dann zwischen zwei Vorlesungen entlassen worden. Man hat mir etwa die Hälfte meines Gehalts als Pension gegeben. Durch principielle Entscheidung eines Oberlandesgerichts wurden alle Verlagsverträge mit nichtarischen Autoren für ungültig erklärt. Na und so weiter. [...] Finanziell sind wir alles in allem [...] auf ein Drittel der früheren Herrlichkeit beschränkt, unsere Verpflichtungen haben sich nicht entsprechend verringern lassen können, Vermögen haben wir nicht: so besitzen wir ein Haus, einen Garten, eine Garage, einen Opel-Sechscylinder und manchmal nicht das Geld für zehn Liter Benzin oder ein Paar Schuhsohlen. Schlimmer als die wirtschaftliche Enge ist mancherlei anderes. Ein Auslandposten ist schwer für mich zu finden, beinahe unmöglich [...] Ja wenn ich Techniker oder Naturwissenschaftler wäre! [...] Aber ein Specialist für Literaturgeschichte ist ein Luxuspferd. Kommt hinzu, dass ich Ordinarius und 55 Jahre bin. [...] Im Augenblick flackert ganz, ganz von ferne eine winzige japanische Hoffnung; aber mit 99% Wahrscheinlichkeit werden wird uns wohl mit den Chrysanthemen in unserm Garten begnügen müssen. Wir täten es gern, wenn wir nur die Gewissheit hätten, dass uns der Garten et le reste verbleibt.

Alles in allem: es fehlt auch bei uns nicht an schweren Sorgen. Aber wieder und wieder schwören wir uns gegenseitig grosse Eide, uns unter gar keinen Umständen mürbe machen zu lassen. Vielleicht fliesst doch nochmal ein Tropfen Oel [auf] Gottes Kaffeemühle.

[...]

Schreiben Sie einmal wieder und denken Sie gut an uns, wenn Sie der Weg nach oder über Dresden führt. [...]

Herzlich ergeben
Ihre

# 19. OKTOBER

*Am 19. Oktober 1973 wendet sich der Filmregisseur und Akademiepräsident* ***Konrad Wolf*** *mit einem – ausdrücklich als „persönlich“ gekennzeichneten – Brief an den Politiker* ***Horst Sindermann****, der seit diesem Jahr Vorsitzender des Ministerrats der DDR ist. Fast formelhaft in einzelnen Formulierungen, aber mit großem Engagement tritt Wolf für ein abrißgefährdetes Bauwerk ein. Wie Sindermann den Brief aufgenommen hat, wissen wir nicht, aber: der Marstall blieb erhalten …*

19.10.1973

An den Vorsitzenden des Ministerrats
Horst Sindermann

persönlich

Lieber Horst!

Ich wende mich persönlich an Dich, obwohl mein Anliegen zumindest indirekt auch in den Bereich meines „Amtes“ fällt, da ich hoffe, somit vorerst noch den offiziell für mich zuständigen Instanzenweg umgehen zu können. Es handelt sich um folgendes:

Es gibt in Potsdam viele Diskussionen über den Abriß von sehr wichtigen historischen Bauten und gerade hier bestehen in besonderer Weise Probleme der Aufhebung des kulturellen Erbes im sozialistischen Städtebau.

Offensichtlich haben die Städteplaner in Potsdam die Absicht, auch den Abriß eines Gebäudes von bedeutendem künstlerischen Wert in Betracht zu ziehen. Der Marstall in der Külzstraße, dem Knobelsdorff um 1746 seine heutige Gestalt gab und der mit Plastik von Glume geschmückt ist, sollte aber wichtiger Bestandteil des Potsdamer Stadtzentrums bleiben.

Dazu kommt, daß nach der Restaurierung im Marstall ein Filmmuseum eingerichtet werden soll und ich dieses Vorhaben für wünschenswert halte (im einzelnen kann Genosse Jochen Mückenberger, Generaldirektor in Sanssouci, Genaueres sagen).

Bei der Durchsetzung unserer Konzeption zur Pflege des kulturellen Erbes und den bevorstehenden Beratungen über den Anteil der Akademie der Künste an der Erfüllung des Wohnungsbauprogramms des 10. Plenums wird wohl die Neigung mancher Städteplaner und Architekten, sozialistische Ideen nur mit neu gefertigten Plattenbauten ausdrücken zu wollen, diskutiert werden müssen.

Ich glaube auch, daß wir den von bedeutenden historischen Bauten gesetzten Qualitätsmaßstäben nicht ausweichen dürfen und neue Stadtzentren und Wohngebiete durch Erhaltung historischer Traditionen bereichern müssen (z.B. Moskau oder Stadtzentrum Berlin mit der Marienkirche). Ein Baudenkmal von internationalem Rang bei der Neuplanung des Potsdamer Stadtzentrums nicht nutzen zu wollen, sehe ich als negatives Beispiel der Lösung der vor uns stehenden Aufgaben an.

Ich wende mich auch deshalb an Dich, lieber Horst, weil nach meinen Informationen im Bereich der Verantwortlichen im Bezirk Potsdam schon de facto entschieden sein soll und andere Bemühungen auf zentraler Ebene (z.B. Ministerium für Kultur) bisher zu keinen Ergebnissen geführt haben. Vielleicht siehst Du eine Möglichkeit, bei einem eventuell bevorstehenden Besuch in Potsdam dieses Problem aufzuwerfen. Dabei geht es natürlich nicht allein um die Erhaltung des Potsdamer Marstalls, sondern dahinter stehen tiefere Probleme in der politisch-ideologischen Einschätzung unseres kulturellen Erbes.

Entschuldige bitte, daß ich Dich hiermit belästige, aber ich wußte mir keinen anderen Rat.

Mit sozialistischem Gruß

Konrad Wolf

# 20. OKTOBER

*Am 19. Oktober 1917 schickt der 32jährige* ***Egon Erwin Kisch*** *den folgenden Brief an seinen* ***Bruder Paul*** *in Prag. Den Hauptteil des Briefes bildet ein Beitrag für die deutschsprachige „Bohemia", für die Kisch in dieser Zeit regelmäßig schreibt. Ist es wirklich ein Nekrolog? Kisch liefert ein genealogisches Kabinettstück, das sehr viel von seinen eigenen Vorlieben und Interessen verrät.*

Wien III., den 19. Oktober 1917

Paul,

ich will Dir einen *hochinteressanten* Todesfall geben, der zwar noch nicht eingetreten ist, aber vielleicht schon für die Sonntagsnummer zu haben ist. Adresse der Sterbenden ist: Frau Hofrätin Antonie von Schrötter, Adalbertgasse 1.

In ihrer Wohnung im Hause Adalbertgasse 1 ist gestern die Hofratswitwe Frau Antonie *Schrötter* von *Kristelli*, geborene Freiin von Ettinghausen, im 88. Lebensjahre gestorben. Wenige Prager werden wissen, daß die Verblichene so viele enge verwandtschaftliche Beziehungen an hervorragende Mitglieder der deutschen Gelehrtenwelt knüpften wie kaum eine andere. Ihr Vater war der 1878 verstorbene berühmte Wiener Physiker, Hauptbegründer und erster Generalsekretär der Österreichischen Akademie der Wissenschaften, Prof. Andreas Freiherr v. Ettinghausen, ihr Bruder der Paläontolog und Botaniker Univ.-Prof. Konstantin v. Ettinghausen, der 1897 in Wien gestorben ist. Ihr Gatte Anton Schrötter v. Kristelli war der Entdecker des amorphen Phosphors; er war Professor an der Wiener Technik, im Jahre 1848 durch 24 Stunden Revolutionsminister und später Direktor des Hauptmünzamtes; als solcher ist er 1875 gestorben. Sein Sohn aus erster Ehe war der Wiener Laryngolog Leopold v. Schrötter, der auch *Kaiser Friedrich* behandelt hat. Die gestern Verblichene selbst hatte zwei Kinder, einen Sohn, den Professor der Grazer Kunsthochschule Alfred v. Schrötter und eine (verstorbene) Tochter, die mit dem vor Jahresfrist in Straßburg dahingeschiedenen Pathologen Hofrat Hans v. *Chiari* vermählt war. Dieser Tochter zuliebe war Frau v. Schrötter vor Jahren nach Prag übersiedelt und blieb dann hier, um ihrer Enkelin Bertha Kleinhans geb. Chiari, der Gemahlin des gleichfalls im vorigen Jahre verblichenen Gynäkologen unserer Universität, nahe zu sein. Ein Enkel, Erich v. Schrötter, ist Dozent an der Universität in Chicago. Die alte Dame, die so viele jüngere Mitglieder ihrer Familie hatte ins Grab sinken sehen, hatte sich bis in die letzten Lebenstage eine geradezu unglaubliche geistige Frische bewahrt und wußte anregend von der Wiener Revolution 1848, in der ihr Gatte die erste schwarz-rot-goldene Fahne auf dem Stefansdom hissen ließ, vom ungarischen Aufstand und von der Belagerung Prags durch die Preußen, von ihrer Freundschaft mit Heinrich Laube, von ihrer Begegnung mit *Friedrich Hebbel* und besonders über die Mitglieder ihrer eigenen so bedeutenden Familie zu erzählen.

Bitte, sage das im Bureau, damit dieser wirklich hochinteressante Nekrolog (schade, daß ich über Friedrich Hebbel nicht früher wußte!) nicht verschlampt wird. Sie war „Bohemia"-Abonnentin – seit 53 Jahren, glaube ich.

Egon Erwin

[...]

# 21. OKTOBER

*Am 21. Oktober 1941 schreibt der Jurist **Helmuth James Graf von Moltke** an seine **Frau Freya**. Ein Jahr zuvor hatte er begonnen, in seiner Heimatstadt Kreisau Menschen um sich zu sammeln, die ein gemeinsames Ziel hatten: dem Nationalsozialismus eine neue, rechtsstaatliche Ordnung im Geiste von Christentum und sozialer Gerechtigkeit entgegenzusetzen. Moltke wurde im Januar 1944 verhaftet und ein Jahr später hingerichtet.*

[Mein liebes Herz,]

Berlin, den 21. 10. 41

Der Tag ist so voller grauenhafter Nachrichten, daß ich nicht in Ruhe schreiben kann, obwohl ich mich um 5 zurückgezogen und eben einen Tee getrunken habe. Aber mein Kopf tut mir trotzdem weh. Das was mir augenblicklich am nächsten geht, sind die mangelhaften Reaktionen der Militärs. Falkenhausen und Stülpnagel sind an ihre Plätze zurückgekehrt, statt nach den letzten Vorfällen abzugehen, neue schreckliche Befehle werden gegeben und niemand scheint etwas dabei zu finden. Wie soll man die Mitschuld tragen?

In Serbien sind an einem Ort zwei Dörfer eingeäschert worden, 1700 Männer und 240 Frauen von den Einwohnern sind hingerichtet. Das ist die „Strafe" für den Überfall auf drei deutsche Soldaten. In Griechenland sind 220 Männer eines Dorfes erschossen worden. Das Dorf wurde niedergebrannt, Frauen und Kinder wurden an der Stätte zurückgelassen um ihre Männer und Väter und ihre Heimstatt zu beweinen. In Frankreich finden umfangreiche Erschiessungen statt, während ich hier schreibe. So werden täglich sicher mehr als tausend Menschen ermordet und wieder Tausende deutscher Männer werden an den Mord gewöhnt. Und das alles ist noch ein Kinderspiel gegen das, was in Polen und Russland geschieht. Darf ich denn das erfahren und trotzdem in meiner geheizten Wohnung am Tisch sitzen und Tee trinken? Mach' ich mich dadurch nicht mitschuldig? Was sage ich, wenn man mich fragt: und was hast Du während dieser Zeit getan?

Seit Sonnabend werden die Berliner Juden zusammengetrieben; abends um 21.15 werden sie abgeholt und über Nacht in eine Synagoge gesperrt. Dann geht es mit dem, was sie in der Hand tragen können, ab nach Litzmannstadt und Smolensk. Man will es uns ersparen zu sehen, daß man sie einfach in Hunger und Kälte verrecken lässt und tut das daher in Litzmannstadt und Smolensk. Eine Bekannte von Kiep hat gesehen, wie ein Jude auf der Strasse zusammenbrach; als sie ihm aufhelfen wollte, trat ein Schutzmann dazwischen, verwehrte es ihr und gab dem auf dem Boden liegenden Körper einen Tritt, damit er in die Gosse rollte; dann wandte er sich mit einem Rest von Schamgefühl an die Dame und sagte: „So ist es uns befohlen."

Wie kann jemand so etwas wissen und dennoch frei herumlaufen? Mit welchem Recht? Ist es nicht unvermeidlich, daß er dann eines Tages auch dran kommt und daß man ihn auch in die Gosse rollt? – Das alles sind ja nur Wetterleuchten, denn der Sturm steht vor uns. – Wenn ich nur das entsetzliche Gefühl los werden könnte, daß ich mich selbst habe korrumpieren lassen, daß ich nicht mehr scharf genug auf solche Sachen reagiere, daß sie mich quälen, ohne daß spontane Reaktionen entstehen. Ich habe mich selbst verzogen, denn auch in solchen Sachen reagiere ich über den Kopf. Ich denke über eine mögliche Reaktion nach, statt zu handeln.

[James]

# 22. OKTOBER

*Am 22. Oktober 1972 schreibt der 83jährige Bildhauer und Grafiker* ***Gerhard Marcks*** *aus der Eifel an seinen mehr als ein halbes Jahrhundert jüngeren Schweriner Kollegen* ***Hartwig Hamer*** *den folgenden Brief.*

5 Köln 41 Belvedere 149a
22 X 72

Mein lieber Herr Hamer!

Von einer Reise in die Bretagne (einem unerforschten Kontinent!) zurückkommend fand ich den schönen und liebevoll zusammengestellten Band Barlach vor. Tausend Dank!

Was doch die Nornen sonderbare Schicksalsfäden zusammenwirken!

Hätte Barlach sich träumen lassen, daß er so bald ent-entartet hergestellt würde – und zwar von den Russen? (Es gibt ja heute nur Amerikaner oder Russen deutscher Nation.) Zu Lebzeiten wollte ja auch niemand von Jeremias was hören – unsere tragische Situation hat sich ja schon lange vor Hitler angekündigt. Sie liegt wohl, abgesehn von unserm Charakter, in der Lage zwischen Ost und West, die immer unser Reichtum und unser Verderben sein kann.

Frage: Wird heute Barlach künstlerisch aufgefaßt? oder literarisch? oder politisch? – Mich interessiert am Künstler das Künstlerische, ich bin glücklich, davon erbaut zu werden, auch wenn ich von ihm (etwa dem längst gestorbenen) weiter nichts weiß.

Also, um's anders zu sagen: Bestehn wir hartnäckig auf unserer Aufgabe, Kunst zu machen! Da wird Alles drin enthalten sein. Politik ist ephemer, echte Kunst ist zeitlos. Wenn die Kunst politisch dirigiert wird, das heißt das Pferd am Schwanz aufzäumen. Aber sonderbar, Machtgier beherrscht die Menschen, vor allem die sonst zu kurz gekommenen.

Hier im Westen etablieren sich die „Klugen", aber unbegabten Kollegen als Diktatoren, mit Hilfe des Kunsthandels, vor dem die Museumsdirektoren den Schwanz einkneifen.

Wie es im Osten ist, wissen Sie ja besser.

Darum soll unsereins alle Hilfe in sich selbst suchen und nichts von außen erwarten. Kommts dennoch, umso besser; und die großen Kollegen bleiben uns ungestorben und unverboten.

Ist das nicht eine schöne Predigt? Verzeihen Sie!

Immer schon habe ich eine Reise in meine Heimatstadt Berlin vor. Aber die alten Knochen werden immer träger, und in der rauhen Jahreszeit traue ich mich schon gar nicht auf Wanderfahrt. Auch die Dunkelheit schreckt mich, da meine Augen künstliches Licht nicht mögen.

Aber wie wäre es nächsten Frühling? Ich würde mich sehr freuen, wenn wir uns etwa in Berlin O irgendwo treffen könnten! Vielleicht wissen Sie eine Gelegenheit?

Nach Schwerin zu fahren, das schaffe ich nicht. Übrigens habe ich dort 1944 einige ausrangierte Schloßmöbel erstanden, da wir total verbombt waren. Ich besinne mich auf einen sehr schönen Cranach im dortigen Museum.

Also: hoffen wir uns nächstes Frühjahr zu treffen!

Herzlich grüßt
Ihr Gerhard Marcks

# 23. OKTOBER

*Ende Oktober 1908 schreibt der 21jährige angehende Dichter* ***Georg Trakl*** *aus Wien an seine fünf Jahre ältere* ***Schwester Maria*** *(Geipel) in der gemeinsamen Geburtsstadt Salzburg. Er hatte am 5. Oktober in Wien ein Pharmaziestudium begonnen – fünf Jahre später kehrt er als Magister der Pharmazie nach Salzburg zurück.*

Wien, Ende Oktober 1908

Liebes Schwesterlein!

Daß mein Brief so bald eine Erwiederung fand, ist mir zwiefache Freude gewesen. Eine jede Zeile, jedes Blatt, das von Salzburg kommt, ist eine meinem Herzen teuere Erinnerung an eine Stadt, die ich über alles liebe, eine Erinnerung an die wenigen, denen meine Liebe gehört.

Ich denke, der Kapuzinerberg ist schon im flammenden Rot des Herbstes aufgegangen, und der Gaisberg hat sich in ein sanft' Gewand gekleidet, das zu seinen so sanften Linien am besten steht. Das Glockenspiel spielt die „letzte Rose" in den ernsten freundlichen Abend hinein, so süß-bewegt, daß der Himmel sich ins Unendliche wölbt! Und der Brunnen singt so melodisch hin über den Residenzplatz, und der Dom wirft majestätische Schatten. Und die Stille steigt und geht über Plätze und Straßen. Könnt' ich doch inmitten all' dieser Herrlichkeit bei euch weilen, mir wäre besser. Ich weiß nicht ob jemand den Zauber dieser Stadt so wie ich empfinden kann, ein Zauber, der einem das Herz traurig von übergroßem Glücke macht! Ich bin immer traurig, wenn ich glücklich bin! Ist das nicht merkwürdig!

Die Wiener gefallen mir gar nicht. Es ist ein Volk, das eine Unsumme, dummer, alberner, und auch gemeiner Eigenschaften hinter einer unangenehmen Bonhomie verbirgt. Mir ist nichts widerlicher, als ein forciertes Betonen der Gemütlichkeit! Auf der Elektrischen biedert sich einem der Kondukteur an, im Gasthaus ebenso der Kellner u.s.w. Man wird allerorten in der schamlosesten Weise angestrudelt. Und der Endzweck all' dieser Attentate ist – das Trinkgeld! Die Erfahrung mußte ich schon machen, daß in Wien alles seine Trinkgeldtaxe hat. Der Teufel hole diese unverschämten Wanzen!

Daß Streicher bald nach Wien kommt, freut mich sehr! Hoffentlich hat er in München seine Zwecke erreicht! Daß Ihr durch Produkte Euerer Kochkunst meinen Gaumen sehr erfreuen würdet, brauche ich wohl nicht lange zu betonen! Schickt nur Manna! Es wünscht Dir und Minna ganz besonders gesegnete Reise

Euer
ganz getreuer
Georg.

# 24. OKTOBER

*Am 24. Oktober 1985 schreibt der 51jährige Schriftsteller **Peter Härtling** seinen vier **Kindern** folgenden Brief. Auf vielen Stationen seiner Reise hat er diese Gedanken, Überlegungen fortgesetzt – fast wie ein Tagebuch, gedacht für die Kinder, die nächste Generation.*

*Später wurde dieser ungewöhnliche Brief veröffentlicht, 1991 ist auf Anregung des Verlages, und damit von vornherein nicht nur für die eigenen Kinder gedacht, eine Fortsetzung, ein zweiter Brief entstanden.*

24.10.85

[Ihr lieben Vier,]

Ich bin mir nicht sicher, ob ich diesen Brief an Euch je abschicken, ob ich ihn zu Ende bringen werde. Vielleicht wird er Notiz bleiben, wie vieles andere, das ich während solcher Reisen in Hotelzimmern schreibe - zu aufgekratzt, um mich hinzulegen und zu schlafen, zu müde, um mich konzentrieren zu können.

Es ist zwei Uhr morgens. Ich habe ein verrücktes Vorlese-Marathon hinter mir, vor dem ich mich schon seit Tagen fürchtete. Nun fühle ich mich ausgewrungen und zugleich hellwach. Um 20 Uhr las ich in Rottenburg aus dem „Felix Guttmann", um 23 Uhr hier in Tübingen (im Zimmertheater) die „Ottla". Die Gespräche danach, vor allem mit jüngeren Zuhörern, erinnerten mich an Diskussionen auf Fabians Fest. Dieser Austausch von wütenden Hilflosigkeiten. Immer wieder zwinge ich mich, nüchtern zu bleiben, ruhig. Das hält nicht vor, hilft mir nicht viel. Eure Empörung und Eure Resignation sind stärker. Ich könnte mich gegen sie nur mit Zynismus wappnen. Dazu bin ich nicht imstande. Ich teile sie mit Euch. Sie haben sich über die Jahre allmählich angestaut. Damals – es ist schon wieder fünf Jahre her – habe ich sie mit Euch an der Startbahn West erfahren. Und seither haben wir nicht aufgehört, miteinander zu reden. Wenn wir uns in unseren Alltäglichkeiten zu verlieren drohen, seid Ihr es, die das Schweigen brechen.

Wie soll ich anfangen? Ich weiß es noch nicht. Hingegen weiß ich, wo ich anknüpfen kann. Bei dieser Geschichte vom Klauen. Sie beschäftigte Euch nicht besonders. Ihr lachtet, machtet Euch lustig über Mechthilds und meine „moralischen" Einwände. Das sei typisch für die Eltern. Doch eben noch hattet Ihr Euch über andere „typische Eltern" unglaublich sarkastisch ausgelassen. L. hatte irgendein Werkzeug von seinem Arbeitsplatz mitgehen lassen. Er habe es dringend gebraucht. Aber das sei gestohlen, warf ich ein, er könne doch nicht so einfach - weiter kam ich nicht. Euer übermütiges Gelächter unterbrach mich. Gestohlen! Das kann schon sein, doch stehle und betrüge denn nicht jeder, vor allem die, die nicht müde würden, den Leuten Moral zu predigen, unsere gewählten Politiker? Sie ließen sich Geld zustecken, und das werde nicht, wie es sich gehöre, versteuert. Sie ließen sich bezahlen, redeten nach dem Mund der Geldgeber und maßten sich an, unsere Sache zu vertreten. Die Sache von Leuten, die keine Beziehungen haben, denen nichts geschenkt wird, die malochen müssen wie die Blöden oder keine Arbeit finden, die auf jeden Fall ihre Steuern zahlen und keine Ahnung haben von Geldwaschanlagen und ähnlichen phantastischen Einrichtungen. Nein, sagte ich, dann ginge alles drauf, wofür ich schreibe, lebe.

Draußen vorm Fenster ist es stockdunkel.

Nachdem ich die Geschichte von Ottla vorgelesen hatte, von Kafkas Schwester, die in Auschwitz umgebracht wurde, fragte eine Studentin, ob ich einen Kerl wie den Woyta, den KZ-Wächter, den ich erfunden habe, mir im Publikum dieses Abends vorstellen könnte. Sie fragte es nicht vor allen, sondern erst, als die meisten gegangen waren. Wir standen an der Theke, sie sprach hastig und leise. Und sie verwirrte mich mit ihrer Frage. Ich konnte ihr keine ausreichende Antwort geben. Ich weiß es nicht, sagte ich. Wenn Sie sich überlegen, daß in diesem Augenblick in den Gefängnissen und Kerkern ungezählter Länder Menschen gequält, gefoltert und sadistisch in den Tod getrieben werden, bleibt Ihnen nur der entsetzliche Schluß: Offenbar nutzen Menschen, sobald sie in irgendeiner Form Macht bekommen und die Uniform sie ausweist, die Gelegenheit, ihre Aggressionen, ihre Sprachlosigkeiten, ihren ungenauen Haß handgreiflich loszuwerden. Wir redeten nicht weiter.

Es ist nach drei. Ich wünschte mir, Ihr wäret hier. Ihr würdet, laut und ungebärdig wie Ihr seid, die Hotelruhe stören.

# 25. OKTOBER

*Am 25. Oktober 1916 schreibt der Musketier **Georg Luft** aus Rojanowo in Westpolen an **Dr. Sigmund Feist** in Berlin. Dr. Feist ist Direktor des Reichenheimschen jüdischen Waisenhauses, in dem Georg Luft aufgewachsen ist. – Am 1. Oktober 1918 ist Georg Luft in Posen an der Ruhr gestorben.*

25. 10. 1916

Sehr geehrter Herr Direktor,

ich hätte ja gern schon früher geschrieben, jedoch weiß ich wirklich nichts Neues von mir zu berichten, womit ich auch ganz zufrieden bin, denn ich wünsche mir auch gar keine Veränderung, da dieselbe sicherlich nicht zum Vorteil für mich ausfallen würde. Ich bin schon sehr zufrieden, wenn ich den Winter in diesem kleinen Garnisonstädtchen verbringen kann, denn jetzt zu unserem Regiment ins Feld zu kommen, wär wirklich kein Vergnügen, da dasselbe schon seit 3 Wochen an der Somme liegt. Die ersten Verwundeten treffen schon langsam, als aus dem Lazarett geheilt entlassen, bei uns ein, und wie aus ihren Erzählungen zu entnehmen ist, müssen alle Kämpfe und Stürme, die diese Leute schon vorher mitgemacht haben, ein leichtes gegen dieses Abschlachten gewesen sein. Die Hälfte von unsern ablösenden Regimentern soll überhaupt nur in die Stellung gelangen, die andere Hälfte soll schon auf dem Wege dorthin verwundet oder getötet werden, dabei sollen aber unsere Verluste noch von den Verlusten der Feinde vielfach übertroffen werden, denn die greifen jeden Tag an und wurden in den meisten Fällen unter den blutigsten Verlusten zurückgeworfen. Sich so etwas mitanzusehen, muß schon kein Vergnügen sein, viel weniger aber noch, so etwas selbst mitzumachen, daher ziehe ich es lieber vor, den Krieg zu Hause weiter mitzumachen. Man munkelt hier ja immer noch von einem Sonderfrieden mit Rußland, doch habe ich für dieses Jahr die Hoffnung schon aufgegeben, und gehts erst wieder über den Winter weg, so sind auch wieder bis nächsten Herbst keine Aussichten auf einen Friedensschluß. Dabei sind die Lebensmittelverhältnisse selbst hier auf dem Lande schon sehr knapp, z.B. Butter und Eier sind garnicht zu haben und selbst Geflügel kommt nur sehr wenig auf den Markt und ist fast so teuer wie in Berlin. Ich kann mich ja nun darüber nicht beklagen und brauch mir mit dieser Frage auch nicht den Kopf verdrehen, so habe ich zu den Feiertagen für Kriegsverhältnisse sehr gutes Essen bekommen, wie ich es mir in Berlin vielleicht nicht hätte leisten können. Schließlich hat man aber doch das Verlangen, wieder nach Hause und in geordnete Verhältnisse zu kommen, und so will ich als Abschluß meines Briefes den großen Wunsch, den wohl die gesammte beteiligte Menschheit mit mir teilt, aussprechen, daß ein baldiger Friede diesem Zustand ein Ende bereiten möge.

Indem ich hoffe, daß Sie, werter Herr Direktor, diese Zeilen bei bestem Wohlbefinden erreichen,
begrüße ich Sie ergebenst

Georg Luft

Bitte mich Frau Direktor zu empfehlen.

# 26. OKTOBER

* *Am 26. Oktober 1972 schreibt der frühverstorbene Dichter* ***Rolf Dieter Brinkmann*** *aus Rom an seine* ***Frau Maleen****. In einer chronikartigen Folge von Briefen berichtet er von Erfahrungen und Selbsterfahrungen in der fremden Stadt.*

Rom, Donnerstagabend
26.10.72

Liebe Maleen,

ich habe den Telefonhörer aufgelegt, dann sah ich die zwei ausgetretenen Player's Zigarettenkippen auf den roten Fliesen und die Asche, ein rotes Streichholz hatte sich in den Spinnenfäden am Fuß des kleinen hölzernen Schränkchens mit dem Telefonapparat in der Ecke neben dem Aufgang zu dem Arbeitszimmer verfangen.

Deine Stimme, die zuletzt gesagt hatte, „ja, mach's gut" wiederholte sich bei mir im Kopf, und so ging ich durch die zwei vorderen Räume in die Küche und setzte mich an den Tisch, ohne eine längere Zeit etwas zu denken, bis ich dann in der Stille mir bewußt wurde, daß ich die ganze Zeit das helle plätschernde Geräusch in den Heizungsröhren hinter mir gehört hatte.

Bin ich enttäuscht gewesen? Das könnte ich nicht einmal sagen. Ich hatte eigentlich gar kein Gefühl. Plötzlich fühlte ich mich nur sehr leer. Vielleicht wirst Du das gar nicht verstehen können, denn vielleicht sind Dir derartige Zustände gar nicht wichtig oder unbekannt, und das ist ganz sicher gut und Du bist dann zu beneiden wie jeder, der diese Empfindung gar nicht kennt, die zu nichts Produktivem und Lebensbejahendem führt, immer nur den Bruch sieht, den gewaltigen Schrott, der sich im Lauf der Geschichte ringsum angesammelt hat, die lächerlichen Riten, die lächerlichen Ruinen, die einmal gewiß großartig empfunden wurden und betäubten.

Mir fällt jetzt auf, wie stark ich mit Dir Gegenwart verbinde, Dasein, Konkretes, Körperliches, Haut, Blöße, Nacktheit, ich kenne nichts Zärtlicheres und nichts überwältigend Einfacheres als das – was sollen da noch Tempel, bombastische Anlagen der Architektur, in weißlichem Stein gefrorene Kunstwerke, aus denen überall Nässe herausrieselt, etwa Bellinis Springbrunnen auf der Piazza Navona mit seinen mürrischen Muskelmännern und rundum Maroni-Verkäufer und schäbige Künstler mit ihren Nippes-Grafiken und das berühmte Eis, das hier erfunden worden sein soll? – Siehst Du, so bin ich und denke ich, und nicht nur denke ich so, sondern fühle mit dem ganzen Körper, den ich durch die alten verstaubten Gemäuer, in denen vollgestopfte Fahrradläden und schwarze, fleckige Autoreparatur-Werkstätten und bleiche Pizzerias untergebracht sind, herumschleppe.

Als ich heute abend ein Eis aß, das sehr gut war, aus der Bar Tre Scalini, am Platz Navona, Eis Tartuffo für 350 Lire, schwarzes Schokoladeneis, das ganz mit dunkelbraunen Schokoladensplittern eingepackt war und auf das ein Klecks weißer Sahne gegeben wird, wenn man sich draußen vor einer Bar hinsetzt und dasselbe bestellt, kostet es sogleich den doppelten Preis nur für das Sitzen, habe ich an Dich denken müssen und daran, daß Du gern diese Sachen magst. Das war möglicherweise auch der mir gar nicht so klare Anlaß für das Telefongespräch eben, dieses starke, schwarzbraune Eis an der verstaubten Piazza Navona mit dem Brunnen, der so erschlagend berühmt ist, und der Anruf nach Köln, in die Engelbertstrasse, wo Du über Deinen Notizen gesessen hast, – ich habe Deine Stimme hören wollen, Dich sprechen hören wollen, so einfach, aber bestimmt auch elementar und wichtiger als jedenfalls für mich, die ganze Historie, die mich überall umgibt. Ist das überhaupt verständlich?

[...]

Es macht mich heftig und wütend, vielleicht auch verbittert, wenn ich sehe, wie überall, selbst bei uns, die Möglichkeit zu Zärtlichkeit, Entspannung, körperliches Dasein, und damit verstehe ich die tagträumerische Helligkeit von einem durch den anderen, die mit alltäglichem, elendem Wirrwarr zugeschüttet wird, und oft kann ich nur noch blöde und dann höhnisch grinsen, oder versteinernd mich wegdrehen, wenn wieder diese angeberischen Situationen ablaufen oder die trivialen Vorgänge alle verschwiegeneren Empfindungen und Räusche und Gelüste ersticken und wie fast jeder bereit ist, sie in sich ersticken zu lassen. Soll ich also denken, daß möglichst rasch der ganze Dreck verschwindet? Und jeder Mensch auch damit? Hinweggefegt von der Erde, weil er gar nichts anderes will? [...] Oder nichts anderes mehr kennt als die Anhäufung notdürftiger, elender Probleme? Oder Probleme, die notwendig zu lösen sind und bei deren Lösung er total eingefangen ist?

[...]

# 27. OKTOBER

*Am 27. Oktober 1927 schreibt* ***Hugo von Hofmannsthal*** *einen bitterbösen Brief an den Komponisten* ***Richard Strauss****. Die Zusammenarbeit der beiden ist lang und bewährt: Seit 20 Jahren schreibt Hofmannsthal die Operntexte für Strauss. Übrigens: Die Titelrolle der „Ägyptischen Helena" bei der Dresdner Uraufführung sang – Elisabeth Rethberg.*

Bad Aussee, 27.X.1927

Lieber Dr. Strauss!

Ich bin wie vor den Kopf geschlagen über Ihren Brief. Wie soll ich das vereinen? Sie wollen, daß ich wieder für Sie arbeite und gleichzeitig tun Sie mir etwas, was mir überhaupt das Ekelhafteste ist, das mir passieren kann. Sie müssen doch, trotzdem wir uns so lange kennen und es so freundlich gegeneinander meinen, gar nicht wissen, was eigentlich die Dinge sind, die mir an unserer Kollaboration Freude machen und was die gegenteiligen Dinge. Ich glaube, es gibt niemanden, der mich so wenig kennt.

Ich erinnere mich so genau, mit welcher Energie Sie damals vor 16 Jahren in Dresden sich mit mir gemeinsam gegen einen unmöglichen Darsteller des Ochs einsetzten. Aber dieser Darsteller konnte den „Rosenkavalier" nicht umbringen, aber die Helena mit einer reizlosen Helena ist *hin*, bombensicher ist diese Oper nicht, das weiß ich ganz genau, aber sie hat große Chancen eines vollen richtigen Theatererfolges, wenn die Elemente des Schauspielerischen mit dem Musikalischen zusammengehen. Nicht auf das Gesicht der Darstellerin kommt es an; eine sehr hübsche Puppe kann eine miserable Helena sein. Auch nicht darauf, ob die Frau Rethberg jetzt eine bessere Schneiderin hat und „mondäner" aussieht (was deutsche Theaterleute mondän nennen, ist schon was Übles), sondern alles kommt auf den Zauber an, der vom Mimischen ausgeht, also von einer spezifisch weiblichen schauspielerischen Begabung. Frau Rethberg mag singen wie sie will, davon verstehe ich nichts, was ich weiß, ist, daß sie eine untermittelmäßige Darstellerin ist, und damit ist die Helena hin, einfach hin (die Isolde wäre damit nicht hin, das kann man mit der Stimme machen und mit einem gewissen angelernten „Stil", aber nicht eine einzige Szene der Helena kann man mit Opernstil spielen). Der Brief Fürstners zeigt doch gar nicht, daß die Sache unmöglich ist, sondern nur, daß man sie geschickt und subtil behandeln muß. Wenn man aber die Jeritza nicht haben kann, so ist eine Person da, nämlich die Schenker, die mit einer immer schöner werdenden Stimme eine wirklich darstellerische Begabung vereinigt.

Aber aufs Bequeme darf man natürlich nicht ausgehen. Alles künstlerisch Höhere ist unbequem zu erreichen.

Ich hoffe, daß nichts definitiv ist, und da ja beim Theater ein gewisses Maß von Ärger immer mitlaufen muß, so nehme ich dieses als ein solches Intermezzo hin.

Herzlich Ihr

Hofmannsthal

*Wahrscheinlich schon am 28. Oktober 1989 antwortet die Lehrerin* ***E. Piachnow*** *aus Stendal auf einen Artikel von* ***Christa Wolf****, der am Vortag in der „Wochenpost" erschienen ist. Christa Wolf hatte darin von grundlegenden „Deformationen bei Zielen und Methoden der Erziehung junger Menschen an unseren Schulen" gesprochen. Die Resonanz kam wie ein Sturzbach. 300 Briefe trafen ein, zustimmende und schroff ablehnende, dankbare und empörte – und sehr nachdenkliche: wie der von Frau Piachnow.*

Liebe Christa Wolf,

ich habe Ihren Artikel *Das haben wir nicht gelernt* gelesen, und ich muß Ihnen dafür danken, denn es hat mir jemand aus dem Herzen gesprochen. Ich wurde 1953 Lehrerin in unserem Staat und habe 35 Jahre als solche gearbeitet, wie man es von mir verlangte und unter stetem Tabu, um nicht beim Direktor oder Kreisschulrat aufzufallen. Auf meiner Fahne stand ja „Sozialismus". So habe ich all die Jahre meine Schüler gebildet und erzogen und nebenbei auch meine eigenen drei Töchter. Und dann sah ich die Massen der jungen Leute, die, so schien es, zumeist leichtfertig unser Land verließen. Unter ihnen waren auch drei Schüler, die durch meine Erziehung gegangen waren. Da stelle ich mir die Frage: „Warum?" Sie haben doch von uns jede Unterstützung bekommen, sie waren doch so gut „eingebettet" in den sozialistischen Alltag. Und wir haben sie doch hingeführt zu „machtvollen Fackelumzügen und gymnastischen Massendressuren", und wehe es kam ein eigener Gedanke, das stand ja nicht in unseren ethischen und moralischen Vorgaben.

Die erste Ohrfeige und damit das Nachdenken, was ich falsch gemacht hatte, kam, als meine eigene Tochter 1985 einen Ausreiseantrag stellte und ich erst sehr spät davon erfuhr, weil sie wußte, wieviel Kummer mir diese Entscheidung bringen würde. Sie wollte reisen und sich nicht mehr gängeln und einzwängen lassen. Mit ihr ging meine über alles geliebte Constance, bei deren Erziehung auch ich Anteil hatte. Meine Enkelin, die begabt war und ausgestattet mit Einfallsreichtum und Phantasie, hatte gewagt, zum Thema „Vorbild" im Deutsch-Prüfungsaufsatz zu schreiben: „Jesus ist mein Vorbild" – und sie begründete dies. Der Aufsatz wurde nicht zensiert, und meine Tochter mußte in der Schule antanzen. Sie hatte versucht, den aufrechten Gang zu üben, und sich dabei gründlich die Nase gestoßen.

Als ich von dem Ausreiseantrag erfuhr, habe ich sogleich meinen Dienst als Lehrerin quittiert, weil ich mich schämte; ich hatte das Gefühl, hier in meiner Erziehung versagt zu haben. Nachdem nun meine Schüler fortgingen, habe ich nachgedacht. Meine Familie ist jetzt gespalten. Meine jüngste Tochter verharrt in der starren Haltung, die ich ihr mit meiner Erziehung mitgegeben habe – aus Angst, Schaden in ihrer beruflichen Tätigkeit zu haben –, und verurteilt ihre Schwester sehr.

Ich leide als Mutter darunter. Nun leben meine „Ausgereisten" schon vier Jahre in Köln, haben Wohnung, Arbeit und Studium und wollen nicht zugeben, daß es dort nicht einfach ist. Obgleich sie schon vier Jahre dort sind, bekam ich bisher keine Besuchserlaubnis, um die ich schon mehrmals gebeten habe. Nun will ich es zu Weihnachten noch einmal versuchen. Ich glaube, daß Großzügigkeit und humane Handlungen unseren Staat nur stärken können. Ich werde mit meinen Problemen nicht auf die Straße gehen, aber ich brenne für offene Diskussionen ohne Angst vor Repressalien. Auch das muß ich erst lernen. Mögen sich viele an diesen Diskussionen beteiligen, damit das gerettet wird, was geblieben ist.

E. Piachnow, Lehrerin, Stendal

# 29. OKTOBER

*Am 29. Oktober 1934, schreibt die bereits 65jährige exzentrische Dichterin und Malerin* ***Else Lasker-Schüler*** *ihrem Mäzen, dem Züricher Seidenfabrikanten* ***Sylvain Guggenheim****, diesen verzweifelten Brief. Sie war im Jahr zuvor in die Schweiz emigriert und wanderte 1937 nach Palästina aus.*

29.10.34.
Der Glockenhof.
Syhlstr. und Füsslistr.

Hochverehrter Herr Sylvain Guggenheim.

Ich schreibe mit der Maschine meiner Hand wegen, die mir weh tut. Verzeihen Sie bitte. Ich bin so unglücklich, dass es mir wieder schlecht geht. Ich kann nichts dafür, denn ich gebe mir alle Mühe und es ging auch eine Weile. Ich kann nicht so oft einsenden aus vielen Gründen, aber, dass ich meine Geschichte noch nicht schreiben konnte über Palästina, das die Palästinenser beglücken würde, ich eine dichterische Tat täte, *sondergleichen*, liegt wohl an meiner masslosen Erbitterung wie man handelt gegen mich, die ich die Dichterin der Juden doch bei guten Zeiten stets hoch verehrt wurde und nun zum gemeinsten Bettler herab gezwungen werde. Ich kann nicht mehr die Einstellung finden, wie früher – zu der *Grösse* – der Juden. Und ich möchte sagen, ich bin nicht mehr Hebräisch des Judentums wegen, aber Gottes willen, der mein Herz prüfen kann und meinen Schmerz. Dr. Korrodi hat mich vor kurzem gefragt, wann die Dichtung käme? Er hat ja öfters von mir in der Neuen Zürcher Zeitung gedruckt. Wohl habe ich jeden Monat 2 Bilder zu malen davon könnte ich leben, wenn ich nicht von den vorangegangenen Monaten nachzahlen müsste. Ich koch ja alles selbst auch meinen Tee morgens und hol mir ein; aber so liegen die Undinge. Man wird schon so scheu, dass man kaum einen Juden zu besuchen sich getraut. Immer meinen die Leute, man will was. Ich habe allen Juden Ehre gemacht, mich schlagen lassen in antisem. Vereinen, aber die Zuhörer wieder bekehrt, dass sie mich alle draussen begleiteten. Wie in Halle wo mich die Professoren einluden, einige beim Hören meiner hebräischen Balladen wild wurden und viele ansteckten. Ich bekam den Kleistpreis man muss annehmen, dass meine Dichtung hochverehrt wurde. Ich bin den beiden entzückenden Familien hier *Dank* schuldig die mir monatlich ein Jahr die

Bilder bestellen; ich hätte Schluss gemacht. So fremd sind also wir [/] die Juden [/] zueinander, dass ein Jude nicht dem anderen sein bedrängtes Herz ausschütten kann ohne sich zu blamieren? So gern hätte ich Ihnen noch mal mündlich erzählt alles. Ich muss noch sagen – Ihr Fräulein am Telephon war *so* liebenswürdig und taktvoll und mir war das eine kleine Erholung nach all den Wirrnissen. Wer hier Herz und Takt besitzt sind meist nur die arbeitenden Menschen. Die Bedienerinnen in den Läden laden mich ein. Und ich freue mich, dass ich immer den sich Überhebenden predigte, dass der Rang sich im Herzen abspiele und nicht in äusseren Dingen. Weh tut es mir, Sie, der mir schon paar Mal geholfen hat zu fragen, ob Sie mir noch einmal helfen wollen? Ich den neuen Monat beginnen kann ohne die Schuld abzuzahlen? *Gern* male ich Ihnen ein Bild dafür. Die Emigranten. Aber sie müssen es schön finden. Denn ich weiss, was ich kann und wie ich mich revanchieren möchte.

Ich bin leider – hochverehrter Herr
Sylvain Guggenheim,
die Else Lasker-Schüler

Bitte lesen Sie doch mein neustes Gedicht in der Sammlung die 1. oder 2. oder 3. November erscheint. In jeder Buchhandlung zu haben. Die Sammlung giebt heraus Klaus Mann. Querido-Verlag Amsterdam. Er druckt immer meine Gedichte und ich send sie gern dorthin schon des *mutigen* Heinrich Mann wegen.

# 30. OKTOBER

*Am 30. Oktober 1953 schreibt der Komponist **Hanns Eisler** an das **Zentralkomitee der SED** in Berlin. Wie eine Wunde klafft der Widerspruch zwischen der Parteidisziplin des Kommunisten und dem schöpferischen Anspruch des Künstlers Hanns Eisler.*

Genossen!

Ich bin in Kummer und Sorge über die unglückliche Situation, die durch schwere Fehler meinerseits entstanden ist. Ich bin mir bewußt, daß ich Euch große Ungelegenheiten verursacht habe und kann nur sagen, daß mich das sehr bedrückt.

Ich möchte klarstellen, daß ich nicht etwa weggefahren bin, um einer Auseinandersetzung aus dem Weg zu gehen. Ich mußte einen Termin in Wien einhalten. (Ich wurde zusammen mit Walter Felsenstein beauftragt, für die Sowjet-Film-Gesellschaft Wien-Film einen Fidelio-Film zu machen.)

Ich habe in diesen Wochen nicht nur über meine letzten Fehler, sondern auch über meine gesamte Tätigkeit nachgedacht. Als ich aus der Emigration heimkehrte, hat man mir große Möglichkeiten geboten. Ich habe mich auch bemüht, etwas Ersprießliches zu leisten und glaube, daß die Nationalhymne, die Parteikantate, die Komposition der Becherschen Lieder und manches andere, die Massen erreicht hat. Es war mir möglich, eine Reihe begabter Nachwuchsmusiker heranzubilden (wenn auch ihre Ausbildung keineswegs als abgeschlossen gelten kann). Trotzdem weiß ich, daß ich mehr zu leisten vermag und bin von meiner Tätigkeit unbefriedigt. Viele meiner Werke liegen in der Schreibtischlade, darunter mehr als 500 Lieder, Kantaten, Orchester- und Kammermusiken. Ich fühlte, daß keinerlei Bereitschaft bestand, diese Werke, die in einem immerhin kampferfüllten Leben von drei Jahrzehnten entstanden sind, zu akzeptieren. Musiker, die Werke von mir aufführten oder rezensierten, wurden als Vertreter einer unerwünschten Kunstrichtung behandelt.

Ihr müßt verstehn, Genossen, daß das Gesamtwerk eines Künstlers mannigfaltig ist, und daß jeder Komponist, neben Werken, die sofort verstanden werden, auch Komplizierteres produzieren muß, um die Kunst vorwärts zu bringen. Wahrscheinlich gehört es zum Wesen des künstlerischen Menschen, mit großer Empfindlichkeit auf äußere Umstände zu reagieren: Ihr mögt es für Schwäche halten, aber ich brauch eine Atmosphäre des Wohlwollens, des Vertrauens und der freundlichen Kritik, um künstlerisch arbeitsfähig zu sein. Selbstverständlich ist Kritik notwendig, um die Kunst an den gesellschaftlichen Forderungen zu prüfen, aber nicht Kritik, die jeden Enthusiasmus bricht, das Ansehen des Künstlers herabsetzt und sein menschliches Selbstbewußtsein untergräbt.

Nach der Faustus-Attacke merkte ich, daß mir jeder Impuls, Musik zu schreiben, abhanden gekommen war. So kam ich in einen Zustand tiefster Depression, wie ich sie kaum jemals erfahren habe. Ich habe nun aber keine Hoffnung, den für mich lebenswichtigen Impuls, Musik zu schreiben, anderswo wieder zu finden, als in der Deutschen Demokratischen Republik. Seit meiner Jugend bin ich mit der deutschen Arbeiterbewegung aufs Engste verbunden. Aus ihr wurde und wird auch heute meine Musik gespeist, und nicht nur jene, die unmittelbar von den Massen aufgenommen wird, sondern auch die schwer verständliche, die sich im Augenblick erst an eine kleinere, mit dem Erbe der deutschen Musik vertraute Hörerschaft wendet.

Ich kann mir meinen Platz als Künstler nur in dem Teil Deutschlands vorstellen, wo die Grundlagen des Sozialismus neu aufgebaut werden.

Mit sozialistischem Gruß

[Hanns Eisler]

# 31. OKTOBER

*Am 31. Oktober 1943 schreibt der zwanzigjährige* ***Oskar Klekner*** *seiner* ***Mutter*** *diesen Abschiedsbrief. Gemeinsam mit seinem zehn Jahre älteren Bruder – beide waren Mitglieder der verbotenen Kommunistischen Partei – hatte er antinazistische Flugschriften verteilt. Im Februar 1942 festgenommen, wurden sie beide 1943 von Berlin aus abgeurteilt und in Wien enthauptet.*

Wien VII/65
31. 10. 1943
Landesgerichtsstraße 11

Meine liebste Mutter!

Mutter, es tut mir unendlich leid, daß ich Dich nicht gesehen habe. Hoffe, daß Du gut aus Berlin gekommen bist, machte mir viel Sorgen deshalb. Daß Vater so schwer krank ist, wußte ich nicht, sonst hätte ich ihm nicht geschrieben; hoffentlich bleibt er Dir erhalten. Rudi und ich wünschen es aus ganzem Herzen. Mutter, ich fühle, daß es mein Schicksal ist, sterben zu müssen und darum will ich Dir einiges schreiben.

Du weißt, daß ich im Leben immer sehr selbständig war und darum habe ich meine Zeit auch anders verlebt; wie Du gesehen hast, habe ich viel genossen an Freiheit, Natur, Genuß und Liebe. Ich habe es nie bereut und heute noch weniger. Du sprachst immer zu mir, was ich denn machen werde, wenn ich älter bin, wenn ich jetzt schon alles genieße, erinnerst Du Dich noch? Siehst Du, Mutter, es war eben so Bestimmung. Mutter, mir tut heute nur leid, daß wir beide uns seelisch nicht näher gestanden sind. Du darfst nicht glauben, Mutter, ich habe Dich nicht lieb gehabt, nein, das ist nicht wahr. Du wirst es doch genau so wie ich gefühlt haben, nur kam es nicht zum Ausdruck, vielleicht wäre dann in meinem Leben vieles anders geworden. Doch war es eben so und ist nun so gekommen, damit, liebste Mutter, mußt Du Dich abfinden, genau so wie wir es tun müssen. Mutter, wenn ein Unglück kommt, dann kommt auch die Kraft, dieses Unglück zu ertragen, ich sehe das bei mir und bei uns allen; Du allein Mutter, tust mir vom tiefsten Herzen leid, denn nur Du empfindest den unendlichen Schmerz dieser Trennung, ich wollt, ich könnte ihn Dir abnehmen.

Mutter, ich habe eine Hoffnung und zwar, daß Dir Rudi bleiben wird, ich habe nur noch diesen Wunsch, dann gehe ich gerne sterben. Mutter, in der Zeit, wo ich nun von Dir weg bin, ist mir alles klarer und heller geworden, glaube mir, ich fühle mich so reif, als ob ich über dem Leben stünde.

Wenn mein Schicksal nicht so hart wäre, würde meine Zukunft klar und deutlich vor mir liegen. Gerne, Mutter, würde auch ich die Zeit zurückdrehen und an Deiner Hand durchs Leben gehen. Mutter, ich habe viele gute Menschen kennen gelernt und jene werden Dich auch besuchen. Mutter, laß Dir helfen, ich habe sie darum gebeten und sie tun es gerne. Ich denke mein ganzes Leben noch einmal durch und sehe wieder, daß es mir in allem gut ging und ich ziemlich viel Glück hatte, bis eben jetzt, wo das Sterben kommt, aber wer weiß, geliebte Mutter, ob es nicht doch auch Glück ist für mich. Mutter, wenn Lina Rudolf zu Dir kommt, dann bitte gib ihr meinen Schal, den ich jetzt noch bei mir habe und sage ihr, ich danke ihr noch einmal für alles Gute, das sie mir getan hat. Wenn die Hansi zu Dir kommt, dann soll sie alle Negative ansehen und für Dich Aufnahmen machen lassen, meine Sportsachen gib, nach diesem Krieg, jungen Menschen, die ihr Leben so genießen wollen, wie wir es genossen haben. Mutter, diese Woche habe ich mit Rudi sprechen dürfen, wir hatten beide nur eine Sorge und das bist Du, Mutter. Du mußt stark sein, Du mußt es durchhalten, wenn nur Vater zu Dir zurückkommt, dann wird alles gut. Dann geht Ihr weg von Wien aufs Land und verlebt ein schönes Alter. Erfüllt mir den Wunsch und seid mit Tante Mitzi wieder ganz gut, vergeßt alles, was war, jetzt in dieser schweren Zeit und haltet zusammen. Vergeßt uns nicht, auch wir werden an Euch denken, so lange wir können. Nun, Mutter, bitte ich Dich noch, vergib mir alles, was ich Dir angetan habe, all den Kummer, allen Schmerz und alles Leid, vergib mir, ich habe alles von Herzen bereut und werde es bis zur letzten Stunde tun. Ich danke Dir für alles, vor allem dafür, daß Du mich geboren hast. Ich habe Dich immer lieb und werde bis zum Ende an Dich denken. Ich weiß, daß Ihr alle uns nicht vergessen werdet und unser in Ehren gedenkt, das macht das schwere Sterben leichter.

Mutter, ich küsse Dich tausendmal und bleibe, wo immer auch, Dein Sohn

Klekner Oskar

Besuche den Anstaltspfarrer.

*Am 2. November 1918 schreibt der 28jährige Lyriker und Dramatiker **Walter Hasenclever** an seinen sieben Jahre jüngeren **Bruder Paul** folgenden Brief.*

Weisser Hirsch b. Dresden, Felsenburg
2.11.18

Mein lieber Paul!

In aller Eile herzlichen Dank für Deine vielen Briefe, die ich Schwein erst heute beantworte. Zu meiner Entschuldigung mag dienen, daß ich 4 Wochen in Berlin getobt habe und vieles erlebte. Ich *war* einer der Ersten, die Liebknecht die Hand am Bahnhof bei der Rückkehr reichten, ich brachte ihm Blumen und habe den unbeschreiblichen Zug, die Menge der Begeisterung mitgemacht, die unter dem Gesang der Marseillaise die Königgrätzer Straße hinter ihm marschiert ist. Diesen Einzug hatte sich Hindenburg geträumt, aber diese sinnlose Welt hat manchmal, scheinbar zu ihrer letzten Absurdität, eine Geste der Gerechtigkeit! Es war einer der wenigen, ganz großen Augenblicke, den ich erlebt habe. Der Triumph eines *wirklichen* Helden der Wahrheit und des Geistes.

Die Ereignisse, die ich seit Kriegsbeginn (übrigens auch Rudolf Thier) erkannt und vorausgesagt habe (am deutlichsten in meinem von der Zensur streng inhibitierten Buch „Der Retter") sind nun über eine ahnungslose Masse hereingebrochen; wir stehn, was nach der Dummheit und dem Dünkel dieses Volkes nicht zu vermeiden ist, vor einem wirklich viel gräßlicheren Kriege: der Revolution. Was die wenigen Menschen, die führen können, tun müssen, ist, zu *verhindern*, daß noch mehr Blut fließt. Die Revolution ist das Ende Deutschlands – die Anarchie.

Seit 4 Wochen dämmert die Wahrheit im Volke hoch, daß wir nicht überfallen sind, sondern überfallen haben, daß wir von gewissenlosen Schweinen, denen wir, rettungslose Arschkriecher, die Macht überantwortet haben, im vollen Umfange unserer Dummheit betrogen und belogen worden sind. Und nun? Herr Ludendorff „dankt" ab (was geschieht, wenn ein Gefreiter „abdankt"??) und Herr von Hohenzollern geht in Pension. Dem hintergangenen und gedemütigten Volk predigt man, anstatt ihm seine Katastrophe unter die Nase zu reiben, die Morgenröte der Demokratie, ein neuer Schwindel, mit dem Herr Stresemann (und Genossen) die Verantwortung von sich auf den lieben Gott wälzt. Herrliche Zeiten! Du mußt weiter scheißen statt Brot fressen, aber Demokrat darfst du sein – das heißt: du darfst an „nationale Verteidigung" glauben!

Lieber Junge! Was kommt, weiß man nicht. Ich halte es für das Beste, Du läßt Dich hier nieder; abgesehen von der Freude, Dich in der Nähe zu haben (keine Angst: ich werde meist in Oberbärenburg sein) bist Du hier sicher und lebst in einer verhältnismäßig anständigen Stadt. Ich sprach mit der Mutter. Sie bereitete mich schonend darauf vor, daß sie mich steigern müsse - sie kann nämlich bei der *entsetzlichen* Teuerung nicht anders - Pension kostet jetzt 9 M.: dafür ist sie hervorragend, Du wirst absolut satt und ich werde Dir ein sehr entzückendes Zimmer, Schlaf- und Arbeitszimmer, still auf dem zweiten Stock: da einzigem Gastzimmer auf dieser Etage herrichten lassen. Solltest Du mit 9 M. täglich in Schwierigkeiten kommen, so kann ich Dir selbstverständlich aushelfen: ich wäre beleidigt und Dein Bruder nicht mehr, wenn Du das nicht annehmen solltest!!

Ich fand Deine Äpfel hier vor und auch die Bücher; ich war tief gerührt über Dein Geschenk vom Großpapa: ich fand seinen, Onkel Justus und der Alten Namen hineingeschrieben und ruhe nun nicht, bis auch Du Dich dort kalligraphiert hast - damit wir Geschwister alle zusammen sind!! [...]

Ich muß wahrscheinlich noch einmal nach Berlin, mit Kokoschka ein Flugblatt herausgeben, das Aufsehen erregen wird. Wir werden einiges zur Demokratie sagen und malen! In Berlin erzählte ich Kestenberg, dem Musiker, der zugleich Leiter des Verlages Cassirer ist, viel von Dir, er *brennt* darauf, Dich und Deine Werke kennen zu lernen und wird alles dafür tun. Adresse: Leo Kestenberg, Verlag Paul Cassirer, Berlin, Viktoriastr. 2. Willst Du ihm nicht die Musik zur Antigone schicken, für die ich Dir, ohne sie zu kennen, schon jetzt tausendmal danke. Antigone wird wahrscheinlich gleichzeitig in Berlin (Reinhardt) Frankfurt (Zeiss) und Hamburg (Eger) herauskommen. Der Abgeordnete Heine hat vom Kriegsminister die Freigabe der militärischen Zensur erreicht! Es wäre gut, wenn Kestenberg die Musik gleich vervielfältigen und an die Theater vertreiben könnte - auch geschäftlich ist das von Nutzen für Dich. [...]

Kokoschka, der Dich liebt und für einige Zeit nach Wien fährt, läßt Dich herzlich grüßen, ebenso alle andern: K. dankt Dir für Bach! Ich lege Dir ein paar Kritiken – endlich – aus Berlin über „Die Menschen" ein. War mit Reinhardt eine halbe Nacht zusammen. Willst Du den Alten allein in Aachen lassen? Er wird bös, wenn Du Armer Dich auflöst. Bring ihn doch mit hierher. Annie und Marita sollen ja in Frankfurt sein. Beati possidentes!!

Es ist 1/2 5 Uhr morgens. Ich höre auf. Leb wohl. Die allerherzlichsten Grüße!

Stets Dein Walter

* *Am 2. November 1980 schreibt die Schriftstellerin **Ingeborg Drewitz** in Westberlin an ihre **Ostberliner Freundin H.** einen langen Brief. Wir kennen den vollen Namen von Frau H. nicht, wir wissen auch nicht, ob der Brief so abgeschickt wurde, wie er hier vorliegt. Ingeborg Drewitz ist 1986 gestorben. Das Wiedersehen in Westberlin (das sie sich nur als „Rentnerreise" vorstellen konnte) hat nicht mehr stattgefunden.*

2. November 1980

Meine liebe H.,

früher haben wir uns oft geschrieben, mit voller Anrede, mit barocken Umschreibungen, um unsere Zuneigung füreinander, unser fortdauerndes Interesse jede am Leben der anderen auch nach dem 13. August 1961 zum Ausdruck zu bringen, als wir uns weder besuchen noch telefonieren konnten. Seit einigen Jahren kann ich Dich zwar wieder besuchen – einer der wesentlichen Erfolge der Entspannungspolitik –, aber Du zählst noch immer die Jahre bis zum Rentenalter. Und wie das dann sein wird? Ich weiß, Du hast ein wenig Angst davor, die Straßen wiederzusehen, die nicht mehr die Straßen von 1961 sind, die Menschen wiederzusehen, die nicht mehr die Menschen von 1961 sind. Du bist so unsicher geworden, auch mir gegenüber, daß kein Gespräch mehr entsteht, wenn ich Dich in Lichtenberg besuche, nur noch Belangloses, der da und die dort und da die Kinder und hier – und die Löcher im Gespräch, die keine Pausen sind. [...]

Wie wird das sein, wenn Du – wann? – wieder vor der Tür stehen wirst, wir wieder im Grunewald spazieren gehen werden, in den Grunewaldseen schwimmen werden? Ich kann Dir noch immer einen Badeanzug borgen, der paßt Dir noch immer. [...]

Ob wir nachholen können, was wir versäumen mußten? Ob Du verstehen wirst, warum ich an den revolutionären Entwicklungen in der Dritten Welt nicht nur interessiert bin? Ob ich verstehen kann, warum Du Dich aller politischen Diskussion entzogen hast? Ob Du begreifen kannst, daß es für meine Kinder schwer ist, Deine Wirklichkeit ohne überhebliches Mitleid zu erkennen (das hat, weiß Gott, nicht an der Erziehung gelegen). Ob ich begreifen kann, daß so viele der Nachgeborenen aus Deinem, einst unserm, Freundeskreis so verträumt und im künstlerischen Feld gestrig orientiert sind, politisch fast konservativ, aber ganz offen für Freundschaft, was unsern Jungen soviel schwerer fällt. Fragen. Orientierungslücken.

Wir werden Fotos machen. Wenn wir nicht lächeln, also die Falten nicht sichtbar sind, werden sie die Fotoserie von damals fortsetzen. Wir werden lügen, daß nichts zwischen uns ist, bei Pflaumen- und Apfelkuchen gewiß nicht. Wir werden ... und doch ist das noch so lange hin. Ich werde nicht von den Städten der Welt erzählen, die ich habe kennenlernen dürfen. Und meine Kinder werden Dir ihre Kinder zeigen. Einer wird schon lesen können, wenn es soweit ist, ein anderer in die Schule kommen.

Ach, liebe alte H., was haben sie aus uns gemacht in diesen zwei Städten mit dem gleichen Namen. Fremde? Nein, das will ich nicht wahrhaben. Wir werden durch Schöneberg gehen, durch Friedenau, wo nur die Fassaden freundlicher angestrichen sind, sonst hat sich nicht soviel verändert. [...]

Es müßte ein sonniger Tag sein, dann könntest Du sehen, wie nahe der Fernsehturm am Alexanderplatz der Potsdamer, der Karl-Marx-Straße ist, ein Turm, wie er in anderen Städten der Bundesrepublik auch mitten in die Stadtlandschaft gestellt ist. Nur hier ...

Ach was, laß uns darüber nicht nachdenken. Setzen wir unser Gespräch über Hegel, über Schelling fort. Bist Du noch immer mit Schelling vertrauter?

Du, laß uns dann – spät genug – einmal wieder von Herzen DU sagen.

Ich grüß Dich und Deine Mutter
Deine Ingeborg Drewitz

Und ich soll Dich auch – nicht nur pflichtgemäß – von allen Kindern und Enkeln, aber vor allem von B. grüßen. Du weißt ja, daß er aus Dresden ist. Und daß für uns – Dich eingeschlossen – das Jahr 1848 eine gemeinsame politische Erinnerung ist, auch wenn wir sie nur nachgelesen haben.

*Am 3. November 1904 schreibt der 28jährige Dichter* ***Rainer Maria Rilke*** *an die fast 15 Jahre ältere innige Freundin* ***Lou Andreas-Salomé*** *nach Göttingen. Seit September erholt er sich auf Vermittlung der schwedischen Freundin Ellen Key bei einer Familie Gibson in Furuborg, Jonsered bei Göteborg. Er hat sich vorgenommen, danach in der Schweiz weiter zu studieren.*

Jonsered bei Göteborg.
Furuborg, am 3. November 1904 (Donnerstag)

Liebe Lou,

endlich, endlich ein großer Sturm; es war eine so ungewöhnliche Stille in diesem Herbst. Die Blätter saßen an den Ästen obwohl ein Nichts sie hielt; es fehlte Ihnen der Entschluß abzufallen. Und man war beeinflußt davon und ging selber so vorsichtig zwischen allen diesen Buchen- und Eichenbüschen herum, um nur ja keinen Wind zu machen. Heute aber war Sturm, ganz großer Sturm, und in einer halben Stunde war alles leer. Und nun sieht man nach allen Seiten, sieht den hellen kalten See, sieht weiße Landsitze und kleine, rothe Holzhäuser; alles ist sich näher, wie für den Winter zusammengestellt, aber die Welt rund herum ist groß.

Und der Sturm!

Ich habe auf meinem einsamen Berg ein Gedicht geschrieben, es wurde so aus mir herausgerissen. (Das erste seit lange, lange.) Das gebe ich Dir nun, liebe Lou, zum Dank für Deinen guten Brief. Der hat mich so im Innersten gestützt. Du weißt ja aus meinem anderen Brief, wie ich nun handeln will. Ja, und auf diesem Willen sitze ich nun und halte mich an seiner Mähne und hänge an seinem Halse und mache gewiß keinen ritterlichen Eindruck. Aber, was die Hauptsache ist: wir kommen vorwärts dabei. Und sollte ich doch wieder hinunterfallen (o alte Reitschulerinnerung) so habe ich mir vorgenommen, diesem Willen nachzulaufen, solange der Athem hält. – So steht es nun. Und es soll eines nach dem anderen geschehen. Ob es dann, gegen den Frühling hin, Göttingen oder Zürich wird, wird sich später entscheiden müssen. Daß Göttingen, rein sachlich genommen, möglich ist, daran halte ich mich vor der Hand. Was Du mir zu bedenken giebst, ist lange bedacht. Liebe Lou, Du bist meiner Feiertage Feiertag, und ich gedenke ja Werktagjahre zu haben. Freilich jetzt sehne ich mich nach einem Wiedersehen, jetzt fehlt es mir überall: alle meine Gedanken sind ohne Anfangsbuchstaben. Aber es wird ja kommen und dann wird es in mir wirken, und ich traue mir zu, ganz stille zu sein, irgend ein Mensch zu sein am Rande von Göttingen, der von *Loufried* nicht mehr zu wissen behauptet, als daß es dort eine Unmenge Äpfel giebt und einen weißen neugierigen, ungemein sachverständigen Hund.

Hast Du Dich noch des „*Cornet*" erinnert? Man hat davon einige Separat-Drucke gemacht; glaubst Du, daß ich einen an Helene schicken könnte? Ich thäte es gerne. – (Karin Michaëlis war mit Helene in Berlin oft beisammen, kennt „das Buch" und alles was Helene sonst nahe ist. Woher sie sich kennen weiß ich nicht.)

Daß der große Krieg Dir wie eine Schicksals-Hymne klingt, kann ich begreifen: Du hast ja die Seele wiedergesehen, die in ihrer großen Noth dieses Heldenlied singt, diesen tiefen Gesang zu Gott.

Hier kann sich das niemand denken, und ich bin auch ganz still und bete für mich in meiner Kammer.

Leb wohl, Lou, ich grüße Deinen lieben Mann und grüße Dich und danke Dir für alle Hülfe.

Rainer.

*Am 3. November 1968 schreibt der ungarische Dramatiker **Julius Hay** an **Herbert und Lotte Wehner**. Hay kennt Wehner seit den zwanziger Jahren. Er hat ihn als Emigrant in Deutschland kennengelernt, und ist ihm im Moskauer Exil wiederbegegnet. Als aktiver Teilnehmer am ungarischen Volksaufstand 1956 wurde Hay erst zum Tode, später zu einer mehrjährigen Gefängnisstrafe verurteilt. Nach seiner Freilassung lebte er in der Schweiz: wieder ein Vertriebener, der die politische Entwicklung in Europa genau und sehr kritisch verfolgt.*

Locarno, den 3. November 1968

Liebe Freunde,

besten Dank für die Postkarte.

Wir waren in Wien, wo mein neues Stück „Der Großinquisitor" am Theater in der Josefstadt uraufgeführt wurde. Wir hofften, die Reise mit einem Sprung nach Bad Godesberg verbinden zu können. Wir hätten so gern über verschiedene aktuelle Themen gesprochen, die man mündlich besser behandeln könnte. Aber die Zeit reichte nicht, so, daß wir gar nicht erst angefragt haben, wie es um Eure Zeiteinteilung stand. Es wäre aber schade, diese Gesprächsthemen endlos aufzuschieben, also will ich, wenigstens so viel sich brieflich vermitteln läßt, jetzt hier skizzieren. [...]

Die Ereigniße in der Tschechoslowakei ließen uns einen Abschnitt unseres Lebens – wenn auch mit wesentlichen Unterschieden – ein zweites Mal erleben. Aber diesmal außerhalb des Eisernen Vorhangs. Es war – und ist immer noch – ein erschütterndes Erlebnis. Erschütternd vor allem wegen des quälenden Gefühls der Unmöglichkeit zu helfen. Ich denke jetzt gar nicht so sehr an eine unmittelbare Hilfe für die Tschechoslowakei; da haben wir Ungarn unsere Rolle schon nach besten Fähigkeiten gespielt, alle Stichworte gesprochen; es ist schmerzhaft genug, daß die Replik erst nach zwölf Jahren kommt.

Aber wir haben die Pflicht, Europa zu warnen. Wir, wenigen Schriftsteller aus den Oststaaten, die im Westen leben, waren Zeugen weltgeschichtlicher Entwicklungen und Zeugen müssen ihre Aussagen machen. Ja, wir müssen, aber – so überraschend es auch sein mag – wir können nicht: die Theater, die TV-Leitungen, etwas weniger die Hörspielleitungen (von Presse und Buchverlag spreche ich hier nur darum nicht, weil ich keine unmittelbaren Erfahrungen habe) schließen sich immer mehr vor Autoren ab, die aus dem Osten nach dem Westen übersiedelt sind. Ebenso meiden sie immer mehr die Thematik, die mit wahrheitsmäßiger Darstellung des Lebens in den Ostblockländern etwas zu tun hat. Die Begründung (der eine sagt es direkt, der andere umwunden) ist immer die nämliche: Entspannungspolitik! Keinen kalten Krieg! Als bestünde die Entspannungspolitik darin, daß man gesellschaftliche Widersprüche des totalitären Systemes vertuscht, die Tyrannei idealisiert! [...]

Viele haben Angst vor der Wahrheit, weil sie fürchten, von jedem laut ausgesprochenen Wort könnte das wacklige Gebäude des Friedens einstürzen. – Nun: niemand wird uns mit Krieg überziehen aus Zorn wegen der ihm zum Teil ungünstigen Darstellungen der gesellschaftlichen Struktur des Innlands oder des Auslands. Nicht einmal als casus belli benötigt man derartiges.

Ich habe mich entschlossen, im Westen zu bleiben, weil ich dachte, daß ich hier die Wahrheit über den hier nicht genügend bekannten Osten aussprechen kann. Ich fand aber Hinderniße vor, die ich nicht vermutete und die vielleicht auch ihr nicht ganz kennt.

Eine geistige Selbstentwaffnung, die systematische Vorbereitung eines geistigen Münchens ist im Gang.

Um doch meine Pflicht als Schriftsteller-Zeuge erfüllen zu können, habe ich beschlossen, meine Erinnerungen in der Form eines dicken Buchs niederzuschreiben. Es ist aber eine ziemlich langsame Art mitzureden, aber man ist dabei nicht von romantischen Träumern, Terroristen, Mao-Anhängern und solchen Leuten abhängig, die z.B. den Überfall auf die Tschechoslowakei bejahen, weil dabei die Tschechoslowaken von ihren „kleinbürgerlichen Idealen“ befreit werden. Ich bin erst am Anfang dieser Arbeit. Sie wird nicht leicht sein und ich werde dabei die Hilfe meiner Freunde brauchen, um Gedanken gemeinsam zu klären. Ich bitte euch jetzt schon, wenn es so weit ist, mir in dieser Beziehung zu helfen. [...]

In der Hoffnung, daß wir doch in absehbarer Zeit zusammenkommen begrüße ich Euch auch von Eva,
herzlichst euer

Julius

*Am 6. November 1989 schreibt der Hörer* ***Dieter Tanneberger*** *aus dem Erzgebirge einen sehr persönlichen Brief an die Redaktion von* ***„Radio DDR"****. Es scheint im Nachhinein, als hätten sich in seiner Lebensgeschichte alle Widersprüche der Zeit versammelt.*

Dittmannsdorf, 6. November 1989

Es ist jetzt 0.30 Uhr. Sie haben soeben die Sendung mit und über Walter Janka beendet. Mit Erschütterung habe ich mein eigenes Schicksal in Jankas Erleben wiedergefunden.

Ich wurde am 28. November 1956 von der Staatssicherheit das Kreises Marienberg verhaftet, tagelang verhört und im Januar 1957 vor Gericht gestellt. Da ich am 4. Juli 1941 geboren wurde, können Sie sich denken, was man einem Kind damit angetan hat.

Mein Verbrechen bestand im Anbringen von Hetzparolen gegen führende Funktionäre unseres Staates und in der Demonstration von Sympathie für den ungarischen Volksaufstand.

Im Jahre 1958 wurde ich, wenige Wochen nach Beginn eines Meisterlehrgangs, von diesem entfernt. Es war bekannt geworden, welch ruchloser Tat ich mich schuldig gemacht hatte.

Ich besuchte ab 1959 die Fachschule für Landwirtschaft in Zug/Freiberg. Von dieser wurde ich im Februar 1962, 3 Monate vor dem Staatsexamen, entfernt. Ich hatte nach dem 21. Parteitag der KPdSU in einem Aufsatz die Entstalinisierung auch für die DDR gefordert. Man verbrachte mich in die LPG „Patriot" Neutz/Lettewitz zur „Bewährung".

1964 erreichte Genossin Marianne Wambutt, damals stellv. Chefredakteur der „Jungen Welt", meine Rehabilitierung. Von 1965 bis 1971 studierte ich an der KMU in Leipzig. 1974 belegte ich eine außerplanmäßige Aspirantur bei Prof. Schwark.

Nach einer beispiellosen Verleumdungskampagne der Organe für Staatssicherheit wurde ich 1978 von der Blockpartei DBD ausgeschlossen und verlor meine Aspirantur und meine Funktion in der LPG Rinderaufzucht Ansprung. 1987 erhielt ich durch Organe des Kreises Marienberg Berufsverbot als literarisch freiberuflich Tätiger und 1988 von selbiger Instanz Verbot einer Tätigkeit als stellv. Vorsitzender der LPG Mulda. Seit dieser Zeit bin ich ohne Beschäftigung. Eine Steuernummer als Texter wird mir verweigert. Die Funktion als Vorsitzender der Nationalen Front von

Dittmannsdorf wurde mir durch die Bürgermeisterin, Gen. R., bzw. die Ortsparteileitung unmöglich gemacht.

Ich bin verheiratet und Vater dreier Kinder. Mein Sohn Tom studiert an der Offiziershochschule LSK/LV in Kamenz im 4. Studienjahr. Meine Tochter Patricia studiert an der OHS der Landstreitkräfte in Löbau/Zittau im 3. Studienjahr und wird Offizier für medizinische Sicherstellung. Meine Tochter Coretta studiert an der Pädagogischen Hochschule Zwickau, Sektion Deutsch/Staatsbürgerkunde.

Meine Frau und ich, wir tragen uns mit der ernsten Absicht, dieses Land nun doch noch zu verlassen. Wir fürchten nur die Rache der Partei und ihrer Staatssicherheitsorgane an unseren Kindern.

Die jüngsten Ereignisse und Ihre heutige Sendung haben uns zwar wieder Mut gemacht, aber hinter dem Berg liegt immer noch China.

Mit freundlichen Grüßen

D. Tanneberger

# 6. NOVEMBER

*Am 6. November 1989 schreibt die Fernseh-Mitarbeiterin **Jana**, etwas über 20 Jahre alt, aus Berlin an ihre **Mutter** zur Kur. Was diese Zeilen erzählen und die Art, wie sie es erzählen, geben einen lebendigen Eindruck von der Stimmung dieser Tage im November.*

6.11.89

Liebste Ma!

So richtig weiß ich gar nicht, wo ich in dieser rasenden Zeit anfangen soll zu berichten. Gerade sitze ich in unserer GO-Versammlung und es ist so gut wie nie zuvor hier. Es kommen so viele gute Vorschläge, Forderungen, viel Kritik u. manchmal zuwenig Eigenkritik mit dem Hinweis auf Höhere. Man fordert z.B. überschaubarere Leitungen kompetenter Leute (viele der Leiter hatten ja beruflich nie etwas mit Fernsehen zu tun.) Der oberste Chef Adameck soll Mi. in der ZK-Tagung zur weiteren Gestaltung des Fernsehens sprechen – niemand kennt bisher diese Vorstellungen, was die Kreisleitung mit der Kürze der Zeit entschuldigte. Dann kam der vielbeklatschte Vorschlag, daß Adameck doch schon mal probereden kann, was ja innerhalb des Hauses übertragen werden kann.

Jetzt ist es 20 Uhr und die Versammlung beendet. Mit der Demokratie und dem Abstimmen ist es nicht so einfach.

Am Sa. war ich bei der Demo. Mein Grundgefühl war Erleichterung, Hoffnung. Den Hauptforderungen von Rednern und Transparenten konnte ich zustimmen. Einige drückten aber auch Haß, Wut oder Resignation aus. All das war so unvorstellbar – diese Menschenmenge, die stundenlang zuhörte - zutiefst beteiligt. Auch bei der Versammlung eben wurde der Mut der SED-Funktionäre, die dort gesprochen haben, angesprochen. Was muß das für ein Gefühl sein, gegen Pfiffe und Buh-Rufe anzureden! Auf den Stufen der Volkskammer lagen viele, viele Transparente; viele Kerzen brannten. Unsere beiden Jungs aus Hannover waren zu Besuch u. sie waren beeindruckt – auch von der Friedfertigkeit der Menschen. Ina ist total aufgedreht und will überall mitmischen. Wie deprimiert u. frustriert waren wir alle noch vor so wenigen Tagen. Diese Ohnmacht spüre ich im nachhinein noch viel stärker. Wir waren zu brav, zu diszipliniert, zu gläubig auch. Ich gehöre zu den Glücklichen, die anfangen u. weitermachen können, ohne viele Jahre meines Lebens infrage stellen zu müssen. Ich denke so oft an

Dich. Ich habe es schließlich zuallererst von Dir gelernt, für das Humanste einzutreten. Und für dieses gleichberechtigte Miteinander der Menschen besteht jetzt endlich eine wirkliche Chance.

Freitag war ich bei Oma. Sie sagt, die Ereignisse machen sie seelisch krank. Es muß für die Ehrlichen so unendlich schlimm sein, zu erkennen. Am Sonntag gerieten Ina u. ich zufällig in den Gründungsparteitag der SPD (Berlin). Er tagte in der Kirche neben Inas Haus. Was mich etwas beruhigt hat, daß es nur halbvoll war, aber jedenfalls wurde gewählt u. auch ihnen machte die Demokratie zu schaffen. Da wurde z.B. der Antrag gestellt, daß ein 17jähriger teilnehmen kann. Dann wurde langwierig abgestimmt, ob er das Wahlrecht bekommt oder/und das Rederecht. Schließlich wurde beschlossen, daß er teilnehmen u. reden dürfe, was er dann auch gleich spontan tat, und den Antrag auf eine Jugendorganisation stellte ... Die SPD hat in ihren Forderungen auch die freie Marktwirtschaft. Aber mit administrativem Verbieten geht es ja wohl nicht mehr und wer sollte sich das auch anmaßen, wenn er die Menschen nicht mehr hinter sich hat - (oder zu weit hinter sich gelassen hat).

Abends waren wir dann noch in einem kleinen Restaurant und kurz vor der Schließzeit kam ein Mann mit einer Kamera hereingeschlendert. Er begann dann zu filmen und seine Partnerin interviewte den Barmann. Irgendwann kamen sie dann auch zu uns und fragten, ob wir bereit wären, vor der Kamera zu sprechen. Natürlich war zuerst etwas Unbehagen, aber diese Ängstlichkeit muß man wohl auch ablegen. Also Interview auf Barhocker in englisch. Sie fragte, was wir zu den an diesem Tage ausgereisten 16000 sagen und zum Reisegesetz. Ina meinte dann noch, daß es auch ganz nett wäre, wenn wir auch unsere Freunde besuchen fahren können. Danach haben wir uns noch mit den beiden Reportern unterhalten. Sie waren auch erstaunt, daß sie sich diesmal völlig frei bewegen konnten.

Als ich dann irgendwann ziemlich müde in die S-Bahn einstieg, fragte mich eine junge Afrikanerin nach dem Hauptbahnhof. Sie wollte nach Moskau u. der Zug sollte 0.20 Uhr fahren. Genau zu dieser Zeit kamen wir an. Wir eilten dann mit Taschen beladen zum Bahnsteig, wo der Zug auch noch stand aber ich habe die Tür nicht aufbekommen u. so ein Bahnbeamter meinte, es sei sowieso zu spät u. der Zug setzte sich langsam in Bewegung. Da standen wir nun. Der nächste Zug sollte 8 Uhr fahren. Sie sprach dann ein paar Afrikaner an und nachdem ich nochmals mit meinem reichen Französischwortschatz Auskunft über mich erteilt hatte, fuhr ich dann doch endlich nach Hause.

## 6. NOVEMBER

Morgen fahre ich dann also zum Polterabend – bis jetzt keine Ahnung, was ich schenken soll.

Also Mütterlein – trainiere noch ein bißchen das Überstehen kalter Güsse, weil davon wohl auch nach der Kur einige zu erwarten sind.

Hier noch ein Sprüchlein von mir:

> Rücksichtslos läuft die Zeit
> morgen ist schon gestern
> und ich komme atemlos
> nicht immer bei mir an.
> Ich glaube nicht mehr an den Tag,
> der 24 Stunden hat.

Laß es Dir gut gehen!

Jana

*Am 4. November 1900 schreibt Hauptmann **Rudolf Gansser** aus Tabora in der Kolonie Deutsch-Ostafrika – amtlich als „Schutzgebiet" bezeichnet – an den General und Gouverneur **Eduard von Liebert** in Berlin. Sein Anliegen ist Gansser so wichtig, daß er der offiziellen Meldung an das Gouvernement diesen persönlichen Brief hinzufügt. – 10 Tage später folgt ein kurzer Nachtrag.*

Tabora, 4. November 1900.

Hochwohlgeborener Herr
Hochzuverehrender Herr General u. Gouverneur !

Euer Hochwohlgeboren gestatte ich mir gehorsamst zu melden, daß ich mit heutiger Post eine Meldung an das Gouvernement abschicke des Inhalts daß der Pater Müller von Ndala dicht bei dem Missionsgrundstück „Diamanten" gefunden zu haben glaubt.

Gleichzeitig mit oben genannter Meldung schickte ich 10 kleine Steine an das Dar-es-Salam, und der heute dorthin abmarschierende Zahlmeister-Aspirant Deininger von Ujiji nimmt einen Bindo der bläulichen Thonerde mit, in welcher Pater Müller seine Funde gemacht hat.

Ich habe mir die Steine und die Erde von Pater Müller für das Gouvernement ausgebeten.

Letzterer hat schon ein Edelmineral-Schürffeld bei der Station belegt. Das ganze Gebiet in weiterem Umkreis um das belegte Schürffeld werde ich als Kronland erklären und das Schürfrecht für Rechnung des Reichs dem Gouvernement vorbehalten, bis andere Befehle eintreffen.

Der Fund scheint mir nach seinem ganzen Aussehen und der Formation nach, in welcher er vorkommt, sehr viel Wahrscheinlichkeit auf Echtheit zu haben.

Auch soll der Prospektor Arndt, dem Pater Müller die Sache vor etwa einem halben Jahr erzählt haben will, ihn eigentlich darauf hingewiesen und ihm gesagt haben, nach seiner (des Pater Müller) Beschreibung liegen hier dieselben Bedingungen wie auf den südafrikanischen Diamantenfeldern vor und können es nur Diamanten sein.

Das von Pater Müller belegte Schürffeld liegt 10 Stunden nordöstlich Tabora, an der Straße Tabora-Muanza.

Euer Hochwohlgeboren schreibe ich dies Alles, weil ich annehme, es wird für Sie, verehrter Herr General, von Interesse sein, rasch und noch in Berlin von diesem neuen, für die Kolonie vielleicht hochwichtigen Fund zu hören.

[...]

Indem ich bitte, mich Ihrer sehr verehrten Frau Gemahlin empfehlen zu wollen, bin ich mit der Versicherung der vollkommensten Hochachtung, sehr verehrter Herr General und Gouverneur

Ihr gehorsamster Gansser, Hauptmann.

Tabora, 13. Novemb. 1900.

Dem Gouvernement melde ich gehorsamst unter Bezug auf mein Schreiben vom 3. November Jo.No.506, daß sich die Diamanten des Pater Müller nach einer Untersuchung des Hauptmann Herrmann als Bergkristalle erwiesen haben.

Die Anzeige des P. Müller über das von ihm belegte Edelmineral-Schürffeld kann erst mit nächster Post gesandt werden.

Gansser. Hauptmann und Stations-Chef

*Im November 1934 wendet sich der exilierte Schriftsteller* ***Willi Bredel*** *an den deutschen Reichspropagandaminister* ***Dr. Joseph Goebbels.***

**Offener Brief**
**An den Reichspropagandaminister Joseph Goebbels**

Vor zehn Jahren mußten Sie in öffentlichen Versammlungen der NSDAP in Essen und Dortmund einem jungen Metallarbeiter gegenübertreten, der Sie und Ihre Partei angriff. Dieser Metallarbeiter war ich.

Sie sprachen vom Jahre 1813, von Deutschlands Freiheitskampf, von Leipzig und Waterloo, von Fichte und Arndt, Scharnhorst und Gneisenau. Sie nannten jenes Jahr „Preußens großes Jahr" und riefen: „Seht, Deutsche, so wollen wir Nationalsozialisten Deutschlands großes Jahr!"

Ich nahm zu Ihren leidenschaftlichen Ausführungen Stellung und erinnerte daran, mit welchen Versprechungen Junker und Hohenzollern sich damals zu Führern des revoltierenden Volkes aufgeschwungen hatten. Eine Verfassung sollte das Volk erhalten, die Leibeigenschaft sollte aufgehoben und die Bürgerfreiheit proklamiert werden. Ich wies darauf hin, wie treulos und verräterisch die Führer waren. Kaum, daß das Volk mit *seinem* Blut und *seinem* Gut in den Krieg gezogen war und Napoleon vertrieben hatte, machten diese Führer aus Preußen-Deutschland ein Zuchthaus. Und nun berief ich mich auf Fichte und Arndt und Reuter und erinnerte an die „Demagogenhatz" der Heiligen Allianz, von der die deutschen Freiheitskämpfer aufs Schafott, ins Zuchthaus oder in die Verbannung geschickt wurden. Wenn das an der Schwelle der bürgerlichen Entwicklung Deutschlands, in der „großen Stunde Preußens", geschehen konnte, um wieviel schamloser würde es sich in der Epoche des Niedergangs dieser Entwicklung, in „Deutschlands großem Jahr", wiederholen? So fragte ich Sie, Herr Dr. Goebbels, der Sie damals in Dortmund wie ein Freischärler von Anno dreizehn agitierten.

Ich kann Ihnen auch Ihre Erwiderung ins Gedächtnis zurückrufen. Sie gaben mir vollkommen recht: ja, damals ...

Sie nahmen mich am Schluß der Versammlung beiseite – erinnern Sie sich? – und sagten zu mir: „Sie sind ein ehrlicher Kerl: man spürt Ihren ehrlichen Willen. Sie werden bald in unseren Reihen stehen." Mein Lächeln wehrten Sie mit den Worten ab: „Sie sind eine Kämpfernatur, Sie werden Ihren Weg finden. Und - wenn Sie auch nicht in den Kampfjahren zu uns finden. Sie kommen. Wenn wir gesiegt haben. Wenn Sie sehen, daß *wir* es ehrlich meinen."

Seitdem sind zehn Jahre verflossen.

Nein – seien Sie unbesorgt, ich will Sie nicht des Betruges bezichtigen, *mich* haben Sie ja nicht enttäuscht. Auch will ich keine peinlichen Fragen an Sie stellen, will Sie nicht nach der wirklichen Zahl der Arbeitslosen in Deutschland fragen, nicht nach der „Brechung der Zinsknechtschaft", nicht nach der Beseitigung des „raffenden Kapitals", will Sie auch nicht fragen, wo Strasser, Röhm und Heines sind, die Sie vor zehn Jahren „deutsche Helden" genannt haben. Ich will Ihnen heute nur berichten, wie es mir in Deutschland erging, nachdem Ihre Partei die politische Macht erschlichen hatte.

Dreizehn Monate lang habe ich im Konzentrationslager Fuhlsbüttel bei Hamburg Ihren „staatsbürgerlichen Unterricht" genossen. Als ich dann aus Deutschland geflohen war, expatriierten Sie mich; eine nette Geste – Ihre Parteigenossen haben mir im Konzentrationslager viel drastischer attestiert, daß ich kein „Volksgenosse des Dritten Reiches" bin. Aber weder Sie noch Ihre Prügelpädagogen (ich habe sie alle mit Namen genannt, damit Sie ihnen mein Buch empfehlen) konnten meine Verbundenheit mit Deutschlands Freiheitskämpfern *dieses* Jahrhunderts zerstören. Aus meinem Buch „Die Prüfung", das ich Ihnen mit diesen Zeilen übersende, mögen Sie ersehen, was den „ehrlichen Kerlen" in Deutschland widerfährt, seitdem Sie und Ihresgleichen gesiegt haben.

Das Buch ist den Helden meiner Heimatstadt Hamburg gewidmet, den während Ihrer Regierungszeit Hingerichteten, Ermordeten, in den Tod Gehetzten, und den unerschrockenen illegalen Kämpfern für die soziale und nationale Befreiung Deutschlands, die meine Genossen nennen zu können ich stolz bin.

Prag, November 1934

Willi Bredel

* *Am 9. November 1987 schreibt der Schriftsteller* ***Christoph Hein*** *seinem Verleger* ***Elmar Faber*** *einen langen Brief. Hier ist der erste Teil dieses Briefs: Was wie ein Streit zwischen dem Bücherschreiber und dem Büchermacher beginnt, wird sehr bald zu einer unmißverständlichen Parabel auf die Probleme der Mangelwirtschaft ...*

[Berlin], 9.11.87

Lieber Elmar Faber,

hüten Sie sich. Sie wollen etwas verbessern, was nicht verbessert werden will. Sie verweisen klagend auf Verluste, mit denen es sich offenbar gut leben läßt. Sie wünschen sich eine Qualität der Verlage, der polygrafischen Industrie, des Buchhandels und des Buchs von der jene Ausgaben unserer Väter und Vorväter zeugen, die – so sie nicht in Ihrem und meinem Bücherschrank stehen – derzeit als Reisekader West ihre staatsbürgerliche ökonomische Pflicht erfüllen.

Sie wissen, daß ich – in den Fußstapfen der Brüder Grimm – Tag für Tag durch die Straßen laufe und mir Märchen erzählen lasse. Und – wie die beiden Brüder – strecke und dehne ich die so erfahrenen Märchen, rühre den Brei mit gefärbtem Wasser und bekömmlicher Moral zu einem dickeren Manuskript an, das ich dann mit meinem Namen versehen in den Aufbau-Verlag bringe.

Jüngstens erzählte mir das Volk folgendes Märchen: Es war einmal ein kleines Land, welches wie die größeren und großen Länder Autos herstellte. Aber während in der ganzen Welt die Autoindustrie über den Verkauf klagte und beständig ihre Modelle verbessern mußte, um noch einen Käufer zu finden, hatte das kleine Land großes Glück.

Es stellte zwei Autos her, die offenbar so schön und so makellos und so vollendet waren, daß jeder Mensch in diesem Land eins dieser Autos zu besitzen wünschte. Und wie viele Autos das kleine Land auch herstellte, es half nichts, sie reichten nicht hin und schon gar nicht her. Die Leute standen in langen Schlangen geduldig oder weniger geduldig an. Sie vernachlässigten die Frau, den Beruf und selbst das Theater, um eins der Autos kaufen zu können. Sie standen zehn Jahre und länger vor dem Tor der Autofabrik, bis sie endlich – sehr gealtert, aber glücklich – mit ihrem Auto nach Hause fahren konnten.

Unglücklich war nur der Direktor der Autofabrik.

Nachts zwar hatte er die schönsten Träume. Einmal träumte ihm, daß man die Aschenbecher in seinen erfolgreichen Autos verbessern könnte. Ein andermal zeigte ihm eine Fee gar, wie man ein Türschloß produziert, mit dem man seine Autos tatsächlich auf- und zuschließen kann. Wenn der Direktor morgens erwachte, war er wohlgemut und fest entschlossen, den traumhaften Aschenbecher und das feengleiche Türschloß in seinen Autos einzubauen.

Doch wenn er dann vor seiner Fabrik die wartenden, unrasierten Männer sah und ihre sehnsüchtigen Augen, wurde ihm klar, daß Träume nur die Arbeit behindern. Denn es würde Zeit kosten, wenn er an seinen so heiß begehrten Autos etwas verbessert, Zeit, in der er keine Autos oder nicht mehr so viele herstellen kann. Und weinend verabschiedete er seine Träume und produzierte wie bisher.

Ich denke, wenn ich dieses Märchen noch mit einem positiven Helden und einer netten Moral versehe, kann es ein hübscher 500-Seiten-Roman werden, den ich Ihnen in Jahresfrist liefere.

Den Erfolg kümmert nicht seine Herkunft, daher können sich so viele Väter melden. Und nichts ist tödlicher als der Erfolg. Wenn wir nicht mehr verstehen, uns gelegentlich zu ruinieren, werden wir in unserem Fett erstarren.

Warum soll ein Verlag sich Gedanken über die Präsentation, den Körper seiner Bücher machen, solange er – fast problemlos – alles verkauft? Wie können wir über die Qualität des Papiers klagen, solange wir dankbar sein müssen, irgendein Papier zu bekommen, um unsere Bücher zu drucken? Und mich über den Buchhandel zu beschweren, wage ich schon gar nicht, da ich stets unterwürfig und demütig vor meine Buchhändlerin trete, um mir nicht ihre Gunst und künftig alle Bücher der Welt zu verscherzen.

Erfolg ist also ein zweischneidiges Schwert. Und Sie haben recht, ein Maßstab für Qualität ist er keinesfalls. [...]

Ich empfehle mich dem Schutzpatron der deutschen Autoren und hoffe, Sie widmen sich künftig der wirklich brennenden Frage unserer Zeit: der Autor und sein Honorar.

Herzlich

Ihr Christoph Hein

* *Am 10. November 1955 schreibt der 28jährige Maler und Graphiker* ***Gerhard Ströch****, der sich später nach der Stadt, in der er lebte, Gerhard Altenbourg genannt hat, einen langen Brief an den Kunsthistoriker und Sammler* ***Karl-Heinz Janda****. Der erste Teil dieses Briefes, auf den wir uns hier beschränken müssen, liest sich wie der Anfang einer künstlerischen Autobiographie.*

Altenburg, den 10. November 1955

Lieber Herr Janda,

herzlichen Dank für Ihren Brief vom 7.11. mit den Zeichen Ihrer freundlichen Aufmerksamkeit. [...] Und nun zu Ihrer Frage: „Hat eigentlich die moderne Literatur Einfluß (bewußt oder unbewußt) auf Ihre Bilderwelt?" Sehr lange habe ich mich mit der Frage beschäftigt, und eine Beantwortung ist nicht so leicht wie ich anfangs dachte. Ich muß zuvor einige Dinge sagen, die nur mittelbar mit der Frage zusammenhängen, aber von hoher Wichtigkeit sind, wenn ich die Frage nicht nur mit einigen belanglosen Worten abtun will. [...] Bevor ich überhaupt so ausgiebig die Werke der Expressionisten, Dadaisten und Surrealisten gelesen hatte, bemühte ich mich jahrelang, damals noch in Prosa, um das „Wort" und kam zu Ergebnissen, die in manchem den Arbeiten der Dadaisten ähneln. Das wußte ich anfangs aber noch nicht. Ich arbeitete an der Aktivierung, Verselbständigung des Wortes, des Einzelwortes, scheiterte aber an der Komposition, an der Zusammenfügung der sehr interessanten Einzelteile zu einem künstlerischen Ganzen, suchte mathematische Gesetze, Gesetze der Harmonie, die ich durch Zeilen, die in einem bestimmten Verhältnis stehen sollten, durch Wiederkehr oder durch Leitmotivisches zu binden, zu erreichen versuchte. [...] Es war einerseits die Atmosphäre des Experiments, andererseits die Atmosphäre der Freiheit in sexuellen Dingen, die eine gewisse Rolle in diesen Versuchen spielte, die ja noch in meinen Lithographien von 1948 - 1950 sichtbar wird und von der Psychoanalyse beeinflußt ist. [...] Ich hatte eine Technik entwickelt bei der alles Tätige der Romanfiguren schon rein sprachlich im nachfolgenden Satz oder sogar Worte negiert, in Frage gestellt, ins Gegenteil verkehrt wurde. Es waren also Versuche, die einerseits formalen Dingen galten, andererseits ein ganz bestimmtes Gefühl ausdrückten, eine Verhaltensweise, eine Art neuer Beziehung zur Umwelt, zu sich, zum Menschen, zur Natur, zur Zeit. Ein Durchtränktsein von dem Wissen um das Dahingehende der Zeit, in der alles verwandelt wird, vom Positiven zum Negativen, vom Negativen zum Positiven. Aber wofür? Diese neue Einstellung ließ kein Gefühl ununtersucht, die Auflösung des Hergebrachten setzte ein. Ich schrieb damals die Zeile: „Wir sind die Exkremente Gottes, dennoch: die Scheiße stinkt.“ Es war ein Zeichen für die Exkrementenhaftigkeit der Existenz, das dunkle, stinkende Loch des Lebens, in das man von irgendwo, von Gott, hineingeschissen worden war und in dem es stank nach Vergänglichkeit, Ende, Auflösung. Dieses Gefühl war um diese Zeit nicht frei von einer gewissen Erbitterung, verbohrten Bosheit, verletzten Eitelkeit, Ichvergötterung, Verzärtelung mit seinem eigenen Fleisch. Dieser Zeit entstammen die frühesten Lithographien [...], aber auch schon hier erhebt sich darüber in einzelnen Blättern eine feine Ironie, eine lächelnde Boshaftigkeit; eine Veränderung zeigt sich an, die sich in Humor und Abstand von sich kundgibt [...]. Es zeigt sich eine Verarbeitung, eine formale Bewältigung, fort von dem eruptiven Überfallensein, Ausstoßen, vulkanischen, schlackenhaften Auswurf.Die Form tritt fordernd hervor. Aber innerhalb der bestimmten Einstellung zur Welt; mit anderen Worten: diese Einstellung wird gestaltet.

Meine Beschäftigung mit der modernen Literatur brachte mir nun die Bestätigung dieser Einstellung, eine Befestigung der Dinge, die in mir emporgeschossen waren. Ich sah, daß meine Einstellung, die mich vielfach fremd unter anderen Menschen werden ließ, in anderen Schriftstellern da war, die Grundlage zu ihren Werken schuf. [...]

Ich danke Ihnen, daß Sie mir der Anlaß wurden, mich mit dieser Frage zu beschäftigen.

Mit herzlichen Grüßen
Ihr Gerhard Ströch

*Im November 1977 veröffentlichen Freimuth Duve, Heinrich Böll und Klaus Staeck eine Sammlung „Briefe zur Verteidigung der Republik", in die sie auch den folgenden Brief des Schriftstellers* ***Siegfried Lenz*** *an den Karikaturisten* ***Wolfgang Hicks*** *aufnehmen.*

Sehr geehrter Herr Hicks,

als Karikaturist, der sich täglich mit dem Zeitgeist duelliert, brauchen Sie schon eine Position der Unbelangbarkeit; das ist mir klar. Schließlich darf einer, der seinen Strich in den Dienst der ätzenden Wahrheit gestellt hat, nicht unentwegt zur Rechenschaft gebeten werden; wer, wie Sie, aufspießt, was uns bedrückt, wer kenntlich macht, was uns belastet, der sollte schon eine Art von Immunität zugesprochen bekommen. Ich zumindest billige jedem einen gewissen Schutz zu, der davon lebt, unerwünschte Erkenntnisse zu verbreiten: Je sicherer, je unabhängiger ein Geist, desto müheloser gelingt ihm jene heilsame Bloßstellung, die uns allen nützt.

Fern davon, für eine Aufhebung Ihrer aus Gewohnheit herrührenden Immunität zu plädieren, möchte ich Sie heute allerdings fragen, wie Sie selbst [...] die Zeitkritik eines Karikaturisten beurteilen, der mit seinem Strich weniger der förderlichen Bloßstellung dient als der ausgemachten Diffamierung. Ich möchte Sie fragen, was Sie von einem Aufklärer mit der Feder halten, der, falls er sein Wissen nicht unterdrückt, ein Maß an Nichtwissen zu erkennen gibt, das zumindest skandalös genannt werden muß. Als Liebhaber des Konkreten möchte ich Ihnen ein Beispiel anbieten.

Kurz nach einem heimtückischen Mord, von deutschen Terroristen begangen, erschien in dem Blatt, das ich täglich lese, eine denkwürdige Karikatur. Sie zeigte die unterschiedlichen Hintern deutscher Schriftsteller – auch meiner war darunter –, die Köpfe der Schriftsteller steckten tief im Sand; der Kommentar wollte wissen, daß alles, was deutschen Autoren zu dem furchtbaren Mord einfalle, die Vogel-Strauß-Reaktion sei. So unstimmig der Sachverhalt, so aufschlußreich die Gesinnung des Karikaturisten. Denn, was verrät sie?

Zunächst einmal dies: einen alten Argwohn und einen Anspruch. Hier wird behauptet, daß der Schriftsteller angesichts eines Verbrechens, das den Staat herausfordert, nichts anderes zu tun weiß, als sich blind zu stellen und zu schweigen. Dabei wird man unwillkürlich zu dem Schluß verführt, daß, wer in solch einer Lage nur mir Schweigen antwortet, insgeheim ja wohl dem Geschehen zustimmen muß. Und Zustimmung, so darf weiter gefolgert werden, ist eine Vorstufe zur Komplicenschaft. Diese Meinung zu übernehmen wird zwar nicht nahegelegt, doch es wird nicht ausgeschlossen, daß sie sich bildet.

Hier, sehr geehrter Herr Hicks, spricht sich der sattsam bekannte Argwohn gegen den Schriftsteller, oder sagen wir: gegen den Intellektuellen überhaupt aus, mit dessen Existenz sich alle, die jemals das Sagen hatten, erst dann abfanden, wenn er sich, ein dressierter Vogel, in der Bestätigung herrschender Meinungen erschöpfte. [...] Sind wir denn wieder soweit? Soll der Schriftsteller sich hierzulande abrufbereit halten, um, wann immer die Institutionen es für nötig erachten, seine Stimme zu erheben, pünktlich, postwendend? [...] Sehen Sie, es gibt ein Entsetzen, das die Sprache verschlägt, und es gibt eine Empörung, die sich nicht ins schnelle Wort setzen läßt: muß der Karikaturist wenigstens nicht dies dem Schriftsteller zugute halten? Und was, wenn ein Autor es vorzieht, auf Ereignisse [...] mit seinen Möglichkeiten zu antworten [...]: auf langwierige Weise, mit einem Stück, einem Roman? [...]?

Ich glaube, daß wir in dem freiesten Gemeinwesen, das jemals auf deutschem Boden existierte, Bekenntnisse von der Stange am allerwenigsten nötig haben. Das Verbrechen, das geschehen ist und in dessen Verurteilung sich alle einig sind, [...], darf uns nicht dazu verleiten, einer des anderen Gesinnungspolizist zu werden. Zutrauen erweckend der Staat, der auch in kritischen Situationen nicht wünscht, daß ihm Kritik vorenthalten wird. Ich weiß, die Freiheit ist nicht sehr attraktiv – für die, die sie gedankenlos besitzen. Um so mehr, scheint mir, ist es uns aufgegeben, uns ihrer Reichweite fortwährend zu versichern. Jedenfalls, ich zweifle nicht, daß Sie, gewohnt, aus professionellen Gründen Ihre Hand auf Wunden Ihrer Wahl zu legen, ausnahmsweise mit einer Gegenfrage einverstanden sind.

Mit besten Grüßen

Siegfried Lenz

*Am 14. November 1947 schreibt der fast 51jährige* ***Carl Zuckmayer*** *seinem erst 26jährigen Schriftstellerkollegen* ***Wolfgang Borchert*** *diesen freundschaftlichen Brief ins Basler Claraspital. Borchert hat darauf am nächsten Tag geantwortet, aber der vorgesehene Besuch ist nicht mehr zustande gekommen: Wolfgang Borchert ist am 20. November 1947 gestorben.*

14. November 1947

Sehr geehrter Herr Borchert!

Ich habe Ihr Stück „Draußen vor der Tür“ und Ihr Buch „Die Hundeblume“ mit wirklicher Erschütterung gelesen. Goverts, Hilpert und Hirschfeld hatten mir schon davon erzählt, Rowohlt darüber geschrieben, aber die Stärke Ihrer Sachen ist, man hätte sie auch aus dem Papierkorb in irgendeinem überfüllten Bahnhofswartesaal herausklauben können, sie wirken nicht wie „Gedrucktes“, sie begegnen uns, wie uns die Gesichter der Leute oder ihre Schatten in den zerbombten Städten begegnen. Ihre Welt ist wirklich bis ins Unheimliche, Ihr Talent ist echt. Ich schreibe nicht oft solche Briefe, aber ich muß Ihnen das sagen und ich hoffe, daß es Sie freut. Werden Sie nur gesund, – Sie haben noch viel zu tun!

Nächste Woche fahre ich nach Frankfurt, zur Erstaufführung meines „Teufelsgeneral“ bei Hilpert, der auch Ihr Stück bringen wird. Auf der Hinreise komme ich nicht nach Basel, aber auf dem Rückweg könnte ich [es] einrichten, etwa gegen den 10. Dezember. Wenn Sie Besuch haben können, würde ich Sie gern kennen lernen, und ich hätte Ihnen gewiß Einiges von Hilpert und Rowohlt, der nach der Ihren zu meiner Frankfurter Premiere kommen wird, zu berichten.

Wenn es Ihnen möglich ist, lassen Sie mir eine Nachricht zukommen. Bis zum 20. November bin ich hier, Adresse umstehend, dann Frankfurt, Städt. Schauspiel, – sonst erreicht mich alles über Zürcher Schauspielhaus.

Mit allen guten Wünschen für Ihre Genesung!

Ihr Carl Zuckmayer

# 13. NOVEMBER

*Am 13. November 1961 antwortet der 83jährige jüdische Religionsphilosoph* ***Martin Buber*** *mit dem folgenden Brief auf eine Umfrage der Moskauer* ***Novosti Press Agency****. Bubers Antwort auf die Frage, wie die Welt in 20 Jahren aussehen wird, ist heute, nach fast 40 Jahren, teilweise überholt, in der Hauptsache aber bestürzend aktuell.*

Jerusalem, 13.11.1961

Sie richten an mich die Frage, what I think the world will be like in 20 years. Diese Frage kann ich nicht einmal vermutungsweise beantworten. Ich setze zwar ebenso wie Sie voraus that by the joint efforts of the nations war will be averted and mankind will be able to develop in peace conditions. Aber alles hängt davon ab, was hier das Wort „Friede" bedeutet: bloßes Aufhören des kalten Krieges oder wirkliche Koexistenz. Wenn der Weg aber nicht zu einem neuen, der zu erwartenden weiteren technischen Entwicklung wegen noch gefährlicheren kalten Krieg führen soll, kann und darf mit „wirklicher Koexistenz" nichts Geringeres gemeint sein als: wirkliche Kooperation zur Bewältigung der immer kritischer werdenden gemeinsamen Probleme des Menschengeschlechts. Trotz der fundamentalen Verschiedenheit der Anschauungen über soziale Gerechtigkeit und individuelle Freiheit halte ich eine solche Kooperation, gerade im Sinne eines echten Sozialismus, für möglich, wenn es in direkten, unbefangenen und umfassenden Aussprachen berufener, unabhängig und realistisch denkender Menschen aus beiden Lagern gelingen wird, die Dringlichkeit der vitalen gemeinsamen Interessen gemeinsam zu erkennen und die sich daraus für eine Kooperation ergebenden praktischen Folgerungen zu ziehen. Was in diesen Aussprachen erreicht wird und in welchem Maße die Führer der großen Lager gemeinsam das Erreichte in Wirklichkeit umzusetzen verstehen werden, davon hängt unter anderem auch „the man's motto in 1981" ab, nach dem Sie fragen.

[Martin Buber]

*Am 14. November 1991 schreibt der Schriftsteller und Publizist **Uwe Kolbe** an **Sascha Anderson**, seinen Freund aus der sogenannten „Prenzlauer-Berg-Connection“ – der alternativen Dichterszene des Berliner Stadtbezirkes –, diesen Offenen Brief. Kurz zuvor war Anderson von Wolf Biermann als Informeller Mitarbeiter der Staatssicherheit enttarnt worden.*

Hamburg, den 14. November 1991

Lieber Sascha, es ist soweit.

Du hast das Tabu gekannt. Jeder DDR-Prolet hat es gekannt, jede Hausfrau, kam das Gespräch oder der Witz darauf. Künstler, Schauspieler, Autoren, Akademiker in allen Institutionen, in jeglichem Büro der verwalteten Langeweile kannten es. Es war kein moralisches Tabu, der allgegenwärtigen Polizei gegenüber zu kuschen, kein Tabu, es an Courage gegen die Zumutungen des sozialistischen Wettbewerbs mangeln zu lassen, die Mauer nicht die Mauer zu nennen, das Maul lieber nicht aufzumachen, wann immer es vielleicht doch gegangen wäre. Die moralische Grenze, die nach weitestem Konsens nicht überschritten werden durfte, sie bestand nicht darin, seinen Wehrdienst regulär anzutreten, statt zumindest die Waffe zu verweigern und Bausoldat zu werden. Man mußte sogar nicht einmal der unabhängigen Friedensbewegung oder den Umweltgruppen seine Mitarbeit verweigern, um gleich Dreck am Stecken zu haben, nein und abermals nein.

Man konnte sogar zu Kreuze kriechen, ob nun als Intellektueller in einem Berufsverband oder als dazu genötigter Handwerker, wenn es etwa hieß, Wolf Biermanns Ausbürgerung 1976 gutzuheißen. Alle Formen der Feigheit, alle Arten, sich im Alltag und darüber hinaus einfach einzurichten, ja wegzuschauen, das Inakzeptable zu akzeptieren, und sei's mit einer gehörigen Dosis „blauen Würgers“, um das Gewissen abzutöten, sie waren nicht wirklich verwerflich im allgemeinen Bewußtsein. Dazu waren sie ja auch viel zu verbreitet. Dieses allgemeine Bewußtsein, das der billig mekkernden Mehrheit nämlich, das mit erstaunlicher Selbstverständlichkeit der herrschenden Ideologie, der offiziellen Gleichschaltung widerstand, kannte nur ein Tabu: sich mit der Stasi einzulassen.

Und da kommst Du daher wie all die anderen – Biermann hat recht – Arschlöcher, die zu feige und gleichzeitig zu verschlagen sind, auf ihre Landrats- oder Berater- oder weiß der Henker was für Karrieren freiwillig zu verzichten. Und Du tust es mit den gleichen Worten! Du berufst Dich obendrein auf Dein schlechtes Gedächtnis! (Mit Jürgen Fuchs bin ich optimistisch, daß die Akten in ihrer mehrfachen Ausfertigung Dir und uns da aufhelfen werden.)

Sascha, mein alter Schlemihl, wir kennen uns jetzt mindestens zwölf, dreizehn Jahre. Wir sind nie Freunde geworden, haben allerdings loyal nebeneinander, mitunter auch zusammen gearbeitet, literarisch gearbeitet, versteht sich. Hast Du es nicht selbst geschrieben: „geh über die grenze auf der anderen seite steht ein mann und sagt: geh über die grenze usw. usf.“? Nun war es dieser ganz bestimmte, dieser allbekannte Dunkelmann, der da stand, bereit mit Dir zu reden, wie Du bereit warst, mit ihm zu reden, und Du bist über diese Grenze hin- wie hergegangen, als sei dies bloß kriminelle Halbwelt gewesen. Nein, nicht einmal kriminell zu sein war tabu in der DDR, nicht einmal das. Das konnte ja passieren: klauen oder Schecks fälschen (wofür Du eingesessen hast), krumme Geschäfte hinter dem Rücken von Freunden machen; das war doch alles nicht so schlimm, verzeihlich, weil menschlich. Aber über siebzehn Jahre mit der Stasi zu plaudern, bis zum Zusammenbruch der DDR, womöglich noch in Westberlin oder von Westberlin aus, drei Jahre über die Ausreise hinaus – damit hast Du die Grenze überschritten.

Als die Herrschaften mich mit siebzehn Jahren anwerben, und vielleicht auf Bettina Wegner, Frank-Wolf Matthies und andere ansetzen wollten (ich werd's in der Akte lesen, wie und was es wirklich war), da habe ich, mutigfeige, drei Gespräche hindurch gedacht, ich schaffte das doppelte Spiel. Ich hatte zum Glück gute Freunde, die mir's sofort ausgeredet haben, weil ich es ihnen selbstverständlich gesagt hatte. Feige, wie ich war, hab' ich beim dritten Mal den Herren von der Stasi nicht mitgeteilt, sie sollten mir gefälligst mit ihrem widerlichen Ansinnen gestohlen bleiben, sondern hab' mich auf psychische Mängel hinausgeredet, die mir sowas unmöglich machten. Was aber hattest Du für Freunde, Sascha? Oder anders: warum hast Du es niemandem gesagt, bis zuletzt nicht? Was hätte Dich Schlimmeres erwartet als die Ausreise, die Du später selbst vorgezogen hast? Autoren liefen in den achtziger Jahren längst nicht mehr Gefahr wie Loest oder später Bahro, allzulange einsitzen zu müssen – im Gegensatz zu Leuten, die mitunter nur den Ausreiseantrag gestellt hatten, die niemand kannte ...

Nun haben wir per Zufall uns beide um das Stipendium in der Villa Massimo in Rom beworben – und die Jury hat es uns beiden zuerkannt. Ich zweifle im Unterschied zu Biermann nicht an allen Deinen Texten, aber ich schlage Dir dennoch vor, das Stipendium zurückzugeben.

Dein

Uwe Kolbe

# 15. NOVEMBER

*Am 15. November 1909 schreibt der vielgescholtene und vielbewunderte Schriftsteller* ***Frank Wedekind*** *an die Redaktion der* ***„Münchner Neuesten Nachrichten"*** *den folgenden Brief:*

München, 15.XI.1909

Sehr geehrter Herr!

Gestatten Sie mir, Sie höflichst zu ersuchen, keinen Referenten Ihres Blattes mit der Besprechung meines morgigen Vortrages zu beauftragen. Seit zehn Jahren brandmarken Sie meine Arbeiten öffentlich als elendeste Schundware, die keiner ernsten Kritik würdig sei, und bedenken mich dabei mit Schimpfworten wie „impotent" und „auf den Hund gekommen". Da ich für den Vortrag kein Honorar beziehe, sehe ich nicht ein, warum ich mich von Ihnen dafür am nächsten Tag verächtlich machen lassen soll. Für den Fall, daß sich ein Berichterstatter Ihres Blattes im Saal befindet, werde ich mit meinem Vortrag nicht eher beginnen, als bis der Herr den Saal verlassen hat.

Hochachtungsvoll

Frank Wedekind

*Am 16. November 1920, schreibt der 23jährige Maler* ***Conrad Felixmüller*** *den folgenden Brief an einen jungen* ***Hamburger Kunstsammler****. Der Brief gerät dem Maler zum Manifest – und gerade deshalb ist er ein Zeugnis der unruhvollen Jahre nach dem Ersten Weltkrieg.*

Lieber Freund!
G e n u g ! der liebenswürdigen Versicherungen; man hat das Gefühl des idealen jungen Menschen – aber nun mehr und weiter. Ich freue mich, daß Sie mein Vorschlag betreffs Conterfei Ihrerseits von meinerseits, freut und angenommen ist. Bis Ostern ist noch allerhand Zeit; ich sende Ihnen inzwischen (in den nächsten Tagen) etwas Graphik. – Ich habe mir Sie so vorgestellt wie Sie auf der mit *Dank* quittierten Photo aussehen – etwa 18 Herbste auf dem Buckel u bisken träumerisch. Ihre Familie – sehr interrant was Sie schreiben, für mich – sieht ähnlich der meinigen aus, – nur mit dem Unterschied daß mein Vater Postaushilfsarbeiter ist u Witwer.
L e s e n Sie ( mit Ernst u Hingebung):
Jimmy Higgins = von Upton Singlair (Kiepenheuer Verlag)
billiger durch die Aktion als durch den Buchhandel zu beziehen; berufen Sie sich auf mich. –
S p r i n g e n Sie hinein in das heutige heftig pulsende Leben der allseitigen, psychisch wie physisch, R e v o l u t i o n . Vielleicht morgen schon müssen Sie sich entschieden haben – die Kugeln und das Massengrab muß soviel als möglich umgangen werden. Auch Gefängniszellen sind nicht sehr schön. Es gilt den K O M M U N I S M U S – die russischen Brüder warten auf uns. –
Ich freue mich um Ihretwillen - und hoffe Sie also kennen zu lernen. Inzwischen tauschen wir unser Bild aus. Anbei das meinige. –
Im Sommer 1921 kommt eine Collektion Bilder von mir nach Hamburg – die jetzt auf Tournee gehen. –
Sehen Sie sich Daumier und Goya, Delacoix und George Grosz, an.
Das Leben ist ernst, teuer und fanatisch schön; der Mensch ist das Wunder; denkt, arbeitet, liebt und kämpft – *nicht* in erster Linie für sich, sondern wenn er groß u Mensch überhaupt ist – immer nur zuerst für die Gesellschaft, die jeder Einzelne wiederum selbst ist. Man muß das frühzeitig begreifen lernen und h a n d e l n !
Ich drücke Ihnen die Hand!
Ihr Felixmüller 16.11.20

# 17. NOVEMBER

*Am 17. November 1976 wenden sich* ***zwölf Schriftsteller und ein Bildhauer****, zwei Frauen und elf Männer, in einem offenen Brief an die Partei- und Staatsführung ihres Landes. Dieser Brief ist als* ***„Biermann-Erklärung“*** *in die Geschichte eingegangen.*

*Die Unterzeichner geben den Brief an die Zeitung NEUES DEUTSCHLAND (mit der Bitte um Übermittlung an ADN); außerdem - mit mehrstündiger Sperrfrist – an die Agenturen Reuters und France Press. Der Appell der Dreizehn – wir wissen es – hat seinen Zweck nicht erreicht; dennoch gehört er zu den folgenreichsten Briefen, die in der DDR geschrieben wurden.*

Wolf Biermann war und ist ein unbequemer Dichter – das hat er mit vielen Dichtern der Vergangenheit gemein. Unser sozialistischer Staat, eingedenk des Wortes aus Marxens „18. Brumaire“, demzufolge die proletarische Revolution sich unablässig selber kritisiert, müßte im Gegensatz zu anachronistischen Gesellschaftsformen eine solche Unbequemlichkeit gelassen nachdenkend ertragen können.

Wir identifizieren uns nicht mit jedem Wort und jeder Handlung Biermanns und distanzieren uns von Versuchen, die Vorgänge um Biermann gegen die DDR zu mißbrauchen. Biermann selbst hat nie, auch nicht in Köln, Zweifel darüber gelassen, für welchen der beiden deutschen Staaten er bei aller Kritik eintritt.

Wir protestieren gegen seine Ausbürgerung und bitten darum, die beschlossenen Maßnahmen zu überdenken.

Sarah Kirsch
Christa Wolf
Erich Arendt
Jurek Becker
Volker Braun
Fritz Cremer
Franz Fühmann
Stephan Hermlin
Stefan Heym
Günter Kunert
Heiner Müller
Rolf Schneider
Gerhard Wolf

*Am 18. November 1976 schreibt der 51jährige* ***Wolfgang Heise****, Ordentlicher Professor für Geschichte der Ästhetik an der Humboldt-Universität zu Berlin und Mitglied der SED, den folgenden Brief.* ***Kurt Hager****, Mitglied von Politbüro und Staatsrat der DDR, war zuständig für Wissenschaft und Kultur.*

18.XI.76

Sehr geehrter Genosse Professor Kurt Hager!

Zur Biermannaffaire und ihren voraussagbaren Folgen Stellung zu nehmen, wähle ich diesen Weg – nicht ohne ein Gefühl der Vergeblichkeit. Es geht dabei nicht nur um Biermann.

Ich halte die Maßnahme seiner Ausbürgerung in Inhalt und Form für schädlich. Sie hat nach innen Vertrauen zerstört, eine Kluft aufgerissen, die zu überwinden wir uns doch bemühten, und dieser eine Tiefe und Breite gegeben, die sie in ihrer ganz gewiß vorhandenen Latenz nicht hatte. Konfrontationen wurden provoziert, die im Grunde – gerade weil die Machtverteilung so eindeutig – nicht tragbar sind.

Nach außen hin – abgesehen vom Festessen für die Propaganda des Westens – wurde politisch-moralische Glaubwürdigkeit abgebaut, dafür entstand der Eindruck, ein Konformismus polizeistaatlicher Prägung sei in unserer Republik Zwangsnorm.

Biermann selbst, den ich nicht überschätze, in der Versteinerung seiner Anfänge vor 14 Jahren, mit den damaligen Illusionen und Erwartungen, unfreiwillig tragi-komisch mit dem verzweifelten, doch ehrlich gemeinten Gestus des „Ich lasse Dich nicht, Du segnest mich denn" – er ist Produkt unserer Republik und Behandlungen. Aber ein Feind, der auszubürgern? Sind wir so schwach? So argumentslos? Zumal die positiven Argumente, die Dr. K. im ND-Kommentar für unsere Republik vortrug, auch von Biermann auf seiner Veranstaltung vorgetragen wurden.

Dass die Situation, in der Biermann war, ihn in alle möglichen Intrigen etc. verwickeln mußte – ja, was erwarten wir denn für eine schweigende, übermenschliche Frömmigkeit von einem, der seine Lieder singen wollte, dafür Publikum suchte und fand?

Hat nun Biermanns Auftreten oder das Verbot seiner Rückkehr die DDR mehr Sympathien gekostet? Das Auftreten, meine ich, keine. Die öffentlichen Proteste, eine neue Erscheinung bei uns, resultieren sie nicht aus dem

Mangel an öffentlichem Leben, Diskussion, Auseinandersetzung, die in unseren Ritualen zwischen Feier und Belehrung nicht vorhanden sind? Unser Ideal ist doch kein brav singender heiterer Chor – oder die Gemütsbedürfnisse derjenigen, die in pur exekutiver Existenz zufrieden sind.

Die jetzt für Biermann eintreten, treten nicht für sein Programm in dessen Verworrenheit ein. Ihre Sorge gilt der möglichen Dominanz polizeilich-militärischen Denkens. Sie ist nicht unbegründet. Ich halte ihre Stellungnahme für den Ausdruck einer Solidarität, die eine positive und produktive moralisch-politische Erscheinung ist. Ausdruck eines gereiften Bewußtseins der Mitverantwortung für politische Entscheidungen der Partei- und Staatsführung. Das gilt auch dann, wenn die Westpresse Kapital daraus zu schlagen sucht, manch falscher Freund sich anschließt oder Beifall klatscht. [...]

Ich sehe ein Zunehmen der Kluft zwischen Oben und Unten, zunehmenden Widerspruch zwischen Ideologie und Wirklichkeit, öffentlichem Rollenspiel und privatem Verhalten, zwischen dem, was alle wissen, und dem, was sie sagen, Müdigkeit und Subjektivismus in kulturell-geistigen Bereichen, was nicht aus diesen selbst zu erklären ist. Ich sehe Konflikte zunehmen, die aus dem Bewußtsein und der Erfahrung eines bloßen Objektseins – „derer da oben“, der Institutionen, Verhältnisse etc. erwachsen - und die gekontert werden mit jenem Subjektivismus, der die Spontaneität der Wirkung objektiver Bedingungen, Lebensumstände etc. auf bösen Willen oder ideologische Unklarheiten zurückführt. Wie sprechend sind nicht in dieser Hinsicht die verschiedenen Nostalgien, privaten Glückssurrogate etc., die melancholische Gestimmtheit der jungen Poetengeneration. Die Sinngebungen, die wir gesellschaftlich und offiziell proklamieren, erscheinen als bloßes Wort älterer Leute, die es geschafft haben.

Bei allen objektiven Zwangsläufigkeiten unserer Entwicklung – aus Ökonomie, geschichtlicher Konstellation etc. stammend, trotz der relativen Kleinheit des Spielraumes – scheint mir doch dieser im politischen wie kulturellen Bereich weder ausgeprobt noch erschöpft. [...]

Da das Wirkliche nicht das Mögliche, da wir auch nicht in einer vom Weltgeist gesteuerten Geschichtsmaschine sitzen, schrieb ich diesen Brief, mit dem Risiko, als Narr meiner Vernunftromantik dastehen zu können.

Mit sozialistischem Gruß

*Am 19. und 20. November 1985 findet in Genf ein Gipfeltreffen von **Michail Gorbatschow** und **Ronald Reagan** statt. Der schon 1982 gegründete Verein „Peace Bird eV" initiiert aus diesem Anlaß die Aktion „A letter to both", wobei ausgehend von Norddeutschland am Ende 28.000 **Kinderbriefe** aus 28 Ländern zusammenkommen. Es sind anrührende Bitten um Frieden und Verständigung in der Welt, die ihre Angst nicht verschweigen.*

**Kinder an Reagan und Gorbatschow**

Sehr geehrte Weltherrscher!
Ich bin 9 Jahre alt und zur selben Zeit als das AKW in Tschernobyl hochging, habe ich eine Schwester bekommen.

Da ich gerne mit meiner kleinen Schwester so ein hohes Alter wie Sie erreichen möchte, bitte ich die Atombomben, die Kernkraft und alle Waffen abzuschaffen und Frieden zu machen auf der ganzen Welt! Oder ist Ihnen die Jugend die jetzt heranwächst egal?

Es grüßt Sie Holger

Lieber Herr Reagan!
Ich will, daß Sie aus den Raketen und Bomben Fahrräder und Puppenwagen und Rollschuhe und lauter tolles Zeug machen.
Frieden ist besser als Krieg.

Florian (7 Jahre)

Liebe Staatspräsidenten der USA und der UdSSR!
Ich heiße Anico Maiwald bin 9 Jahre alt und habe gehört, daß Sie sich am 19. und 20. November in Genf treffen wollen und besprechen wollen, ob es gut ist, so viele Atombomben, Kriegsflugzeuge u.s.w. zu bauen. Ich hoffe, daß Sie zu dem Entschluß kommen, nichts mehr für den Krieg zu bauen, denn ich möchte noch größer werden.

Wenn es soviele Kriege gibt, wird die Welt zerstört und zertrümmert. Ich finde die Natur und überhaupt eigentlich die ganze Welt schön und kann es nicht verstehen, daß irgendwer die Welt zertrümmern kann.

Wir sind vernünftig, wir wollen keinen Krieg! Hört auf uns Kinder!

Anico

Sehr geehrter Herr Gorbatschow und sehr geehrter Herr Reagan!
Mir, und da bin ich sicher nicht die einzige, würden Sie eine große Freude machen, wenn Sie sich endlich einigen würden. Es ist mein größter Wunsch den ich zur Zeit habe.

Den Krieg nämlich stelle ich mir schrecklich vor. Ich zucke ja schon zusammen, wenn ein Düsenjäger über unser Haus fliegt. Dann fällt mir aber wieder der Krieg ein, der muß ja viel schlimmer gewesen sein. Und ich erinnere mich an die furchtbaren Erzählungen von Mami, Papi, Omi und Opa. Ja, sie waren im Keller gesessen und zitterten um ihr Leben. Jetzt haben die Blätter verschiedene Farben: rot, gelb, grün und braun, also fröhliche Farben. Die Menschen freuen sich an diesem Anblick. Wenn jetzt ein Krieg beginnen würde, dann käme es mir so vor, als hätte sich die mannigfaltige Welt in eine düstere Landschaft verwandelt. Sie wäre nur noch weiß schwarz und grau.

Sie, Herren Gorbatschow und Reagan, würden sicherlich die ganze Welt unglücklich machen, und das wäre schrecklich.
Bitte machen Sie keinen Krieg.

Herzliche Grüße
Ihre Barbara Häusele, 12 Jahre

Meine Herren Präsidenten!
Ich bitte Sie sehr, keinen Krieg zu machen. Wir Kinder wollen doch auch leben. Ich habe einen kleinen Kater, drei Schwestern und meine Eltern. Und ich will ja auch leben. Sehen Sie, wenn Sie viele Kinder hätten wollten Sie doch auch nicht daß Ihre Kinder im Krieg sterben. Und außerdem, wenn Sie schon Ihren doofen Krieg machen wollen, hätte ich eine Idee: Sie können ja einen Boxkampf machen mit Ihren Gegnern. Wer gewinnt hat den Krieg gewonnen. Daß wäre doch toll, und außerdem muß es dann nicht das Volk ausbaden. Was können wir denn dafür. Dann können Sie sich Ihren blöden Krieg hinter die Ohren stecken. Und die Atombomben gleich dazu. Ich habe diesen Brief geschrieben damit Sie wissen wie ich das finde wenn wir wegen Ihrer Politik in Kriegsgefahr kommen. Also bitte Frieden!!! Vergessen Sie den Krieg und kaufen Sie sich gleich Boxhandschuhe.

Mit großer Hoffnung, Eva

*Am 21. November 1937 schreibt der kurz zuvor 50 Jahre alt gewordene Schriftsteller* ***Arnold Zweig*** *dieses beschwingte Briefgedicht nach Sanary an die Freundin* ***Marta Feuchtwanger****, Frau seines – seit dem ersten Zusammentreffen 1922 bei einem Münchner Faschingsball – engen Freundes und Kollegen Lion Feuchtwanger.*

Carmel, Haifa, 21.11.37

Liebste Marta, Ihr reizender Brief
Bei großem Gewittersturm einlief,
Ende November, der Winter beginnt -
Niemand da Einwände wagt oder findt.
Ich las Ihre Zeilen. Sie sind ein Freund.
Außer Lion kein beßrer zu finden heunt;
Und Lachen, Heiterkeit, Lausbüberei
Noch seltner geworden ... Was ist dabei?
Als junge Kerle waren wir stur,
Sahen Geist, Werte, Literatur;
Zergliederten, prüften, wägten und probten,
Tadelten, grübelten, nickten und lobten,
Versaßen unsere schönen Jahre
Im kühlen Labor der Seminare.
Und unsre Freunde? Leute, die schrieben.
Unsre Mädel? Ach, wo die blieben!
Unsre Finanzen? Klein und kleiner.
Wer nahm uns ernst? Nur unsereiner.
Natürlich gingen wir flirten und tanzen,
Wanderten los mit unseren Ranzen,
Liebten die Berge, badeten fleißig
In bairischen Seen – zwischen zwanzig und dreißig.
Aber den richtigen Lebensschwung,
Den haben wir jetzt erst. Jetzt sind wir jung.
Wir schlagen uns mit der ganzen Welt,
Wir raufen um unser erarbeitet Geld,
Lieben den Wein (und bleiben nüchtern),
Sind vor den Schönen nicht mehr schüchtern,
Haben was Festes unter den Füßen
(Frau und Kinder müßtens büßen,
wenn der Hitlerdreck uns zu Bettlern gemacht).

Marta, ist da schwer gelacht?
Weniger bedürfen, als man hat,
Vorwärts leben, niemals satt,
Freunden immer zugewandt,
Stets ein Stück Arbeit bei der Hand,
Um die Wirkung nicht mehr besorgt,
Wiedergegeben, was man geborgt,
Keinen überflüssigen Streit,
Achtsam auf die gemeine Zeit,
Links das Herz und den Schädel oben-
So mit fuffzig laßt uns loben
Das Leben, das uns beutelt und steuert:
Und mit siebzig wird wirklich gefeiert.

Immer herzlich
Ihr Zweig

Den Brief anbei aus dem Lande Zion
Überreichen Sie bitte unserm Lion,
Damit er ihn lese und leite fort
An die Redaktion vom „Wort".

*1950 schreibt der 65jährige österreichische Dramatiker, Lyriker und Erzähler* ***Franz Theodor Csokor*** *diesen ungewöhnlichen Brief. Csokor ist 1969 in Wien gestorben.*

Zeit und Ort noch ungewiß

An meinen Tod!

Jetzt, da so manche meiner engsten Freunde, meiner durch das Blut oder durch Neigung mir lieb gewesenen Nächsten bei Dir sind, lebe ich wirklich so, als wäre ich aus Deinem Reich, dem ich durch eine Spanne meines Daseins schon zugehörig schien, in ein Exil geflüchtet, wo ich nun, mich der Lebensgrenze nähernd, den letzten dieser Briefe an Dich richte!

Während jener Frist, darin mich Kriege und Revolutionen mit ihrem Flammenglanz begleiteten, habe ich mir schon vorher einiges geleistet, dessen Absicht war, Dich herauszufordern. Ich habe in meiner Arbeit nicht den Menschen als Vollkommenheit gesucht, sondern die von Dir durch Verfolgung und Leid entstellte und entblößte Kreatur, deren Sache ich zu der meinen machte. Ich habe erbittert aufgezeigt, wie Du Dir die Tapfersten, die Edelsten, die Liebevollsten und die Schönsten früher zu holen pflegst als Feiglinge und Schurken – und daß nur eine Angst uns ehrlos werden läßt: die Angst vor Dir!

Auch mir rückst Du bald an den Leib, der heute eine eingekreiste Festung ist. Über den Ausgang dieser Belagerung besteht kein Zweifel - ich trachte bloß, ihn noch hinauszuzögern. Freiwillig streiche ich die Fahne nicht. Und schließlich wirst Du ja dennoch siegen!

Mach es dann wenigstens gnädig – das heißt: kurz – mit mir! Ich kann das von Dir beanspruchen, denn wir sind zusammen lang genug auf Wanderschaft gewesen. Im Brand von Warschau hieltest Du Dich hinter mir, im Erdbeben von Bukarest, im Bombardement von Belgrad – und so immer fort auf einer Flucht durch Reiche, die um uns zerfielen, durch Völker, die man wie Ungeziefer ausgerottet hat.

Nur mich, Du großer Mörder, hast Du dabei verschont - und nun bin ich so alt geworden, daß ich das Leben inbrünstig wieder liebe und mir brennend wünsche, Dich dürfe es nicht geben! Und trotzdem gibt es Dich.

Nicht so sehr Furcht ist es, die ich deshalb vor Dir verspüre, mehr das ungewisse Grauen, auf welche Art Du nach mir greifen wirst. Soll ich mich erst in eine Jauchengrube verwandeln müssen, auf deren Grund Du wartest? Denn wie der Mensch zur Welt kam, so scheidet er von ihr, und „intra faeces et urinam nascimur", sagt der Kirchenvater.

„Aber dazwischen langen wir nach den Sternen" – sage ich.

Und jenen Blick hinauf nach oben möchte ich noch tun, bevor mir Deine Büttel Schmerz und Ekel diese Haltung rauben. Gönne ihn mir, ehe Du mich aus dem Exil des Lebens niederziehst zu Dir!

Wie, wann und wo – das ist nun Deine Sache.

Dein alter Kamerad
F. T. C.

*Am 22. November 1989 schreibt der Vorsitzende des Bundes der Evangelischen Kirchen in der DDR, Landesbischof* ***Dr. Werner Leich****, an* ***Dr. Hans Modrow****, den vorletzten Ministerpräsidenten der DDR.*

Berlin, 22. November 1989

Sehr verehrter Herr Ministerpräsident!

Zu Ihrer Bestätigung als Ministerpräsident der Deutschen Demokratischen Republik durch die Volkskammer will ich Ihnen meine guten Wünsche schicken.

Sie wissen wie ich, daß die Bürger unseres Landes die Volkskammer nicht als ein demokratisch gewähltes Organ ansehen können und darauf warten, daß es freie, geheime, gleiche und jederzeit kontrollierbare, dem Führungsanspruch der SED entnommene Wahlen bald geben wird.

Diese Erwartung vermindert für mich in keiner Weise die Größe der Aufgabe und der Verantwortung, die Sie als Regierungschef übernommen haben. Sie werden in mir selbst und ganz gewiß auch im Bund der Evangelischen Kirchen in der DDR Unterstützung finden. Wir wollen den äußerst schwierigen Weg des Aufbruchs zur Erneuerung unserer Gesellschaft in der Wahrheit mit allen gemeinsam gehen, die sich ehrlich darum bemühen, auf den Willen der Bevölkerung zu hören, mit der Bevölkerung zu sprechen und sich den Mehrheitsentscheidungen der Bevölkerung zu unterstellen. Ich will das Meine dafür tun, daß für das Bleiben in der DDR, für persönliche Verantwortung am Arbeitsplatz geworben und vor dem Mißbrauch des Umtauschs der Währung der DDR zu unannehmbaren Kursen gewarnt wird. Wir hoffen, daß wir durch schwere Zeit hindurch doch das gute Ziel erreichen, das sich die große Mehrheit unserer Bevölkerung gesetzt hat.

Dazu brauchen wir Ihre politische Weitsicht, Ihre Besonnenheit und Ihren ganzen Einsatz.

Ich wünsche Ihnen, daß Sie die Erwartungen erfüllen können, die viele an Sie richten.

Unsere Evangelischen Kirchen beten in ihren sonntäglichen Gottesdiensten immer für die Verantwortlichen im Staat und in der Gesellschaft. Dieses Gebet ist für uns keine Formsache. Wir bitten Gott, daß er allen, die in

Regierungsverantwortung genommen sind, Kraft und Weisheit und Achtung vor der Würde des Menschen schenkt. Wir fragen in unserem Gebet nicht nach der religiösen Überzeugung oder der Weltanschauung derer, für die wir beten. So sind auch Sie an einer hervorragenden Stelle in die sonntäglichen Gebete in unseren Gottesdiensten eingeschlossen.

Als einer der Beter möchte ich Ihnen gern sagen, daß für Sie eine große Kraftquelle erschlossen ist.

In aufrichtiger Hochachtung
grüßt Sie

Dr. Werner Leich
Landesbischof

*Am 23. November 1914 schreibt der 24jährige Maler **Egon Schiele** drei Glückwunschbriefe: den ersten an den Malerkollegen und künftigen Schwager **Anton Peschka**; den zweiten an die Schwester **Gertrude Schiele**, den letzten an seine Mutter **Marie Schiele**.*

Wien XIII., Hietzinger Hauptstraße 101
23. November 1914

Lieber Anton Peschka!

Wir kennen uns lange – das Leben war für Dich traurig – Du wurdest dadurch erzogen, weil Du viel erlebtest – die Zeit muß anders werden. Du hast einen großen Fehler an Dir, ohne den Du wachsen müßtest. – Du sollst Herr sein und dirigieren. Wer mit Überlegung lebt, wird schneller fortkommen. Wir dürfen nicht Bauern sein oder bodenständige Leute, schon das soll uns unterscheiden, – die Vergangenheit dürfen wir nie wieder wünschen, – das wäre Rückkehr. Darum möchte ich mit Euch nicht hierbleiben, – sondern nach dem Krieg nach Berlin und den Mut haben, von Neuem zu leben beginnen, – dazu wünsche ich Euch und mir Erkenntnis, Klarheit und Glück.

Herzlichste Grüße
Egon Schiele.

Liebe Gerti!

Wir leben in der gewaltigsten Zeit, die die Welt je gesehen hat. – Wir haben uns an alle Entbehrungen gewöhnt – hunderttausende von Menschen gehen kläglich zugrunde – jeder muß sein Schicksal lebend oder sterbend ertragen – wir sind hart geworden und angstlos. – Was vor 1914 war, gehört zu einer andern Welt, - wir werden also immer in die Zukunft schauen, – wer hoffnungslos ist, gehört zu den Sterbenden, – wir müssen bereit sein, alles, was das Leben bringt, zu ertragen.

Und wie nach dem Unwetter die Sonne scheint, so werden auch wir die Sonne erleben. Dies Glück wünsche ich Dir als Dein Bruder

Egon Schiele.

# 23. NOVEMBER

Liebe Mutter!

Alles, was ich an Gerti und Peschka schrieb, sollst Du verstehen und will ich Dir wünschen. Nur noch etwas: Du mußt erkennen, daß Du als Mutter bis morgen den 24. November 1914 Deine Pflicht, soweit es möglich war, getan hast, – nun wendet sich das Leben wie die Zeit und Du mußt der Jugend den Weg räumen und alle ihre Ansichten und Taten erfassen und befolgen; das ist der Kreislauf des Daseins, das „Neue" zu fördern und zu achten – die Vergangenheit ist ohne Leben, nie daran denken, wie Deine Nächsten sich einstmals verbündeten, dies ist fort und diese Zeit kommt nie wieder, – nie ihre Sitten und Gebräuche. – Gib Gerti manchmal Anleitungen, – wünsche ihr das Beste und erinnere sie nicht an Unangenehmes. Mit mütterlicher Liebe als Selbstzweck, stehe ihr bei, helfe ihr und sie wird Dir dankbar sein und Dich lieb haben.

Herzlichst
Egon Schiele.

Ich komme vielleicht um 5 Uhr.

*Am 24. November 1971 schreibt **Karola Bloch – Ernst Bloch** kann nicht mehr schreiben und lesen – einen gemeinsamen Brief der Blochs an **Rudi und Gretchen Dutschke**, die seit diesem Jahr im dänischen Aarhus leben. Im Februar 1968, genau zwei Monate vor dem Attentat auf Dutschke, waren sich der 82jährige Philosoph und der knapp 28jährige Studentenführer zum ersten Mal begegnet. Seit dieser Zeit rührt ihr Briefwechsel, der immer mehr zum freundschaftlichen Gedankenaustausch wird.*

Tübingen, 24.11.71

Ihr lieben Dutschkisten,

wir haben lange nichts von Euch gehört und wissen nicht, ob Ihr noch in Aldershvile seid, oder vielleicht in einer Behausung in Aarhus. [...] Jedenfalls bitten wir um Nachricht. Neulich war ein Student hier, der über den Materie-Begriff von Bloch promoviert, aus Frankfurt, und er erzählte, Gerüchte gehen herum, daß Ihr nach Frankfurt kommt. Hoffentlich ist das nur ein Gerücht, wir sagten jedenfalls, daß das so gut wie ausgeschlossen sei, vorerst. Rudi, Du wärst sehr traurig geworden, wenn Du die gegenseitige Zerfleischung der Linken aus der Nähe erleben würdest. Auf der anderen Seite freut man sich über Zeugnisse der Solidarität. So haben die Studenten in Tübingen vorige Woche gestreikt, weil 18 Mediziner exmatrikuliert wurden, wegen Platzmangel. Nun sind die 18 wieder drin und versuchen auch an die Leichen heranzukommen. Die Olympiade in München kostet Milliarden, aber Plätze für Studenten werden nicht geschaffen.

Die Vortragsreise von Ernst ist nun zu Ende. Der Vortrag über Emanzipation in Wuppertal war sehr hübsch, aber nicht wesentlich. Ernst kann jetzt, wo er nicht selbst lesen kann, schwer neue Dinge aufnehmen. Ich habe ihm manches aus dem ausgezeichneten Buch der Millet erzählt, auch von dem sehr guten „Frauenemanzipation", Schriften zum Klassenkampf, er hat auch sein Wissen um den neueren Stand der Frauenfrage bereichert, aber die Tiefe fehlte, wenn er nicht seine alten Gedanken wieder aufnahm. Interessant fand ich, was Ernst zu der anderen Merkwelt sagte: da das Patriarchat herrscht, also auch die Sprache von Männern aufoktroyiert ist, verlieren wir die Merkwelt, die den Frauen eigen ist, wir verarmen auf diese Weise. Erst in einer völlig gleichberechtigten Gesellschaft werden wir durch die andere Merkwelt der Frauen bereichert sein. Viele Schriftstellerinnen, die eine eigene Sprache sprechen wollen, verlieren sich ins Stammeln angesichts der männlichen Hybris. (Ingeborg Bachmann z.B.).

In Köln sprach Ernst über das Prinzip Hoffnung, vor begeisterten Menschenmassen. Der schönste Vortrag war aber über Thomas Münzer. Das war einfach grandios, man hatte das Gefühl, Münzer steht da leibhaftig auf dem Podium. Ich mußte an Dich, Gretchen, denken, wie sehr Dich der revolutionäre Elan von Ernst begeistern würde.

Zurück zur Frauenemanzipation: für mich war es ausgezeichnet, daß ich mich mit der Materie etwas befassen mußte, denn ich steckte auch noch in den alten Auffassungen. Simone de Beauvoir übrigens, die ich schon mal angesehen habe, finde ich furchtbar geschwätzig. Ich kann sie nur diagonal lesen. Es gibt auch keine Eindeutigkeit, während Millet präzise und äußerst spannend ist. [...] In der BRD rollt jetzt eine Welle gegen den § 218. Wir werden in Tübingen am 4.12. eine Demonstration haben. Der Kreis von Frauen, der sich damit beschäftigt, hat Eure Emanzipationsbriefe ablichten lassen und die kursieren nun hier. Die Frauen sagten: man möchte da zu Dutschkes fahren, sie wollten alles von Euch wissen. Wie überhaupt, wenn jemand erfährt, daß wir bei Euch waren, dann will er gleich von Euch wissen. Alle freuen sich, daß es Euch gut geht, daß Du, Rudi, wieder gesund bist. Du bist der positive Geist der Studentenrevolte, unvergessen und geliebt. Heute haben wir keinen, der sich an Dir messen kann. Leider. Sonst wäre es vielleicht doch anders in der BRD.

[...] Wie gehts den Kindern? Die Bilder aus Knebel hängen bei mir im Zimmer und ich freue mich jedesmal, wenn ich Euch alle in guter Laune sehe. Haben die Kinder die Schokolade und noch einen Traktor bekommen? Es folgt noch für Rosa eine wunderbare Lokomotive, die mittels Batterie fährt, und zischt und leuchtet. Am liebsten hätte ich auch eine für mich selbst gekauft, aber ich schäme mich, werde ja bald 67 Jahre alt ...

Bitte vergeßt uns nicht und schreibt wiedermal, berichtet über alles. Ernst und ich sind an allem interessiert.

Wir umarmen Euch in Freundschaft und Solidarität

Eure Karola und Ernst

*Am 25. November 1935 schreibt* ***Willy Brandt*** *an seine Kollegin, die Journalistin* ***Hilde Walter****. Beide sind seit 1933 Emigranten: Brandt in Norwegen, Walter in Frankreich.*

*Am 11. November hatte das Nobel-Komitee mitgeteilt, daß der Friedenspreis für 1935 nicht vergeben werde. Deutsche und europäische Künstler waren dafür eingetreten, den Preis an Carl von Ossietzky zu vergeben, der seit Februar 1933 in Gefängnissen und im KZ saß. Brandts Brief widerspiegelt die Enttäuschung, aber auch Entschlossenheit der Befürworter, die schließlich zum Ziel führte: 1936 wurde der Friedensnobelpreis (für 1935) an Ossietzky verliehen.*

Sehr geehrte Frau Walter,

ich danke Ihnen bestens für Ihre Briefe vom 7. und 13. dieses.

Die betrübliche – und ausgesprochen feige – Entscheidung des Komitees macht es ja nun überflüssig, daß ich am 10. Dezember zu Ihrer Verfügung stehe. Ich hätte es gern getan und bin selbstverständlich auch weiterhin bereit, an der gemeinsamen Sache nach besten Kräften mitzuwirken. Als wir am vorigen Dienstag die Entscheidung des Komitees erfuhren, sprach ich sogleich mit Frau Lunden, durch die Sie ja auch sogleich unterrichtet wurden.

Wir sind uns voll darüber im Klaren, daß die Situation nun für O. sehr ernst ist. Das sozialistische „Arbeiderbladet" hatte in der Woche vor der Entscheidung noch einen Artikel gebracht, in dem ich auch ausdrücklich auf diese ernste Lage hinwies. Jetzt ist uns ein unvor[her]gesehener Umstand zu Hilfe gekommen: Knut Hamsun schrieb am Freitag in den Osloer Zeitungen „Aftenposten" und „Tidens Tegn" einen schoflen Angriff auf Ossietzky. Der Tenor der Sache war der: O. hat sich ja absichtlich einsperren lassen – er hätte fliehen können - um den Leuten im Ausland Agitationsstoff zu geben. Ich glaube, daß Hamsun sich direkt von den Nazis mißbrauchen ließ und daß es sich um einen bestellten Artikel handelt. Er wird darum wahrscheinlich auch in der Presse anderer Länder auftauchen. Hamsuns Artikel wirkte hier wie eine Bombe, er löste gewaltige Empörung in allen Kreisen aus. Am gleichen Tag brachte das liberale „Dagbladet" auf der ersten Seite eine Antwort des jungen Dramatiker[s] Nordahl Grieg unter der Überschrift „Antworte Ossietzky!", in dem er darlegte, wie der mutige Hamsun einen Mann mit Dreck bewirft, der in Papenburg gefesselt liegt.

Redaktionell wurde auch eine längere Antwort gebracht, ebenfalls in „Arbeiderbladet". Am Sonnabend brachte „Dagbladet" den Artikel von Frau Lunden über den gegenwärtigen Zustand O.s. In „Arbeiderbladet" schrieb Haakon Meyer, ein einflußreicher Mann der Linken, daß Hamsuns Angriff bewiesen habe, mit welchem Recht Ossietzky für den Friedenspreis vorgeschlagen worden sei. Er konkludierte damit, zu sagen, daß es noch nicht zu spät sei, daß das Komitee sich erneut versammeln und sich für O. entscheiden müsse. Daraus wird nun zwar sicher nichts werden.

Es wird aber zu einer neuen breiten Aufrollung des ganzen Falls kommen, auch in den andern nordischen Ländern. Und damit dürfte der Sache angesichts der traurigen Gesamtlage doch noch gedient sein.

Wichtig ist aber nun vor allem Folgendes: am letzten Januar läuft wieder die Frist für die nächstjährige Verteilung ab. Es ist unbedingt notwendig, daß O. so schnell wie möglich wieder von einigen vorschlageberechtigten Personen und Institutionen vorgeschlagen wird. Erstens damit man nicht zu spät kommt, zweitens aber auch, weil die Veröffentlichung dieser neuen Vorschläge verhindern kann, daß ein gefährliches Schweigen über den Fall O. eintritt.

Die Parlamentsfraktion der hiesigen Arbeiterpartei hat übrigens auch Vorschlagsrecht. Sie hatte sich in diesem Jahr wie früher für den ehemaligen Stockholmer Bürgermeister Lindhagen ausgesprochen. Wenn nun die neuen Vorschläge rasch genug kommen, halte ich es nicht für ausgeschlossen, daß ich dahin wirken kann, daß sich die Fraktion evtl. für O. einsetzt. Das wäre immerhin nicht ohne Bedeutung.

Bitte, halten Sie mich über alles unterrichtet. Und teilen Sie mir mit, welches Material Sie von mir haben wollen.

Mit freundlichen Grüßen

Ihr
gez. Willy Brandt

*Am 25. November 1947 schreibt **Wolfgang Langhoff**, Intendant des Deutschen Theaters Berlin, seinem Freund, dem Komponisten **Paul Dessau**, den folgenden Brief. Langhoffs Einladung wird angenommen: Ein Jahr später übersiedelt Dessau nach Berlin.*

Berlin, 25. November 1947

Mein lieber guter Paul!

Heute hatten wir eine ganz große Freude. Wir haben durch Snyder von Dir ein im September abgeschicktes Paket erhalten sowie drei schöne und lange Briefe, und zwar vom 14. September, 20. Sept. und 5. Oktober. Habe recht herzlichen Dank für alles. Die in Aussicht gestellten Kleiderpakete haben bei uns auch eine riesige Freude ausgelöst. Nach Deinen Briefen zu urteilen, muss also noch ein Oktoberpaket unterwegs sein. Wir haben uns gewundert, dass die Post und das Paket so lange Zeit gebraucht haben. Auf jeden Fall aber ist es ja nun angekommen.

Inzwischen ist Brecht nun in Zürich eingetroffen und hat mir durch Hirschfeld schon ganz präzise Vorschläge gemacht. Er will in den Monaten März/April nach hier kommen, um hier die „Mutter Courage" mit der Helli Weigel zu inszenieren. Wir freuen uns alle sehr auf ihn. Ich nehme an, dass Deine Musik zu „Mutter Courage" inzwischen bei dem Baseler Verlag eingetroffen ist, sodass wir also auch Deine Musik dazu haben werden.

In diesem Zusammenhang, mein Lieber: wie wäre es, wenn Du auf längere Zeit zu uns nach Berlin kämst? Ich mache Dir hiermit das offizielle Angebot, als Hauskomponist des Deutschen Theaters nach Berlin zu kommen. Arbeit für Dich gäbe es in Hülle und Fülle, und zwar nicht nur bei uns, sondern Oper, Rundfunk, Film, Symphonieorchester usw. Für Unterkunft und einigermassen menschenwürdige Verpflegung kann von mir aus gesorgt werden. Lass Dir doch die Angelegenheit gründlich durch den Kopf gehen und gib mir sobald als möglich Bescheid. Wenn wir z.B. im Monat März mit den Proben zu „Mutter Courage" beginnen, wäre es natürlich grossartig, wenn Du dabei sein könntest.

Ich weiss nun nicht, wie Deine Staatsbürgerverhältnisse sind. Auf jeden Fall spreche ich sofort mit Mr. Benno Frank, um zu hören, was er auf Deine Briefe zu antworten hat. Unter Umständen käme ja auch einmal ein etwa halbjähriges Gastspiel von dir in Berlin in Frage.

Den „Woyzeck“ habe ich inzwischen herausgebracht, leider nicht mit Deiner Musik; ich muss aber objektiv sagen, dass die Bühnenmusik von H. Trantow (der frühere ständige Begleiter der Palucca) sehr anständig war. Meine Inszenierung hat eine geteilte Aufnahme gefunden, pro et contra, wie das eben so ist.

Dem Publikum aber scheint sie zu gefallen, denn wir haben ausverkaufte Häuser.

Wenn es von Nutzen für Dich ist, schicke ich Dir sofort einen Vertrag. Schreibe mir also umgehend, vielleicht per Flugpost, wie Du darüber denkst.

Sei mir nicht böse, dass ich heute nur so kurz schreibe, ich habe noch sehr viel zu tun.

Zur Zeit ist die Dorsch bei uns und auch Gustaf Gründgens gastiert wieder, und das bringt eine Menge Dispositionsarbeit mit sich.

Von Renate, die Dir noch besonders schreiben wird, und den Kindern vielen, vielen Dank und die allerherzlichsten Grüsse. Von mir einen festen Händedruck!

Dein
Wolfgang

*Am 24. November 1907 schreibt* ***Alfred Lichtwark****, der Direktor der Hamburger Kunsthalle, an den Maler* ***Max Liebermann*** *in Berlin. Liebermann hat von Reichskanzler Fürst Bülow eine Kreidezeichnung gemacht, die in der „Woche" veröffentlicht wurde.*

Kunsthalle zu Hamburg
24.XI.07

Verehrtester Freund,

Sie haben die Fahrten und Abenteuer vieler Märchenprinzen wohlbestanden hinter sich, des Drachentöters, des der auszog, das Fürchten zu lernen (was ihm bekanntlich nicht gelang), dessen, der das Dornröschen geweckt hat, und nun sitzen Sie auf dem errungenen Thron der Unsterblichkeit.

Aber was Sie in diesen Tagen erleben, ohne doch eigentlich etwas davon gewahr zu werden, das haben Ihnen alle Jahre des Kampfes und selbst die Thronbesteigung und Krönungsfeier des sechzigsten Geburtstags nicht gebracht: Ihr Bülowbildniß hat eingeschlagen wie in alten Zeiten eine Caricatur von Oberländer, die Phantasien des kleinen Moritz oder die Française im Gefängniß.

In allen Familien, an allen Stammtischen Deutschlands, in allen Cafés und allen Clubs des Auslandes drängen sich seit vorgestern die Köpfe um die letzte Nummer der Woche und suchen zu verstehen, was Sie über den großen Unbekannten aussagen.

Viele Tausende, die von Ihrer abwehrenden und für viele – Sie wissen, welcher Art sie sind – abstoßenden Kunst bisher ungerührt geblieben sind, denen Sie selbst nach dem Besuche aller Ihrer Ausstellungen ein bloßer Name waren, fühlen sich nun zum ersten Male in Ihrem Bann.

Ich saß gestern in einem überfüllten Café und hörte, was am Nebentisch junge Kaufleute sagten, gewöhnliche Menschen, wie sie zu Tausenden durch die Welt gehen, ohne etwas anderes zu bemerken als Kanonenschläge, Feuersbrünste und Erdbeben. Keiner hatte den Kanzler gesehen. Sie kannten nur Photos und Caricaturen. Jetzt kriegt man doch mal einen Begriff von ihm, hieß es. Er hat einen sonderbaren Blick, wenn man ihm in die Augen sieht, ist es kaum auszuhalten. Der Mund sieht aus, als wollte er gleich was sagen. Und so weiter.

Diese selben Leute könnten stundenlang mit dem Kanzler auf einem Dampfer oder bei einem Fest zusammensein, ohne von all dem, was Sie durch die Intensität Ihrer Kunst unmittelbar empfinden, einen Hauch zu spüren.

Nun werden sie das Bildniß und den Künstler wieder vergessen, den Künstler zuerst, wenn ihr Bewußtsein überhaupt bis zu dem Grade der Helligkeit erleuchtet wurde, um den Namen des Künstlers zu suchen und zu erkennen. Wie sie werden Millionen andere, in denen der Funke Ihres Geistes für einen Moment einen Reflex gefunden hat, wieder in die gewohnte Dunkelheit versinken. Aber ungeheuer groß wird die Zahl derer bleiben, die seit dem Erlebniß dieses Bildnisses mit suchendem Blick und Herzen vor Ihre Bilder treten werden.

Ich mußte es Ihnen sagen, weil ich seit vorgestern überall darauf angeredet werde. Man scheint das Gefühl zu haben, man müßte mir einmal etwas Freundliches über Sie sagen.

Verzeihen Sie die Flecke und das Uebergewischte, es kommt von der Eile, und ich kann diese Zeilen beim besten Willen nicht noch einmal schreiben.

Mit herzlichem Gruß
der Ihrige

Lichtwark

*Am 21. November 1939 und nur wenige Wochen nach dem Ausbruch des Zweiten Weltkriegs schreibt der 62jährige Schriftsteller und Zeichner* ***Alfred Kubin*** *an seine – sehr viel jüngere – Kollegin* ***Margret Bilger****.*

Zw.[ickledt], 21.11.39.

Liebe Bilgerin Dank! Also heute kamen Ihre schönen Blätter und alle sind mir willkommen zum Anschauen und ermuntern den etwas oft müden alten Mann A.K. Ich spüre wie seit ein paar Jahren manchmal mein Herz, das ist ein peinliches Gefühl –

Haben Sie Dank für die Schnitte besonders. Ich nehme diese nur unter der Bedingung des Tausches und lege etliche frühe Lithos von mir dann der Rücksendung bei – Über die 3 Aquarelle bin ich überrascht! Ein auf Nuancen gebautes großes Zusammenhalten – farbig höchst saftig! (Wenn Sie wieder einmal hier sind muß ich Ihnen die Spende der österreichischen Künstler zu meinem 60. zeigen zumeist Aquarelle!! die Ihnen vielleicht zum Teil recht gefallen werden.) Das Bucklige Männlein – liegt mir weniger nahe, hingegen wie aufschlußreich diese Skizzen – die mir sehr wichtig waren um eine vertiefte Einsicht zu finden wie Sie d.h. Ihre Seele arbeiten – Ich bin ja im Grunde ein Schwarz-weißmaler – mir ist Farbe Schmuck nicht Baustein – Ihre Holzschnitte zeigen eine Synthese, die unbewußt aus Ihrem Wesen aufsteigt, aber ich begreife wohl, daß man nicht immer solche Dinge machen kann und will, ging es mir manchmal in alten Jahren ähnlich – Ich finde z.B. in den Arbeiten der Kollwitz ein 100 000fach gewaltigeres Können aber den unwillkürlichen unvorhergesehenen Haschischtraum gerade das was ich suche, was aus dem Unbewußten auftauchend wie ein Gespenst plötzlich dasteht hat die Kollwitz nicht – Sie bleibt bei aller Meisterschaft mit einem Stück ihres Wesens im Tendenziösen stecken – im Stofflichen.

Also bis nach Seestetten sind Sie vorgedrungen und haben den Dichter gesprochen – Wenn sich wieder einmal eine Zwickledtgelegenheit findet zum Plaudern, bitte erinnern Sie mich, daß ich Ihnen die Blätter von Georg Ehrlich zeige, die er machte bevor er Bildhauer wurde – Ich lege den Dingen für Sie auch etwas von meinem Pariser Freunde Jaques E. Sondregger bei. Gott wie bin ich abgeschnitten von meinem besten Freunde zur Zeit – Ich habe viel Schreibereien auch wegen meinem Buch und sonst Berufliches – und die Tage werden draußen wie leider auch in mir, dem alten

Zeichner, immer kürzer – als vor 2 Tagen der rasende Sturm das Kaminblech vom Dache abriß nahm ich es schon ein wenig tragisch symbolisch – eben wegen der Herzpein – heute, die helle Frische tat mir aber wieder recht wohl –

alles Liebe auch v. m. Frau –

Immer Ihr Kubin

Was werden Sie zu dem W.[illiam] Blake sagen? – Ich erhielt zum Geschenk einen Orig. Entwurf von W.B. Irgendwie wird Sie das berühren es sind groß gesehene Träume!! 100000000 Dank Sie Zauberin – Ich behalte also die Holzschnitte und 1. Bleistiftskizze [...]

*Am 29. November 1937 schreibt die 16jährige Gymnasiastin* ***Sophie Scholl*** *an ihren vier Jahre älteren Freund* ***Fritz Hartnagel****. Es wäre ein ganz unbekümmerter Jungmädchenbrief, tauchte da nicht plötzlich das Wort „Gestapo" auf. Sophie Scholl war in diesem Monat zum ersten Mal verhört worden, weil sich ihr Bruder Hans der verbotenen Bündischen Jugend angeschlossen hatte. – Am 22. Februar 1943 wurden die Geschwister Scholl gemeinsam mit dem Freund Christoph Probst in München-Stadelheim hingerichtet. Sie hatten Flugblätter in der Universität ausgelegt und von der Brüstung des Atriums in den Hof flattern lassen.*

Ulm, 29.11.1937

Lieber Fritz!

Bilde Dir bitte nichts ein, wenn wir Dir schon wieder schreiben, aber es ist todlangweilig, und wir müssen Dir auch was auftragen. Also: Frau Kammerer kommt diese Woche zu meiner Mutter, und dann schwätzen sie übers Winterlager, ob sie ihre Töchter fortlassen könne oder nicht. Es gehen also nur wir zwei Scholls und Annelies [Kammerer]. Euch treffen wir dann zufällig (das darf H. Kammerer nicht erfahren). Kann man uns drei nun nach Schindelberg anmelden? Ihr meldet euch dann eben nachher bei denselben an. Aber so, daß es unsere Eltern nie erfahren. Kannst Du das machen? Schreib das bitte so bald wie möglich, sonst müssen wir Frau K.'s Besuch bei Frau Scholl aufschieben.

Wie wir am Samstagmorgen heimkamen, war die Glastür geschlossen (kommt sonst nie vor). Wir haben gezittert und gebebt und dann mutig geläutet. Mein Vater guckte zum Fensterle raus und glaubte, es sei die Gestapo. Er war so freudig überrascht, daß nur wir's sind, und wir wurden nicht verschimpft.

Am 8. Dezember ist das Kränzchen von Inge. Kommst Du? Als mein Partner, oder noch besser mit Scharlo. Gib wegen Schindelberg schnell Nachricht.

Es ist soo langweilig hier.

Sofie Scholl

# 30. NOVEMBER

*Im November 1929 schreibt der Philosoph **Ludwig Wittgenstein** seiner **Schwester Hermine** den folgenden Brief, in dem es zwar nicht um philosophische Fragen, wohl aber um gleichfalls recht schwierige Familienprobleme geht. – Übrigens wurde der „Vorschlag“ von den Geschwistern „sehr freudig“ begrüßt.*

[November 1929]

Liebe Mining!

Ich sehe voraus, daß das ein langer Brief sein wird. Ich will Dir nämlich über etwas schreiben, worüber zu schreiben ich mir schon lange vorgenommen habe und bitte Dich sehr, was ich sage wirklich in Erwägung zu ziehen und nicht einfach in den Wind zu schlagen. Ich will Dich und Paul um etwas bitten, was unser Weihnachtsfest (ich meine das in der Alleegasse) betrifft. Du weißt gewiß, daß es, seit Mama tot ist, nicht mehr so ganz und gar befriedigend war und ich glaube, das ist sehr selbstverständlich; bevor ich es aber erkläre will ich gleich meine Bitte sagen, die ist, einige Freunde, die wir alle gern haben, dazu einzuladen. (Das geht nur so eher, wenn wir unser Weihnachten ohnehin am 25.ten feiern). Nun, der Grund ist der, daß nicht einmal wir 5 Geschwister (aber noch weniger wir und unsere Neffen und Nichten) so geartet sind daß wir alle zusammen und ohne die Sauce der Freunde eine gute Gesellschaft geben: Du kannst mit mir oder der Gretl ein Gespräch haben, aber schon schwerer wir alle drei zusammen. Paul und Gretl noch viel weniger. Die Helene geht mit jedem von uns gut zusammen, aber es würde uns doch nie einfallen zu dritt Du, Helene und ich zusammenzukommen.

Wir sind eben alle ziemlich harte und scharfhäutige Brocken, die sich darum schwer aneinander schmiegen können. – Dagegen geht es herrlich, wenn Freunde dabei sind, die einen leichteren Ton und noch anderes was uns fehlt in unsere Gesellschaft bringen. Daß es möglich ist am Sonntag die Geschwister in der Alleegasse zu haben, verdanken wir nur unseren Freunden. Ich meine natürlich nicht, daß die einzelnen Geschwister nur kommen, um ihre Freunde und nicht eigentlich nur ihre Geschwister dort zu treffen, aber zu vielen ist es nur gemütlich unter uns, wenn wir durch Freunde verdünnt sind. Wenn ihr Euch das überlegt, so werdet Ihr zu dem selben Ergebnis kommen, wenn es Euch nicht ohnehin wohl bekannt ist.

Nun glaube ich durchaus nicht, daß man sagen kann: Das ist aber traurig, daß wir nicht im Stande sein sollten, unter uns allein gemütlich zu sein. Daran ist gar nichts traurig, sondern unsere Naturen sind so und unsere ersprießlichsten Eigenschaften hängen zum Teil damit zusammen. – Unter uns taugen wir zum Gespräch d.h. zur Geselligkeit zu zweit – aber nicht eigentlich zu Spielen u. dergleichen. Und wenn man beisammen ist, muß man Etwas tun. [...] Das bloße Anschauen des Baumes und der Geschenke genügt auch nicht. Du kannst freilich sagen: Dann machen wir eben unser Weihnachten sehr kurz, so daß es gerade von der Bescherung, dem Abendessen und einem kurzen Beisammensitzen ausgefüllt wird. Aber das ist erst recht ein schlimmes Prinzip! Denn dadurch wird das Ganze wie zu einer leeren Formsache. [...] Noch einmal: es ist nicht einzusehen wie wir das, was wir das ganze Jahr hindurch nicht können und nicht wollen, nämlich ohne Gesellschaft von Freunden alle Fünf beisammen zu sein, warum wir das an diesem einen Abend mit gutem Erfolg zusammenbringen sollten. Ihr werdet vielleicht sagen: die Freunde des einen sind nicht die des anderen. Dann werden wir eben nur solche einladen die jeder verträgt (ich werde alle vertragen). [...] Und solltet ihr sogar jemand einladen der manche weniger angenehme Eigenschaft hat – wie die Luise – so wird das sehr schön werden weil alle wissen, daß wir jemandem eine große Freude gemacht haben [...]. Ich habe über diese Sache auf der Hochreit einmal mit Helene ein Gespräch geführt und sage das hier nur damit es nicht wie eine Heimlichkeit erscheint. – Bitte, liebe Mining, gib diesen Brief ohne Commentar dem Paul an den er ja, natürlich, ebenso gerichtet ist, wie an Dich. Ich habe ihn nur darum Dir geschrieben, weil es mir natürlicher ist, Dir diese Sache vorzutragen – Bitte zieht sie in Erwägung und seid herzlichst gegrüßt von Eurem

Ludwig

*Am 1. Dezember 1937 schreibt* ***Hans Fallada*** *den folgenden Brief an seinen Schriftstellerkollegen* ***Hermann Broch****. Broch hatte Fallada neben Anerkennung, ja sogar Bewunderung seiner Bücher auch einen gewichtigen Einwand mitgeteilt. Die „simplifizierende Wendung zum schlichten Leben und zu seiner Anständigkeit ist Anempfehlung von Resignation, ist Anempfehlung von Erkenntnisblindheit und ist damit ein falscher Optimismus", hatte Broch geschrieben und festgestellt: „All dies läuft an der Erkenntnisaufgabe der Kunst vorbei." Fallada entgegnete darauf –*

[Carwitz], 1.12.1937

Sehr verehrter lieber Hermann Broch,

man kann auf Ihren Brief nur mit der vollen Wahrheit antworten - oder gar nicht.

Da ich Ihnen schreibe, will ich es versuchen, die Wahrheit zu sagen, soweit ich es eben kann. Sie haben vollständig recht; meine Lösungen sind Verlegenheitslösungen, es könnte ebenso gut anders kommen, nein, es wäre viel richtiger, wenn mein Pagel versackte.

Wenn mir die Herren vom Film oder von den Zeitungen ihre Vorschläge machen, wie man den Lebensweg meiner Figuren etwas erfreulicher gestalten könnte, so sage ich, ich weiß:

Ja, das kann man machen. Und ich lasse es „anders" kommen, ich bin ein richtiger Herrgott, ich kann alles mit meinen Menschlein tun, und sie werden nicht einmal unglaubhaft – nur glücklich machen kann ich sie nicht. Und so etwas meinen Sie doch, glücklich sein ist ja nur ein banaler Ausdruck für Lebenssinn.

Und wenn ich grade das nicht kann, so liegt es wohl daran, daß ich selber nicht an einen Lebenssinn glaube. Ich selbst habe mich auf die Linie einer tüchtigen Schlichtheit zurückgezogen, wie Sie ganz richtig sagen, aber das ist natürlich nur ein fauler Kompromiß, damit ist es nicht getan. Aber wie anders?

Es ist noch gar nicht lange her, daß mir selber dieser tiefe Fehler aufgegangen ist, ich entdeckte es, als ich plötzlich merkte, daß ich im „Blechnapf" die andere Seite, die größere Seite, die nämlich sich doch durchkämpft, vollkommen vergessen hatte. Nicht etwa weggelassen, sondern einfach nicht daran gedacht. Zwei Jahre, nachdem ich das Buch fertig hatte, fiel es mir plötzlich auf. Es muß ein sehr tief liegender Fehler bei mir sein. Ich habe versucht, mich damit zu trösten, daß ich sage: warum muß ich denn etwas anderes tun, als das Bestehende schildern? Bin ich ein Besserer? Ein Erzieher? Nein, ich bin nur ein Schilderer!

Aber es bleibt doch ein Rest. Sie haben ganz recht, ich liege meiner Schreiberei mit einer völligen Besessenheit ob. Ich kann nicht eine Woche pausieren. Ich muß schreiben, schildern, erzählen, aber im Grunde ist es ein trauriges Geschäft, es macht nicht glücklicher, es gibt keinen Sinn. Ich verdiene Geld, aber ich kann nichts mit dem Geld anfangen, denn ich habe keine Zeit dafür. Ich habe eine Familie, die ich liebe, aber ich habe keine Zeit für sie, denn ich muß immerzu schreiben.

Lieber Herr Broch, was soll ich das alles schreiben? Es ist mir so leid. Stecken Sie den Brief in einen Ofen. Das alles hilft Ihnen auch nicht weiter, sondern macht Sie bloß traurig.

Vielleicht wird's mal anders?

[Ihr Hans Fallada]

# 2. DEZEMBER

*Am 2. Dezember 1948 schreibt **Kerstin Strindberg**, die 54jährige Tochter des Dramatikers August Strindberg, an ihre 66jährige Freundin **Lina Loos** nach Wien. Die beiden Frauen waren sich im Sommer 1931 das erste Mal begegnet, als die Schauspielerin Loos – in ihrer Jugend galt sie als schönste Frau Wiens – mit dem Freund Franz Theodor Csokor auf den Spuren Strindbergs wandelte und dessen Domizile besuchte.*

Mondsee, 2. 12. 1948, früh

Liebste Hinterlassene!

Die Abreise funktionierte pünktlich soweit die Pünktlichkeit etc. in meinem Machtbereich lag, aber bereits am Westbahnhof blieb der Zug genau 1 Stunde *stehen*, wo er stand. Erst um 1/2 9 fuhr er ab!

Das Coupeabteil *voller Nazi*weiber; ärmlichst gekleidet, raunzende, trenzende, vergangenheitsbesoffene, kriegerhoffende Spießermeute, die *nur* vom Fressen fantasierten (das sie mit *hatten*, so daß mir das Wasser im Mund zusammengelaufen *wäre*, hätte es mir nicht so *abgründig* vor den Besitzern gegraust!) Auf der Ennsbrücke plärrte ich sie endlich an: Sie raunzten über „d' Russen", die sogar letzthin eine Frau herausgeholt hätten, damit sie auf dem Bahndamm zamräumt! Ich schaute grad zum Fenster hinaus und sagte, auf den *beispiellosen* Dreck und die *Papierabfälle* deutend, die *nur dort* die Strecke säumen: „Na, wundert Sie das? Da schauts ja aus, als ob sich ganz Österreich verabredet hätte, seinen Dreck abzulagern! Das ist ja direkt unappetitlich!" Todesschweigen –

Eine Minute später schält sich ein Mannsbild einen Apfel und (immer noch Ennsbrücke) die Schäler fallen, wie er sie zum Fenster hinausschleudern will, ausgerechnet auf *Mich* ! Ich fahre empört auf und sage: „Das ist wirklich die Höhe: hat da jemand *von draußen* herein Dreck auf mich geschmissen! – Oh, *Sie* waren es...?!" Ein Kübel Eiswasser auf die Bagasch hätte sie nicht besser zusammenschrumpfeln können. Sie fingen an, sich zu entschuldigen bei mir – (ich schaute sie nicht an). Kurzum, ich *genoß* zum ersten und letzten Mal auf dieser widerwärtigen Fahrt durch Österreich die Niederlage der nazistischen Bagasch – Nachher waren sie genau so ordinär und frech und dumm und ungebildet wie zuvor.

Um 1/2 7 kam ich in Mondsee an – die Fahrtgesellschaft zwischen Salzburg und Mondsee war, wenn möglich, *noch* unverblümt nazistischer wie zwischen Wien und Salzburg. Ich hab fast den Geist aufgegeben, sie redeten *laut* per „die *Maiden*führerin hat gesagt" ... „der Nikolaus im Maidenhaus" ... „Die Keks, die ma damals ins Maidenhaus tragn ham".

In der Allee traf ich die kleine Haslingerin (Wäscherin, Witwe) die Fridas beste Hilfe bei Lebzeiten gewesen war, wir gehen zusammen bis zum Haus – alles erleuchtet! Alle „Mieter" wieder da – und im Halbdunkel sehe ich sofort das Grauenhafteste vom ganzen:

Auf der Rabatte beim Zaun hat jemand die *letzte* wie einen Augapfel behütete Stammrose Fridas, die noch zu Großmama Uhls Lebzeiten geblüht hat, *abgebrochen.*

Wie man ein Zündhölzel *ab*bricht. Die arme Krone hing noch am Pfahl. Da verließen mich der liebe Gott und die Vernunft und die Menschen verwandelten sich in *Tod*feinde, denn so etwas kann nur die hundsgemeinste Rohheit vollbringen: Der *Nazist,* der Faschist – der den armen Juden im Siedlungsschrebergartel die *Obstbäume* abgehackt hat, weil er sich *noch nicht* traute, den Jud selber zu vergasen.

„So haben sie's ihrer Mutter gmacht ...", sagte die Haslingerin. „Jetzt sind *sie* an der Reih! Das ist der schlechteste, gemeinste *Ort,* an dem die Leut täglich zur hlg. Kommunion gehn." Ich hab gemeint, ich überlebs nicht. Ich glaub auch heut früh noch, daß ich *das* nicht überleb, ohne daß was passiert. *Diese* Menschen (ich *darf* nicht schreiben *„die"*) machen mich zum Menschenfeind – denn ich hasse das Tier, wenns der Faschist aus dem gebrechlichen Käfig unserer mühselig erkämpften *Tabu*-Gesetze von Sitte und hlg. Geist und Anstand herauskitzelt in *seine* (faschistische) Anarchie der Schlechtigkeiten – genannt „Freiheit". – Also so war die „Heimkehr". Was ich bei Euch Gutes und Nobliches und Wärme und Freundschaft genießen durfte, Ihr zwei lieben Menschen – Rütherin, Lina, dafür umarm ich Euch. Solange wir schnaufen in diesen Pestzeiten, gehören wir zusammen. Was Besseres als *solche* Schwester- und Bruderschaften gibts eh nicht auf dieser Welt. Ich dank Euch, denn das ist die *Luft* und die Lust, am Leben zu bleiben, *dennoch.* Dennoch!

Eure K.

*Am 4. Dezember 1918 schreibt* ***Gertrud Osthaus*** *an* ***Ada Nolde*** *nach Utenwarf in Schleswig-Holstein. Seit 1906 sind der Maler Emil Nolde und der Kunstsammler Karl Ernst Osthaus befreundet. Seit dieser Zeit stehen auch ihre Frauen in freundschaftlichem Kontakt.*

[Hagen, 4. 12. 18]

Liebe Ada,

meine Gedanken waren in letzter Zeit sehr stark bei Euch und sie haben wohl Deine Grüße gerufen. Zwar dachte ich an Eure hohe Behausung in Berlin – aber da droben ist es wohl stiller und besser. Seltsam diese Zeiten und großen Wandlungen! Auch wir wandeln uns im Innern! d. h. wohl nicht im Wesenhaften, aber in der Anschauung der Dinge. Das Schicksal geht mit mahlendem Leidensrad über das Volk und doch kann ich der großen glühenden inneren Zuversicht nicht wehren, daß auch dies - auch alles dies uns nötig ist und uns nicht hemmen darf und wird am Weg zu höheren Zielen. Dies alles Ende, immer tieferes Enden, wer weiß, wann der Kelch geleert!? aber trug nicht immer noch der Untergang den Keim des Neuen Werdens?

Wir leben jetzt ganz im Zeichen der heimkehrenden Fronttruppen und ich muß sagen: das ist fast so erschütternd, wenn auch nicht so glänzend – wie die Tage der ausziehenden. 10 Tage hatten wir einen Regimentsstab im Haus – 40 Mann und kannst Du glauben: nicht eine Sekunde des Ärgernisses und des Anstoßes hat es gegeben! Leute, die 4 Jahre das furchtbare Leben gelebt haben, kommen her in Einer Reihe und in Einem Takt und fügen sich in das Gegebene. Und dieser Stolz und dieses Unbesiegtsein! diese Männerkraft!

Ja – nun – hier ohne Tat und Ziel werden sie auseinanderfließen und im Chaos ihre Wunderkraft verlieren.

Leute aus Italien erzählten uns, daß sie drunten gelegentlich Skorpione fingen und setzten sie auf eine Zeitung, die von allen Seiten brannte. Dann – ehe der Tod heran kommt, erstickt sich das Tier mit seinem eigenen Stachel von hinten ins Genick!!

Und doch – dies alles ist Schicksal und mußte wohl sein!

Wir leben still für uns. Ebo ist seit August Soldat, wird bald entlassen. Ernst wirkt wie immer unentwegt an seinem Werk - er trat nicht ins Politische - es ist wohl auch nicht die Stunde.

Am 2. Tag des Waffenstillstandes bekamen wir seit 3 Jahren den ersten Brief von einem Franzosen. Es kann ja garnicht anders sein, als daß über dem Abgrund sich das Geistige wieder vereint und darum – wie Du sagst – müssen wir Freunde zusammenstehn! Es wirkt schon – unmerklich, auch wenn es zu Taten nicht die Zeit ist.

Herzliches Euch beiden

Deine Mäuz

# 4. DEZEMBER

*Am 4. Dezember 1903 schreibt der 20jährige Prager Jurastudent **Franz Kafka** an den befreundeten Philosophiestudenten **Paul Kisch** nach München. Beide widmen sich neben ihren Studien der Schriftstellerei.*

4.12.1902 [3]

Die Geschichte? Nein, es scheint mir keine gute Geschichte. Wenn ich sie in einem Buch gelesen hätte, hätte ich vielleicht über sie weggelesen ohne viel Reue und ohne viel Gedanken.

Eine Federundtintengeschichte mehr und nicht einmal mit besonderer Feder und aus besonderer Tinte. Eine Geschichte, die ohne Tintenfaß nicht geschrieben, nicht entstanden wäre und nicht ohne weiße Papierbogen auf die man bedächtig halb gelesenes und halb gehörtes korrekt ja korrekt niederschreibt. (So schreiben, nachdem man Goethe und und gelesen hat möchte ich als seltsam ansehn). Eine kleine Erschütterung, eine kleine Stimmung, ein kleines Leben (nicht klein, aber klein gemacht) wohleingewickelt in ehrbare deutsche Haupt- und Nebensätze nirgends von Nothwendigkeit gehämmert – ich muß nicht schreiben, aber ich schreibe – und nirgends mitgelebt. Ein Beispiel habe ich noch im Gedächtnis: Die Liebenden stehn am Fenster, sie umarmen einander, es ist Weihnacht. Grausam schreibt die Feder: „Draußen tummelte sich die Kavallerie der weißen Schneeflocken." Da hast Du die Liebenden totgeschlagen.

Jung sein heißt nicht haushalten und jung sein heißt nicht die Grammatik in Ehren halten. Die Geschichte aber ist sparsam und der Grammatik dankst Du weniger als Du glaubst.

Also eine unnöthige Geschichte hätte ich gesagt, wenn ich überhaupt etwas gesagt hätte und hätte das Buch zugeschlagen. Nun hast Du die Geschichte mir vorgelesen. Du liest gut vor, ganz einfach und doch rührt es. Du wolltest rühren. Man glaubt an Ehrlichkeit und an Erlebnisse. Man ist traurig als sie stirbt und man möchte Dir die Hand reichen. Aber da kommt vieles dazu, was nicht aus der Geschichte kommt. Im nächsten Augenblick ist man kühl und verdrießlich, weiß nichts Gutes und nichts Böses zu sagen und hat das peinliche Gefühl, daß man Erwartungen nicht erfüllen kann, die man gern erfüllte.

So stehe ich zu Deiner Geschichte. Du hast Ehrlichkeit haben wollen, sonst hättest Du nicht geschrieben.

Bitte schicke mir einmal etwas von Dir, ich glaube die Sachen, die Du jetzt in *München* schreibst, werden die Prager Sachen gar nicht erkennen. Man muß andere Augen und Finger und Seelen bekommen in so einer scharfen Luft.

Hier ist die Luft dick und muffig mit Küchenmessern zu schneiden und kommt aus Schlafzimmern. Man muß hier auf der Hut sein vor Einfällen, kaum läßt man sie laufen haben sie Hängebäuche und schwitzen. Es ist drei Wochen her da dachte ich an so etwas wie eine Monmartrekneipe etwas zum Schrein Tolles. Aber schon in einer Woche war besagte Monmartrekneipe in den Stadtpark übersiedelt ausgerechnet N 4 bei –, hieß ästhetisch-ethischer – es ist nicht zum ausschreiben, war wohlerzogen, trank schlechten Likör und knabberte. Der Oskar hat es vermittelt. Es soll sich alle 14 Tage wiederholen. Du wirst mich ersetzen, bis Du kommst. Ich bin nämlich zu ersetzen. Übrigens langweilt man sich nicht gerade, es gibt auch ganz kluge Menschen dort. Das ist alles. Ja ja während man hier auf den Kanapees gähnt, rast es in München. Aber man stellt sich zufrieden, hält die Hände über den Bauch, wenn man einen hat, schmunzelt und gähnt. Da ist ein wahres Wunder, das man doch vogelscheuchenmager bleibt.

Dein Franz

# 5. DEZEMBER

*Im Dezember 1992 schreibt der Dichter* ***Sascha Anderson*** *diesen Brief an* ***P.*** *Hintergrund ist ein geplantes Buch „MachtSpiele", das sich mit der alternativen Dichterszene des Berliner Stadtbezirkes Prenzlauer Berg und deren Durchsetzung und Unterwanderung mit Stasi-Spitzeln auseinandersetzen soll.*

*Anderson ist ein Betroffener – als wichtige Figur der Szene und Informeller Mitarbeiter der Staatssicherheit. 1991 war er von Wolf Biermann enttarnt worden.*

Lieber P.,

die vorzeichen aller gewohnheiten sind vertauscht. nichts liegt mehr in der luft als ein ungeschriebener text. niemand zwingt mich (zu schreiben). das thema ist gegeben. ansonsten, verwirrend wie gehabt, aber überraschend selbstverständlich, da ich dennoch annahm, dieses buch würde zum medium eines sich zeit nehmenden gesprächs und nicht die verpackung von reagenzien werden. äußerung ist mir also dermaßen suspekt, daß ich bisher zu noch keinem schlüssigen text gelangt bin.

wesentlich wäre gewesen, wir hätten diese „MachtSpiele" hergestellt und profitlos vertrieben. es sollte ja im druckhaus galrev erscheinen. so hatten es autoren und autorinnen, die dafür zusammensaßen, entschieden. und damit es nicht unter der ägide des verlages (was hier die im verlag arbeitenden und nicht die in seinen programmen veröffentlichten meint) erblaßt, wurde das projekt an kiryl e.v. und den unabhängigen herausgeber klaus michael delegiert. das ganze erwies sich als work in progress, und die abhängigkeit des herausgebers zum zeitgeist prägte den begriff seiner unabhängigkeit vom auftraggebenden (, der autorenversammlung).

es gibt da verschiedene möglichkeiten: man kann das buch für wichtig halten, ohne es gut zu finden (ich), man kann einen text dafür schreiben oder einen schon fertigen hergeben, man kann tun, als hätte man, zufällig, schon lange, schon seit vor alledem einen im kasten, oder einen schon gedruckten für den kontext variieren, man kann ablehnen, mitzumachen und, dann plötzlich nicht mehr, oder umgekehrt, und kann dies alles äußern. bis nicht alle alle texte gelesen haben, sicher eine illusion, wird der herausgeber immer ein hin und her gerissenes medium sein, das sich nur gegen sich selbst aufzulehnen vermag, oder sich auflöst, und dies meist in einem mächtigeren, partizipierenden organ; wie ich und klaus michael, der das expose außerhaus brachte und dann im druckhaus galrev seinen aussteigeantrag stellte. stattgegeben.

nun ist galrev zwar nicht die ddr, doch dergestalt der ex-ddr ähnlicher als solche ruck-zuck anästhetisierten, sterilisierten und nach verschiedenen bedürfnissen operierten mobilien wie ostreclam, wiederaufbau oder volkundwelt usw. und „MachtSpiele" wird in der komplexität des entstehens plötzlich ein beispiel für etwas, das vom spektakel des textes und den reflexionen nachhackender profis, nichtsdestoweniger, pragmatikern ihres marktes, immer ausgeschlossen bleibt, mir aber, aus purem eigennutz, wesentlich sein muß: es kann sich ja nicht darum drehen, klaus michael, seine ihn wahrscheinlich selbst überraschende zerfetztheit vorzuwerfen, sondern auf mich zu kommen, da ich gleichzeitig einem öffentlichen sinn begegne, und auch dieser ist am ende nur ein text, in dem ich mich einerseits wiederfinde und andererseits nicht erkenne.

es ist eigenartig (und in dieser art eine das erinnern grausam blockierende wiederholung), während im ruhigen raum der selbstzweifel eine sprache gewinnt, erschließt der herrschende text nur den fatalen zeitraum unter druck gesetzter, demonstrativ ausgelöschter identität; denn er verschweigt den versuch zu trennen, die eigene destruktion und angst vom konstruktiven impetus, der die andauernd lähmende erfahrung nicht überträgt und verallgemeinert, nicht gleich was draus macht, höchstens ein, dem mir nicht vermittelbaren schmerz sich widersetzendes tun. das ist aus meiner perspektive nicht simplifizierbar. aber man kann sich ja trennen, kann offensichtlich kundtun, daß ja alles ganz einfach sei, kann sich (hier eher als im wirklichen) verabschieden, ohne je gutentag gesagt zu haben.

eine einfache methode: man lehnt das komplizierte ab, den grundsätzlichen zusammenhang, und installiert die verwicklung. dann haut man kräftig drauf (aufwiedersehen, wie gesagt) mit dem hackebeilchen etwas spaltend, das nie eins war. wenn das nichts mit zynismus zu tun hat, und nur mittelbar mit staatssicherheit, und vor allem damit, was ein konzept effektiv überträgt, wie es sich übersetzt, auge um auge. wie macht man denn heute effekt? indem man sein leid von dem anderer scheidet. ausschließend, einschließend, abschließend. das kenne ich, das rasier ich. das bin ich gewohnt, das macht mich durchschaubar, so sehr, daß die, nicht anonyme, doch durch präsenz ihrer phantasielosen endlosschleife, ewiggleiche drohung, nicht mich, sondern die zusammenhänge zu vernichten, zur selbstzerstörung führt. pumpe.

es geht selbstverständlich auch unspektakulärer, ehrlich hilfloser, auf sich im zusammenhang selbst bezogener. Verarge doch dem Freunde nicht, wenn du ahndest, daß er dir etwas verbirgt; denn dies ist ja nur der Beweis einer zärteren Liebe, einer Scheu, die sich ängstlich um dich bewirbt und an dich schmiegt. das nun ist keinesfalls zynismus. das ist die tieck'sche verzweiflung, im schatten des klinischen goethe-schiller-bildes. während das eine zur romantischen erfindung herabgesetzt wird, verkommt das andere zu populärem selbstbetrug selbstvergessener. und da der entscheidende teil meines lebens notwehr war, sollte es jetzt nicht wundern, daß ich noch funktioniere.

was den hörigen und mündigen bürger nicht davor schützt, daß der spiegel fortsetzt, was die staatssicherheit begonnen hat: einen text (jetzt, gut honoriert herstellen zu lassen, abzuzocken, aus einem pool zu puzzeln, nach seinem bilde) in dem ich mich erkenne, aber nicht wiederfinde. insofern,

dein S.

Dezember 1992

*Am 6. Dezember 1988 schreibt der 51jährige Schriftsteller* ***Jurek Becker*** *an den Literaturkritiker* ***Marcel Reich-Ranicki.***

Berlin, 6. Dezember 1988

Lieber Marcel

Dein Hinweis auf das Grundgesetz der Bundesrepublik Deutschland hat mir die Augen über das Wesen der Literaturkritik geöffnet. Aber noch aufschlußreicher war Deine Bemerkung über die häufig anzutreffende Diskrepanz zwischen dem Edelmut eines Autors und der Qualität seiner Hervorbringungen. Da ich weiß, daß Du mich für einen anständigen Menschen hältst, kann ich mir den Rest leicht zusammenreimen.

Seit Jahren schon versuche ich herauszufinden, in welchem Loch das Talent (das ich wahrscheinlich einmal hatte) versickert, und plötzlich offenbart sich mir die Antwort: es ist mein guter Charakter. Dieser verfluchte gute Charakter treibt den mit ihm geschlagenen Autor dazu, etwas Gutes zu stiften, seinen Texten Nützlichkeit zu verleihen, und damit schaufelt er sich wohl sein eigenes Grab. Es wäre mir ein großer Trost, wenn Du wenigstens einräumen könntest, daß Anständigkeit und Talent einander nicht ausschließen. Du brauchtest das nicht auf mich zu beziehen, trotzdem hätte ich dann einen Strohhalm, an den ich mich klammern könnte.

Unter all meinen Bekannten bist Du der einzige, der geradezu störrisch darauf besteht, daß ich ein noch junger Mensch bin. In Deinem Brief tust Du das nicht zum erstenmal, ich erinnere mich an eine Bemerkung von Dir, ich reiste noch zum Studententarif durchs Leben.

Selbst wenn man darüber hinwegsieht, daß ich mehr graue Haare auf dem Kopf habe, als Du vermutlich je besessen hast – nicht einmal Christine ist bereit, in mir den Jugendlichen zu sehen, der ich in Deinen Augen wohl auf ewig bin. Im Gegenteil, kürzlich hat sie den Umstand, daß ich jeden Morgen Stunden vor ihr aufwache, zu der Bemerkung genutzt, es handle sich dabei um eine fortgeschrittene „senile Bettflucht“.

Ich stehe zu meinem Wort, für die „Frankfurter Anthologie“ ein Gedicht zu besprechen, ich bin sogar wild dazu entschlossen. Ich weiß nur noch nicht, welches. Ich bin alles andere als ein gründlicher Kenner der deutschen Poesie (Du wirst denken: Wem sagt er das?) und ich fürchte, daß die ersten zehn Gedichte, die mir einfallen, längst bei Euch besprochen sind. Sobald mir das elfte einfällt – und ich suche ab sofort –, melde ich mich bei Dir.

Ich danke Dir für die gute Laune, die mir Dein Brief gemacht hat und grüße Dich herzlich

Dein Jurek

*Am 7. Dezember 1971 schreibt die Schauspielerin* ***Elisabeth Flickenschildt*** *an den Verlagsleiter* ***Dr. Albrecht Knaus****. Elisabeth Flickenschildt ist damals 66 Jahre alt.*

Hamburg, 7. Dezember 1971

Lieber Doktor,

wenn Sie allein in Ihrem Zimmer sind und etwas Ruhe haben, dann denken Sie doch bitte noch einmal nach, ob die Idee mit dem Theaterverlag nicht ganz gut ist, und außerdem überlegen Sie mal, ob ich nicht gut geeignet wäre, diesen Verlag für Sie mitzumachen;

erstens, ich kenne alle Theaterintendanten und Schauspieler
zweitens, ich weiß dramaturgisch sehr gut Bescheid
drittens, könnte ich die Autoren nach Hittenkirchen einladen und ihren neuen Stücken kleine Hilfestellungen geben
viertens, allmählich könnte man einen jungen Mann – sehr geschickt, sehr klug, sehr wendig – heranbilden, der dann alles übernimmt.

Ich könnte jeden Monat einmal zu Ihnen nach Hamburg kommen und alles besprechen. Ich könnte zweimal im Jahr bei den Theatern herumreisen und mich über alles informieren.

Außerdem könnte ich ein entzückendes kleines Gehalt bei Ihnen bekommen und mir hierfür neue Rosen und blaue Schwertlilien für meinen Garten kaufen und schöne Kleider für die Premieren, so daß es hinterher immer heißen würde: die Kleider vom Hoffmann & Campe Verlag waren die besten bei allen Premieren.

Herzlichst Ihre

Elisabeth F.

*Am 9. Dezember 1950 schreibt die 39jährige* ***Luise Rinser*** *an ihren 20 Jahre älteren Schriftsteller-Kollegen* ***Johannes R. Becher*** *nach Berlin. Beide haben sich kurz zuvor bei der PEN-Tagung in Wiesbaden kennengelernt. – Zwei Monate später zerbricht die aufkeimende Beziehung an den Realitäten des kalten Krieges: Im Leipziger „Börsenblatt für den deutschen Buchhandel" wird Luise Rinser als „angloamerikanische Agentin und Kriegshetzerin" bezeichnet. Traurig und bitter schreibt sie an Becher: „Du wirst nichts dagegen tun können, denn Du bist zwar ein berühmter Mann, aber Du hast keine Macht."*

[München], 9. Dezember 1950

Du hast gesagt, Du wirst mir Sonnabend schreiben, lieber Freund. Vielleicht schreiben wir gleichzeitig. Es ist später Nachmittag. Ich bin schrecklich nervös, nehme alle fünf Minuten eine andere Arbeit zur Hand und bringe nichts zu Ende. Was ist schuld daran? Du hast mich verwirrt. Ich weiß, daß die Begegnung mit Dir sehr wichtig für mich ist; ich freue mich darüber, aber zunächst ist die Freude überdeckt von Unruhe. Ich bin einer der Menschen, die wirklich „guten Willens" sind. Das bedeutet: ich bemühe mich heftig um Wahrheit. Ich bleibe nicht auf einem einmal gewonnenen Standpunkt; ich gehe immer weiter. Ich habe durch die Unterredung mit Dir alle alten Zweifel wieder heraufbeschworen, und da sie nun wieder lebendig sind, habe ich entsetzlich viel Unruhe auszustehen. Entscheidungen sind schwierig. – Über Deine Zuneigung freue ich mich rein, ohne Unruhe. Ich habe das Gefühl, daß dieses Zusammensein der Beginn einer langen, starken und bedeutenden Freundschaft ist. Du bist sehr possessiv; ich meine: Du weißt, was Du willst.

(– Dabei fällt mir ein: Als ich nachts von Frankfurt heimfuhr, schlief ich ein für einige Stunden. Da träumte ich, ich schriebe ein Gedicht. Als ich aufwachte, wußte ich leider nur mehr vier Zeilen; sie heißen:

„Du bist der Becher
ich bin der Wein,
Und manches Ding,
Das kann nicht sein."

Ohne Kommentar. – Im Wachen kann ich keine Gedichte schreiben, auch keine so schlechten. Aber für eine *Traum*leistung ganz beachtlich.

Besonders, da ich also offenbar von Dir träumte. [...] Du warst so beängstigend still beim Abschied. Ich will niemals jemand leiden machen. Aber was soll ich tun. Ich habe Dir gesagt, was zu sagen ist. – Ich hoffe, Du betrachtest es nicht als Phrase, wenn ich sage: Ich habe fast gar keine Freunde -, ich habe Scharen von Bekannten und solchen, die glauben, meine Freunde zu sein. Aber ich bin sehr einsam. Ich schließe mich nur scheinbar leicht an. [...] Ich bin treu, aber nur *ganz wenigen* gegenüber hege ich treue Freundschaft. – Eine Freundschaft ist für mich zwar nicht „Liebe", aber ein ebenso starkes – nur ein *anderes* – Gefühl. Dieses Gefühl habe ich zu Dir, ganz deutlich, unbeirrbar, trotz *einiger* trennender Dinge. – Dein Bild steht vor mir, an eine silberne Aschenschale gelehnt, die mir jemand aus Israel mitbrachte; es ist arabische Arbeit. Magst Du da stehen? Dein Kopf sieht im Lampenlicht jetzt wie aus Bronze gemacht aus. Ich habe heute mittag zwei Bücher an Dich geschickt, nach Hause. Das neueste habe ich noch nicht. Im Lauf der Zeit bekommst Du noch zwei andere. Eins ist vergriffen (ein Erz.-Band). Ob Dir diese beiden gefallen?? [...] Nächste Woche gehe ich zu Deiner Mutter, aber ich verlor die Adresse. Leopoldstr. 37 oder 57? Ich werde suchen. Aber schreib sie mir vorsichtshalber.

Ich glaube, Du denkst mit großer Kraft an mich, und ich kann es brauchen. – Keine Angst, daß ich Dich „vergessen" werde. Oh nein. Ich weiß schon, wie wichtig Du bist für mich – und ich für Dich, auch das.

Im übrigen freue ich mich, wenn *Du* kommst und wenn *ich* komme. Ich glaube nicht, daß ich sagen muß: Vergiß mich nicht. Oder??

Soviel für heute – ich bin jetzt leider genötigt, (ja: genötigt), eine Rede für den Rundfunk „Über den Frieden" etwas zu ändern. Daran bist Du schuld. Und ich werde mir Maul und Pfoten noch mehr verbrennen als ichs ohnedies tun wollte.

Herzlichst L.

## 9. DEZEMBER

*Am 9. Dezember 1968 schreibt* ***Rudi Dutschke*** *den folgenden Brief an* ***Josef Bachmann****, der ihn bei einem Attentat lebensgefährlich verletzt hat. Dutschke klagt Bachmann nicht an. Er sieht in dem jungen Arbeiter ein Opfer derselben Verhältnisse, gegen die er als Studentenführer ankämpft. Aber es kommt keine Verständigung zustande: Bachmann verharrt im dumpfen Haß gegen alles, „was bolschewistisch und kommunistisch ist".*

Mailand, 9. Dezember 1968

Lieber J. Bachmann!

Paß auf, *Du brauchst nicht nervös zu werden*, lies diesen Brief durch oder schmeiß ihn weg.

Du wolltest mich fertig machen. Aber auch, wenn Du es geschafft hättest, hätten die *herrschenden Cliquen* von Kiesinger bis zu Springer, von Barzel bis zu Thadden *Dich* fertig gemacht.

*Ich mache Dir einen Vorschlag:*

Laß Dich nicht angreifen, greife die herrschenden Cliquen an. Warum haben sie Dich zu einem bisher so beschissenen Leben verdammt?

Warum wurdest Du und wirst Du und mit Dir die abhängigen Massen unseres Volkes *ausgebeutet*, wird Deine Phantasie, wird die Möglichkeit Deiner Entwicklung zerstört. Warum werden *wir alle* noch immer geduckt und niedergehalten?

Für die Schweine *in den herrschenden Institutionen*, für die Vertreter des Kapitals, für die Parteien *und* Gewerkschaften, für die Agenten der Kriegsmaschinerie und der „Medien *gegen das Volk*", für die Parteifaschisten gegen die Massen, die sich überall finden, dürft Ihr täglich schuften.

Die wenigen Tage der deutschen Revolution von 1918 haben die Massen den *8 Stunden-Tag* erkämpft – *50 Jahre später* muß unser ganzes Volk, um sich erhalten zu können, genau so sich quälen wie eh und je - nur in „schönerer" *unmenschlicherer Form.* Die Studenten und Intellektuellen haben bisher an Eurer Benutzung und Ausbeutung sich beteiligt. Für uns taugen Studenten nur etwas, wenn sie endlich wieder ins Volk gehen. Die Intellektuellen und Künstler müssen *endlich* ihre auch schöpferische Phantasie fest mit dem Leben des Volkes verbinden, bei Euch arbeiten, Euch unterstützen, sich verändern, Euch und Dich verändern.

*Was hältst Du von diesem Vorschlag?*

Ich habe viele Jahre auf dem Lande und in den Fabriken gearbeitet. Viele von uns, die die Universität abschließen, gehen jetzt als Gruppen in den Produktionsprozeß, um die Revolution vorzubereiten.

*Also schieß nicht auf uns*, kämpfe für Dich und Deine Klasse. Höre auf mit den Selbstmordversuchen, der *antiautoritäre Sozialismus* steht auch noch für Dich da.

Rudi Dutschke

P.S.: Da ich erwarte, daß Du diesen Brief nicht von den Staatsvertretern erhältst, gebe ich ihn auch der sogenannten Öffentlichkeit in der ganzen Welt.

*Am 9. Dezember 1929 schreibt der schwedische Forschungsreisende* ***Sven Hedin*** *von seiner letzten großen Asienexpedition aus dem chinesischen Kalgan, dem heutigen Tschangkiakou, an den deutschen Konsul* ***Konrad Grosskopf*** *in Nowosibirsk. Grosskopf gehörte zu den eifrigsten Förderern des Expedition.*

Kalgan, d. 9. Dec. 1929

Hochverehrter und lieber Herr Konsul Grosskopf

Bei meiner Rückkehr in Kalgan aus der Mongolei fand ich Ihr liebenswürdiges Telegramm und vor ein paar Tagen hatte ich die Freude Ihren willkommenen Brief vom 14 Oktober hier zu erhalten. Ich kann für beides und für Ihre grosse Liebenswürdigkeit nicht genug dankbar sein! Sie haben uns hierdurch einen sehr grossen und wichtigen Diensten geleistet und es ist mir eine sehr grosse Freude zu wissen dass meine beide junge Gelehrte, Dr Norin und Dr Ambolt, dank Ihrer kräftigen Hülfe, recht glücklich sein werden. Mit dem grossen Theodolit werden nunmehr alle astronomische und gäodätische Beobachtungen und Messungen bedeutend genauer als zuvor.

Sie haben vollkommen richtig gehandelt, Herr Konsul, die Sendung schon am 17 Oktober abgehen zu lassen so dass der Sowietkonsul in Tschugatschak sie bei der ersten passenden Schlittengelegenheit hat weiter befördern können.

Herr Kusmi Bosvuri ist gegen unsere Expedition immer sehr nett und entgegenkommend gewesen und hat keine Gelegenheit versäumt um uns zu helfen. Ich bin überzeugt dass auch sein Stellvertreter, Herr Roisin, uns ebenso wichtige Dienste leisten wird so dass die kostbaren Instrumente in guter Form an Ort und Stelle ankommen. In dieser Beziehung bin ich durch Ihr Telegramm und Ihren ausführlichen Brief jetzt vollkommen beruhigt, und ich sage Ihnen nochmals herzlichsten Dank dafür. Eine solche Beruhigung hatten Sie mir schon am Bahnhof in Novo Sibirsk gegeben und es war wirklich rührend dass Sie uns persönlich dort begegnet haben, besonders da die Züge bisweilen Verspätung haben so dass man lange warten muss.

Unsere Reise auf der Sibirischen Bahn ist glänzend abgelaufen. Man reist dort ausserordentlich bequem und kann gründlich ausruhen. Durch den langen Umweg über Japan verliert man etwa 10 Tage aber hat dafür eine sehr schöne Reise.

In Peking hielten wir uns nur fünf Tage auf. Da ich hörte, dass meine grosse Karawane [...] sich noch in Beli-Miao in der Inneren Mongolei aufhielt hatte ich einen Drang sie zu besuchen und lebewohl zu sagen. Wir sind auch rechtzeitig zum Lager angelangt und konnten dem feierlichen Aufbruch beiwohnen.

Dann unternahmen wir mit Automobilen eine Reise von 1120 km in der Inneren Mongolei und haben mehrere Tempel besucht.

Etwa Ende des Sommers beabsichtige ich meine verschiedenen Expeditionsabteilungen in Inner Asien zu besuchen. Meine Pläne haben doch bis jetzt keine feste Formen angenommen – alles hängt mit der Entwickelung der Lage in China sehr eng zusammen.

Ich danke herzlichst für Ihre sehr liebenswürdige Einladung Sie in Novo Sibirsk zu besuchen. Dies wäre auch für mich eine sehr grosse Freude und vielleicht wird es später einmal passen. Aber auf der anderen Seite hoffe ich Ihretwegen aufrichtig, dass Sie bald einen höheren Posten bekommen.

Dr Hummel und Dr Montell, mein „Sekretär" und Freund, senden herzliche Grüsse.

Mit vielen herzlichen Wünschen zum fröhlichen Weihnachten und zum Neuen Jahr

Ihr treu und dankbar ergebener

Sven Hedin

# 11. DEZEMBER

*Am 12. Dezember 1960 schreiben die Professoren* ***Max Horkheimer*** *und* ***Theodor W. Adorno*** *einen gemeinsamen Brief an den Ministerpräsidenten von Schleswig-Holstein,* ***Kai-Uwe von Hassel****. In einem Antwortbrief vom 13. Februar 1961 versichert Herr von Hassel, daß „alle Deutschen", die „vor dem Zugriff der nationalsozialistischen Machthaber fliehen mußten, unserer Teilnahme und Achtung sicher sein dürfen".*

Frankfurt am Main, den 12. Dezember 1960

Sehr geehrter Herr Ministerpräsident,

vor einiger Zeit lasen wir in der Frankfurter Allgemeinen Zeitung eine Nachricht, „die CDU respektiere nur diejenigen ehemaligen Emigranten, die unmittelbar nach dem Zusammenbruch nach Deutschland zurückgekehrt seien und sogleich ihre alte Staatsbürgerschaft angenommen hätten". Diese Aussagen sollen Sie im Zusammenhang mit Angriffen gegen den Regierenden Bürgermeister von Berlin, Willy Brandt, gemacht haben. Später wurde in einer Mitteilung an anderer Stelle über den außerordentlichen Parteitag der Hamburger CDU berichtet, daß Sie das moralische Recht zur Emigration anerkannt hätten. – Sie sei das Los „aufrechter deutscher Menschen" gewesen, „die dennoch zu keiner Stunde Zweifel daran aufkommen ließen, daß ihre Gemeinschaft mit dem deutschen Volk unauflösbar war und ist, und die nicht gezögert haben, stets und überall als Deutsche dazu beizutragen, daß der Name ihres Vaterlandes wieder Geltung hat in der Welt."

Wir wissen nicht, ob wir unter die aufrechten deutschen Menschen fallen, die nach Ihren Worten von der CDU als ehemalige Emigranten respektiert werden. Jedenfalls haben wir in Amerika die Kenntnis großer deutscher Philosophie und Kunst, in denen unser eigenes Denken begründet ist, nicht verleugnet und verdrängt, sondern als Forscher und Lehrer zu verbreiten gesucht. [...] Wenige Jahre nach Kriegsende sind wir hierher zurückgekehrt. Auf unser besonderes Verhalten kommt es jedoch nicht an. Die Zeitungsnotizen lassen eine viel weitere Frage offen, und um ihre Beantwortung ist es uns zu tun. Sie lautet, ob Sie und die große Partei, der Sie angehören und für die Sie sprechen, auch jene Menschen respektieren, die während des Nationalsozialismus aus Deutschland geflohen sind und entweder sehr spät oder gar nicht zurückkamen. Die meisten unter ihnen hatten in Deutschland Verwandte und Freunde, die auf Befehl der deutschen

Regierung unter unausdenkbaren Qualen schuldlos ermordet wurden. Wenn Emigranten, zumal jüdische, wieder in ihr altes Vaterland gehen, geschieht es zumeist deshalb, weil sie in der Fremde sich nicht einleben konnten oder aus anderen recht bescheidenen Gründen. Sie tun es wohl kaum aus Patriotismus oder gar als Rächer an der Spitze feindlicher Heere, wie es von Feldherren der Antike berichtet wird. Trotzdem sehen wir für mangelnden Respekt keinen Grund. Wir wären dankbar, wenn Sie uns ein Wort schrieben, das ein Mißverständnis darüber ausschließt, daß die jüdischen und die nichtjüdischen Deutschen, die wegen ihres Glaubens, ihrer Gesinnung und ihres Schicksals fliehen mußten, deshalb mit keinerlei Makel behaftet sind.

Unsere Sorge ist sehr ernst. Europäische Emigration umfaßt seit Jahrhunderten Gruppen und Einzelne, deren kein Land sich zu schämen braucht. Die Verfolgten des Nationalsozialismus heute in Deutschland durch den Sprachgebrauch, die Obertöne des Wortes „Emigrant", gegenüber Heimatvertriebenen und Flüchtlingen aufs neue herabzusetzen, heißt jene Emotionen heraufbeschwören, deren Überwindung die politische Erziehung in der Bundesrepublik sich zum Ziel gesetzt hat. [...] Es geht uns, wie gesagt, nicht so sehr um unser eigenes Dasein als um das Schicksal der freiheitlichen Gesellschaft, der wir alle angehören. Von außen hat sie der finstersten Bedrohung in ihrer Geschichte standzuhalten; um ihr zu widerstehen, muß sie im Innern die Gesinnung bewahren, zu der sie sich bekennt. [...]

In ausgezeichneter Hochachtung
Ihre sehr ergebenen

Dr. Max Horkheimer
(o.ö. Professor der Philosophie)

Dr. Theodor W. Adorno
(o.ö. Professor der Philosophie)

*Am 12. Dezember 1901 schreibt der 41jährige Komponist* ***Gustav Mahler*** *an seine fast zwei Jahrzehnte jüngere* ***zukünftige Frau Alma*** *nach Wien.*

PALAST HOTEL, [Berlin, 12. Dezember 1901]
Donnerstag Abends

Liebste! Eben bin ich von einem Ausflug nach Weimar, wo ich meine verheirathete jüngere Schwester für einige Stunden überrascht, zurückgekehrt. – Es war für mich eine entsetzliche Strapaze, diese lange Bahnfahrt. – Diese entsetzliche Langeweile im Coupé ist es nämlich, (die ich wie ein Thier im Käfig aushalte), die mir das Reisen so verleidet. Immer habe ich daran gedacht, wie das wohl sein müßte, wenn Du, meine Alma, da neben mir säßest; besonders seitdem ich weiß, daß Dir so eine Bahnfahrt, wahrscheinlich ihrer Seltenheit wegen, ein Vergnügen macht! Es war mir so lebendig gegenwärtig, daß ich beinahe anfing, mit Dir zu sprechen. Dein letzter Brief begleitete mich, und ich las ihn oft durch!

Ach, Almschi [...], wenn Du nur etwas deutlicher schreiben wolltest! Glaube mir! Gerne würde ich Stunden verbringen, um diese lieben Hiroglyphen zu entziffern. Aber, was mich dabei so peinigt ist der Umstand, daß die Unmittelbarkeit der Mittheilung dabei so zu Grunde geht, wenn ich, anstatt, sozusagen Deiner Stimme zu lauschen, Dich mir nahe zu fühlen, mich immerfort unterbrochen und so schmerzlich gestört fühle, wenn ich jeden Augenblick innehalten muß um zu buchstabieren, und zu entziffern. Und dazu kommt noch, daß ich oft, trotz aller Mühe, manches Wort absolut nicht herausbringe. Geliebtes Mädchen, gib Dir Mühe und schreibe deutlich – trenne die Buchstaben mehr voneinander und zeichne die Consonanten deutlicher. Versuch es einmal im *Current*, wie ich!

Also ein hübscher, junger, reicher, gebildeter und musikalischer Herr hat Dir so einen schweren Nachmittag bereitet? Almschl Almschl! Überleg Dir es doch noch einmal! Weiß Gott, was Du Dir da eintauschen würdest. Von allen diesen schönen Eigenschaften besitze ich nicht die Hälfte! - Und bleich, zitternd ist er vor Dir gestanden – und ist sogar bereit, sich umzubringen! Das kommt bei mir nie vor! – Wie gerne möchte ich jetzt Deinen lieben Schopf ein wenig zausen! Zwar weißt Du ja, ohne den, so ganz schlicht frisirt, möchtest Du mir noch viel besser gefallen?

Wenn ich hier nur nicht immer von einer ganzen Escorte von Menschen umgeben wäre, die mich nicht ein Augenblick allein lassen! Ich habe Dir so viel zu sagen! Heimlich habe ich gehofft, heute eine Zeile von Dir vorzufinden. Jeder Tag ist mir jetzt verloren, wo ich Deines Wesens Athem nicht spüre! Ich kann mir gar nicht vorstellen, wenn ich am Samstag, den 21. [...] in die Steinfeldgasse hineinschreite – nein, laufe, – ich klingle, das Mädchen macht mir auf: „Fräulein Alma ist oben“ – ich springe hinauf, mach die Thüre auf – ! Lies einmal diese Hiroglyphen! Nicht wahr, die kannst Du schnell entziffern? Damit wir ein vernünftiges Wort miteinander reden können, müßten wir Abends, nach der Jause, ein wenig spazieren gehen! Wie Deine Mama meinen Brief aufgenommen, der ziemlich deutlich war und keinen Zweifel mehr über meine Empfindungen und Hoffnungen zuläßt, hast Du noch nicht geschrieben.

Morgen beginnen die großen Proben. Wie wäre es, wenn Du dabei wärest! Dabei ertappe ich mich jetzt [...] auf einmal ganz communen, für Leute meiner Art beinahe unwürdigen, Ehrgeiz! Ich möchte jetzt Erfolge, Anerkennung, und wie alle diese bedeutungslosen und im Wahren Sinne des Wortes *nichts* sagenden Dinge heißen, erringen! Ich möchte *Dir* Ehre machen! Mißverstehe das nicht, wenn ich so vom Ehrgeiz rede! Ich habe seit jeher Ehrgeiz gehabt – aber ich habe nicht nach Ehre gegeizt, die mir meine Nachbarn, Zeitgenossen geben können. Aber von Meinesgleichen verstanden, gewürdigt zu werden, selbst wenn ich dergleichen im Leben nicht finden sollte [...], darnach habe ich immer gerungen; und es soll auch von nun an mein höchstes Lebensziel sein! Dazu mußt Du mir beistehen, meine Geliebte! Und weißt Du, um sich diesen Lohn zu gewinnen, diesen Ehrenkranz, muß man auf den Beifall der Menge, ja selbst auf [den] der Guten, Hohen [...] verzichten. Wie gerne habe ich bis jetzt die Backenstreiche der Philisters, auch Hohn, Haß der Unmündigen ertragen. Ja leider ist es mir nur zu sehr bewußt, daß das bißchen Respekt, das ich mir erworben, vielleicht nur einem Mißverständnis, jedenfalls nur dem dumpfen Ahnen eines Höheren aber Unzugänglichen zuzuschreiben ist. – Ich rede natürlich nicht vom meiner Thätigkeit als „Direktor“ oder Kapellmeister; dies sind schließlich im höchsten Sinne Fähigkeiten und Verdienste doch nur untergeordneter Art. – Ich bitte Dich, antworte mir hierauf, ob Du mich darin verstehst, und auch mir folgen kannst. Alma! Könntest Du mit mir alles Ungemach – ja selbst im Gewande der Schmach – ertragen - und freudig ein solches Kreuz auf Dich nehmen? Wenn der Brief noch heute abgehen soll, muß ich schließen! Ich könnte so immerfort weiter zu Dir reden!

Tausend Grüß, meine liebe, geliebte Alma, und auch von der Erlaubniß, die Du mir am Schluße Deines letzten Briefes im Ps gegeben, mache ich tausend und tausendmal Gebrauch!

Deiner, liebes Mädchen Gustav

# 13. DEZEMBER

*Im Dezember 1924 schickt der Schweizer Schriftsteller* ***Robert Walser*** *diesen heiter-erbosten Brief an* ***Dr. Max Rychner****. Rychner ist Herausgeber der Zeitschrift „Wissen und Leben"; er hat Walser für den Abdruck der „Ophelia" ein Honorar von nur 300 Franken angeboten.*

Bern, Junkerngasse 29 III

Jetzt nur noch:
Lieber Herr Doctor Rychner, nicht mehr Bester!

Wohl werde ich mit schwerem Herzen nachgeben müssen, denn Ihre Gründe steigen groß wie Alpenkönige und Nationenfeinde aus Ihrem überzeugend gedichteten Brief vor meiner honorarhungerigen Novelleneinsenderseele herauf. Jedem andern als gerade Ihnen würde ich trotzen. Ihren Mut, meine Hoffnungen zu zerstören, bewundere ich, und indem es mir beliebt, zu Ihren Herabsetzungen und Minimallöhnen entweder mürrisch oder freudig ja zu sagen, sage ich: „Gesunkener!" zu Ihnen und gewärtige die gesenkte, tief heruntergeschraubte, um die schönere Hälfte gebrachte Summe immer zum Glück noch herzlich gern, Sie verbindlich grüßend als Ihr

Robert Otto Walser
denn so heiße ich in der Tat mit vollem Namen

*Am 14. Dezember 1933 schreibt der damals bekannte und sehr erfolgreiche Komponist **Mark Lothar** diesen ratlosen und verzweifelten Brief an den befreundeten **Baron Henry van Haersolte van Doorn** in Den Haag.*

Dresden, 14. 12. 1933

Lieber Henry!

Gestern Abend fiel der „Münchhausen" in Dresden durch. Von vornherein waren die Voraussetzungen für einen Erfolg denkbar schlecht. Fritz Busch, der mich gefördert hatte, war im März ausgepfiffen und in schmählicher Weise seiner Stellung enthoben worden – also war man gegen mich; das Orchester, 1930 von meiner Musik zum „Lord Spleen" sehr angetan, spielte lustlos; Fürstner, der Verleger von Richard Strauss, bei dem auch „Münchhausen" erschienen war, wurde vom neuen Generalintendanten nicht mehr empfangen, ich selber, von irgendwelchen Kreaturen angezeigt, mußte meinen arischen Nachweis erbringen, wie man so schön sagt; mein Textdichter, von väterlicher Seite „belastet", konnte nicht bei den Proben erscheinen und dergleichen mehr. An den Sängern lag es nicht. Paul Schöffler erhielt nach seiner großen Lügenarie demonstrativen Beifall, Marta Fuchs war als Emerentia großartig, ebenso Kurt Böhme als Kollegienrat, die liebreizende Maria Cebotari sang entzückend, um nur einige zu nennen. Ich saß mit Corry in einer Loge, umgeben von SA-Soldaten, die uns musterten und beobachteten. Nach dem 2. Akt, der nicht gefiel (die Pause lag nach dem 1. Akt), ging ich nervös heraus und hörte, nicht ohne ein Lächeln unterdrücken zu können, wie eine Garderobenfrau zu ihrer Kollegin im reinsten Sächsisch sagte: „Is heite eine Niede." Als im letzten Akt Münchhausen in die Worte ausbrach: „Lassen Sie mich endlich die Wahrheit sagen" und der Stadtpolizist darauf antwortete: „die ist verboten", verließ der Gauleiter Mutschmann seine Loge, wodurch das Schicksal der Oper endgültig besiegelt war. Auf derselben Bühne, auf der man mir vor ein paar Jahren beim „Lord Spleen" wärmsten Beifall gespendet hatte, erlebte ich die Bitterkeit einer Niederlage.

In der Nacht – es gab kein Bankett – konnte ich kein Auge zutun. Das Hotel Bellevue, an glanzvolle Premieren gewöhnt, hatte mir auf mein Zimmer Obst und Konfitüren gestellt – ich rührte nichts an und zergrübelte mir den Kopf. Mit jedem Glockenschlag, der von den zahlreichen Barockkirchen der Stadt tönte und mahnte, wuchs meine Verzweiflung. Nicht wegen des Mißerfolges, sondern wegen der veränderten politischen Lage und meiner Einstellung. Du weißt, ich bin kein Nationalist, aber ich fühle mich als Deutscher und ich bin der deutschen Kultur- und Geisteswelt tief verbunden. Hier liegen meine Wurzeln. Soll ich Deutschland verlassen und ins Ausland gehen? Kann ich als Nicht-Berühmter mich in einem fremden Land durchsetzen? Im günstigsten Fall wird es mir gelingen, Filmmusik für Hollywood zu schreiben; das kommt einer Verkümmerung und Vernichtung meiner Begabung gleich. Wie wird sich überhaupt das Schicksal der Emigranten gestalten? Andererseits besteht kein Zweifel, daß ich der Weltanschauung und der Praxis des Nazi-Regimes wesensfremd und ablehnend gegenüberstehe. Kannst Du meine Unsicherheit und Niedergeschlagenheit verstehen? Ich bin an einem Tiefpunkt angelangt und weiß nicht ein noch aus. Siehst Du Möglichkeiten in Holland? Schreibe bald und habe Verständnis für

Deinen tiefentmutigten
Lothar

*Am 15. Dezember 1917 schreibt* ***Minna Falkenhain*** *aus Naundorf im Kreis Torgau an ihren* ***Mann****, der an der Ostfront ist. Ihr Sohn ist bereits 1915 gefallen: Sie weiß es, aber sie will es nicht glauben ...*

Naundorf, den 15.12.1917

Mein lieber Mann und herzenslieber Vater!

Heute kann ich Dir schreiben, wie es auf der Holzauktion war. Es war gar nicht so schlimm, wie ich befürchtete. Als ich eine Viertelstunde zugehört hatte, wußte ich Bescheid, wie es gemacht wird. Es war zwar sehr voll, aber ich stand ganz vorn und konnte alles sehr gut hören. Wer gekauft hatte, mußte raus, zweimal durfte keiner kaufen. Der Forstmeister zählte die Leute, ehe es losging und sagte, es reicht zu, jeder kriegt seinen Posten, Leute, seid vernünftig und bietet nicht zu hoch, das Holz soll nicht so teuer werden wie im vorigen Jahr.

Aber die Leute sind verrückt, die wissen nicht, was Geld ist. Das teuerste waren 196 Mark für 6 Meter Schnittholz, getaxt war der Meter für 12 Mark. Bei Rollholz war die Taxe je Meter 9 Mark, und dann kosteten die Klafter bis 100 Mark und darüber. Etliche Male gab es einzelne Meter, da habe ich bloß einen Meter gekauft. Der eine war getaxt mit 12 Mark und ging auch dafür weg. Ich habe mir gesagt, da kommen noch mehr Auktionen. Ich gehe immer wieder, bis ich mein Holz zusammen habe. Ich werde es nicht so teuer bezahlen.

Heute kann ich Dir auch schreiben, was das Schwein wog, welches Voigts gekauft haben. Es war leicht und hatte nur 157 Pfund. Das Stücke hat bei uns sehr schlecht gefressen. Ich habe mich hinterher sehr geärgert, da hätte ich es selber totschlagen können. Minna sagte immer, ich solle nicht so zanken, sie habe Schrot und Körner gefüttert, aber es fraß nicht. Hätte ich es bloß selber gewogen. Der Preis pro Pfund beträgt 1 Mark, ich habe also 157 Mark gekriegt, das ist wenig Geld.

Ja, mein liebes Herzchen, so geht es mir hier, der Ärger hört nicht auf. Ich wollte doch das Schwein sehr fett machen, weil ich recht viel Geld damit machen wollte. Jetzt hatte ich Pech, ich soll einfach nichts bekommen. Ich hätte dem Aas gleich hinten reinstechen mögen, weil ich mir soviel Mühe damit gegeben hatte, und nun war alles nichts.

## 15. DEZEMBER

Gestern hat auch noch der Sturm zu blasen angefangen, und ich habe Sorgen wegen der Dächer. Jetzt kriegt man ja so etwas nicht gemacht, weil kein Mensch zu Hause ist, denn der alte böse Krieg braucht die Leute alle und frißt einen nach dem anderen. Schenk, der Bernhardt ihr Mann, ist auch vermißt, und der kleine Kaufmann von Hannemanns auch. Den großen Strolchen passiert nichts, nur den ordentlichen Leuten. Wie wird es bei uns sein? Als ich hörte, es gebe Waffenstillstand, hatte ich keine Ruhe mehr. Ich denke auch, unser Sohn kommt wieder, und auch bei Dir, lieber Vater, rechne ich mit einem Wiedersehn. Gott mag helfen, daß es so kommt, wie ich hoffe. Sonst bin ich am Ende.

Sonst gesund und hoffe dasselbe von Dir. Sei recht herzlich gegrüßt und geküßt von Deiner Dich treu liebenden Frau und Kindern

*Am 16. Dezember 1921 schreibt die 54jährige Graphikerin und Bildhauerin* ***Käthe Kollwitz*** *an Frau* ***Dr. Marie Elise Kayser****, Leiterin einer „Frauenmilchsammelstelle für Säuglinge, die nicht gestillt werden konnten, aber Frauenmilch dringend benötigten". Erst im November 1926, also fast fünf Jahre später, konnte Käthe Kollwitz die ausgeführte Arbeit an die Auftraggeberin senden.*

16. Dezember 1921

Sehr geehrte Frau Dr. Kayser!

Ihr Brief und Ihr Aufsatz haben mich außerordentlich interessiert und erfreut. Ich finde die Idee glänzend. Sicherlich ist da ein Weg, die Säuglingssterblichkeit herabzudrücken.

Ein Plakat, das für diese Idee wirbt, denke ich mir so, daß eine junge fröhliche Frau mit voller Brust, an der sich ihr eigenes gesundes Kind bereits satt getrunken hat, das sie aber noch im Arm hat, ein fremdes schwächliches Kind in den anderen Arm nimmt und anlegt.

Ich möchte sowas schon gern machen – schon weil ich die ganze Idee so glücklich und erfreulich finde – aber doch kann ich es Ihnen nicht zusagen, oder frühestens erst bis zum Februar. Ich habe jetzt sehr viel Arbeit vor, die ich nicht unterbrechen möchte und nicht kann.

Hat es aber keine Eile – wie gesagt bis mindestens Februar müßte ich Zeit haben, dann glaube ich zusagen zu können.

Wegen des Honorars würden wir einig werden, darüber brauchen wir noch nicht zu sprechen.

Indem ich Ihnen herzlich Kraft wünsche, die vielen Aufgaben, die Sie sich gestellt haben, erfüllen zu können – ich weiß aus eigenster Erfahrung was es bedeutet, kleine Kinder zu haben und dabei einen Beruf ausüben zu wollen – grüße ich Sie. Meine eigene Tätigkeit als Mutter kleiner Kinder liegt freilich lange zurück. Jetzt erfreue ich mich eines gesunden Enkels. Aber ich habe die Schwierigkeiten nicht vergessen.

Alles Gute wünscht Ihnen

Käthe Kollwitz

# 17. DEZEMBER

*Am 17. Dezember 1939 wendet sich der Schriftsteller* ***Jochen Klepper*** *mit einem verzweifelten Bittbrief an* ***Hans Hinkel****. Hinkel ist seit 1935 Geschäftsführer der Goebbelsschen Reichskulturkammer. Er entscheidet über alle jüdischen und „jüdisch-versippten" Künstler. Kleppers Wohlverhalten wird nicht honoriert. Seine Bitte wird abgelehnt. Die Repressalien verschärfen sich ständig, und in auswegloser Situation geht Klepper gemeinsam mit seiner Frau und seiner Stieftochter am 11. Dezember 1942 aus dem Leben.*

17. Dezember 1939

Sehr verehrter Herr Staatsrat.

Ich verdanke es Ihnen, daß nach dem Erscheinen meines Buches „Der Vater. Der Roman des Soldatenkönigs" im Jahre 1937 eine Sondergenehmigung mir meine schriftstellerische Tätigkeit trotz meiner Ehe mit einer nichtarischen Frau ermöglichte.

Gestatten Sie mir darum bitte, mich mit einem Anliegen an Sie wenden zu dürfen, das zwar meine Arbeit nicht unmittelbar betrifft, für die Bedingungen, unter denen sie erfolgt, aber wesentlich ist.

Auf Grund der neuesten Maßnahmen wird meiner Frau die Lebensmittelzuteilung beschränkt und mit bestimmten Auflagen für die Einkaufszeiten und -stellen für meinen Haushalt verbunden. Die Reichskleiderkarte aber wird ihr ganz verweigert.

Als mir die Möglichkeit genommen wurde, noch gemeinsam mit meiner Frau zu reisen und an kulturellen Veranstaltungen teilzunehmen, bedeutete dies bereits eine sehr schmerzliche Trübung der Arbeitsatmosphäre. Und das umso mehr, als im Herbst 1938 meine Sondergenehmigung für das Schrifttum auch auf den Film erweitert wurde. Von Ufa und Tobis wurde die Verfilmung zweier meiner Bücher – für Professor Carl Fröhlich und Emil Jannings – beschlossen; ja die Verfilmung meines Buches „Der Vater" wurde noch im Herbst 1939 an erster Stelle des Produktionsprogrammes der Tobis angekündigt, während es mir untersagt blieb, mit meiner Frau Konzerte, Theater und Kinos zu besuchen. Doch unterließ ich es, eine diesbezügliche Bitte an Sie, sehr verehrter Herr Staatsrat, zu richten, da ich mir sagte, daß es sich hier nicht um eine unerläßliche Voraussetzung für produktive Arbeit handele – so dankbar ich nach wie vor für die Erschließung dieser Möglichkeit wäre.

Was aber die Bekleidungs- und Ernährungsfrage für meine Frau betrifft, so geht es ja nun um die primitivsten Sorgen, die sich auf alle künstlerische Arbeit lähmend auswirken müssen. Ich bitte Sie herzlichst, mir in dieser niederdrückenden Situation zu helfen. Ich hätte es nicht getan, wenn ich nicht wüßte, daß ich Ihnen mit der Bitte um die normale Regelung des Kleider- und Lebensmittelkartenbezuges für meinen Haushalt nicht zumute, einen Präcedenzfall zu schaffen. In mehreren Mischehen ist die von mir erbetene Regelung erfolgt.

Es ist sehr schwer, bei der Begründung einer solchen Bitte sich auf eigene Leistungen und ihre Wirkung zu berufen. Daher bitte ich, auf Herrn Dr. Koch in Abteilung VIII Ihres Ministeriums verweisen zu dürfen. Seit ich, den Bedingungen meiner Sondergenehmigung entsprechend, meine Manuskripte vor der Veröffentlichung der Abteilung VIII einzureichen habe, hat jede Zeile, die ich schrieb, Herrn Dr. Koch vorgelegen. Er ist über den Weg, den meine Einzelveröffentlichungen und Bücher in Deutschland und z.B. in Schweden, Holland und der Schweiz genommen haben, jederzeit unterrichtet gewesen. Auch kennt er den Plan eines neuen historischen Romanes, an dem ich gegenwärtig schreibe.

Ich wäre Ihnen, sehr verehrter Herr Staatsrat, äußerst dankbar, wenn Sie mir, durch Ihre Entscheidung im eigenen Zuständigkeitsbereich oder die Fürsprache an den Stellen, die für die anderen in Frage stehenden Gebiete maßgebend sind, zu erträglichen Bedingungen für die Fortführung meiner Arbeit gütigst verhelfen wollten.

Heil Hitler!

Jochen Klepper

*Am 18. Dezember 1989 wenden sich Gewandhauskapellmeister* ***Kurt Masur*** *und Superintendent* ***Friedrich Magirius*** *mit einem Flugblatt an die* ***Teilnehmer der Leipziger Montagsdemonstration****. 200.000 Menschen versammeln sich an diesem Tag. Kurt Masur ist vor zwei Wochen zum Ehrenbürger der Stadt ernannt worden.*

Liebe Leipziger!

Ich möchte mich dafür bedanken, daß Sie mich in Ihren Kreis aufgenommen haben, denn für mich ist jeder von Ihnen, der mutig, leidenschaftlich und besonnen zugleich sich in den vergangenen Wochen für diese Stadt und unser Land eingesetzt hat, zum Ehrenbürger geworden.

Ausgangspunkt dieser großen Bewegung, die in Leipzig entstand, war die Nikolaikirche. Und wenn Superintendent Magirius aufgerufen hat, am Montagabend der Menschen zu gedenken, die Opfer der zurückliegenden Jahrzehnte wurden, so sollte uns gleichzeitig auch bewußt sein, daß Weihnachten ein Fest der Hoffnung ist.

Ganz Europa hofft mit uns, daß die Weiterführung der Leipziger Montags-Demonstrationen ab 8. Januar genauso friedlich erfolgt und damit die große Idee eines vereinten Europa verwirklicht werden kann. Wir Deutschen werden auf diese Weise ganz natürlich zusammenwachsen und das Vertrauen unserer Nachbarn erhalten.

Ihr Kurt Masur

Die Kirchen und Vertreter der demokratischen Gruppierungen bitten Sie alle ganz herzlich, entlang der Straßen, die wir zehnmal demonstrierend gezogen sind, einen Ring von Menschen zu bilden. Mit Kerzen in den Händen wollen wir von 18.15 Uhr bis 18.30 Uhr einige Minuten schweigend gedenken der Opfer der Gewalt und geistigen Unterdrückung unter stalinistischer Herrschaft, der Ereignisse des Herbstes 89, der Inhaftierungen, des gewaltlosen Widerstandes und des Beginns der demokratischen Erneuerung.

Zum Abschluß werden die Glocken der Kirchen läuten und die Gläubigen unter uns zum Gebet rufen, zugleich aber die Verbundenheit mit allen Menschen guten Willens bekunden.

Ihr Friedrich Magirius

Wir beide wünschen ein friedliches Weihnachtsfest und uns allen Hoffnung und Glück für das neue Jahr!

# 19. DEZEMBER

*Am 18. Dezember 1981 schickt der österreichische Bildhauer* ***Alfred Hrdlicka*** *den folgenden Brief an den* ***Wiener Presseklub Concordia****. Der Brief hat eine Vorgeschichte. Der ORF-Generalintendant hatte eine Protestresolution gegen die Unterdrückung der polnischen Gewerkschaft „Solidarität" initiiert. Hrdlicka hatte vergeblich gefordert, gleichzeitig gegen das Militärregime in der Türkei zu protestieren. Nun wendet er sich – streitbar und eloquent – an die Unterzeichner der Polenresolution, die im Klub Concordia eine Pressekonferenz abhalten.*

[Wien, am 18. Dezember 1981]

Liebe Polenresolutions-
unterzeichnerinnen und
-unterzeichner!

Herr Gerd Bacher hat mir telefonisch die Polenresolution durchgegeben und ich will, sinngemäß und ausführlicher, schriftlich festhalten, was ich darauf geantwortet habe: In Polen hat vor etwa einer Woche das Militär die Macht übernommen, in der Türkei geschah dies vor etlichen Monaten. Lech Walesa steht unter Hausarrest, der ehemalige sozialistische Ministerpräsident der Türkei, Ecevit, sitzt hinter Gittern. In Österreich gibt es aus politischen wie auch aus wirtschaftlichen Motiven mindestens so viele Türken wie Polen, trotzdem ist unsere Anteilnahme am Schicksal der Polen ungleich intensiver, von dem, was sich in den Medien tut, ganz zu schweigen. Woher kommt das? Gewiß, ein Polenkönig hat Wien vor den Türken gerettet und ein böser Türke wollte unlängst den polnischen Papst ermorden.

Aber sind deshalb die Türken Menschen zweiter Klasse? Oder ist das türkische Militär etwas besseres, weil es der Nato zugehört und das polnische Militär nur dem Warschauer Pakt?

Reagan fragt: „Wie hält man es mit dem Menschenrechtsabkommen in Polen?" und Herr Weinberg, sein Verteidigungsminister, der vor 14 Tagen die Türkei besucht hat, findet dort alles prima. Ob man in der Türkei mit Regimegegnern sanfter umgeht als in Polen, lasse ich dahingestellt. Ich frage auch nicht, was in Südamerika, Asien, Afrika oder anderswo vorgeht, mich interessiert die Gegenüberstellung Nato – Warschauer Pakt, beziehungsweise das Sicherheitsbedürfnis der beiden Großmächte USA und

UdSSR. Man kann dieses Sicherheitsbedürfnis in beiden Fällen meinetwegen auch Aggressionspolitik nennen, denn so nennt es immer die Gegenseite.

Die USA sind heute das, was früher England war, eine Inselfestung. Ich möchte wissen, was in Amerika los wäre, wenn etwa Mexiko dem Warschauer Pakt beitreten würde, und sich sowjetische Atomraketen auf dem amerikanischen Kontinent befinden würden.

Die Sowjetunion ist keine Insel, sie hat entlang ihren unendlichen Grenzen Staaten angesiedelt, die, wie etwa die Türkei, einem gegnerischen Militärbündnis angehören, sie muß sich damit abfinden, daß in Europa wie in Asien, die UdSSR gehört beiden Kontinenten an, amerikanische Atomraketen stationiert sind. Dazu kommt, daß die UdSSR den Zweiten Weltkrieg auf eigenem Territorium erlebt hat und die USA nicht. Was immer die beiden Staaten direkt oder indirekt gegeneinander unternehmen, rein von den Fakten her ist der hochindustrialisierte Westen, allen voran die USA, schon aus geographischen Gründen, viel besser dran. Sich diesen Fakten gegenüber dumm zu stellen, hat nichts mehr mit dem Bejahen oder Verneinen unterschiedlicher Gesellschaftssysteme zu tun, es ist entweder Denkfaulheit oder üble Anpassung. Der Zusammenbruch des sozialistischen Lagers hätte global schreckliche Folgen, ein katholisches Polen kann mir gestohlen bleiben. [...]

Das mögen Ressentiments sein, aber meinen linken Freunden unter den Unterzeichnern will ich nur zu bedenken geben, daß sich Liebkind machen keine politische Haltung ist.

Ein Demokratisierungsprozeß könnte dem sozialistischen Lager führwahr nicht schaden, nur– wer will ihn wirklich? Ich fürchte, zuallerletzt jene, die ihn angeblich befürworten oder betreiben. Ein seltsamer Widerspruch, doch wenn man die Kirche darauf anspricht, warum im Namen Christi so schreckliche Dinge passiert sind, so heißt es gottergeben: „Menschenwerk, Menschenwerk". Der Sozialismus ist leider auch nur Menschenwerk. Darum falte ich fromm meine Händchen und unterschreibe – nicht.

[Alfred Hrdlicka]

# 20. DEZEMBER

*Am 20. Dezember 1970 schreibt der junge Komponist und Meisterschüler* ***Paul Dessaus, Friedrich Schenker,*** *seinem Lehrer den folgenden Brief.*

Leipzig, am 20. Dezember 1970

Sehr geehrter Herr Dessau!

Zu Ihrem 76. Geburtstag möchte ich Ihnen die herzlichsten Glückwünsche übermitteln, vor allem wünsche ich Ihnen weiterhin beste Gesundheit und so viel Kraft zu komponieren und zu dirigieren.

Ihr Konzert in Leipzig war für uns alle ein unvergeßliches Erlebnis; da ich nach dem Konzert keine Gelegenheit hatte, möchte ich Ihnen zu Ihrem Erfolg gratulieren. Nur ein Wort zur Eroica: Ich konnte das Stück eigentlich nicht mehr hören, war also schockiert, daß gerade Sie diese Sinfonie auswählten, mußte aber feststellen, daß gerade Ihre Interpretation mit einem natürlichen Pathos, wozu unsere Berufsdirigenten nicht mehr fähig sind, mir das Werk wieder erschlossen hat. Beethoven ist für mich nur so interessant.

Von einem Konzert möchte ich noch berichten:

Am 17.12. fand das erste Konzert unserer „gruppe neue musik Hanns Eisler" statt. Zusammen mit dem Deutschen Verlag für Musik starteten wir eine neue Konzertreihe in Leipzig, deren Wesen es ist, ausschließlich neue Musik aufzuführen, (nicht im Frack, sondern in beliebigen Arbeitskleid) darüber anschließend mit dem Publikum, zu diskutieren. Es gab an diesem Abend drei Uraufführungen: Wilfried Jentzschs „Zusammenzufügendes für hohes Doppelrohrblattinstrument mit hi-hat", vier Lieder von René Leibowitz und von mir die „Interludia" für Sopran und sieben Instrumente auf Gedichte von Burkhard Glaetzner. Außerdem wurde Eislers 3. Klaviersonate und eine Violinsonate von K.[arl] O.[ttomar] Treibmann aufgeführt. Die Sopranpartie sang Roswitha Trexler, es dirigierte Dr. Pommer.

Das Konzert war relativ gut besucht, das Programm leider etwas lang, aber wir begannen trotzdem noch eine Diskussion. Nach Dr. Zeraschis Diskussionseröffnung meldete sich Herr Erhard Ragwitz (Dozent an der Leipziger Musikhochschule) Parteigruppenorganisator des VDK (Bezirk Leipzig) zu Wort und sagte etwa folgendes: „Nachdem hier genug spätbürgerlicher Staub aufgewirbelt wurde, möchte ich sagen, daß der Name

Hanns Eislers für die Gruppe als Feigenblatt benutzt wird, um spätbürgerlichen Musikidealen zu huldigen. Ich möchte feststellen, daß hier kein Weg nach Bitterfeld führt." – und verließ den Saal. Ihm folgten demonstrativ zwei andere, nachdem sie sich auf Anruf durch Cheflektor Schulze weigerten, sich zur Diskussion zu stellen. Diese Herren hatten sich damit eigentlich selbst disqualifiziert; ich fürchte allerdings, daß in diesem Fall Herr Ragwitz seine Position im VDK dazu gebrauchen wird, unsere Konzertreihe zu Fall zu bringen. Außerdem können wir den Anwurf des „Feigenblattes", sowie Jentzsch, ich und vielleicht auch Leibowitz, möchte ich meinen, den Geruch von Spätbürgern nicht auf uns sitzen lassen. Es geht hierbei natürlich nicht so sehr um uns Komponisten, wir können uns sicher selbst aus der Schlinge ziehen, aber es geht unserer „gruppe neue musik Hanns Eisler" um die neue so wunderbar interessante Möglichkeit, mit dem Publikum sprechen zu können. Diese Art von Konzerten ist ja so dringend notwendig. Unsere Bitte an Sie wäre nun, falls es zu einem Eklat kommt, daß Sie uns helfen, die Konzertreihe zu retten gegen Leute, die wenig von Musik verstehen und Pauschalurteile fällen. Der Sender Leipzig hat das ganze Konzert mitgeschnitten, es wäre sofort möglich, daß Sie die Bänder hörten. Herr Jentzsch kann Ihnen ja gesprächsweise viel ausführlicher berichten. In der nächsten Woche werde ich Ihnen meine drei Stücke zuschicken. Ich würde mich unendlich freuen, wenn ich bei Ihnen als Meisterschüler arbeiten dürfte.

Mit herzlichen Grüßen und besten Wünschen für 1971

Ihr
Friedrich Schenker [...]

# 21. DEZEMBER

*Am 21. Dezember 1937 schreibt der junge österreichische Schriftsteller **Jura Soyfer** an seine Freundin **Helli Ultmann**. Im Februar 38 aus der Untersuchungshaft entlassen, wird Soyfer bei dem Versuch, in die Schweiz zu entkommen, erneut verhaftet und stirbt am 16. Februar 1939 in Buchenwald an Typhus. Da ist Helli Ultmann längst in England.*

Landesgericht, Wien I. 21.XII.37
Zensurvermerk vom selben Tage

Meine sehr geliebte, kleine Helli!

Diesmal adressiere ich den Brief an Dich; wenn meine Liebe zu Dir schon eine Zensur passieren muß, so möchte ich wenigstens vermeiden, daß auch noch meine Mutter den Text Revue passieren läßt, was bei ihrem liebevollen Interesse unvermeidlich und verständlich ist. Du wirst dann den für sie bestimmten Teil abtrennen und ihn ihr noch am Tage des Empfangs übergeben. Damit sie nicht beleidigt ist, erkläre ihr auch, daß die Übermittlung von Dir zu ihr schneller funktioniert als umgekehrt.

Weiters mache ihr ebenso wie Dir selbst klar, wie alle meine Kalamitäten eigentlich zu betrachten sind. Nämlich: Zunächst, so peinlich auch vieles daran ist, unbedingt humoristisch. Wirklich, mein Liebling: In Momenten, da meine Sehnsucht nach Dir vor Atemlosigkeit schweigt und da auch mein Ärger ein wenig nachläßt, muß ich über die ganze Angelegenheit lachen; so komisch ist die Tatsache, daß ich gerade in der Zeit meines bohemehaftesten Lebenswandels, in der politisch neutralsten Zeit meines Lebens, plötzlich zum Staatsfeind Nr. soundsoviel erkoren werde. Bei einer halbwegs kühlen Einschätzung dieser Sachlage ist man verpflichtet, darüber zu lachen. Freilich ist von Dir und mir eine solche kühle Einstellung nur für die Dauer von Augenblicken zu erwarten. Aber daß das Ganze objektiv so komisch ist, schließt entschieden jede Sentimentalität aus.

Ein zweiter Gesichtspunkt, meine Haft einzuschätzen, ist der, sie als eine Art Strafe und Prüfung zu betrachten. Als Strafe nämlich für zahllose gesetzlich nicht strafbare Sünden, als da sind: Zeitverplemperung, Schlamperei und tutti quanti. Wenn mir hier zehnmal täglich bei meiner erzwungenen Untätigkeit zu Bewußtsein kommt, wieviel kostbare Arbeitszeit ich draußen verblödelt habe; wenn ich in erzwungenen Meditationen und eigentlich recht heilsamer Einsamkeit meine eben zurückgelegten 25 Jahre überbrüte, so wird mir allerhand an Selbsterkenntnissen zuteil. Mag sein, daß ich sie später wieder vergesse; aber Alleinsein hat mir bisher immer gut getan. Nicht nur Selbstvorwürfe kommen dabei heraus, sondern manchmal recht interessante Arbeitsideen. Daß das Alleinsein diesmal derart zustande kamen, ist nun wieder sehr komisch. Womit sich ein Zusammenhang zwischen Punkt 1 und Punkt 2 ergibt.

All das hat mit meinem juristischen Fall nicht das mindeste zu tun. Ebensowenig wie ich als a Ganzer. Manchmal brenne ich geradezu vor Neugierde, wie eigentlich die Anklage gegen mich zustande kommen soll. Alle meine Versuche, eine solche zu konstruieren, scheitern kläglich. Vielleicht aber liegt es daran, daß ich nicht ein Mann vom Bau bin. Hast Du schon Hugos Gutachten und Ratschläge eingeholt? Mich beunruhigt manchmal der Gedanke, daß Du meine sachlichen Anweisungen nicht genug beachtest. [...] Für Ärger und Unruhe jeder Art hingegen sind Briefe von Dir Medizin. Wenn Du mir also von nun ab weniger als drei Briefe wöchentlich schreibst, verstoße ich Dich in kalter Winternacht von Haus und Hof! Darauf wirst Du's doch nicht ankommen lassen, mein Geliebtes?

Donnerstag, als Du mich besuchtest, hat es Dir doch ebenso die Kehle zugeschnürt wie mir, oder nicht? Bist Du um so vieles süßer geworden oder hatte ich Dich in Deiner ganzen einmaligen Kätzchenpracht nicht mehr vollends in Erinnerung? Meine einzige und sehr geliebte kleine Helli! Es muß sehr scheußlich sein, für zwei Männer wirtschaften zu müssen und keinen Mann zu haben. Schreibe von Deinen in Aussicht stehenden Posten; genauestens! Ich liebe Dich, ich sehne mich nach Dir, ich küsse Dich in Gedanken.

[Jura]

*Am 18. Dezember 1912 schreibt der 37jährige Psychiater und Psychotherapeut **Carl Gustav Jung** an seinen Freund und einstigen Lehrer **Sigmund Freud**. Danach war's mit der Freundschaft vorbei ...*

1003 Seestraße 18. XII. 12
Küsnach-Zürich

Lieber Herr Professor!

Darf ich Ihnen einige ernsthafte Worte sagen? Ich anerkenne meine Unsicherheit Ihnen gegenüber, habe aber die Tendenz, die Situation in ehrlicher und absolut anständiger Weise zu halten. Wenn Sie daran zweifeln, so fällt das Ihnen zur Last. Ich möchte Sie aber darauf aufmerksam machen, daß Ihre Technik, Ihre Schüler wie Ihre Patienten zu behandeln, ein *Mißgriff* ist. Damit erzeugen Sie sklavische Söhne oder freche Schlingel (Adler, Stekel und die ganze freche Bande, die sich in Wien breitmacht). Ich bin objektiv genug, um Ihren Truc zu durchschauen. Sie weisen rund um sich herum alle Symptomhandlungen nach, damit setzen Sie die ganze Umgebung auf das Niveau des Sohnes und der Tochter herunter, die mit Erröten die Existenz fehlerhafter Tendenzen zugeben. Unterdessen bleiben Sie immer schön oben als Vater. Vor lauter Untertänigkeit kommt keiner dazu, den Propheten am Barte zu zupfen und sich einmal zu erkundigen, was Sie denn zu einem Patienten sagen, welcher die Tendenz hat, den Analytiker zu analysieren anstatt sich selbst? Sie fragen ihn doch: „Wer hat denn eigentlich die *Neurose*?"

Sehen Sie, mein lieber Herr Professor, solange Sie mit diesem Zeugs laborieren, sind mir meine Symptomhandlungen ganz wurscht, denn die wollen gar nichts bedeuten neben dem beträchtlichen Balken, den mein Bruder Freud im Auge trägt. – Ich bin nämlich gar nicht neurotisch – unberufen! Ich habe mich nämlich lege artis et tout humblement analysieren lassen, was mir sehr gut bekommen ist. Sie wissen ja, wie weit ein Patient mit Selbstanalyse kommt, nämlich nicht aus der Neurose heraus - wie Sie. Wann Sie dann selber einmal ganz komplexfrei geworden sind und gar nicht mehr Vater spielen an Ihren Söhnen, denen Sie beständig auf die schwachen Punkte zielen, indem Sie sich selber einmal dort aufs Korn nehmen, dann will ich in mich gehen und meine lasterhafte Uneinigkeit mit mir selber Ihnen gegenüber mit einem Mal ausrotten. *Lieben* Sie denn die *Neurotiker* so sehr, daß Sie immer ganz eins mit sich selber wären? Sie *hassen* vielleicht die Neurotiker; wie können Sie dann erwarten, daß Ihre Anstrengungen, möglichst schonend und liebevoll mit den Patienten umzugehen, nicht von etwas gemischten Gefühlen wären?

Adler und Stekel sind Ihrem Truc aufgesessen und wurden kindisch frech. Ich werde öffentlich mich zu Ihnen halten, unter Wahrung meiner Ansichten, und werde insgeheim in meinen Briefen anfangen, Ihnen einmal zu sagen, wie ich wirklich über Sie denke. Ich halte diesen Weg für den anständigsten.

Sie werden über diesen sonderbaren Freundschaftsdienst schimpfen, aber vielleicht tut es Ihnen doch gut.

Mit besten Grüßen
Ihr ganz ergebener Jung

# 23. DEZEMBER

*Am 23. Dezember 1908 schreibt der Münchner Physikprofessor* ***Wilhelm Conrad Röntgen*** *an seinen Würzburger Kollegen* ***Wilhelm Wien****. Manches von dem, was Röntgen am Beginn des Jahrhunderts zum Thema Mathematik und Lehrerbildung zu sagen weiß, klingt an dessen Ende noch immer verteufelt aktuell ...*

Davos-Dorf. 23 Dec. 1908

Sehr geehrter Herr College!

Zunächst bitte ich freundlichst entschuldigen zu wollen, dass ich Ihre Anfrage so spät beantworte; nicht Mangel an Interesse ist die Ursache der Verspätung sondern allerlei Abhaltungen.

Sie wollen wissen, ob ich damit einverstanden bin, „dass die allgemeine Vorlesung über Experimentalphysik in ihrer bisherigen Gestalt ohne erhebliche Aufnahme mathematischer Entwicklungen bestehen bleibt, und dass ihr Niveau dem mittleren Bildungsniveau der Abiturienten der neunklassigen Mittelschulen angepasst wird". In so weit sich diese Frage auf meine eigenen Vorlesungen bezieht, kann ich sie unbedingt bejahend beantworten; und ich darf wohl hinzufügen, dass es nach meiner Ueberzeugung ein grosser Fehler wäre, wenn ich unter Beibehaltung der fünf Wochenstunden für die Studierenden, die Lehrer der Physik und Mathematik werden wollen, eine Vorlesung einrichten würde, in der erheblich mehr mathematische Entwicklungen vorkommen als bisher. Ich glaube zwar, dass durch eine solche Einrichtung den Studierenden der Mathematik das Studium leichter gemacht würde, – denn die Erfahrung hat mich gelehrt, dass ihnen die Art und Weise, wie der Physiker seine Wissenschaft betreibt, fremd ist und dass es ihnen recht schwer wird dafür ein Verständniss zu erlangen – aber da nun einmal die, meiner Ansicht nach nicht mehr sehr zweckmässige, Einrichtung besteht, dass die Lehrer, die sich Mathematiker nennen, auch Physikunterricht geben müssen, so sollten diese Leute doch wenigstens während einer kurzen Zeit ihrer Vorbildung an der Universität einen Einblick in die Methode der Naturforschung gewinnen können. Und dazu haben sie in den Vorlesungen, wie sie jetzt über Experimentalphysik gehalten werden, und in den praktischen Uebungen im Laboratorium Gelegenheit; während die ausgiebigere Verwendung von Mathematik in der Vorlesung - wenigstens mit Festhaltung der jetzt gebräuchlichen Stundenzahl – leicht dazu führen könnte, dass dieser Zweck nicht erreicht würde, und dass vielmehr die Vorstellung entstünde, die Physik wäre hauptsächlich dazu da um für die Mathematik eine Reihe von Uebungsbeispielen zu liefern.

Es muss den Studierenden - und wie mir scheint auch den Herren, die vorhaben, die Physik und die Mathematik zu einer „höhern Einheit“ (?) zu vereinigen – klar werden, dass der Mathematik, die selbstverständlich für sich eine selbständige Wissenschaft bildet, in der Physik nur die Rolle einer dienenden Schwester zukommt, die freilich ungemein brauchbar und deshalb unentbehrlich ist.

Ich vermisse schon jetzt bei den meisten Candidaten für das höhere Lehramt, die später in Physik Unterricht geben sollen, das nöthige Maass der naturwissenschaftlichen Ausbildung und namentlich auch die Freude an der Beschäftigung mit Physik, und ich glaube, dass das noch schlimmer würde, wenn eine mehr mathematische Behandlung der Physik in die Anfangsvorlesung an der Universität eingeführt werden sollte. Eine andere Frage ist es, ob es nicht zweckmässig wäre, dass die Candidaten eine von einem Physiker gehaltene, wenigstündige Ergänzungsvorlesung hören, wie solche bereits an einigen Universitäten unter dem Titel mathematische Ergänzung zur Vorlesung über Experimentalphysik gehalten werden. Ueberhaupt liesse sich über die Ausbildung unserer Lehrer sowie über die Qualification des zur Zeit vorhandenen Lehrerpersonals noch Vieles sagen, doch gehört das wohl im Augenblick nicht hierher. Die Hauptsache ist zunächst zu erreichen, dass kein Schaden angerichtet wird.

Mit freundlichem Gruss und den besten Wünschen für die bevorstehenden Feiertage verbleibe ich

Ihr ergebener
W.C. Röntgen

# 24. DEZEMBER

*Am 24. Dezember 1982 schreibt der 76jährige* ***Rudolf G.*** *den folgenden Brief an* ***den Sohn, die Schwiegertochter und die Enkel*** *in Berlin.*

Gotha, am 24. Dezember 1982

Ihr Lieben allesamt!

Nun ist der 24. gekommen, Mutter wirtschaftet in der Küche, ich habe den Kachelofen geheizt, den Ofen zugeschraubt und den Kohlenvorrat für die Feiertage aus dem Keller geholt; damit habe ich meine häuslichen Pflichten schon erfüllt. Als Großvater fühlt man sich an solchen Tagen ziemlich überflüssig. Alle Einkäufe sind erledigt. Der volkseigene Handel hatte sich mächtig angestrengt: Es gab nicht nur Apfelsinen und diverse Sorten Nüsse; auch Bienenhonig stand im Regal unserer Kaufhalle, als sei das die selbstverständlichste Sache der Welt. Stellt Euch vor, das wäre immer so. Wo bliebe die Weihnachtsüberraschung von Staat und Partei? Nur der Mangel läßt uns als Überfluß und Festtagsgeschenk erleben, was andernorts schlichte Normalität ist. Das sind ungezogene Gedanken, ich weiß, ich weiß, aber einem schlichten Rentner werdet Ihr sie nicht verübeln.

Erinnert Ihr Euch? Früher mußten wir am 24. bis Mittag arbeiten und nachmittags habe ich den großen Weihnachtsbaum geputzt. Nun, der Weg zum Gummiwerk bleibt mir jetzt erspart, und der Fichtenbaum wurde durch einen großen Kiefernstrauß ersetzt, den ich gestern vom Krahnberg geholt habe. Leider kann man nur noch den vorderen Teil besuchen. Die Russen haben ihren Schießplatz in den letzten Jahren immer weiter ausgedehnt.

Gestern abend hat es plötzlich geschneit, aber die weiße Pracht scheint nicht sehr haltbar. Meine Erinnerung will mir weismachen, daß es in meiner Kinderzeit, also in Liegnitz, immer weiße Weihnachten gegeben hat; aber ich mißtraue der Auskunft. Das Gedächtnis mogelt, und zumal mit dem Wörtchen „immer“ geht es sehr freigebig um. Vielleicht ist „immer“ ein Schlüsselwort der Kindheit: Da weiß man noch nicht, daß alles nur „auf Zeit“ geschieht, und unsere Rückbesinnung konserviert diesen glückseligen Zustand.

Wir lesen zur Zeit zwei Bücher durcheinander. „Bayun“ von Adolf Muschg, einen Reisebericht einer 8-Personengruppe durchs heutige China und eine

Art Krimi zugleich. Wenn man sich auf Muschgs eigenartigen Stil eingestellt hat, ist es ganz interessant. Als alter Ehepraktiker notierte ich den schönen Satz: „... (er) dachte als praktizierender Katholik selbstverständlich nicht an Scheidung. Ein Christ trägt sein Kreuz bis zum Ende ..." – Und dann lesen wir „Swallow". Höchst interessant. Ach, was war dieser Karl May doch für ein Kerl. Psychopath, Neurotiker oder was? Sein ganzes Lebensverhalten ist irgendwie schief. Aber stellt Euch vor, er lebte heute, was für ein Produzent bester Hörspiele, FS-Spiele etc. könnte er sein, bei seiner Phantasie und seiner schnellen Feder. Selbst den Vielschreiber Reinecker würde er konkurrenzlos überrunden, da bin ich sicher. Übrigens gibt es in unserer Stadtbibliothek noch so einiges von Loest. Offenbar kommt man gar nicht mehr hinterher mit dem Aussortieren ungehorsamer Verfasser ...

Wenn Ihr diesen Brief bekommt, sind die Feiertage schon vorbei. Wir hoffen, Ihr verlebt sie vergnügt und einträchtig. Ohne Rummel. Daß Tankred den Cellounterricht aufgeben will, bedauere ich sehr. Ich könnte stundenlang von meinem Musizierleben schreiben, nicht nur vom Eindringen in die riesige Welt herrlicher Musikwerke, auch von der Begegnung mit ganz unterschiedlichen Menschen, vom Herumkommen an viele Orte und unvergeßlichen Situationen. Vielleicht sind das im Zeitalter perfekter Musikkonserven etwas altmodische Gedanken. Aber wird nicht das Selbermachen (nicht nur auf musikalischem Gebiet) um so kostbarer, je mehr wir mit Fertigprodukten aller Art versorgt werden? – Wir bitten Euch, Tankred vor allem, aus diesen Sätzen keine großväterliche Mahnung herauszulesen. Damit wollen wir Euch auch künftig verschonen.

Morgen sind wir bei Bärbel zum Essen eingeladen. Übermorgen bei Antje. So futtert man sich durch auf seine alten Tage. Euch wünschen wir alles Gute. Bleibt wohlauf und seid herzlich gegrüßt,

Eure O + O

# 25. DEZEMBER

*Am 25. Dezember 1900 schreiben die Eltern des Komponisten Richard Strauss,* ***Josephine und Franz Strauss,*** *an* ***Sohn und Schwiegertochter*** *nach Berlin den folgenden Brief.*

Lieber Richard und Pauline!

Habt vor allem unseren herzlichsten Dank für das wundervolle Geschenk, mit dem Ihr mir eine so große Freude gemacht habt. Papa wird sich den Caviar gut schmecken lassen, gestern war schon 1. Probe davon. Paulinens Brief machte uns auch große Freude, die Briefeinlagen waren uns äußerst interessant. Wir senden sie mit Dank zurück. Daß wir Euch mit unseren Weihnachtsgaben erfreut haben, war uns eine um so größere Freude, doch hätte ich auch gerne gewußt, ob die Zinnplatte nach Wunsch war. Und was hat wohl der Bubi zur Bescherung gesagt, wir hätten den lieben, kleinen Kerl gar zu gerne gesehen. Bei uns war es auch recht feierlich und schön. Denkt Euch, Papa hat sich sogar aufgeschwungen, war den ganzen Tag bei Hanna, hat er doch auch einmal gesehen, wie schön es bei ihr war, Hanserl war ja selig mit all den Herrlichkeiten. Ich wurde auch reich beschenkt, Hanna hatte mir eine sehr schöne Kapuze gemacht, dann bekam ich noch einen eingesetzten Tannenbaum, Parfum. Von Papa Leintuchspitzen und Handschuhe, von Tante Johanna ein Lüsterkleid und ein selbstgearbeitetes Sofakissen. Von Tante Dorothee ein Wachstuch für die Küche, von Marie silbernen Fingerhut, Schere im Etui und ein Früchtekörbchen. Papa bekam die Photographie von Otto mit Hund und eine seidene Hausmütze. Gestern mittag war bei uns Bescherung, ich hatte einen schönen Baum geputzt, hauptsächlich wegen der Kleinen, da gab es große Freude mit dem Nützlichen und den Spielsachen.

Nun freuen wir uns, wenn Ihr am 14. hierher kommt, Ihr werdet wieder im Bayer. Hof wohnen. Wir sind sehr begierig, von Richards Oper was zu hören, und was Ihr uns von Berlin erzählt. Für heute noch 1000 herzliche Grüße an Dich, lieber Richard und Pauline, dem lieben Bubi einen Kuß von

Maman

Liebe Kinder!

Besten Dank für mein Christkind'l! Das liebste Geschenk waren mir die 2 amerikanischen Briefe, die mir große Freude machten. Auch las ich heute in den „M.N", daß „Eulenspiegel" anscheinend mit durchschlagendem Erfolg aufgeführt wurde. Mich hat nur gewundert, daß die „Neueste" Notiz davon genommen hat. In Deinem letzten Brief schreibst Du, daß in „Feuersnot" in der Rede Kunrads Du die Gassenhauer „Guten Morgen, Herr Fischer" als Thema benützen willst. Um Gottes willen, was fällt Dir denn ein? Willst Du denn Deine Gegner mit Gewalt zum Schimpfen herausfordern? In diesen musikalischen Zoten liegt kein Witz. Warum denn ewig nörgeln? Du schreibst ja die Oper doch nicht für München allein, und was hat denn die Oper, die doch in einer ganz andern Zeit spielt, mit den jetzigen musikalischen Gemeinplätzen zu schaffen? Dann finde ich gar keinen Witz an der ganzen Geschichte. Mich hat schon beim Lesen des Buches das geniert, daß Wagner, Wolzogen und Du in das Buch hineinfallen wie der „Pontius ins Credo". Ich will glauben, daß Du mit mir nur einen schlechten Witz gemacht hast. – Sehr freuen wir uns auf Euer Kommen. Würste, nach Metermaß gemessen, stehen zur Verfügung. Schade, daß der liebe Bubi nicht auch bei Euch sein kann. Wie geht es Euch, seid Ihr gesund? Auch bei uns geht es gottlob gut. Das Wetter ist wie im Frühling, nur fürchte ich, daß es uns im Mai dann Schnee bringen wird. Meine besten Wünsche der Pauline für das Gelingen des Liederabends. Es war eine etwas gewagte Unternehmung, um so freudiger, daß es gelang. Was willst Du in dem Concert hier zur Aufführung bringen? – Hat Weingartner in den Concerten der Hofkapelle in Berlin kein Werk von Dir auf dem Programm? Lebt wohl! Herzlichen Kuß dem lieben Bubi von uns. Tausend Grüße an Euch alle von

Papa

München, 25. Dezember 1900

Die beiden Newyorker und den Sondershausenbrief behalte ich bis zu Deiner Ankunft noch hier.

## 26. DEZEMBER

*Ende 1992 schreibt **Inge Viett** aus dem Gefängnis Zweibrücken an einen Freund, von dem wir nur den Vornamen erfahren: **Bernhard**. Inge Viett war Mitglied der RAF, lebte seit 1982 in der DDR, wurde 1990 an die Bundesrepublik ausgeliefert und 1992 verurteilt. Die Strafe – 13 Jahre – fiel so hoch aus, weil sie nicht bereit war, als Kronzeugin auszusagen.*

[Zweibrücken, Ende 1992]

Lieber Bernhard.

Der Prozeß war ungeheuer kompliziert für mich und, abgesehen von den dreizehn Jahren, hab ich auch innerliche Schrammen mitgenommen. Euer starker Solidaritätsausdruck hat mir gut getan. Selbst von draußen hab ich Euch noch gehört. Leider war wie immer der Transportbus zugehängt, so daß ich Euch beim Rausfahren nicht mehr sehen konnte. Dein Brief ist voller wichtiger Fragen, mit ein paar Sätzen sind die nicht zu beantworten. Du fragst ja nach zwanzig Jahren politischer Lebensgeschichte, die viele Linien hat und nicht allein von den Erfahrungen der Guerilla geprägt ist, sondern gleichzeitig auch von ihrer angemessenen Relativierung. Der bewaffnete Kampf ist von der RAF – und auch von mir damals – zur Ideologie gemacht worden. Ich habe diese Ideologie nicht mehr, er ist eben nur ein politisches Instrument, welches angewandt werden kann, wenn es von einem tragfähigen Teil der Bevölkerung für notwendig gehalten wird, und wenn dieser Teil auch bereit ist, an den politischen und militärischen Strukturen mitzuarbeiten. Der bewaffnete Kampf kann keine Lebenshaltung sein, etwas, woran allein die revolutionäre und persönliche Moral gemessen werden darf, etwas, was immer legitim und prinzipiell revolutionär ist. Das ist Quatsch. Er ist Mittel, nicht Inhalt. Die Ideologisierung, die Verabsolutierung als revolutionäres Nonplusultra, ist die Scheiße, die 20 Jahre durch uns und die Trabantenszene gelaufen ist, darum war auch die Überprüfung des Konzepts nicht möglich. Sie war bereits nach Schleyer fällig. Nicht weil die Sache so verlaufen ist, wie sie verlaufen ist, sondern weil an ihr am deutlichsten wurde, daß es keinen sozialen Druck und keinen politischen Willen für eine bewaffnete Opposition in der BRD gab. Es gab nur den selbstgerechten Staat, uns, die kleine Clique, die ihn provozierte, und eine kommentierende riesige Zuschauermenge von links bis rechts. Dies ist kein Verhältnis, das den bewaffneten Kampf politisch rechtfertigen könnte.

Wer ihn aber zum Inhalt gemacht hat, zur Ideologie, der muß einfach weitermachen, und darum ist es jetzt auch so eine fürchterliche Geburt für die RAF, zu einer neuen Bestimmung zu kommen (in der sie eben auch ohne bewaffneten Kampf Revolutionäre bleiben).

Und die anti-imperialistische bzw. die RAF-bezogene Szene ist in diese Ideologie eingeschnürt, wer sich da rausgeschält hat, wie ich zum Beispiel, ist für sie nicht mehr wichtig. Darum hauen sie auch gleich wieder ab, wenn sie Christian ihre Solidarität bezeugt haben. Das hab ich nicht anders erwartet. Ganz davon abgesehen war mein Prozeß ja auch wirklich nicht sehr interessant durch meine Entscheidung, ihn juristisch zu führen.

Was die anderen neun in ihrem Verfahren gemacht haben, zeigt doch ziemlich genau das Problem von gruppenbezogener Identität. Mit dem Austritt aus der Gruppe zerfällt dann auch diese „Identität". Aber ich muß sagen, daß dieser Begriff „zur Geschichte stehen", wie er in irgendeiner Stellungnahme von RAF-Gefangenen auftaucht, schon wieder zu einer nicht hinterfragten Parole in der Szene geworden ist. [...]

Ich sehe die Leute nicht als RAF-Aussteiger, sie waren eigentlich während ihrer radikalen Zeit Aussteiger aus ihren bürgerlichen Normalbahnen, in die sie wieder eingestiegen sind, ein bißchen gerupft, ein bißchen räudig, ein bißchen zu reuig.

Die Forderung, zu ihrer Geschichte zu stehen, ist also im Grunde die Forderung, zur RAF-Geschichte zu stehen. Eine reelle Forderung wäre gewesen, sich die persönliche Integrität nicht abkaufen zu lassen. [...]

Ich lebe nahezu seit meiner Geburt im antagonistischen Verhältnis zu dieser Gesellschaft. Natürlich in unterschiedlicher Intensität und Bewußtheit. Nach acht Jahren DDR bin ich lediglich in den „Normalzustand" zurückversetzt worden.

Lieber Bernhard, heute bleiben noch viele Deiner Fragen offen, aber es ist ein Anfang. Sei herzlich gegrüßt.

# 27. DEZEMBER

*Am 27. Dezember 1974 schreibt der Maler* ***Albert Ebert*** *an den Schriftsteller* ***Peter Hacks****. Zwei Jahre zuvor, im Dezember 1972, hat Hacks den Maler gefragt, ob er bereit sei, seine Komödie „Adam und Eva" zu illustrieren. Nun, endlich, ist die Arbeit abgeschlossen.*

*Ausnahmsweise publizieren wir auch den Anfang des Antwortbriefes, den Peter Hacks im Januar 1975 an Albert Ebert geschickt hat. Es ist der einzige Brief unserer Sammlung, in dem ein Verfasser über die Grenze des Säkulums hinweg auf die „folgenden Jahrtausende" schaut. Mit Augenzwinkern; aber nicht ohne Ernst.*

Sehr verehrter Peter Hacks!

Die Bilder von Adam und Eva sind fertig.

Herr Brade wird sie mit nach Berlin nehmen in der Hoffnung, daß Sie sie bald sehn, mit dem Wunsche, daß Sie Ihre Freude daran haben, wie ich meine Freude hatte, sie zu schaffen.

Es ist nicht einfach, Götter und Teufel darzustellen, deshalb hat es auch so lange gedauert.

Lieb habe ich Ihre Figuren gewonnen, bin aber nun froh, daß ich sie jetzt aus meinem Atelier zurückschicke.

Ein frohes und schaffensfrohes neues Jahr 1975 wünscht Ihnen

Ihr Albert Ebert
vom Saalestrand
27. 12. 1974

Sende Ihnen Satanael, weil er mir so gut gefiel.

*

Lieber Herr Ebert,

ich teile Ihre Meinung: Götter sind nicht leicht zu machen. Es hat zwar einmal einer behauptet, sie seien es, weil nämlich niemand von Göttern wisse, wie sie aussähen, und nachher die Richtigkeit der Abbildung, anders etwa als bei der eines Schusters, nicht zu überprüfen gehe. Aber der das sagte, wußte über Götter besonders schlecht Bescheid; selbst von Schustern übrigens besaß er nur ungenaue Kenntnis. Alle gewöhnlichen Leute, scheint mir, haben eine höchst treffende Vorstellung von dem, was von einem Gott verlangt werden sollte. Kurz, ich denke, wir hatten da ein tüchtiges realistisches Problem zu lösen. Wie gut wir waren, wollen wir, bescheiden, wie wir sind, dem Urteil der folgenden Jahrtausende überlassen, aber, das unter uns: ich bin mit Ihnen wie mit mir nicht unzufrieden, gar nicht unzufrieden. Keineswegs.

Jetzt habe ich mich an einen Ausgangspunkt herangeredet, von dem her es mir minder schwerfällt, eine Haltung in Worte zu kleiden, die kaum zu meinen geläufigen zählt: vorbehaltloses Vergnügen, (und ich war nahe daran, Ergriffenheit zu sagen). Mein lieber Herr Maler, derlei sträubt sich gegen das Geschriebenwerden. Aber als ich Ihre Blätter da liegen sah, – meine gehandelte Fabel als eine Fabel in Farben, meine bewegten Spannungen als Raum- und Lichtspannungen auf einer Fläche befestigt, meine Begriffe von Unschuld und Größe und Trauer auf eine Weise neu hervorgebracht, von der mir nicht recht klar ist, wie es dabei hergeht, aber die meine gehabte Hoffnung auf Angemessenheit weit übertrifft, – als ich Ihre Blätter, sagte ich, da schön geordnet auf dem Teppich und also den Ablauf meiner Komödie in göttlicher Gleichzeitigkeit vor mir liegen sah, da war mir schon wohl im Mute. Wir dürfen ja nicht erwarten, daß es mit der Welt seine Stimmigkeit haben könne. Es genügte alle paar Jahre ein Augenblick, worin, weil eine wichtigste Sache stimmt, alles zu stimmen scheint, um uns zu versichern, daß unsere Anstrengungen, die Menschheit betreffend, nicht grundsätzlich vergebens sind, sondern eben nur in der Regel. Mehr brauchen wir nicht, und solch ein Augenblick war das.

[...]

Ich verbleibe,<br>
mit erwidertem Blumenstrauß, Ihr<br>
Peter Hacks<br>
4.1.1975

*Am 28. Dezember 1942 schreibt der „balkangeborene Österreicher"* ***Richard Révy*** *– in Ungarn zur Welt gekommener 57jähriger Schriftsteller, Schauspieler und Regisseur – an seinen reichlich zwanzig Jahre jüngeren Freund und Kollegen* ***Friedrich Torberg*** *nach Wien. Der 1938 dauerhaft nach Amerika emigrierte Révy gilt als Torbergs Briefpartner in Sachen „österreichische Sprach- und Wesenseigenart".*

Westwood Hills, 28. Dezember 1942

Lieber Freund Torberg,

Djehre und G'schamsterdiener. Das ist ein Brief an einen Freund, kein Manifest.

Mit dem ehrlichen Vergnügen eines Austrian Citizen in USA, der plötzlich „sehr etwas Österreichisches" vor Augen hat, habe ich Ihren streitbaren Brief vom 27. Dezember gelesen.

Ich halte es nicht für möglich, daß ein Sterblicher im Stande ist den blutigen Schmutzfink von Braunau mehr zu verachten und zu hassen, als ich es tue; ein gesunder natürlicher Haß, der aus dem Verstand, aus dem Gemüt und aus dem Instinct kommt. Ich springe in den Mittelpunkt der Discussion, wenn ich bedauernd feststelle, daß von sagen wir zwanzig Eigenschaften, aus denen der Braunauer zusammengekötert ist, wenigstens zwölf typisch österreichisch sind. Man lese „Mein Kampf", ein Buch, das seinen ersten Platz – nicht in der Weltliteratur, aber in dem Weltmülleimer menschlicher Gemeinheit – immer behaupten wird. Spricht das gegen Österreich? Ein bißchen vielleicht. Ich liebe Österreich trotzdem.

Worte wie französisch, englisch, deutsch, chinesisch versuchen einen Begriff abzugrenzen, dessen Grenzen nicht mit der Reißfeder zu ziehen sind. Aber es sind gute nützliche Worte der Verständigung und mehr: Worte, die nicht nur etwas abgrenzen, sondern Worte die etwas *bedeuten.* Das Wort „deutsch" ist so viel älter und so viel umfangreicher als das Wort „österreichisch"! Das Wort „österreichisch" ist eine Provinz des Wortes „deutsch", aus dessen „Ost" und „Reich" es erwachsen ist. Ich liebe mit Ihnen diese Provinz mehr als die Provinz Hamburg, oder die Provinz Bayern-München; mehr als Weimar. Aber es wäre „provinziell" in einer *fatalen* Bedeutung, wenn ich dieses mit tausend Fäden dem Sammelbegriff „deutsch" verbundene Ostarichi als an und für sich *gegensätzlich* oder nur „fremd" zu „deutsch" bezeichnen würde. Provinziell. Gemütvoll, aber eng wie die Thermopylen.

Sprache – o Dichter Torberg! – ist kein politischer Zufall. Muttersprache ist nicht etwas das wir lernen, sondern etwas das wie die Milch der mütterlichen Brust unseren Organismus aufbaut, unsere Seele und unser Gehirn entscheidend *bildet.* Davon kann man sich nicht lösen. Laß Adolf den Unflat in Marseille oder Ankara aufwachsen und er wird vielleicht ein ebenso großer, aber sicher ein völlig *anderer* Schweinekerl sein, *grundanders.*

Franz Werfel ist ein *deutscher Dichter,* Gott sei Dank! Genau so wie Heinrich Heine ein deutscher Dichter ist.

Wenn Sie glauben, daß Sie die „Norddeutschen" Kant und Schopenhauer *nicht* verehren, dann irren Sie sich. Sie verehren und lieben beide; und Lessing und Lichtenberg, Dürer, Grünewald und die ganze Glorie.

Gottfried Keller preist den Ort am geliebten Rhein, wo er „Schweizer darf und Deutscher sein", der alte herrliche Knabe wußte was er damit meinte.

Im Jahre 1842 schreibt Grillparzer nieder: „Ich bin froh ein Deutscher zu sein". Das hindert ihn natürlich nicht, sich immer als Österreicher zu fühlen. Es sind eben zwei konzentrische Kreise, und „deutsch" ist der größere Kreis. Grillparzer, obwohl Beamter, hat den gelassenen Mut im Stammvater des Hauses Habsburg den *Deutschen* zu verherrlichen. Kaiser Rudolf: „In diesen Adern rollet Deutschlands Blut / und Deutschlands Pulsschlag klopft in diesem Herzen." (Ottokar, 3. Act)

Und Grillparzer hat einen Dienstplatz beim Kaiser von Österreich – heikel!

Aber: da ist eine sehr häßliche Stelle in dem Tagebuch der Reise nach Griechenland, wo unser lieber Franzl die Reisegesellschaft auf dem Donau-Dampfschiff beschreibt: „... ein einäugiger Berliner, wol gar ein Jude, ohne jedoch die doppelte Berechtigung unangenehm zu sein, zu benützen."

Hören Sie dieses „wol gar"? Das klänge dem Braunauer Tapezierer köstlich in den Ohren. Bei Schiller finden Sie so etwas nicht.

Ich habe beobachtet, daß viele gute Europäer durch die Nazi-Pest eine partielle Beschädigung am Hirn erlitten, sofern es um den Begriff „deutsch" geht. Verständlich, aber unrichtig. Amicus Plato ( =Torberg, in diesem Fall der Fälle) magis amicus veritas.

Es ist barer Unsinn wenn der lebhafte Ludwig Marcuse, der sich gründlich mit Wagner beschäftigt hat und der viel Interessantes darüber sagt,

Wagner ohneweiters als „Hitler-Vorläufer" bezeichnet. Wagner, der gewaltig begabte, feuergeistige Erz-*Schauspieler* ist ein compliciertes Problem.

Die forsche Simplification von complicierten Problemen ist als Methode Hitlerisch. Weil Torquemada sich einen Christen nennt, ist Christus kein Vorläufer der Inquisition; und wenn Hitler für Wagner schwärmt, ist Wagner noch lange kein Nazi. Und die Identität der Nazis mit dem Begriff „deutsch" – ein Begriff, der zwanzig Jahrhunderte umfaßt – zu behaupten, ist objectiv unhaltbar, und ist practisch nur ein Gewinn für Hitler, der im Trüben solcher schiefen Feststellungen zu fischen gewohnt ist.

Es ist aber richtig, daß kein Volk so *disponiert* ist für Hitlerismus als das deutsche; und daß der Köter Hitler großenteils ein *typischer* Österreicher ist, macht diese Feststellung noch bitterer.

Ich schreibe hier einen Brief an einen Freund. Bitte lesen Sie meine rasch hingesetzten Worte mit dem guten Willen, meine Meinung zu verstehen.

Daß Hitlers Denkweise *mich* zu irgendetwas „animieren" könnte, ist eine „Vermutung" die des Vermutenden Urteilsschärfe nicht gerade ehrt. O Torberg! Freunde, nicht diese Töne – sagt der deutsche Großmusiker Beethoven. Über solche „Vermutungen" kann ich nicht discutieren. Der Torberg hat homerisch geschlafen, als er diese Zeile auf das Papier fingerte.

Dieser Brief soll nicht Meinungsverschiedenheiten betonen, sondern die Gemeinsamkeit der Gesinnung, aus der unserer beider Meinungen kommen, bestätigen und befestigen. In Freundschaft

Ihr
Richard Révy

# 29. DEZEMBER

*Am 29. Dezember 1906 schreibt der Maler* ***Lovis Corinth*** *einen ziemlich ungewöhnlichen Brief an den Käufer einer seiner Radierungen, Herrn* ***Casper****. Wir wissen nicht, ob der Kunstfreund auf Corinths Vorschlag eingegangen ist ...*

29 Dezember 1906

Sehr verehrter Herr Casper.

Zu meiner Freude hörte ich, daß Sie von mir eine Radirung erstanden haben und gerad den weibl. Kopf. Dieser Kopf ist aber nun 5 mal verkauft und ich muß wohl annehmen, daß die Platte dank der Sorge von Bruno Cassirer verloren gegangen ist. Es fehlt mir um all die „amateurs" zu befriedigen an einem Exemplar. Nun erlaube ich mir den Vorschlag zu machen Ihnen einen kleinen weibl. Akt für denselben Preis zu überlassen. Derselbe ist ein Mal in der Ausstellung für 50 Mark verkauft u früher ebenso privat zu demselben Preis. Dieses schreib ich aber nicht um Ihnen zu zeigen wie gut ich bin, sondern Sie würden mir damit einen Gefallen thun, wenn Sie den Tausch ein gingen. Bitte mir umgehend zu schreiben; im Fall Ihrer Zusage auch Paul Cassirer mitzutheilen. Ich würde Ihnen sofort ein Exemplar zukommen lassen.

Außerdem wünsche ich Ihnen u Ihrer Frau Gemahlin die glücklichsten Feiertage und ein frohes Neues Jahr.

Ihr
Lovis Corinth

# 30. DEZEMBER

*Am 30. Dezember 1926 schreibt der angehende Schriftsteller* ***Erich Kästner****, damals noch Redakteur der „Neuen Leipziger Zeitung“, an seine* ***Mutter*** *in Dresden den folgenden Brief.*

Leipzig, 30.12.26

Mein liebes gutes Muttchen!

Mein Überschuhbesitzer und Abendkleidträger! Mein Stollenbäcker, Anzugsschenker, Pyjamaeinkäufer usw. Silvester ist ja eigentlich erst morgen. Ich fange also mit meinem Neujahrsbriefchen – denn das hier soll es werden – einen halben Tag zu früh an. Aber morgen wird solch eine Hetzerei entstehen, ehe ich 5.57 nachmittags im Zug nach Berlin stekke, daß ich befürchte, nicht recht Zeit dafür zu finden. Drum zieh ich also jetzt Dein Kärtchen heraus, das heute morgen ankam, studier es noch einmal und schreib dann meine Glückwünsche für Dich und mich nieder. Oder soll ich uns erst zum Neujahr gratulieren? Ich denke ja. Und wünsche meinem guten, lieben, fleißigen, für sich sparsamen und für mich verschwenderischen einzigartigen Muttchen alles, alles, alles Gute: Gesundheit sehr viel, Geld auch ein bißchen, gute Laune in Haufen. Und da mein Muttchen stets an mich denkt und für mich lebt, muß ich, falls ich ihr richtig Glück wünschen will, nicht zuletzt mir selber welches wünschen. Denn mein Muttchen, weißt Du, kennt kein Glück außer meinem. Und so wünsch ich mir also selber viel Glück, damit mein Muttchen glücklich sei. Ich wünsch mir im nächsten Jahr: Gesundheit, Erfolg, Geld und, falls das Schicksal es so einrichten will, ein liebes Mädchen, das mich nicht so enttäuscht wie ein gewisses andres, das mir zu Weihnachten keine Karte schickte und nicht einmal auf mein Buchgeschenk und den Brief darin antwortete. Vielleicht fährt sie irgendwo im Gebirge Ski, und die Mutter denkt: mein Paket mag nur liegen bleiben. Von Berlin aus kriegte sie eine Neujahrskarte, auf der ich schrieb: ich hatte ihr ein Buch und einen Brief darin geschickt. Aber die Sachen seien wahrscheinlich verlorengegangen. Sonst hätte sie mir ja wohl geantwortet. So, dann soll sie sich schämen. Schwupp, bin ich von meinem Neujahrswunsch ganz abgekommen. Nun, er war ja gleich fertig. Vor allem wünschen wir beide uns, daß wir einander froh und gesund erhalten bleiben, trotz aller Genickschläge, die das Geschick dem Menschen versetzt. Amen, es soll also geschehen.–

Daß Du Dich wieder von frischem erkältet hattest, ist ja zu dumm. Hättest in der „Barbarina“ doch Dein Strickjäckchen überziehen sollen. Geht's denn wieder besser? ...

Mein Artikel in der Weihnachtsnummer: Kultur und Einheitsstaat, ist nach aller Meinung das beste im Blatt gewesen.

Am Montag mußte ich gleich wieder was über Schmutz und Schund schreiben und gestern, in aller Hatz' und weil sich's niemand weiter zutraute (auch Natonek nicht), über Rilkes Tod. Ich glaube, wieder recht gut. Die andern meinten's auch. Mit Heilgemayr haben Lorenz und ich unsre liebe Not, während Lehmann auf Urlaub ist. Er klatscht und hetzt bei Marguth, daß man diesem Schuft paar in die Fresse hauen möchte. Na, wir wehren uns mit Händen und Füßen gegen solche Unanständigkeit. – Liebes Muttchen, mach Dir Rotweinpunsch von dem Wein, den ich mitbrachte. Ich werde in Berlin drüben Schlag 12 h ein Glas auf unser Wohl trinken. Tausend Küsse

Dein Glückallein

# 31. DEZEMBER

*Am letzten Tag des Kriegsjahres 1939 schreibt* ***Robert Musil*** *aus dem Schweizer Exil an Professor* ***Ervin Hexner*** *in Chapel Hill, North Carolina.*

z.Z. Genf, 31. Dezember 1939

Lieber Herr Hexner!

Es wird um Sie schon höchst jännerlich sein, bis Sie dieser Brief erreicht, der als Weihnachts- und Neujahrsgruß gedacht war, aber nicht rechtzeitig zur Welt gekommen ist. Wir haben den Christabend hier und höchst wunderlich in der *Pouponnière* verbracht (darum vielleicht die Redensart vom Zur Welt Kommen des Briefs), einer Anstalt, wo Kinder geboren werden, Kleinkinder aufgezogen, größere Kinder von allerhand Übeln wegerzogen und weggepflegt, und endlich an hundert Kinderpflegerinnen im Jahr ausgebildet werden, die weiße und blaue Uniformen tragen, nach der Ausbildung in alle Welt gehn, aber in Kontakt mit dem Mutterhaus bleiben, und zum Teil recht hübsch sind. Wir wohnen nämlich seit Herbst in einer irgendwie dazugehörenden Villa und darum hat es einen großen Weihnachtsbaum gegeben, an hundert im Kerzenglanz auf dem gebohnten Boden eines Saals sitzende weiße Mädchen, auf dem Schoß eines jeden von ihnen einen Poupon, der freudig oder ängstlich gegreint hat und darüber ein harmonisches goldenes Zittern dieser Kinderlaute und des Kerzenlichts. Es geschah ohne Pflanz: aber erst wenn man weiß, daß ich mein Leben lang kleinen Kindern ausgewichen bin und sie so wenig mag wie Schnecken, zeigt sich, was dieser merkwürdige Abend war und was das Schicksal aus einem macht.

Genau so, wie ich das erzähle, sollte ich Ihnen und Ihrer Frau aber auch unseren Garten beschreiben, der zwar augenblicklich verschneit, im Herbst aber wie drei nebeneinander bestehende Träume gewesen ist, denn er ist teils heimatlich, teils subtropisch und teils überhaupt unwahrscheinlich, und ich habe Seiten eines Tagebuchs von wenigen Seiten damit vollgeschmiert, daß ich seine Gestalten und Farben vergeblich wiederzugeben versucht habe. Ich möchte auch mein Arbeitszimmer beschreiben, das, zu ebner Erde, mit seiner Glastür auf diesen Garten geht, groß ist, gelb und grün ist und vor sich einen von archaischen Steinsäulen getragenen Steingang hat und das Halboval eines Steinbrunnens. Martha und ich hatten durch Zufall dieses über unsere Verhältnisse gehende Quartier trotz dieser

Verhältnisse für einige Monate mieten können, müssen aber demnächst nach Zürich zurückkehren und hoffen bloß, bald wiederkommen zu können. [...]

Ich frage mich oft, welchen Sturz wir erleben werden, da wir ja eigentlich auf Wolken segeln, und nicht das geringste Recht auf die Festigkeit dieser angenehmen Lage haben. Die Wahrheit zu sagen, ich spreche von ihr nicht, um zu zeigen, daß ich es gut habe, und ich nehme an und hoffe, daß es Ihnen noch viel besser geht; ich lobe das Schicksal, um mir klar zu machen, daß ich ihm bis jetzt sehr dankbar zu sein habe, denn undankbarerweise (aber natürlich auch aus vielen stichhaltigen Ursachen) befinde ich mich meistens in Sorge und tiefer Verstimmung. Ich habe nicht die Hoffnung, daß das Kriegsende, selbst wenn ich nicht das Schlimmste annehme, den Vorkriegszustand wesentlich verbessern wird, und es hindert mich sehr in der Arbeit, daß ich mir den Adressaten, der zur Zeit ihres Erscheinens leben wird, wenig verlockend vorstelle. Interessant ist das alles ja sehr; aber ich muß mich auch oft fragen, ob ich die Gedärme meines Schädels noch so aufblähen kann, das, nach Schlangenart, wie es ist, zu verschlingen. Ich bin also oft müde und unsicher.

Ich wünsche Ihnen nichts mehr, als daß Sie es nicht seien, und der zwischen uns bestehende Altersunterschied spricht dafür, daß ich es Ihnen nicht vergeblich wünsche!

Wir grüßen Sie und Ihre Frau aufs herzlichste!

Ihr Robert Musil
[...]

K



L

S

**Karl Landauer an Max Horkheimer**. Max Horkheimer. Gesammelte Schriften. Bd. 16. Briefwechsel 1937-1940. S. Fischer Verlag Frankfurt/M. 1995. **Philipp Fürst zu Eulenburg und Hertefeld an Hermann von Lucanus**. Philipp Eulenburgs Politische Korrespondenz. Bd. III. Krisen, Krieg und Katastrophen1895 - 1921. Harald Boldt Verlag. Boppard am Rhein. 1983. **Fritz W. von der Westfront des I. Weltkriegs an seinen Pfarrer**. Briefe aus dem Felde 1914/15. Stalling. Oldenburg. 1916. **Markus Ehrenpreis an Martin Buber**. Martin Buber. Briefwechsel aus sieben Jahrzehnten. Bd. I. 1897 - 1918. Verlag Lambert Schneider GmbH. Heidelberg. 1972. **Theodor W. Adorno an Leo Löwenthal**. Leo Löwenthal. Judaica, Vorträge, Briefe. Schriften Bd.4. (Hg. Helmut Dubiel). Suhrkamp Verlag. Frankfurt/M. 1984. **Ernst Reuter an Reinhold Niebuhr**. Ernst Reuter. Schriften, Reden. 4. Bd. Reden, Artikel, Briefe.Propyläen Verlag. Berlin. 1975. **Klabund an Ernst Heinrich**. Klabund. Briefe an einen Freund (Hg. Ernst Heinrich) Verlag Kiepenheuer & Witsch. Köln, Berlin. 1963. **Ernst Jünger an Alfred Kubin**. Ernst Jünger. Alfred Kubin. Eine Begegnung. Acht Abbildungen nach Zeichnungen und Briefen. Verlag Ullstein GmbH. Berlin,Frankfurt/M. 1975. **Rudolf Wagner-Régeny an Caspar Neher**. Rudolf Wagner-Régeny. Biographische Aufzeichnungen, Tagebücher und Briefwechsel mit Caspar Neher. Henschelverlag. Berlin. 1968. **Eva Strittmatter – Rundbrief**. Eva Strittmatter. Poesie und andre Nebendinge. Aufbau-Verlag. Berlin und Weimar. 1983. **Karl Kraus an Johannes Schober**. Karl Kraus. Mit vorzüglicher Hochachtung. Briefe des Verlags der Fackel. Kösel-Verlag KG. München. 1962. **Breyten Breytenbach an Fritz J. Raddatz**. „Lieber Fritz." Briefe an Fritz J. Raddatz. 1959 - 1990. Kellner GmbH & Co Verlags KG. Hamburg. 1991. **Kurt Hiller an Wilhelm Frick**. In jenen Tagen ... Schriftsteller zwischen Reichstagsbrand und Bücherverbrennung. Gustav Kiepenheuer Verlag. Leipzig und Weimar. 1983. **Franziska von Reventlow an Paul Stern**. Franziska Gräfin zu Reventlow. Briefe 1890 - 1917. (Hg. Else Reventlow) Albert Langen - Georg Müller Verlags GmbH. München, Wien. 1975. **Thomas alias John T. Becher an Johannes R. Becher**. Briefe an Johannes R. Becher 1910 - 1958. (Hg. Rolf Harder) Aufbau-Verlag. Berlin und Weimar. 1993. **Walter Gropius an Ernst Hardt**. Briefe an Ernst Hardt. 1898 - 1947. Deutsches Literaturarchiv. Marbach. 1975. **Unbekannter Soldat an seine Frau**. Letzte Briefe aus Stalingrad. Die Quadriga. Verlags GmbH. Frankfurt/Main und Heidelberg. 1950. **Wassily Kandinsky an Arnold Schönberg**. Wassily Kandinsky und Arnold Schönberg. Der Briefwechsel. Verlag Gerd Hatje. o.O. 1993. **Ernst Barlach an Max Dietzel**. Ernst Barlach. Briefe. Hinstorff Verlag. Rostock. 1972. *** Friedrich Wolf an seinen Sohn Markus**. Markus Wolf. Die Troika. Geschichte eines nichtgedrehten Films. Aufbau-Verlag. Berlin und Weimar. 1989. **Charlotte Lubinski an den Generalstaatsanwalt in Hamm**. Annette Leo. Briefe zwischen Kommen und Gehen. Basisdruck Verlag. Berlin. 1991. **Arno Schmidt an Alfred Andersch**. Arno Schmidt. Der Briefwechsel mit Alfred Andersch. (Hg. Bernd Rauschenbach). Haffmans Verlag. Zürich. 1985 . **Alfred Delp an sein Patenkind**. Briefe an Kinder und junge Menschen. Heimeran. München. 1967. **Hermann Scherchen an seine Frau Auguste Maria**. Hermann Scherchen. „... alles hörbar machen" Briefe eines Dirigenten – 1920 - 1939. Henschelverlag. Berlin. 1976. **Ludwig Strauß an Martin Buber**. Briefwechsel Martin Buber – Ludwig Strauß. 1913 - 1953. Luchterhand Literaturverlag GmbH. Frankfurt/Main. 1990. *** Hans Magnus Enzensberger an Edwin D. Etherington**. Über Hans Magnus Enzensberger. (Hg. Joachim Schickel) Suhrkamp Verlag. Frankfurt/Main. 1970. **Günter Grass an Marcel Reich-Ranicki**. „Lieber Marcel". Briefe an Reich-Ranicki. (Hg. Jochen Hieber). Deutsche Verlags-Anstalt. Stuttgart. 1995. **Karl Hofer an Theodor Reinhart**. Karl Hofer – Theodor Reinhart. Ein Briefwechsel in Auswahl. Henschelverlag. Berlin. 1989. *** Hannah Arendt an Hans Magnus Enzensberger**. Über Hans Magnus Enzensberger. (Hg. Joachim Schickel) Suhrkamp Verlag. Frankfurt/Main. 1970. **Hans Christoph Buch an Heiner Müller**. Hans Christoph Buch. An Alle! Reden, Essays und Briefe zur Lage der Nation. Suhrkamp Verlag. Frankfurt/Main. 1994. **58 ostdeutsche Künstler: Offener Brief an die Bundeskunstkommission** – dazu Hartwig Ebersbach. **Vicki Baum an Fritz H. Landshoff**. Fritz H. Landshoff. Amsterdam, Keizersgracht 333. QUERIDO VERLAG. Aufbau-Verlag. Berlin und Weimar. (2. Aufl.) 1991. **„Rote Armee Fraktion" an ihre inhaftierten Mitglieder**. Rote Armee Fraktion. Texte und Materialien zur Geschichte der RAF. Querido Verlag. Independent Verlagsgesellschaft. Berlin. 1997. **Oskar Schlemmer an Otto Meyer-Amden**. Oskar Schlemmer. Idealist der Form. Briefe, Tagebücher, Schriften. 1912 - 1943. Reclam-Verlag. Leipzig. 1990. **Peter Turrini an die Theaterzeitschrift „Die Bühne"**. Peter Turrini. Liebe Mörder! Von der Gegenwart, dem Theater und vom lieben Gott. Luchterhand Literaturverlag GmbH. München. 1996. **Wilhelm Busch an Nanda Keßler**. Wilhelm Busch. Gesamtausgabe. 3. Auflage . (6. Bd.)Verlag Braun & Schneider. München.1943. **Günther Weisenborn an seine Frau Margarete**. Günther Weisenborn. Einmal laß mich traurig sein. Briefe, Lieder, Kassiber. Arche Verlag. Zürich. 1984. **Sigmund Freud an Stefan Zweig**. Sigmund Freud. Briefe 1873 - 1939. (2. erw. Auflage) S. Fischer Verlag. Frankfurt/Main. 1968 . **Stefan Zweig an Romain Rolland**. Stefan Zweig. Briefe an die Freunde. S. Fischer Verlag. Frankfurt/Main. 1978. **Hermann Kesten an Erich Kästner**.

Deutsche Literatur im Exil. Briefe europäischer Autoren. 1933 - 1949. Kurt Desch Verlag. Wien, München, Basel. 1964. **Brigitte Reimann an Hermann Henselmann**. Brigitte Reimann – Hermann Henselmann. Briefwechsel. (Hg. Ingrid Kirschey-Feix). Verlag Neues Leben GmbH. Berlin. 1994. **Anna Seghers an Bruno Frei**. Sigrid Bock. Anna Seghers. Über Kunstwerk und Wirklichkeit. IV Ergänzungsband. Akademie-Verlag. Berlin. 1979. **Hermann Hesse an einen Studenten**. Hermann Hesse. Ausgewählte Briefe. (Erweiterte Ausgabe). Suhrkamp Verlag. Frankfurt/Main. 1974. **Martin Walser an Salman Rushdie**. „Redefreiheit ist das Leben." Briefe an Salman Rushdie. (Hg. Thierry Chervel). Piper. München, Zürich. 1992. **Haßbriefe an den Bürgermeister von Lübeck**. die tageszeitung (taz). Berlin. 14.2.1996. **Jürgen Fuchs an Hans-Joachim Obst**. Siegfried Reiprich. Der verhinderte Dialog – Meine politische Exmatrikulation. Robert-Havemann-Gesellschaft e.V. Berlin. 1996. **Heinrich Vogeler an Karl und Marie Jänichen**. Stiftung Archiv der Akademie der Künste. Abteilung Bildende Kunst. Nachlaß Heinrich Vogeler.. **Franz Butterlin an Johannes R. Becher**. Briefe an Johannes R. Becher. 1910 - 1958. Aufbau-Verlag. Berlin und Weimar. 1993. **Carl Friedrich Benz an E.A. Forward**. Carl Benz und sein Lebenswerk. Dokumente und Berichte. (Hg. Daimler-Benz-Aktiengesellschaft). Stuttgart. 1953. **Georg Lukács an Werner Hofmann**. Ist der Sozialismus zu retten? Briefwechsel Georg Lukács – Werner Hofmann. Georg-Lukács-Archiv (Bibl. d. Ungar. Akad. d. Wissensch.) T-Twins Verlag. 1991. **Johannes Bobrowski an Peter Huchel / Huchel an Bobrowski**. Johannes Bobrowski – Peter Huchel. Briefwechsel. Marbach am Neckar. 1993. **Peter Szondi an die Hamburger Wochenzeitung „DIE ZEIT"**. Peter Szondi. Briefe. Suhrkamp Verlag. Frankfurt/Main. 1993. **Erich Fried an Hannes Schwenger**. Solidarität mit Rudolf Bahro. Briefe in die DDR. (Hg. Hannes Schwenger). Rowohlt Taschenbuch Verlag. Reinbek. 1978. **Konrad Adenauer an Bernhard Custodis**. Konrad Adenauer. Rhöndorfer Ausgabe. Briefe 1945 - 1947. Siedler Verlag. Berlin. 1983. **Schülerin Monika an ihre Tante Ulrike**. unveröffentlichter Privatbrief. **B. Traven an John Schikowski**. B. Traven. Ich kenne das Leben in Mexico. Briefe an John Schikowski. 1925 - 1932. Limes Verlag im Verlag Ullstein GmbH. Frankfurt/M. - Berlin. 1992. **Ludwig Dilger an seinen Bruder Albert**. Briefe aus Amerika. Deutsche Auswanderer schreiben aus der Neuen Welt. 1830 - 1930. Verlag C.H. Beck. München. 1988. **Wolfgang Borchert an Max Grantz** . Wolfgang Borchert. Allein mit meinem Schatten und dem Mond. Briefe, Gedichte und Dokumente. Rowohlt Taschenbuch Verlag. Reinbek. 1996. **Joachim Ringelnatz an seine Frau Lona**. Joachim Ringelnatz. Briefe. Karl H. Henssel Verlag. Berlin. 1988. **Georg Kaiser an seine Frau Margarethe**. Georg Kaiser in Sachen Georg Kaiser. Gustav Kiepenheuer Verlag. Leipzig und Weimar. 1989. **Golo Mann an Fritz J. Raddatz**. „Lieber Fritz". Briefe an Fritz J. Raddatz. 1959 - 1990. Kellner GmbH & Co Verlags KG. Hamburg. 1991. **Egon Friedell an Lina Loos**. Du silberne Dame Du. Briefe von und an Lina Loos. Paul Zsolnay Verlag GmbH. Wien/Hamburg. 1966. **Theodor Herzl an Ernst Mezei**. Theodor Herzl. Briefe. 1903 - Juli 1904. Verlag Ullstein GmbH. Frankfurt/Main. Berlin.1996. **Max Beckmann an den Piper Verlag**. Max Beckmann. Briefe (Bd.1) 1899-1925. Piper Verlag. München. 1993. **Fürstin Marie von Thurn und Taxis an Rainer Maria Rilke**. Briefe berühmter Frauen. (Hg. Claudia Schmölders) Suhrkamp Verlag. Frankfurt/Main. 1987. **August Stramm an Nell und Herwarth Walden**. August Stramm. Briefe an Nell und Herwarth Walden. Edition Sirene. Berlin. 1988. **Heinrich Böll an Walter Jens**. Heinrich Böll. Ein- und Zusprüche. Schriften, Reden und Prosa. 1981 - 1983. Kiepenheuer & Witsch. Köln. 1984. **Gottfried Benn an Friedrich Wilhelm Oelze**. Gottfried Benn. Ausgewählte Briefe. Fischer Taschenbuch Verlag. Frankfurt/Main. 1986. *** Peter Weiss an die Akademie der Künste der DDR**. Sinn und Form. 44. Jahr / 1992 / 4. Heft. **Frida Groß an Christina und Heinrich Kirchenmeier**. unveröffentlichter Privatbrief. **Max Frisch an Eduard Korrodi**. Max Frisch. Jetzt ist Sehenszeit. Briefe, Notate, Dokumente. 1943 - 1963. (Hg. Julian Schütt). Suhrkamp Verlag. Frankfurt/Main. 1998. **Paul Zech an Stefan Zweig**. Stefan Zweig – Paul Zech. Briefe 1910 - 1942. (Hg. Donald G. Daviau). Greifenverlag. Rudolstadt. 1984. **Hans Henny Jahnn an Carl Theodor Zahle**. Hans Henny Jahnn. Werke in Einzelbänden. Hamburger Ausgabe. Teil 1. Hoffmann und Campe Verlag. Hamburg. 1994. **Lina Loos an Egon Friedell**. Du silberne Dame Du. Briefe von und an Lina Loos. Paul Zsolnay Verlag GmbH. Wien/Hamburg. 1966. **Robert Havemann an Erich Honecker**. Historische Augenblicke. Deutsche Briefe des Zwanzigsten Jahrhunderts. (Hg. Jürgen Moeller). Verlag C.H. Beck. München. 1988. **Friedrich Haase an Albert Bassermann**. Julius Bab. Albert Bassermann. Verlag Erich Weibezahl. Berlin. 1928. **Irmgard Keun an Hildegard alias Hero Matré**. Irmgard Keun. Zeitzeugen, Bilder und Dokumente erzählen. Hermann Josef Emons Verlag. Köln. 1995. **Carl Hauptmann an Julius Maria Becker**. Carl Hauptmann. Leben mit Freunden. Gesammelte Briefe. B.-Grunewald. 1928. **Erich Kleiber an Max Burghardt**. Neue Musik im geteilten Deutschland. Dokumente aus den fünfziger Jahren. Berliner Festspiele GmbH zur 14. Musik-Biennale. Berlin. 1993. **Rolf Schneider an seine Tochter**. An mein Kind. Briefe von Vätern. Deutscher Taschenbuch Verlag. dtv. 1986. **Ludwig Thoma an Albert Langen**. Der Briefwechsel zwischen Ludwig Thoma und Albert Langen. 1899-1908 (Hg. Andreas Pöllinger). Regensburger Beiträge ... (Reihe A, Bd. 7) 1993. **Adele Sandrock an Arthur Schnitzler**. Adele Sandrock und Arthur Schnitzler. Dilly. Geschichte einer Liebe in Briefen, Bildern und Dokumenten. Almathea Verlag. Wien/München. 1975. * **Horst Janssen an seinen Sohn**. Horst Janssen. Brief an Lucie. Verlag St. Gertrude GmbH. Hamburg. o.J. **Lion Feuchtwanger an Arnold Zweig**. Lion Feuchtwanger – Arnold Zweig. Briefwechsel 1933 - 1958 (Bd. I). (Hg. Harold von Hofe). Aufbau-Verlag. Berlin und Weimar. 1984. **Max Klinger an Georg Hirzel**. Briefe von Max Klinger aus den Jahren 1874 - 1919. Verlag von E. A. Seemann. Leipzig. 1924. **Anne Frank an ihre „Freundin" Kitty**. Niederländisches Staatliches Institut für Kriegsdokumentation. Die Tagebücher der Anne Frank. S. Fischer Verlag GmbH. Frankfurt/Main. 1988 **Hugo Herrgen an seinen Sohn**. Briefe großer Deutscher an Kinder. Deutsche Männer schreiben an Kinder. (Hg. Erika Hoffmann). Alfred Metzner Verlag. Berlin. 1941. **Thomas Mann an die „Germanic Review"**. Thomas Mann. Briefe 1948 - 1955 und Nachlese. (Hg. Erika Mann). Aufbau-Verlag. Berlin und Weimar. 1968. **Martin Ahrends an Franz Fühmann**. ndl. neue deutsche literatur. 41. Jahrgang. 491. Heft. November 1993. Aufbau-Verlag. Berlin und Weimar. 1993. **Henning Schreiber an Prof. Borchert**. Mit sozialistischem Gruß! Parteiinterne Hausmitteilungen, Briefe, Akten und Intrigen aus der Ulbricht-Zeit. (Hg. Henrik Eberle). Schwarzkopf & Schwarzkopf Verlag GmbH. Berlin. 1998. * **Franz Jung an Cläre M. Jung**. Franz Jung. Der tolle Nikolaus. Prosa. Briefe. Verlag Philipp Reclam jun. Leipzig. 1980. **Marieluise Fleißer an den Oberbürgermeister von Ingolstadt**. Marieluise Fleißer. Suhrkamp Verlag. Frankfurt/Main. 1989. **Clara Grunwald an Clotilde Schenck**. „Und doch gefällt mir das Leben." Die Briefe der Clara Grunwald. 1941 - 1943. (Hg. Egon Larsen). Persona-Verlag Buchholz. Mannheim. 1985. **Klaus–Peter Hertzsch an Friedrich Schorlemmer**. unveröffentlichter Privatbrief. **Ernst Thälmann an seine Frau und seine Tochter**. Ernst Thälmann. Briefe, Erinnerungen. Dietz Verlag. Berlin. 1986. **Franz Marc an Marie Schnür**. Franz Marc. Briefe, Schriften und Aufzeichnungen. Gustav Kiepenheuer Verlag. Leipzig und Weimar. 1989. **Othmar Schoeck an seine Eltern**. „Euer dankbarer Sohn." Othmar Schoecks Briefe an die Eltern aus Leipzig 1907/08. Amadeus Verlag. Winterthur/Schweiz. 1985. **Hildegard Knef an Else Bongers.** Hildegard Knef. Der geschenkte Gaul. Bericht aus einem Leben. Verlag Fritz Molden. Wien, München, Zürich. 1977. **Ricarda Huch an Max von Schillings**. Ricarda Huch. Briefe an die Freunde. Manesse Verlag. Zürich. 1986. **Ernst Toller an B**. Ernst Toller. Gesammelte Werke (Bd. 5) Briefe aus dem Gefängnis. Carl Hanser Verlag. München. Reihe Hanser 254. 1978. **Oswald Spengler an Kurt Wolff**. Kurt Wolff. Briefwechsel eines Verlegers. 1911 - 1963. Fischer Taschenbuch Verlag. Frankfurt/Main. 1980. **Wilhelm Furtwängler an Joseph Goebbels**. Berta Geissmar. Musik im Schatten der Politik. Atlantis Musikbuch-Verlag AG. Zürich. 1985. **Siegfried von Vegesack an Werner Richter**. Siegfried von Vegesack. Briefe. 1914 - 1971. Morsak Verlag. Grafenau. 1988. **August Macke an Catharina Koehler**. August Macke. Briefe an Elisabeth und die Freunde. F. Bruckmann KG. München. 1987. **Ferruccio Busoni an Hans Reinhart**. Briefe an Hans Reinhart. Literarische Vereinigung Winterthur 1985. Verlag W. Vogel. Winterthur. **Louise Dumont an Herbert Eulenberg**. Hedda Eulenberg. Im Doppelglück von Kunst und Leben. Verlag Die Fähre. Düsseldorf. 1952. **Peter Hille an Ludwig Schröder**. Peter Hille. Gesammelte Werke in sechs Bänden. (Bd. 6). Texte - Briefe - Kommentare. Ludgerus Verlag Hubert Wingen GmbH & Co . 1986. **Ein pommerscher Musketier an seine Schwester**. Briefe aus dem Felde 1914/15. Stalling. Oldenburg. 1916. **Frida S. an Adolf Hitler**. „Lieber Bruder!" Ein geschichtliches Lesebuch in Briefen. Teil 2, 1863 - 1932. Rolf Engelsing. Berlin. 1985 . **Vater und Mutter Kempfe an ihren Sohn**. Briefe aus einem anderen Land. Briefe aus der DDR.Hoffmann und Campe Verlag. Hamburg. 1971. **Heiner Müller – Einladung für ein Künstlerforum**. Sinn und Form. 43. Jahr / 1991 / 4. Heft. **Gerda Rotermund an Ellen Bernkopf.** Stiftung Archiv der Akademie der Künste, Abt. Bildende Kunst. Nachlaß Gerda Rotermund / Ellen Bernkopf. **Eva Braun an ihre Schwester Gretl**. „Lieber Bruder!" Ein geschichtliches Lesebuch in Briefen. Teil 4, 1936 - 1949. Rolf Engelsing. Berlin. 1985. **Bruno Walter an Thomas Mann**. Bruno Walter. Briefe 1894 - 1962. S. Fischer Verlag. Frankfurt/Main. 1969 * **Armin T. Wegner an Adolf Hitler**. In jenen Tagen ... Schriftsteller zwischen Reichstagsbrand und Bücherverbrennung. Gustav Kiepenheuer Verlag. Leipzig und Weimar. 1983. **Max Hölz an Carl Seelig**. Briefe nach der Schweiz. Gustav Landauer, Erich Mühsam, Max Höelz , Peter Kropotkin. Limmat-Verlag. Zürich.1972. **Lotte Lenya an Kurt Weill**. Sprich leise, wenn Du Liebe sagst. Der Briefwechsel Kurt Weill – Lotte Lenya. Verlag Kiepenheuer & Witsch. Köln. 1998. **Kreszentia Mühsam an Wladimir Iljitsch Lenin**. Briefe Deutscher an Lenin. Dietz Verlag. Berlin. 1990. **Anton Wildgans an seine Frau**. Anton Wildgans. Briefe. Österreichischer Bundesverlag für Unterricht, Wissenschaft und Kunst. Wien und Leipzig. 1937. **Walter Mehring an seine Leser**. Walter Mehring. Briefe aus der Mitternacht. 1937 - 1941.Verlag Lambert Schneider GmbH. Heidelberg. 1971. **Theodor Heuss an Konrad Adenauer**. Konrad Adenauer. Rhöndorfer Ausgabe. Heuss – Adenauer. Unserem Vaterlande zugute. Der Briefwechsel 1948 - 1963. Siedler Verlag. Berlin. 1989. **Flori Lille an Papst**

**Johannes Paul II.** Briefe an den Papst. Beten allein genügt nicht. Rowohlt Taschenbuch Verlag GmbH. Reinbek. 1987. **Lou Andreas-Salomé an Rainer Maria Rilke**. Rainer Maria Rilke – Lou Andreas-Salomé. Briefwechsel. (Hg. Ernst Pfeiffer) Max Niehans Verlag Zürich/Insel-Verlag Wiesbaden 1952. **Hans Peter Duerr an Paul Feyerabend**. Briefe an einen Freund. (Hg. Hans Peter Duerr). edition Suhrkamp 1946. Suhrkamp Verlag. Frankfurt/Main. 1995. **Anna Grätz an Pfarrer Winzler**. Was bleibt, ist Hoffnung. Eine Briefdokumentation aus Brandenburger Konzentrationslagern, Zuchthäusern und Gefängnissen der NS-Zeit 1933 - 1945.Brandenburgische Landeszentrale für politische Bildung. Potsdam. 1994. **Ludwig Renn an Eberhard Hilscher**. Sinn und Form. 41. Jahr / 1989 / 2. Heft. **Erwin Piscator an seine Frau Maria Ley-Piscator**. Erwin Piscator. Briefe aus Deutschland 1951 - 1966 an Maria Ley-Piscator. Prometh Verlag GmbH. Köln. 1983. **Stephan Hermlin an Louis Aragon**. Stephan Hermlin. Äußerungen. 1944 - 1986. Aufbau-Verlag. Berlin und Weimar. 1986. **Klaus Mann an Gottfried Benn**. Klaus Mann. Briefe. Aufbau-Verlag. Berlin und Weimar. 1988. **Uwe Johnson an Max Frisch**. du. Die Zeitschrift der Kultur. Heft 12. Dezember 199. Zürich. Tages-Anzeiger AG. **Carl von Ossietzky an seine Frau Maud**. Carl von Ossietzky. Sämtliche Schriften. (Bd. VII). Briefe und Lebensdokumente. Rowohlt Verlag GmbH. Reinbek. 1994. **Oskar Maria Graf.** Offener Brief an die Machthaber in Deutschland. Oskar Maria Graf in seinen Briefen. Süddeutscher Verlag. Stuttgart. 1984. **Anton Ludwig an seinen Bruder**. Was bleibt, ist Hoffnung. Landeszentrale für pol. Bildung, Brandenburg. Nachlaß Anton Ludwig. V/6/62. **Werner Lansburgh an Frank-Wolf Matthies.** Werner Lansburgh – Frank-Wolf Matthies. exil. Ein Briefwechsel. Internationale Literaturfabrik im Bund-Verlag GmbH. Köln. 1983. **Friedrich Dürrenmatt an Max Frisch**. Max Frisch – Friedrich Dürrenmatt. Briefwechsel. (Hg. Peter Ruedi). Diogenes Verlag AG. Zürich. 1998. **HAP Grieshaber an seine Tochter Ricca**. HAP Grieshaber. Liebe Nani, liebe Ricca. Malbriefe und Holzschnitte von der Achalm. Buchverlag Der Morgen. Berlin. 1985. **Bertha Pappenheim an Martin Buber**. Martin Buber. Briefwechsel aus sieben Jahrzehnten. (Bd. I) 1897 - 1918. Verlag Lambert Schneider GmbH. Heidelberg. 1972. **Julie Schrader an ihre Schwester Emma**. Julie Schrader. Laßt Amor schießen, wann er will. Poeme, Briefe und Stücke des Welfischen Schwans. Fackelträger-Verlag GmbH. Hannover. 1989. **Rosa Luxemburg an Sophie Liebknecht**. Rosa Luxemburg (Bd. 5) Gesammelte Briefe. Dietz Verlag. Berlin. 1987. **Walther Rathenau an Lore Karrenbrock**. Walther Rathenau. Briefe an eine Liebende. Carl Reißner-Verlag. Dresden. o.J. * **Paul Hasenclever an seien Bruder Walter**. Walter Hasenclever. Ich hänge, leider, noch am Leben. Briefwechsel mit dem Bruder Paul. Wallstein-Verlag. Göttingen. 1997. **Kurt Weill an Lotte Lenya**. Sprich leise, wenn Du Liebe sagst. Der Briefwechsel Kurt Weill – Lotte Lenya. Kiepenheuer & Witsch. Köln. 1998. * **Karl Barth an Carl Zuckmayer**. Späte Freundschaft in Briefen. Carl Zuckmayer – Karl Barth. Theologischer Verlag. Zürich. 1977. **Dietrich Bonhoeffer an Eberhard Bethge**. Dietrich Bonhoeffer. Widerstand und Ergebung. Chr. Kaiser Verlag. München. 1970. **Volkmar von Zühlsdorff an Hermann Broch**. Hermann Broch. Briefe über Deutschland. 1945 - 1949. Die Korrespondenz mit Volkmar von Zühlsdorff. Suhrkamp Verlag. Frankfurt/Main. 1986. **Leo Slezak an seinen Sohn Walter**. Leo Slezak. Mein lieber Bub. Briefe eines besorgten Vaters. R. Piper & Co. Verlag. München. 1966. **Wiener Volksschüler an „Die Unzufriedene"**. „Die Kinder klagen uns an!" Kinderbriefe über die Prügelstrafe. Jungbrunnen Verlagsbuchhandlung Ges.m.b.H. Wien. 1925. **Paul Scheerbart an seine Frau Anna**. Paul Scheerbart. Von Zimmer zu Zimmer. 70 Schmoll- und Liebesbriefe des Dichters an seine Frau. Verlag Klaus G. Renner. Erlangen. 1977. **Alfred Polgar an Willi Schlamm**. Alfred Polgar. Lieber Freund! Lebenszeichen aus der Fremde. (Hg. Erich Thanner). Paul Zsolnay Verlag. Wien, Hamburg. 1981. **Maria von Wedemeyer an Dietrich Bonhoeffer**. Brautbriefe Zelle 92. Dietrich Bonhoeffer – Maria von Wedemeyer. 1943 – 1945 (Hg. Ruth-Alice von Bismarck/Ulrich Kabitz). Verlag C.H. Beck. München. 1992. **Vater Hindemith an seinen Sohn Paul**. Andreas Briner/Dieter Rexroth/Giselher Schubert. Paul Hindemith. Leben und Werk in Bild und Text. Atlantis Musikbuch-Verlag B. Schott's Söhne. **Peter Wagner an Manfred Wörner**. Gesine Wagner. Im Feuer ist mein Leben verbrannt. Tagebuchaufzeichnungen, Briefe, Dokumente. Verlagshaus Mohn. Gütersloh. 1990. **Fritz Kortner an Else Schreiber-Zhdanow**. Klaus Völker. Fritz Kortner. Edition Hentrich. Berlin. 1987. **Lotte B. geborene Kreutzmann an ihre einstigen Klassenkameradinnen**. unveröffentlichter Privatbrief. * **Markus Wolf an seine Eltern**. Markus Wolf. Die Troika. Geschichte eines nichtgedrehten Films. Aufbau-Verlag. Berlin und Weimar. 1989. **Hermann Göring an den Hauptschriftleiter der „Deutschen Zeitung"**. Gustaf Gründgens. Briefe – Aufsätze – Reden. (Hg. Rolf Badenhausen und Peter Gründgens-Gorski). Verlag Hoffmann und Campe. Hamburg. 1967. **Gisela Steineckert an Alice Schwarzer**. Gisela Steineckert. Ich umarme Dich in Eile. Briefe an Frauen. Verlag Neues Leben. Berlin. 1992. **Hugo Ball an August Hofmann**. Hugo Ball & Emmy Hennings. Damals in Zürich. Briefe aus den Jahren 1915 - 1917. Verlag der Arche. Zürich.. **Rudolf Borchardt an Margarete Ruer**. Rudolf Borchardt. Vivian. Briefe – Gedichte – Entwürfe. 1901-1920. Marbacher Schriften (Deutsche Schillergesellschaft e.V.). Marbach a.N. 1985. **Paul Klee an Lily Stumpf**. Paul

Klee. Briefe an die Familie 1893 - 1940 (Bd.1: 1883 - 1906). DuMont Buchverlag. Köln. 1979 **Gustaf Gründgens an Rudolf Augstein**. Gustaf Gründgens. Briefe – Aufsätze – Reden. (Hg. Rolf Badenhausen und Peter Gründgens-Gorski) Verlag Hoffmann und Campe. Hamburg. 1967. **Hans Carossa an Hedwig Kerber**. Hans Carossa. Briefe (III). 1937 - 1956. (Hg. Eva Kampmann-Carossa) Insel Verlag. Frankfurt/Main. 1981. **Heinrich Brüning an Theodor Heuss**. Heinrich Brüning. Briefe 1946 - 1960. Deutsche Verlags-Anstalt GmbH. Stuttgart. 1974. **Dietmar Zöller – zwei Briefe: für „E.", an Professor Specht**. Dietmar Zöller. Ich gebe nicht auf. Aufzeichnungen und Briefe eines autistischen jungen Mannes, der versucht, sich die Welt zu öffnen. Scherz Verlag. Bern, München, Wien. 1992. * **Günther Anders an den Geschäftsführer der „Künstlergilde"**. Günther Anders antwortet. Interviews und Erklärungen. Edition TIAMAT. Berlin. 1987. **Ludwig Binswanger an Sigmund Freud**. Sigmund Freud – Ludwig Binswanger. Briefwechsel 1908 - 1938. (Hg. Gerhard Fichtner). S. Fischer Verlag GmbH. Frankfurt/Main. 1992. **Karl Liebknecht an seinen Sohn Wilhelm**. Karl Liebknecht. Briefe aus dem Felde, aus der Untersuchungshaft und aus dem Zuchthaus. (Hg. Franz Pfemfert). Berlin-Wilmersdorf. 1919. **Richard Strauss an Stefan Zweig**. „Der Strom der Töne trug mich fort." Die Welt um Richard Strauss in Briefen. (Hg. Franz Grasberger). Verlag Hans Schneider. Tutzing. 1967. **Otto Erich Hartleben an Samuel Fischer**. Samuel Fischer, Hedwig Fischer. Briefwechsel mit Autoren. S. Fischer Verlag GmbH. Frankfurt/Main. 1989. **Alfred Ullrich an Walter Ulbricht**. „Mit sozialistischem Gruß!" Parteiinterne Hausmitteilungen, Briefe, Akten und Intrigen aus der Ulbricht-Zeit. (Hg. Henrik Eberle). Schwarzkopf & Schwarzkopf Verlag GmbH. Berlin. 1998. **Fürstin Mechthilde Lichnowsky an Kurt Wolff**. Kurt Wolff. Briefwechsel eines Verlegers. 1911 - 1963. Fischer Taschenbuch Verlag. Frankfurt/Main.1980. **Käte Himmelheber an ihren Bruder Edgar**. „Lieber Bruder!" Ein geschichtliches Lesebuch in Briefen. (Teil 4, 1936 - 1949). Rolf Engelsing, Berlin. **Emil Nolde an Landgerichtsdirektor Sch.** Emil Nolde. Briefe aus den Jahren 1894 - 1926. Furche-Kunstverlag. Berlin. o.J. **Louis Fürnberg an Rainer Kirsch**. Fürnberg. Ein Lesebuch für unsere Zeit. (Hg. Hans Böhm). Aufbau-Verlag. Berlin und Weimar. 1982. **Sergej Tretjakow an Oskar Maria Graf**. Oskar Maria Graf. Reise in die Sowjetunion 1934. Hermann Luchterhand Verlag. Darmstadt und Neuwied. 1974. **Wolfgang Koeppen an Oda Schaefer**. unveröffentlichter Privatbrief. Monacensia Literaturarchiv. München. **Randolph M. Probstfield an Paul Sauerborn**. Briefe aus Amerika. Deutsche Auswanderer schreiben aus der Neuen Welt. 1830 - 1930. Verlag C.H. Beck. München. 1988. **Lise Meitner an Otto Hahn**. Im Schatten der Sensation. Leben und Wirken von Fritz Straßmann. (Hg. Fritz Krafft). Verlag Chemie. Weinheim. 1981. * **Martin Heidegger an Karl Jaspers**. Martin Heidegger – Karl Jaspers. Briefwechsel 1920 - 1963. Piper. München. 1980. **Hans Werner Richter an Horst Mahler**. Hans Werner Richter. Briefe. Carl Hanser Verlag. München, Wien. 1997. **Heinrich Mann an Johannes R. Becher**. Sinn und Form. 43. Jahr / 1991 / 4. Heft. **Paul Feyerabend an Hans Albert**. Paul Feyerabend – Hans Albert. Briefwechsel. (Hg. Wilhelm Baum). Fischer Taschenbuch Verlag GmbH. Frankfurt/Main. 1997. **Börries Freiherr von Münchhausen an Joachim Ringelnatz**. Joachim Ringelnatz. Briefe. Karl H. Henssel Verlag. Berlin. 1988. **Heinar Kipphardt an Hans-Dietrich Sander**. Heinar Kipphardt. Schreibt die Wahrheit. Essays, Briefe, Entwürfe. (Bd. I).1949 - 1964. Rowohlt Taschenbuch Verlag GmbH. Reinbek. 1989. **Edith Stein an Roman Ingarden**. Edith Stein. Briefe an Roman Ingarden. 1917 - 1938. Verlag Herder. Freiburg im Breisgau. 1991. **Franz Blei an Carl Schmitt**. Franz Blei. Briefe an Carl Schmitt. 1917 - 1933. Manutius-Verlag. Heidelberg. 1995. **Paula Modersohn-Becker an ihre Mutter**. Geliebte Eltern! Kinderbriefe aus sechs Jahrhunderten. (Hg. Angela und Andreas Hopf). Verlag Max Hueber. Ismaning. 1987. **Peter Schneider an Peter-Jürgen Boock**. Peter-Jürgen Boock – Peter Schneider. Ratte – tot ... Ein Briefwechsel. Hermann Luchterhand Verlag GmbH & Co KG. Darmstadt und Neuwied. **Walter Benjamin an Carla Seligson**. Walter Benjamin. Briefe (1). Suhrkamp Verlag. Frankfurt/Main. 1966. **Joseph Roth an Benno Reifenberg**. Joseph Roth. Briefe 1911 - 1939. Verlag Allert de Lange, Amsterdam, und Verlag Kiepenheuer & Witsch, Köln/Berlin. 1970. **Friedrich Torberg an Alma Mahler-Werfel**. Friedrich Torberg. Liebste Freundin und Alma. Briefwechsel mit Alma Mahler-Werfel. Verlag Ullstein GmbH. Frankfurt/Main, Berlin. 1992. **Marianne Golz-Goldlust an ihre Schwester Rosi Haala**. Der große Tag. Die Briefe und Kassiber der „Volksfeindin" Marianne Golz-Goldlust. Gabriele Walter Verlag. Stuttgart. 1988. **Erich Mühsam an den Karl-May-Verlag**. Erich Mühsam. Briefe an Zeitgenossen. Verlag Klaus Guhl. Berlin. 1978. **Marlene Dietrich an ihre Tochter Maria**. Maria Riva. Meine Mutter Marlene. C. Bertelsmann Verlag GmbH. München. 1992. **Michael Bauer an Emma Klein**. Michael Bauer. Gesammelte Werke (Bd. 5). Verlag freies Geistesleben und Urachhaus GmbH. Stuttgart. 1997. **Peter Rühmkorf an Martin Beheim-Schwarzbach**. Peter Rühmkorf. Strömungslehre I. Rowohlt Taschenbuch Verlag GmbH. Reinbek. 1978. **Gerhart Hauptmann an Ludwig von Hofmann**. Gerhart Hauptmann – Ludwig von Hofmann. Briefwechsel 1894 - 1944. Bouvier Verlag Herbert Grundmann. Bonn. 1983. **Fritz Straßmann an das Kultusministerium des Landes Rheinland-Pfalz**.

Fritz Krafft. Im Schatten der Sensationen. Leben und Wirken von Fritz Straßmann. Verlag Chemie GmbH. Weinheim. 1981. **Alfred Kerr an Professor Jethro Bithell**. Stiftung Archiv der Akademie der Künste Berlin-Brandenburg. Alfred-Kerr-Archiv: Mappe Prof. Bithell. **Paul Hindemith an Adolf Weissmann**. Paul Hindemith. Briefe. Fischer Taschenbuch Verlag GmbH. Frankfurt/Main. 1982. **Paul Celan an Nelly Sachs**. Paul Celan – Nelly Sachs. Briefwechsel. (Hg. Barbara Wiedemann). Suhrkamp Verlag. Frankfurt/Main. 1993. **Judith an ihre Mutter**. Liebe Mutter – Liebe Tochter. Frauenbriefe von heute. (Hg. Monika Sperr). Verlag Ullstein GmbH. Frankfurt/Main. Berlin. 1984. **Max Liebermann an Max Lehrs**. Manifeste Manifeste 1905 - 1933 (Hg. Diether Schmidt). Verlag der Kunst. Dresden. 1965. **Helene Nahowski an Alban Berg** . Alban Berg. Briefe an seine Frau. Georg Müller Verlag. München, Wien. 1965. **Hans Grundig an seine Frau Lea**. Hans Grundig. Künstlerbriefe aus den Jahren 1926 bis 1957. Greifenverlag. Rudolstadt. 1966. **Wilhelm Raabe an einen Journalisten**. Wilhelm Raabe. Sämtliche Werke (Ergänzungsband 2 – Briefe). Vandenhoeck & Ruprecht. Göttingen. 1975. **Hans Pfitzner an den Verband der deutschen Musik-Kritiker**. Hans Pfitzner. Briefe. (Hg. Bernhard Adamy). Verlag Hans Schneider. Tutzing. 1991. **George Grosz an Otto und Lotte Schmalhausen**. George Grosz. Briefe 1913-1959. (Hg. Herbert Knust). Rowohlt Verlag GmbH. Reinbek. 1979. **Friedrich Gundolf an Stefan George**. Stefan George – Friedrich Gundolf. Briefwechsel. Helmut Küpper (vorm. Georg Bondi). München und Düsseldorf. 1962. **Josef Kainz an Arthur Eloesser**. Josef Kainz. Briefe. Henschelverlag. Berlin. 1966. *** Stefan Heym an Gerhard Wolf**. Die Poesie hat immer recht. Gerhard Wolf – Autor, Herausgeber, Verleger. Ein Almanach zum 70. Geburtstag. Gerhard Wolf Janus press. 1998. **Iwan Goll an seine Frau Claire**Iwan Goll. Gefangen im Kreis. Dichtungen, Essays und Briefe. Verlag Philipp Reclam jun. Leipzig. 1988. **Maria Gröber an Heinrich Hansjakob**. „Lieber Bruder!" Ein geschichtliches Lesebuch in Briefen. (Teil 2: 1863 - 1932) Rolf Engelsing. Berlin. 1985. **Richard Huelsenbeck an Tristan Tzara**. Weltdada Huelsenbeck. Eine Biografie in Briefen und Bildern. (Hg. Herbert Kapfer/Lisbeth Exner). Haymon-Verlag. Innsbruck. 1996. **Ludwig von Ficker an Karl Kraus**. Ludwig von Ficker. Briefwechsel 1914 - 1925. Haymon-Verlag. Innsbruck. 1988. **Max Reger an Elsa von Bagenski**. Mit Willen dein eigen. Braut- und Ehebriefe aus zwei Jahrhunderten. Evangelische Verlagsanstalt. Berlin. 1970. **Ulrich Becher an George Grosz**. Ulrich Becher – George Grosz. Flaschenpost. Geschichte einer Freundschaft. (Hg. Uwe Naumann/Michael Töteberg). Lenos Verlag. Basel. 1989.**Thomas Bernhard an Claus Peymann**. Sehr geschätzte Redaktion. Leserbriefe von und über Thomas Bernhard. (Hg. Jens Dittmar). Edition S. Wien. 1991. **Carl Jakob Burckhardt an Gerhard Marcks**. Carl J. Burkhardt. Briefe 1908 - 1974. S. Fischer Verlag GmbH. Frankfurt/Main. 1986. **Max Herrmann-Neiße an Alfred Kerr**. Max Herrmann-Neiße. Der kleinen Stadt Refrain. Prosa, Briefe und Gedichte. Buchverlag Der Morgen. Berlin. 1984. **Hermann Broch an Volkmar von Zühlsdorff**. Hermann Broch. Briefe über Deutschland 1945 - 1949. Die Korrespondenz mit Volkmar von Zühlsdorff. Suhrkamp Verlag. Frankfurt/M. 1986. **Adolf Grimme an Werner Garms**. Adolf Grimme. Briefe. Verlag Lambert Schneider. Heidelberg. 1967. **Traute Richter an Otto Grotewohl**. Ja, jetzt ist's nun passiert. Traute Richter – Die Dresdner Schauspielerin in ihren Briefen. (Hg. Joachim Jahns). Dingsda-Verlag. Querfurt. 1996. **Paul von Beneckendorff und von Hindenburg an Hermann von Stein**. Faksimiledruck im „Völkischen Beobachter", Nr. 242, 1934. Deutsche Briefe des Zwanzigsten Jahrhunderts. dtv. München. 1962. **Leonhard Frank an Katia Mann**. ndl. neue deutsche literatur. 44. Jg., 506. Heft. März/April. 1996. **Hermann Henselmann an Vittorio Magnago Lampugnani**. Hermann Henselmann. „Ich habe Vorschläge gemacht". Ernst & Sohn. Verlag für Architektur und technische Wissenschaften GmbH. Berlin. 1995. **Ludwig Marcuse an Erika Mann**. Briefe von und an Ludwig Marcuse. (Hg. Harold von Hofe). Diogenes Verlag AG. Zürich. 1975. **Maxi Wander an ihre Freundin Helga B.** Leben wär' eine prima Alternative. Tagebuchaufzeichnungen und Briefe. Luchterhand Verlag. Darmstadt und Neuwied. 1980. **Christa Wolf an das Präsidium des Schriftstellerverbandes der DDR**. Christa Wolf. Franz Fühmann. Monsieur – wir finden uns wieder. Briefe 1968 - 1984. Aufbau-Verlag GmbH. Berlin. 1995. **Hilde Rubinstein an Hans Werner Richter**. Hans Werner Richter. Briefe. Carl Hanser Verlag. München, Wien. 1997. **Oberstaatsanwalt beim Landgericht III an den preußischen Justizminister**. Carl von Ossietzky. Sämtliche Schriften. (Bd. VII, Briefe und Lebensdokumente). Rowohlt Verlag GmbH. Reinbek. 1994. **Oskar Kokoschka an Hermine Moos**. Katalog zur Ausstellung Oskar Kokoschka und Alma Mahler. Die Puppe – Epilog einer Passion. Städtisches Museum im Städl. Frankfurt/M. 1992. **Rudolf Steiner an Michael Bauer**. Michael Bauer. Gesammelte Werke (Bd. 5). Verlag freies Geistesleben und Urachhaus GmbH. Stuttgart. 1997. **Eine Frau aus Ost-Berlin an Erich Honecker**. „Erich, wir brauchen Dich!" Briefe nach Moabit. PapyRossa Verlags GmbH & Co. KG. Köln. 1996. **Alfred Andersch an Hans Bender**. Briefe an Hans Bender. (Hg. Volker Neuhaus/Ute Heimbüchel). Carl Hanser Verlag. München. 1984. **Schmuel Hugo Bergman an Franz Kafka**. Schmuel H. Bergman. Tagebücher & Briefe Bd. 1. 1901-1948. Athenäum Verlag GmbH. Königstein/Ts. 1985

**Eva S. an Marike Alberts**. Briefe an junge Deutsche. Juden antworten deutschen Schülern auf einen Leserbrief in der „Jerusalem Post". dkv. der kleine verlag. Düsseldorf. o.J. **Johann Freiherr von Chlumecky an Max Egon Fürst zu Fürstenberg**. Briefe und Dokumente zur Geschichte der österr.-ungar. Monarchie. (Collegium Carolinum; Bd. 51). R. Oldenbourg Verlag. München. 1991. **Ludwig von Hofmann an Gerhart Hauptmann**. Gerhart Hauptmann – Ludwig von Hofmann. Briefwechsel 1894 - 1944. Bouvier Verlag Herbert Grundmann. Bonn. 1983. **Peter Altenberg an Frau Obertimpfler**. Du silberne Dame Du. Briefe von und an Lina Loos. (Hg. Franz Theodor Csokor). Paul Zsolnay Verlag. Berlin, Hamburg. 1966. **Eva-Maria Hagen an Wolf Biermann**. Eva-Maria Hagen. Eva und der Wolf. Econ & List Verlagsgesellschaft. Düsseldorf, München. 1998. * **Monika Maron an Joseph von Westphalen**. Monika Maron – Joseph von Westphalen. Trotzdem herzliche Grüße. Ein deutsch-deutscher Briefwechsel. S. Fischer Verlag. Frankfurt/Main. 1988. **Horst Drescher an Friedrich Dieckmann**. Unveröffentlichter Privatbrief. * **Peter Palitzsch an Manfred Wekwerth**. Die Mauer oder der 13. August. (Hg. Hans Werner Richter).Rowohlt Taschenbuch Verlag. Dezember 1961. **Fritz Ritter von Herzmanovsky-Orlando an Ernst Heimeran**Fritz von Hermanovsky-Orlando. Ausgew. Briefwechsel. 1885 - 1954. Residenz Verlag. Salzburg und Wien.1989. **Alfred Döblin an Familie Marcuse.** Alfred Döblin. Briefe.Deutscher Taschenbuch Verlag GmbH & Co. KG. München. 1988. * **Wolf Biermann an Erich Honecker** Historische Augenblicke. Deutsche Briefe des Zwanzigsten Jahrhunderts. (Hg. Jürgen Moeller). Verlag C.H. Beck. München. 1988. **Johannes R. Becher an die Zeitschrift „Deutschunterricht"**.Johannes R. Becher. Briefe 1909 - 1958. (Hg. Rolf Harder). Aufbau-Verlag. Berlin und Weimar. 1993. **Friedrich Wilhelm Hymmen an die Frau eines Kriegskameraden.** Historische Schriftenreihe (Bd. 6). Zeitgeschichte. Tagebücher und Briefe. 1938 - 1945. Zeitgeschichtliches Dokumentationsarchiv Aspern a.d. Zaya. 1991. **Albert Einstein an Max Born.** Albert Einstein – Hedwig und Max Born. Briefwechsel 1916 - 1955.Nymphenburger Verlag. München. 1969. **Carlfriedrich Claus an Albert Wigand.** Calfriedrich Claus. Albert Wigand. Traum-Grundriß. Erinnerung an eine Freundschaft. (Hg. Roland März). edition refugium. Neustrelitz. 1998. **Jürgen Becker an Hans Werner Richter**Hans Werner Richter. Briefe. Carl Hanser Verlag. München/Wien. 1997. **Bertolt Brecht an die Hauptverwaltung der Deutschen Grenzpolizei.** Bertolt Brecht. Werke. Große Kommentierte Berliner und Frankfurter Ausgabe. Bd. 30. Berlin und Frankfurt/Main. 1998. **Betty A. an Adolf Hitler**. Dokumente des Verbrechens. Aus den Akten des Dritten Reiches. (Bd. 2) 1933 - Mai 1941. (Hg. Helma Kaden, Ludwig Nestler). Dietz Verlag. Berlin. **Albert Schweitzer an Elly Ney**. Albert Schweitzer. Briefe und Erinnerungen an Musiker. (Hg. Harald Schützeichel). Verlag Paul Haupt. Bern und Stuttgart. **Margot Voß an Heinrich Mann**. Sinn und Form. 38. Jahr / 1986 / 4. Heft. **Selma Fleischer an ihre Schwägerin Hedwig.** Wir verreisen. In die Vernichtung. Briefe 1937 - 1944. Konkret Literatur Verlag. Hamburg. 1993 . **Ernst Niekisch an Erich Wendt**Allein mit Lebensmittelkarten ist es nicht auszuhalten ... (Hg. Elmar Faber, Carsten Wurm). Aufbau Taschenbuch Verlag GmbH. Berlin. 1991. **Franz Fühmann an Wieland Förster**. Franz Fühmann. Briefe 1950 - 1984. Eine Auswahl. Hinstorff Verlag GmbH. Rostock. 1994. **Wieland Herzfelde an Hermann Kesten.** Tribüne und Aurora. Wieland Herzfelde und Berthold Viertel. Briefwechsel 1940 - 1949. (Hg. Friedrich Pfäfflin). von Hase & Koehler Verlag. Mainz.1990. **Ina Podder-Theising an Daniel Jonah Goldhagen**. Briefe an Goldhagen. Wolf Jobst Siedler Verlag GmbH. Berlin. 1997. **Hans Erich Nossack an Hermann Kasack.** Hans Erich Nossack. Dieser Andere. Ein Lesebuch mit Briefen, Gedichten, Prosa. Suhrkamp Verlag. Frankfurt/Main. 1976. * **Helmut Gollwitzer an seinen Patensohn Lukas Ohnesorg** Historische Augenblicke. Deutsche Briefe des Zwanzigsten Jahrhunderts. (Hg. Jürgen Moeller). Verlag C.H. Beck. München. 1988. **Heinz Knobloch an Eberhard Heiland. Heiland an Knobloch**. Heinz Knobloch. Der Blumenschwejk. Feuilletons, Briefe und eine Erzählung. Mitteldeutscher Verlag. Halle/ Saale. 1976. **Ralph Giordano an Hans Werner Richter**- Hans Werner Richter. Briefe. Carl Hanser Verlag. München und Wien. 1997. **Max Planck an Wilhelm Wien**. Hans-Rudolf Wiedemann. Altersbriefe bedeutender Menschen in Handschrift und Druck. Hansisches Verlagskontor H. Scheffler. Lübeck. 1984. **Georg Maurer an Kuba (Kurt Barthel)**. Bleib ich, was ich bin? Teufelswort, Gotteswort. Zum Werk des Dichters Georg Maurer. Gerhard Wolf Janus press GmbH. Berlin. 1998. **Hermann Korn an Gertrud Cloos**. Hermann Korn. Zwiegespräch in der Wüste. Briefe und Aquarelle aus dem Exil 1935 - 1946. Klaus Hess Verlag. Göttingen. 1996. **Erich Maria Remarque an Ingrid Bergman**. Erich Maria Remarque. Das unbekannte Werk. Briefe und Tagebücher. Verlag Kiepenheuer & Witsch. Köln. 1998. **Rosa von Praunheim an Mario Wirz**. Mario Wirz – Rosa von Praunheim. Folge dem Fieber und tanze. Briefe zwischen Alltag, Sex, Kunst und Tod. Aufbau Taschenbuch Verlag. Berlin. 1995. **Wieland Förster an Dr. Zacharias**. Sinn und Form. 31. Jahr / 1979 / 5. Heft. **Kaiser Franz Joseph von Österreich an den deutschen Kaiser Wilhelm II.** Fürst Bülow und der Kaiser. Mit einer Wiedergabe aus ihrem geheimen Briefwechsel. Carl Reissner Verlag. Dresden. 1930. **Laura an Philaleth** „Ist es an der Zeit, eine Entscheidung zu treffen?" Philosophische Briefe von Christoph Dejung und seinen

Schülerinnen und Schülern. Haffmanns Sachbuch Verlag AG. Zürich. 1998. **Fritz H. Landshoff an Klaus Mann**. Fritz H. Landshoff. Amsterdam, Keizersgracht 333. Aufbau-Verlag. Berlin und Weimar. 1991. **Ernestine Kisch an ihren Sohn Egon Erwin**. Egon Erwin Kisch. Briefe an den Bruder Paul und an die Mutter. 1905 - 1936. Aufbau-Verlag. Berlin und Weimar. 1978. **Christian Morgenstern an Maximilian Harden**. Christian Morgenstern. Werke in vier Bänden. (Bd. IV. Briefe, Essays.) R. Piper & Co Verlag. München. 1979. **Carl Sternheim an Thea Löwenstein**. Carl Sternheim. Briefe I. Briefwechsel mit Thea Sternheim 1904 - 1906. Luchterhand Literaturverlag GmbH. Darmstadt. 1988. **Max Reinhardt an C. von Glasenapp**. Max Reinhardt. Leben für das Theater. Briefe, Reden, Aufsätze ... (Hg. Hugo Fetting). Argon Verlag. Berlin. 1989. **Betty Scholem an ihren Sohn Gershom Scholem**. Betty Scholem – Gershom Scholem. Mutter und Sohn im Briefwechsel. 1917 - 1946. C.H. Beck'sche Verlagsbuchhandlung. München. 1989. **Friedrich Dieckmann an Gerd Irrlitz.** Unveröffentlichter Privatbrief im Besitz von Friedrich Dieckmann**Hans Scholl an Otto Aicher**. Hans und Sophie Scholl. Briefe und Aufzeichnungen. (Hg. Inge Jens). Fischer Taschenbuch Verlag GmbH. Frankfurt/Main. 1988. *** Friedrich Schorlemmer an Egon Krenz.** Unveröffentlichter Privatbrief im Besitz von Friedrich Schorlemmer. **Joseph von Westphalen an Monika Maron.** Monika Maron – Joseph von Westphalen. Trotzdem herzliche Grüße. Ein deutsch-deutscher Briefwechsel. S. Fischer Verlag GmbH. Frankfurt/Main. 1988. **Werner Heisenberg an Kurt Hildebrandt.** Hans-Rudolf Wiedemann. Briefe großer Naturforscher und Ärzte ... Verlag Graphische Werkstätten. Lübeck. 1989. **Chor der Humboldt-Universität.** Offener Brief. **Kurt Tucholsky an A. Klemich.** Kurt Tucholsky. Briefe. Auswahl 1913 bis 1935.Verlag Volk und Welt. Berlin. 1983. **Fritz Cremer an die Akademie der Künste der DDR**.Sinn und Form, 41. Jahr / 1989 / 6. Heft **Karl Valentin an Kiem Pauli.** Karl Valentin. Sämtliche Werke in acht Bänden. (Bd. 6) Piper. München. Zürich. **Walter Felsenstein an Irmgard Arnold**. Walter Felsenstein. Theater muß immer etwas Totales sein. Briefe, Reden, Aufzeichnungen, Interviews. Henschelverlag. Berlin. 1986. **René Schickele an Annette Kolb.** Annette Kolb – René Schickele. Briefe im Exil.von Hase & Köhler Verlag. Mainz. 1987. **Viktor Klemperer an das Ehepaar Idy-Bussi und Fritz Landsberg**. Unveröffentlichter Privatbrief aus dem Nachlaß von Viktor Klemperer. **Konrad Wolf an Horst Sindermann**. Stiftung Archiv der Akademie der Künste Berlin-Brandenburg. Konrad-Wolf-Archiv. **Egon Erwin Kisch an seinen Bruder Paul.** Egon Erwin Kisch. Briefe an den Bruder Paul und an die Mutter. 1905 - 1936. Aufbau-Verlag. Berlin und Weimar. 1978. **Helmuth James Graf von Moltke an seine Frau Freya**. Helmuth James von Moltke. Briefe an Freya. 1939 - 1945. (Hg. Beate Ruhm von Oppen). Verlag C.H. Beck. München. 1988. **Gerhard Marcks an Hartwig Hamer**. Sinn und Form, 41. Jahr / 1989 / 2. Heft. **Georg Trakl an seine Schwester Maria Geipel**. Georg Trakl. Werke – Entwürfe – Briefe. (Hg. Hans-Georg Kemper, Frank Rainer Max). Philipp Reclam Junior. Stuttgart.1984. **Peter Härtling an seine Kinder**. Peter Härtling. Zwei Briefe an meine Kinder. Sammlung Luchterhand im Deutschen Taschenbuch Verlag. München. 1995. **Georg Luft an Sigmund Feist**. Archiv der Stiftung Neue Synagoge Berlin – Centrum Judaicum (Ausstellung: „Es grüßt Sie Ihr dankbarer Zögling – Feldpostbriefe jüdischer Soldaten ..."). *** Rolf Dieter Brinkmann an seine Frau Maleen**. Rolf Dieter Brinkmann. Rom, Blicke. Rowohlt Taschenbuch Verlag GmbH. Reinbek. 1979 **Hugo von Hofmannsthal an Richard Strauss**. Richard Strauss – Hugo von Hofmannsthal. Briefwechsel. (Hg. Willi Schuh). Piper, München. Schott, Mainz. 1990. **E. Piachnow an Christa Wolf**. Angepaßt oder mündig? Briefe an Christa Wolf im Herbst 1989. Volk und Wissen. Berlin. 1990. **Else Lasker-Schüler an Sylvain Guggenheim**. Else Lasker-Schüler. Ich suche allerlanden eine Stadt. Gedichte, Prosa, Briefe. Verlag Philipp Reclam jun. Leipzig. 1988. **Hanns Eisler an das Zentralkomitee der SED**. Hans Bunge. Die Debatte um Hanns Eislers „Johann Faustus". Dokumentation. Berlin. 1991. **Oskar Klekner an seine Mutter**. Geliebte Eltern! Kinderbriefe aus sechs Jahrhunderten. (Hg. Angela und Andreas Hopf). Verlag Max Huber. Ismaning. 1987. **Walter Hasenclever an seinen Bruder Paul**.Walter Hasenclever. Ich hänge, leider, noch am Leben. Briefwechsel mit dem Bruder Paul. (Hg. Bert Kasties). Wallstein-Verlag. Göttingen. 1997. *** Ingeborg Drewitz an ihre Freundin H**.Ingeborg Drewitz. Hinterm Fenster die Stadt. Aus einem Familienalbum. Claassen Verlag GmbH. Düsseldorf. 1985. **Rainer Maria Rilke an Lou Andreas-Salomé**. Rainer Maria Rilke – Lou Andreas-Salomé. Briefwechsel. (Hg. Ernst Pfeiffer). Max Niehans Verlag AG Zürich/Insel-Verlag Wiesbaden.1952. **Julius Hay an Herbert und Lotte Wehner**. Unveröffentlichter Privatbrief im Besitz von Eva Hay. **Dieter Tanneberger an die Redaktion von „Radio DDR"**. Nach langem Schweigen endlich sprechen. Briefe an Walter Janka. Aufbau-Verlag. Berlin und Weimar. 1990. **Fernseh-Mitarbeiterin Jana an ihre Mutter**. Unveröffentlichter Privatbrief. **Rudolf Gansser an Eduard von Liebert**. „Nicht als Abentheurer bin ich hergekommen ..." Tagebücher und Briefe aus Deutsch-Ostafrika 1896 - 1902. Verlag für Interkulturelle Kommunikation. 1991. **Willi Bredel – Offener Brief an Joseph Goebbels**. Willi Bredel. Publizistik. Aufbau-Verlag. Berlin und Weimar. 1976. *** Christoph Hein an Elmar Faber**. Sinn und Form, 40. Jahr/1988/3. Heft. *** Gerhard Ströch an Karl-Heinz Janda**.Gerhard Altenbourg. Katalog zur Ausstellung Arbeiten 1947 - 1987.Kunsthalle Bremen. 1988

**Siegfried Lenz an Wolfgang Hicks**. Freimut Duve, Heinrich Böll, Klaus Staeck. Briefe zur Verteidigung der Republik. rororo. Reinbek. 1977. **Carl Zuckmayer an Wolfgang Borchert**. Wolfgang Borchert. Allein mit meinem Schatten und dem Mond. Briefe, Gedichte und Dokumente. Rowohlt Taschenbuch Verlag GmbH. Reinbek. 1996. **Martin Buber auf eine Umfrage der Moskauer Novosti Press Agency**. Martin Buber. Briefwechsel aus sieben Jahrzehnten (Bd.3). Schneider. Heidelberg. 1975. **Uwe Kolbe an Sascha Anderson**. MachtSpiele. Literatur und Staatssicherheit im Fokus Prenzlauer Berg. (Hg. Peter Böthig, Klaus Michael). Reclam Verlag. Leipzig. 1993. **Frank Wedekind an die Redaktion der „Münchner Neuesten Nachrichten"**. Frank Wedekind. Prosa. Erzählungen, Aufsätze, Selbstzeugnisse, Briefe. Aufbau-Verlag. Berlin und Weimar. 1969. **Conrad Felixmüller an einen jungen Hamburger Kunstsammler** Hans-Rudolf Wiedemann. Briefe europäischer Baumeister, Bildhauer und Maler in Handschriften ... Verlag Graphische Werkstätten. Lübeck. 1993. **„Biermann-Erklärung"**. Zitiert nach Stefan Heym: Der Winter unsers Mißvergnügens.btb Taschenbücher im Goldmann Verlag. München. 1996. **Wolfgang Heise an Kurt Hager**. Wolfgang-Heise-Archiv der Humboldt-Universität zu Berlin. **Kinderbriefe an Michail Gorbatschow und Ronald Reagan**. Ich will leben und meine Katze auch. Kinder schreiben an Reagan und Gorbatschow. Wilhelm Meyne Verlag. München. 1988. **Arnold Zweig an Marta Feuchtwanger** Lion Feuchtwanger – Arnold Zweig. Briefwechsel 1933 - 1958. Bd. I. (Hg. Harold von Hofe). Aufbau-Verlag. Berlin und Weimar. 1984. **Franz Theodor Csokor „an meinen Tod"**. Franz Theodor Csokor. Auch heute noch nicht an Land. Briefe und Gedichte aus dem Exil. Ephelant Verlag Franz Richard Reiter. Wien. 1993. **Werner Leich an Hans Modrow**. „... Menschen wichtiger als Macht ..." Briefe an Hans Modrow.Dietz Verlag GmbH. Berlin. 1990. **Egon Schiele an Anton Peschka, Schwester Gertrude und seine Mutter**. Egon Schiele. Leben, Briefe, Gedichte. 1890 - 1918. Residenz Verlag. Salzburg und Wien. 1979. **Karola und Ernst Bloch an Rudi und Gretchen Dutschke**. Lieber Genosse Bloch ... Briefe von Rudi Dutschke, Gretchen Dutschke-Klotz und Karola Bloch. Thalheimer Verlag. Mössingen-Thalheim. 1988. **Willy Brandt an Hilde Walter**. Carl von Ossietzky. Sämtliche Schriften. Bd. VII. Briefe und Lebensdokumente. Rowohlt Verlag GmbH. Reinbek. 1994. **Wolfgang Langhoff an Paul Dessau**. Paul Dessau. 1894 - 1979. Dokumente zu Leben und Werk. (Hg. Daniela Reinhold). Stiftung Archiv der Akademie der Künste. Henschelverlag. Berlin. **Alfred Lichtwark an Max Liebermann**. Alfred Lichtwark. Briefe an Max Liebermann. Trautmann. Hamburg. 1947. **Alfred Kubin an Margret Bilger**. Margret Bilger – Alfred Kubin. Landstrich 17. (Hg. Melchior Frommel, Franz Xaver Hofer). „Landstrich". Kulturzeitschrift. Schärding. 1997. **Sophie Scholl an Fritz Hartnagel**. Hans und Sophie Scholl. Briefe und Aufzeichnungen. (Hg. Inge Jens). Fischer Taschenbuch Verlag GmbH. Frankfurt/Main. 1988. **Ludwig Wittgenstein an seine Schwester Hermine**. Wittgenstein. Familienbriefe. Schriften der Wittgenstein-Gesellschaft, Bd. 23. Verlag Hölder-Pichler-Tempsky. Wien. 1996. **Hans Fallada an Hermann Broch**. Hans Fallada. Sein Leben in Bildern und Briefen. (Hg. Roland Ulrich, Gunnar Müller-Waldeck). Aufbau-Verlag. Berlin und Weimar. 1997. **Kerstin Strindberg an Lina Loos**. Du silberne Dame Du. Briefe von und an Lina Loos. (Hg. Franz Theodor Csokor). Paul Zsolnay Verlag. Berlin. Hamburg. 1966. **Gertrud Osthaus an Ada Nolde**. Emil und Ada Nolde – Karl Ernst und Gertrud Osthaus. Briefwechsel. Bouvier Verlag Herbert Grundmann. Bonn. 1985. **Franz Kafka an Paul Kisch**. Sinn und Form. 40. Jahr / 1988 / 4. Heft. **Sascha Anderson an P.** MachtSpiele. Literatur und Staatssicherheit im Fokus Prenzlauer Berg. (Hg. Peter Böthig, Klaus Michael). Reclam Verlag. Leipzig. 1993. **Jurek Becker an Marcel Reich-Ranicki**. „Lieber Marcel" – Briefe an Marcel Reich-Ranicki. (Hg. Jochen Hieber). Deutsche Verlags-Anstalt. Stuttgart. 1995. **Elisabeth Flickenschildt an Albrecht Knaus**. „Lieber Albrecht" – Briefe aus einem Verlegerleben. Albrecht Knaus Verlag. Hamburg. o.J. **Luise Rinser an Johannes R. Becher**. Briefe an Johannes R. Becher. 1910 - 1958. Aufbau-Verlag. Berlin und Weimar. 1993. **Rudi Dutschke an Josef Bachmann**. Rudi Dutschke. Geschichte ist machbar. Texte über das herrschende Falsche und die Radikalität des Friedens. Verlag Klaus Wagenbach. Berlin. 1980. **Sven Hedin an den deutschen Konsul Konrad Großkopf**. Hans-Rudolf Wiedemann. Briefe großer Naturforscher und Ärzte in Handschriften ... Verlag Graphische Werkstätten. Lübeck. 1989. **Max Horkheimer und Theodor W. Adorno an Kai Uwe von Hassel**. Max Horkheimer. Gesammelte Schriften. Bd.18. Briefwechsel ... S. Fischer Verlag GmbH. Frankfurt/Main. 1996. **Gustav Mahler an seine zukünftige Frau Alma**. „Ein Glück ohne Ruh." Die Briefe Gustav Mahlers an Alma. (Hg. Henry-Louis de la Grange, Günther Weiß). Siedler Verlag. Berlin. 1995. **Robert Walser an Max Rychner**. Robert Walser. Briefe. Suhrkamp Taschenbuch Verlag. Frankfurt/Main. 1979. **Mark Lothar an Baron Henry van Haersolte van Doorn**. Mark Lothar. Ein Musikerporträt. Süddeutscher Verlag. München. 1968. **Minna Falkenhain an ihren Mann**. „Zieh dich warm an!" Soldatenpost und Heimatbriefe aus zwei Weltkriegen. Verlag Neues Leben. Berlin. 1989. **Käthe Kollwitz an Marie Elise Kayser**. Käthe Kollwitz. Briefe der Freundschaft und Begegnungen. List Verlag. München. 1966. **Jochen Klepper an Hans Hinkel**. Ernst G. Riemschneider. Der Fall Klepper. Eine Dokumentation. Deutsche Verlags-Anstalt GmbH. Stuttgart. 1975. **Kurt Masur**

**und Friedrich Magirius an die Leipziger Bürger**. „Mut und Zuversicht gegeben." Briefe an Kurt Masur. 9.10.1998 - 18.3.1990. (Hg. Ulla Schäfer). Verlag Ullstein GmbH. Frankfurt/Main. Berlin.1990. **Alfred Hrdlicka an den Wiener Presseklub Concordia**. Michael Lewin. Alfred Hrdlicka. Das Gesamtwerk. Schriften. Europaverlag GmbH. Wien. 1987. **Friedrich Schenker an Paul Dessau**. Paul Dessau, 1894 - 1979. Dokumente zu Leben und Werk. (Hg. Daniela Reinhold). Stiftung Archiv der Akademie der Künste. Henschelverlag. Berlin. **Jura Soyfer an Helli Ultmann**. Jura Soyfer. Das Gesamtwerk. (Hg. Horst Jarka) Europaverlag GmbH. Wien. 1980. **Carl Gustav Jung an Sigmund Freud**. Sigmund Freud – Carl Gustav Jung. Briefwechsel. S. Fischer Verlag GmbH. Frankfurt/Main. 1974. **Wilhelm Conrad Röntgen an Wilhelm Wien**. Hans-Rudolf Wiedemann. Briefe großer Naturforscher und Ärzte in Handschriften ... Verlag Graphische Werkstätten. Lübeck. 1989. **Rudolf G. an den Sohn, die Schwiegertochter und die Enkel**. Unveröffentlichter Privatbrief im Besitz von Peter Gugisch. **Joephine und Franz Strauss an Sohn und Schwiegertochter**. „Der Strom der Töne trug mich fort." Die Welt um Richard Strauss in Briefen. (Hg. Franz Grasberger). Verlag Hans Schneider. Tutzing. 1967. **Inge Viett an einen Freund.** Inge Viett. Einsprüche. Briefe aus dem Gefängnis. Edition Nautilus. Verlag Lutz Schulenburg. Hamburg. 1996. *** Albert Ebert an Peter Hackss an Ebert**. Peter Hacks. Adam und Eva. Komödie. Mit Bildern von Albert Ebert.Verlag Philipp Reclam jun. Leipzig. 1976. **Richard Révy an Friedrich Torberg**. Friedrich Torberg. Kaffeehaus war überall. Briefwechsel mit Käuzen und Originalen. Verlag Albert Langen – Georg Müller. München, Berlin. 1982. **Lovis Corinth an den Käufer einer Radierung**. Hans-Rudolf Wiedemann. Briefe europäischer Baumeister, Bildhauer und Maler ... Verlag Graphische Werkstätten. Lübeck. 1993. **Erich Kästner an seine Mutter**. Erich Kästner. Mein liebes gutes Muttchen, Du! [...] Briefe und Postkarten aus 30 Jahren. (Hg. L. Enderle). Albrecht Knaus Verlag. Hamburg. 1981. **Robert Musil an Ervin Hexner.** Robert Musil. Gesammelte Werke in Einzelausgaben. Prosa, Dramen, späte Briefe. (Hg. Adolf Frisé). Rowohlt Verlag. Reinbek. 1958

* *Bei den mit Stern versehenen Texten handelt es sich um Briefausschnitte.*

Zu den Quellen:

Bei den mit * versehenen Texten handelt es sich um Briefausschnitte

IMPRESSUM


Eine Sendereihe des
Mitteldeutschen Rundfunks – MDR KULTUR
1. Auflage: November 1999
2. Auflage: Dezember 1999
Satz: RhinoVerlag
Druck: Druckhaus Naumburg
Auswahl/Einleitung: Barbara und Peter Gugisch
Umschlag: Gerd Haubner

RhinoVerlag Arnstadt & Weimar
99310 Arnstadt/Thüringen
Plauesche Straße 8
Tel/Fax: 03628 - 603345

ISBN 3-932081-36-6